# Guide
# de la route
# Canada

# Guide de la route Canada

**Deuxième édition**

Sélection
*du* Reader's Digest

Sélection du Reader's Digest (Canada) Ltée
Montréal

# Guide de la route Canada

**ÉQUIPE DE SÉLECTION DU READER'S DIGEST**
RÉDACTION : Agnès Saint-Laurent
PRÉPARATION DE COPIE : Joseph Marchetti
RECHERCHE : Wadad Bashour
GRAPHISME : Andrée Payette
COORDINATION : Susan Wong
PRODUCTION : Holger Lorenzen

**AUTRES COLLABORATEURS DE L'ÉDITION FRANÇAISE**
RÉDACTION ET TRADUCTION : Geneviève Beullac, Jacques Fontaine,
    Suzette Thiboutot-Belleau
TOPONYMIE : Michelle Pharand
INDEX : Sylvie Côté Chew
CARTOGRAPHIE : Aéro Photo inc.
    et MapArt (itinéraires 76, 78, 84 et 97)
ILLUSTRATIONS (panoramas à vol d'oiseau) : Murray Hay

Le **GUIDE DE LA ROUTE/CANADA** est l'adaptation française de
**CANADIAN BOOK OF THE ROAD**
Copyright © 1991 The Reader's Digest Association (Canada) Ltd.

**ÉDITION ORIGINALE**
RÉDACTION : Andrew Richmond Byers
DIRECTION ARTISTIQUE : Lucie Martineau

**Données de catalogage avant publication (Canada)**
Vedette principale au titre : *Guide de la route Canada*, 2e éd.
Traduction de : *Canadian Book of the Road*.
Comprend un index.
ISBN 0-88850-192-7
1. Voyages en automobile — Canada — Guides. 2. Canada —
Descriptions et voyages — 1981- — Guides. I. Sélection du
Reader's Digest (Canada) (Firme).
FC38.C35514  1992     917.104'647     C92-096096-0
F1009.C35514  1992

**REMERCIEMENTS**
L'éditeur remercie les organismes suivants
pour leur contribution à cet ouvrage :

Calgary Tourist and Convention Bureau
Department of Industry, Trade and Tourism, Manitoba
Department of Tourism and Culture, Nouvelle-Écosse
Department of Tourism and Parks, Île-du-Prince-Édouard
Environnement Canada, Service canadien des parcs
Fredericton Visitors and Convention Bureau
Metropolitan Toronto Convention and Visitors Bureau
Ministère du Loisir, de la Chasse et de la Pêche, Québec
Ministère du Tourisme, Québec
Ministère du Tourisme et des Loisirs, Ontario (Ontario Travel)
Ministry of Environment and Parks, Colombie-Britannique
Ministry of Tourism, Recreation and Culture,
    Colombie-Britannique
Office des congrès et du tourisme du Grand Montréal
Office du tourisme et des congrès de la communauté urbaine
    de Québec
Office du développement et du tourisme de Terre-Neuve et
    du Labrador
Office du développement économique et du tourisme
    de la Saskatchewan
Office du tourisme, des loisirs et du patrimoine,
    Nouveau-Brunswick
Saint John Visitor and Convention Bureau
St. John's Tourist Bureau
Tourisme Alberta
Tourisme Edmonton
Tourisme Halifax
Tourisme Regina
Tourisme Vancouver
Tourisme Victoria
Tourisme Yukon
TravelArctic, Territoires du Nord-Ouest
Winnipeg Convention and Visitors Bureau

L'éditeur remercie également les parcs provinciaux,
les associations touristiques régionales et les bureaux de
renseignements touristiques des grandes villes et de
nombreuses agglomérations à travers le Canada.

# Avant-propos

Cet immense pays qu'est le Canada est doté d'un réseau routier à nul autre pareil : il relie, de l'Atlantique au Pacifique, de grandes villes à de minuscules localités et parcourt des régions aux populations denses de même que de vastes étendues encore à peine explorées. Pour le voyageur, ses attraits sont innombrables : paysages d'une beauté sauvage, exploits du génie humain, sites historiques, populations chaleureuses — autant d'occasions de faire des découvertes, de se lancer à l'aventure ou tout simplement de se divertir.

Le *Guide de la route/Canada* a pour but de recenser tous ces attraits et d'en faciliter l'accès au touriste automobiliste. Ses itinéraires couvrent l'ensemble du réseau routier — grandes autoroutes, principales artères urbaines, routes secondaires, petites routes de campagne ou de régions reculées. Ses cartes couvrent le pays d'ouest en est, depuis les plages du parc national Pacific Rim, sur l'île de Vancouver, en Colombie-Britannique, jusqu'au rocher de Signal Hill qui domine le port de St. John's, à Terre-Neuve, et du nord au sud depuis Tuktoyaktuk, dans le cercle polaire, jusqu'au parc national de la Pointe-Pelée, en Ontario, qui se situe à la même latitude que le nord de la Californie. Notre *Guide de la route* ne néglige aucun endroit du Canada accessible par la route.

En consultant ce guide, on connaîtra les particularités naturelles, touristiques et historiques de plus de 2 300 lieux recensés, le tout agrémenté de quelque 1 000 photographies ou dessins. Ce recueil très complet comporte une section qui le distingue de tout autre guide touristique : cinq panoramas à vol d'oiseau peints par l'artiste Murray Hay, de Calgary. Ces panoramas sur trois volets illustrent magnifiquement les contrastes des cinq grandes régions du pays.

Conçu dans l'intention d'aider l'automobiliste à planifier ses vacances au Canada, le *Guide de la route/Canada* n'en demeure pas moins un livre de lecture agréable. Il renferme une multitude d'informations autour d'événements connus ou anecdotiques qui, non seulement augmenteront les plaisirs du voyage, mais aideront aussi à mieux connaître le Canada.

*La rédaction*

# Comment consulter le guide

Le *Guide de la route/Canada* vous fera découvrir pratiquement toutes les régions du Canada qu'il est possible de visiter en automobile. Cet ouvrage de 428 pages vous mènera en effet sur plus de 48 000 km (30 000 milles) de routes et d'autoroutes, d'un océan à l'autre. Il vous fera découvrir les grands centres touristiques, les merveilles de la nature, les sites témoins de la marche de notre histoire, les innombrables villages pittoresques où survivent traditions et artisanats d'autrefois, sans oublier nos grandes villes, débordantes de vie et d'activité.

Procurez-vous de plus amples renseignements sur les lieux que vous voulez visiter avant de partir. Les heures d'ouverture, par exemple, peuvent varier.

Le *Guide de la route/Canada* est composé de 184 itinéraires ; 172 d'entre eux décrivent des circuits routiers et les 12 autres sont consacrés à autant de grandes villes. Numérotés de 1 à 184, ils couvrent tous deux pages, sauf ceux de Vancouver, Toronto, Ottawa et Montréal qui en occupent quatre. (Le guide n'est pas paginé.)

En guide d'introduction, un atlas routier de 14 pages situe les 184 itinéraires sur une série de cartes générales du Canada. L'atlas vous permet donc de choisir facilement les itinéraires des régions qui vous intéressent.

Numéro de l'itinéraire.

Début et fin de l'itinéraire.

Distance en kilomètres entre le début et la fin de l'itinéraire y compris la distance aller et retour sur les petits circuits secondaires.

Nom de la région.

Une petite carte, tirée de l'atlas, situe l'itinéraire (en rouge) dans la région. Reportez-vous à l'atlas pour identifier les itinéraires voisins.

Carte détaillée de l'itinéraire. Le trajet proposé est indiqué en rouge. La longueur des itinéraires varie de 50 à plus de 500 km.

Points cardinaux.

Échelle en kilomètres et en milles.

Symboles d'identification des points d'intérêt. Les symboles qui se rapportent à une région sont regroupés près du nom de la ville, de la localité ou du parc le plus proche. La signification des 45 symboles utilisés figure à la fin du livre. (Voir l'encadré au bas de la page ci-contre.)

Les chiffres en noir indiquent la distance entre deux points noirs.

Les chiffres en rouge indiquent la distance totale entre deux points rouges.

# Grande ville

Description des principaux
points d'intérêt.

Description générale de la région.

Numéro de l'itinéraire.

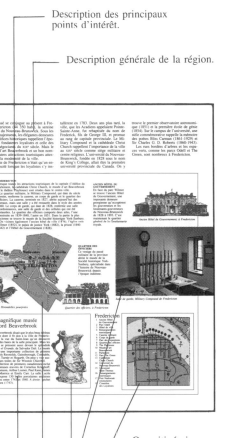

Onze itinéraires comprennent
des encadrés reproduisant le plan
des villes d'importance moyenne.

Photographies et illustrations des
principales attractions, notamment
des lieux récréatifs, de la flore et
de la faune.

Les zones ombrées de la
carte détaillée indiquent
les agglomérations.

De nombreux encadrés vous
font découvrir l'artisanat et les
traditions d'une région, ses foires
et ses festivals, ses personnages
célèbres, son folklore, ses
légendes ou les œuvres de
l'homme et de la nature.

Description des points d'intérêt par ordre
alphabétique. Le chiffre entre parenthèses
permet de se reporter au plan de la ville.

Légende du plan de la ville.

Plan de la ville et de ses
principales voies d'accès.
Points d'intérêt numérotés.

## Légende des cartes

La légende qui donne la signification des
symboles apparaissant sur les cartes des
itinéraires figure sur un dépliant en fin de
livre : lorsque vous consultez une carte,
ouvrez-le pour faciliter votre lecture. Vous
y trouverez également un tableau des dis-
tances en kilomètres qui séparent les grandes villes les unes des autres.

# Cinq panoramas à vol d'oiseau

## Le point de vue d'un artiste

La section qui suit a été réalisée sur commande par l'artiste manitobain Murray Hay pour le *Guide de la route/Canada*. Elle est constituée de cinq cartes panoramiques donnant un aperçu vu des airs d'autant de régions que traversent les itinéraires du guide. Chaque carte fait ressortir les caractéristiques propres à une région : amas de crêtes vertigineuses, découpage géométrique des terres cultivées, forêt touffue ponctuée de lacs scintillants, majesté d'un cours d'eau intérieur, découpage pittoresque du littoral. Un diagramme de la carte permet d'en identifier les points de repère.

# Une excursion inoubliable dans le premier parc national du Canada

Les 60 km de la Transcanadienne entre la ville de Banff *(à droite)* et le lac Louise *(en haut, à gauche)* longent la vallée de la rivière Bow. Ce paysage du parc national de Banff (itinéraire 34) couvre, au nord-est, la portion albertaine de la ligne de partage des eaux jusqu'à la limite ouest du parc. Jusqu'à la Première Guerre mondiale, on ne pouvait s'y rendre que par voie ferrée. La première route de gravier reliant Banff au lac Louise fut construite dans les années 20 : elle ouvrait des paysages sauvages à une poignée d'automobilistes attirés par l'aventure. Aujourd'hui, ce sont plus de 3 millions de visiteurs qui empruntent chaque année la Transcanadienne pour admirer cette région de pics impressionnants, de glaciers majestueux, de rivières tumultueuses et de prés alpins. Banff, avant de devenir le premier parc national du Canada en 1887, était une réserve de sources thermales. En 1985, l'Unesco reconnaissait l'unicité des parcs de Banff, Jasper, Yoho et Kootenay — qui se jouxtent — en leur donnant le statut de « site du patrimoine mondial ».

| | | |
|---|---|---|
| **1** Lac Louise | **8** Mont Lookout | **14** Centre du Centenaire Cave and Basin |
| **2** Mont Castle | **9** Mont Edith | |
| **3** Rivière Bow | **10** Mont Norquay | **15** Ville de Banff |
| **4** Mont Pilot | **11** Lacs Vermilion | **16** Montagne Sulphur |
| **5** Canyon Johnson | **12** Chaînon des Sundance | **17** Lac Minnewanka |
| **6** Montagne Massive | **13** Montagne Cascade | **18** Mont Rundle |
| **7** Mont Cory | | |

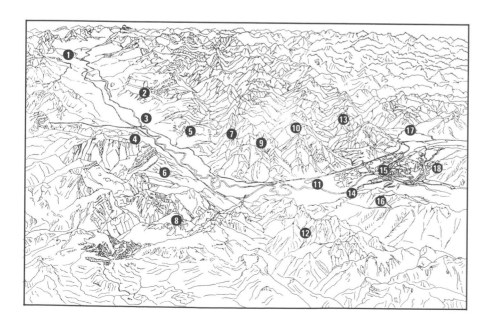

Murray Hay

# Une vallée cachée
# au cœur de la Prairie

**I**l y a 11 000 ou 12 000 ans, les eaux de fonte des glaciers creusèrent dans la prairie une tranchée de 430 km de long qu'occupe maintenant la rivière Qu'Appelle en Saskatchewan (itinéraire 65). Le cours capricieux de cette rivière, en direction est vers le Manitoba, interrompt la géométrie rigoureuse qui règne sur le découpage des terres agricoles et sur le réseau routier. C'est la vallée, qui atteint par endroits 140 m de profondeur et 2,5 km de largeur, qu'on voit avant tout du haut des airs tandis qu'on en est peu conscient en suivant la route. Aussi, après avoir roulé une longue distance en terrain parfaitement plat, le voyageur est-il agréablement surpris de déboucher sur un paysage d'eau et de feuillage. Depuis déjà fort longtemps, le chapelet de lacs à proximité de Fort Qu'Appelle (*en haut, à gauche*) constitue un lieu de villégiature pour les habitants de Regina et du sud de la Saskatchewan.

| | | |
|---|---|---|
| **1** Lac Pasqua | **7** Lac Katepwa | **13** Lac Crooked |
| **2** Qu'Appelle | **8** Indian Head | **14** Stockholm |
| **3** Lac Echo | **9** Melville | **15** Grenfell |
| **4** Fort Qu'Appelle | **10** Rivière Qu'Appelle | **16** Lac Rond |
| **5** Lac Mission | **11** Sintaluta | **17** Esterhazy |
| **6** Lebret | **12** Wolseley | **18** Broadview |

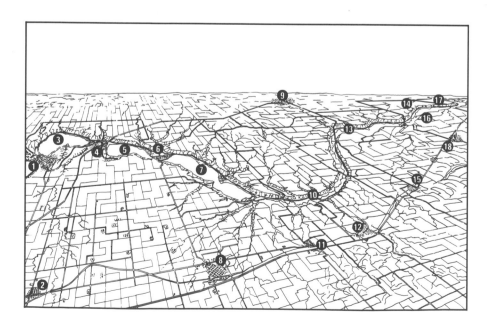

Murray Hay

# Une voie d'eau historique aux confins du Bouclier canadien

**L**es lacs Kawartha (itinéraire 100) s'étendent en bordure du Bouclier canadien dont la lisière coupe en diagonale le sud de l'Ontario depuis Brockville jusqu'à la baie Georgienne. Les lacs du sud, Sturgeon, Pigeon et Chemung, s'étalent paresseusement parmi les terres fertiles et ondulées qui entourent les villes industrielles de Lindsay, Peterborough et Lakefield. Ceux du nord s'affrontent à des littoraux rocheux et boisés où nichent des lieux de villégiature d'été. Le vrai pays du Bouclier, austère et presque désertique, commence au nord des lacs Kawartha; il oblige les routes à faire un crochet et à monter à l'assaut des affleurements rocheux pour rejoindre Minden et Haliburton (*en haut, à gauche*). Les lacs Kawartha servaient depuis longtemps de passage aux Amérindiens lorsque le découvreur français Samuel de Champlain affronta en canot leurs portages en 1615. La navigation ininterrompue d'un lac à l'autre est un héritage qu'ont laissé aux vacanciers d'aujourd'hui les colons du siècle dernier qui s'affairèrent à creuser des canaux et à construire des écluses pour relier les lacs au système navigable Trent-Severn qui va de la baie de Quinte à Severt Sound sur la baie Georgienne. Dépouillée de son rôle commercial, cette pittoresque voie navigable fait désormais le bonheur des plaisanciers.

| | | |
|---|---|---|
| **1** Minden | **8** Lac Sturgeon | **15** Chutes Burleigh |
| **2** Lac Balsam | **9** Lindsay | **16** Lac Stony |
| **3** Haliburton | **10** Bobcaygeon | **17** Lac Clear |
| **4** Lac Shadow | **11** Lac Pigeon | **18** Lac Katchewanooka |
| **5** Coboconk | **12** Buckhorn | **19** Lakefield |
| **6** Lac Cameron | **13** Lac Buckhorn | **20** Rivière Otonabee |
| **7** Chutes Fenelon | **14** Lac Chemung | **21** Peterborough |

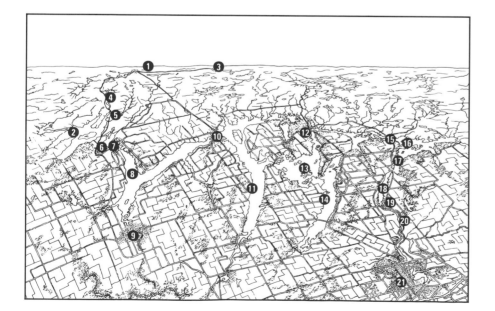

Murray Hay

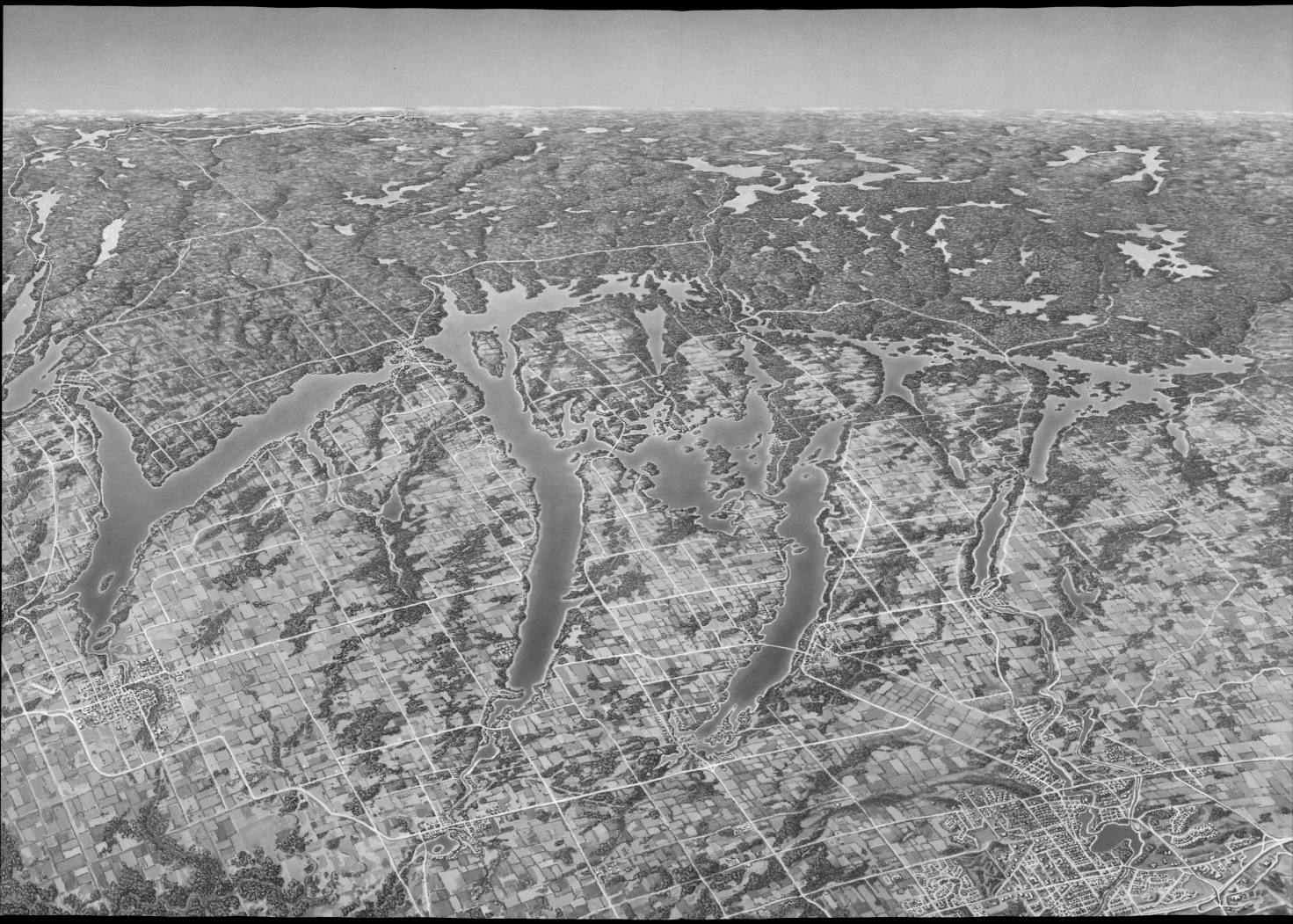

# Contre vents et marées, un fleuve puissant et majestueux

Le comté de Charlevoix, au Québec, s'étend à la lisière sud-est du Bouclier canadien qui rejoint presque le Saint-Laurent dont l'estuaire a plus de 25 km de large à cet endroit. De Baie-Saint-Paul jusqu'à l'embouchure du Saguenay (itinéraire 128), les berges du fleuve se muent en vertes collines, dont certaines peuvent atteindre 600 m de haut, coupées de plateaux boisés, de vallées étroites, de gorges profondes et de rivières bondissantes. Vu des airs, le paysage, infiniment varié, montre un relief accidenté, couvert de forêts et sillonné de chemins et de cours d'eau. Deux routes littorales relient les localités pittoresques de Baie-Saint-Paul, Saint-Joseph-de-la-Rive et Les Éboulements au centre de villégiature bien connu de La Malbaie. À Saint-Joseph-de-la-Rive, un traversier amène le touriste à un plan de terre de 11 km sur 4 environ, l'île aux Coudres *(au premier plan),* où survit encore aujourd'hui l'ambiance de la Nouvelle-France du XVIIIe siècle. De la côte part une route qui, vers l'intérieur, mène à une région peu habitée où les villages de Saint-Urbain, Saint-Hilarion et Notre-Dame-des-Mont se nichent entre les plus hauts sommets du Bouclier canadien.

| | | | | | |
|---|---|---|---|---|---|
| 1 | Fleuve Saint-Laurent | 8 | Lac Sainte-Agnès | 15 | La Malbaie |
| 2 | Baie-Saint-Paul | 9 | Saint-Aimé-des-Lacs | 16 | Pointe-au-Pic |
| 3 | Rivière du Gouffre | 10 | Lac Sainte-Marie | 17 | Saint-Irénée |
| 4 | Saint-Urbain | 11 | Les Éboulements | 18 | Gros Cap à l'Aigle |
| 5 | Notre-Dame-des-Monts | 12 | Île aux Coudres | 19 | Saint-Siméon |
| 6 | Saint-Hilarion | 13 | Clermont | 20 | Baie Sainte-Catherine |
| 7 | Saint-Joseph-de-la-Rive | 14 | Mont Grands-Fonds | 21 | Rivière Saguenay |

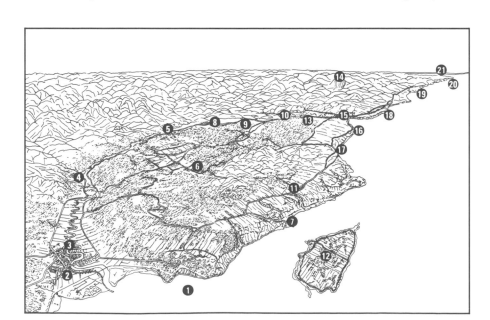

Murray Hay

# Les belles plages de l'île du Prince-Édouard

La partie centrale de l'île du Prince-Édouard, qui ne dépasse pas 25 km de large, est couverte de collines. Ce panorama à vol d'oiseau montre la partie ouest de l'île ; au-delà du détroit de Northumberland, au sud, on aperçoit le cap Tourmentin, au Nouveau-Brunswick, où les visiteurs prennent le traversier qui les mènera à Borden, sur la rive méridionale de l'île. Le damier que dessinent les terres agricoles de l'île nous rappelle que la population de cette province est la plus dense de tout le Canada et qu'elle vit surtout d'agriculture. L'une des portions les plus attrayantes de l'île se situe le long du golfe Saint-Laurent, entre la baie de Tracadie et la plage de Cavendish (*au premier plan*). C'est là que se trouve le parc national de l'Île-du-Prince-Édouard (itinéraire 150) avec ses dunes de sable, ses hautes falaises crayeuses, ses marais salants, ses nappes d'eau douce et quelques-unes des plus belles plages d'Amérique du Nord. De Charlottetown, capitale de la province (*en haut, à gauche*), une demi-douzaine de routes mènent à divers points du parc ; aucune promenade dans ce coin du «Jardin du golfe» ne demande plus de 30 minutes.

1 Baie de Tracadie
2 Plage de Dalvay
3 Plage de Stanhope
4 Plage de Brackley
5 Île Rustico
6 Golfe Saint-Laurent
7 North Rustico
8 Orby Head

9 Cavendish
10 Plage de Cavendish
11 Baie de New London
12 New London
13 Darnley Basin
14 Charlottetown
15 Baie de Hillsborough

16 Détroit de Northumberland
17 Cap Tourmentin (N.-B.)
18 Borden
19 Baie de Bedeque
20 Summerside
21 Kensington
22 Baie de Malpèque

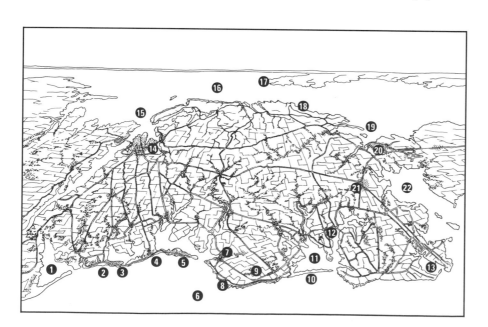

Murray Hay

# Atlas des itinéraires

Cet atlas est constitué de sept cartes et de 184 itinéraires. La carte générale (I) partage le pays en six zones, détaillées dans les cartes régionales numérotées de II à VII. Sur celles-ci, on repère les itinéraires par leur tracé en rouge dans un encadré numéroté. Sur la liste ci-contre, les 184 itinéraires, répartis par région, sont identifiés par leurs points de départ et d'arrivée.

I. CARTE GÉNÉRALE DU CANADA

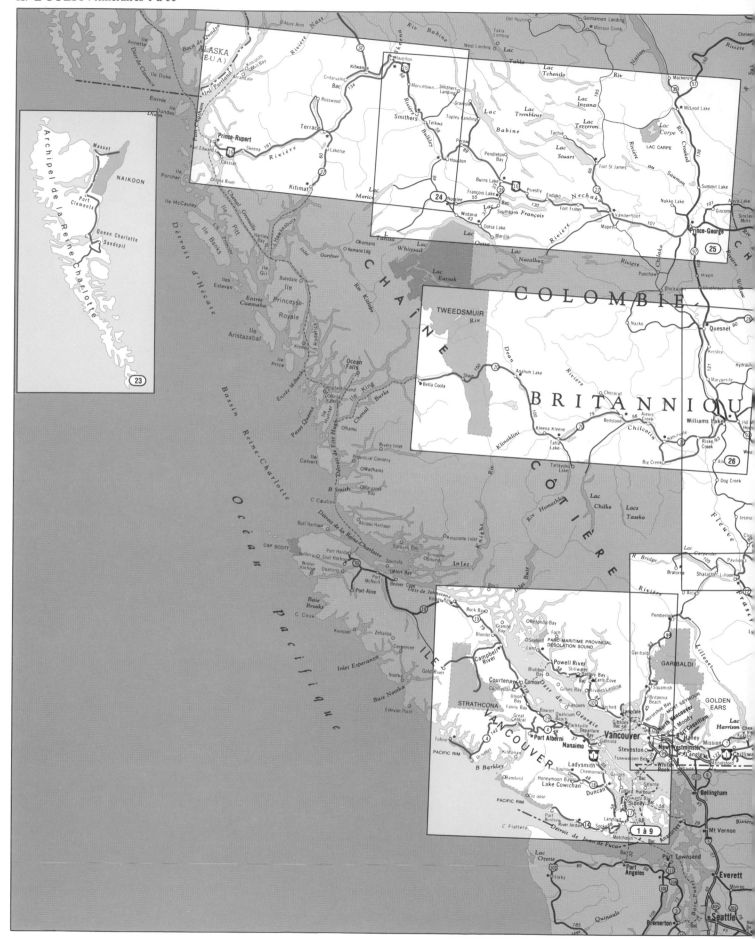

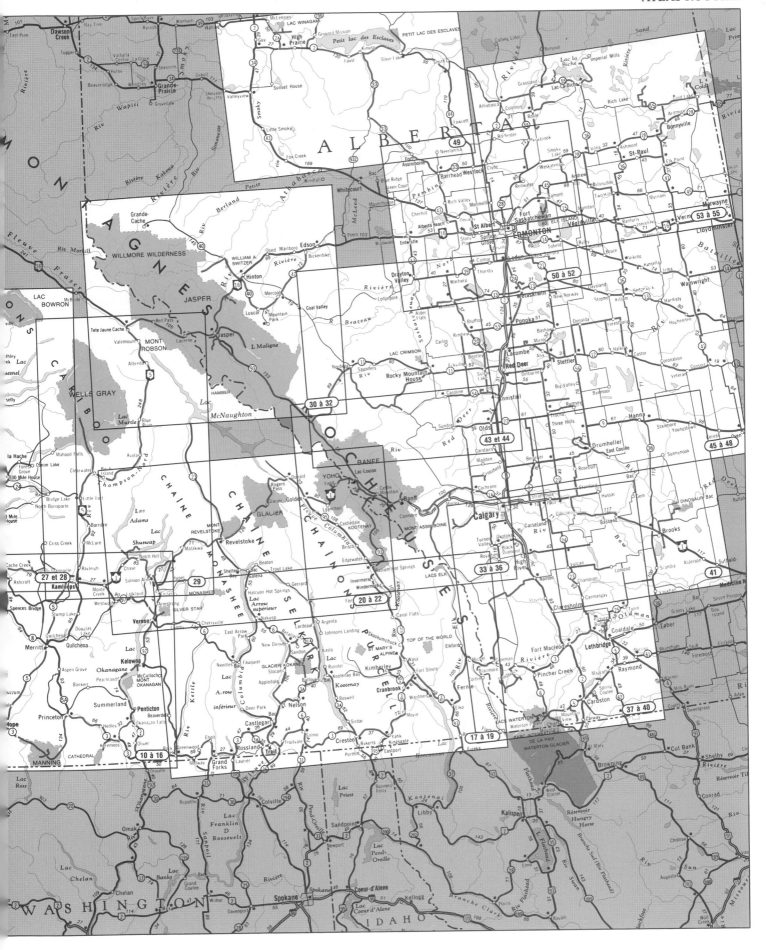

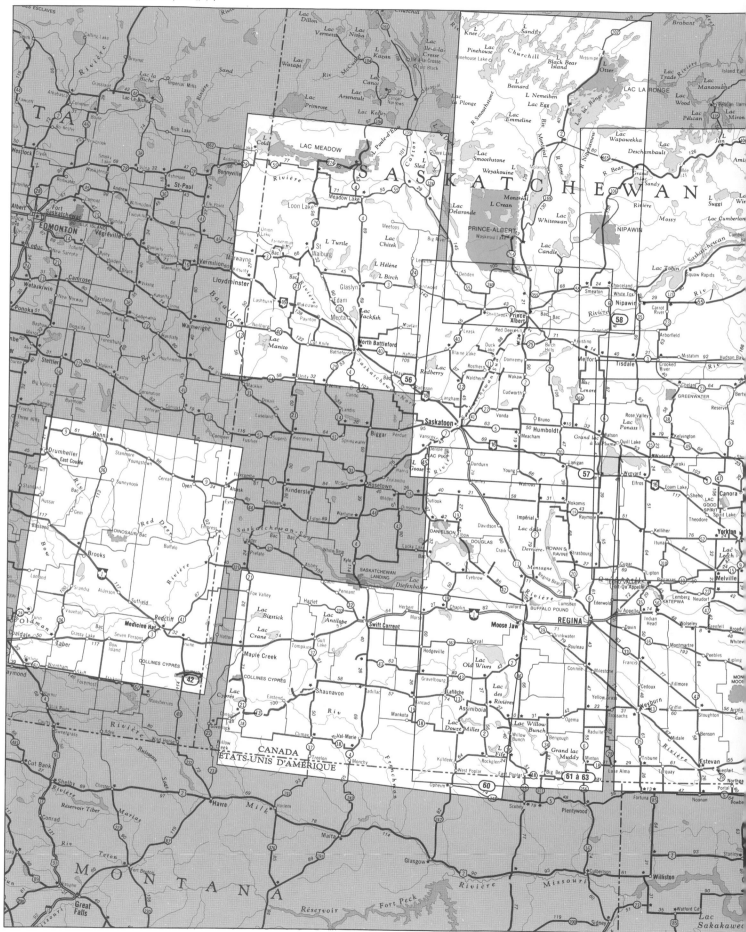

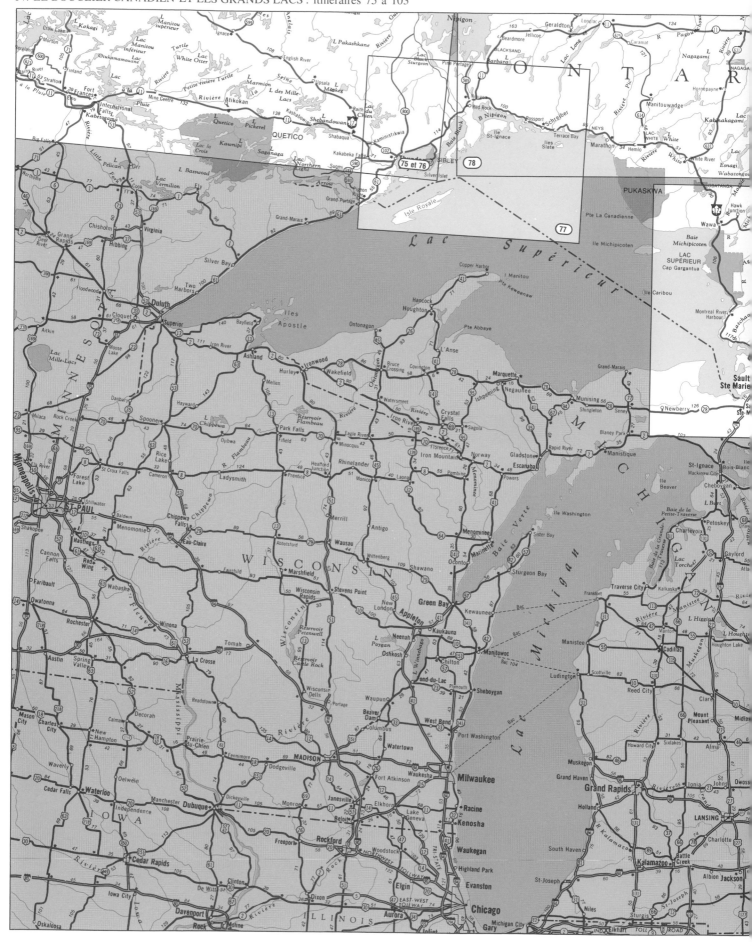

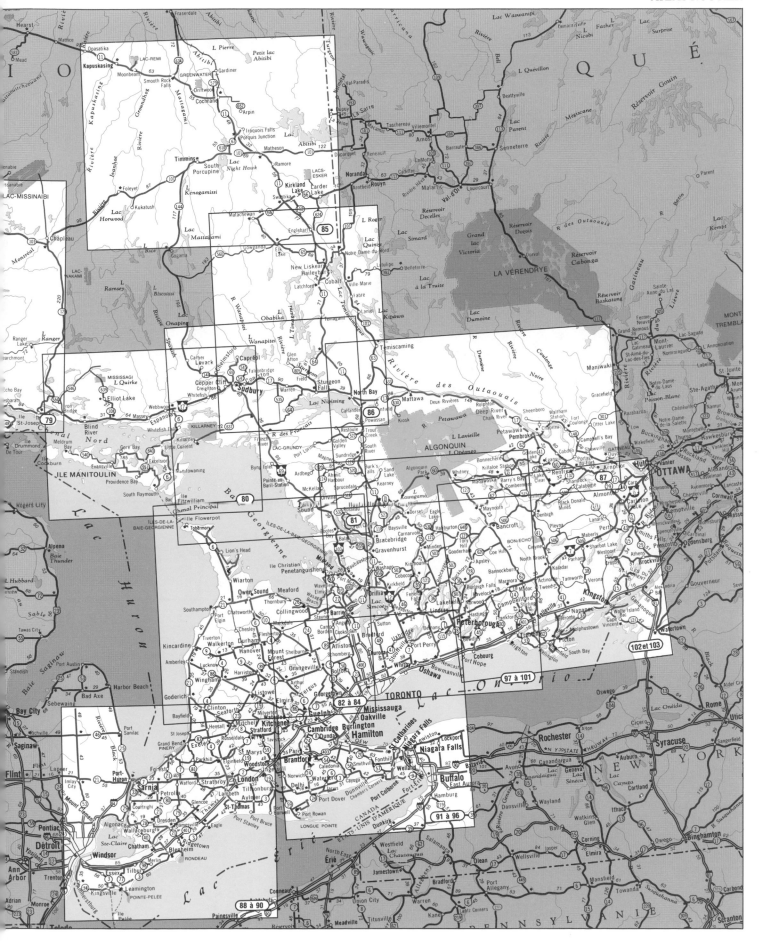

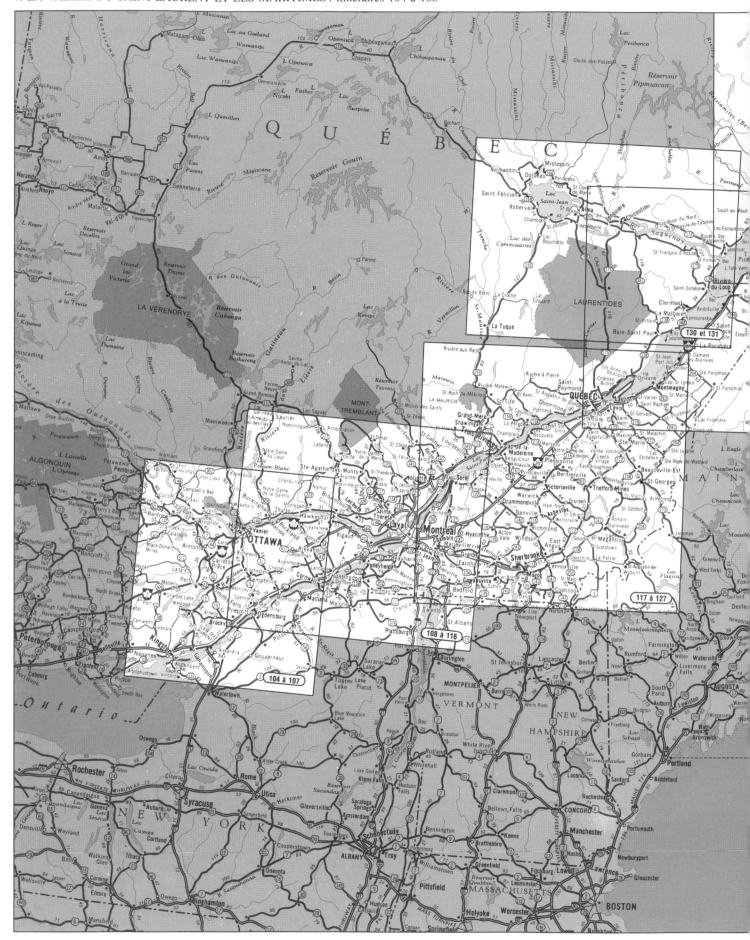

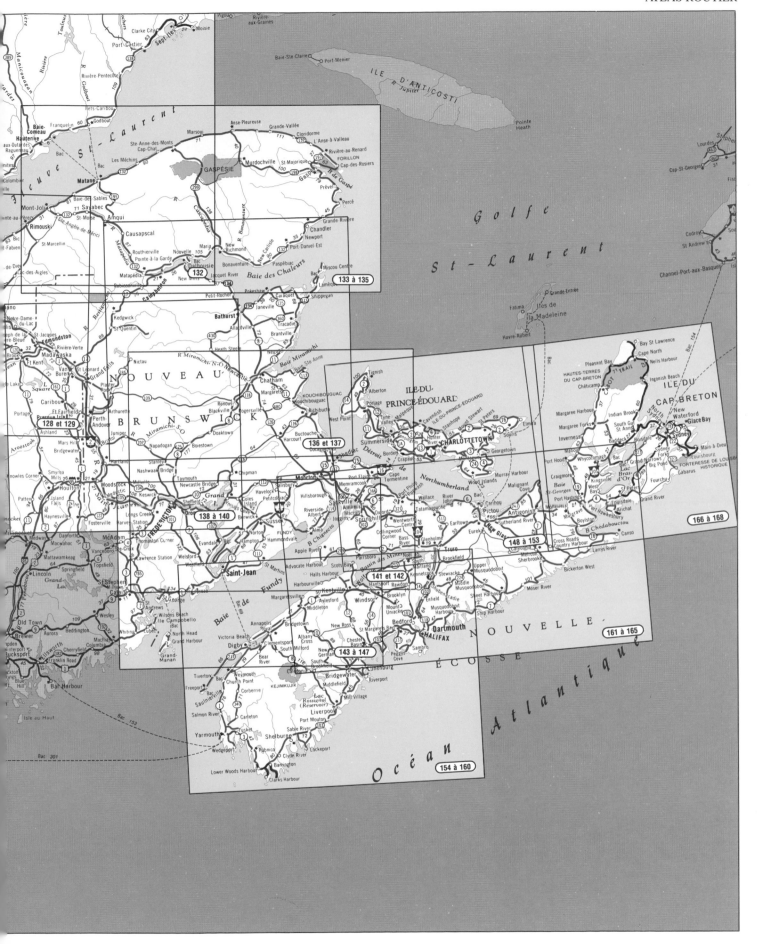

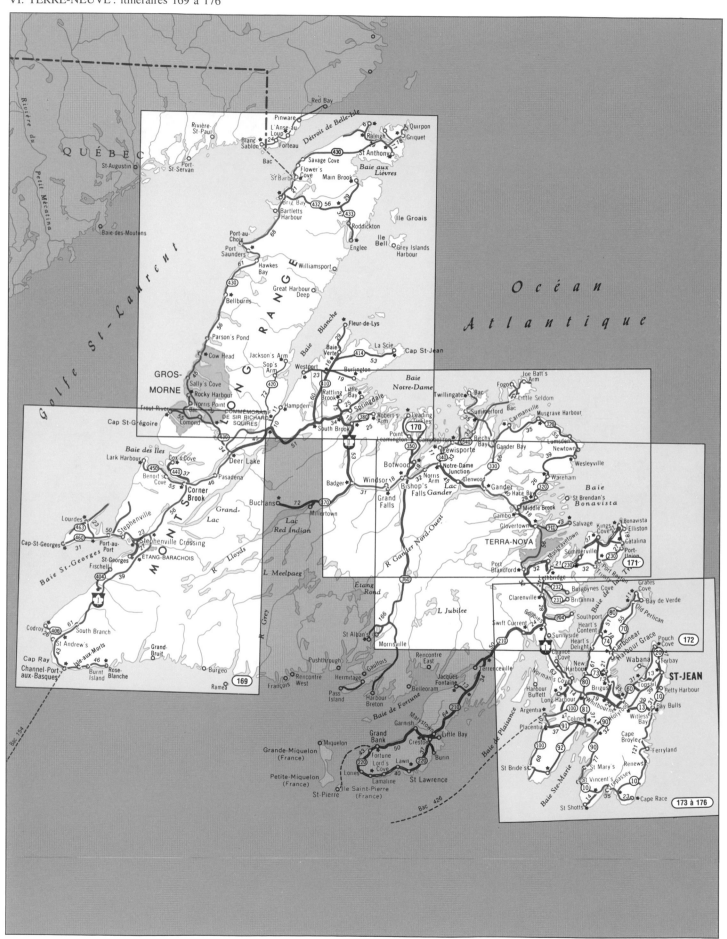

# Le Grand Nord

Les itinéraires proposés dans cette section sillonnent un pays sauvage et majestueux, autrefois quasi inacessible, qui attire un nombre croissant de voyageurs en quête d'aventure. La région compte d'ailleurs quelques-unes des routes les plus célèbres du Canada : la route Dempster, la route de l'Alaska et celle du Mackenzie. On les retrouve en page suivante, sur la carte VII.

# Les routes du Nord

Les routes de terre qui sillonnent le nord-ouest du Canada étant bien construites et convenablement entretenues, il suffira de prendre quelques précautions pour faire face aux difficultés qu'elles peuvent présenter.

Dans le Nord, les garages et les stations-service sont souvent très éloignés les uns des autres. Informez-vous auprès d'un office de tourisme avant de prendre la route. Faites vos réservations suffisamment tôt, car les possibilités d'hébergement sont limitées. Si vous comptez prendre vos vacances en hiver, renseignez-vous sur l'état des routes auprès des autorités compétentes.

En été, les automobilistes qui empruntent les routes de terre du Nord sont invités à s'adresser à un garage de la région qui se chargera de protéger leur véhicule contre la poussière et les projections de gravier en installant des couvercles de plastique transparent sur les phares, un grillage à l'avant pour protéger la calandre et le radiateur et un épais tapis de caoutchouc entre le réservoir et ses brides de fixation. On peut également remplacer par une tubulure de caoutchouc la canalisation d'essence montée sous le châssis.

La poussière est particulièrement gênante aux abords des chantiers de construction et lorsque la pluie a détérioré la surface de la route (les routes sont parfois impraticables après une longue averse ; informez-vous de leur état auprès de la Gendarmerie, du service d'entretien des routes ou du bureau de tourisme de la localité). Pour vous protéger de la poussière, fermez les vitres et mettez le ventilateur en marche. Faites monter des filtres sur les canalisations de chauffage et de climatisation, ainsi qu'une moustiquaire sur l'admission d'air du moteur.

Ne roulez pas trop vite sur les routes de terre. Un véhicule lancé à toute allure soulève un nuage de poussière qui est dangereux pour les autres automobilistes. A haute vitesse, vous risquez aussi de déraper sur le gravier ou à cause d'un nid de poules. Vos pneus s'useront également très vite et peuvent même éclater. Evitez de conduire au milieu de la route, vous risqueriez de vous trouver nez à nez avec un autre véhicule.

Munissez-vous également d'une roue de secours supplémentaire, d'une chaîne ou d'une corde pour remorquer votre véhicule, d'outils et de pièces de rechange, d'une trousse de premiers soins et de quelques provisions. Si vous tombez en panne, restez près de votre voiture et signalez aux autres automobilistes que vous avez besoin d'aide. Ne vous écartez pas de plus d'une centaine de mètres de la route ; vous risqueriez de vous égarer.

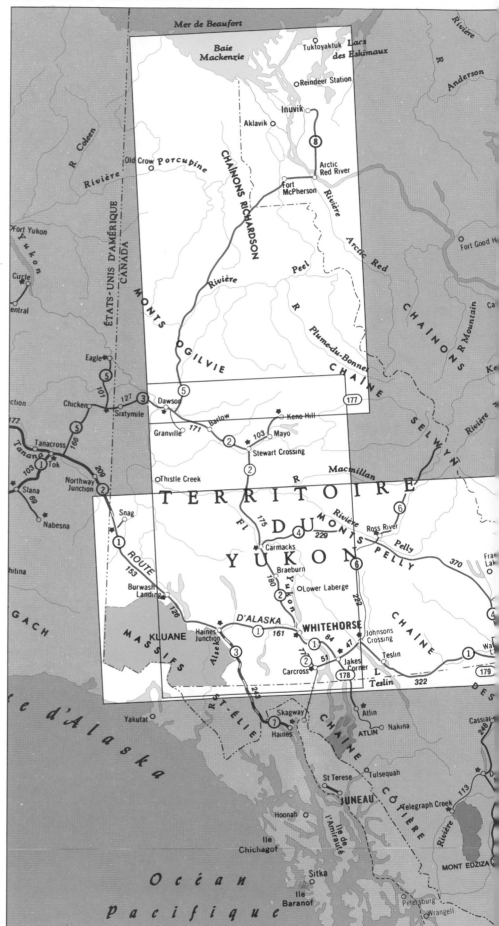

# 1 Port Renfrew/Victoria, C.-B. (111 km)

# Adossée à d'épaisses forêts, une côte noyée de brume

Île de Vancouver

La route 14 qui épouse la côte sud de l'île de Vancouver est l'une des plus pittoresques du Canada. Anciens relais de poste, forts, phares, églises et monuments jalonnent un paysage d'une étonnante variété. Plages et caps s'enchaînent ici, entrecoupés de champs ou de forêts vierges, avec pour toile de fond les montagnes, souvent nimbées de brume, de la péninsule Olympic, de l'autre côté du détroit de Juan de Fuca. Au XVIIIᵉ siècle, les Espagnols, attirés par l'or qu'ils espéraient

## De précaires abris contre la furie des marées

Près de Port Renfrew, les flaques d'eau, les rochers couverts de goémon et les véritables aquariums naturels que les vagues ont creusés dans les récifs de grès de Botanical Beach abritent contre la violence des marées presque toutes les espèces animales et végétales qui vivent sur le littoral de la côte Ouest.

Les « palmes de mer » poussent en abondance sur les rochers que battent les plus fortes vagues ; des tiges flexibles et de solides pieds semblables à des racines qui s'accrochent aux rochers donnent à ces algues leur force et leur beauté. La ruppie maritime tapisse le fond des flaques d'eau dont les parois sont couvertes de bernacles, de moules et d'ormeaux. Les coquilles aplaties des bernacles sont pourvues de pieds flexibles qui suivent le mouvement des vagues. À marée descendante, la bernacle ferme sa coquille qui reste remplie d'eau. À marée haute, elle s'ouvre et l'animal balaie l'eau de ses pattes garnies de cils pour attraper le plancton.

Bernacle

Grotte de Sombrio Beach, près de Port Renfrew

### PORT RENFREW
Port Renfrew se trouve à l'extrémité méridionale du sentier West Coast, dans le parc national Pacific Rim.
□ L'abondance d'animaux marins à Botanical Beach — au sud de Port Renfrew — attire des touristes du monde entier. On s'y rend à pied et la randonnée est plutôt longue et difficile. Les visiteurs doivent être prudents en explorant la plage, car les vents sont imprévisibles dans cette région.
□ On peut voir, à Sombrio Beach, de profondes grottes creusées par les vagues, une chute et un haut-fond de grès où la mer a creusé des bassins.

### RIVER JORDAN
Au siècle dernier, River Jordan était un camp de bûcherons. Sa centrale hydro-électrique, construite en 1911 et agrandie dans les années 50, alimente la majeure partie du sud de l'île de Vancouver.
□ Le pont de bois qui enjambe la rivière Jordan offre une belle vue sur les brisants de la côte.
□ Aux environs, des pistes de randonnée et une plage sont aménagées dans le parc provincial China Beach.

### POINT NO POINT
Selon l'angle où on la découvre, cette partie de la côte semble former un cap proéminent ou, au contraire, ne pas présenter d'avancée de terre. En 1895, des arpenteurs donnèrent le nom de « Glacier Point » à l'endroit, mais les habitants lui préférèrent une appellation plus fantasque : « Point No Point ». En 1957, le Comité canadien des noms géographiques entérina leur choix. « Point No Point » devenait désormais le terme consacré.

Quamassie

0 1 2 3 4 5 Milles
0 2 4 6 8 Kilomètres

*Port de Sooke*

trouver dans la région, connaissaient bien les anses abritées de cette côte où ils mouillaient leurs navires. Plus tard, les colons s'attaquèrent à la forêt touffue, mais ils durent renoncer à la défricher. Même si les rêves de mines d'or et de fermes prospères étaient écartés, la construction de la route 14 en 1957 permit enfin d'exploiter les véritables richesses de la région : les forêts et la pêche.

Environ 200 espèces d'oiseaux et 20 de mammifères habitent la mer et le littoral.

À Botanical Beach, près de Port Renfrew, les flaques d'eau laissées par la marée fourmillent d'animaux marins.

La côte, un incroyable labyrinthe de goulets, d'îles, d'anses, de baies et de falaises vertigineuses, s'adosse à une épaisse forêt qui laisse entrevoir de splendides vues du détroit de Juan de Fuca, l'ouverture de l'immense océan Pacifique.

### COLLÈGE MILITAIRE ROYAL ROADS
James Dunsmuir, Premier ministre de la Colombie-Britannique, puis lieutenant-gouverneur de cette province, consacra une bonne partie de sa fortune à l'embellissement de sa résidence, Hatley Castle. Ce château, que couronnent des parapets de grès et de granit, est entouré d'écuries, de terrains de jeux, de petits pavillons réservés aux invités et de jardins japonais, italiens et français ouverts au public. À la mort de Dunsmuir, en 1920, le gouvernement fédéral acheta le château pour y établir le collège militaire Royal Roads. Les jardins botaniques du domaine sont ouverts au public.

*Hatley Castle, collège militaire Royal Roads*

### SOOKE
Cet important centre d'exploitation forestière, d'agriculture et de pêche possède le port le plus méridional du Canada sur le Pacifique.
□ Le premier colon de la région fut le capitaine Walter Grant qui y fonda une ferme en 1849, en vertu d'un contrat passé avec la Compagnie de la Baie d'Hudson. C'est lui qui planta les premières graines des genêts que l'on voit maintenant pousser un peu partout dans l'île.
□ Le Concours des bûcherons, qui a lieu en juillet, comprend des démonstrations de roulage de billes, d'abattage, de sciage et de lancement de la hache. Les repas qu'on sert à cette occasion sont préparés à la façon des prospecteurs du temps de la ruée vers l'or de 1864 : bœuf rôti à la braise et saumon grillé à la flamme.

### METCHOSIN
Au printemps, d'innombrables érythrones déroulent leur manteau blanc entre les pierres tombales des pionniers enterrés près de l'église St. Mary the Virgin (1879), « l'église des lys blancs ».

*Huîtrier noir*

*Cerf à queue noire*

*Phare Fisgard, parc historique national Fort Rodd Hill*

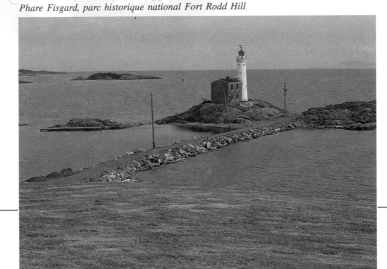

### PARC HISTORIQUE NATIONAL FORT RODD HILL
Fortifié en 1895, le fort Rodd Hill fut pendant longtemps une importante batterie côtière dont les canons de 6 pouces protégeaient le port de Victoria et les chantiers de la Royal Navy à Esquimalt. Le fort n'a été abandonné par l'armée qu'en 1956. Les canons ont disparu, mais leurs casemates — d'énormes fers à cheval de ciment sur une butte herbeuse qui domine l'océan — subsistent encore. On peut visiter le poste de commandement, le mess des officiers, la forge, la cantine et le poste de garde.
□ À côté du fort s'élève le phare Fisgard, une tour de 14 m, qui guide les navires dans le détroit de Juan de Fuca depuis 1860. La lumière du phare est visible à 16 km à la ronde par beau temps.
□ Une harde de cerfs à queue noire domestiqués sillonne le parc de 18 ha qui entoure le fort et le phare.

# La douceur de vivre
# au pays de l'éternel printemps

Victoria, qui fut d'abord un poste de traite, devint une grosse bourgade à l'époque de la ruée vers l'or. Avec ses rues paisibles où il fait bon flâner et ses jardins enchanteurs qui fleurissent toute l'année, Victoria est sans doute aujourd'hui l'une des plus charmantes villes du Canada.

La capitale de la Colombie-Britannique ne dément pas son nom et cultive consciencieusement son cachet victorien et ses coutumes vieil empire comme le « five o'clock tea » à l'hôtel Empress, les étalages luxueux de tweeds et de fine porcelaine, les parties de boules, en tenue coloniale, sur le boulingrin de Crystal Park et de cricket dans le vaste et magnifique parc Beacon Hill.

Élégante et moderne, Victoria chérit son passé dans ses nombreux musées, ses galeries d'art et ses maisons historiques. Elle n'oublie pas non plus de rendre hommage aux riches cultures indiennes de la côte du Pacifique en conservant une forêt de mâts totémiques dans le parc Thunderbird, près du majestueux Parlement.

Les passants, dans cette ville baignée de douceur et qui ne connaît pas l'agitation des grandes métropoles, savent encore prendre le temps de vivre.

**Bastion Square** (4) Là où se dressait le fort Victoria en 1843, on a restauré plusieurs édifices du XIXᵉ siècle dont la première prison de la ville et son premier tribunal, devenu le Musée maritime de la Colombie-Britannique.

*Les promeneurs flânent dans les allées ombragées du parc Beacon Hill (à droite) où se dresse un mât totémique de 38 m (détail ci-dessous). Musée royal de la Colombie-Britannique (ci-dessous, à droite).*

## Victoria

1 École Craigflower
2 Manoir Craigflower
3 Musée Point Ellice House
4 Bastion Square
5 Musée maritime de la Colombie-Britannique
6 Service touristique
7 Jardins sous-marins (Pacific Undersea Gardens)
8 Musée royal de la Colombie-Britannique
9 Parlement
10 Maison d'Emily Carr
11 Place du Centenaire
12 Théâtre McPherson
13 Hôtel Empress
14 Parc Thunderbird
15 Maison Helmcken
16 Cathédrale Christ Church
17 Parc Beacon Hill
18 Musée des Beaux-Arts de Victoria
19 Château Craigdarroch
20 Hôtel du Gouvernement
21 Université de Victoria
22 Sealand of the Pacific

*Le Parlement* (ci-dessus), *construit avec de la pierre et de l'ardoise de la région, date de 1898. Mât totémique, dans le parc Thunderbird* (à droite).

**Château Craigdarroch** (19) Robert Dunsmuir, « le roi du charbon de l'île de Vancouver », offrit à son épouse ce château dont la construction ne fut parachevée qu'après sa mort, en 1889.

**École Craigflower** (1) La plus vieille école (1855) de l'ouest du Canada encore debout abrite un musée historique consacré aux pionniers.

**Hôtel Empress** (13) Longtemps au centre de la vie mondaine de la ville, l'hôtel fut construit par le CP en 1908, face à la mer. Grâce à sa rénovation, l'Empress a retrouvé son opulence originale.

**Jardins sous-marins** (7) Aux Pacific Undersea Gardens, à l'abri de baies vitrées, les visiteurs observent des spécimens de la faune du port : requins, pieuvres et holothuries.

**Maison Helmcken** (15) Construite en 1852 par J. S. Helmcken, qui joua un rôle dans l'entrée de la Colombie-Britannique dans la Confédération, la maison est devenue un musée provincial.

**Manoir Craigflower** (2) Cette maison de ferme, transformée en musée, fut construite en 1853 par Kenneth McKenzie, gouverneur de la Compagnie de la Baie d'Hudson.

**Musée des Beaux-Arts de Victoria** (18) On y admire notamment des toiles d'Emily Carr, d'A. Y. Jackson, de David Milne et d'Homer Watson, la *Vierge à l'Enfant avec saint Jean* de Pier Fiorentino et un bronze d'Auguste Rodin, *Mercure descendu d'un nuage*. Le musée possède une remarquable collection de figurines de porcelaine et de jades orientaux.

**Musée maritime de la Colombie-Britannique** (5) Les collections du musée relatent l'histoire maritime de Victoria. On peut y voir des maquettes de bateau, des figures de proue, des outils, des cloches, des uniformes de marins, des garcettes et un canot de 11 m transformé en goélette à trois mâts, le *Tilikum* (1860), qui fit le voyage de Victoria jusqu'en Angleterre entre 1901 et 1904.

**Musée Point Ellice House** (3) La maison de Peter O'Reilly, l'un des fondateurs de la Colombie-Britannique, abrite une collection de meubles victoriens.

**Parc Beacon Hill** (17) Ce parc, offert à la municipalité par la Compagnie de la Baie d'Hudson en 1882, comporte des pelouses, des roseraies, une volière, un terrain de cricket et un théâtre en plein air. On peut y voir une cloche chinoise fondue en 1627, un mât totémique de 38 m de haut et le point d'origine de la route transcanadienne.

**Parc Thunderbird** (14) Une collection de mâts totémiques, la plupart sculptés entre 1850 et 1890, illustre les différentes tribus de la côte du Pacifique. On peut également voir dans le parc plusieurs

*Le château Craigdarroch est ouvert aux visiteurs.*

pirogues de cèdre, la réplique d'une maison kwakiutl du XIXᵉ siècle ainsi que des sculpteurs façonnant des totems commandés par des collectionneurs.

**Parlement** (9) Une statue de George Vancouver couronne le dôme de cuivre de l'aile principale (1898). En face du Parlement se trouvent le Musée royal de la Colombie-Britannique (8), ainsi qu'un carillon de 62 cloches offert par des Canadiens d'origine néerlandaise. Au musée, on peut voir des toiles d'Emily Carr, une réplique du *Discovery* du capitaine Cook ainsi que des dioramas d'animaux sauvages.

**Place du Centenaire** (11) Cette place est entourée d'une élégante galerie de boutiques, ainsi que d'anciens édifices restaurés : l'hôtel de ville de 1878 et le théâtre McPherson de 1912.

**Sealand of the Pacific** (22) D'une galerie vitrée, les visiteurs peuvent observer phoques, otaries, anguilles et gorgones dans leur élément naturel.

## *Klee Wyck,* l'excentrique artiste de Victoria

Les Indiens de l'île de Vancouver l'appelaient *Klee Wyck,* « celle qui rit ». Les habitants de Victoria surnommèrent affectueusement « Crazy Old Millie Carr » ce peintre excentrique qui promenait parfois son singe dans une voiture d'enfant.

Influencée par les impressionnistes et le Groupe des Sept, Emily Carr s'inspira également du mystère des villages indiens abandonnés et de la grandeur sauvage de la côte du Pacifique. Sous son pinceau, les forêts se transforment en masses sculpturales qu'écrasent des cieux débordant de lumière.

Emily Carr, décédée en 1945, nous a laissé quelque 1 000 tableaux et dessins. Son livre, *Klee Wyck,* reçut le prix de Littérature du Gouverneur général en 1941. Un timbre, qui commémore le centenaire de sa naissance (1871), reproduit un de ses tableaux, *Le Grand Corbeau (à gauche).* La maison d'Emily Carr (10) abrite aujourd'hui un musée et une galerie d'art.

# Le chant de l'alouette et d'anciens chemins de diligence

Île de Vancouver

La baie de Patricia à marée basse

**BAIE DE PATRICIA**

Une faune abondante peuple les sables de la baie de Patricia. En se retirant, la mer y découvre des bernacles incrustées sur des bois flottants, des crevettes qui s'enfouissent précipitamment dans le sol et une multitude de créatures marines qui nagent, dérivent, rampent ou se terrent dans les flaques et la vase. À marée basse, les amateurs de coquillages explorent le littoral en quête des petits jets d'eau qui trahissent la présence d'une praire ou d'une palourde. En hiver, de nombreux oiseaux de rivage se rassemblent sur la plage et les promontoires rocheux.

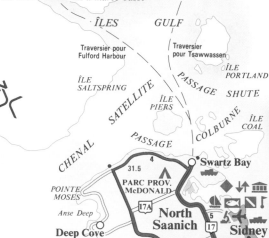

## Les îles solitaires du détroit de Georgie

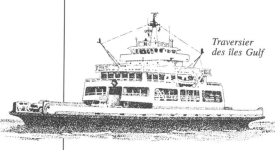

Traversier des îles Gulf

Le traversier de Swartz Bay dessert les paisibles îles Gulf, au nord de la péninsule de Saanich. L'archipel se compose de 15 îles relativement grandes et de plusieurs dizaines d'îlots qui émergent à peine au-dessus des flots à marée haute. Le vent et les vagues sculptent sans cesse leurs côtes déchiquetées, constellées de grottes et d'anfractuosités.

D'anciens esclaves noirs venus de Californie colonisèrent l'île Saltspring durant les années 1850 et y fondèrent des fermes et des exploitations forestières. D'autres colons, attirés par l'or du Fraser, s'installèrent ensuite dans la région et y plantèrent des arbres fruitiers que l'on peut encore voir, même si l'île a depuis abandonné la production commerciale des fruits.

L'une des spécialités de la région est le pré-salé, mouton élevé dans les marécages qu'inonde la mer. On le sert en rôti, avec la traditionnelle sauce à la menthe des Anglais.

Les promeneurs ramassent des palourdes, des crabes et des huîtres sur les plages de sable et de gravier.

**JARDINS BUTCHART**

Dans le grand amphithéâtre de rochers que forme une ancienne carrière, des milliers de fleurs, d'arbres et d'arbustes créent une féerie de couleurs chatoyantes. Des sentiers traversent les pelouses, plantées de grands thuyas, pour mener à un petit lac ceinturé d'un tapis de marguerites. Du haut de la carrière, une chute d'eau festonnée de lierre plonge dans un bassin. Les différentes sections du jardin sont plantées de manière à fleurir toute l'année. Le jardin italien est orné d'arbres et d'arbustes soigneusement taillés, d'arches et de statues florentines, et d'un étang en forme d'étoile couvert de nénuphars. Le jardin japonais est un enchantement pour l'œil avec ses bonsaïs, ses rhododendrons, sa petite chute secrète, ses ponts laqués et ses kiosques sur pilotis éclairés par des lanternes. La roseraie anglaise est sillonnée d'allées qu'enjambent des arceaux fleuris. La route qui mène aux jardins est bordée de plus d'un demi-millier de cerisiers. À la nuit tombée, des lampes, soigneusement dissimulées, éclairent doucement les jardins. On y offre des divertissements tous les jours, de mai à septembre, ainsi que des spectacles et des feux d'artifice en juillet et en août.

Jardins Butchart

```
0   5   1   1.5   2   2.5 Milles
0     1     2     3     4 Kilomètres
```

L'aimable et paisible péninsule de Saanich, sur l'île de Vancouver, est le lieu des plaisirs simples de la campagne, des jeux sur la plage, des promenades sur de charmantes routes sinueuses, le pays des vieilles églises, des auberges accueillantes et de l'hospitalité d'antan.

Un grand nombre des routes de la péninsule, bordées d'épaisses haies derrière lesquelles se cachent de charmants cottages de style Tudor, suivent le tracé des anciens chemins de diligence. Passé le vieux cimetière de l'église Holy Trinity (1885), on peut observer des hiboux des marais et des alouettes dans la campagne autour de l'aéroport de Victoria. À peine plus grosse qu'un moineau, l'alouette au plumage brun chamois est difficile à voir, mais les champs résonnent de son incomparable chant mélodieux.

Les jardins Butchart, à l'extrémité d'une route bordée de cerisiers, occupent une ancienne carrière de calcaire aujourd'hui transformée en un immense parterre de fleurs. Sur une falaise voisine, le dôme de l'observatoire astrophysique Dominion et les chênes de Garry tout rabougris qu'il domine composent un univers étrange, digne d'un paysage imaginé par quelque auteur de science-fiction.

Les îles Gulf s'étendent au beau milieu du détroit de Georgie, au large de l'extrémité nord de la péninsule de Saanich. Ces îles, fermées à l'agitation du monde extérieur, vivent au rythme tranquille des champs, de la forêt et de la mer.

**SIDNEY**
Un ancien poste de douane (1912) abrite le musée de la Société historique de Sidney qui se consacre à l'histoire de la péninsule de Saanich. On peut y voir en particulier l'une des premières éditions du journal de bord du capitaine George Vancouver (1801). Les mardi, jeudi et samedi, les visiteurs peuvent y observer des artisans à l'œuvre.
□ Le parc provincial marin Sidney Spit, dans l'île Sidney, à 5 km de là, se rejoint en bateau ; il offre des terrains de camping et de pique-nique.

*Houx*

*Chêne de Garry*

*Une des paisibles routes de la péninsule de Saanich*

**SAANICHTON**
C'est ici que, depuis 1871, se déroule en septembre la plus ancienne foire agricole de l'ouest du Canada. Le champ de foire compte deux musées consacrés à l'histoire locale, le musée des Pionniers, aménagé dans une maison de rondins (1932), et le musée du Centenaire, qui expose une collection d'anciens outillages agricoles.

**OBSERVATOIRE ASTROPHYSIQUE DOMINION**
Administré par le Conseil national de recherches du Canada, l'observatoire est équipé depuis 1918 d'un télescope de 182 cm. Son miroir d'origine, utilisé jusqu'en 1974, est exposé dans une salle. C'est un énorme morceau de verre de 2 t, poli au dixième de micromètre près. Le samedi soir, les visiteurs peuvent voir l'observatoire en pleine action alors que le dôme s'ouvre et que l'énorme télescope tourne lentement son miroir géant vers l'une ou l'autre étoile.

*Erythrone*

## Du houx et des alouettes, uniques au Canada

Les alouettes des champs font entendre leur mélodie dans le ciel de la péninsule de Saanich, seul endroit d'Amérique du Nord où vit cette espèce. Au début du siècle, des colons anglais en mal du pays firent venir une centaine de couples d'alouettes dans la péninsule. Les oiseaux proliférèrent dans ce doux climat semblable à celui de l'Angleterre.

Le nom Saanich vient d'un mot indien qui signifie « sol fertile ». Dès février, les cerisiers du Japon et les pruniers fleurissent, puis, en avril, les narcisses éclosent (à elle seule, la bourgade de Saanichton en expédie 13 millions tous les ans). Dans cette région, la seule du Canada où pousse le houx des décorations de Noël, de nombreux maraîchers font la culture des baies, notamment celle des mûres de Logan.

De nombreuses fleurs des champs, par exemple l'érythrone et le trille, émaillent le bord des routes et les bosquets d'ormes, de cèdres, d'arbousiers et de sapins.

**CHENAL CORDOVA**

**5.5**

**17**

**20**
**6**
**PARC ELK BEAVER LAKE**
*Lac Elk*

**BAIE DE CORDOVA**

**.5**
**1**
**OBSERVATOIRE ASTROPHYSIQUE DOMINION**
**Prospect Lake**
**14** **Beaver Lake**
**3.5**
**Royal Oak**
*Lac Prospect*

**SAANICH**
**17**
**Lake Hill**

**BAIE DE CADBORO**
**POINTE CATTLE**

**5**

**1**
**Transcanadienne**
**1**

**VICTORIA**
(voir l'itinéraire 2)

**Oak Bay**

**PASSAGE PLUMPER**

**Esquimalt**

*Alouette des champs*

# 4 Parc provincial de Goldstream/Nanaimo, C.-B.   (217 km)

## Le pays des bois, de l'élevage et des fameux chandails cowichans

Île de Vancouver

Cette région de l'île de Vancouver est réputée pour ses splendides chandails tricotés à la main, ses troupeaux de vaches laitières et ses routes forestières.

Tricotés en laine vierge chargée de lanoline, les chandails cowichans ont des motifs inspirés de ceux qu'utilisaient les Salishs de la côte pour leurs couvertures d'écorce de cèdre et de laine de chèvre.

Sous le doux climat de la vallée de la Cowichan — en indien « réchauffé par le soleil » —, les pionniers récoltaient le foin

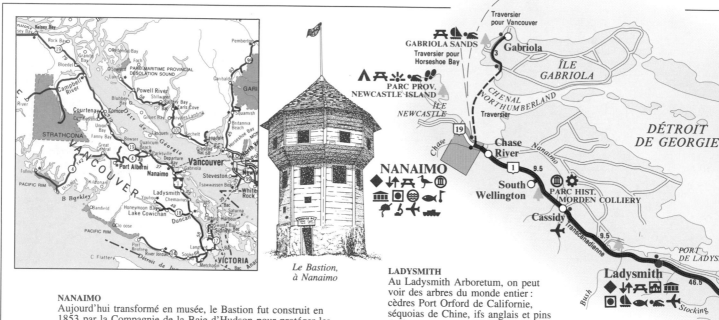

*Le Bastion, à Nanaimo*

### NANAIMO

Aujourd'hui transformé en musée, le Bastion fut construit en 1853 par la Compagnie de la Baie d'Hudson pour protéger les mineurs de charbon venus d'Angleterre et d'Écosse.
☐ Au musée du Centenaire de Nanaimo, dans le parc Piper, se trouvent la maquette d'une mine de charbon sur laquelle on peut voir le matériel qu'utilisèrent les mineurs de 1853 à 1968, un diaporama sur la vie des Salishs avant l'arrivée des Européens et une collection de masques Kwakiutl.
☐ Les silhouettes préhistoriques gravées sur les rochers du parc provincial Petroglyph représentent des êtres humains, des oiseaux, des loups, des lézards et des monstres marins.
☐ Nanaimo, « capitale mondiale de la baignoire », voit au mois de juillet de hardis navigateurs entreprendre, à bord de baignoires à moteur, la traversée du détroit de Georgie entre Nanaimo et Vancouver.

### LADYSMITH

Au Ladysmith Arboretum, on peut voir des arbres du monde entier : cèdres Port Orford de Californie, séquoias de Chine, ifs anglais et pins de Scandinavie.

### DUNCAN

De mai à septembre, au Musée forestier de la Colombie-Britannique, les visiteurs peuvent prendre un petit train à vapeur qui fait un circuit de 2,5 km dans une forêt de 16 ha. Le train franchit un pont sur chevalets de 92 m, puis passe devant des treuils à vapeur, une scierie, une roue à aubes et un tronc de cèdre de 3 m de diamètre. On peut également voir dans le musée un treuil à vapeur, des draisines à balancier, deux locomotives à essence et une tranche d'un sapin de Douglas qui daterait de l'an 640 de notre ère. Le sentier Forester's Walk traverse une forêt où poussent 25 espèces d'arbres, dont des sapins de Douglas de 300 ans et de 55 m de hauteur.
☐ Whippletree Junction, reconstitution d'une petite ville du début du siècle, se compose d'une écurie de louage, d'une caserne de pompiers, d'un magasin général, d'un salon de barbier, d'une forge-armurerie et d'une boutique de glacier.

*Course de baignoires, entre Nanaimo et Vancouver*

### LAKE COWICHAN

Cette localité se trouve sur la rive est du lac Cowichan (45 km de long) où l'on pêche toute l'année d'énormes truites fardées et arc-en-ciel. Les futaies de sapins du parc provincial Gordon Bay, à l'ouest de Honeymoon Bay — une bourgade forestière nommée humoristiquement « lune de miel » en anglais à cause d'un colon qui partit prendre femme en Angleterre et ne revint jamais —, sont les plus fournies de l'île de Vancouver.

0  1  2  3  4  5 Milles
0  2  4  6  8 Kilomètres

sur les terrains qu'ils avaient défrichés dans la forêt. Les fermiers se tournèrent donc vers l'élevage, si bien qu'aujourd'hui une importante partie de la production laitière de la Colombie-Britannique provient des troupeaux de holsteins de la vallée de la Cowichan. À Duncan, le lendemain de la fête du Travail, se tient l'Exposition agricole de la Cowichan.

L'industrie forestière est elle aussi florissante dans la région. Des chemins forestiers mènent au cœur des bois où le Service des forêts de la Colombie-Britannique et l'industrie privée ont aménagé des terrains de camping et de pique-nique. Certaines routes forestières sont cependant interdites au public pendant la journée. Les visiteurs doivent donc s'informer auprès du Service des forêts avant d'entreprendre une randonnée dans l'arrière-pays ou de s'enfoncer dans les bois. Il est bon de savoir également que les convois de camions qui transportent le bois roulent très vite et ont la priorité.

**ÎLE GABRIOLA**
Cette île de 50 km², paradis des chercheurs de coquillages, jouit d'un des climats les plus doux de l'Amérique du Nord. Verte en hiver, elle devient un véritable parterre de fleurs des champs au printemps. L'île est aussi réputée pour ses étranges formations rocheuses, notamment la grotte Galiano. Longue de 90 m, elle a été sculptée par les vents et les vagues dans le grès de la pointe Malaspina, au parc provincial Gabriola Sands.
□ Au sud de la grotte, des stalactites pendent d'une falaise haute de 30 m.

*Grotte Galiano, dans l'île Gabriola*

**CHEMAINUS**
Ce village pittoresque affiche une vingtaine d'immenses murales que des artistes professionnels ont peintes sur les murs des bâtiments. Ces œuvres illustrent divers aspects de l'histoire de Chemainus — la vie des autochtones de la région, l'arrivée des colons et l'âge d'or de l'industrie forestière.

*« L'église du beurre », à Cowichan Bay*

**COWICHAN BAY**
Un missionnaire, le père Rondeault, gardait des vaches et vendait du beurre pour se procurer l'argent dont il avait besoin pour construire son « église du beurre » en 1870. Le grès du monument provient d'une carrière voisine de la colline Comiaken. L'église, qui se trouve sur une réserve cowichan, a été restaurée en 1958.
□ Cowichan Bay est bien connue des pêcheurs de saumons coho.
□ Elle possède cinq marinas et son port accueille les grands bateaux qui font le transport du bois.

**MILL BAY**
Située à l'extrémité nord de la promenade de Malahat, une route côtière construite en 1911, Mill Bay jouirait du climat le plus tempéré de tout le Canada. Cette petite ville est reliée par un traversier à Brentwood Bay, au sud-ouest de la péninsule de Saanich. On peut y pratiquer la pêche en mer et en eau douce, la chasse, le golf, le tennis et la navigation de plaisance.

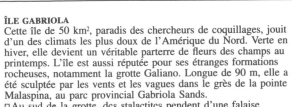

**PARC PROVINCIAL DE GOLDSTREAM**
Les prospecteurs découvrirent de l'or en 1855 dans cette région où l'on peut encore voir les puits et les tunnels des anciennes mines. Les sapins de Douglas de près de 600 ans sont nombreux dans le parc. L'arbousier de Menzies, seul feuillu à feuilles persistantes du Canada, pousse à côté de cornouillers à grandes fleurs, le long des 3 km du sentier Arbutus Ridge. Le sous-bois est tapissé de buissons de houx, de gaylussacias et de ronces, ainsi que d'une grande variété de fleurs sauvages : trilles, calypsos bulbeux et linnées boréales.
□ En novembre, des milliers de saumons kéta et coho remontent la rivière Goldstream pour frayer.

*Cornouiller à grandes fleurs*

*Vue panoramique de la promenade de Malahat*

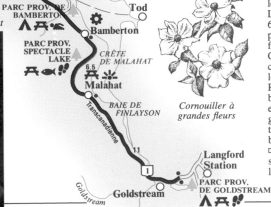

ÎLE DE VANCOUVER

Chemainus
Westholme
Maple Bay
Stratfords Crossing
Mont Prevost
Lac Somenos
Lac Quamichan
Koksilah
Duncan
Hillcrest
Sahtlam
Cowichan Station
Cowichan Bay
Cobble Hill
Mill Bay
BAIE DE SAANICH
BAIE DE MILL
Traversier
PARC PROV. DE BAMBERTON
PARC PROV. SPECTACLE LAKE
Bamberton
Tod
CRÊTE DE MALAHAT
Malahat
BAIE DE FINLAYSON
Transcanadienne
Langford Station
Goldstream
PARC PROV. DE GOLDSTREAM

# À l'ombre du mont Arrowsmith, des futaies de sapins de Douglas

Île de Vancouver

La baie d'Alberni, qui s'enfonce jusqu'au milieu de l'île de Vancouver, est l'une des principales voies navigables de la côte ouest du Canada. C'est par cet étroit chenal, dont les eaux regorgent de saumons à l'époque de la montaison, que la production forestière de l'île est expédiée vers les pays de la ceinture du Pacifique.

Entre Port Alberni, ville de 20 000 habitants située à l'entrée du bras de mer, et Parksville, la route serpente à l'ombre du mont Arrowsmith. Elle escalade ensuite

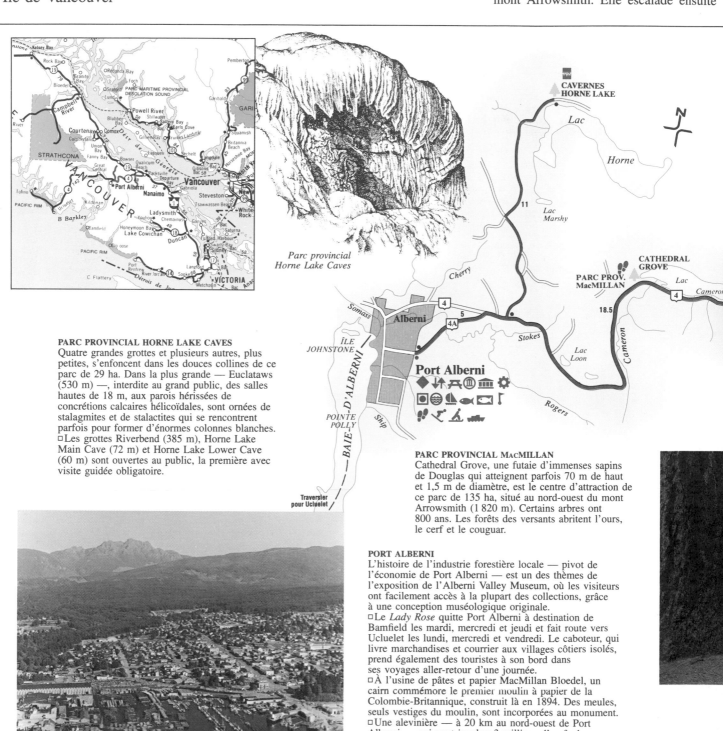

*Parc provincial Horne Lake Caves*

**PARC PROVINCIAL HORNE LAKE CAVES**
Quatre grandes grottes et plusieurs autres, plus petites, s'enfoncent dans les douces collines de ce parc de 29 ha. Dans la plus grande — Euclataws (530 m) —, interdite au grand public, des salles hautes de 18 m, aux parois hérissées de concrétions calcaires hélicoïdales, sont ornées de stalagmites et de stalactites qui se rencontrent parfois pour former d'énormes colonnes blanches.
□ Les grottes Riverbend (385 m), Horne Lake Main Cave (72 m) et Horne Lake Lower Cave (60 m) sont ouvertes au public, la première avec visite guidée obligatoire.

**PARC PROVINCIAL MacMILLAN**
Cathedral Grove, une futaie d'immenses sapins de Douglas qui atteignent parfois 70 m de haut et 1,5 m de diamètre, est le centre d'attraction de ce parc de 135 ha, situé au nord-ouest du mont Arrowsmith (1 820 m). Certains arbres ont 800 ans. Les forêts des versants abritent l'ours, le cerf et le couguar.

**PORT ALBERNI**
L'histoire de l'industrie forestière locale — pivot de l'économie de Port Alberni — est un des thèmes de l'exposition de l'Alberni Valley Museum, où les visiteurs ont facilement accès à la plupart des collections, grâce à une conception muséologique originale.
□ Le *Lady Rose* quitte Port Alberni à destination de Bamfield les mardi, mercredi et jeudi et fait route vers Ucluelet les lundi, mercredi et vendredi. Le caboteur, qui livre marchandises et courrier aux villages côtiers isolés, prend également des touristes à son bord dans ses voyages aller-retour d'une journée.
□ À l'usine de pâtes et papier MacMillan Bloedel, un cairn commémore le premier moulin à papier de la Colombie-Britannique, construit là en 1894. Des meules, seuls vestiges du moulin, sont incorporées au monument.
□ Une alevinière — à 20 km au nord-ouest de Port Alberni — qui peut incuber 3 millions d'œufs de saumons chinook et coho, est ouverte au public. Il s'y fait aussi de la pêche sportive, sauf en mars et avril.

*Port Alberni*

0  1  2  3  4  5 Milles
0  2  4  6  8 Kilomètres

*Chute de la Little Qualicum*

les pentes boisées du plus haut col de l'île de Vancouver (370 m). On voit encore, le long de cette route, les dommages causés par le feu qui a ravagé une bonne partie de cette forêt en 1967.

Dans le parc provincial MacMillan, Cathedral Grove est une futaie d'immenses sapins de Douglas qui n'étaient encore que des arbrisseaux lors du voyage de Cabot en 1497. Les forêts des environs abritent une faune abondante de cerfs, d'ours, de loups et surtout de couguars.

Parksville, centre touristique de la région, est située sur la rive d'une magnifique baie. La ville, déjà réputée pour ses plages, ses parcs et ses lieux de pêche, organise en outre un concours hippique en mai, un concours de châteaux de sable en juillet et un concours de pêche au saumon à la mi-août.

## PARC PROVINCIAL LITTLE QUALICUM FALLS
La pittoresque chute de la Little Qualicum, qui plonge de 60 m en trois ressauts spectaculaires, se trouve dans ce parc de 4 km² où sont aménagés 91 terrains de camping. L'on peut se baigner dans la Little Qualicum et la pêche à la truite y est excellente aux abords du parc. Des sentiers panoramiques mènent au mont Arrowsmith.

## PARKSVILLE
Parksville est réputée pour sa grande plage de 1,5 km sur le détroit de Georgie, ses sites de pêche au saumon et à la truite, et ses deux parcs qui bordent les rivières Englishman et Little Qualicum.
□ Dans le parc Craig Heritage, le long de la route 19, il y a une collection d'objets amérindiens et inuits, d'armes à feu, de photos et de boîtes à musique.
□ Aux environs, sur le ruisseau French, l'église St. Ann date de 1894 ; son rectorat, de 1912.

*Église St. Ann, près de Parksville*

## PARC PROVINCIAL RATHTREVOR BEACH
Une plage de sable de 1,5 km de long borde la rive est de ce parc de 350 ha sillonné de sentiers d'observation. La marée descendante découvre 200 ha de vasières. Parmi les 42 espèces d'oiseaux qui fréquentent l'endroit, on remarquera surtout la bernache noire, une sous-espèce menacée de la famille des outardes.

*DÉTROIT DE GEORGIE*

*BAIE DE PARKSVILLE*

*Parksville*

*Coombs*

*Errington*

*Mont Little*

*Mont Arrowsmith*

*Morison*

PARC PROV. LITTLE QUALICUM FALLS

PARC PROV. RATHTREVOR BEACH

PARC PROV. ENGLISHMAN RIVER FALLS

*CHUTES DE L'ENGLISHMAN*

*Bernaches noires*

## PARC PROVINCIAL ENGLISHMAN RIVER FALLS
Ce parc de 100 ha est doté d'une centaine d'emplacements de camping et de 37 aires de pique-nique. Les eaux poissonneuses de l'Englishman regorgent de truites Kamloops, fardées et arc-en-ciel. De la passerelle de bois qui enjambe la rivière, les visiteurs découvrent une vue spectaculaire d'une chute de 40 m.

*Cathedral Grove, parc provincial MacMillan*

## Une forêt d'arbres géants

Les plus grands arbres du monde poussent dans les anciennes forêts pluviales de la côte du Pacifique. Les précipitations abondantes, la durée de la belle saison et la rusticité des conifères de la côte du Pacifique leur permettent d'atteindre ici des hauteurs exceptionnelles.

Dans la plupart des régions du monde, les grands arbres ont une trentaine de mètres de haut. Dans les forêts pluviales du Pacifique, ils mesurent en moyenne 60 m et atteignent parfois 90 m.
□ L'industrie du bois a détruit la plupart des forêts pluviales. Cathedral Grove, dans le parc provincial MacMillan, est la plus belle de celles qui subsistent en Colombie-Britannique et la plus accessible. D'énormes sapins de Douglas mêlés à quelques cèdres de l'Ouest et épinettes de Sitka y poussent en épaisses futaies sur un tapis de mousse humide. Seule la pruche de l'Ouest se développe dans l'ombre du sous-bois touffu et finira par remplacer les grands sapins dans quelques siècles.

*Cèdre de l'Ouest*   *Épinette de Sitka*   *Pruche de l'Ouest*

# Baleines et otaries, au large d'une côte ciselée par les vagues

Île de Vancouver

Perché sur les rochers de la côte ouest de l'île de Vancouver, le parc national Pacific Rim recèle une longue suite de plages battues par le ressac, de pointes rocheuses et d'îles rocailleuses où se brisent les vagues du Pacifique.

Au bord de l'immense océan, à Long Beach, les *surfers* chevauchent la crête des vagues et les pêcheurs lancent leurs lignes dans les eaux écumantes, tandis que les promeneurs fouillent le sable blanc en quête de coquillages, de palourdes géantes

*Macareux huppé*

### TOFINO
Ce port de pêche a été baptisé en 1792 du nom de Vincente Tofino, un amiral espagnol. La ville est également un centre d'exploitation minière et forestière.
□ À 8 km au nord se trouvent les ruines du fort Défiance, fondé en 1791 par un trafiquant de fourrures, Robert Gray, qui découvrit le Columbia et lui donna le nom de son navire.
□ On visitera le Centre de la baleine.
□ Le Musée maritime de Tofino contient une collection d'objets qui proviennent de navires naufragés.
□ Le festival annuel de la baleine célèbre, de la mi-mars à la mi-avril, la migration des baleines grises.

### ÎLE CLELAND
Le macareux huppé niche dans cette île dénudée. Grâce à ses courtes ailes et à ses pieds palmés, il « vole » sous l'eau. Il peut porter une dizaine de poissons dans son bec rouge, bleu et jaune. L'alque à bec cornu et plus de 10 000 pétrels nichent aussi dans l'île.

### LONG BEACH
Ce croissant de sable presque blanc, long de 11 km, est souvent noyé dans la brume. Quand le brouillard se lève sur le parc national Pacific Rim, les promeneurs fouillent les débris amenés par la mer sur la plage : bois aux formes étranges, gracieux coquillages, flotteurs de verre poussés par les vents et les courants depuis le Japon.
□ Sur les grandes battures de la baie de Grice, l'herbe à bernache et des algues assurent une nourriture abondante aux bernaches noires et aux canards pilets et malards. Environ 10 000 bernaches canadiennes s'arrêtent ici pendant leur migration d'octobre et de novembre.
□ La plage est bordée de futaies d'épinettes de Sitka, qui supportent bien l'air salin du littoral, de salals, de buissons de ronces et de chèvrefeuille et de l'ivraie de Perse couvre les dunes.
□ Le centre Wickaninnish (situé dans la section du même nom de Long Beach) présente des expositions et des films sur l'océan Pacifique.

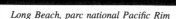

*Long Beach, parc national Pacific Rim*

### PARC NATIONAL PACIFIC RIM
Le parc, qui s'étend sur 105 km de la côte ouest de l'île de Vancouver, se compose de trois sections : Long Beach, l'archipel Broken Group et le sentier West Coast Trail.
□ Les battures de Long Beach attirent des milliers d'oiseaux marins migrateurs. Derrière les forêts pluviales s'élève le chaînon des Mackenzie, haut de 1 200 m. De Long Beach, un bateau mène aux rochers Sea Lion où les otaries de Steller prennent le soleil. De Radar Hill, près de la route 4, on découvre une splendide vue de l'île de Vancouver.
□ L'archipel Broken Group — 100 îles éparpillées dans la baie de Barkley — est un des hauts lieux de la pêche au saumon.
□ Le sentier West Coast Trail, entre Bamfield et Port Renfrew, longe le littoral du Pacifique sur 77 km. Il est très accidenté et seuls les randonneurs expérimentés devraient s'y aventurer.

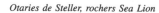

*Baleine grise*

*Otaries de Steller, rochers Sea Lion*

0 1 2 3 4 5 Milles
0 2 4 6 8 Kilomètres

ou de couteaux, parmi les débris que la mer apporte inlassablement.

Dans l'archipel Broken Group, le « cimetière du Pacifique », les plongeurs explorent les épaves incrustées de berniques des 50 navires qui y ont sombré.

Le sentier West Coast Trail, dans le parc, menait autrefois les marins naufragés en lieu sûr. D'autres sentiers conduisent à des grottes en bordure de l'eau, à des ponts de pierre sculptés par les intempéries, à des cavités où s'engouffrent les vagues et aux flaques d'eau laissées par la marée où l'on trouve des berniques, des moules et des patelles.

Dans les ports voisins de Tofino et Ucluelet, les visiteurs dégustent des fruits de mer à peine sortis de l'eau. Près de Port Alberni, le lac Sproat et la rivière Taylor regorgent de truites et de saumons. Au loin, les gigantesques sapins de Douglas et les cèdres de l'Ouest poussent en futaies denses sur les croupes bleutées du chaînon des Mackenzie.

*Port de pêche de Tofino*

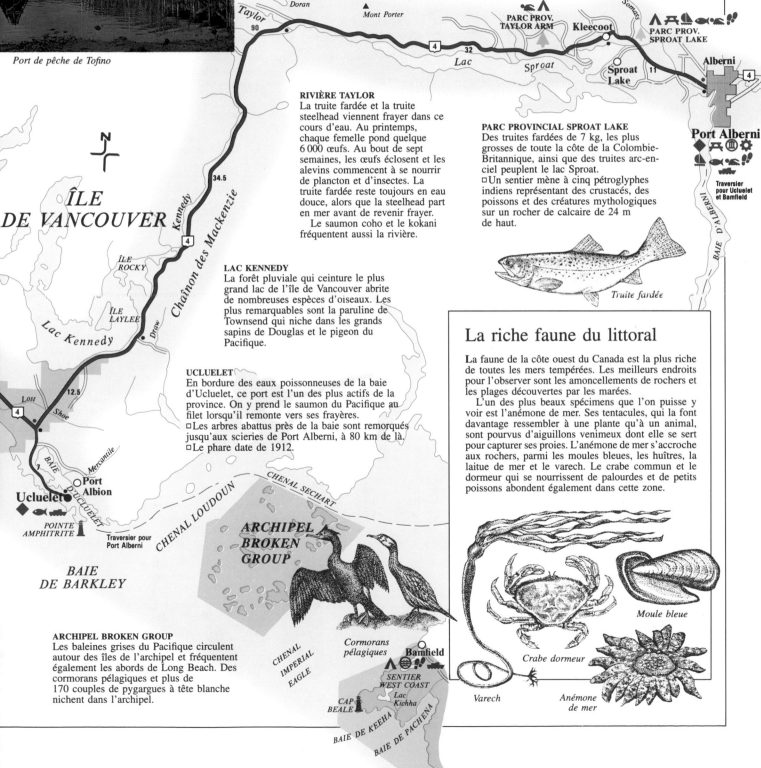

**RIVIÈRE TAYLOR**
La truite fardée et la truite steelhead viennent frayer dans ce cours d'eau. Au printemps, chaque femelle pond quelque 6 000 œufs. Au bout de sept semaines, les œufs éclosent et les alevins commencent à se nourrir de plancton et d'insectes. La truite fardée reste toujours en eau douce, alors que la steelhead part en mer avant de revenir frayer.
Le saumon coho et le kokani fréquentent aussi la rivière.

**LAC KENNEDY**
La forêt pluviale qui ceinture le plus grand lac de l'île de Vancouver abrite de nombreuses espèces d'oiseaux. Les plus remarquables sont la paruline de Townsend qui niche dans les grands sapins de Douglas et le pigeon du Pacifique.

**UCLUELET**
En bordure des eaux poissonneuses de la baie d'Ucluelet, ce port est l'un des plus actifs de la province. On y prend le saumon du Pacifique au filet lorsqu'il remonte vers ses frayères.
□ Les arbres abattus près de la baie sont remorqués jusqu'aux scieries de Port Alberni, à 80 km de là.
□ Le phare date de 1912.

**PARC PROVINCIAL SPROAT LAKE**
Des truites fardées de 7 kg, les plus grosses de toute la côte de la Colombie-Britannique, ainsi que des truites arc-en-ciel peuplent le lac Sproat.
□ Un sentier mène à cinq pétroglyphes indiens représentant des crustacés, des poissons et des créatures mythologiques sur un rocher de calcaire de 24 m de haut.

*Truite fardée*

## La riche faune du littoral

La faune de la côte ouest du Canada est la plus riche de toutes les mers tempérées. Les meilleurs endroits pour l'observer sont les amoncellements de rochers et les plages découvertes par les marées.

L'un des plus beaux spécimens que l'on puisse y voir est l'anémone de mer. Ses tentacules, qui la font davantage ressembler à une plante qu'à un animal, sont pourvus d'aiguillons venimeux dont elle se sert pour capturer ses proies. L'anémone de mer s'accroche aux rochers, parmi les moules bleues, les huîtres, la laitue de mer et le varech. Le crabe commun et le dormeur qui se nourrissent de palourdes et de petits poissons abondent également dans cette zone.

*Moule bleue*

*Crabe dormeur*

*Varech*

*Anémone de mer*

**ARCHIPEL BROKEN GROUP**
Les baleines grises du Pacifique circulent autour des îles de l'archipel et fréquentent également les abords de Long Beach. Des cormorans pélagiques et plus de 170 couples de pygargues à tête blanche nichent dans l'archipel.

*Cormorans pélagiques*

# Riches terres agricoles, rivières à saumons et pétroglyphes

Île de Vancouver

Vers les années 1890, seule une piste menait au nord de la vallée de Comox. On construisit bien un mauvais chemin pour les chariots dès 1904, mais il fallut cependant attendre la Seconde Guerre mondiale pour qu'une route bitumée aille jusqu'à Kelsey Bay.

Au sortir de Cumberland, la route 19 s'engage dans les riches terres agricoles de la vallée qui entoure Comox. Là, les voyageurs peuvent prendre toute l'année le traversier pour Powell River, de l'autre

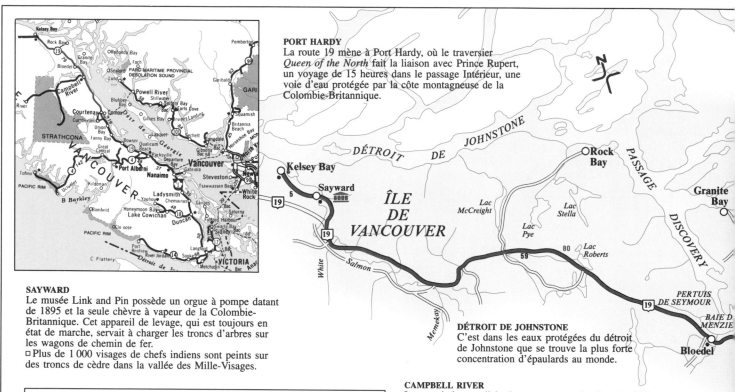

**PORT HARDY**
La route 19 mène à Port Hardy, où le traversier *Queen of the North* fait la liaison avec Prince Rupert, un voyage de 15 heures dans le passage Intérieur, une voie d'eau protégée par la côte montagneuse de la Colombie-Britannique.

**SAYWARD**
Le musée Link and Pin possède un orgue à pompe datant de 1895 et la seule chèvre à vapeur de la Colombie-Britannique. Cet appareil de levage, qui est toujours en état de marche, servait à charger les troncs d'arbres sur les wagons de chemin de fer.
□ Plus de 1 000 visages de chefs indiens sont peints sur des troncs de cèdre dans la vallée des Mille-Visages.

**DÉTROIT DE JOHNSTONE**
C'est dans les eaux protégées du détroit de Johnstone que se trouve la plus forte concentration d'épaulards au monde.

**CAMPBELL RIVER**
La « capitale mondiale du saumon » est le siège du Club Tyee. En sont membres les pêcheurs qui ramènent un « tyee », c'est-à-dire un saumon chinook d'au moins 14 kg.
□ Le Festival du saumon en juillet comporte un défilé, un concours de pêche et des courses en canots de guerre.
□ L'activité économique de la ville est l'industrie de la pêche et de l'exploitation forestière. On peut visiter la fabrique de papier de Duncan Bay, à 5 km au nord.
□ Un mât totémique de 5 m de haut qui représente des ours se dresse devant le musée du Centenaire de Campbell River. Dans la rotonde, on peut voir un énorme oiseau-tonnerre. La plupart des objets indiens du musée proviennent des tribus kwakiutl et nootka, quelques-uns des Salishs. Le musée renferme aussi des collections d'armes à feu, des outils utilisés par les mineurs et les bûcherons, et des objets domestiques de l'époque des pionniers.

*Port de Campbell River*

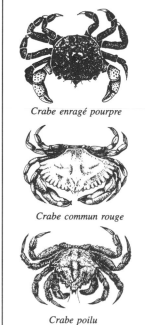

## Les carapaces bigarrées des crabes du Pacifique

Les plages du Pacifique sont jonchées de carapaces colorées, abandonnées par les crabes. Le crabe fend sa carapace jusqu'à deux ou trois fois par an et en sort revêtu d'une autre, molle. Il remplit alors son corps d'eau jusqu'à ce que sa nouvelle carapace ait une taille suffisante et durcisse. Le crabe de varech qui fréquente les tapis d'herbe à bernaches recouvre sa carapace d'un camouflage d'algues et de berniques qu'il reprend après chaque mue. Le bernard-l'ermite, à l'abdomen tendre et vulnérable, élit domicile dans des coquilles vides de buccins et change d'abri à mesure qu'il grandit. Le pinnothère est un crabe minuscule qui vit en commensal à l'intérieur de la cavité du manteau de certaines palourdes.

Les deux espèces les plus connues sont sans doute le crabe enragé pourpre et le crabe commun vert que l'on trouve sur les rochers. Les crabes communs rouges, qui vivent sur les plages de gravier, ont la coquille rouge brique et les pinces noires. Le tourteau, qui s'enfouit habituellement dans le sable, est chamois clair ou brun rougeâtre. Le crabe kégani, couvert de poils durs d'un brun rouille, est jaune orangé.

*Crabe enragé pourpre*

*Crabe commun rouge*

*Crabe poilu*

côté du détroit de Georgie. La route traverse ensuite Courtenay, une agglomération située à 24 km au sud-est du plateau Forbidden, un centre de villégiature fréquenté par les skieurs et les randonneurs. Plus au nord, le parc provincial Miracle Beach, qui s'étend en bordure d'une mer peuplée à cet endroit d'une faune très riche, offre une vue spectaculaire sur la majestueuse chaîne Côtière.

À l'endroit où la Campbell se jette dans l'étroit chenal du passage Discovery se dresse la jolie petite ville de Campbell River, célèbre pour les arbres majestueux des forêts qui l'entourent et pour les énormes saumons qui fréquentent les rivières du voisinage. Les touristes, dans ce site pittoresque, peuvent pêcher, faire du camping, partir en randonnée ou prendre le traversier pour l'île Quadra dans laquelle ils pourront voir des pétroglyphes indiens.

La route 19, terminée dans les années 70, se rend maintenant jusqu'à Port McNeill et Port Hardy.

Île Quadra

## ÎLE QUADRA
De Campbell River, un traversier mène dans cette île de 24 km de long, la plus grande du passage Discovery.
□ Quadra possède un village indien et d'authentiques mâts totémiques. Au cap Mudge, on peut voir les plus importants pétroglyphes indiens de la côte du Pacifique. Ces silhouettes, gravées sur 26 grosses pierres, représentent des masques et des créatures mythologiques.
□ Un phare, construit sur le cap en 1898, guide les navires dans l'étroit goulet du passage Discovery.
□ Le parc provincial Rebecca Spit est doté de terrains de camping et de pique-nique, ainsi que d'installations pour les bateaux de plaisance. À l'extrémité nord de l'île, des routes de terre mènent à des lacs, au vieux village finnois de Granite Bay et à la mine d'or et de cuivre Lucky Jim, découverte par des ouvriers qui construisaient un chemin de fer forestier.
□ Parmi les attractions de l'île, il faut noter la randonnée, la pêche et la cueillette des coquillages.

## PERTUIS DE SEYMOUR
Les parois rocheuses à pic qui encaissent les eaux bleues du pertuis de Seymour atteignent 60 m de haut par endroits. À l'ouest, elles bordent l'île de Vancouver.
□ Le rocher Ripple était le cimetière des navires qui s'attaquaient aux courants et aux tourbillons de la passe jusqu'à ce qu'on le fasse sauter en 1958. Le dynamitage du rocher fut la plus importante opération du genre jamais réalisée au Canada.

Goéland à ailes glauques

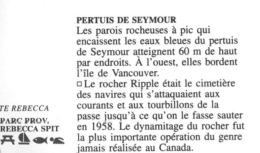

ÎLE QUADRA

Heriot Bay
POINTE REBECCA
PARC PROV. REBECCA SPIT
Duncan Bay
16
28
Campbell River
PARC PROV. ELK FALLS (voir l'itinéraire 8)
CAP MUDGE
PARC PROV. MITLENATCH ISLAND
ÎLE MITLENATCH
19
ÎLE DE VANCOUVER
23
BAIE OYSTER
DÉTROIT DE GEORGIE
Oyster River
PARC PROV. MIRACLE BEACH
Black Creek
58
Merville
11.5
KITTY COLEMAN BEACH
Tsolum
12
KIN BEACH
Comox
Traversier pour Powell River
PORT DE COMOX
5.5
Royston
19
Trent
6
Cumberland

## PARC PROVINCIAL MIRACLE BEACH
Des marsouins et des phoques fréquentent l'embouchure de la rivière Black, tandis que des épaulards passent souvent dans le détroit de Georgie. On dénombre 195 espèces de plantes dans ce parc qui abrite des cerfs à queue noire, des ratons laveurs et des ours noirs.
□ On peut visiter un herbarium et un aquarium d'eau de mer où vivent plusieurs espèces représentatives de la faune marine de la région.
□ Des sentiers d'exploration de la nature serpentent au travers de forêts de pruches et de sapins de Douglas.

Pétroglyphes indiens, cap Mudge, île Quadra

## PARC PROVINCIAL MITLENATCH ISLAND
Mitlenatch est une île dont le nom signifie en salish « des eaux calmes tout autour ». Les phoques communs y sont nombreux et l'on y voit parfois des otaries. Des colonies d'oursins rouges tapissent les rochers du littoral où abondent les étoiles de mer pourpres et orange, tandis que des serpents jarretières fréquentent les flaques d'eau laissées par la marée. Des milliers d'oiseaux de mer, huîtriers noirs, goélands à ailes glauques et cormorans pélagiques, nichent sur les rochers. La raquette, seul cactus de la côte, fleurit ici en juin.

## COURTENAY
Au musée de la Société historique de Courtenay sont exposés des objets provenant du quartier chinois de Cumberland, une cuisine et une laiterie de l'époque des pionniers, une forge et des collections d'objets indiens. La pièce maîtresse de la collection de fossiles est une empreinte de fougère vieille de 70 millions d'années.
□ 1-Spot, une locomotive amenée ici en 1909 par la Comox Logging and Railway Company, est exposée au centre local d'information touristique.

## CUMBERLAND
Entre 1880 et 1930, Cumberland était un important centre minier pour l'extraction du charbon. Les mineurs y peuplaient le plus grand quartier chinois entre la Californie et le Yukon : il n'en subsiste aujourd'hui qu'une unique demeure.

# Sur une rive sauvage, le souvenir du capitaine Cook

Île de Vancouver

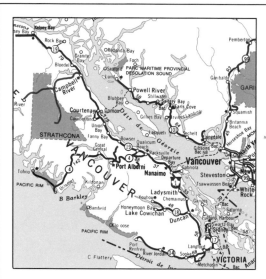

Quelques instants avant la grande aventure pour la descente de la Campbell

Cerf
à queue
noire

**GOLD RIVER**

Première ville canadienne « tout électrique », Gold River a été construite en six mois en 1965 au confluent des rivières Heber et Gold. Elle abrite le personnel de l'usine à papier de la compagnie Tahsis.
□ *Uchuck III*, un ancien dragueur de mines de la Seconde Guerre mondiale, parcourt trois fois par semaine les 56 km qui séparent Gold River de Zeballos, plus au nord. Il fait escale aux agglomérations de la côte et s'arrête notamment à Friendly Cove où le capitaine Cook débarqua en 1778.

## Une île baptisée du nom de deux rivaux

George Vancouver, un jeune aspirant de marine de 20 ans qui faisait partie de l'expédition de James Cook en 1778, découvrit l'île qui porte aujourd'hui son nom.

En 1789, les Espagnols s'emparèrent de navires marchands anglais et d'une batterie de la baie de Nootka. L'Angleterre menaçant de recourir aux armes, l'Espagne capitula. En 1792, Vancouver fut chargé de prendre possession du territoire et il rencontra l'émissaire espagnol, le capitaine Juan Bodega y Quadra. Les deux hommes se lièrent d'amitié et l'Anglais baptisa l'île du nom de « Vancouver's and Quadra's Island ». Le nom de Quadra fut plus tard donné à une île plus petite, située dans le détroit de Georgie. Un vitrail (*à gauche*) de l'église de Friendly Cove rappelle leur première rencontre.

Randonnée dans le parc Strathcona

**BAIE DE NOOTKA**

Le capitaine James Cook, premier Européen à débarquer sur la côte ouest du Canada, baptisa King George's la baie où il jeta l'ancre en 1778. Par la suite, il rebaptisa l'endroit Nootka, croyant, à tort, qu'il s'agissait d'un nom indien. Onze ans plus tard, l'Espagne s'empara de la baie, ce qui amena presque la guerre entre l'Angleterre et l'Espagne. En 1792, une expédition navale britannique commandée par George Vancouver rencontra les Espagnols à Friendly Cove pour reprendre possession du territoire.

Gold River

ÎLE NOOTKA

Friendly Cove

BAIE DE NOOTKA

OCÉAN PACIFIQUE

Baie de Muchalat

0 1 2 3 4 5 Milles
0 2 4 6 8 Kilomètres

Noyée dans le brouillard, l'île de Vancouver a peu changé depuis que le capitaine James Cook jeta l'ancre en 1778 à Friendly Cove. De nos jours, les touristes peuvent visiter l'endroit où il accosta en prenant un ancien dragueur de mines, *Uchuck III*, qui approvisionne les villages de la côte aussi bien en engins forestiers qu'en bétail et denrées diverses.

Le parc provincial Strathcona couvre 2 240 km² ; il protège des terres sauvages qu'admira Cook. Entre Campbell River et Gold River, la route qui longe la rive est du lac Buttle mène au parc. Des cèdres de l'Ouest et des sapins de Douglas dominent les vallées, cédant la place à des parterres de fleurs sauvages sur les hauteurs. À l'ouest du lac Buttle se dresse le mont Golden Hinde (2 200 m), point culminant de l'île. Des carcajous, des cerfs à queue noire et la dernière harde de wapitis de l'île de Vancouver fréquentent le parc. Du Grand Lac Central, une piste de 16 km mène à la chute Della (440 m).

La taille et la combativité des saumons chinook de la rivière Campbell font le bonheur des pêcheurs du monde entier. Les trophées peuvent dépasser 36 kg et la pêche est aussi importante pour la région aujourd'hui qu'elle l'était pour ses premiers habitants indiens.

Le visiteur peut ramasser des palourdes sur les plages, partir en randonnée sur des sentiers escarpés, ou tout simplement admirer les splendides paysages de l'île de Vancouver.

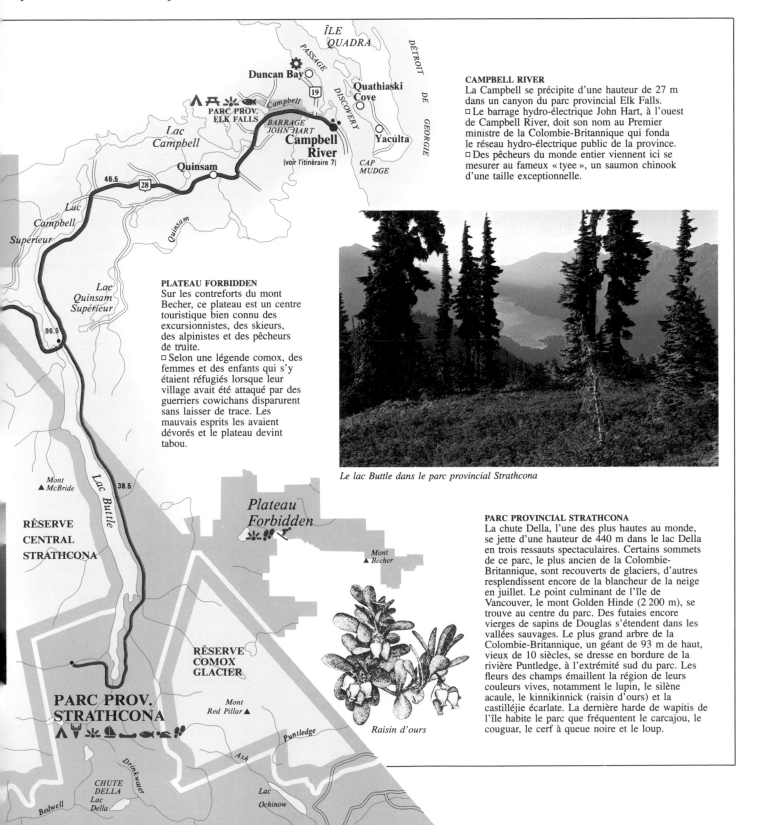

**CAMPBELL RIVER**
La Campbell se précipite d'une hauteur de 27 m dans un canyon du parc provincial Elk Falls.
□ Le barrage hydro-électrique John Hart, à l'ouest de Campbell River, doit son nom au Premier ministre de la Colombie-Britannique qui fonda le réseau hydro-électrique public de la province.
□ Des pêcheurs du monde entier viennent ici se mesurer au fameux « tyee », un saumon chinook d'une taille exceptionnelle.

**PLATEAU FORBIDDEN**
Sur les contreforts du mont Becher, ce plateau est un centre touristique bien connu des excursionnistes, des skieurs, des alpinistes et des pêcheurs de truite.
□ Selon une légende comox, des femmes et des enfants qui s'y étaient réfugiés lorsque leur village avait été attaqué par des guerriers cowichans disparurent sans laisser de trace. Les mauvais esprits les avaient dévorés et le plateau devint tabou.

*Le lac Buttle dans le parc provincial Strathcona*

*Raisin d'ours*

**PARC PROVINCIAL STRATHCONA**
La chute Della, l'une des plus hautes au monde, se jette d'une hauteur de 440 m dans le lac Della en trois ressauts spectaculaires. Certains sommets de ce parc, le plus ancien de la Colombie-Britannique, sont recouverts de glaciers, d'autres resplendissent encore de la blancheur de la neige en juillet. Le point culminant de l'île de Vancouver, le mont Golden Hinde (2 200 m), se trouve au centre du parc. Des futaies encore vierges de sapins de Douglas s'étendent dans les vallées sauvages. Le plus grand arbre de la Colombie-Britannique, un géant de 93 m de haut, vieux de 10 siècles, se dresse en bordure de la rivière Puntledge, à l'extrémité sud du parc. Les fleurs des champs émaillent la région de leurs couleurs vives, notamment le lupin, le silène acaule, le kinnikinnick (raisin d'ours) et la castilléjie écarlate. La dernière harde de wapitis de l'île habite le parc que fréquentent le carcajou, le couguar, le cerf à queue noire et le loup.

# Le littoral montagneux du pays du soleil

La Côte du Soleil

Entre Langdale et Lund, la route 101 suit la « Côte du Soleil », la région la plus ensoleillée de la Colombie-Britannique, avec 170 mm de pluie de moins qu'à Vancouver. La Côte du Soleil borde le continent, mais elle n'est reliée par aucune route au reste de la Colombie-Britannique. On ne peut y accéder qu'en prenant un traversier pour franchir la baie de Howe, entre Horseshoe Bay et Langdale, ou le détroit de Georgie, entre Comox, sur l'île de Vancouver, et Powell River.

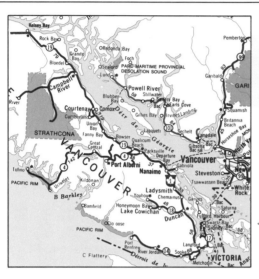

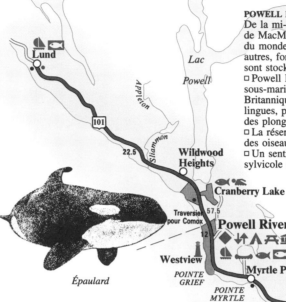

*Épaulard*

**POWELL RIVER**
De la mi-mai à août, on peut visiter la papeterie de MacMillan Bloedel, l'une des plus grandes du monde. Dix bateaux, amarrés les uns aux autres, forment un brise-lames à l'abri duquel sont stockées les billes de bois.
□ Powell River est l'un des centres de plongée sous-marine les plus importants de la Colombie-Britannique. Dans les eaux côtières, gorgones, lingues, pieuvres et anguilles font le ravissement des plongeurs, débutants ou experts.
□ La réserve faunique de Cranberry est le havre des oiseaux migrateurs de la région.
□ Un sentier de 2 km mène à une ferme sylvicole de 160 000 ha.

## Masques étranges et somptueuses cérémonies

La nature a particulièrement privilégié les Indiens de la côte Ouest : saumon, gibier, racines comestibles et baies, cèdres pour construire maisons et pirogues, rien ne leur manquait. Les Haidas, dans l'archipel de la Reine-Charlotte, les Gitksans, dans la vallée de la Skeena, et les Salishs de la Côte, en bordure du détroit de Georgie, habitent encore la région.

Assurés de leur subsistance, ces Indiens développèrent un sens artistique qui trouva son expression dans les splen-

dides masques, les mâts totémiques et les tissages aux couleurs vives qui sont leur marque. Le rang social, dans ces tribus, étant lié à la richesse, l'hôte se départait de ses biens dont il inondait ses invités à l'occasion d'une somptueuse cérémonie, le potlatch. Les Indiens de la côte Ouest perpétuent cette coutume (*ci-dessous*) dans une version modernisée. Les arts, notamment celui des masques rituels, connaissent une renaissance chez les Salishs de la Côte, à Sechelt.

**LUND**
C'est dans ce petit village de pêcheurs, situé à 150 km au nord de Vancouver, que se termine la route 101, l'une des plus longues du continent nord-américain. Cette fameuse route part de Mexico et longe le Pacifique depuis San Ysidro, en Californie, jusqu'à Lund.
□ L'hôtel Lund fut construit en 1905 par les premiers habitants du village, Frederick et Charles Thulin, qui s'y installèrent en décembre 1899 et donnèrent à l'endroit le nom de leur ville natale en Suède. À l'époque, les frères Thulin n'avaient qu'une seule façon d'atteindre l'île de Vancouver : en chaloupe à rames.
□ Au nord de Lund s'étend le parc provincial Desolation Sound, dont les calmes chenaux et les îles montagneuses attirent les plaisanciers. C'est un parc marin avec une riche faune aquatique et ailée.

**LE PARC MADERIA**
C'est dans cette région que l'on capture la plupart des épaulards qui sont admirés dans les aquariums du monde entier. On voit parfois au large des troupes d'une centaine d'épaulards, leur nageoire dorsale fendant les vagues.

La Côte du Soleil enchaîne sa longue suite de vastes plages, de promontoires tourmentés, de lagunes paisibles et de lacs, ceinturés de forêts touffues, sur le fond majestueux de la chaîne Côtière. La sérénité du paysage et la vie paisible de ses habitants font de cette région privilégiée un lieu de villégiature inoubliable.

La route 101 passe par Gibsons, la ville de la célèbre émission de télévision *Sur la côte du Pacifique*. Elle continue au nord vers Sechelt, petit village situé sur l'isthme qui sépare l'inlet de Sechelt du détroit de Georgie, puis elle suit les rives abritées de la baie de Pender Harbour.

De Saltery Bay à Lund, le détroit de Malaspina est particulièrement propice à la plongée sous-marine et à la pêche au saumon. On peut louer des bateaux pour se promener dans les baies solitaires comme celles de Okeover ou Desolation.

*Brise-lames de navires, à Powell River*

## EGMONT

Le pertuis de Skookumchuck, à 4 km au sud-est d'Egmont, est un étroit chenal de 400 m de large, jonché d'écueils, entre les baies de Jervis et de Sechelt. Skookumchuck signifie « les eaux turbulentes » en chinook, un dialecte des Salishs de la Côte. Quatre fois par jour — deux fois à marée haute et autant à marée basse — les eaux du Pacifique s'engouffrent dans le passage où elles tourbillonnent sur les rochers. Les grandes marées, surtout celles du printemps, peuvent atteindre 5 m de haut et une vitesse de 20 km/h. On peut admirer ce spectacle impressionnant de Roland et Narrows, deux belvédères aménagés sur la rive ouest du détroit.

□ Dans la baie de Sechelt se trouvent plus de la moitié des fermes piscicoles de la Colombie-Britannique.

## SECHELT

Dans une réserve située à environ 1,5 km à l'est de Sechelt, des artisans salishs font revivre les arts traditionnels de leurs ancêtres, le tissage et la sculpture du bois. On peut voir leurs œuvres au centre administratif de la réserve : paniers d'écorce de cèdre tressée, masques de bois, bijoux de coquillages et de jade, ainsi qu'un bureau sculpté aux couleurs vives.

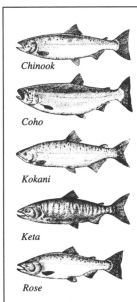

*Masque salish, Sechelt*

## La Côte du Soleil, paradis des pêcheurs

Cinq espèces indigènes de saumons ont fait des eaux de la Côte du Soleil, où le poisson est particulièrement abondant entre juin et août, le paradis des pêcheurs.

Le chinook, qui atteint jusqu'à 55 kg, est le plus grand saumon du Pacifique. On le reconnaît à son dos bleu-vert légèrement moucheté et à sa mâchoire inférieure noire.

Le saumon coho pèse parfois 10 kg. Il se distingue par son corps argenté rayé d'une bande bleu acier. Sa mâchoire inférieure est blanche.

Le kokani est le plus fin de tous. Bleu argenté, il pèse jusqu'à 3,5 kg.

Le saumon keta ressemble au kokani, mais ses flancs argentés sont barrés de bandes légères et de mouchetures noires. Son poids peut atteindre 5 kg.

Le saumon rose est le plus petit des cinq espèces et ne dépasse pas 2,5 kg. Son dos est fortement moucheté.

*Chinook*

*Coho*

*Kokani*

*Keta*

*Rose*

*Gibsons*

## GIBSONS

Près de l'entrée du port de Gibsons, Salmon Rock est l'un des hauts lieux de la pêche au saumon (chinook et coho) en Colombie-Britannique. Le musée des pionniers Elphinstone renferme une collection de 25 000 coquillages qui retracent l'évolution des mollusques et des crustacés.

□ À Gower Point, à 4 km au sud-ouest, une stèle marque l'endroit où Vancouver s'arrêta en juin 1792 alors qu'il dressait la carte de la côte du Pacifique. Il y a un camping.

*Palourde jaune*

*Natice*

*Mactre du Pacifique*

JERVIS
ÎLE CAPTAIN
ÎLE NELSON
Earls Cove
Egmont
Lac North
PERTUIS DE SKOOKUMCHUCK
Lac Klein
Lac Ruby
Mont Hallowell
Lac Sakinaw
Irvines Landing
Garden Bay
PÉNINSULE
BAIE DE PENDER
Madeira Park
Kleindale
ÎLE BEAVER
DE SECHELT
BAIE DE SECHELT
Carlson
Secret Cove
Halfmoon Bay
BAIE PORPOISE
PARC PROV. MARITIME SMUGGLER COVE
BAIE HALFMOON
PARC PROV. PORPOISE BAY
Sechelt
BAIE TRAIL
Wilson Creek
Roberts Creek
PARC PROV. ROBERTS CREEK
Gibsons
ÎLE KEATS
DÉTROIT DE GEORGIE
Rainy
McNair
Port Mellon
Dakota
Williamsons Landing
Langdale
Hopkins Landing
ÎLE GAMBIER
BAIE DE HOWE
Traversier pour Horseshoe Bay
PARC PROV. MARITIME PLUMPER COVE
ÎLE BOWEN

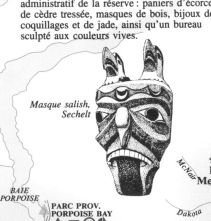

# Une route de montagne
# sur la rive de la baie de Howe

Baie de Howe/Parc provincial Garibaldi

Au nord de Vancouver, la route 99 — le Sea-to-Sky Highway — traverse quelques-uns des plus beaux paysages de la côte de la Colombie-Britannique. Construite sur le granite de la rive est de la baie de Howe, elle domine par endroits des parois presque verticales. En contrebas, un train tiré par la locomotive à vapeur *Royal Hudson* amène les touristes de Vancouver à cette superbe région l'été.

La route 99 s'enfonce à l'intérieur des terres à Squamish, une petite ville ceintu-

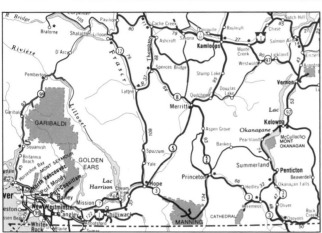

## Une côte sculptée par les glaciers

Le chapelet d'îles, de fjords et de montagnes majestueuses de la côte du Pacifique forme l'un des plus beaux paysages du Canada. Ce relief accidenté date de la dernière période glaciaire, lorsque le littoral s'effondra sous l'énorme poids du manteau de glace, tandis que les glaciers creusaient de profondes vallées et sculptaient de vertigineuses falaises. Il y a 11 000 ans, la glace commença à disparaître. Avec la montée des eaux de l'océan, les terres furent inondées. Certaines vallées fluviales, élargies et creusées par les glaciers, se transformèrent en fjords, comme la baie de Howe. Par contre, les vallées des affluents que l'érosion glaciaire n'avait pas creusées se trouvèrent perchées au-dessus des parois abruptes des fjords. Les cours d'eau qui coulent dans ces « vallées suspendues » dévalent les versants des fjords ou s'y précipitent, souvent en d'impressionnantes cascades de plusieurs centaines de mètres de haut.

*La route 99, au bord de la baie de Howe*

### WHISTLER
Situé au pied des monts Whistler et Blackcomb, le village de Whistler est l'un des plus beaux centres de ski du Canada. Les 117 pentes de ski ont toutes plus de 1 km de long ; la plus longue fait 11 km. Le mont Blackcomb présente une déclivité verticale de 1 200 m — la plus longue de tous les centres de ski d'Amérique du Nord.
□ De Whistler, on peut se rendre en hélicoptère sur les glaciers des environs où les skieurs expérimentés glisseront dans la neige poudreuse qui couvre les immenses champs de glace.
□ En été, le village de Whistler est le rendez-vous des amateurs de randonnées pédestres et de vol à voile. Le terrain de golf de 18 trous a été conçu par le champion américain Arnold Palmer.

*Ski alpin au mont Whistler*

### SQUAMISH
Dans ce centre forestier sont rassemblés les énormes trains de bois destinés aux papeteries du Sud. Le village est dominé par le mont Stawamus Chief. À 3 km au sud se trouve la chute Shannon.
□ La *Royal Hudson*, une locomotive à vapeur de 1940, tire un train touristique entre Vancouver et Squamish pendant l'été.
□ Au début du mois d'août ont lieu à Squamish des concours internationaux de roulage de billes.

*La* Royal Hudson

### BRITANNIA BEACH
Au musée des Mines de la Colombie-Britannique, les visiteurs se munissent d'un casque avant de prendre place à bord d'un petit train couvert qui les emmène dans les profondeurs de l'ancienne mine de cuivre Britannia. Le tour guidé leur permet de voir comment travaillaient les mineurs autrefois. Entre 1930 et 1935, les mines de la région étaient les principales productrices de cuivre de l'Empire britannique. Le musée l'illustre avec des photographies et divers objets.

0  2  4  6  8  10 Milles

0  4  8  12  16 Kilomètres

rée de forêts et de montagnes. Stawamus Chief, un mont de granite de 762 m de haut dont la forme rappelle celle d'un visage, domine la ville. Plus loin, la chute Shannon plonge de près de 200 m de haut, dans un nuage d'embruns.

Au nord de Squamish, une route pavée mène au parc provincial Garibaldi qui a été aménagé dans une région de canyons, de ravins et de pics glacés.

À la fin de cet itinéraire, on découvre soudain les toits moussus des granges de bois équarri d'un village indien blotti entre les montagnes, Mount Currie.

C'est dans ce paysage grandiose et rude que les chercheurs d'or du Caribou se frayèrent un chemin dans les années 1860.

De Pemberton à Lillooet, la route D'Arcy suit une partie de l'ancienne piste des chercheurs d'or, au milieu de cabanes abandonnées, d'épaisses forêts et de lacs aux eaux glacées.

Le mont Black Tusk, parc provincial Garibaldi

## PEMBERTON

Dans la région de Pemberton, plusieurs routes de terre invitent les voyageurs aventureux à explorer les environs. La route pavée, de 10,5 km de long, entre Pemberton et Mount Currie, mène aux routes D'Arcy et Duffey Lake.

□ En été, les automobilistes amateurs de défis peuvent parcourir la route Duffey Lake (93,5 km) qui traverse les forêts pluviales de la vallée de Pemberton, escalade le chaînon Cayoosh et mène à la région semi-désertique autour de Lillooet. On recommande aux touristes de s'enquérir de l'état des routes avant de partir.

□ La route D'Arcy est pavée de Pemberton à D'Arcy (48 km). De D'Arcy à Seton Portage, la route de terre (35 km) n'est praticable qu'en véhicule à quatre roues motrices.

□ La route D'Arcy est la section nord (connue sous le nom de Douglas Trail) de la route reliant Fort Langley à Lillooet, qu'empruntaient les chercheurs d'or en 1860. La Douglas Trail fut abandonnée en 1864, quand on ouvrit la route du canyon du Fraser.

□ La route Pemberton Meadows, en direction nord vers Bradlorne, est pavée sur 24 km, après quoi la route forestière n'est praticable qu'en été.

## PARC PROVINCIAL GARIBALDI

Ce parc sauvage de 1 958 km², dominé par les 2 678 m du mont Garibaldi, renferme des reliefs volcaniques. Au sommet du mont Black Tusk (2 315 m) se trouve une formation basaltique, vestige d'une ancienne cheminée volcanique rongée par l'érosion. Une coulée de lave de 1,5 km de long (The Barrier) surplombe de 457 m la rive ouest du lac Garibaldi. Un sentier, qui part de l'entrée sud du parc, mène à d'étranges rochers érodés qui rappellent des gargouilles (The Gargoyles). Le parc Garibaldi est couvert de sapins, de pruches, de cèdres de l'Ouest et de fleurs alpines qui égaient les prés que dominent de majestueux pics enneigés. Des ours bruns et noirs, des chèvres de montagne, des cerfs, des carcajous et des martres fréquentent le parc.

Alques marbrées

## HORSESHOE BAY

Les Salishs de la Côte sillonnèrent pendant des siècles les eaux abritées de la région. Leurs pirogues, creusées dans des troncs de cèdre, étaient presque aussi longues que les navires européens du XVIIe siècle.

□ Une plaque rappelle la mémoire du capitaine George Vancouver et des autres navigateurs qui dressèrent les premières cartes du littoral de la Colombie-Britannique.

□ De Horseshoe Bay, les visiteurs peuvent prendre le traversier vers Langdale et visiter la Côte du Soleil.

## La côte du Pacifique : une région de microclimats

La côte de la Colombie-Britannique constitue ce que les météorologistes appellent une région de microclimats. Si les précipitations atteignent jusqu'à 800 cm en certains endroits, elles ne sont parfois que d'à peine 50 cm ailleurs. Ces variations extrêmes résultent de la topographie accidentée et complexe de la côte.

La chaîne Côtière force l'air chaud et humide du Pacifique à s'élever. Il se refroidit alors et la vapeur d'eau se condense, provoquant les fortes pluies qui arrosent les forêts luxuriantes du versant occidental des montagnes. Les fjords peuvent causer de fortes précipitations : leurs parois abruptes jouent le rôle d'un entonnoir qui comprime les nuages chargés de pluie et les pousse vers le haut à l'extrémité du fjord.

Lorsque les masses d'air descendent les versants orientaux des montagnes, elles se réchauffent et peuvent retenir davantage d'humidité. Il en résulte souvent une très forte réduction de la pluviosité, ce qui engendre des milieux désolés et semi-désertiques.

PARC PROV. NAIRN FALLS

Lac Lillooet

Soo

Green

Lac Alta

Alta Lake

Mont Whistler

Cheakamus

Lac Cheakamus

Mont Black Tusk

Lac Garibaldi

Mont Garibaldi

Pitt

The Gargoyles

PARC PROV. GARIBALDI

Snowcap

PARC PROV. GOLDEN EARS
(voir l'itinéraire 12)

Lillooet

Birkenhead

Pemberton

Mount Currie

# Le Pacifique à ses pieds dans un écrin de montagnes

Ville aux multiples facettes, perpétuellement changeante, à la fois cosmopolite et provinciale, Vancouver est devenue en moins d'un siècle une grande métropole.

L'agglomération de baraques qui avait poussé comme un champignon autour de la scierie de la baie de Burrard en 1862 donna officiellement naissance à la ville de Vancouver en avril 1886. En juin de la même année, un incendie ravagea la toute nouvelle bourgade dont il ne resta qu'un tas de décombres.

Elle devait pourtant renaître de ses cendres en quelques semaines. On acheta une pompe à incendie, on dessina de nouvelles rues et l'on construisit des maisons de brique et de pierre. À la fin de 1886, Vancouver comptait déjà 5 000 habitants.

En 30 ans, la population de la zone urbaine de Vancouver est passée de 530 000 habitants à plus de 1,5 million et l'agglomération englobe maintenant Burnaby, Port Coquitlam, New Westminster, Delta et Surrey. L'arrivée de nombreux immigrants européens et asiatiques a transformé le caractère autrefois très britannique de cette ville.

Le charme qu'exerce Vancouver tient dans une large mesure à l'exceptionnelle beauté de son site. Plages et gratte-ciel se côtoient le long du Pacifique. Les ports et les anses sont sillonnés d'embarcations de plaisance et de paquebots venus du monde entier. Au nord s'étendent les parcs des monts Grouse et Seymour ; au sud et à l'est se déroulent les riches terres agricoles de la vallée du Fraser.

**Aquarium public de Vancouver** (8) Il se trouve dans le parc Stanley. Épaulards, bélugas, dauphins, phoques du Groenland et loutres de mer font partie des 8 500 spécimens qu'il possède représentant 650 espèces animales. On peut regarder les baleines évoluer dans leur bassin transparent de 200 000 litres d'eau.

*Sur le front de mer, la Place du Canada (en haut) symbolise l'importance de la ville de Vancouver comme centre financier, commercial et industriel. Au-dessus du canyon du Capilano, la plus longue passerelle suspendue du monde (ci-dessus) fait frissonner des générations de visiteurs depuis 1899. Dans le deuxième quartier chinois d'Amérique du Nord, un dragon de papier mâché (à gauche) évoque le riche patrimoine ethnique de la ville.*

**B.C. Place Stadium** (36) Ouvert en 1983, ce stade de 60 000 places avec dôme sur coussin d'air est le cœur du quartier résidentiel et commercial de False Creek, sur le site d'Expo 86. On peut visiter le stade où ont lieu aussi bien des concerts et des expositions que des événements sportifs.

**Chinatown** (38) C'est le deuxième quartier chinois d'Amérique du Nord après celui de San Francisco. Tout y est oriental : boutiques, restaurants, salons de thé, clubs sociaux. Même les cabines téléphoniques ont un toit de pagode.

**Galerie d'Art de Vancouver** (31) Située dans un ancien tribunal, elle possède la plus vaste collection d'œuvres d'Emily Carr (1871-1945), peintre native de la Colombie-Britannique.

**Harbor Centre** (34) L'ascenseur vitré emporte les visiteurs au 40e étage de cette tour à bureaux, à une terrasse d'observation tournante.

**Heritage Village** (18) Ce village historique fait revivre la vie au tournant du siècle, avec son atelier de forgeron, son magasin général et sa petite école.

**Île Granville** (26) Sur les 15 ha d'une ancienne cour de triage, on trouve un marché public, une école des beaux-arts, des théâtres et des restaurants.

**Jardin botanique Vandusen** (9) Avec une impressionnante collection de plantes ornementales, il renferme plus de 30 jardins spécialisés, des étangs, des cascades et d'imposantes sculptures de pierre.

**Jardin Nitobe Memorial** (1) Ce magnifique jardin japonais traditionnel comprend une colline artificielle et un étang peuplé de carpes dorées, que traversent cinq petits ponts.

**Mont Grouse** (6) Le plus grand téléphérique du Canada transporte 100 passagers à la fois au sommet du mont Grouse, à 1 192 m d'altitude. Le panorama sur Vancouver y est somptueux.

**Musée Hastings Mill Store** (4) Construit en 1865 par le capitaine Edward Stamp, ce magasin est le plus ancien bâtiment de Vancouver et l'un des rares à avoir survécu à l'incendie de 1886.

**Musée maritime** (23) Ouvert en 1971 pour le centenaire de la Colombie-Britannique, il abrite des maquettes de navires, des cartes, des photographies et des objets illustrant l'histoire maritime de la province. La pièce maîtresse du musée est la goélette *St. Roch* de la Gendarmerie royale, un bateau de 30 m de long qui fut le premier à franchir le passage du Nord-Ouest d'ouest en est (1940-1942).

**Musée New Westminster et Maison historique Irving** (21) La maison à deux étages (1862-1864) de William Irving est aujourd'hui un musée consacré à l'histoire de New Westminster. Elle a gardé son papier peint d'époque, ses tapis Wilton importés d'Angleterre vers 1860 et son mobilier ancien.

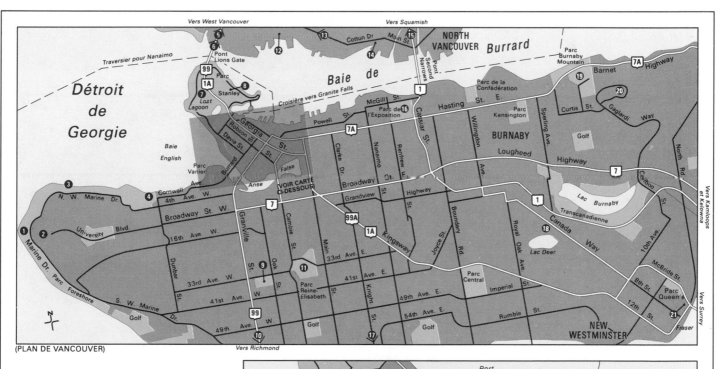

(PLAN DE VANCOUVER)

(CENTRE-VILLE)

## Vancouver

1 Jardin Nitobe Memorial
2 Université de la Colombie-Britannique
3 Spanish Banks
4 Musée Hastings Mill Store
5 Pont suspendu Capilano
6 Mont Grouse
7 Parc Stanley
8 Aquarium public de Vancouver
9 Jardin botanique Vandusen
10 Parc Minoru
11 Parc Reine-Élisabeth
12 Royal Hudson
13 Parc Lighthouse
14 Parc et jardins Tilford
15 Pont suspendu du Lynn Canyon
16 Parc de l'Exposition
17 Refuge d'oiseaux Reifel
18 Heritage Village
19 Parc Burnaby Mountain
20 Université Simon Fraser
21 Musée New Westminster et Maison historique Irving
22 Plage Kitsilano
23 Musée maritime
24 Planétarium MacMillan
25 Musée de Vancouver
26 Île Granville
27 Robsonstrasse
28 Tribunal provincial
29 Théâtre Orpheum
30 Office du tourisme
31 Galerie d'Art de Vancouver
32 Place du Canada
33 Gastown
34 Harbor Centre
35 Théâtre Reine-Élisabeth
36 B.C. Place Stadium
37 Science World B.C.
38 Chinatown

**Musée de Vancouver** (25) Le musée relate l'histoire de la région, depuis les temps mouvementés de la traite des fourrures jusqu'à l'atmosphère feutrée de l'époque victorienne. On peut y voir une voiture du premier train transcontinental qui arriva à Vancouver en 1887.

**Parc Burnaby Mountain** (19) Du haut du mont Burnaby, les visiteurs découvrent une splendide vue de l'anse Indian Arm, du détroit de Georgie, du delta du Fraser

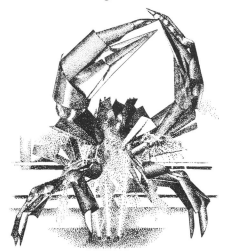

The Crab, *sculpture du planétarium MacMillan*

et des montagnes de l'île de Vancouver qui se dessinent au loin.

**Parc de l'Exposition** (16) Des manifestations sportives se déroulent toute l'année sur ce terrain de 70 ha : courses de chevaux, parties de crosse et de hockey au Pacific Coliseum, athlétisme à l'Empire Stadium. L'Exposition nationale du Pacifique, la plus grande foire de l'ouest du Canada, s'y tient au mois d'août. Le pavillon de la Colombie-Britannique abrite un temple de la renommée consacré aux grands sportifs de la province ainsi qu'une immense carte en relief de la Colombie-Britannique.

**Parc et jardins Tilford** (14) Des expositions florales permanentes se tiennent ici dans six jardins aux noms évocateurs : le Rhododendron, la Rose, la Colonnade, la Forêt, l'Oriental et la Fleur.

**Parc Lighthouse** (13) Parmi les cèdres et les sapins de Douglas, des sentiers longent les criques rocheuses et mènent au phare de la pointe Atkinson (1874).

**Parc Minoru** (10) Il renferme le Centre aquatique ainsi qu'un musée d'expositions retraçant l'histoire locale.

**Parc Reine-Elisabeth** (11) Ce paradis des amoureux des fleurs occupe l'endroit le plus élevé de Vancouver, Little Mountain (150 m). Le dôme de la serre Bloedel (15 m de hauteur et 43 m de diamètre) contient 400 espèces de plantes tropicales et 100 oiseaux exotiques en liberté.

**Parc Stanley** (7) Inauguré en 1899, ce parc forestier de 400 ha a pris le nom de Lord Stanley, gouverneur général du Canada (1888-1893) et donateur de la coupe

*Vancouver compte 144 parcs, depuis le minuscule jardin de quartier jusqu'à l'immense parc Stanley (ci-dessus) qui couvre 400 ha, près du centre de la ville. Des ours polaires s'ébattent dans le zoo (à droite). Le planétarium MacMillan (en bas, à droite) est un bel exemple d'architecture moderne.*

Stanley. Près de 35 km de pistes courent sous les grands sapins de Douglas, les pruches et les cèdres. Du belvédère de la pointe Prospect, on aperçoit les montagnes de la rive nord et le pont Lions Gate qui traverse l'entrée du port. Près du phare de la pointe Brockton se trouve une réplique du dragon qui servait de figure de proue à l'*Empress of Japan,* un paquebot qui sillonna le Pacifique de 1891 à 1922. Chemin faisant, on admirera un groupe de mâts totémiques. À la pointe Hallelujah, un coup de canon est tiré tous les soirs à 21 heures, depuis 1894. Le zoo héberge plus de 570 espèces d'animaux.

**Place du Canada** (32) Pavillon du Canada de l'Exposition 1986, ce complexe, qui comprend un hôtel de 500 chambres, un centre de congrès et un terminus de navires de croisière, domine le port. Son toit, composé de 10 pignons triangulaires, rappelle la silhouette d'un grand voilier.

**Plage Kitsilano** (22) La locomotive *374* qui tira le premier train de passagers entre Montréal et Vancouver en 1887 est exposée ici.

**Planétarium MacMillan** (24) Un projecteur perfectionné simule le ciel nocturne sur un dôme de 19 m.

**Pont suspendu Capilano** (5) Oscillant à 70 m au-dessus du canyon du Capilano, cette passerelle de 135 m de long, la plus longue du monde, fait frissonner les visiteurs depuis 1899.

**Pont suspendu du Lynn Canyon** (15) Il enjambe le ruisseau Lynn, à 80 m de hauteur. On y trouve des aires de pique-nique et des sentiers.

**Refuge d'oiseaux Reifel** (17) On a recensé quelque 220 espèces d'oiseaux dans cet estuaire marécageux de l'île Westham. Le refuge (344 ha) accueille la plus grande population hivernale d'oiseaux aquatiques au Canada. Plus de 12 000 oies blanches s'y reposent lors des migrations qui les mènent de Sibérie en Californie. Il s'y trouve un sentier de 3,2 km.

**Robsonstrasse** (27) La rue Robson porte ce nom depuis les années 50 en raison du grand nombre de boutiques et de restaurants allemands qui s'y sont installés, à la suite d'une arrivée massive d'immigrants.

**Royal Hudson** (12) Ce train à vapeur se promène le long de la baie de Howe, entre Vancouver et Squamish.

**Science World British Columbia** (37) Desservi par le Sky Train, système urbain de transport rapide, Science World présente des expositions interactives qui englobent les sciences, la technologie et les arts. Dans ce genre d'exposition, on peut toucher avec ses mains.

**Spanish Banks** (3) C'est au large de cette longue plage de sable que le capitaine George Vancouver rencontra, le 22 juin 1792, les capitaines Galiano et Valdez qui lui remirent la côte nord-ouest au nom de l'Espagne.

**Théâtre Orpheum** (29) Sauvé de la démolition en 1972, ce théâtre richement décoré abrite l'Orchestre symphonique de Vancouver.

**Théâtre Reine-Élisabeth** (35) Le théâtre de 2 800 places s'élève au milieu d'une place aménagée en jardin. À côté, une salle plus petite abrite la troupe Playhouse Theater.

## Gastown, un quartier en pleine renaissance

Vancouver naquit à Gastown (33). Avant que John « Gassy Jack » Deighton n'y ouvre son saloon en 1867, le bar le plus proche se trouvait à New Westminster, ce qui ne faisait guère l'affaire des bûcherons. Deighton, arrivé au Canada vers les années 1860, pratiqua mille métiers avant de tenter sa chance derrière un bar. Les bûcherons de l'endroit, stimulés par quelques bonnes rasades, lui construisirent bénévolement un saloon en 24 heures. La bourgade, bientôt, prospéra et les citoyens reconnaissants baptisèrent l'endroit Gastown. Avec le temps, Gastown devint un quartier malfamé. Mais depuis quelques années, des boutiques, des cafés et des galeries d'art s'installent dans de vieux bâtiments restaurés, donnant ainsi une nouvelle jeunesse au plus vieux quartier de Vancouver.

*Devant une foule goguenarde, plusieurs centaines de nageurs bravent les eaux glacées de la baie English au Jour de l'an (à gauche) lors de la « nage de l'ours polaire ». Cette ancienne carrière (ci-dessous), transformée en un jardin luxuriant, est le centre d'attraction du parc Reine-Élisabeth.*

**Tribunal provincial** (28) Cet édifice remarquable est l'œuvre réputée d'Arthur Erikson, un architecte de Vancouver.

**Université de la Colombie-Britannique** (2) Elle est située dans un cadre unique, face aux montagnes et à la mer et au milieu d'un grand parc. Parmi ses 470 bâtiments, répartis sur un campus de 396 ha, on remarquera le centre des sciences de la santé, un hôpital moderne d'enseignement et de recherches, ainsi que la bibliothèque centrale qui renferme plus de 2 500 000 livres. Au département de géologie, on pourra visiter le musée M.Y. Williams qui abrite une collection de fossiles, de minéraux et de pierres gemmes. Le musée d'anthropologie contient plus de 20 000 objets, reliés surtout aux Indiens de la côte Ouest, dont une collection de sculptures et de mâts totémiques, certains atteignant 14 m de hauteur. On visite aussi les jardins botaniques.

**Université Simon Fraser** (20) Perchée sur le mont Burnaby, l'université est réputée pour la beauté de son architecture moderne, œuvre d'Arthur Erikson.

# Un paysage de polders et la légende du Sasquatch

## Rive nord du cours inférieur du Fraser

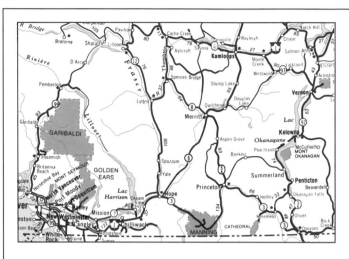

### PARC PROVINCIAL GOLDEN EARS

Les deux sommets enneigés du mont Golden Ears (1 706 m) dominent les 5 500 km² du parc, entre le lac Pitt à l'ouest et la zone de récréation Mount Judge Howay à l'est. Deux terrains de camping, avec plage et appontements pour les bateaux, sont aménagés au lac Alouette. Des sentiers s'enfoncent dans les forêts de sapins de Douglas, de cèdres de l'Ouest, de pruches et de sapins baumiers qui couvrent les basses terres. Des futaies de sapins de l'Ouest, de cyprès jaunes et de pruches de Mertens occupent les hauteurs.

*Mont Golden Ears*

### LAC PITT

Ce lac, formé par un élargissement de la Pitt, s'étend, sur environ 25 km, entre les versants à pic et les sommets couverts de glaciers de la chaîne Côtière, à son extrémité nord, et les tourbières de son extrémité sud. Près de la décharge du lac, des grues canadiennes font leur nid dans des buissons de lauriers des marais et de gueules noires. Le niveau des eaux du lac Pitt suit le mouvement des marées du Pacifique.

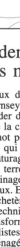

## Un polder hollandais dans les montagnes

**Des** troupeaux de vaches laitières holstein et guernsey paissent dans les prés verts du polder de la rive est de la Pitt, à l'ombre de la chaîne Côtière. En néerlandais, le mot polder désigne une terre marécageuse qui a été endiguée et asséchée. Ces pâturages, maintenant à l'abri de levées de terre et entrecoupés de canaux de drainage, étaient autrefois des marais fangeux. En 1948, des immigrants hollandais achetèrent ces terres et mirent à profit les techniques de leur pays natal pour les transformer en polders. Promeneurs et cyclistes peuvent emprunter les chemins aménagés au sommet des digues pour explorer la région.

*Pâturage du polder Pitt*

### MAPLE RIDGE

Maple Ridge, devenue municipalité en 1984, englobe la ville de Haney et d'autres municipalités.
□ On peut visiter la Maison Haney, un bâtiment historique rénové datant de 1878, don de la famille de Thomas Haney, arrivée en 1876.
□ L'église anglicane St. John the Divine, la plus ancienne de la Colombie-Britannique, fut construite en 1858 par les Royal Engineers sur la rive sud du Fraser. En 1882, le monument fut transporté en barge de l'autre côté du fleuve à son emplacement actuel.

0  1  2  3  4  5 Milles
0  2  4  6  8 Kilomètres

La route qui mène de Haney à Harrison Hot Springs suit la verdoyante vallée du Fraser, entre le fleuve et la chaîne Côtière, plus au nord. Dans cette plaine émaillée de petits lacs, d'innombrables ruisseaux et rivières viennent se jeter dans le Fraser qui roule paisiblement ses eaux boueuses vers le Pacifique.

Les fermiers de cette région agricole se consacrent principalement à la production laitière, en particulier sur les polders des rives de la Pitt, l'un des affluents du Fraser. Là, des immigrants hollandais ont construit des levées de terre pour assécher les marécages, donnant ainsi à cette région de pâturages une atmosphère qui rappelle celle de la campagne hollandaise.

Contrastant avec les pâturages fertiles de la vallée, les versants de la chaîne Côtière portent d'épaisses forêts de sapins, de cèdres et de pruches, dominées par de nombreux pics de basalte ; les plus élevés, couverts de champs de neige et de glaciers, atteignent presque 1 800 m.

La légende veut qu'une étrange créature, le Sasquatch, sillonne les pentes boisées de la chaîne Côtière. Le parc provincial du Sasquatch tire son nom de ce géant qui aurait l'allure d'un singe.

On raconte que les sources thermales de Harrison Hot Springs furent découvertes par une froide journée de 1859 lorsqu'un chercheur d'or tomba de son canot dans les eaux exceptionnellement chaudes du lac Harrison. Le lac est aujourd'hui un centre touristique fort réputé.

## Le Sasquatch, homme, singe ou légende ?

Des dizaines de témoins affirment avoir vu le Sasquatch en Colombie-Britannique et dans le nord-ouest des États-Unis. Cette créature, deux fois plus grande qu'un homme, au nez aplati, au front fuyant, qui marche en balançant de longs bras velus et dont les pieds laisseraient des empreintes de près de 45 cm de long, vivrait sur les versants qui entourent le lac Harrison.

La meilleure preuve de l'existence du Sasquatch est un court film en couleurs pris près de Yakima, dans l'État de Washington, au milieu des années 60. On y voit une sorte de grand singe qui traverse une clairière. Les spécialistes contestent l'authenticité du film.

Les visiteurs du parc provincial du Sasquatch, à 6,5 km au nord de Harrison Hot Springs, auront sans doute plus de chance de voir des pygargues à tête blanche, des grands hérons et des malards.

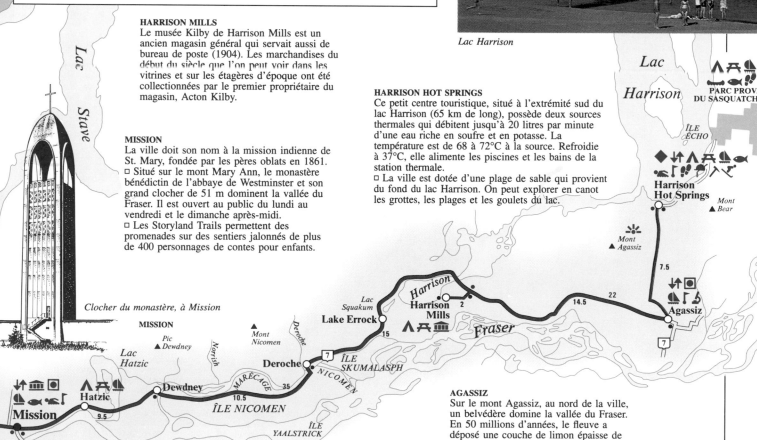

Lac Harrison

**HARRISON MILLS**

Le musée Kilby de Harrison Mills est un ancien magasin général qui servait aussi de bureau de poste (1904). Les marchandises du début du siècle que l'on peut voir dans les vitrines et sur les étagères d'époque ont été collectionnées par le premier propriétaire du magasin, Acton Kilby.

**MISSION**

La ville doit son nom à la mission indienne de St. Mary, fondée par les pères oblats en 1861.
□ Situé sur le mont Mary Ann, le monastère bénédictin de l'abbaye de Westminster et son grand clocher de 51 m dominent la vallée du Fraser. Il est ouvert au public du lundi au vendredi et le dimanche après-midi.
□ Les Storyland Trails permettent des promenades sur des sentiers jalonnés de plus de 400 personnages de contes pour enfants.

**HARRISON HOT SPRINGS**

Ce petit centre touristique, situé à l'extrémité sud du lac Harrison (65 km de long), possède deux sources thermales qui débitent jusqu'à 20 litres par minute d'une eau riche en soufre et en potasse. La température est de 68 à 72°C à la source. Refroidie à 37°C, elle alimente les piscines et les bains de la station thermale.
□ La ville est dotée d'une plage de sable qui provient du fond du lac Harrison. On peut explorer en canot les grottes, les plages et les goulets du lac.

*Clocher du monastère, à Mission*

**AGASSIZ**

Sur le mont Agassiz, au nord de la ville, un belvédère domine la vallée du Fraser. En 50 millions d'années, le fleuve a déposé une couche de limon épaisse de quelque 1 500 m au fond de la vallée.
□ Les collectionneurs de pierres peuvent trouver des agates déposées par le Fraser sur des bancs de gravier, en amont.

Lac Stave

Lac Pitt

MISSION

Pic Dewdney

Lac Hatzic

Hatzic

Dewdney

MARÉCAGE

ÎLE NICOMEN

Mont Nicomen

Deroche

ÎLE SKUMALASPH

ÎLE YAALSTRICK

Lac Squakum

Lake Errock

Harrison Mills

Harrison

Fraser

Mont Agassiz

Agassiz

Lac Harrison

PARC PROV. DU SASQUATCH

ÎLE ÉCHO

Harrison Hot Springs

Mont Bear

9.5

10.5

35

15

2

14.5

22

7.5

7

11

# Les méandres du Fraser
# dans le « jardin » de Vancouver

Rive sud du cour inférieur du Fraser

*Fort Langley*

**PARC NATIONAL HISTORIQUE DE FORT LANGLEY**
C'est au fort Langley, un poste de traite de la Compagnie de la Baie d'Hudson, sur les rives du Fraser, que fut inaugurée, le 19 novembre 1858, une nouvelle colonie de la Couronne, la Colombie-Britannique. Meublée dans le style des années 1850, Big House, la maison où se déroula la cérémonie, a été reconstituée dans le parc de 8 ha. (Le premier fort fut achevé en 1841 et abandonné 45 ans plus tard.) Parmi les autres bâtiments du parc, on pourra visiter une maison où des artisans en costumes d'époque fabriquent des barils semblables à ceux qu'on utilisait autrefois pour exporter le saumon salé, ainsi qu'un bastion qui servait de poste de garde. Le magasin de 1840, seul édifice d'époque qui subsiste du fort, contient des fourrures, des pièges, des marchandises que l'on offrait aux Indiens en échange des pelleteries et une presse qui servait à mettre les peaux en ballots de 50 kg.

*Sentinelle en costume d'époque, au fort Langley*

**SURREY**
Née de la fusion des villes de Sunnyside, Cloverdale, Newton, Guildford et Whalley, Surrey est la municipalité la plus étendue de toute la Colombie-Britannique (342 km²).
□ À Cloverdale, le Musée canadien de l'air et du transport expose 40 avions ayant servi lors des deux guerres mondiales ainsi que des voitures d'époque.
□ La municipalité compte une soixantaine de parcs, dont le plus enchanteur est sans doute Redwood. On peut y voir la plus grande futaie de séquoias au nord de la Californie, en plus de 26 autres variétés d'arbres.
□ Le marais (fen) de la rivière Serpentine est un refuge d'oiseaux. À la fois ferme et réserve faunique, ce marécage est l'habitat d'une centaine d'espèces d'oiseaux et d'animaux sauvages. On y fait l'élevage de faisans et de canards qui seront, par la suite, lâchés dans leur milieu naturel. Des sentiers sont ouverts au public.

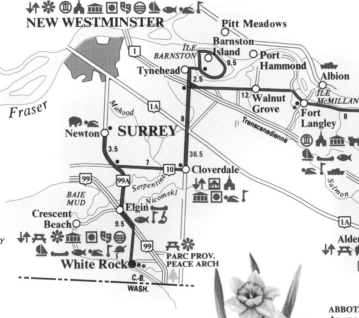

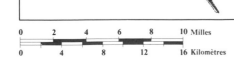

*Colibri roux*

**WHITE ROCK**
L'agglomération est la plus méridionale du Canada continental. Les marins, pour s'orienter, peignaient autrefois en blanc l'énorme bloc erratique qui s'élève sur la plage de la baie Semiahmoo.
□ L'arche de la Paix enjambe la frontière canado-américaine dans un parc de 20 ha que se partagent la Colombie-Britannique et l'État de Washington. Elle commémore les relations pacifiques qu'entretiennent les États-Unis et le Canada depuis 1814.

*Narcisses*

**ABBOTSFORD**
Au mois d'août, vieux biplans et avions à réaction évoluent ici à l'occasion du Salon international de l'aviation d'Abbotsford, le plus important en Amérique du Nord. On y assiste à des vols en formation, à des démonstrations de saut en parachute et à des spectacles d'acrobaties aériennes.
□ L'alevinière à truites est ouverte au public qui peut visiter les installations derrière des cloisons de verre. L'aquarium expose sept espèces de truites et d'ombles.
□ À l'Exposition florale de Bradner, à Pâques, sont exposées 400 variétés de narcisses cultivées par les horticulteurs de la région.

| 0 | 2 | 4 | 6 | 8 | 10 Milles |

| 0 | 4 | 8 | 12 | 16 Kilomètres |

Lorsqu'il arrive dans la vaste plaine qui s'étend entre Chilliwack et l'océan Pacifique, le Fraser a perdu toute l'impétuosité qui le caractérisait lorsqu'il dévalait au fond d'un canyon du plateau Intérieur de la Colombie-Britannique. Le fleuve, ici, déroule paresseusement ses méandres avant de former un vaste delta en bordure de la mer. La vallée du Fraser est tapissée d'une couche de limon fertile, épaisse de 1 500 m, déposée par le fleuve à l'issue de sa folle course depuis sa source du mont Robson (3 954 m), point culminant des montagnes Rocheuses. Ces dépôts qui se sont accumulés au cours d'une période de 50 millions d'années, seulement interrompue par la glaciation et la formation des montagnes, ont fait de la vallée du Fraser la région la plus fertile de la Colombie-Britannique.

La production laitière et maraîchère fait la richesse des villages de la vallée. Chilliwack, Abbotsford et Surrey, principales agglomérations de la région, vivent de leurs laiteries, de leurs fromageries, de leurs conserveries, de leurs industries fourragères et de la vente des machines agricoles. De nombreuses foires, comme celles de l'Exposition d'automne de Chilliwack et de l'Exposition florale de Bradner, mettent en valeur les produits de la région. La vallée du Fraser constitue en fait un vaste et précieux grenier où s'approvisionne la population de l'agglomération de Vancouver, aujourd'hui forte de près de 1,5 million d'habitants.

## CHILLIWACK
Le Musée de Chilliwack loge dans l'ancien hôtel de ville, un site historique. Des expositions permanentes illustrent l'histoire de la vallée du Fraser.
□ Les jardins Minter offrent 10 jardins à thèmes floraux, de même que trois volières. On y trouve aussi une ménagerie d'animaux domestiques et un terrain de jeux pour enfants.
□ Le Musée militaire du Corps Royal du Génie canadien, à la base de Chilliwack, contient des souvenirs des deux guerres mondiales, de la guerre des Boers et de la guerre des Zoulous. On peut y voir aussi une collection de matériel militaire remontant jusqu'au XVIe siècle.
□ L'Exposition de Chilliwack, à la mi-août, est une importante foire agricole. Entre autres festivités locales, notons le Country Living Festival, en mai, et le Festival des enfants, en juin.

## PARC PROVINCIAL BRIDAL VEIL FALLS
La chute Bridal Veil (le Voile de la mariée) forme un rideau de 25 m de haut contre une falaise à pic. Un sentier escarpé mène à une plate-forme d'observation aménagée sous la chute d'où l'on a une belle vue du « voile ». Les alpinistes expérimentés peuvent atteindre la base de la chute, au-dessus de la plate-forme d'observation, en escaladant un pan de rocher.

Lac Chilliwack

## LAC CHILLIWACK
L'extrémité nord du lac Chilliwack est dotée d'un terrain de camping, de sites de pique-nique et d'une rampe de lancement pour les bateaux. Un étroit sentier forestier borde la rive est et mène au parc Sapper, à l'extrémité sud du lac. Le parc a été aménagé à l'endroit même où des sapeurs dressèrent leurs tentes au cours des années 1850, alors qu'ils faisaient le relevé de la frontière canado-américaine.

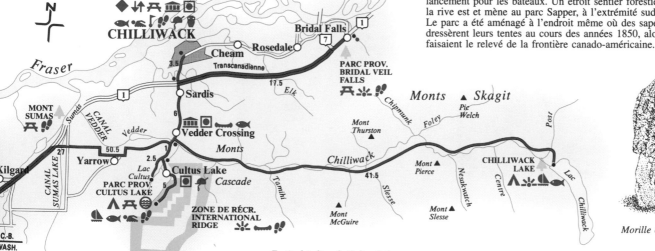

Morille conique

Festival indien de Cultus Lake

## LAC CULTUS
Ce lac accueillant s'étend au pied des monts Cascade. Le parc provincial Cultus Lake (656 ha) est doté de 300 emplacements de camping ; il se prête à la navigation de plaisance, à la baignade et à la randonnée.
□ Au cours du Festival indien de Cultus Lake, en juin, des participants indiens de la Colombie-Britannique et de l'État de Washington font une course en canots de guerre, d'une rive à l'autre du lac.

## L'infernale et sauvage beauté de l'impétueux Fraser

### Vallées du Fraser et de la Thompson

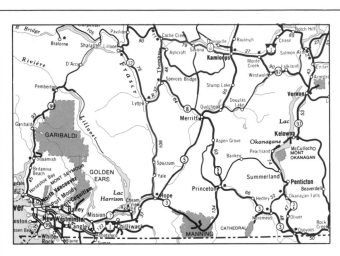

Après s'être frayé un chemin au travers des plateaux du centre de la Colombie-Britannique, deux des plus fameux cours d'eau du Canada, le Fraser et la Thompson, se rejoignent à Lytton.

Le long des rives de la Thompson, au nord de Lytton, d'immenses troupeaux de bovins, gardés par des cow-boys à cheval, errent sur les pâturages d'armoise au milieu de collines presque chauves.

Au sud de Lytton, dans un cadre plein de majesté, le Fraser s'engouffre dans les

**LYTTON**
La ville, une ancienne halte sur la route du Caribou, fut fondée pendant la ruée vers l'or de 1858. Elle reçut le nom de Sir Edward Bulwer-Lytton, le secrétaire aux Colonies britanniques de l'époque et auteur des *Derniers Jours de Pompéi* et autres romans.
□ Le mont Jackass (bourrique, en anglais), au sud, fut ainsi nommé à cause des mules qui transportaient les provisions des mineurs et des fermiers. Il était si difficile à gravir que les voyageurs d'alors l'appelaient la colline du Désespoir.
□ Les collectionneurs de pierres trouveront ici de beaux jades et, peut-être, si la chance leur sourit, un peu de poussière d'or.
□ C'est aussi l'endroit du Fraser où l'on peut pêcher la truite steelhead anadrome.

*Téléphérique des portes de l'Enfer*

**PORTES DE L'ENFER (HELLS GATE)**
Le canyon du Fraser se rétrécit ici en un goulet d'à peine 30 m de large. La gorge est profonde de 180 m et le fleuve s'y précipite dans un bruit de tonnerre à plus de 7 m/s.
□ En 1914, un éboulement obstrua presque le chenal, empêchant les saumons de remonter vers leurs frayères. L'industrie de la pêche en souffrit beaucoup pendant plus de 30 ans. En 1945, on construisit enfin des échelles, que l'on peut voir du haut d'un pont suspendu, afin de permettre aux poissons de contourner les tourbillons.
□ Le téléphérique des portes de l'Enfer traverse la gorge et permet aux visiteurs d'admirer le fleuve.

**PONT ALEXANDRA**
Trois ponts ont été jetés ici sur le Fraser. Le premier, édifié en 1861, porte le nom de la princesse de Galles, Alexandra, qui devint plus tard l'épouse du roi Edouard VII. Le second, de construction semblable, existe toujours en amont du pont de la Transcanadienne construit en 1962, au coût de 14 millions de dollars. Sur ce dernier ouvrage, une plaque rappelle l'œuvre des Royal Engineers qui tracèrent la route du Caribou.

*Éboulement du pic Johnson, près de Hope*

**HOPE**
Quelque 16 km à l'est de la ville, sur la route 3, d'énormes blocs de pierre jonchent le fond de la vallée. C'est en janvier 1965 qu'un pan du pic Johnson s'écrasa en contrebas, enfouissant la route sous 45 m de rochers.
□ La route 3 qui relie Hope et Princeton et qui ouvrait au public le vaste parc provincial Manning, a été inaugurée en 1949. La route monte pratiquement du niveau de la mer à Hope jusqu'à l'altitude de 1 370 m au col d'Allison.
□ La route Coquihalla (route 5), à quatre et six voies, la plus large autoroute intérieure de la Colombie-Britannique, débute à 7 km à l'est de Hope qu'elle relie à Merritt et Kamloops.

*Phacélie soyeuse*

**YALE**
L'église anglicane de St. John the Divine, le plus ancien lieu de culte de la Colombie-Britannique toujours situé à son emplacement d'origine, date de 1859-1860. Elle fut construite par des mineurs venus ici en 1858 lorsqu'on découvrit de l'or à Hill's Bar, le plus riche des 25 placers de l'endroit, qui donna 2 millions de dollars d'or.
□ Une plaque rappelle la fondation du poste de traite qui donna naissance à la ville en 1848. Quinze ans plus tard, l'agglomération devenait le point de départ de la route du Caribou.

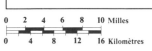

*La Thompson, près de Lytton*

portes de l'Enfer. L'explorateur Simon Fraser, le premier homme blanc à franchir ce défilé, écrivait dans son journal en 1808 : « Je n'ai jamais rien vu de semblable à ce pays. Il nous a fallu passer là où aucun homme ne devrait s'aventurer... »

Aujourd'hui, les voyageurs admirent la majesté de ce paysage sauvage à partir de la Transcanadienne. Il leur suffit de s'arrêter dans l'un des nombreux belvédères qui bordent la route ou de monter à bord du téléphérique, aux portes de l'Enfer ou à

Boston Bar. Mais le canyon du Fraser n'a malgré tout guère changé depuis l'époque où l'explorateur descendit le fleuve qui porte aujourd'hui son nom.

Jusqu'en 1858 seuls les Indiens et des trafiquants de fourrures sillonnaient la région. Puis, des milliers de prospecteurs, poussés par la soif de l'or, y accoururent. Les filons s'épuisèrent vite, mais certaines des villes qui poussèrent alors comme des champignons, Hope, Yale et Lytton, par exemple, restent encore très actives.

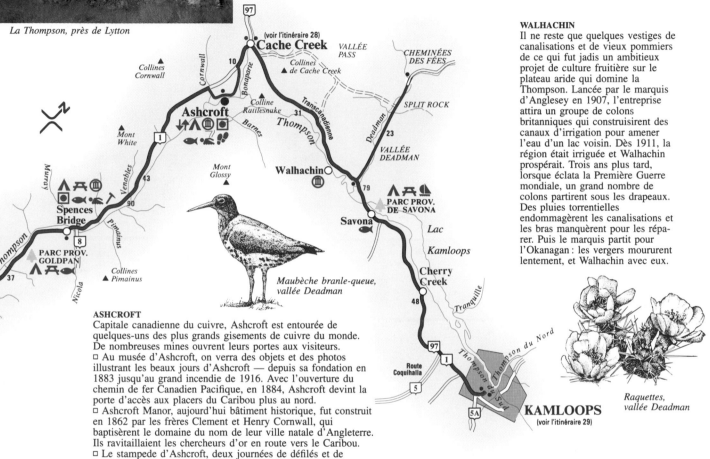

*Maubèche branle-queue, vallée Deadman*

## WALHACHIN

Il ne reste que quelques vestiges de canalisations et de vieux pommiers de ce qui fut jadis un ambitieux projet de culture fruitière sur le plateau aride qui domine la Thompson. Lancée par le marquis d'Anglesey en 1907, l'entreprise attira un groupe de colons britanniques qui construisirent des canaux d'irrigation pour amener l'eau d'un lac voisin. Dès 1911, la région était irriguée et Walhachin prospérait. Trois ans plus tard, lorsque éclata la Première Guerre mondiale, un grand nombre de colons partirent sous les drapeaux. Des pluies torrentielles endommagèrent les canalisations et les bras manquèrent pour les réparer. Puis le marquis partit pour l'Okanagan : les vergers moururent lentement, et Walhachin avec eux.

*Raquettes, vallée Deadman*

## ASHCROFT

Capitale canadienne du cuivre, Ashcroft est entourée de quelques-uns des plus grands gisements de cuivre du monde. De nombreuses mines ouvrent leurs portes aux visiteurs.

□ Au musée d'Ashcroft, on verra des objets et des photos illustrant les beaux jours d'Ashcroft — depuis sa fondation en 1883 jusqu'au grand incendie de 1916. Avec l'ouverture du chemin de fer Canadien Pacifique, en 1884, Ashcroft devint la porte d'accès aux placers du Caribou plus au nord.

□ Ashcroft Manor, aujourd'hui bâtiment historique, fut construit en 1862 par les frères Clement et Henry Cornwall, qui baptisèrent le domaine du nom de leur ville natale d'Angleterre. Ils ravitaillaient les chercheurs d'or en route vers le Caribou.

□ Le stampede d'Ashcroft, deux journées de défilés et de concours de monte à cru, a lieu ici en mai.

*Église St. John the Divine, à Yale*

# Cheminées des fées

La vallée Deadman, l'une des régions les plus chaudes et les plus sèches de la Colombie-Britannique, fut ainsi baptisée vers 1815, en souvenir d'un employé de la Compagnie du Nord-Ouest qui y fut assassiné. La majeure partie de la région est désertique et parsemée de broussailles d'armoises et de raquettes.

De la Transcanadienne, une route s'enfonce au nord dans la vallée Deadman. Une formation rocheuse multicolore, Split Rock, s'élève le long de cette route, à 60 m de la rivière Deadman. D'origine volcanique, Split Rock est constellé de grottes et de fissures. Derrière se dressent cinq cheminées des fées, de près de 12 m de haut, qui semblent monter la garde à l'extrémité nord de la vallée. Ces colonnes érodées de roches et d'argile, surmontées de chapiteaux de pierre, ressemblent un peu à des champignons géants.

Il y a plusieurs lacs dans la vallée où abondent la truite arc-en-ciel et le saumon kokani.

*Cheminées des fées, vallée Deadman*

# Les contrastes du désert et de la forêt pluviale

## Sud-ouest de la Colombie-Britannique

De Tashme à Osoyoos, sur une distance relativement courte, la route 3 traverse des paysages dont le couvert végétal est d'une surprenante variété. En quelques heures à peine, en effet, le voyageur passera des sombres et épaisses forêts pluviales de la côte Ouest aux déserts fleuris de figuiers de Barbarie de l'arrière-pays.

Dans le parc provincial de Manning, la route, au cours de l'escalade du col d'Allison (1 350 m), passe au travers de bosquets de sapins de l'Ouest rabougris aux

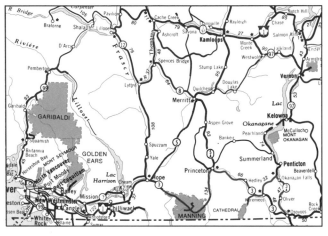

### PRINCETON
Au musée de Princeton, on peut voir des objets qui proviennent de la ville fantôme de Granite Creek. À sa belle époque, Granite Creek connut une courte ruée vers l'or dans les années 1890 ; elle comptait alors 200 maisons, 13 saloons, 10 magasins et 2 000 habitants.
□ Les Indiens tiraient le vermillon dont ils se servaient pour leurs peintures de guerre de Vermilion Bluffs, un affleurement rocheux situé à 3 km en amont de Princeton, sur la Tulameen. Certaines tribus venaient même de la Prairie, jusqu'au confluent des rivières Tulameen et Similkameen (site actuel de Princeton), pour troquer leurs marchandises variées contre le pigment rouge des Salishs de la région.
□ Deux événements populaires y ont lieu : le rodéo, en mai, et les Racing Days, en juillet.

### PARC PROVINCIAL DE MANNING
Des formations rocheuses de sable, de limon et de galets comprimés qui forment des conglomérats rappellent qu'une bonne partie de ce parc montagneux de 714 km² était recouverte par une mer peu profonde il y a des millions d'années.
□ Des sentiers mènent aux principales attractions du parc, comme le mont Three Brothers et le lac Thunder.
□ Sur le pic Blackwall, accessible par la route, les prés alpins s'émaillent des vives couleurs des fleurs du vératre et du lis des glaciers pendant quelques courtes semaines en juillet et en août. Le roselin brun niche dans des anfractuosités de rochers, sur les glaciers et les champs de neige.

*Lac Thunder, parc provincial de Manning*

### COPPER MOUNTAIN
Il ne reste que quelques vestiges de la mine de Copper Mountain, autrefois la plus importante mine de cuivre de tout le Commonwealth. La mine ferma ses portes en 1957 après 37 ans d'activité. Une nouvelle mine, ouverte aux environs en 1972, produit 22 000 t de minerai par jour.

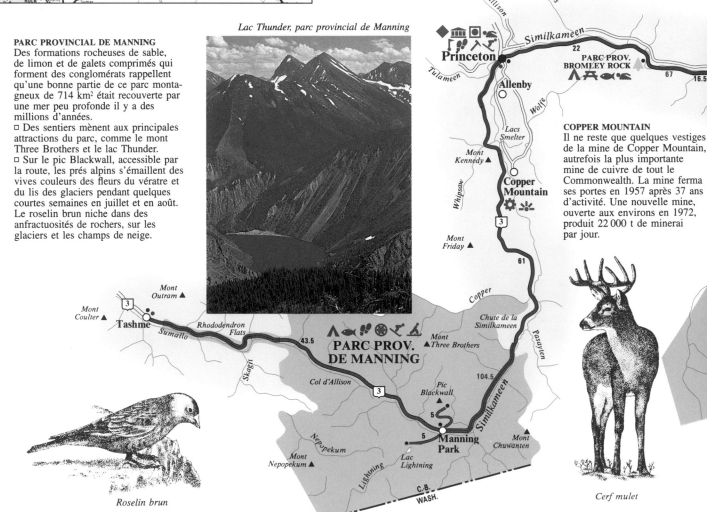

*Roselin brun*

*Cerf mulet*

0   2   4   6   8   10 Milles

0   4   8   12   16 Kilomètres

*Route des mines Mascot et Nickel Plate, près de Hedley*

sous-bois de rhododendrons sauvages. Sur son versant oriental, le col est recouvert d'un épais manteau d'épinettes d'Engelmann qui cèdent graduellement le pas aux trembles, aux genévriers, aux pins lodgepole et aux cèdres de l'Ouest. Entre Princeton et Keremeos, le voyageur découvrira un paysage de collines ondulées tapissées d'armoises et d'immenses pâturages à l'herbe rase. La promenade se terminera dans la région désertique mais maintenant irriguée qui entoure Osoyoos.

Entre Tashme et le parc de Manning, puis entre Princeton et Keremeos, la route suit le tracé d'un ancien chemin muletier de 468 km, Dewdney Trail, qui reliait Hope aux placers du Kootenay vers 1860.

## HEDLEY

Les ruines de deux puits de mines, Nickel Plate et Mascot, sont perchées sur le mont Nickel Plate qui domine Hedley. À 3 km à l'est de Hedley, une route de montagne aux virages en épingle à cheveux mène aux anciennes mines qui produisirent presque 1 million de dollars d'or, d'argent, de cuivre et d'arsenic par an pendant près d'un demi-siècle, jusqu'à leur fermeture en 1955. On peut encore voir le tracé que suivaient les bennes suspendues jusqu'à l'usine construite au pied de la montagne.

## PARC PROVINCIAL VASEUX LAKE

Ce parc, situé au bord du lac Vaseux, a été aménagé dans l'un des rares déserts du Canada (les précipitations annuelles n'y dépassent pas 20 cm). Les cerfs de Virginie, les mouflons et les cerfs mulets y broutent au milieu des lis sauvages, des mahonias à feuilles de houx et des figuiers de Barbarie. Les serpents à sonnettes, les tortues peintes et les souris sauteuses y sont nombreux. Pendant les migrations de printemps et d'automne, de rares cygnes trompettes se reposent sur le lac que les bernaches fréquentent toute l'année.

## Un observatoire à l'écoute des étoiles

Les astronomes de l'observatoire de radioastrophysique de Kaleden écoutent les ondes radiosources qu'émettent les corps célestes. Deux types de radiotélescopes leur servent « d'oreilles » : d'énormes réflecteurs métalliques en forme de soucoupe et de vastes réseaux d'antennes qui captent des ondes radios de longueurs différentes. C'est ainsi qu'un petit réflecteur de l'observatoire reçoit les ondes de 11 cm émises par le soleil. Un autre de 26 m (ci-dessus) capte les émissions de 21 cm qui proviennent de sources plus lointaines. Dans un champ voisin, 624 antennes disposées en forme de T reçoivent les ondes de 13,5 m. Les radiotélescopes de l'observatoire de Kaleden ont permis de découvrir des galaxies si éloignées qu'elles ne peuvent être photographiées par les plus grands télescopes optiques. L'observatoire est ouvert aux visiteurs le dimanche, l'été.

## LAC SPOTTED (LAC TACHETÉ)

Situé à 8 km à l'ouest d'Osoyoos, ce lac contient l'une des plus fortes concentrations de sels minéraux au monde : sulfates de magnésium (sel d'Epsom), de sodium, de calcium, chlorure de sodium et carbonate de sodium. Le lac est presque asséché, sauf au printemps ou après une forte pluie. L'évaporation y forme des alvéoles boueux recouverts de quelques centimètres d'eau à laquelle les rayons du soleil, réfléchis par les sels minéraux en suspension, donnent des teintes vert et bleu. Dans une station thermale voisine, on soigne l'arthrite et les rhumatismes par des bains de boue et d'eau chaude.

## PARC KEREMEOS COLUMNS

La seule voie d'accès à ce parc de 20 ha est une route forestière de 8 km qui rejoint la route 3 à environ 3 km au nord de Keremeos. Le parc tire son nom d'un amas de rochers hexagonaux, large de 90 m, qui domine de 30 m un escarpement de lave, à l'extérieur du parc.

## OSOYOOS

Un étroit banc de sable coupe presque le lac Osoyoos en deux, formant un gué — un *sooyoos* en langue okanagan.
□ Osoyoos, fondé au XIXᵉ siècle, s'est inspiré de l'architecture espagnole pour rénover les édifices publics et les magasins de son centre-ville.
□ On peut y visiter la réplique d'un moulin à vent hollandais où l'on moud encore le grain. On y offre des visites guidées.

## PARC PROVINCIAL CATHEDRAL

Le parc provincial Cathedral (73 km²) compte six lacs où l'on pêche la truite arc-en-ciel et la truite fardée, cinq sommets couverts de glaciers qui s'élèvent à 2 500 m et un terrain de camping au bord de l'Ashnola. Des sentiers mènent à des rochers érodés de quartzite qui ressemblent à un pâté de maisons, ainsi qu'à une falaise de granite escarpée (2 545 m) d'où l'on domine le parc.

*Lac Spotted (lac tacheté)*

# Le « panier de fruits » du Canada

## Vallée de l'Okanagan

*Pont flottant, à Kelowna*

### KELOWNA

Un tiers de la récolte de pommes du Canada provient de Kelowna.
□ Le père Charles Pandosy et d'autres oblats de Marie se consacrèrent à la culture des arbres fruitiers et à l'élevage dans le premier établissement blanc de l'Okanagan, une mission fondée en 1859.
□ Un pont flottant de 1 400 m, construit en 1958, relie Kelowna à Westbank. C'est le plus long pont de ce type au Canada.
□ Les régates internationales de Kelowna, qui ont lieu en juillet, sont le grand événement de l'année, avec 150 courses et démonstrations, incluant ballet aquatique, ski nautique et courses d'hydroglisseurs.
□ En hiver, des défilés, des danses et des courses de motoneiges ont lieu au cours de la Snowfest.

*Régates de Kelowna*

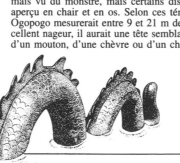

### SUMMERLAND

Une station de recherches de 325 ha du ministère canadien de l'Agriculture, qui se trouve à l'entrée sud de la ville, possède un beau jardin ornemental où l'on peut pique-niquer.
□ On peut visiter la Summerland Trout Hatchery, une alevinière qui sert à empoissonner un grand nombre des lacs de la province.

## Ogopogo, le monstre du lac Okanagan

**B**ien avant l'arrivée des Blancs dans la vallée de l'Okanagan, les Indiens croyaient qu'un monstre, *N'ha-a-tik*, hantait les eaux du lac et habitait une grotte de la pointe Squally, près de Kelowna. Les Indiens s'aventuraient rarement dans ces lieux. S'ils devaient le faire, ils jetaient en sacrifice un animal dans le lac pour apaiser le monstre.
*N'ha-a-tik* fut rebaptisé « Ogopogo » en 1924. Une petite statue (*ci-dessous*) du parc Kelowna est sans doute tout ce que la plupart des gens ont jamais vu du monstre, mais certains disent l'avoir aperçu en chair et en os. Selon ces témoignages, Ogopogo mesurerait entre 9 et 21 m de long. Excellent nageur, il aurait une tête semblable à celle d'un mouton, d'une chèvre ou d'un cheval.

### PENTICTON

Pour les nomades salishs, *Pen-Tak-Tin* était « l'endroit où l'on reste toujours ». C'est ce que fit Thomas Ellis qui arriva ici d'Irlande en 1866 et créa le premier verger de la vallée de l'Okanagan. On peut voir une maquette de sa ferme et les outils qu'il utilisait au musée de Penticton.
□ Lancé en 1914 et retiré du service en 1951, le *Sicamous,* le dernier bateau à roue du CP sur le lac Okanagan, est amarré ici.
□ La réserve d'animaux sauvages de l'Okanagan (Okanagan Game Farm) se trouve à 8 km au sud. On peut y voir plus de 650 animaux, notamment le tigre de Sibérie, le rhinocéros, le loup des bois et le bœuf musqué.
□ Penticton organise en mai le Festival des arbres en fleurs, en août la Fête des pêchers et le Festival de la danse carrée de la Colombie-Britannique.

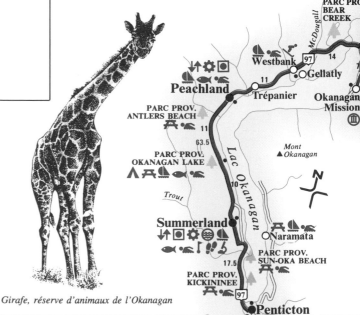

*Girafe, réserve d'animaux de l'Okanagan*

```
0   2   4   6   8   10 Milles
0   4   8   12   16 Kilomètres
```

Blottie au milieu de montagnes majestueuses, la vallée de l'Okanagan est le pays des riches vergers regorgeant de fruits. Elle est également le siège d'une prospère production laitière et fromagère puisqu'on y fabrique plus de trois millions de tonnes de cheddar par an.

La vallée de l'Okanagan bénéficie en moyenne de 2 000 heures d'ensoleillement tous les ans et la région de Penticton se vante même d'être plus ensoleillée en juillet et en août que Hawaï.

Foires et fêtes estivales sont nombreuses dans la région. La Foire agricole d'Armstrong, l'une des plus connues de la Colombie-Britannique, a lieu au début de septembre, et ce depuis 1899.

Les régates de Kelowna, organisées sur le lac Okanagan où vivrait un monstre légendaire, Ogopogo, attirent de nombreux spectateurs en juillet. On peut y assister à des « courses de baignoires », ainsi qu'à des concours de natation et de plongeon. Plus de 100 000 personnes visitent tous

les ans une réserve d'animaux sauvages, Okanagan Game Farm, au sud de Penticton. De nombreux visiteurs se rendent aussi dans le ranch historique O'Keefe, qui fait revivre l'époque des pionniers.

L'hiver, c'est le temps du ski, de la raquette et de la motoneige. À Vernon, qui organise, en février, le plus grand carnaval d'hiver de l'ouest du Canada, on peut assister à des retraites aux flambeaux, voir des courses d'attelages de chiens et effectuer des promenades en traîneau.

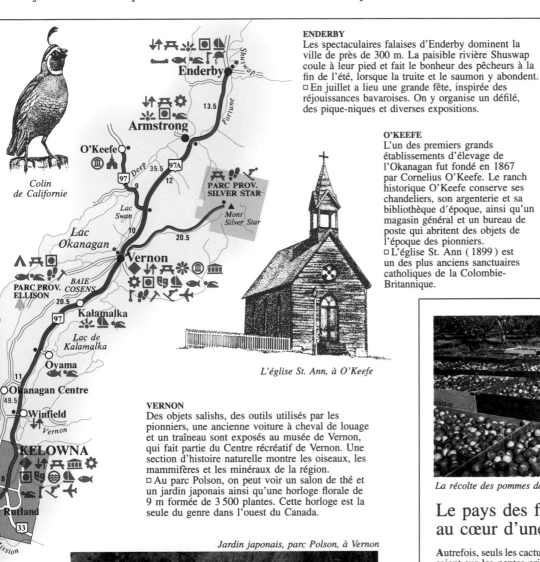

Colin de Californie

**ENDERBY**
Les spectaculaires falaises d'Enderby dominent la ville de près de 300 m. La paisible rivière Shuswap coule à leur pied et fait le bonheur des pêcheurs à la fin de l'été, lorsque la truite et le saumon y abondent.
□ En juillet a lieu une grande fête, inspirée des réjouissances bavaroises. On y organise un défilé, des pique-niques et diverses expositions.

**O'KEEFE**
L'un des premiers grands établissements d'élevage de l'Okanagan fut fondé en 1867 par Cornelius O'Keefe. Le ranch historique O'Keefe conserve ses chandeliers, son argenterie et sa bibliothèque d'époque, ainsi qu'un magasin général et un bureau de poste qui abritent des objets de l'époque des pionniers.
□ L'église St. Ann (1899) est un des plus anciens sanctuaires catholiques de la Colombie-Britannique.

**ARMSTRONG**
Cette petite ville est un ancien village d'éleveurs. Fière de ses origines, c'est aujourd'hui le centre commercial d'une importante région agricole, la vallée Spallumcheen. Le musée Armstrong-Spallumcheen préserve des objets d'intérêt historique local.
□ La petite ville organise tous les ans un rodéo et une exposition (Interior Provincial Exhibition).

*L'église St. Ann, à O'Keefe*

**VERNON**
Des objets salishs, des outils utilisés par les pionniers, une ancienne voiture à cheval de louage et un traîneau sont exposés au musée de Vernon, qui fait partie du Centre récréatif de Vernon. Une section d'histoire naturelle montre les oiseaux, les mammifères et les minéraux de la région.
□ Au parc Polson, on peut voir un salon de thé et un jardin japonais ainsi qu'une horloge florale de 9 m formée de 3 500 plantes. Cette horloge est la seule du genre dans l'ouest du Canada.

*La récolte des pommes dans la vallée de l'Okanagan*

# Le pays des fruits au cœur d'une riante vallée

Autrefois, seuls les cactus et les buissons d'armoise poussaient sur les pentes arides de la vallée de l'Okanagan. De nos jours, la vallée, où prospèrent les vergers et les vignes grâce à l'irrigation, aménagée dans les années 30, à son sol fertile et à son doux climat, est devenue le « panier de fruits » du Canada. Les récoltes y sont plus précoces qu'ailleurs au Canada. En bordure de la route, les étals de fruits poussent comme des champignons à partir du mois de juin.

Environ 30 à 40 p. 100 de la production canadienne de pommes, de cerises, de poires et de prunes (toute la production d'abricots) provient de la vallée de l'Okanagan. Les usines locales transforment le fruit en jus, en concentré, en nectar et en compote. On peut également visiter les chais de Kelowna et de Penticton où le raisin local est mélangé avec des cépages importés pour produire le vin de la région.

*Jardin japonais, parc Polson, à Vernon*

# Une mosaïque de vergers et de lacs tout en longueur

## Sud-est de la Colombie-Britannique

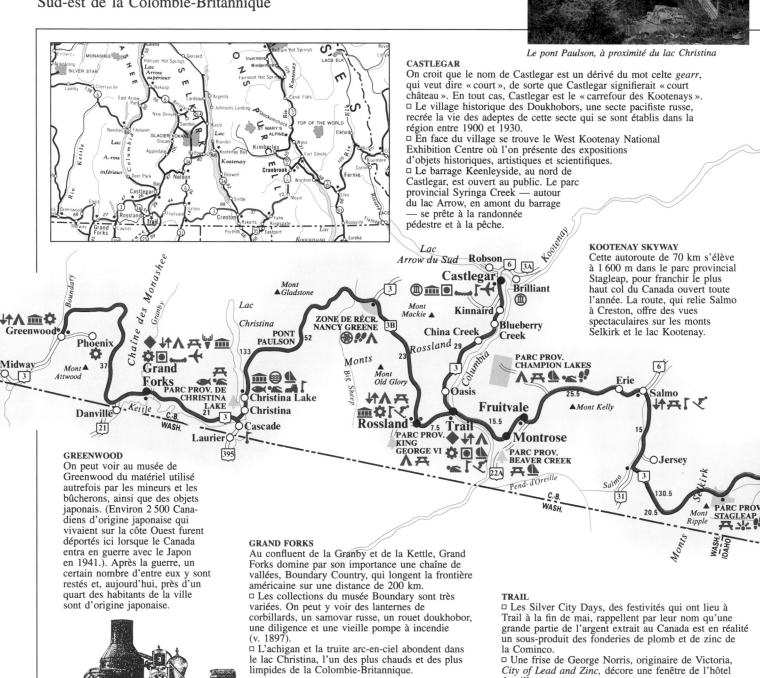

*Le pont Paulson, à proximité du lac Christina*

**CASTLEGAR**

On croit que le nom de Castlegar est un dérivé du mot celte *gearr*, qui veut dire « court », de sorte que Castlegar signifierait « court château ». En tout cas, Castlegar est le « carrefour des Kootenays ».
□ Le village historique des Doukhobors, une secte pacifiste russe, recrée la vie des adeptes de cette secte qui se sont établis dans la région entre 1900 et 1930.
□ En face du village se trouve le West Kootenay National Exhibition Centre où l'on présente des expositions d'objets historiques, artistiques et scientifiques.
□ Le barrage Keenleyside, au nord de Castlegar, est ouvert au public. Le parc provincial Syringa Creek — autour du lac Arrow, en amont du barrage — se prête à la randonnée pédestre et à la pêche.

**KOOTENAY SKYWAY**

Cette autoroute de 70 km s'élève à 1 600 m dans le parc provincial Stagleap, pour franchir le plus haut col du Canada ouvert toute l'année. La route, qui relie Salmo à Creston, offre des vues spectaculaires sur les monts Selkirk et le lac Kootenay.

**GREENWOOD**

On peut voir au musée de Greenwood du matériel utilisé autrefois par les mineurs et les bûcherons, ainsi que des objets japonais. (Environ 2 500 Canadiens d'origine japonaise qui vivaient sur la côte Ouest furent déportés ici lorsque le Canada entra en guerre avec le Japon en 1941.). Après la guerre, un certain nombre d'entre eux y sont restés et, aujourd'hui, près d'un quart des habitants de la ville sont d'origine japonaise.

**GRAND FORKS**

Au confluent de la Granby et de la Kettle, Grand Forks domine par son importance une chaîne de vallées, Boundary Country, qui longent la frontière américaine sur une distance de 200 km.
□ Les collections du musée Boundary sont très variées. On peut y voir des lanternes de corbillards, un samovar russe, un rouet doukhobor, une diligence et une vieille pompe à incendie (v. 1897).
□ L'achigan et la truite arc-en-ciel abondent dans le lac Christina, l'un des plus chauds et des plus limpides de la Colombie-Britannique.

*Pompe à incendie, à Grand Forks*

**TRAIL**

□ Les Silver City Days, des festivités qui ont lieu à Trail à la fin de mai, rappellent par leur nom qu'une grande partie de l'argent extrait au Canada est en réalité un sous-produit des fonderies de plomb et de zinc de la Cominco.
□ Une frise de George Norris, originaire de Victoria, *City of Lead and Zinc,* décore une fenêtre de l'hôtel de ville.
□ En été, on peut visiter la centrale hydro-électrique de la Cominco, à Waneta (480 000 CV).
□ Le monument qui marque l'emplacement du fort Shepherd (1856-1870), un poste de la Compagnie de la Baie d'Hudson au confluent du Columbia et de la rivière Pend d'Oreille, a été construit avec les moellons du fort.

| 0 | 2 | 4 | 6 | 8 | 10 Milles |
|---|---|---|---|---|---|

| 0 | 4 | 8 | 12 | 16 Kilomètres |
|---|---|---|---|---|

Le Kootenay est un pays de majestueuses montagnes qui enserrent de douces vallées et des lacs aux eaux cristallines bordés de plages invitantes.

Bordés par les monts Selkirk et la chaîne des Monashee, les lacs Arrow, qui s'étendent sur 185 km de long mais dépassent rarement 3 km de large, sont un des hauts lieux du tourisme en Colombie-Britannique. De nombreux amateurs de canot sillonnent leurs eaux admirables. La rivière Kootenay relie les lacs Arrow au lac Kootenay et à la vallée de Creston. Nichée entre les sommets de 2 000 m des Selkirk et des Purcell, cette charmante vallée est un damier de champs de céréales et de vergers, de coquets villages, de lacs et de marécages fréquentés par la sauvagine — oies, cygnes et canards.

La région produit des fruits — fraises, framboises, poires, cerises, pêches, prunes et pommes — en abondance. En juillet d'ailleurs, des milliers de visiteurs célèbrent la récolte en participant à un festival à Creston et à une fête de genre bavarois à Kimberley.

La région du Kootenay a été fortement marquée par les chercheurs d'or qui l'envahirent au cours des années 1890. Leur souvenir vit encore dans les musées, les villes fantômes et les mines abandonnées dont la région est constellée.

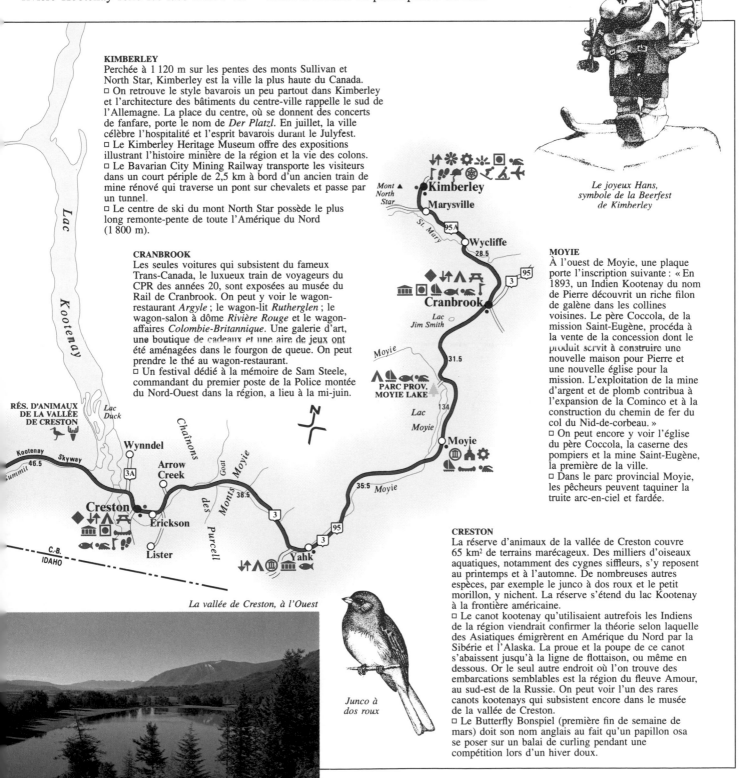

**KIMBERLEY**

Perchée à 1 120 m sur les pentes des monts Sullivan et North Star, Kimberley est la ville la plus haute du Canada.
□ On retrouve le style bavarois un peu partout dans Kimberley et l'architecture des bâtiments du centre-ville rappelle le sud de l'Allemagne. La place du centre, où se donnent des concerts de fanfare, porte le nom de *Der Platzl*. En juillet, la ville célèbre l'hospitalité et l'esprit bavarois durant le Julyfest.
□ Le Kimberley Heritage Museum offre des expositions illustrant l'histoire minière de la région et la vie des colons.
□ Le Bavarian City Mining Railway transporte les visiteurs dans un court périple de 2,5 km à bord d'un ancien train de mine rénové qui traverse un pont sur chevalets et passe par un tunnel.
□ Le centre de ski du mont North Star possède le plus long remonte-pente de toute l'Amérique du Nord (1 800 m).

**CRANBROOK**

Les seules voitures qui subsistent du fameux Trans-Canada, le luxueux train de voyageurs du CPR des années 20, sont exposées au musée du Rail de Cranbrook. On peut y voir le wagon-restaurant *Argyle* ; le wagon-lit *Rutherglen* ; le wagon-salon à dôme *Rivière Rouge* et le wagon-affaires *Colombie-Britannique*. Une galerie d'art, une boutique de cadeaux et une aire de jeux ont été aménagées dans le fourgon de queue. On peut prendre le thé au wagon-restaurant.
□ Un festival dédié à la mémoire de Sam Steele, commandant du premier poste de la Police montée du Nord-Ouest dans la région, a lieu à la mi-juin.

Le joyeux Hans,
symbole de la Beerfest
de Kimberley

**MOYIE**

À l'ouest de Moyie, une plaque porte l'inscription suivante : « En 1893, un Indien Kootenay du nom de Pierre découvrit un riche filon de galène dans les collines voisines. Le père Coccola, de la mission Saint-Eugène, procéda à la vente de la concession dont le produit servit à construire une nouvelle maison pour Pierre et une nouvelle église pour la mission. L'exploitation de la mine d'argent et de plomb contribua à l'expansion de la Cominco et à la construction du chemin de fer du col du Nid-de-corbeau. »
□ On peut encore y voir l'église du père Coccola, la caserne des pompiers et la mine Saint-Eugène, la première de la ville.
□ Dans le parc provincial Moyie, les pêcheurs peuvent taquiner la truite arc-en-ciel et fardée.

**CRESTON**

La réserve d'animaux de la vallée de Creston couvre 65 km² de terrains marécageux. Des milliers d'oiseaux aquatiques, notamment des cygnes siffleurs, s'y reposent au printemps et à l'automne. De nombreuses autres espèces, par exemple le junco à dos roux et le petit morillon, y nichent. La réserve s'étend du lac Kootenay à la frontière américaine.
□ Le canot kootenay qu'utilisaient autrefois les Indiens de la région viendrait confirmer la théorie selon laquelle des Asiatiques émigrèrent en Amérique du Nord par la Sibérie et l'Alaska. La proue et la poupe de ce canot s'abaissent jusqu'à la ligne de flottaison, ou même en dessous. Or le seul autre endroit où l'on trouve des embarcations semblables est la région du fleuve Amour, au sud-est de la Russie. On peut voir l'un des rares canots kootenays qui subsistent encore dans le musée de la vallée de Creston.
□ Le Butterfly Bonspiel (première fin de semaine de mars) doit son nom anglais au fait qu'un papillon osa se poser sur un balai de curling pendant une compétition lors d'un hiver doux.

La vallée de Creston, à l'Ouest

Junco à
dos roux

# Anciennes mines d'argent et villes fantômes de la Slocan

## Sud-est de la Colombie-Britannique

Au long de la route qui mène de Nakusp à Howser, les visiteurs peuvent admirer de splendides paysages de montagnes aux pics enneigés et pêcher des truites arc-en-ciel parmi les plus grosses du monde, ainsi que des Dolly Varden et des saumons kokani.

À New Denver, un sentier abrupt mène au sommet du pic Idaho (2 280 m). Il passe devant des crassiers et des tunnels abandonnés et des piles de déblais, vestiges des riches gisements d'argent, de

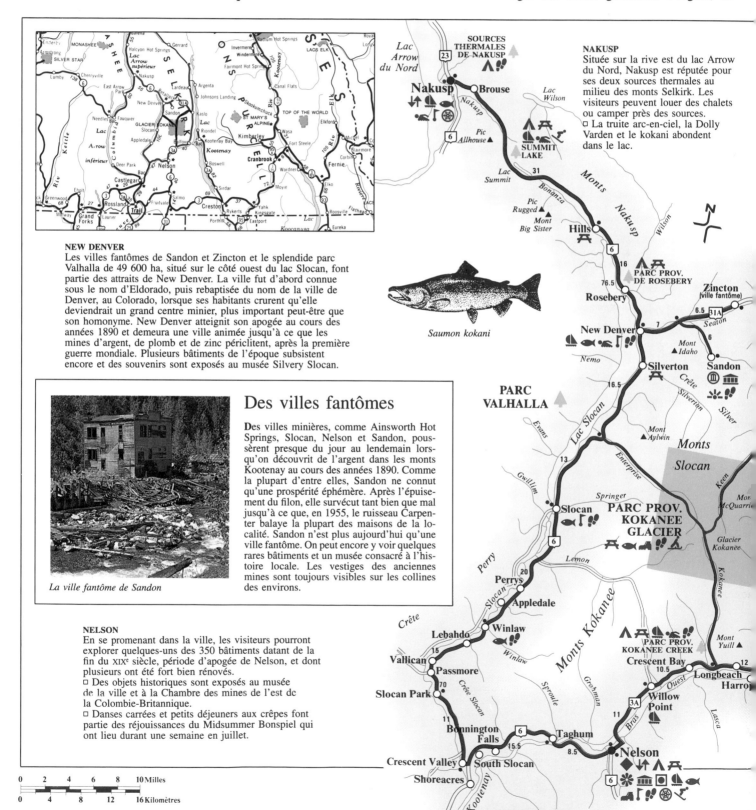

**NAKUSP**

Située sur la rive est du lac Arrow du Nord, Nakusp est réputée pour ses deux sources thermales au milieu des monts Selkirk. Les visiteurs peuvent louer des chalets ou camper près des sources.
□ La truite arc-en-ciel, la Dolly Varden et le kokani abondent dans le lac.

*Saumon kokani*

### NEW DENVER

Les villes fantômes de Sandon et Zincton et le splendide parc Valhalla de 49 600 ha, situé sur le côté ouest du lac Slocan, font partie des attraits de New Denver. La ville fut d'abord connue sous le nom d'Eldorado, puis rebaptisée du nom de la ville de Denver, au Colorado, lorsque ses habitants crurent qu'elle deviendrait un grand centre minier, plus important peut-être que son homonyme. New Denver atteignit son apogée au cours des années 1890 et demeura une ville animée jusqu'à ce que les mines d'argent, de plomb et de zinc périclitent, après la première guerre mondiale. Plusieurs bâtiments de l'époque subsistent encore et des souvenirs sont exposés au musée Silvery Slocan.

### Des villes fantômes

*La ville fantôme de Sandon*

Des villes minières, comme Ainsworth Hot Springs, Slocan, Nelson et Sandon, poussèrent presque du jour au lendemain lorsqu'on découvrit de l'argent dans les monts Kootenay au cours des années 1890. Comme la plupart d'entre elles, Sandon ne connut qu'une prospérité éphémère. Après l'épuisement du filon, elle survécut tant bien que mal jusqu'à ce que, en 1955, le ruisseau Carpenter balaye la plupart des maisons de la localité. Sandon n'est plus aujourd'hui qu'une ville fantôme. On peut encore y voir quelques rares bâtiments et un musée consacré à l'histoire locale. Les vestiges des anciennes mines sont toujours visibles sur les collines des environs.

### NELSON

En se promenant dans la ville, les visiteurs pourront explorer quelques-uns des 350 bâtiments datant de la fin du XIXe siècle, période d'apogée de Nelson, et dont plusieurs ont été fort bien rénovés.
□ Des objets historiques sont exposés au musée de la ville et à la Chambre des mines de l'est de la Colombie-Britannique.
□ Danses carrées et petits déjeuners aux crêpes font partie des réjouissances du Midsummer Bonspiel qui ont lieu durant une semaine en juillet.

plomb et de zinc qui rendirent fameuse la vallée de la Slocan vers 1890. Près du sommet se trouvent la ville fantôme de Sandon et une tour d'incendie, Idaho Lookout, qui offre une très belle vue panoramique de la région.

À Bonnington Falls, la rivière Kootenay s'élance d'une hauteur de 20 m au milieu des montagnes. Aux environs, des rochers portent l'empreinte de peintures indiennes aux origines mystérieuses. À Nelson, les crêtes déchiquetées dominent

de leurs 2 750 m les murailles de glace et les lacs alpins du parc provincial Kokanee Glacier.

Le visiteur peut se baigner dans les eaux des sources thermales d'Ainsworth Hot Springs ou explorer les grottes Cody. Plus loin, à Kaslo, un ancien bateau à roue, le *Moyie*, mis en cale sèche, a été transformé en musée. Aux approches de Howser se dresse l'énorme barrage Duncan qui fait partie du complexe d'aménagement hydro-électrique du Columbia.

*Chenal de frai de Meadow Creek, près de Howser*

### KASLO
Le *Moyie*, dernier vapeur à roue du lac Kootenay, est aujourd'hui un musée consacré à la mémoire des pionniers de Kaslo. Le navire de 50 m, construit en 1897, a été en service pendant 60 ans.
□ Les gisements d'argent découverts en 1893 firent de Kaslo une ville florissante. L'agglomération est aujourd'hui une station de villégiature et un centre de distribution pour la vallée de la Lardeau.
□ Le Festival de mai comprend un défilé, des expositions d'artisanat, un concours de roulage de billes de bois et des compétitions de deltaplanes.

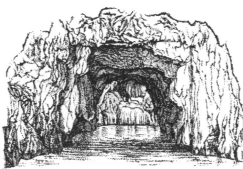

*Sources thermales d'Ainsworth Hot Springs*

### AINSWORTH HOT SPRINGS
Découvertes au cours des années 1880 par Henry Cody, un chercheur d'or, les grottes Cody n'attirèrent guère l'attention jusqu'en 1966, date à laquelle on en fit un parc provincial. La Salle du trône, la plus grande, est une galerie de 38 m² ornée de stalactites, de stalagmites et de paillettes de chaux. On peut visiter également une autre salle dans laquelle l'écho est remarquable et une grotte où un ruisseau fait un bond de 11 m en deux ressauts.
□ Non loin des grottes, les visiteurs peuvent se détendre et se baigner dans les eaux des sources thermales.

### HOWSER
Un bassin de natation et une rampe pour bateaux ont été aménagés au bord du réservoir du barrage Duncan qu'on peut observer du haut d'un belvédère.
□ À Meadow Creek, les kokanis empruntent un chenal de frai de 3 km de long. La saison du frai commence à la mi-août.

## Au temps des vapeurs à roue

La navigation connut son apogée sur le lac Kootenay avec l'arrivée des prospecteurs qui cherchaient de l'argent, du zinc et du plomb. Vers les années 1890, une véritable flottille de bateaux à roue sillonnait le lac pour transporter passagers et marchandises aux agglomérations de la rive. Avec l'avènement du chemin de fer au début du siècle, les vapeurs perdirent beaucoup de leur importance mais on en construisit cependant jusque vers les années 20. Le dernier bateau à roue du lac Kootenay, le *Moyie*, fut désarmé en 1957.

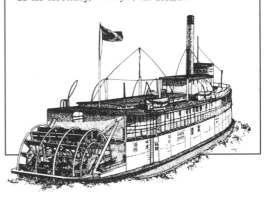

### BALFOUR
Ce petit village au confluent des bras nord, sud et ouest du lac Kootenay est le terminus occidental du plus long service gratuit de traversier en Amérique du Nord. Le voyage de 45 minutes mène les visiteurs à Kootenay Bay, sur l'autre rive du lac Kootenay.
□ La natation, la pêche, la navigation de plaisance et les péniches font de Balfour un centre de villégiature réputé.

*Le lac Kootenay, près d'Ainsworth Hot Springs*

# L'or de la Wild Horse,
# le charbon du Kootenay

## Sud-est de la Colombie-Britannique

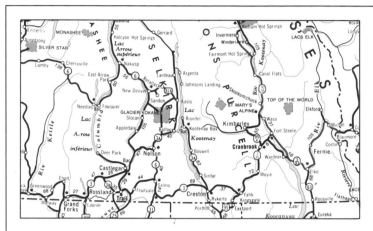

## La rivière de l'or,
## une batée et un peu de chance

Les vacanciers qui visitent le village historique provincial de Fort Steele trouveront peut-être de l'or dans les sables de la rivière Wild Horse qui fut prospectée au milieu des années 1860. La traditionnelle batée, une sorte d'écuelle plate de 15 à 40 cm de diamètre, et un peu de chance leur suffiront pour découvrir une pépite ou une paillette d'or.

Remplissez la batée aux trois quarts de sable et de gravier recueillis dans le lit de la rivière ou dans les anfractuosités des rochers inondés à l'époque du dégel. Ajoutez de l'eau pour remplir complètement la batée. Enlevez les pierres et les galets à la main (1). Secouez ensuite la batée pour que les corps lourds (dont l'or !) tombent au fond. Lavez les sables en inclinant un peu la batée et en la faisant tourner doucement dans le courant (2) jusqu'à ce qu'il ne reste plus au fond qu'une couche sombre et granuleuse, la « pulpe », dans laquelle se distinguent les pépites et les paillettes d'or.

L'extraction des poussières d'or présentes dans la pulpe est plus complexe. Les premiers prospecteurs utilisaient souvent la technique de l'amalgamation au mercure. Ils incorporaient de petites quantités de mercure (une douzaine de grammes pour 1 kg de pulpe) dans le mélange humide. Le mercure absorbait l'or et remontait à la surface où on le recueillait pour le presser ensuite au travers d'un linge, ce qui donnait une pâte riche en or. On faisait évaporer le reste du mercure en chauffant la pâte au feu pour obtenir de l'or pur. C'est cette technique qu'on utilise encore dans les mines, mais on la déconseille aux prospecteurs amateurs, car les vapeurs de mercure sont extrêmement toxiques.

### INVERMERE
À 32 km à l'ouest d'ici se trouve la réserve naturelle des Purcell (1 315 km²). Un sentier de randonnée de 61 km traverse le chaînon des Purcell pour regagner Argenta, sur le lac Kootenay ; il atteint son point culminant au col Earl Grey (2 256 m).
□ Sur la route de la réserve, les monts Panorama offrent la possibilité de faire du ski alpin, du ski de fond et, entre novembre et avril, de l'héliski.

### PARC PROVINCIAL PREMIER LAKE
Situé à 15 km à l'est de Skookumchuck, ce parc de 662 ha se trouve au bord du lac Premier dans lequel abondent truites et ombles de fontaine. Des cerfs de Virginie, des cerfs mulets et des wapitis viennent s'abreuver au bord du lac où l'on a aménagé un terrain de camping, des plages et des rampes pour les bateaux de plaisance.

### PARC PROVINCIAL WASA LAKE
À la tombée du jour, ce parc, situé à l'extrémité nord du lac Wasa, résonne du cri nasillard que pousse l'engoulevent commun lorsqu'il pourchasse des insectes. Un terrain de camping doté de plages de sable et d'une rampe de mise à l'eau a été aménagé à l'orée d'une forêt mixte de pins ponderosa et lodgepole, de sapins de Douglas et de trembles.

*Chardon*

*Engoulevent commun*

*Alevinière à truites, à Wardner*

La majeure partie de la route qui relie Invermere au col du Crownest longe le Columbia et les rivières Kootenay et Elk. Dans cette région, le Columbia coule vers le nord-ouest alors que la Kootenay, son affluent, coule en direction opposée.

Invermere offre aux visiteurs les pentes et les pistes de ski du mont Panorama et des sentiers de randonnée à travers la majesté des chaînons des Purcell.

Au sud d'Invermere, passé les lacs Windermere, Columbia (source du fleuve du même nom) et Wasa, se trouve le village historique de Fort Steele, né vers 1860 de la découverte de dépôts aurifères dans la White Horse ; il devint un centre important, puis déclina vers 1900 quand le chemin de fer fut détourné.

Tandis que l'or commençait à s'épuiser, la houille, qu'on découvrit vers 1870 près de Fernie, le remplaça progressivement comme ressource économique. Avec l'avènement de son chemin de fer transcontinental, le Canadien Pacifique en favorisa le développement. De nos jours, entre Fernie et Crowsnest, le plus grand gisement au monde de houille à ciel ouvert continue d'approvisionner l'ouest du Canada, les États-Unis et le Japon.

*Village historique de Fort Steele*

*Roue à aubes, village historique provincial de Fort Steele*

## SPARWOOD
Construite en 1960, la ville de Sparwood domine les plus vastes gisements de houille tendre d'Amérique du Nord. De la mine à ciel ouvert, la plus grande au Canada, la Westar extrait chaque année 5 millions de tonnes de charbon. Le combustible est ensuite acheminé à des usines de la côte Ouest ou au Japon, ou bien transformé en coke pour les hauts fourneaux du Canada et des États-Unis. La chambre de commerce locale organise des visites guidées du complexe minier.
□ La Foire d'automne attire de nombreux visiteurs en septembre.

## VILLAGE HISTORIQUE DE FORT STEELE
À l'époque de la ruée vers l'or de 1864, on édifia ici le terminus du ferry de Galbraith qui traversait la Kootenay. Au cours des deux décennies suivantes, le village prospéra et devint un important centre administratif. Ses habitants le rebaptisèrent en l'honneur d'un major légendaire, Sir Samuel Steele, qui érigea non loin, en 1867, un poste de la Police Montée du Nord-Ouest.
□ Les visiteurs trouveront ici une soixantaine de bâtiments restaurés ou reconstruits, dont la caserne du poste de police, le bureau du traversier (1864) et la vieille imprimerie qui fabrique encore un journal d'époque. Ils pourront se promener à calèche ou en train à vapeur et, durant l'été, observer les artisans à l'œuvre dans la tradition du passé. Le théâtre Wildhorse présente des pièces de music-hall de l'ère victorienne.

## FERNIE
Lorsque le soleil se couche sur le mont Hosmer (2 506 m), à 15 km au nord-est de Fernie, on peut voir apparaître sur le versant de la montagne l'ombre d'un homme monté sur un cheval au galop. Cette silhouette, dessinée par le profil déchiqueté de la montagne, rappelle aux habitants de Fernie qu'ils furent maudits par un chef kootenay vers les années 1880 quand William Fernie, fondateur de la ville, rompit ses fiançailles avec la fille de celui-ci. Les Indiens ne levèrent le mauvais sort qu'en 1964.

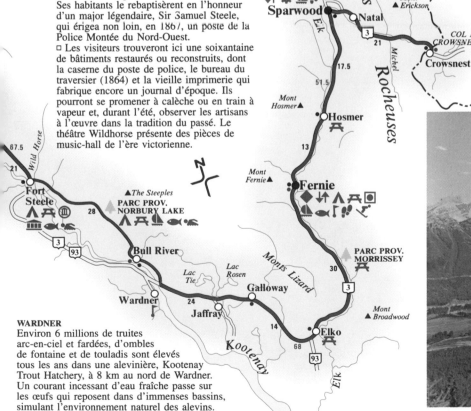

*Le mont Hosmer (à droite) et la vallée de l'Elk, près de Fernie*

## WARDNER
Environ 6 millions de truites arc-en-ciel et fardées, d'ombles de fontaine et de touladis sont élevés tous les ans dans une alevinière, Kootenay Trout Hatchery, à 8 km au nord de Wardner. Un courant incessant d'eau fraîche passe sur les œufs qui reposent dans d'immenses bassins, simulant l'environnement naturel des alevins. L'alevinière, ouverte au public toute l'année, consomme autant d'eau qu'une ville de 50 000 habitants.

# Des lacs de jade...
# et des eaux rouges de saumons

Centre-sud de la Colombie-Britannique

La traite des fourrures, une brève ruée vers l'or et enfin l'arrivée du chemin de fer transcontinental attirèrent successivement dans le « Shuswap » toutes sortes d'aventuriers en quête de richesse. Des milliers de vacanciers suivent aujourd'hui leurs traces dans cette région sauvage mais accueillante.

Avec ses mouillages abrités, ses plages et ses eaux tempérées et sûres, le lac Shuswap est devenu le paradis des plaisanciers. La ville riveraine de Sicamous offre

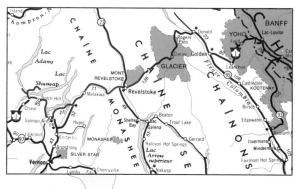

## L'odyssée du saumon du Pacifique

*Montaison des saumons dans l'Adams*

Tous les ans, pendant trois semaines au mois d'octobre, la rivière Adams se colore en pourpre tandis que 2 millions de saumons nerka (sockeye) la remontent pour y frayer et mourir. Né dans l'eau froide des rivières, ce saumon passe sa première année dans les eaux calmes et profondes du lac Shuswap. Au printemps suivant, il parcourt près de 500 km pour gagner l'océan Pacifique.

Lorsqu'il atteint la maturité sexuelle, au cours de sa quatrième année, le saumon — surtout guidé par son odorat très développé — quitte l'océan et remonte jusqu'au cours d'eau où il est né.

Pendant des semaines, le Fraser et la Thompson, ainsi que les lacs Kamloops et Little Shuswap, regorgent de saumons. Ceux-ci parcourent alors jusqu'à 50 km par jour, mais un grand nombre meurent d'épuisement dans les rapides ou en tentant de remonter une chute. À l'issue de son voyage, chaque femelle pond ses œufs dans le gravier de la rivière Adams, tandis qu'un mâle les fertilise ; puis l'un et l'autre meurent peu après. Un œuf sur 1 000 seulement donnera naissance à un saumon qui arrivera à maturité.

### ADAMS LAKE
Même dans les années creuses, la montaison du saumon, en octobre, constitue un spectacle impressionnant. D'une plate-forme située à l'embouchure de la rivière Adams, les spectateurs peuvent observer les saumons.
□ On peut pêcher le saumon kokani, la truite arc-en-ciel, le touladi et la Dolly Varden dans les lacs et les rivières des environs.

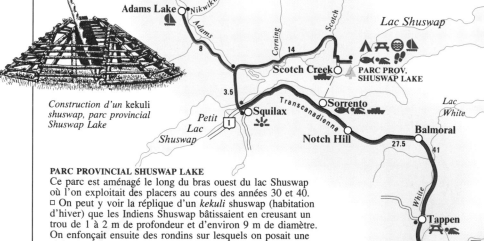

*Construction d'un kekuli shuswap, parc provincial Shuswap Lake*

### PARC PROVINCIAL SHUSWAP LAKE
Ce parc est aménagé le long du bras ouest du lac Shuswap où l'on exploitait des placers au cours des années 30 et 40.
□ On peut y voir la réplique d'un *kekuli* shuswap (habitation d'hiver) que les Indiens Shuswap bâtissaient en creusant un trou de 1 à 2 m de profondeur et d'environ 9 m de diamètre. On enfonçait ensuite des rondins sur lesquels on posait une claie de perches garnies d'herbe, de rameaux et d'écorces que l'on recouvrait d'une épaisse couche de terre.

### SALMON ARM
Les riches terres agricoles de Salmon Arm sont réputées pour leurs fruits, leurs légumes et leur production laitière.
□ Sur le mont Ida, les collectionneurs de pierres trouveront des agates, des prases, des géodes et des améthystes.

### LAC SHUSWAP
Une façon idéale d'explorer le lac est de louer un bateau ponté avec cabines et de s'ancrer la nuit dans un des nombreux ports aménagés.
□ Sur une carte, le lac Shuswap apparaît comme une immense lettre H étirée. Le parc provincial Cinnemosun Narrows, au confluent des quatre bras du lac, n'est accessible que par bateau.

### SICAMOUS
Un vapeur à roue, le *Phoebe Ann*, fait une excursion d'une journée entre Sicamous et Seymour Arm.
□ Sur les rives des lacs Shuswap et Mara, plusieurs rochers sont décorés de silhouettes filiformes : animaux, oiseaux, êtres humains, et ce qu'on croit être un calendrier. Ce pourrait être l'œuvre de peuplades préhistoriques arrivées sur le continent américain par le détroit de Béring.

*Bateau ponté, lac Shuswap*

0  1  2  3  4  5 Milles

0  2  4  6  8 Kilomètres

aux vacanciers deux parcs provinciaux aménagés en bordure du lac, et leur permet de jouir de 1 000 km de rives, semées de ports de plaisance, de terrains de camping et de plages. La grande attraction ici est la montaison du saumon nerka dans la rivière Adams. Pendant trois semaines, en octobre, quelque 2 millions de saumons se rassemblent pour enfouir leurs œufs sur un petit tronçon de la rivière.

La haute crête rocheuse du parc national du Mont-Revelstoke contraste avec les eaux placides du lac Shuswap. Dans ce paysage grandiose que l'érosion et les glaciers ont sculpté sans relâche, les pluies abondantes ont encouragé la croissance de pruches et de cèdres géants dans les vallées, et de fleurs alpines multicolores sur les sommets.

*Parc national du Mont-Revelstoke*

## PARC NATIONAL DU MONT-REVELSTOKE
Le mont Revelstoke (1 938 m) fait partie de la chaîne Columbia, une suite de montagnes crénelées et de larges vallées bordées à l'est par les Rocheuses et à l'ouest par le plateau Intérieur.
□ Le sentier Mountain Meadows passe à côté de la « glacière », une crevasse ombragée où la glace ne fond jamais. Cette piste et les autres sentiers du parc traversent des prés alpins mouchetés de castilléjies écarlates, de lupins bleus, d'arniques jaunes et de valérianes blanches.
□ Les eaux turquoise des deux lacs Jade contrastent avec les glaciers des montagnes voisines. Le lac Eva s'étale près d'une corniche qui domine de plus d'une centaine de mètres la vallée en contrebas.
□ Une route de 26 km, Summit Road, commencée en 1911, serpente jusqu'au sommet du mont Revelstoke. Dans le belvédère, les pics environnants sont identifiés par des flèches.

## THREE VALLEY GAP
Cette reconstitution d'une ville minière du XIXᵉ siècle comprend un hôtel de 103 chambres et un saloon orné d'un bar d'acajou sculpté. Les bâtiments ont été transportés à Three Valley Gap de différents endroits de la Colombie-Britannique. Le village compte aussi un salon de coiffeur-dentiste, une chapelle, la hutte de rondins d'un trappeur, une école de campagne, une forge, l'échoppe d'un charron, un magasin général, une prison et le saloon Golden Wheel.

## BARRAGE REVELSTOKE
Le barrage de béton le plus élevé du Canada (175 m) est à 5 km au nord de Revelstoke. La centrale est ouverte au public. Il y a un centre d'interprétation et un belvédère.

## REVELSTOKE
Située sur la rive du Columbia, la ville doit son nom à Lord Revelstoke, le banquier britannique qui sauva le CP de la faillite financière durant la construction du chemin de fer transcontinental dans les années 1880.
□ Au musée de Revelstoke, consacré à l'époque des mines et de la construction du chemin de fer, on verra un fauteuil de dentiste que son propriétaire transportait de mine en mine.

# Le dernier tire-fond du grand chemin de fer

Cette fameuse photo montre Donald Smith, l'un des directeurs du CP, en train d'enfoncer le dernier tire-fond du premier chemin de fer transcontinental du Canada, à l'embranchement de Craigellachie, le 7 novembre 1885. Quand Smith enfonça ce tire-fond de fer, semblable à tous les autres, il y eut un moment de silence, puis les hommes qui s'étaient rassemblés poussèrent un hourra. « Tout ce que je puis dire, c'est que le travail a été bien fait, à tous égards », conclut sans cérémonies William Cornelius Van Horne, le vice-président du CP qui était parvenu à achever le chemin de fer en quatre ans. Non loin de là, en bordure de la Transcanadienne, on peut lire sur une plaque : « Un rêve nébuleux se transforma en réalité : un ruban d'acier traversait le Canada d'un océan à l'autre. Souvent sur les pas des premiers explorateurs, près de 3 000 milles de rails d'acier couvrirent les vastes prairies, s'accrochèrent aux flancs vertigineux des montagnes, serpentèrent dans les canyons et enjambèrent des milliers de cours d'eau. »

*Revelstoke*

# Sommets lumineux
# et champs de glace étincelants

Sud-est de la Colombie-Britannique

La Transcanadienne, tout au long de ses 8 000 km, traverse peu de régions aussi spectaculaires que celle des champs de glace, des glaciers et des sources thermales des Rocheuses, des Purcell et des Selkirk. Entre les parcs nationaux Glacier et Yoho, la route suit l'Illecillewaet, le Columbia et la rivière Kicking Horse, qui comptent parmi les sites les plus grandioses de l'Amérique du Nord.

Les amoureux d'une nature sauvage et vierge trouveront là un vaste réseau de

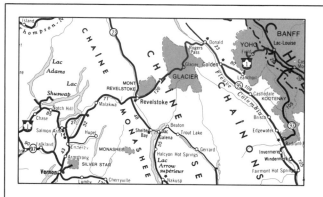

Dans le parc national Glacier, où il tombe plus de neige que partout ailleurs, des avalanches arrachent parfois tous les arbres d'un versant de montagne et ensevelissent des tronçons entiers de routes. Des tunnels de béton mesurant jusqu'à 500 m protègent les endroits particulièrement exposés de la Transcanadienne. Des levées de terre et des remblais suffisent pour faire dévier les avalanches de moindre importance. Mais lorsque les spécialistes décèlent un amoncellement dangereux, la route est fermée et une équipe d'artilleurs tire à l'obusier pour déséquilibrer la couche de neige instable et provoquer ainsi sans danger l'avalanche.

## Des obusiers contre les avalanches

### PARC NATIONAL GLACIER
Fondé en 1886, le parc ne fut accessible que par chemin de fer pendant plus de 70 ans. Aujourd'hui, le tronçon du col de Rogers de la route transcanadienne, qui totalise 147 km, le traverse sur 43 km.
□ Dans ce parc de 1 350 km², plus de 400 glaciers couvrent les monts Selkirk qui se sont formés des millions d'années avant les Rocheuses. Du camping Illecillewaet, des pistes de randonnée mènent au glacier Illecillewaet et à la vallée Asulkan où les skieurs trouveront plus de 250 km² de glaciers et de névés. Les lents fleuves de glace donnent naissance à un chapelet étincelant de lacs, de rivières et de chutes qui s'égrènent dans les épaisses forêts de cèdres et de pruches où s'ébattent des corbeaux et des geais de Steller. Au-dessus de la ligne de boisement, les prés sont couverts de fleurs des montagnes comme l'anémone alpine et le lis des glaciers.

*Anémones alpines*

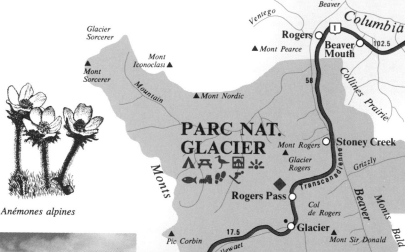

*Parc national Glacier*

### COL DE ROGERS (ROGERS PASS)
Le tronçon du col de Rogers de la route transcanadienne, entre Golden et Revelstoke, est l'une des plus belles routes de montagne du monde. Dans un cadre de pics majestueux, de lacs d'émeraude et d'immenses champs de glace, la route zigzague au fond de profonds ravins ou escalade des parois vertigineuses. Un sentier de 1,5 km au sommet du col (1 320 m) mène à l'est à travers les monts Selkirk.

*Casse-noix américain*

sentiers de randonnée qui leur permettront à la fois de s'enfoncer dans les forêts de conifères et d'escalader les versants rocailleux et escarpés des montagnes.

Plus de 400 glaciers recouvrent les chaînons des Purcell et les monts Selkirk dans le parc national Glacier, où l'eau de fonte a donné naissance à des centaines de lacs, de rivières et de chutes qui éclairent un paysage d'épaisses forêts et de prés couverts d'herbes drues et de fleurs multicolores.

*Chute Takakkaw, parc national Yoho*

Les sommets du parc national Yoho, dont 30 dépassent 3 000 m, sont eux aussi festonnés de torrents impétueux, de chutes vertigineuses, de lacs cristallins et de champs de glace aux somptueux reflets. Le lac Emerald, dans son écrin de conifères et de sommets étincelants, la laiteuse Yoho et la lumineuse Kicking Horse, la vaporeuse chute Laughing ou la chute Takakkaw, l'une des plus hautes du Canada avec ses 254 m, offrent au visiteur une véritable féerie d'eaux et de lumières.

## CHUTE TAKAKKAW
L'une des plus hautes chutes en un seul saut du Canada se précipite d'une hauteur de 254 m dans la rivière Yoho. Le cours d'eau qui l'alimente prend sa source au glacier Daly et dévale le long d'une vallée suspendue en forme d'auge.
□ Non loin, la Yoho, chargée du limon du glacier du même nom, rencontre les eaux cristallines de la Kicking Horse au lieu-dit Meeting of the Waters.

## LAC EMERALD
Le charmant lac Emerald du parc national Yoho, ainsi nommé pour sa couleur vert foncé, est entouré d'une dizaine de sommets enneigés. Deux sentiers, dont l'un traverse le col de Burgess (2 180 m), en font le tour et mènent jusqu'au champ de glace Wapta, à l'extrémité nord du parc. Au bord du lac, on a restauré l'Emerald Lake Lodge, une auberge autrefois exploitée par le CP.

## PARC NATIONAL YOHO
Ce superbe parc de 1 313 km², situé sur le versant ouest des Rocheuses, mérite bien son nom indien, une exclamation qui marque l'étonnement et l'admiration. Le parc, fondé en 1886, est administré à partir de la ville de Field. À l'ouest de Field, la Kicking Horse a sculpté un pont naturel de 15 m de long dans une paroi de roches sédimentaires. Au sud-ouest, la rivière forme un rideau mouvant de 60 m de large, la chute Wapta. Environ 400 km de sentiers conduisent à d'autres curiosités géologiques comme les hautes (15 m) cheminées des fées, surmontées de gros blocs en équilibre instable. Les wapitis, les ours, les orignaux, les cerfs et les chèvres de montagne fréquentent le parc où l'on dénombre 180 espèces d'oiseaux. Les vallées sont tapissées d'un manteau de conifères, de pins lodgepole, de sapins de Douglas et d'épinettes blanches. Les fleurs alpines aux vives couleurs poussent au-dessus de la ligne de boisement.
□ Le site de Burgess Shale, près de Field, recèle des fossiles de près de 140 espèces marines datant de la période cambrienne, il y a 530 millions d'années. Il fut découvert en 1909 par Charles Walcott, géologue et paléontologue américain, et déclaré par l'Unesco, en 1981, site du patrimoine mondial. Sur réservations, on peut aussi visiter la carrière Walcott, non loin de Field, qui fait partie du dépôt de Burgess Shale.
□ Non loin, à l'est de Field, un belvédère qui surplombe le fameux tracé en spirale des tunnels du chemin de fer attire quelque 300 000 visiteurs annuellement.

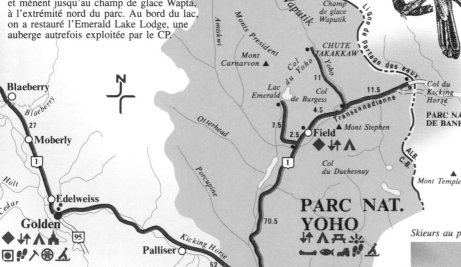

*Geai de Steller*

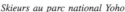

## GOLDEN
En 1883, les habitants de Kicking Horse Flats, un camp de construction du CP, entendirent parler de la fondation de Silver City, à 110 km à l'est. Pour donner le change, ils décidèrent de baptiser leur camp Golden. Silver City disparut (le prétendu filon n'était qu'une mauvaise farce), mais Golden prospéra.
□ L'église St. Paul possède une cloche qui fut dérobée en 1897 d'une église qu'on transportait de Donald à Windermere.
□ Au musée de Golden, le bâtiment principal abrite les reliques du passé. Une école en bois rond, une boutique de forgeron et une grange complètent l'ensemble.

## COL KICKING HORSE
Cette trouée dans une muraille de montagnes déchiquetées est située à l'entrée est du parc national Yoho, à 1 625 m d'altitude. La route transcanadienne et le Canadien Pacifique l'empruntent pour franchir les Rocheuses tout en suivant les méandres de la Kicking Horse. Le col est à cheval sur la ligne de partage des eaux.

*Skieurs au parc national Yoho*

*Cheminée des fées, parc national Yoho*

# Campanules et chèvres de montagne dans un parc que dominent des glaciers

Parc national du Kootenay

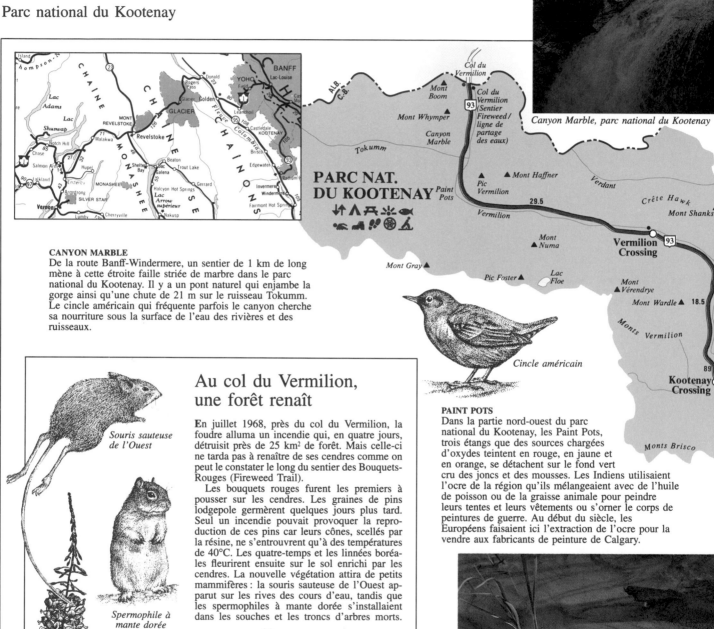

Canyon Marble, parc national du Kootenay

**CANYON MARBLE**

De la route Banff-Windermere, un sentier de 1 km de long mène à cette étroite faille striée de marbre dans le parc national du Kootenay. Il y a un pont naturel qui enjambe la gorge ainsi qu'une chute de 21 m sur le ruisseau Tokumm. Le cincle américain qui fréquente parfois le canyon cherche sa nourriture sous la surface de l'eau des rivières et des ruisseaux.

*Cincle américain*

## Au col du Vermilion, une forêt renaît

**E**n juillet 1968, près du col du Vermilion, la foudre alluma un incendie qui, en quatre jours, détruisit près de 25 km² de forêt. Mais celle-ci ne tarda pas à renaître de ses cendres comme on peut le constater le long du sentier des Bouquets-Rouges (Fireweed Trail).

Les bouquets rouges furent les premiers à pousser sur les cendres. Les graines de pins lodgepole germèrent quelques jours plus tard. Seul un incendie pouvait provoquer la reproduction de ces pins car leurs cônes, scellés par la résine, ne s'entrouvrent qu'à des températures de 40°C. Les quatre-temps et les linnées boréales fleurirent ensuite sur le sol enrichi par les cendres. La nouvelle végétation attira de petits mammifères : la souris sauteuse de l'Ouest apparut sur les rives des cours d'eau, tandis que les spermophiles à mante dorée s'installaient dans les souches et les troncs d'arbres morts.

*Souris sauteuse de l'Ouest*

*Spermophile à mante dorée*

**PAINT POTS**

Dans la partie nord-ouest du parc national du Kootenay, les Paint Pots, trois étangs que des sources chargées d'oxydes teintent en rouge, en jaune et en orange, se détachent sur le fond vert cru des joncs et des mousses. Les Indiens utilisaient l'ocre de la région qu'ils mélangeaient avec de l'huile de poisson ou de la graisse animale pour peindre leurs tentes et leurs vêtements ou s'orner le corps de peintures de guerre. Au début du siècle, les Européens faisaient ici l'extraction de l'ocre pour la vendre aux fabricants de peinture de Calgary.

*Bouquet rouge*

*Faux-bleuet*

*Linnée boréale*

*Quatre-temps*

Paint Pots, parc national du Kootenay

| 0 | 2 | 4 | 6 | 8 | 10 Milles |
| 0 | 4 | 8 | 12 | | 16 Kilomètres |

Les 1 406 km² du parc national du Kootenay ont été découpés sur le versant occidental des Rocheuses, en bordure des parcs de Banff et Yoho. Ce parc est une étonnante mosaïque de sources thermales, de lacs aux eaux glacées, de canyons et de glaciers dominés par de splendides montagnes.

Les cours d'eau qui naissent des glaciers dévalent les pentes et se déversent dans le Vermilion, le Columbia et le Kootenay. Des étangs, des marécages et de petits lacs remplissent des centaines de dépressions glaciaires, les marmites de géants. Des fleurs sauvages — bruyère des montagnes, ancolies et castilléjies — émaillent les prés qui s'étendent en bordure des glaciers et des champs de neige.

Des tangaras à tête rouge, des chardonnerets des pins et des fauvettes d'Audubon habitent les forêts. Les chèvres de montagne, les grizzlis et les wapitis fréquentent aussi le parc, de même que les orignaux et les cerfs. Ces derniers vont souvent au bord des ruisseaux lécher les bancs d'argile qui contiennent en abondance des sels minéraux.

La route panoramique Banff-Windermere (route 93) qui traverse le parc passe par les sources thermales de Radium Hot Springs, les canyons Sinclair et Marble, les Paint Pots, le col du Vermilion et la ligne de partage des eaux. À l'est de cette ligne, les cours d'eau se jettent dans l'Arctique ou la baie d'Hudson, à l'ouest ils se déversent dans le Pacifique.

## PARC NATIONAL DU KOOTENAY

Ce parc a été fondé en 1920 pour préserver les canyons, les sources thermales et les chutes qui bordent la route panoramique Banff-Windermere, un parcours de 105 km au milieu d'un splendide paysage de montagnes enneigées. La route passe par le canyon du Sinclair dont les parois à pic la surplombent d'une soixantaine de mètres, puis par le col du Sinclair (1 485 m) et une muraille verticale (Rock Wall) qui barre la vallée du Vermilion.

□ Des sentiers d'exploration de la nature (Fireweed, Marble Canyon et Paint Pots) partent de la route. Le sentier Fireweed, près du col du Vermilion, serpente au milieu de bosquets, de pins lodgepole et de prés couverts de bouquets rouges, de campanules et d'ancolies jaunes.

□ Le parc national du Kootenay occupe l'emplacement d'un océan dont le lit fut comprimé il y a 75 millions d'années, donnant ainsi naissance aux montagnes Rocheuses. Le canyon Marble suit le tracé d'une faille du soubassement de calcaire et de marbre que le ruisseau Tokumm a creusée jusqu'à 37 m de profondeur. À l'entrée du canyon, une chute dont les eaux, alimentées par des glaciers, ont une teinte laiteuse, fait un bond de 21 m.

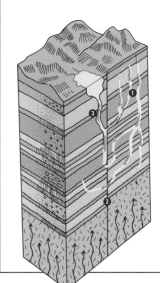

# Des sources thermales riches en sels minéraux

Les sources thermales proviennent des eaux de ruissellement (1) — pluie et fonte des neiges — qui s'infiltrent par des failles et des fissures jusqu'à la roche en fusion (2), à 5 000 m sous la surface du sol. Les températures très élevées (1 000°C et plus) transforment l'eau en vapeur qui remonte alors par des fissures. Celle-ci se condense à mesure qu'elle refroidit et sort enfin à la surface (3), encore chaude. Deux millions de litres d'eau jaillissent ainsi tous les jours du sol à Radium Hot Springs. Des centres de cure sont souvent aménagés à côté des sources thermales, car les eaux riches en sels minéraux ont la réputation de soulager l'arthrite et diverses autres maladies. Les sources de Radium Hot Springs doivent leur nom aux traces de radium qu'elles contiennent, mais leur radioactivité est plus faible que celle des chiffres phosphorescents d'un cadran de montre.

## RADIUM HOT SPRINGS

Ce centre touristique se situe à 3 km environ de l'entrée sud du parc national de Kootenay. Hiver comme été, on s'y baigne dans l'une des piscines extérieures de l'Aquacourt. La température de leurs eaux fumantes, chargées de minéraux, atteint 35°C. Le développement de cette source thermale, que les Indiens nommaient *koutemik,* remonte à la fin du siècle dernier. Un service d'autocar assure le relais entre la ville et la station.

□ Le centre d'information touristique pour le parc est situé juste au sud de l'entrée, où l'on trouve également un terrain de camping, au pied du mont Redstreak (2 156 m). Derrière le bureau, un sentier d'excursion mène à l'Aquacourt.

*Chèvres de montagne, parc national du Kootenay*

## FAIRMONT HOT SPRINGS

Dans les années 1880, bien avant l'arrivée des premiers touristes, les Indiens et les pionniers profitaient déjà de cette source dont l'eau atteint 40°C. On y trouve aujourd'hui quatre piscines ouvertes toute l'année. La station est située à l'extrémité nord du lac Columbia.

## WINDERMERE

L'église anglicane St. Peter, parfois appelée St. Peter's the Stolen, avait été construite à Donald, à 160 km au nord. Lorsque le CP contourna Donald en 1897, l'église fut offerte à une agglomération voisine. Mais les paroissiens de St. Peter qui déménageaient à Windermere démantelèrent leur église et l'emportèrent avec eux par train, puis à bord d'une barge sur le Columbia.

□ Un monument rappelle que David Thompson fonda ici Kootenae House en 1807, le premier poste de traite des fourrures sur le Columbia.

# L'univers sauvage et baigné de mystère des Haidas

## Archipel de la Reine-Charlotte

Estompées par la bruine, les montagnes déchiquetées et les forêts luxuriantes de l'archipel de la Reine-Charlotte, autrefois le domaine des Haidas, sont empreintes d'une atmosphère étrange et mystérieuse. Çà et là, dans les forêts silencieuses, gisent les restes d'anciens mâts totémiques haidas, de pirogues délabrées et de villages désertés.

L'archipel de la Reine-Charlotte est perché au bord de la plate-forme continentale. Tandis que ses côtes occidentales

Baie de McIntyre

Mât totémique de Robert Davidson, à Haida

Pipe (à gauche) et plat (ci-dessus), ciselés dans de l'argilite

## Les artistes de la côte

Les Haidas, les premiers habitants connus de l'archipel, étaient pêcheurs, chasseurs et guerriers habiles mais aussi d'excellents sculpteurs sur bois qui utilisaient le cèdre pour construire leurs pirogues et leurs maisons, ou sculpter de grands mâts totémiques.

Après l'arrivée des Européens en 1774, les Haidas furent équipés d'un matériel qui leur permit d'exterminer presque totalement les loutres de mer et les phoques en moins de 40 ans. Bientôt décimés eux-mêmes par les maladies des Blancs, ils quittèrent leurs habitations ancestrales et s'installèrent dans les villages de Skidegate Mission et d'Haida.

Depuis 1820, les Haidas cisèlent les motifs traditionnels de leur mythologie dans l'argilite du mont Slatechuck. Les magnifiques sculptures (ci-dessus) qu'effectuent aujourd'hui les artisans de Skidegate Mission et d'Haida attestent de la survie et de la vigueur de cet art unique au monde.

### HAIDA
Le premier mât totémique érigé dans ce village indien depuis près d'un siècle date de 1969. Il fut sculpté par Robert Davidson en l'honneur de son grand-père, un chef haida.
□ On peut voir deux autres mâts totémiques récents dans un musée consacré aux Haidas.

### MASSET
C'est la plus grande agglomération de l'île Graham. La plupart de ses habitants travaillent à la conserverie de crabe ou à l'usine de poisson congelé de la localité. La petite baie de Delkatla abrite une flottille de pêche.
□ Des bernaches, des grues, des cygnes trompettes et d'autres oiseaux aquatiques s'arrêtent au refuge Delkatla pendant les migrations.

L'épinette d'or, près de Port Clements

### PORT CLEMENTS
Le musée local exhibe des souvenirs du passé de ce petit village de l'île Graham, jadis un camp de bûcherons.
□ Au sud, un sentier qui longe la Yakoun s'enfonce dans une forêt pluviale où une grande épinette dorée, haute de 50 m et vieille de plus de 300 ans, se détache sur le fond vert sombre des bois. Étrangement, tous les rejetons de cet arbre mystérieux n'ont que des aiguilles vertes.
□ En poursuivant au sud-ouest, un autre sentier mène à une ébauche de pirogue haida qui remonte au moins au début du siècle. On a découvert d'autres ébauches de pirogues dans le bois, mais ce site (défriché par des bûcherons) est le seul qui soit accessible. Le sentier est balisé et la pirogue, abritée.

DÉTROIT DE DIXON
BAIE DE McINTYRE
POINTE ENTRY
PORT DE MASSET
Haida
Masset
BAIE DE DELKATLA
ÎLE GRAHAM
Collin Tow
26.5
Lac Drizzle
BAIE DE MASSET
Lac Pure
41
63
ÎLE KUMDIS
Port Clements
BAIE DE MASSET

0   2   4   6   8   10 Milles
0   4   8   12   16 Kilomètres

plongent à pic dans le Pacifique jusqu'à 3 000 m de profondeur, ses côtes orientales baignent dans le détroit d'Hécate qui atteint à peine 15 m de fond par endroits. Bien que les îles se situent à la même latitude que la baie de James, les hivers y sont doux. Un courant chaud qui vient de la mer du Japon assure une moyenne de 8°C toute l'année.

Les deux îles principales, séparées par le chenal de Skidegate, sont l'île Graham et l'île Moresby. On y accède par avion (de Vancouver ou de Prince-Rupert) ou par traversier (de Prince-Rupert). L'aéroport de Sandspit, dans l'île Moresby, offre un service autocar-traversier jusqu'à Skidegate, dans l'île Graham. On peut louer une voiture à Sandspit ou dans l'île Graham. (Il se fait aussi des excursions en car et en bateau.)

Les trois quarts de l'île Moresby sont un parc national. À la pointe sud se trouve l'île Anthony qui recèle une collection majeure de mâts totémiques et funéraires. L'île, avec son village abandonné de Ninstints, fait partie de la liste des sites du patrimoine mondial de l'Unesco.

*Sous-bois dans le parc provincial Naikoon*

**PARC PROVINCIAL NAIKOON**
*Naikoon,* le nom haida de la pointe nord-est de l'île Graham, signifie « le grand nez ». Un parc provincial de 707 km², pourvu de près de 100 km de plages, a été aménagé dans cette région sauvage. Du terrain de pique-nique de la baie de McIntyre, un sentier mène au sommet de la colline Tow (109 m), d'où l'on apercevra, au nord, de l'autre côté du détroit de Dixon, les îles Dall et Prince-de-Galles qui appartiennent à l'Alaska.

*Balance Rock, au nord de Skidegate Mission*

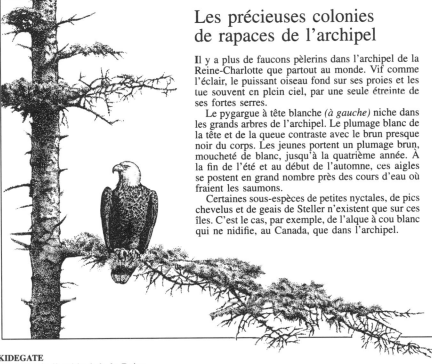

## Les précieuses colonies de rapaces de l'archipel

Il y a plus de faucons pèlerins dans l'archipel de la Reine-Charlotte que partout au monde. Vif comme l'éclair, le puissant oiseau fond sur ses proies et les tue souvent en plein ciel, par une seule étreinte de ses fortes serres.

Le pygargue à tête blanche *(à gauche)* niche dans les grands arbres de l'archipel. Le plumage blanc de la tête et de la queue contraste avec le brun presque noir du corps. Les jeunes portent un plumage brun, moucheté de blanc, jusqu'à la quatrième année. À la fin de l'été et au début de l'automne, ces aigles se postent en grand nombre près des cours d'eau où fraient les saumons.

Certaines sous-espèces de petites nyctales, de pics chevelus et de geais de Steller n'existent que sur ces îles. C'est le cas, par exemple, de l'alque à cou blanc qui ne nidifie, au Canada, que dans l'archipel.

**SKIDEGATE**
Le musée de l'archipel de la Reine-Charlotte, situé sur une péninsule boisée près de Skidegate, est voué à la culture locale haida. Il expose des vestiges archéologiques, des exemples de l'art haida comme des totems et des objets datant de la traite des fourrures.
□ Un autre mât totémique plus récent, œuvre de l'artiste haida Bill Reid, fait partie de la façade de la maison du conseil des Haidas de Skidegate.
□ On peut faire des excursions de pêche ou de randonnée à Skidegate et dans les villages avoisinants.
□ À Skidegate Mission, les Indiens de la localité fabriquent des bijoux ornés de motifs traditionnels ou cisèlent des ornements d'argilite et des mâts totémiques miniatures.
□ Balance Rock, un gros rocher de 4 m de haut, repose en équilibre sur la rive, au nord de Skidegate Mission.

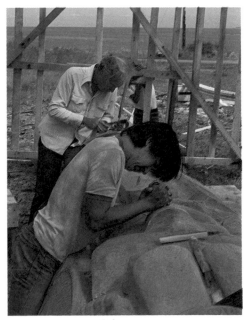

*Sculpteurs indiens, à Skidegate*

# La « rivière de l'écume » au pays des mâts totémiques

## Vallée de la Skeena

La route de Yellowhead suit le tracé de la Skeena, « la rivière de l'écume », qui dévale tumultueusement jusqu'à l'océan Pacifique entre des montagnes aux formes tourmentées et au fond de canyons jonchés de rochers.

Les petits lacs aux eaux glacées des monts Gunanoot alimentent la rivière qui irrigue ensuite une large vallée enserrée de sommets de 1 800 m de haut, avant de se grossir des eaux boueuses de la Bulkley, dans la ville d'Hazelton.

### PORT EDWARD
La pêche est la principale industrie de Port Edward, comme on peut le constater en visitant le port. On en apprendra davantage sur cette industrie en visitant la North Pacific Cannery et son musée, où l'on est à restaurer une des plus anciennes fabriques de mise en conserve de la côte Ouest.
□ Au nord-ouest de l'agglomération se trouve le détroit de Chatham, bien connu des plaisanciers et des pêcheurs.

*Ours blanc*

*Cygne trompette*

DÉTROIT DE CHATHAM

Prince-Rupert

Traversier Mont Hays
ÎLE DIGBY
10.5

Port Edward
4.5
16
PARC PROV. PRUDHOMME LAKE

ÎLE SMITH

Skeena

Khyex

Ecstall

86   Route   de   Yellowhead 161

Skeena

Monts Kitimat

Kasiks

PARC PROV. EXCHAMSIKS RIVER

Exchamsiks

Exstew

16

Kitsumkalum

64.5

Terrace

19

PARC PROV. LAKELSE LAKE
Lakelse Lake

Lac Lakelse

37

Kitimat

39

BAIE DE MINETTE

Kitimat Mission

CHENAL DOUGLAS

### TERRACE
Le village doit son nom aux terrasses naturelles que la Skeena a façonnées sur ses rives.
□ Le musée Heritage Park comporte huit cabanes de bois rond qui rappellent les habitudes de vie des pionniers.
□ La Chambre des mines du nord de la Colombie-Britannique expose, à la bibliothèque Centennial de Terrace, quelque 200 spécimens de minéraux tels que l'or, l'argent, le cuivre, le zinc et le molybdène.
□ Environ 20 km au sud de Terrace, au centre de villégiature du mont Layton, on peut profiter des vertus thérapeutiques des eaux thermales.

### PARC PROVINCIAL LAKELSE LAKE
Ce parc de 362 ha possède 156 emplacements de camping. Les visiteurs peuvent se baigner dans le lac Lakelse ou y faire du bateau.
□ Des cygnes trompettes, une espèce rare au Canada, visitent parfois le parc en hiver.

*Prince-Rupert*

### PRINCE-RUPERT
Amplement desservie par voie d'air, d'eau, de terre et de chemin de fer, la ville de Prince-Rupert est le centre du commerce et du transport du nord-ouest de la Colombie-Britannique. Son port, actif toute l'année, sert de plaque tournante entre les traversiers de l'Alaska et ceux de la Colombie-Britannique. Le *Queen of the North* relie Prince-Rupert à Port Hardy, sur l'île de Vancouver (par le passage Intérieur) ; le *Queen of Prince Rupert* assure la traversée jusqu'à Skidegate, dans l'archipel de la Reine-Charlotte. (On peut aussi s'y rendre par avion.) On peut faire des excursions du port, de la ville et de ses alentours.
□ À un embranchement de la route 16, un téléphérique (qui compte parmi les plus à pic du monde) mène au sommet du mont Hays d'où l'on surplombe Prince-Rupert et toute la région.
□ Le musée de Northern British Columbia exhibe des vestiges et des objets d'art qui relatent 10 000 ans d'histoire régionale depuis les premiers Indiens jusqu'aux périodes de la colonisation et de la traite des fourrures.

Le confluent des deux rivières est dominé par le mont Rocher-Déboulé (2 438 m), profondément entaillé par les torrents glaciaires. Dans un rayon de 65 km, des villages comme Kispiox, Kitwanga et Kitseguecla recèlent le plus grand nombre de mâts totémiques du Canada.

La Skeena franchit la chaîne Côtière à Kitselas, puis se jette dans l'océan Pacifique à Prince-Rupert, deuxième port de la province après Vancouver. Sur le front de mer, des conserveries traitent le flétan,

le poisson le plus pêché dans la région. Fondé dans l'île Kaien au début du siècle, Prince-Rupert était le terminus du chemin de fer du Grand Tronc (qui devint plus tard le CN), rivalisant en importance

avec le terminus du Canadien Pacifique de Vancouver. Avec l'exportation accrue des céréales, du charbon et du bois vers l'Orient, Prince-Rupert est actuellement en pleine expansion.

*Maisons reconstruites, au village indien 'Ksan*

## RIVIÈRE SKEENA

La Skeena prend sa source au nord de la Colombie-Britannique, serpente au fond d'étroits canyons et de vastes vallées, puis se jette dans l'océan Pacifique à Prince-Rupert. La marée se fait sentir dans la rivière presque jusqu'à Terrace. Au nord de cette ville, la Skeena sépare les monts Nass et Bulkley des monts Hazelton, alors qu'à l'ouest elle traverse la chaîne Côtière.

## KITWANGA

Juste au nord de Kitwanga, on peut admirer l'un des plus grands mâts totémiques du monde — le « trou dans la glace » — parmi les nombreux mâts historiques qui parsèment la région. Au nord de Kitwancool, la route 37, baptisée Cassiar-Stewart Highway, mène jusqu'à Upper Liard, dans le Yukon.

## HAZELTON

'Ksan, près de Hazelton, est la reconstitution d'un village indien gitksan qui s'élevait au confluent de la Bulkley et de la Skeena à l'arrivée des pionniers en 1871. Dans un rayon de 65 km, l'épaisse forêt est un lieu sacré pour les Indiens Gitksans. Parmi les reconstitutions figurent six bâtiments communautaires, ornés de motifs peints et de poteaux sculptés dans la tradition. La « maison-grenouille de l'âge de pierre » exhibe les méthodes ancestrales pour fabriquer des vêtements ou des ustensiles avec de l'écorce de cèdre. La « maison du loup » ou « maison de la fête » illustre les changements apportés à la vie traditionnelle des Gitksans par l'apparition des objets manufacturés. La « chambre du trésor » et le centre d'exposition sont consacrés au vêtement, à l'artisanat et à la sculpture traditionnelle. On offre des visites guidées et, pendant l'été, des spectacles de danse traditionnelle.

*Pirogue indienne, au village indien 'Ksan*

## KITIMAT

Kitimat fut fondé au début des années 50 par l'Alcan, en plein cœur d'une région sauvage. L'emplacement fut choisi pour son relief plat et sa proximité à un port en eau profonde et à la centrale hydro-électrique de Kemano, au sud-est. Par la suite, l'usine de méthanol d'Ocelot donna un élan accru au développement de la ville.

□ L'usine d'aluminium de l'Alcan, l'une des plus grandes du monde avec une capacité annuelle de près de 300 000 t, se trouve à 8 km du centre de Kitimat ; au-delà s'étend le port où arrive la bauxite de la Jamaïque et de l'Australie et d'où elle repartira sous forme de lingots d'aluminium à destination d'une dizaine de pays. L'entreprise organise des visites de la fonderie et du port. On conseille de réserver.

□ Le musée Centennial de Kitimat contient des œuvres d'art et des collections d'histoire naturelle et d'histoire locale.

□ On pêche toute l'année la morue du Pacifique, le saumon et le flétan dans les eaux du chenal Douglas. La pêche en eau douce (saumon, truite et Dolly Varden) est également bonne presque toute l'année dans les eaux de la Kitimat et de ses affluents.

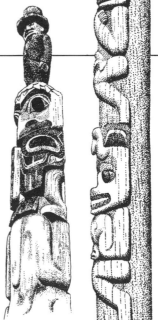

# Un totem en haut-de-forme

Les Gitksans étaient des chasseurs et des pêcheurs qui vivaient bien grâce au poisson de la Skeena et au gibier de la vallée. Leur subsistance étant ainsi assurée, ils purent se consacrer aux arts : leurs chants, leurs danses et les splendides mâts totémiques qu'ils sculptaient dans le cèdre rouge attestent de la richesse de leur civilisation.

Au milieu du XIXe siècle, les Gitksans se mirent au service des Européens nouvellement arrivés pour obtenir des marchandises convoitées et dès lors leur culture déclina. Ils perdirent d'abord les précieux loisirs qu'ils consacraient aux arts ; puis les missionnaires et les fonctionnaires firent abattre les mâts totémiques et interdirent les cérémonies et les danses rituelles qui leur semblaient trop « païennes ».

Après la construction du village 'Ksan en 1970, les danses et les chants traditionnels résonnèrent à nouveau et les sculpteurs retrouvèrent la pratique de leur art. L'un des cinq mâts totémiques du village est surmonté d'un personnage en haut-de-forme (à droite), symbole de l'aide que les Gitksans reçurent pour retrouver leur ancien mode de vie.

# Truite fardée, saumon rouge et futaies d'épinettes blanches

## Centre-nord de la Colombie-Britannique

La route 16 traverse un plateau douce-ment ondulé, bordé à l'ouest par la chaîne Côtière et à l'est par la muraille des montagnes Rocheuses. La région est constellée de lacs, d'étangs à truites aux eaux limpides et d'énormes réservoirs qui regorgent d'ombles arctiques.

Des rivières bordées de peupliers ser-pentent parmi les champs et pâturages de la verdoyante région de Vanderhoof, tan-dis que la brume estompe dans le lointain le profil des hautes montagnes. Dans les

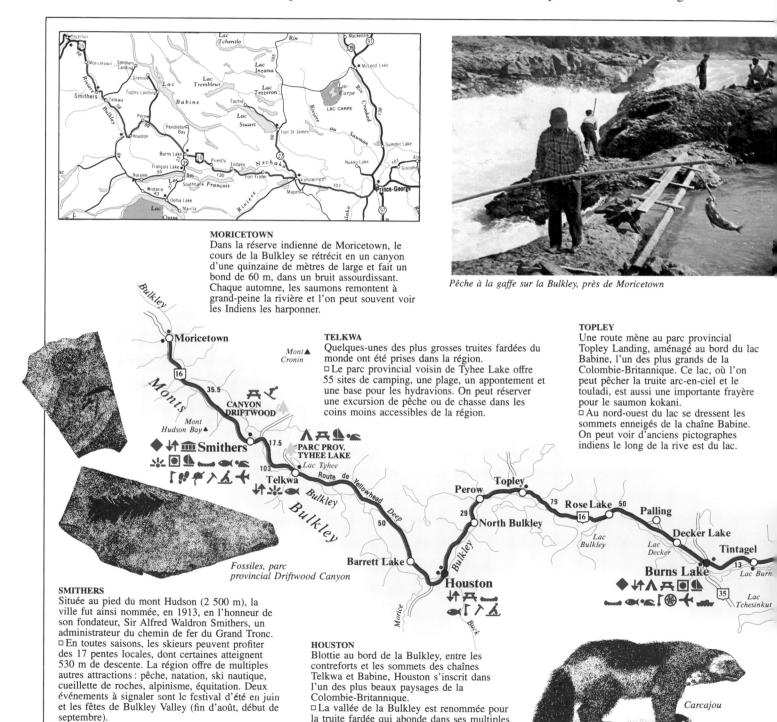

*Pêche à la gaffe sur la Bulkley, près de Moricetown*

**MORICETOWN**

Dans la réserve indienne de Moricetown, le cours de la Bulkley se rétrécit en un canyon d'une quinzaine de mètres de large et fait un bond de 60 m, dans un bruit assourdissant. Chaque automne, les saumons remontent à grand-peine la rivière et l'on peut souvent voir les Indiens les harponner.

**TELKWA**

Quelques-unes des plus grosses truites fardées du monde ont été prises dans la région.
□ Le parc provincial voisin de Tyhee Lake offre 55 sites de camping, une plage, un appontement et une base pour les hydravions. On peut réserver une excursion de pêche ou de chasse dans les coins moins accessibles de la région.

**TOPLEY**

Une route mène au parc provincial Topley Landing, aménagé au bord du lac Babine, l'un des plus grands de la Colombie-Britannique. Ce lac, où l'on peut pêcher la truite arc-en-ciel et le touladi, est aussi une importante frayère pour le saumon kokani.
□ Au nord-ouest du lac se dressent les sommets enneigés de la chaîne Babine. On peut voir d'anciens pictographes indiens le long de la rive est du lac.

*Fossiles, parc provincial Driftwood Canyon*

**SMITHERS**

Située au pied du mont Hudson (2 500 m), la ville fut ainsi nommée, en 1913, en l'honneur de son fondateur, Sir Alfred Waldron Smithers, un administrateur du chemin de fer du Grand Tronc.
□ En toutes saisons, les skieurs peuvent profiter des 17 pentes locales, dont certaines atteignent 530 m de descente. La région offre de multiples autres attractions : pêche, natation, ski nautique, cueillette de roches, alpinisme, équitation. Deux événements à signaler sont le festival d'été en juin et les fêtes de Bulkley Valley (fin d'août, début de septembre).
□ À 17 km au nord, dans le parc provincial Driftwood Canyon, on peut voir des fossiles d'insectes, de poissons et de plantes.

**HOUSTON**

Blottie au bord de la Bulkley, entre les contreforts et les sommets des chaînes Telkwa et Babine, Houston s'inscrit dans l'un des plus beaux paysages de la Colombie-Britannique.
□ La vallée de la Bulkley est renommée pour la truite fardée qui abonde dans ses multiples lacs et rivières. Elle est fréquentée par les cerfs, les ours et le féroce carcajou que les Indiens appellent « la bête invulnérable ».

*Carcajou*

0    4    8    12    16    20 Milles

0    8    16    24    32 Kilomètres

eaux claires du lac Tchesinkut, les truites sont visibles à 7 m de profondeur. Le lac Babine, au nord de Topley, est une importante frayère pour le saumon nerka. À Telkwa, on peut pêcher, dans la Bulkley, de magnifiques truites fardées. Non loin, les Indiens prennent à la gaffe les saumons qui remontent la rivière.

Plus au nord, encore sur la Bulkley, la petite ville de Smithers se blottit au pied du mont Hudson Bay. Ce sommet de 2 500 m, d'où descend le ruban bleuté du glacier Kathlyn, long de 3 km, offre d'excellentes pistes de ski alpin. En été, les fleurs alpines flamboient dans les prairies.

En 1807, les hommes de Simon Fraser abattirent des boqueteaux d'épinettes blanches près du confluent de la Nechako et du Fraser pour construire le fort George, à l'emplacement actuel de la ville de Prince George. Les scieries et les usines de pâte à papier ont fait de cette agglomération la capitale commerciale du centre-nord de la Colombie-Britannique.

*Chute de la Sinkut, près de Vanderhoof*

## Fort St. James, le fort de Fraser

En 1806, Simon Fraser et John Stuart établirent à Fort St. James un poste de la Compagnie du Nord-Ouest. En 1821, cette dernière fusionna avec la Compagnie de la Baie d'Hudson qui fit de Fort St. James son principal établissement en New Caledonia, une vaste région comprise entre les Rocheuses et la chaîne Côtière. L'endroit est aujourd'hui un parc historique national où l'on peut voir un ancien entrepôt de fourrures *(à gauche),* la maison d'un commis (v. 1880), une cache à poissons et l'église catholique Notre-Dame-de-Bonne-Espérance (1870) qui est d'ailleurs toujours ouverte au culte.

Un village d'Indiens Porteurs — ainsi nommés parce que les veuves portaient toujours avec elles les cendres de leur époux — se trouve à côté de Fort St. James. On peut y voir la tombe de Kwah, un chef Porteur qui sauva la vie du gouverneur James Douglas, lors d'un soulèvement indien.

### VANDERHOOF
Cette petite ville dans la vallée de la Nechako est le centre géographique de la Colombie-Britannique. Elle doit son nom à un publiciste de Chicago engagé en 1908 par le gouvernement canadien pour attirer des colons dans l'Ouest.
□ Vanderhoof se situe sur l'une des grandes routes migratoires des bernaches canadiennes. Fraser Lake, où Simon Fraser construisit un fort en 1806, se trouve un peu à l'ouest. Un monument y commémore l'explorateur.

### BURNS LAKE
Les origines de la ville sont modestes : un village de tentes fondé en 1914 par un trappeur du nom de Barney Mulvaney. On peut encore voir la cabane où il tenait une maison de jeu, surnommée « le Seau de sang ».
□ Près de Burns Lake, sur la route d'Endako, une clôture entoure la tombe de « Bulldog » Kelly, tué d'un coup de feu lors d'une querelle de jeu en 1913. Cette tombe est tout ce qui reste du camp de Freeport où vécurent un temps les ouvriers du chemin de fer.

### FORT ST. JAMES
Ce village, le plus ancien en Colombie-Britannique, conserve ses souvenirs du passé au site historique national de Fort St. James. Les bâtiments ont été restaurés tels qu'ils se présentaient en 1890, au déclin de la traite des fourrures. Le fort est ouvert aux visiteurs entre la mi-mai et la mi-octobre.

### FORT FRASER
À 2 km à l'est du village, une plaque marque l'endroit où fut enfoncé, le 7 avril 1914, le dernier tire-fond du chemin de fer du Grand Tronc, qui devint le CN.

*Prince George*

### PRINCE GEORGE
Fondée en 1807 sous le nom de Fort George, au confluent du Fraser et de la Nachako, Prince George est, après Vancouver et Victoria, la troisième ville de la Colombie-Britannique.
□ Le musée régional, dans le parc de Fort George, illustre l'histoire de la ville, de ses industries du bois et des transports, et renferme une collection d'histoire naturelle de la région. Non loin, à l'intérieur d'une palissade, on trouve des bâtiments d'époque, telles une école et une gare. On peut faire un tour à bord d'une locomotive ancienne qui circule sur 1 km à travers le parc.
□ Parmi les autres attractions de la ville se rangent les galeries d'art, les boutiques d'artisanat et une salle de concert de 800 places. Un centre de la nature à proximité de la ville offre l'opportunité de pratiquer une foule d'activités à l'extérieur. La ville célèbre en août les fêtes de Simon Fraser.

# Pâturages, canyons encaissés et forêts pluviales de la côte

## Centre de la Colombie-Britannique

À l'ouest de Williams Lake, la route 20 serpente au milieu d'immenses pâturages, de vertes prairies et de bosquets de pins lodgepole. C'est le pays du Chilcotin qui s'étend sur une partie du plateau Intérieur de la Colombie-Britannique, entre le Fraser et la chaîne Côtière. Dans cette région d'élevage, l'une des plus im-

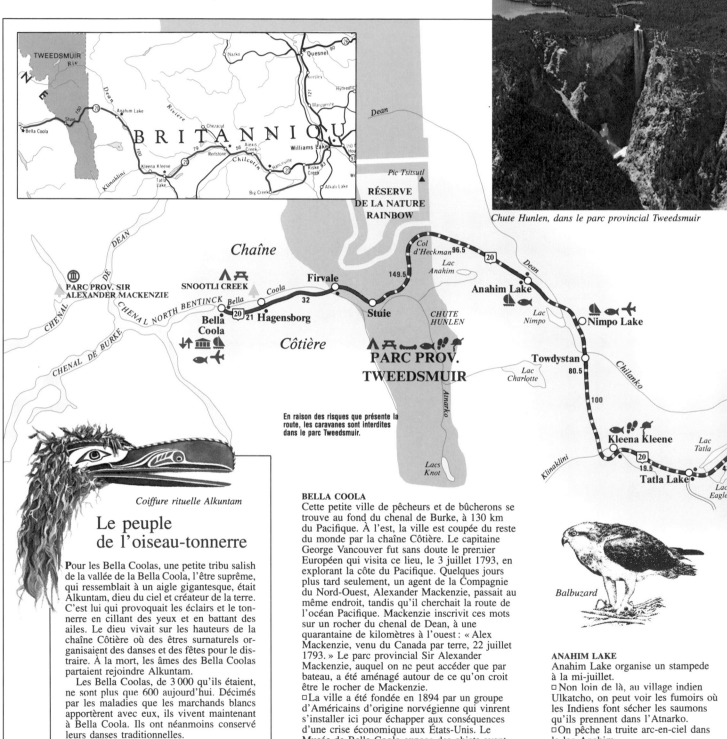

*Chute Hunlen, dans le parc provincial Tweedsmuir*

En raison des risques que présente la route, les caravanes sont interdites dans le parc Tweedsmuir.

*Coiffure rituelle Alkuntam*

## Le peuple de l'oiseau-tonnerre

**P**our les Bella Coolas, une petite tribu salish de la vallée de la Bella Coola, l'être suprême, qui ressemblait à un aigle gigantesque, était Alkuntam, dieu du ciel et créateur de la terre. C'est lui qui provoquait les éclairs et le tonnerre en cillant des yeux et en battant des ailes. Le dieu vivait sur les hauteurs de la chaîne Côtière où des êtres surnaturels organisaient des danses et des fêtes pour le distraire. À la mort, les âmes des Bella Coolas partaient rejoindre Alkuntam.

Les Bella Coolas, de 3 000 qu'ils étaient, ne sont plus que 600 aujourd'hui. Décimés par les maladies que les marchands blancs apportèrent avec eux, ils vivent maintenant à Bella Coola. Ils ont néanmoins conservé leurs danses traditionnelles.

**BELLA COOLA**
Cette petite ville de pêcheurs et de bûcherons se trouve au fond du chenal de Burke, à 130 km du Pacifique. À l'est, la ville est coupée du reste du monde par la chaîne Côtière. Le capitaine George Vancouver fut sans doute le premier Européen qui visita ce lieu, le 3 juillet 1793, en explorant la côte du Pacifique. Quelques jours plus tard seulement, un agent de la Compagnie du Nord-Ouest, Alexander Mackenzie, passait au même endroit, tandis qu'il cherchait la route de l'océan Pacifique. Mackenzie inscrivit ces mots sur un rocher du chenal de Dean, à une quarantaine de kilomètres à l'ouest : « Alex Mackenzie, venu du Canada par terre, 22 juillet 1793. » Le parc provincial Sir Alexander Mackenzie, auquel on ne peut accéder que par bateau, a été aménagé autour de ce qu'on croit être le rocher de Mackenzie.
□ La ville a été fondée en 1894 par un groupe d'Américains d'origine norvégienne qui vinrent s'installer ici pour échapper aux conséquences d'une crise économique aux États-Unis. Le Musée de Bella Coola expose des objets ayant appartenu à ces pionniers.

*Balbuzard*

**ANAHIM LAKE**
Anahim Lake organise un stampede à la mi-juillet.
□ Non loin de là, au village indien Ulkatcho, on peut voir les fumoirs où les Indiens font sécher les saumons qu'ils prennent dans l'Atnarko.
□ On pêche la truite arc-en-ciel dans le lac Anahim.

portantes de la province, le bétail erre à sa guise. Il n'est pas rare de voir une vache paître au bord de la route ou même la traverser à pas comptés. Attention ! le bétail a toujours la priorité sur les routes du Chilcotin ! Entre Hanceville et Redstone, la route suit la rivière Chilcotin qui s'enfonce dans des canyons parfois profonds de plus de 300 m, semés de piliers de grès et d'escarpements de lave.

Puis la route abandonne la rivière pour flâner le long de lacs paisibles, Puntzi,

Tatla, Nimpo et Anahim, où la pêche à la truite arc-en-ciel est excellente. Les nuits sont fraîches dans la région, même en été. Au village de Kleena Kleene, par exemple, à 880 m d'altitude, il gèle toutes les nuits, sauf pendant une trentaine de jours.

À Anahim Lake, la route quitte le plateau du Chilcotin pour escalader les 1 500 m du col d'Heckman, au milieu des impressionnantes montagnes du parc provincial Tweedsmuir, dont l'accès est interdit aux caravanes.

À la sortie du parc, la route fait des virages vertigineux sur une vingtaine de kilomètres, tandis qu'elle descend dans la vallée de la Bella Coola, à 1 000 m en contrebas. Elle traverse là une épaisse forêt pluviale d'érables et de cèdres, tapissée de ronces et de mûriers. La route se termine à Bella Coola, au bord des vasières du chenal North Bentinck, prolongement du chenal de Burke, un fjord de la côte du Pacifique.

## PARC PROVINCIAL TWEEDSMUIR
Avec ses imposantes montagnes couvertes de neige, ses prés verdoyants, ses glaciers, ses rivières aux eaux vives, ses profonds canyons, ses lacs paisibles et ses chutes tonitruantes, le parc provincial Tweedsmuir est l'une des régions sauvages les plus richement diversifiées du Canada.
□ Ce parc de 9 600 km² est borné au nord par les lacs Ootsa et Whitesail, à l'ouest par la chaîne Côtière et à l'est par le plateau Intérieur de la Colombie-Britannique. La route 20 traverse l'extrémité sud du parc. Il n'y a aucune route dans le nord.
□ Un sentier de randonnée de 16 km s'enfonce au sud, entre le camping de la rivière Atnarko et la chute Hunlen, la troisième du Canada avec ses 366 m. Aux environs, le lac Lonesome accueille en hiver une colonie de 400 cygnes trompettes, ce qui représente 20 pour cent environ de la population mondiale de cette espèce menacée.
□ Les rivières Atnarko et Talchako de même que leurs affluents offrent une excellente pêche à la truite fardée, steelhead et arc-en-ciel, ainsi qu'au saumon coho et chinook. À l'automne, les Indiens se réunissent au bord des rivières, comme ils le font depuis des siècles, et prennent à la gaffe ou au filet le poisson qu'ils fumeront pour l'hiver.

*Stampede de Williams Lake*

## WILLIAMS LAKE
Williams Lake, à l'entrée des pâturages du Chilcotin, a été surnommé la « capitale des cow-boys » de la Colombie-Britannique. C'est le principal centre d'élevage de la province. Près de 40 000 têtes de bétail passent tous les ans par ses enclos.
□ En juillet, le stampede de Williams Lake attire de nombreux cow-boys canadiens et américains qui rivalisent d'adresse dans différents exercices : domptage de chevaux, lutte au bouvillon, travail au lasso, traite de vaches sauvages et courses de chevaux. Entre les compétitions, les spectateurs peuvent participer à des repas de cow-boys et à des danses carrées.

## RISKE CREEK
Près de 400 mouflons de Californie vivent à 20 km au sud de Riske Creek, dans une réserve provinciale de 450 ha, au confluent du Chilcotin et du Fraser, où on peut les voir escalader les berges abruptes des rivières. Les mouflons de Californie sont au nombre des six espèces de moutons sauvages qui existent dans le monde.

*La rivière Chilcotin, dans le canyon Farwell*

## Le pays des cow-boys

Le Chilcotin est un plateau de 5 000 km² où des dizaines de milliers de vaches paissent sur des pâturages qui s'étendent à perte de vue. La plupart sont de robustes herefords, qui arrivent vite à maturité. Beau temps, mauvais temps, les cow-boys s'occupent des troupeaux, les rassemblent pour les vendre ou pour les nourrir en hiver, veillent sur leur déplacement et marquent les jeunes au fer rouge.

L'élevage est la principale ressource du Chilcotin depuis les débuts de la colonisation de cette région, vers 1860. Les prairies attirèrent de nombreux éleveurs qui vendaient alors leurs bêtes dans les placers du Caribou. Aujourd'hui, le bétail est vendu à Williams Lake et distribué dans tout le Canada.

*Mouflon de Californie*

# Souvenirs de la ruée vers l'or et l'Eldorado de Barkerville

## Centre de la Colombie-Britannique

Entre Williams Lake et Barkerville, la route du Caribou suit par endroits le tracé d'une piste qu'empruntaient les prospecteurs, lors de la ruée vers l'or des années 1860. Entre Williams Lake et Kersley, cette autoroute traverse le Caribou, un vaste plateau au relief ondulé, ponctué de bosquets de trembles et de pins lodgepole, de fondrières et de petits lacs.

À Soda Creek, la route passe devant l'entrée d'un canyon de 8 km de long. Au nord de Kersley, elle coupe au travers

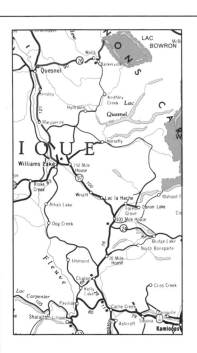

**QUESNEL**

Jusqu'au milieu du XIXᵉ siècle, il n'y avait à l'emplacement actuel de Quesnel que le magasin de la Compagnie de la Baie d'Hudson, aujourd'hui restauré sur Front Street. La ruée vers l'or du Caribou donna naissance à une ville où les mineurs des champs aurifères situés plus à l'est se procuraient leurs vivres. Avec plus de 8 000 habitants, l'agglomération est aujourd'hui la plus grande du Caribou.

□ Sur la rive est du Fraser, on peut encore voir une roue à aubes qui servait à pomper l'eau d'un puits de mine. Au musée du District de Quesnel sont exposés des objets qui décrivent le développement des industries locales des mines, du bois, de l'élevage et de l'agriculture.

□ Quesnel fête ses origines en juillet, pendant les Journées de Billy Barker. On peut assister alors à des concours de batée, à des danses et à des courses de radeaux.

*Rocky Point, près d'Alexandria*

**ALEXANDRIA**

Un monument marque l'emplacement du fort Alexandria, un poste de la Compagnie du Nord-Ouest construit en 1821 et dont le nom évoque Alexander Mackenzie, le premier homme qui traversa la partie septentrionale de l'Amérique du Nord par voie de terre d'une côte à l'autre.

□ La route du Caribou, maintenant une autoroute moderne, passe à l'ouest de Rocky Point, une formation de colonnes de basalte.

*Cottonwood House*

**PARC HISTORIQUE PROVINCIAL COTTONWOOD HOUSE**

Cottonwood House, la seule halte qui subsiste de toutes celles qui jalonnaient les 610 km de la piste du Caribou entre Yale et Barkerville, se trouve dans le parc historique provincial Cottonwood House. La maison, qui date de 1864, contient encore des meubles de l'époque, notamment des bureaux, des coffres, une table, deux chaises longues, un poêle rond et un poêle à deux fourneaux.

**SODA CREEK**

L'agglomération se trouve à l'entrée d'un canyon qui s'étend sur 8 km. À l'époque de la ruée vers l'or du Caribou, on amena jusqu'ici des chaudières à vapeur et d'autres pièces pour construire des bateaux à roues. Le premier fut lancé en 1863. Par la suite, neuf vapeurs transportèrent les mineurs et leur équipement jusqu'à Quesnel, sur une distance de 90 km. De là, il fallait gagner les champs aurifères par voie de terre.

□ En 1921, l'époque des vapeurs du Fraser supérieur prit fin lorsque le dernier bateau à roues fit naufrage près de Prince George. À 18 km au nord de Soda Creek, une plaque rappelle le rôle que jouèrent les vapeurs dans le développement du pays du Caribou.

d'une épaisse forêt d'épinettes d'Engelmann et de sapins de l'Ouest avant d'atteindre les chaînons du Caribou d'où d'innombrables torrents dévalent au fond de ravins et de canyons encaissés. Les précipitations, ici, sont importantes. Elles dépassent généralement 120 cm par an (environ 20 cm de plus qu'à Vancouver).

C'est dans cette région que la nature a choisi de cacher le métal qui fascine l'homme depuis toujours : l'or. D'épais filons du précieux métal s'enfoncent au milieu des failles des chaînons du Caribou. L'érosion et les glaciers emportèrent autrefois la majeure partie du métal qui se déposa sous forme de poudre, de paillettes et de pépites dans le sable et le gravier des cours d'eau du Caribou.

Au début du XIXe siècle, des Indiens vendaient des blocs d'or à la Compagnie de la Baie d'Hudson. Celle-ci les échangea à l'hôtel des Monnaies de San Francisco, au cours du mois de février 1858. La nouvelle se répandit comme une traînée de poudre. Ce fut le début de la ruée vers l'or du Caribou.

Presque toutes les agglomérations qui bordent la route du Caribou datent de l'époque où les chercheurs d'or érigèrent pour leurs besoins des postes de halte et d'approvisionnement, et de petites villes minières. Lorsque l'or s'épuisa, vers 1870 ou 1880, quelques chercheurs de fortune avaient découvert les autres trésors que recèle le Caribou : son bois, ses pâturages et la farouche beauté de sa nature.

## WELLS

La mine Caribou Gold Quartz, inaugurée en 1933 et abandonnée en 1967, fut témoin d'une deuxième ruée vers l'or lorsqu'un dénommé Fred Wells découvrit un riche filon dans le quartz du mont Cow. La mine fut à l'origine du développement de la ville qui porte le nom du prospecteur. Le musée de Wells témoigne de cette époque.

*Grand duc*

## PARC PROVINCIAL BOWRON LAKE

Avec pour toile de fond les sommets enneigés des chaînons du Caribou (2 100 m), ce parc de 1 216 km² comporte six grands lacs reliés entre eux par des cours d'eau qui constituent une voie de canotage circulaire longue de 116 km. Les orignaux et les cerfs viennent brouter dans les marécages qui bordent la rivière Bowron. Les caribous, les chèvres de montagne et les grizzlis fréquentent les hauteurs. La truite fardée, la Dolly Varden et le saumon kokani abondent dans les lacs et les rivières. Un camping accueille les visiteurs sur la rive nord du lac Bowron.

## PARC HISTORIQUE DE BARKERVILLE

Dans ce parc de 65 ha, on a restauré ou reconstruit près de 75 bâtiments dans le style des années 1860 et 1870, à l'époque où Barkerville était la prospère capitale du Caribou. Le visiteur fait un recul dans le temps en pénétrant dans les saloons où des mineurs comblés jouaient leur fortune, de moins chanceux noyaient leur déception dans l'alcool et où les solitaires pouvaient danser avec une fille de salle pour la coquette somme de 10 $. Le Théâtre Royal donne des spectacles inspirés de ceux qu'on présentait à l'époque. Le restaurant « Wake-Up Jake » sert du pain de campagne et des ragoûts d'autrefois. À l'église anglicane St. Saviour, l'usage était de ne jamais donner moins de 2 $ à la quête. Un grand nombre de ceux qui furent gagnés par la fièvre de l'or du Caribou achevèrent leur long voyage dans le cimetière de Barkerville, où les tombes sont entourées d'une clôture de piquets.

*Église anglicane St. Saviour, à Barkerville*

*Vaudeville au Théâtre Royal de Barkerville*

## La roue de la fortune de Billy Barker

**T**out allait commencer le 21 août 1862 à la mine de Billy Barker, aujourd'hui restaurée, à l'entrée sud de Barkerville. Barker, un marin cornouaillais de 42 ans, arriva à Williams Creek en 1862, quatre ans après la première découverte d'un filon d'or dans le Caribou. Le 13 août, Billy et ses six compagnons prirent une concession dans un des rares endroits encore libres. D'autres y avaient déjà fouillé le sol, en pure perte. Sous les quolibets des anciens, les sept hommes commencèrent à creuser le gravier. Le 21 août, à 16 m de profondeur, la chance leur sourit : ils trouvèrent pour 1 000 $ d'or dans une couche d'à peine 30 cm ; en quatre ans, la concession allait produire plus de 600 000 $. Les mineurs accoururent alors en foule pour réserver des concessions près de la sienne. En son honneur, la petite ville de magasins, de cabanes et de saloons qui poussa autour de sa mine fut nommée Barkerville. En 1863, Billy épousa une veuve de Victoria qui lui coûta fort cher et qui partit chercher fortune ailleurs quand il eut les poches vides. Le pauvre Billy finit ses jours à Victoria dans un asile de vieillards, le 11 juillet 1894. On l'enterra dans la fosse commune.

# Les canyons et les gorges de la route du Caribou

## Centre de la Colombie-Britannique

### 100 MILE HOUSE

Ancienne halte de la piste du Caribou, à l'époque de la ruée vers l'or, 100 Mile House est aujourd'hui une agglomération de bûcherons et d'éleveurs qui compte plus de 2 000 habitants. Elle est située, comme son nom l'indique, à 100 milles de Lillooet. Devant l'auberge actuelle, Red Coach Inn, on peut voir une diligence datant des années 1860. Une menuiserie de l'époque des pionniers sert aujourd'hui de chapelle.
▫ Le marathon de ski de fond du Caribou a lieu en janvier. La piste de 42 km commence à Lac-la-Hache et se termine à 100 Mile House. En mai se déroule le rodéo Little Britches et en août, la grande chevauchée à travers le Caribou. La pêche sous la glace en hiver et le derby de pêche sportive en été sont les attractions majeures de l'endroit.

*Diligence, à 100 Mile House*

*Balsamorhiza sagittata*

## L'odyssée de Fraser : un exploit et un échec

La route 12 permet d'effectuer une agréable promenade le long du Fraser entre Lillooet et Pavilion. En juin 1808, il fallut plusieurs jours à une vingtaine d'aventuriers pour couvrir à grand-peine la même distance, agrippés à des rochers glissants, au-dessus des eaux tourbillonnantes du fleuve.

Conduite par Simon Fraser, de la Compagnie du Nord-Ouest, la troupe se rendait de Fort George à l'océan Pacifique, croyant suivre le Columbia et pouvoir découvrir pour le compte des Britanniques une route commerciale qui les mènerait à la mer, avant les Américains.

Au bout de 35 jours, l'expédition arriva au delta du fleuve, près de l'actuelle ville de New Westminster. Fraser comprit qu'il n'avait pas descendu le cours du Columbia et que la route suivie ne pourrait jamais servir au commerce. Son expédition était donc un échec commercial, mais elle sauva pourtant de la mainmise américaine l'un des grands fleuves de l'ouest des Rocheuses qui, tout comme le canyon, porte son nom.

*Simon Fraser dans le canyon,*
*tableau de John Innis*

*Le Fraser, entre Lillooet et Pavilion*

### LILLOOET

La grand-rue, qui date des années 1860, est très large. Deux wagons de 10 t attelés ensemble et tirés par 10 paires de bœufs, de mules ou de chevaux, pouvaient y faire demi-tour. Ces énormes chariots servaient à approvisionner les champs aurifères du Caribou, lorsque Lillooet se trouvait à l'extrémité sud de la piste du Caribou. Mais la ville commença à péricliter dès 1865, quand elle fut contournée par une nouvelle branche de la piste du Caribou qui commençait plus au sud, à Yale.
▫ Le musée de Lillooet renferme des souvenirs de l'époque des pionniers et de la ruée vers l'or. En face du musée, une borne marque le point zéro de la première piste du Caribou. Sur la rive est du Fraser, une plaque en commémore la construction.
▫ En juin, les touristes sont invités à se déguiser en chercheurs d'or pour célébrer les fêtes de la ville.

0   3   6   9   12   15 Milles

0   6   12   18   24 Kilomètres

La route de Lillooet à Williams Lake traverse une partie du plateau Intérieur de la Colombie-Britannique, une région burinée par les glaciers de la dernière période glaciaire, entaillée de gorges profondes, coupée de sillons de pierres et de gravier.

Au nord de Lillooet, la route s'accroche à la paroi est du canyon du Fraser pendant près de 60 km. Puis elle contourne le mont Pavilion (1 665 m) et vire au nord-est pour traverser un plateau couvert d'ar-moise. À Clinton, elle rejoint la route du Caribou qui s'enfonce au nord, parmi les pins lodgepole et les pâturages.

Entre Lillooet et 150 Mile House, l'itinéraire suit par endroits le tracé de la plus ancienne route continentale de la Colombie-Britannique, la piste du Caribou. Construite entre 1861 et 1863 pour relier Lillooet à Soda Creek, à 47 km au nord de 150 Mile House, elle desservait les champs aurifères du Caribou. On construisit des haltes en bordure de la route, généralement tous les 25 km, pour héberger les équipes de construction et plus tard les voyageurs. Toutes ces haltes prenaient comme nom la distance qui les séparait de Lillooet.

Un peu plus tard, la piste fut prolongée au sud par un embranchement qui reliait Yale à Clinton et au nord par un nouveau tronçon entre Soda Creek et Barkerville, en plein pays de l'or. Depuis plus d'un siècle, la route dessert les éleveurs, les bûcherons et aujourd'hui les touristes.

## LAC-LA-HACHE
La petite ville est construite au bord du lac du même nom. Pendant des siècles, les Indiens s'y rassemblèrent pour célébrer la cérémonie du « potlatch ». Aujourd'hui, les touristes et les habitants de la région se réunissent à l'occasion d'un carnaval en février pour patiner et faire de la course en automobile ou en motoneige sur la glace du lac.
□ Il y a un festival de danse carrée en juin et une compétition de pêche sportive en juillet.

*Gueules noires*

## THE CHASM
Les murailles à pic du Gouffre (The Chasm) présentent plusieurs couches de roches différentes qui resplendissent de toutes leurs couleurs aux rayons du soleil. Le Gouffre est un canyon de 1,5 km de long et de 120 m de profondeur qui fut creusé il y a environ 10 000 ans par les eaux glaciaires.
□ Les gens de la région disent que le canyon date plutôt de l'époque de la ruée vers l'or et serait l'œuvre d'un Écossais qui creusa le sol pour retrouver une pièce d'un sou. Une petite route part de la route du Caribou et en fait le tour.

## CLINTON
Dans ce petit village situé au carrefour des deux branches de la piste du Caribou, le grand bal et le rodéo qui ont lieu en mai chaque année depuis 1868 sont probablement les plus anciennes festivités de la Colombie-Britannique. À l'époque, les habitants à 100 km à la ronde y accouraient pour festoyer à l'hôtel Clinton. Ce dernier fut détruit par un incendie en 1958, mais quelques souvenirs, comme les carafes du bar, sont conservés au musée de la Société historique du sud du Caribou.

## Les clôtures du Caribou, ni clous ni piquets

Des clôtures de bois bordent souvent la route du Caribou lorsqu'elle s'enfonce au milieu des pâturages de l'intérieur de la Colombie-Britannique. Pratiques et bon marché, elles sont construites sans piquets, trop difficiles à enfoncer dans le sol rocailleux. Entièrement faites de pin lodgepole, une essence qui abonde dans le Caribou, elles tiennent toutes seules, sans clous ni fil de fer.

La technique varie selon le terrain. La barrière en zigzag se compose de quatre ou cinq traverses horizontales, encochées à l'endroit où les sections de la ligne brisée se rencontrent. La clôture Russell *(ci-dessus)* est droite. Les extrémités des sections sont étayées par des perches placées en biais, comme celles d'un tipi.

*Sur la route du mont Pavilion*

## CACHE CREEK
Fondé au cours des années 1860, Cache Creek était une halte sur l'embranchement Yale-Clinton de la piste du Caribou. En 1874, le gouvernement de la Colombie-Britannique y créa le premier pensionnat de l'arrière-pays de la province. L'école, qui accueillait une cinquantaine d'enfants, n'existe plus.
□ L'église Bonaparte, construite en 1894 et baptisée du nom de la rivière voisine, se trouve dans une réserve indienne. Ses anciens murs de rondins sont aujourd'hui recouverts de planches.

*Église Bonaparte, à Cache Creek*

# Volcans éteints, chutes rugissantes et le point culminant des Rocheuses

## Parcs provinciaux Wells Gray et Mount Robson

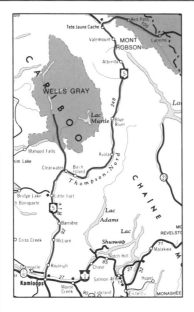

*Chute Helmcken, parc provincial Wells Gray*

### PARC PROVINCIAL WELLS GRAY

Le parc compte une dizaine de grandes chutes, dont celles de Helmcken (135 m de haut), de Dawson (90 m de large et 18 m de haut) et de Rainbow (14 m de haut), en aval de laquelle la pêche à la truite arc-en-ciel est excellente. Sur la rivière Murtle se trouve le Mush Bowl, une série de cratères creusés par les eaux tumultueuses. Un volcan éteint de 240 m de haut s'élève sur la rive nord du lac Kostal. Des sapins de Douglas, rares à cette altitude, poussent en bordure du cône, à 1 500 m au-dessus du niveau de la mer. Un circuit de canotage serpente sur 102 km entre le camping du lac Clearwater et le lac Azure. On dénombre plus de 100 sources minérales glacées dans ce parc que fréquentent parfois les aigles dorés et les colibris roux, notamment près de l'ancienne ferme de Ray. Le sentier Battle Mountain (19 km) traverse une forêt subalpine et mène au Cariboo Meadows, une grande prairie fleurie que sillonnent des torrents.

### CLEARWATER

Sur les terrains d'un ancien manoir, le musée Yellowhead est constitué de plusieurs bâtiments de rondins où l'on peut contempler des objets datant des Indiens et des premiers pionniers.
□ On trouve sur place des excursions de canotage dans les rapides de la rivière Clearwater.
□ Les manifestations locales incluent le défilé du 1er mai et le Festival de fraises en juillet.

### KAMLOOPS

La ville fut d'abord un poste pour la traite des fourrures, établi en 1812. Les Indiens nommaient l'endroit *cume-loups* qui signifie « lieu de rencontre », car c'est là que se rejoignent les rivières Thompson du Nord et Thompson du Sud. Kamloops devint, dans les années 1860, un dépôt pour les chercheurs d'or et, 20 ans plus tard, un centre régional pour le chemin de fer du CP. Elle est actuellement l'un des lieux les plus fréquentés par les touristes à l'intérieur de la Colombie-Britannique à cause surtout de son accès facile par l'autoroute Coquihalla.
□ Un ancien poste de la Compagnie de la Baie d'Hudson (1821) a été reconstruit au musée de Kamloops où sont exposés des vanneries et des sculptures salishs, un salon de style victorien, des instruments chirurgicaux utilisés dans un ancien hôpital de Kamloops et une invitation de la prison locale, datée de 1899, pour assister à une pendaison.
□ À bord d'un bateau à roue construit en 1971, on peut faire une randonnée de deux heures sur la Thompson du Sud.
□ Le mont Tod offre 18 km de pistes skiables et un télé-siège à deux places dont le parcours de 2786 m est le plus long en Amérique du Nord.
□ Les manifestations locales à signaler sont, en mai, le Wonder Weekend sur le mont Tod et, en juillet, un festival de musique country et le Kamloops Sunfest.

### PARC PROVINCIAL SPAHATS CREEK

Le ruisseau Spahats a creusé dans la lave une gorge profonde de 120 m. Le canyon se termine par une chute où le Spahats fait un bond de 60 m dans la Clearwater. Une plate-forme d'observation domine la chute.

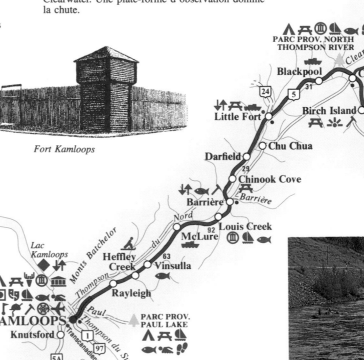

*Fort Kamloops*

La grande vallée de la Thompson du Nord est l'œuvre de la lave et de l'eau. À une date relativement récente à l'échelle géologique, des volcans bouleversèrent complètement le paysage. Confinées entre des murailles de lave ou détournées de leur cours, les rivières s'élargirent en lacs, creusèrent de profondes gorges et formèrent çà et là d'énormes cascades.

Les origines volcaniques de la région sont encore visibles au parc provincial Spahats Creek où le Spahats plonge au fond d'une gorge aux parois vertigineuses taillées dans des couches de lave.

Près de l'entrée du parc provincial Wells Gray, la chute Helmcken plonge de 135 m du haut d'un escarpement de lave. Partout, ce grand parc sauvage résonne du grondement des cascades, au milieu d'un paysage de volcans éteints, de sources thermales, de lacs sereins ceinturés de montagnes et de champs de glace.

Plus à l'est s'étend le parc provincial Mount Robson où se trouve le point culminant des Rocheuses canadiennes. Les eaux claires du parc regorgent de kokanis, d'ombles de fontaine et de truites.

La route de Yellowhead, qui traverse ces parcs et les petites villes qui jalonnent la Thompson du Nord, suit le chemin qu'empruntèrent les *Overlanders* de 1862, des chercheurs d'or. Un grand nombre d'entre eux s'arrêtèrent en cours de route, défrichèrent la forêt, construisirent des maisons de rondins, des clôtures et de petits ponts que l'on peut encore voir.

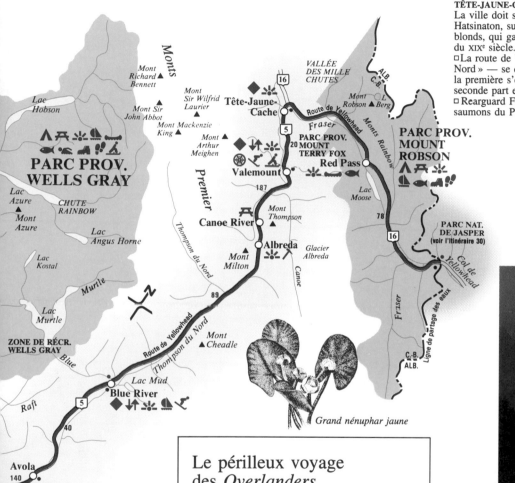

**TÊTE-JAUNE-CACHE**

La ville doit son nom à un trappeur et guide indien, Pierre Hatsinaton, surnommé Tête jaune en raison de ses cheveux blonds, qui gardait ici ses fourrures et ses vivres au début du XIXe siècle.

□ La route de Yellowhead (2 976 km) — la « grand-rue du Nord » — se divise en deux branches à Tête-Jaune-Cache : la première s'enfonce au sud-ouest vers Kamloops, la seconde part en direction du nord-ouest vers Prince-Rupert.

□ Rearguard Falls marque la limite de la remontée des saumons du Pacifique.

**VALEMOUNT**

Cet ancien camp de bûcherons, « Swift Creek Spur 2 », abrite un héliport d'où les skieurs partent pour les monts Premier.

□ Non loin, le parc provincial Mount Terry Fox commémore le valeureux coureur unijambiste qui succomba au cancer avant d'avoir terminé son « Marathon de l'espoir ». Un pèlerinage à sa mémoire est organisé à Valemount chaque année en août.

□ Des courses d'attelage de chiens viennent couronner le Carnaval d'hiver, en février.

*Mont Robson*

**PARC PROVINCIAL MOUNT ROBSON**

Bordé à l'est par la ligne de partage des eaux et par le parc national de Jasper, ce parc s'étend sur plus de 2 000 km² de montagnes enneigées, de vallées boisées, de canyons vertigineux, de lacs aux eaux glacées et de torrents tumultueux. Le sentier du Lac-Berg (22 km) part de la route de Yellowhead et traverse la vallée des Mille Chutes pour atteindre le lac Berg, souvent jonché de blocs de glace, au pied du mont Robson (3 954 m). On peut voir quelque 15 glaciers en bordure du sentier, notamment le glacier Berg qui s'étend sur près de 1 km en largeur avec une épaisseur de 1 800 m. Le Fraser prend sa source à l'extrémité sud du parc. La grotte Arctomys, explorée jusqu'à une profondeur de 522 m, se trouve dans une vallée à l'est du mont Robson. Le passage de 2 400 m de long qui mène au fond est difficile, même pour les spéléologues.

*Grand nénuphar jaune*

## Le périlleux voyage des *Overlanders*

La compagnie British Columbia Overland Transit promettait en 1862 « la route la plus rapide, la plus sûre et la plus économique jusqu'aux mines d'or ». Plus de 200 hommes accompagnés d'une femme enceinte et de trois enfants prirent leurs billets et partirent en mai du Québec et de l'Ontario.

Les *Overlanders* traversèrent d'abord péniblement la Prairie à bord de mauvaises charrettes, puis entreprirent à pied la traversée des Rocheuses. Arrivés au bord du Fraser, la plupart construisirent des pirogues et des radeaux pour descendre le fleuve dans lequel plusieurs se noyèrent. Le 10 septembre, les survivants de ce groupe arrivèrent à Fort George.

Trente-six autres se lancèrent sur la Thompson du Nord. Ils étaient à moitié morts de faim lorsqu'ils arrivèrent, le 13 septembre, à Fort Kamloops. Le lendemain, Mme August Schubert donna naissance au premier enfant blanc né au cœur de la Colombie-Britannique. Un seul *Overlander*, finalement, découvrit de l'or.

*Course de radeaux des* Overlanders, *sur la Thompson du Nord*

# Une couronne de montagnes pour une nature triomphante

## Parc national de Jasper

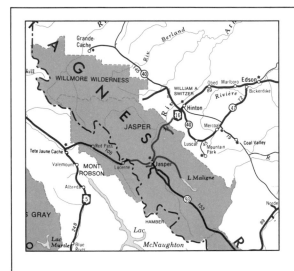

*Geai gris*

*Lac Brulé*

**JASPER**

Au siècle dernier, Jasper n'était qu'une halte. Trappeurs, missionnaires, géologues, arpenteurs, naturalistes et prospecteurs s'y arrêtaient au cours de leurs pérégrinations. En 1915, on aménagea un modeste camp de tentes au bord du lac Beauvert pour les visiteurs du parc. Aujourd'hui, la ville offre toute l'année le confort de ses hôtels et de ses terrains de camping aux touristes.

□ La maison de Henry (1811), un ancien poste de traite, s'élevait autrefois à la pointe Old Fort, au confluent de l'Athabasca et de la Miette. Cerfs mulets et mouflons viennent paître sur les pentes avoisinantes.

□ La promenade du lac Pyramid serpente pendant 8 km jusqu'au mont Pyramid (2 763 m) qui domine deux lacs glaciaires.

□ Le mât totémique qui se dresse devant la gare de chemin de fer est l'œuvre d'Indiens Haidas.

□ Près de l'embouchure de la Rocky, un monument rappelle la construction, au début du siècle dernier, de Jasper House, un poste qui appartenait à la Compagnie du Nord-Ouest.

*Ours noir*

*Jasper, vu du mont Whistlers*

**ROUTE DE YELLOWHEAD**

Cette route de 2 987 km doit son nom à un trappeur et guide indien, Pierre Hatsinaton, que l'on surnommait Tête jaune à cause de ses cheveux blonds. La route va de Portage-la-Prairie, au Manitoba, jusqu'en Colombie-Britannique où elle se divise en deux branches à Tête-Jaune-Cache. La première se dirige vers le sud-ouest jusqu'à Kamloops, la seconde vers l'ouest et le nord jusqu'à Prince-Rupert.

Passé l'entrée est du parc national de Jasper, la route suit l'Athabasca au fond d'une vallée aride. Après Jasper, la route escalade l'étroite vallée boisée de la Miette, passage qu'empruntaient les trafiquants de fourrures du XIXᵉ siècle pour rejoindre la Nouvelle-Calédonie, comme on appelait alors l'intérieur de la Colombie-Britannique.

□ Le col de Yellowhead (1 131 m) est l'un des moins élevés de toute la ligne de partage des eaux. À l'est de cette ligne, les cours d'eau se jettent dans l'océan Arctique par la Miette, l'Athabasca et le Mackenzie. À l'ouest, ils alimentent le Fraser qui se jette dans le Pacifique.

**THE WHISTLERS**

La montagne doit son nom au long sifflement strident de la marmotte des Rocheuses.

□ À 1 257 m d'altitude se trouve un téléphérique qui hisse le visiteur, au rythme de 420 m/min, jusqu'à une plate-forme d'observation d'où il peut contempler, à 2 250 m, la ville de Jasper, son diadème de montagnes et la vallée de l'Athabasca, semée d'une quarantaine de lacs, vestige du grand lac qui recouvrait autrefois toute la région. De l'autre côté de la vallée se dressent les escarpements de quartzite rougeâtre du mont Pyramid.

*Téléphérique des Whistlers*

Avec ses cimes altières, ses immenses glaciers diamantins, ses prés constellés de fleurs sauvages et ses lacs cristallins, le parc national de Jasper est un véritable joyau de la nature.

Les premiers hommes blancs, en quête d'une route pour la traite des fourrures, arrivèrent dans cette région au début du XIXᵉ siècle. Les voyageurs qui franchissaient les cols de Yellowhead et d'Athabasca s'arrêtaient alors dans un modeste hameau baptisé Jasper House, du nom d'un commis de la Compagnie du Nord-Ouest, Jasper Hawes.

En 1907, avec l'arrivée du chemin de fer au col de Yellowhead, le gouvernement fédéral créa le parc national de Jasper. Aujourd'hui, celui-ci couvre plus de 10 800 km², dont à peine 800 sont en terrain plat. Des prés tapissent le bas des pentes où les précipitations sont rares. Sur les hauteurs, le climat plus humide donne naissance à une ceinture forestière. À plus de 2 000 m d'altitude, au-dessus de la ligne de boisement, le climat subarctique est si rude que même les robustes plantes alpines ont du mal à survivre.

Une faune exceptionnelle anime le parc. Les cerfs mulets broutent parmi les bosquets de peupliers et de pins gris des vallées de la Miette et de l'Athabasca. Une harde de caribous des bois hante les abords du lac Maligne. Les mouflons et les chèvres de montagne se partagent les sommets que survolent majestueusement les aigles.

Roche à Perdrix
Fiddle
Monts Ashlar
16
Monts Miette
Miette Hot Springs

**CHUTE PUNCHBOWL**
Le ruisseau Mountain qui se précipite du haut d'une muraille de calcaire a creusé une étroite fente dans la pierre. En contrebas, les tourbillons de la chute ont formé un pittoresque bassin dont le fond est parsemé de galets provenant d'un torrent qui coulait ici il y a environ 130 millions d'années.
▫ À voir, non loin, un filon de charbon maigre, d'une épaisseur de 30 cm.

# Des montagnes nées au fond des mers

Une vaste mer recouvrait la région où s'élèvent aujourd'hui les Rocheuses. Pendant 500 millions d'années, le fond de la mer s'enfonça sous le poids des couches de sédiments. Leur accumulation étant plus rapide que l'affaissement du fond, cette mer ne fut jamais très profonde. Avec le temps, la pression pétrifia les sédiments.

Un grand mouvement de l'écorce terrestre en direction de l'est plissa les couches pétrifiées qui se fracturèrent par endroits. Certaines roches plus anciennes, poussées vers le haut, recouvrirent les couches plus récentes. L'érosion poursuivit cet immense travail, tandis que les cours d'eau déposaient dans les plaines et les marécages de l'est les débris arrachés aux plateaux.

Les plaines continuèrent à se soulever, accentuant la pente des cours d'eau qui burinèrent de larges vallées, laissant derrière eux de grands pics de roche dure. Les glaciers du quaternaire modelèrent ensuite des arêtes et les eaux de fonte donnèrent naissance à des lacs profonds. L'érosion se poursuivant inlassablement, les montagnes Rocheuses ne seront plus un jour que des plaines ondulées.

IL Y A 150 MILLIONS D'ANNÉES

IL Y A 50 MILLIONS D'ANNÉES

IL Y A 2 MILLIONS D'ANNÉES

*Source thermale de Miette Hot Springs*

Monts Colin
46
Maligne
Lac Medicine
Monts Reine-Elisabeth

**MIETTE HOT SPRINGS**
Les eaux de source les plus chaudes des Rocheuses canadiennes (54°C) alimentent une piscine où elles sont refroidies à 39°C. L'eau de la source provient de l'infiltration des eaux de pluie et de fonte dans les fissures du soubassement. Chauffée à plusieurs milliers de mètres sous la surface, elle remonte ensuite et jaillit au rythme de 1 million de litres par jour.

**LAC MEDICINE**
Pendant la majeure partie de l'année, le lac Medicine n'est qu'une étendue de gravier. En été, les eaux de fonte le transforment en un lac de 8 km de long qui atteint 18 m de profondeur. Lorsque ses eaux sont très hautes, le lac se vide par des rivières souterraines qui se jettent dans la rivière Maligne, en aval.

*Lac Medicine*

Wapiti

Lac Maligne

DÉTROIT DE SAMSON

Mont Maligne ▲

**SENTIER SKYLINE**
Le sentier suit la rivière Maligne sur 43 km, la plupart du temps au-dessus de la ligne de boisement. Il traverse le « Snowbowl », un charmant pré subalpin constellé de fleurs des champs, et passe à côté du lac Wabasso, un étang désolé perdu au fond d'un cirque encaissé. The Notch (l'Entaille) laisse apercevoir une chaîne de hautes montagnes dans le lointain, dont le mont Robson (3 954 m), point culminant des montagnes Rocheuses canadiennes.

**LAC MALIGNE**
Ceinturées des sommets enneigés de la chaîne Front, les eaux vert émeraude du lac Maligne s'étendent sur près de 22 km. Il y a 11 000 ans, une énorme langue de glace descendit dans la vallée, creusant le profond bassin que remplit aujourd'hui le lac.
▫ Au détroit de Samson (Samson Narrows), les débris apportés par un torrent qui descend du mont Maligne coupent presque le lac en deux.

# Grand gibier et mines abandonnées d'une immense réserve naturelle

## Centre-ouest de l'Alberta

Cette région, située sur les contreforts des montagnes Rocheuses, est le paradis des pêcheurs, des chasseurs de grand gibier et des amoureux de la nature.

Dans le parc Willmore Wilderness, la plus grande région sauvage de l'Alberta avec ses 4 597 km², les excursionnistes peuvent marcher ou se déplacer en canot pendant des jours et même des semaines sans rencontrer âme qui vive. Seules les maisons des gardes forestiers et une poignée de tours d'incendie se dressent au

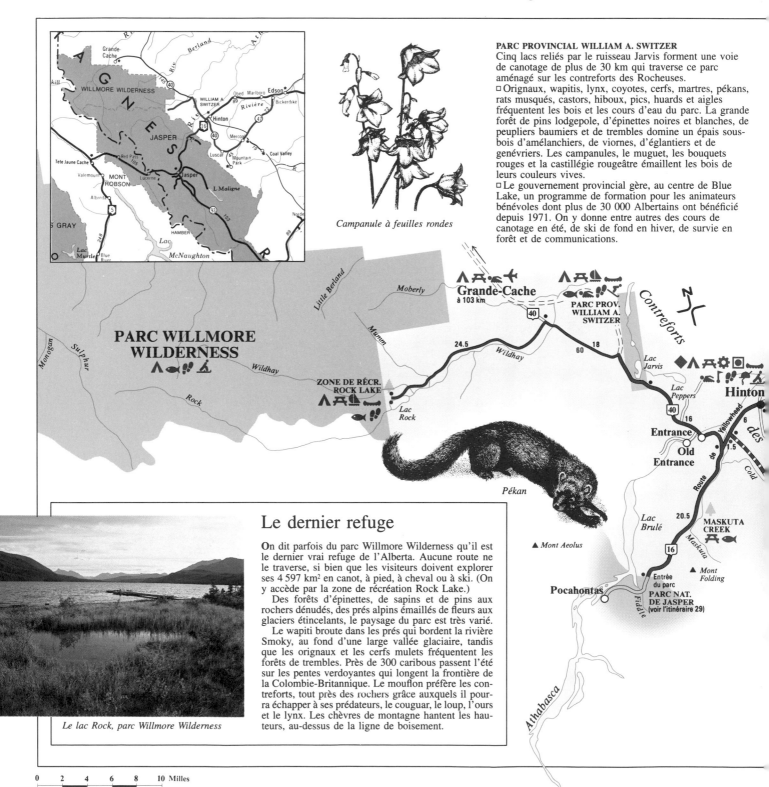

Campanule à feuilles rondes

**PARC PROVINCIAL WILLIAM A. SWITZER**
Cinq lacs reliés par le ruisseau Jarvis forment une voie de canotage de plus de 30 km qui traverse ce parc aménagé sur les contreforts des Rocheuses.
▢ Orignaux, wapitis, lynx, coyotes, cerfs, martres, pékans, rats musqués, castors, hiboux, pics, huards et aigles fréquentent les bois et les cours d'eau du parc. La grande forêt de pins lodgepole, d'épinettes noires et blanches, de peupliers baumiers et de trembles domine un épais sous-bois d'amélanchiers, de viornes, d'églantiers et de genévriers. Les campanules, le muguet, les bouquets rouges et la castillégie rougeâtre émaillent les bois de leurs couleurs vives.
▢ Le gouvernement provincial gère, au centre de Blue Lake, un programme de formation pour les animateurs bénévoles dont plus de 30 000 Albertains ont bénéficié depuis 1971. On y donne entre autres des cours de canotage en été, de ski de fond en hiver, de survie en forêt et de communications.

Pékan

## Le dernier refuge

On dit parfois du parc Willmore Wilderness qu'il est le dernier vrai refuge de l'Alberta. Aucune route ne le traverse, si bien que les visiteurs doivent explorer ses 4 597 km² en canot, à pied, à cheval ou à ski. (On y accède par la zone de récréation Rock Lake.)

Des forêts d'épinettes, de sapins et de pins aux rochers dénudés, des prés alpins émaillés de fleurs aux glaciers étincelants, le paysage du parc est très varié.

Le wapiti broute dans les prés qui bordent la rivière Smoky, au fond d'une large vallée glaciaire, tandis que les orignaux et les cerfs mulets fréquentent les forêts de trembles. Près de 300 caribous passent l'été sur les pentes verdoyantes qui longent la frontière de la Colombie-Britannique. Le mouflon préfère les contreforts, tout près des rochers grâce auxquels il pourra échapper à ses prédateurs, le couguar, le loup, l'ours et le lynx. Les chèvres de montagne hantent les hauteurs, au-dessus de la ligne de boisement.

Le lac Rock, parc Willmore Wilderness

milieu des arbres. Des guides conduisent les visiteurs à dos de cheval sur les sentiers en été ou offrent leurs services aux chasseurs en automne. Les ours, les cerfs, les orignaux, les chèvres de montagne et les wapitis abondent partout dans ce parc que les chasseurs considèrent comme l'un des plus giboyeux du monde.

À peu de distance d'Edson et de Hinton, on peut voir des mines abandonnées qui rappellent la belle époque de la « Coal Branch ». Cette région de houillères pros-péra entre 1910 et 1930, retrouva une nouvelle vitalité pendant la Seconde Guerre mondiale, mais déclina de nouveau à la fin des années 40 avec l'apparition des locomotives à moteur Diesel.

Le tourisme est aujourd'hui la principale industrie de la région, mais le souvenir du passé reste vivace. Les milliers de campeurs et de pêcheurs qui viennent ici en vacances chaque année sont en grande partie d'anciens habitants de ces petites villes minières.

*Voiliers du centre Blue Lake, dans le parc provincial William A. Switzer*

**RIVIÈRE McLEOD**
Alimentée par les pluies et la fonte des neiges, cette rivière aux eaux limpides et froides regorge d'ombles de fontaine, de dorés, de grands brochets et d'ombres arctiques.

*Doré*

**HINTON**
On peut visiter ici la pépinière Weldwood.
□ À pied ou à cheval, les visiteurs peuvent suivre un tronçon de 20 km du sentier Bighorn, une ancienne piste muletière qui suivait sur 140 km l'arête Bighorn entre Hinton et Nordegg. Deux terrains de camping sauvage sont aménagés en bordure du sentier.

**EDSON**
La compagnie du Pacifique-Grand Tronc (précurseur du CN) fonda cette ville en 1910 lorsqu'elle construisit une voie qui menait aux houillères du sud. À sa belle époque, Edson était la « porte de l'Ouest ». L'agglomération demeure encore une gare importante sur la ligne du CN.
□ En été, la ville organise un rodéo et une fête dont les manifestations (danse au son des orchestres, vente aux enchères et expositions d'arts et métiers) durent deux jours.

**MONT FOLDING**
De la route 16, à environ 18 km à l'est de Hinton, on peut voir ce sommet typique de la région. Ses couches autrefois horizontales se plissèrent lors de la formation des Rocheuses. La couche de calcaire gris, déposée par la mer peu profonde qui recouvrait l'Amérique du Nord il y a plus de 300 millions d'années, est surmontée d'une couche brune de limon pétrifié abandonnée par une autre mer, 100 millions d'années plus tard.

LITTLE SUNDANCE CREEK

Edson

748

10.5

16 Yellowhead

Route de

McLeod

47

McLeod River

FICKLE LAKE

62.5

Lac Fickle

Erith

52

LAMBERT CREEK

Lambert

McNeill

47 Embarras

Mitchell

Robb

Coalspur

15

40

Mercoal

McLeod

McLEOD RIVER

22

48

Rocheuses

Gregg

85

Luscar

40

3

Mont Luscar

Cadomin

ZONE DE RÉCR. WHITEHORSE CREEK

Beaverdam

Mackenzie

## La « Coal Branch »

Les locomotives à vapeur qui sillonnaient les Prairies au début du XIXe siècle consommaient d'énormes quantités de charbon. Pour les approvisionner, la compagnie de chemin de fer du Grand Tronc fonda plusieurs petites villes minières, comme McLeod River, Erith, Robb, Mercoal et Cadomin, sur les contreforts des Rocheuses, au sud d'Edson. Ce chapelet de villes reliées par le rail prit le nom de « Coal Branch ».

L'isolement favorisait la vie communautaire. Les équipes de hockey et de baseball de la Coal Branch faisaient des merveilles aux championnats provinciaux.

Vers 1940, 10 000 personnes habitaient le long de la Coal Branch. Mais les locomotives à vapeur cédèrent la place au diesel après la Seconde Guerre mondiale. Les mines fermèrent leurs portes et les mineurs s'en allèrent.

GRAND TRUNK PACIFIC    810

*Locomotive du chemin de fer du Grand Tronc (v. 1914)*

# Les champs de glace de la ligne de partage des eaux

## Parc national de Jasper

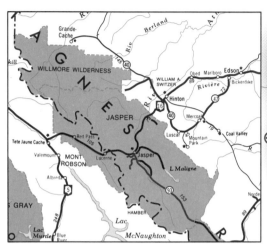

Chute de l'Athabasca

## CHUTE DE L'ATHABASCA

Dans un nuage de gouttelettes, l'Athabasca fait un bond de 22 m du haut d'un escarpement déchiqueté de quartzite précambrien. La rivière s'engouffre ensuite dans une étroite gorge où elle gronde rageusement avant de s'apaiser quelques centaines de mètres plus bas. Près de la chute, d'anciens lits constellés de marmites de géants indiquent que la rivière a changé plusieurs fois de cours.

## L'imperceptible progression des langues glaciaires

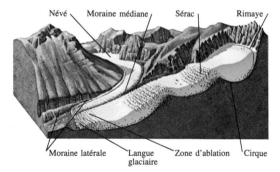

Névé  Moraine médiane  Sérac  Rimaye

Moraine latérale  Langue glaciaire  Zone d'ablation  Cirque

**Perchés** sur les montagnes Rocheuses, de vastes champs de glace donnent naissance à d'énormes glaciers. À la différence de la glace d'un lac ou d'un étang, le glacier provient des neiges éternelles de montagne. Ce tapis de neige compacte et granulée, le *névé*, s'accumule à l'abri d'un versant que l'érosion creuse progressivement en une énorme cuvette aux parois verticales, un *cirque*.

Après de nombreuses années, la pression transforme les cristaux de neige en une langue de glace qui, entraînée par son énorme masse, commence à descendre, généralement de quelques centimètres par jour seulement.

La *rimaye* est la profonde crevasse qui se forme à l'endroit où la langue de glace se détache de la paroi du cirque. D'énormes blocs chaotiques, les *séracs,* se forment lorsque la glace se brise sur une irrégularité du fond, un *verrou.*

Les débris arrachés par le glacier donnent naissance à des *moraines latérales* ; lorsque deux glaciers se rejoignent, leurs moraines latérales se réunissent et forment une *moraine médiane.* La partie inférieure du glacier est la *zone d'ablation* d'où partent les cours d'eau glaciaires.

## MONT EDITH CAVELL

Cette majestueuse montagne (3 361 m) porte le nom d'une infirmière anglaise, que les Allemands passèrent par les armes au cours de la Première Guerre mondiale. L'impressionnant versant nord-est du mont se reflète dans les eaux turquoise du lac Cavell qui se niche dans un amphithéâtre de murailles rocheuses.
□ Le glacier Angel chevauche le flanc de la montagne et sa langue descend jusqu'à la vallée où un sentier traverse un amas de blocs erratiques, de sable et de rochers amenés par les glaciers.

## CHAMP DE GLACE COLUMBIA

Le champ de glace Columbia, autrefois partie du vaste manteau de glace qui recouvrit presque tout le Canada pendant plus d'un million d'années, est la plus importante accumulation de glace des montagnes Rocheuses. Il recouvre près de 325 km² et l'épaisseur de glace atteint 300 m.
□ La promenade des Champs-de-glace (Icefields Parkway) mène au glacier Athabasca, le plus accessible des nombreux glaciers qui naissent de l'immense champ Columbia. Des excursions en motoneige permettent de contempler de près les bédières (profondes dépressions circulaires) et les crevasses (fissures longues et quasi verticales). Le glacier Athabasca recule actuellement d'environ 7 m par an.

Glacier Athabasca

0  2  4  6  8  10 Milles

0  4  8  12  16 Kilomètres

Au nord-ouest du champ de glace Columbia et du parc national de Banff, le parc national de Jasper s'étend sur un rectangle d'environ 200 km sur 90 au maximum, à cheval sur la ligne de partage des eaux, une crête qui sépare l'Alberta de la Colombie-Britannique. D'est en ouest se succèdent des sommets progressivement plus élevés, qui se sont formés lorsque les mouvements de l'écorce terrestre provoquèrent le soulèvement du fond d'une ancienne mer.

Les trois entrées du parc sont dominées par des montagnes qui semblent monter la garde. La plus spectaculaire est celle du col du Sunwapta, sur la promenade des Champs-de-glace (Icefields Parkway), d'où l'on découvre la masse imposante du mont Athabasca (3 435 m).

La route quitte le chalet des Champs-de-glace, à 2 100 m d'altitude, et dévale au fond de la vallée de la Sunwapta, 450 m plus bas. À Summit Viewpoint, des arêtes couvertes de forêts enserrent les glaciers suspendus du mont Kitchener (3 450 m) et le glacier Stutfield. Dans ce paysage saisissant, les visiteurs verront souvent déboucher sur la route un ours noir ou un mouflon.

Les excursionnistes peuvent s'enfoncer au cœur de la forêt, à pied ou à cheval, pour des randonnées de quelques jours ou même de plusieurs semaines. Un réseau de 900 km de pistes sillonne, en effet, ce splendide pays de montagnes, de glaciers, de lacs et de torrents impétueux.

## PROMENADE DES CHAMPS-DE-GLACE (ICEFIELDS PARKWAY)

La promenade des Champs-de-glace, longue de 230 km, relie Lake Louise à Jasper. La route suit le cours de la Bow, de la Mistaya, de la Saskatchewan du Nord, de la Sunwapta et de l'Athabasca, franchit les cols du Bow et du Sunwapta, dans un extraordinaire paysage de cimes altières, de glaciers, de chutes et de canyons. La toponymie de l'endroit a des origines très diverses. Les noms proviennent des premiers explorateurs de la région, Wilcox, Stanley, Nigel, ou des Indiens, comme Sunwapta (la rivière impétueuse), ou encore décrivent un accident de terrain (Whirlpool River, « la rivière aux tourbillons »).

### RIVIÈRE SUNWAPTA

La rivière prend sa source au pied du glacier Athabasca, puis s'élance dans une profonde vallée creusée par des siècles et des siècles d'érosion. Par endroits, elle se sépare en plusieurs bras qui s'enchevêtrent au milieu des bancs de limon et de gravier, la marque des cours d'eau d'origine glaciaire.
□ Les eaux vertes de la Sunwapta, divisées en deux bras par une petite île couverte de pins, à 56 km au sud de Jasper, se réunissent bientôt pour se précipiter dans les deux canyons de la chute qui porte le nom de la rivière. À 1 km en aval, la rivière se jette dans la puissante Athabasca qui s'élance du haut de la chute du même nom, à 30 km en aval.

### JONAS CREEK

D'énormes blocs de quartzite jonchent les deux côtés de la promenade des Champs-de-glace. Ils ont dévalé les versants des montagnes, laissant près des sommets des cicatrices roses qui marquent l'endroit d'où ils se sont détachés. Un grand nombre des bâtiments du parc national de Jasper ont été construits avec des pierres qui proviennent de cet endroit. La rivière Sunwapta forme des rapides en traversant le pied du glissement.
□ Au sud-est de Jonas Creek se dressent la crête Tangle et le pic Sunwapta (3 315 m) qui font face à la crête Endless Chain, au nord-ouest.

Rivière Sunwapta

### CRÊTE TANGLE

Lacérée et burinée par les glaciers, l'énorme masse de la crête Tangle (2 953 m) s'élève à l'est de la promenade des Champs-de-glace. Les parois rocheuses portent des stries creusées par les débris glaciaires.
□ Le Beauty est un torrent de montagne qui prend sa source au-delà de la crête Tangle, dévale au fond d'un profond canyon et se précipite dans la Sunwapta du haut d'une série d'escarpements de calcaire.

### PIC NIGEL

Baptisé du nom d'un guide du siècle dernier, Nigel Vavasour, le sommet de 3 160 m s'élève comme un gigantesque gâteau au milieu de la vallée. Les couches alternées de calcaire et de schiste, plissées en forme de U, forment ce qu'on appelle un synclinal.
□ De la route, un sentier mène au col du Nigel (2 167 m) d'où l'on découvre les montagnes voisines.

### COL DU SUNWAPTA

Les parcs de Jasper et de Banff se rejoignent ici, le long d'une arête qui sépare les sources de la Sunwapta et de la Saskatchewan du Nord. Les cours d'eau qui se dirigent au nord à partir de cette ligne viennent grossir le Mackenzie, pour se jeter enfin dans l'océan Arctique. Ceux qui coulent au sud alimentent la Saskatchewan et traversent la Prairie en direction de la baie d'Hudson.
□ La promenade des Champs-de-glace franchit la ligne de partage des eaux à 2 035 m au-dessus du niveau de la mer. À cette altitude, la neige ne fond jamais dans les endroits abrités du soleil. Comme dans beaucoup de hautes vallées à la limite des arbres, les voisinages du col sont dépouvus d'arbres.

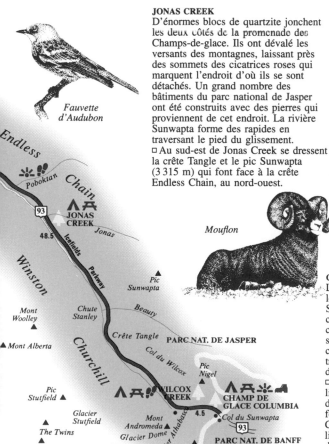

Fauvette d'Audubon

Mouflon

Chèvres des montagnes Rocheuses

# Lacs glaciaires aux eaux irisées et parterres de fleurs sauvages

## Parc national de Banff

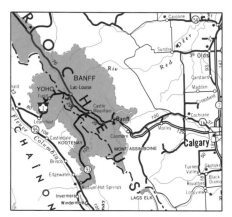

### SASKATCHEWAN RIVER CROSSING

Cette localité se trouve sur la route du col de Howse qui fut découvert par l'explorateur David Thompson en 1807.
□ Au sud, le mont Murchison (3 333 m) s'élève à plus de 1 000 m au-dessus de la vallée. Les Indiens croyaient que c'était la plus haute montagne des Rocheuses.
□ La Saskatchewan du Nord prend sa source au milieu des graviers de l'extrémité du glacier Saskatchewan, juste à côté de la promenade des Champs-de-glace (Icefields Parkway).

### RIVIÈRE HOWSE

En 1807, David Thompson, pour le compte de la Compagnie du Nord-Ouest, remonta la Saskatchewan du Nord depuis Rocky Mountain House, franchit le col de Howse et ouvrit ainsi la première route commerciale à travers les Rocheuses. Le col, le pic et la rivière prirent plus tard le nom de Joseph Howse, un négociant de la Compagnie de la Baie d'Hudson qui suivit les pas de Thompson en 1810.

### LACS WATERFOWL

Les deux lacs Waterfowl font partie d'un chapelet de lacs que traverse la Mistaya avant de se jeter dans la Saskatchewan du Nord. Ces lacs marécageux et peu profonds attirent de nombreux animaux, notamment des orignaux.
□ La ligne de partage des eaux prend ici l'aspect d'une muraille infranchissable de rochers, au point qu'il est difficile de distinguer les différentes montagnes qui la composent. Les deux sommets qui dominent ce paysage sont le pic Howse (3 291 m), couvert de glace, et le mont Chephren (3 266 m), qui affecte la forme d'une pyramide inclinée.
□ Du terrain de camping des lacs Waterfowl, un sentier mène aux grands cirques qui renferment les lacs Cirque et Chephren.

Lac Lower Waterfowl

Canyon de la Mistaya

### RIVIÈRE MISTAYA

Alimentée par les glaciers et les cours d'eau qui bordent la ligne de partage des eaux, la Mistaya serpente dans le cadre imposant des montagnes couvertes de neige. Sa vallée fut creusée autrefois par des glaciers.
□ Un petit sentier descend d'une halte en bordure de la route jusqu'au canyon de la Mistaya où les eaux bouillonnantes de la rivière ont entaillé le soubassement de calcaire, creusant une étroite gorge sinueuse aux parois verticales. Ballottés par les eaux, de gros rochers ont formé des marmites de géants au pied des murailles du canyon.
□ Une passerelle enjambe la gorge, tandis que des sentiers conduisent au belvédère Sarbach, à 5 km, et au col de Howse, à 27 km.

### GLACIER BARBETTE

Ce glacier alpin sommeille dans un cirque profond, sur le versant sud-ouest du mont Patterson (3 197 m). Ses eaux de fonte font une chute de 300 m dans le lac Mistaya. Avec ses 3 km de long, ce lac est le plus grand de la vallée de la Mistaya, mais il est si bien caché par les forêts qui l'entourent que peu de gens parviennent à le voir. Situé à 1 km à peine de la route, on y accède par un sentier escarpé.

### LAC PEYTO

Entre Lake Louise et Saskatchewan River Crossing, la promenade des Champs-de-glace (Icefields Parkway) passe en bordure de plusieurs grands lacs alimentés par des cours d'eau glaciaires. Au col du Bow, un peu à l'écart de la route, un belvédère domine le lac Peyto, baptisé du nom de Bill Peyto, un guide du début du siècle qui devint plus tard gardien du parc de Banff. Le lac reçoit les eaux de fonte du glacier Peyto, une des langues qui descendent du grand champ de glace Wapta.

Le parc national de Banff a été créé en 1887 dans l'un des plus grandioses paysages de montagne du pays.

Il y a environ 70 millions d'années, le fond de la mer qui recouvrait la région se plissa et les montagnes naquirent de ce soulèvement. Puis, le vent, l'eau et la glace les sculptèrent peu à peu pour leur donner leurs formes actuelles. Avec ses marmites de géants, ses vallées suspendues et ses strates sédimentaires pétrifiées, visibles à flanc de montagne, la région de Banff est particulièrement intéressante pour les géologues.

Les glaciers, qui s'accrochent aux montagnes et étendent leurs longs bras jusqu'aux vallées, ont profondément modelé le paysage. Ce sont d'ailleurs les sédiments glaciaires qui donnent leurs reflets irisés à la plupart des lacs du parc.

Une végétation richement colorée — magenta des bouquets rouges, bleu des clématites, jaune des ancolies — égaie ces rudes paysages de roc et de glace.

La faune du parc de Banff est aussi riche que sa flore. Soixante espèces de mammifères et 225 espèces d'oiseaux le fréquentent. L'ours noir et le formidable grizzli rôdent souvent aux abords des terrains de camping et des dépotoirs où ils viennent chercher leur nourriture. Avec un peu de chance, le visiteur verra aussi des orignaux, des wapitis, des cerfs, des castors, des marmottes, des picas et peut-être même quelques chèvres des montagnes Rocheuses.

## COL DU BOW

Ce sommet divise les bassins des bras nord et sud de la Saskatchewan qui se réunissent ensuite dans le centre de la Saskatchewan, d'où la rivière poursuit sa route vers la baie d'Hudson.

□ Un sentier de 2 km relie le belvédère de Bow Pass à celui de Bow Fire. À la fin de l'été, on découvre les prés couverts de fleurs multicolores, bruyères, dryades, trolles, anémones et myosotis. On voit parfois des marmottes des Rocheuses galoper gauchement à travers la toundra alpine ou prendre le soleil sur une pierre. Le pica, autre habitant discret des hauteurs, se reconnaît au cri aigu qu'il pousse lorsqu'il est effrayé.

## LAC HECTOR

Les monts Waputik (la chèvre blanche) dominent les eaux bleu-vert du lac Hector. Celui-ci a reçu le nom de James Hector, un géologue de l'expédition de Palliser qui fut le premier homme blanc à traverser la vallée à l'automne de 1858.

□ Le sommet Pulpit (2 724 m) domine son extrémité sud. Sur ses pentes poussent certaines des futaies les plus septentrionales de mélèzes de Lyall. À l'automne, les aiguilles vert pâle de cet arbre prennent une teinte dorée, éclaboussant les pentes de taches claires. On peut voir les cicatrices laissées par les avalanches qui dévalent du Pulpit dans la forêt en contrebas. Sur le versant nord-ouest, le petit lac Turquoise occupe le fond d'une vallée suspendue.

## COL KICKING HORSE

Le col chevauche la ligne de partage des eaux, à 1 624 m d'altitude. Alors qu'il explorait le col en 1858, le géologue James Hector fut blessé par son cheval. Le croyant mort, ses guides, des Indiens Stoneys, commencèrent même à l'enterrer.

□ Les premiers trains gravissaient si lentement le col Kicking Horse que l'on installait des sièges à l'avant de la locomotive pour que les passagers puissent jouir du paysage.

Lac Hector

Anémone de l'Ouest

## LAC LOUISE

Le paysage que découvrit en 1882 un ouvrier du CP, Tom Wilson, est l'un des panoramas de montagne les plus connus au monde.

□ L'impressionnant Château Lac-Louise se dresse au sommet d'une moraine glaciaire géante qui barre le lac. Des sédiments en suspension donnent aux eaux du lac une coloration d'un vert laiteux.

□ En suivant le sentier de la Plaine-des-six-glaciers (6,5 km) on découvrira une splendide vue du glacier Victoria. Épais de 150 m par endroits, le glacier couvre plus de 2 km².

□ Le téléphérique conduit à un poste d'observation situé sur le mont Whitehorn d'où l'on domine de 400 m le lac Louise.

## VALLÉE DES DIX PICS

Les sommets glacés des monts Wenkchemna (dix en indien) enserrent le lac Moraine. Le quartzite donne une teinte rouge orangé aux pentes inférieures des montagnes que couronnent des escarpements de calcaire gris.

□ De l'auberge du Lac-Moraine, un sentier de 2,4 km mène aux prés subalpins qui s'étendent au pied du col de la Sentinelle (2 610 m). Des futaies d'épinettes d'Engelmann, de sapins de l'Ouest et de mélèzes de Lyall parsèment ces prés où une multitude de petits lacs portent le nom de Minnestimma, un mot indien qui signifie « eaux dormantes ».

## LAC MORAINE

Les eaux vert émeraude du lac Moraine, un peu plus petit que le lac Louise, s'étendent devant la majestueuse toile de fond des monts Wenkchemna. De grands cônes de débris glaciaires, arrachés par le gel et le dégel, bordent la rive sud-est du lac. L'énorme entassement de rochers qui emprisonne le lac aurait été formé par deux grands éboulements survenus sur le mont Tour de Babel (2 314 m).

□ Les visiteurs peuvent se loger et se restaurer dans une auberge ouverte l'été. On peut aussi y louer un canot.

# Les cimes altières du premier parc national

## Parc national de Banff

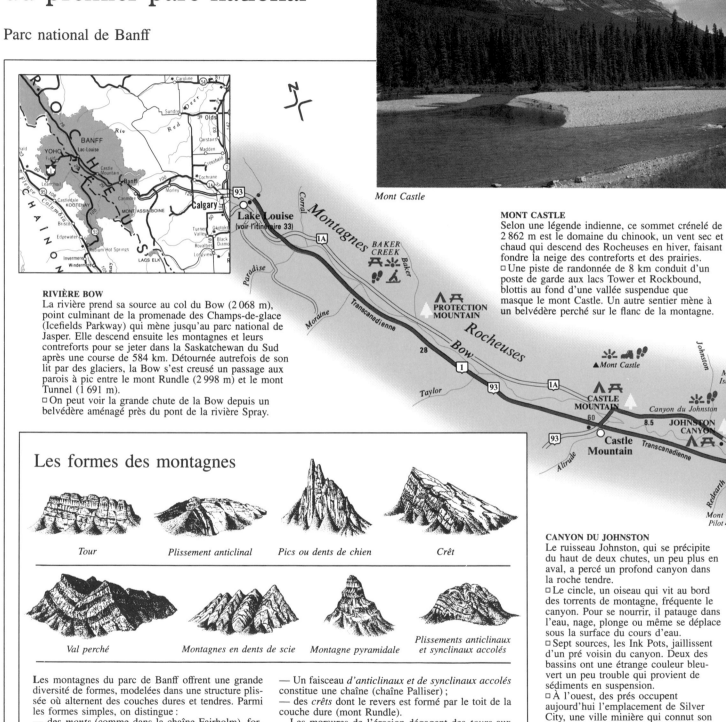

*Mont Castle*

### RIVIÈRE BOW

La rivière prend sa source au col du Bow (2 068 m), point culminant de la promenade des Champs-de-glace (Icefields Parkway) qui mène jusqu'au parc national de Jasper. Elle descend ensuite les montagnes et leurs contreforts pour se jeter dans la Saskatchewan du Sud après une course de 584 km. Détournée autrefois de son lit par des glaciers, la Bow s'est creusé un passage aux parois à pic entre le mont Rundle (2 998 m) et le mont Tunnel (1 691 m).
□ On peut voir la grande chute de la Bow depuis un belvédère aménagé près du pont de la rivière Spray.

### MONT CASTLE

Selon une légende indienne, ce sommet crénelé de 2 862 m est le domaine du chinook, un vent sec et chaud qui descend des Rocheuses en hiver, faisant fondre la neige des contreforts et des prairies.
□ Une piste de randonnée de 8 km conduit d'un poste de garde aux lacs Tower et Rockbound, blottis au fond d'une vallée suspendue que masque le mont Castle. Un autre sentier mène à un belvédère perché sur le flanc de la montagne.

## Les formes des montagnes

*Tour*

*Plissement anticlinal*

*Pics ou dents de chien*

*Crêt*

*Val perché*

*Montagnes en dents de scie*

*Montagne pyramidale*

*Plissements anticlinaux et synclinaux accolés*

Les montagnes du parc de Banff offrent une grande diversité de formes, modelées dans une structure plissée où alternent des couches dures et tendres. Parmi les formes simples, on distingue :
— des *monts* (comme dans la chaîne Fairholm), formés par la voûte anticlinale du pli ;
— des *vals*, qui correspondent au berceau synclinal du pli. Il arrive cependant qu'une érosion très active les place en position sommitale, créant ainsi un *val perché* (comme dans le cas du mont Cirrus) ;

— Un faisceau *d'anticlinaux et de synclinaux accolés* constitue une chaîne (chaîne Palliser) ;
— des *crêts* dont le revers est formé par le toit de la couche dure (mont Rundle).
Les morsures de l'érosion dégagent des *tours* aux flancs escarpés (mont Castle), des *pics* ou *dents de chien* (mont Louis) ; ces pics sont parfois associés en longues chaînes en *dents de scie* (chaîne Sawback) ou prennent une forme de *pyramide* lorsque les glaciers ont rongé leurs flancs.

### CANYON DU JOHNSTON

Le ruisseau Johnston, qui se précipite du haut de deux chutes, un peu plus en aval, a percé un profond canyon dans la roche tendre.
□ Le cincle, un oiseau qui vit au bord des torrents de montagne, fréquente le canyon. Pour se nourrir, il patauge dans l'eau, nage, plonge ou même se déplace sous la surface du cours d'eau.
□ Sept sources, les Ink Pots, jaillissent d'un pré voisin du canyon. Deux des bassins ont une étrange couleur bleu-vert un peu trouble qui provient de sédiments en suspension.
□ À l'ouest, des prés occupent aujourd'hui l'emplacement de Silver City, une ville minière qui connut son heure de gloire en 1883-1885, quand elle comptait 2 000 habitants, quatre magasins généraux et plusieurs hôtels. Mais les mines ne produisirent pas les résultats escomptés et une querelle entre les prospecteurs hâta le déclin de la ville.

```
0    1    2    3    4    5 Milles
0      2      4      6    8 Kilomètres
```

Couronné de sommets superbes, couvert de prés alpins fleuris, serti de lacs limpides et de glaciers cristallins, le parc de Banff, le plus ancien parc national, offre l'un des sites touristiques les plus grandioses de l'Amérique du Nord.

En 1883, des cheminots du CP remarquèrent des bouffées de vapeur émanant d'une fissure, sur le versant sud de la vallée de la Bow. À la lueur d'une chandelle qu'ils firent descendre dans le trou au bout d'une ficelle, ils découvrirent une grotte remplie d'eaux fumantes et sulfureuses. En juin 1887, ayant appris l'existence des sources et de leurs vertus thérapeutiques, le Parlement vota la création du « parc des Montagnes-Rocheuses » sur le territoire de 673 km² entourant les sources.

Le parc occupe aujourd'hui 6 640 km² et chevauche la ligne de partage des eaux sur une distance de 240 km. La ville de Banff, agglomération animée qui compte environ 4 600 habitants permanents, est l'un des grands centres touristiques de la région. Grâce à ses pentes de ski, elle accueille les touristes toute l'année. Traversée par la rivière Bow, la ville est entourée d'un superbe paysage de hautes montagnes que sillonnent plus de 1 550 km de sentiers de randonnée.

Près du pont de la rivière Bow s'élève l'hôtel Banff Springs. En contrebas, le ruban étincelant de la rivière serpente au fond d'une vallée verdoyante, bordée par les murailles de calcaire du mont Tunnel (1 690 m) et du mont Rundle (2 949 m).

### MONT NORQUAY
Une route de 5,7 km mène de Banff à un belvédère qui domine la vallée d'une hauteur de 300 m. On y découvre une splendide vue des principaux sommets et des vallées qui s'ouvrent au sud et à l'est. Le mont Rundle (2 949 m) se dresse comme un gigantesque gâteau au milieu du paysage.
□ À côté du belvédère s'étend un pré bordé d'énormes sapins de Douglas qu'on appelle familièrement Green Spot.

### LACS VERMILION
Une promenade de 9 km longe les rives des trois lacs Vermilion. La flore et la faune des marécages des rives de la Bow sont très riches. Castors et rats musqués se nourrissent des joncs et des prêles du bord de l'eau. Un peu plus loin poussent des saules, des cassis sauvages et des buissons de chèvrefeuille bordés de futaies d'épinettes blanches et de peupliers. Le mont Sulphur, le mont Rundle et les sommets de la chaîne Sundance encerclent les lacs.

### LAC MINNEWANKA
Ce lac de 19 km de long est le plus grand du parc et le seul où les bateaux à moteur sont autorisés. Il est bordé au nord par la chaîne Palliser et au sud par le mont Inglismaldie (2 964 m).
□ Les fondations de la petite ville touristique de Minnewanka se trouvent aujourd'hui enfouies sous les eaux glacées du lac. L'agglomération prospéra au début du siècle, mais elle fut abandonnée lors de la construction d'un barrage en 1912. Les eaux du lac montèrent de 4 m en 1912, puis de 19 m en 1941.

*Le site de Banff*

### BANFF
L'agglomération, où se trouvent les services administratifs du parc, accueille toute l'année les touristes, les amateurs d'équitation et de randonnée pédestre, les alpinistes et les skieurs.
□ Les Archives des Rocheuses canadiennes abritent une bibliothèque communautaire et un centre de recherche sur l'histoire de la région.
□ On peut voir des spécimens de la faune du parc national de Banff au musée d'Histoire naturelle de la ville.
□ Le musée Luxton, construit dans le style d'un poste de traite du XIXᵉ siècle, évoque les mœurs et les coutumes des Indiens.
□ Le centre de Banff, une école consacrée aux beaux-arts et aux arts du spectacle, est l'une des meilleures institutions du genre en Amérique du Nord. À la fin de l'été, un festival vient couronner ses activités.

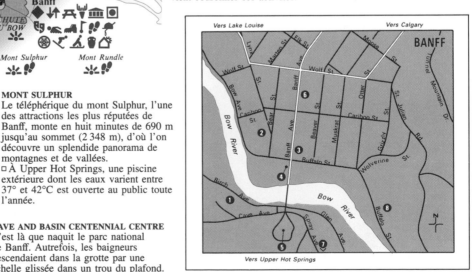

1 Musée Luxton
2 Musée Whyte des Rocheuses canadiennes
3 Musée d'Histoire naturelle de Banff
4 Musée des parcs nationaux de Banff
5 Bâtiments administratifs de Parcs Canada
6 Office du tourisme
7 Hôtel Banff Springs
8 Centre de Banff

### MONT SULPHUR
Le téléphérique du mont Sulphur, l'une des attractions les plus réputées de Banff, monte en huit minutes de 690 m jusqu'au sommet (2 348 m), d'où l'on découvre un splendide panorama de montagnes et de vallées.
□ À Upper Hot Springs, une piscine extérieure dont les eaux varient entre 37° et 42°C est ouverte au public toute l'année.

### CAVE AND BASIN CENTENNIAL CENTRE
C'est là que naquit le parc national de Banff. Autrefois, les baigneurs descendaient dans la grotte par une échelle glissée dans un trou du plafond. On accède aujourd'hui par un tunnel à la salle souterraine. Ses parois en voûte se rejoignent au-dessus d'un bassin alimenté par une source sulfureuse dont le débit est de 675 litres à la minute.

*Mont Rundle*

# Une vallée sauvage entre montagnes et plaines

## Sud-ouest de l'Alberta

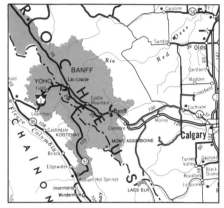

*Camping équestre dans le centre Stoney Wilderness*

*Emblème Stoney*

### CENTRE STONEY WILDERNESS
Les Indiens Stoneys offrent aux adolescents de toutes les provinces canadiennes un programme exceptionnel de vie en plein air. Pendant deux semaines, les jeunes gens couchent dans des tipis, font cuire le bannock sur un feu de camp et explorent les environs de Morley à dos de cheval. Des instructeurs indiens leur enseignent à camper et leur apprennent le secret des techniques indiennes traditionnelles.

### CANMORE
Les trois pics baptisés The Three Sisters furent formés par des rochers en fusion qui se solidifièrent sous la surface de la terre, puis firent saillie au milieu de montagnes plus anciennes.
□ Le centre Canmore Nordic, site des Jeux olympiques d'hiver de 1988, comporte 56 km de piste de ski de fond.

### PARC PROVINCIAL BOW VALLEY
Le dernier glacier qui se retira des contreforts de l'Est il y a 10 000 ans laissa derrière lui un certain nombre de vestiges : des eskers et des moraines, tous deux constitués de débris glaciaires, ainsi que des marmites de géants.
□ La vallée de la Bow où coexistent trois grandes zones de végétation — montagne, forêt et prairie — possède une flore très variée.

*The Three Sisters, près de Canmore*

### CENTRE FORESTIER KANANASKIS
Fondé en 1934, le centre est un laboratoire vivant où l'on étudie la sylviculture. Il abrite aussi le centre des Sciences de l'environnement de l'université de Calgary.
□ Le premier bâtiment qui abrita l'administration du centre, la Cabane du Colonel (1936), est fait de rondins de pins lodgepole.
□ Un sentier d'exploration de la nature de 2,5 km, Resource Management Trail, serpente dans une partie de cette forêt expérimentale de plus de 60 km². Un premier itinéraire est consacré à la description de la végétation forestière, du rôle du feu dans l'écologie d'une forêt, de l'habitat de la faune et du climat de la région ; un second montre les techniques de sylviculture.

*Marmotte des Rocheuses*

### PARC PROVINCIAL PETER LOUGHEED
Le plus ancien et le plus grand des parcs provinciaux de montagne de l'Alberta perche au-dessus de 1 737 m. On campe depuis au moins 5 000 ans dans cette région sauvage. Les archéologues ont découvert plusieurs anciens campements aux environs et il est probable que les premiers Indiens y chassèrent des mammouths et des bisons. Le paysage est splendide : six grands lacs, des montagnes couvertes de glace, quelques vestiges de glaciers dans les vallées, la toundra alpine, des chutes d'eau et des canyons encaissés.

0 1 2 3 4 5 Milles
0 2 4 6 8 Kilomètres

Pays de lacs aux eaux d'un bleu de cobalt, de prairies luxuriantes, de cataractes tonitruantes et de montagnes escarpées, la vallée du Kananaskis a peu changé depuis l'époque où John Palliser l'explora en 1858.

Cette contrée où voisinent la montagne et la prairie abrite une flore et une faune riches et diversifiées. En été, les terres basses sont constellées d'anémones des prairies, de fleurs d'églantiers, de bouquets de phlox subulé et de géraniums.

Des cerfs de Virginie, des couguars et des coyotes traversent parfois furtivement les grands prés de montagne. Sur les hauteurs, l'herbe cède le terrain à un épais tapis de lichen et de mousse, tandis que les futaies d'épinettes d'Engelmann, de sapins de l'Ouest et de mélèzes succèdent aux forêts de pins lodgepole. Au-dessus de la ligne de boisement, les marmottes, les picas et les chèvres de montagne cherchent leur nourriture parmi les plantes vivaces et les arbrisseaux rabougris.

Un grand nombre de cours d'eau peuplés d'ombles de fontaine et de truites prennent ici leur source et dévalent les versants des chaînes Kananaskis et Opal.

Un réseau de routes forestières sillonne les bois du Kananaskis et permet aux campeurs et pêcheurs d'explorer une splendide région encore vierge.

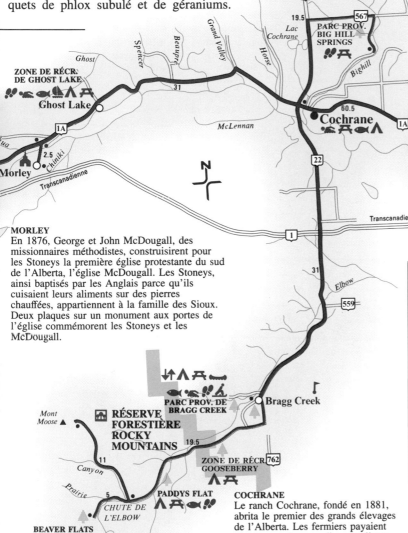

**PARC PROVINCIAL BIG HILL SPRINGS**
Les eaux chaudes d'un ruisseau alimenté par des puits artésiens à l'extérieur du parc font une chute de 30 m sur une série de marches de calcaire.
□ L'érosion a mis à nu un affleurement de rochers de 60 m de long et de 2 à 4 m de haut, formé par un glacier.

**MORLEY**
En 1876, George et John McDougall, des missionnaires méthodistes, construisirent pour les Stoneys la première église protestante du sud de l'Alberta, l'église McDougall. Les Stoneys, ainsi baptisés par les Anglais parce qu'ils cuisaient leurs aliments sur des pierres chauffées, appartiennent à la famille des Sioux. Deux plaques sur un monument aux portes de l'église commémorent les Stoneys et les McDougall.

**VALLÉE DU KANANASKIS**
Cette étendue de 5 200 km², qui renferme les trois parcs provinciaux Peter Lougheed, Bragg Creek et Bow Valley, a été désignée par le gouvernement albertain comme lieu privilégié pour les loisirs au grand air et pour la préservation de la nature. On y trouve des terrains de pique-nique et de camping (surtout au parc Bow Valley), des sentiers d'excursion et d'équitation. Aux Jeux olympiques de 1988, les épreuves de ski alpin avaient lieu à la station de ski Nakiska du mont Allen. La route 40 traverse en plein cœur cette vallée spectaculaire.

**COCHRANE**
Le ranch Cochrane, fondé en 1881, abrita le premier des grands élevages de l'Alberta. Les fermiers payaient alors une redevance d'un sou l'acre par an au ranch. En 1906, la quasi-totalité du domaine fut vendue aux mormons pour la coquette somme de 6 millions de dollars.
□ Des deltaplanes bariolés évoluent souvent au-dessus de Cochrane Hill. Les courants ascendants qui suivent l'arête de la colline permettent aux pilotes de ces énormes cerfs-volants de se maintenir dans les airs. Les novices doivent suivre un cours de 15 heures avant qu'il leur soit permis de s'élancer dans les airs.

**CHUTE DE L'ELBOW**
Après une série de rapides, l'Elbow se précipite du haut d'une muraille de calcaire de 7 m. Une partie de ses eaux s'engouffrent dans une grotte souterraine et resurgissent une trentaine de mètres en aval. La chute est bordée de marmites de géants.

## Le printemps du chinook

Le chinook — un vent chaud et sec qui réchauffe le sud-ouest de l'Alberta en plein cœur de l'hiver — fait parfois monter la température, en quelques heures, jusqu'à 18°C.

Ce phénomène se produit lorsqu'une masse d'air provenant de la Colombie-Britannique franchit les Rocheuses, perdant de l'humidité à mesure qu'elle prend de l'altitude. Quand cette masse redescend au-dessus de l'Alberta, la pression provoquée par sa descente rapide l'échauffe et donne naissance au chinook (du nom d'une tribu indienne de la côte du Pacifique).

L'apparition d'un coin de ciel bleu à l'ouest signale l'arrivée du chinook. La température printanière fait fondre la neige et laisse la terre nue et détrempée. Pendant quelques jours, les cerfs, les antilopes et le bétail en profitent pour brouter dans les champs.

*Deltaplane, au-dessus de Cochrane*

**PARC PROVINCIAL DE BRAGG CREEK**
L'Elbow dont les rives s'élèvent parfois à une dizaine de mètres serpente au milieu de ce petit parc. Lorsque ses eaux sont hautes, les canoéistes expérimentés s'attaquent au puissant courant et aux nombreux rapides de la rivière.

# Cow-boys, pétrole et gratte-ciel dans une « ville de grès »

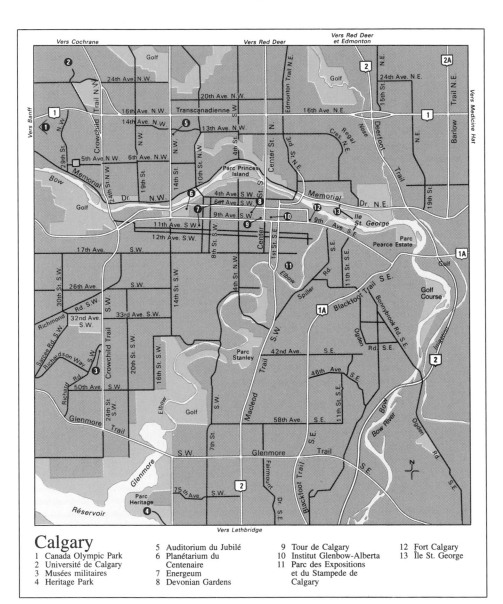

## Calgary

1 Canada Olympic Park
2 Université de Calgary
3 Musées militaires
4 Heritage Park
5 Auditorium du Jubilé
6 Planétarium du Centenaire
7 Energeum
8 Devonian Gardens
9 Tour de Calgary
10 Institut Glenbow-Alberta
11 Parc des Expositions et du Stampede de Calgary
12 Fort Calgary
13 Île St. George

Symboles de son dynamisme, les tours de Calgary surgissent au milieu du paysage plat des Prairies. Privilégiée par son climat sec et tonifiant, cette ville pétrolière est devenue, en moins d'un siècle, l'une des plus importantes du pays. Chaque été toutefois, elle se replonge dans son passé du Far-West à l'occasion du fameux Stampcde.

Calgary fut d'abord Fort Calgary, un poste que la Police montée du Nord-Ouest construisit en 1875 et autour duquel se forma bientôt un centre d'échanges commerciaux. Avec l'arrivée du chemin de fer en 1883 commença l'afflux des pionniers et des éleveurs. Un an plus tard, la ville s'incorporait.

Après l'incendie de 1886, la municipalité imposa l'utilisation du grès jaune local pour la construction des immeubles. La Bourse des grains, la Banque de Montréal, l'hôtel Alberta et l'ancien hôtel de ville se dressent encore pour rappeler pourquoi Calgary se surnommait alors la « ville de grès ».

Les gisements de pétrole qu'on découvrit, d'abord en 1914 à Turner Valley, puis un peu partout à travers la province après la Seconde Guerre mondiale, firent de cette paisible ville des Prairies la capitale du pétrole. Aujourd'hui, des centaines d'entreprises locales approvisionnent ou financent son industrie majeure ; après Toronto et Montréal, c'est à Calgary qu'on observe le plus grand nombre de sièges sociaux au Canada.

**Auditorium du Jubilé** (5) D'une capacité de 2 750 places, l'auditorium de Calgary est le jumeau de celui d'Edmonton. Les deux salles furent construites en 1955 pour célébrer, la première pour le sud de l'Alberta, la seconde pour le nord, le 50e anniversaire de fondation de la province.
**Canada Olympic Park** (1) À l'ouest de la ville, sur la Transcanadienne, le parc olympique a été le site des Jeux de 1988 pour les compétitions de saut à ski, de bobsleigh et de luge. Il est maintenant un centre de ski et d'entraînement athlétique très fréquenté. Le hall des célébrités relate l'histoire des Jeux olympiques d'hiver depuis leur inauguration en 1924 à Chamonix.
**Devonian Gardens** (8) Ces jardins vitrés, situés au quatrième étage du Centre Toronto-Dominion. Ils contiennent plus de 6 000 spécimens d'arbres et de plantes

*Le Saddledome* (ci-dessus) *est l'une des nombreuses structures qui ont changé le panorama de Calgary. L'Olympic Plaza* (à droite), *comme d'autres espaces publics, permet de s'abstraire du rythme affolant de cette ville en pleine expansion.*

subtropicales sur un espace de 1 ha constellé de fontaines, de bassins et de cascades. Les artistes locaux y exhibent leurs œuvres.
**Energeum** (7) Diaporamas, vidéos et exhibits expliquent le développement de l'énergie en Alberta.
**Fort Calgary** (12) Dans un parc de 8 ha, des piquets et des barrières de bois marquent l'emplacement du fort que la Police montée du Nord-Ouest érigea ici en 1875.

Au centre d'interprétation, des audiovisuels expliquent le rôle des *Mounties* dans le développement de l'Ouest canadien.

**Heritage Park** (4) En se promenant dans ce parc de 25,6 ha, les visiteurs sont transportés au début du siècle dans un village des Prairies. Situé dans une presqu'île du réservoir de Glenmore, il comporte une centaine de bâtiments, incluant un hôtel flanqué de « bécosses » à deux étages (1906), un magasin général (1905), un ranch (1904), un silo en opération (1909) et une salle d'opéra (1896) construite en rondins. On peut s'y promener en train à vapeur ou en bateau à roue.

**Île St. George** (13) À quelques minutes du centre-ville, l'île St. George abrite le Jardin zoologique (second en importance au Canada), le Jardin botanique et le Parc préhistorique. Parmi les 1 400 animaux du zoo se distinguent un léopard des neiges de l'Himalaya et le seul couple reproducteur d'ours à lunettes d'Amérique du Sud au Canada. On peut aussi visiter un zoo pour enfants, une volière d'oiseaux tropicaux et une serre renfermant 11 000 plantes tropicales. Dans le Parc préhistorique contigu se trouvent une vingtaine

de répliques grandeur nature de dinosaures, brontosaures et autres créatures qui hantaient l'Alberta il y a 230 millions d'années.

**Institut Glenbow-Alberta** (10) Il abrite un musée, une galerie d'art, une bibliothèque et un centre d'archives. Il fut d'abord une fondation privée, mise sur pied en 1954, avant d'être cédé à la province en 1966.

Le musée décrit la vie des Indiens des Plaines, chasseurs, nomades et commerçants. On peut y voir des objets datant des Indiens, des Inuits et des pionniers ainsi qu'une collection majeure de minéraux dans leur état brut.

La galerie d'art est consacrée aux artistes indiens, inuits et canadiens du passé, comme Paul Kane. *Aurore boréale,* une gigantesque sculpture en acrylique de James Houston, domine le grand escalier.

La bibliothèque et les archives contiennent des films, des enregistrements, des microfilms de journaux locaux,

100 000 photographies et 30 000 ouvrages et brochures.

**Musées militaires** (3) Deux musées, situés au quartier général des forces canadiennes, relatant l'historique, l'un du régiment canadien d'infanterie légère Princesse Patricia, l'autre, du régiment royal canadien Lord Strathcona. On peut y voir des armes, des uniformes et divers objets commémoratifs.

**Planétarium du Centenaire** (6) Il renferme 255 places et un dôme de projection de 20 m.

**Tour de Calgary** (9) Au sommet de cette tour de 190 m, un observatoire et un restaurant rotatif offrent une vue impressionnante sur la ville, la prairie qui l'encercle et la toile de fond des Rocheuses. La tour, qui fait partie du complexe Via Rail, communique par des passages couverts avec plusieurs autres édifices dont l'institut Glenbow-Alberta et le centre des Congrès de Calgary.

**Université de Calgary** (2) L'ancienne université de l'Alberta à Calgary obtint son autonomie en 1964 et prit son nom actuel en 1966. À proximité se trouvent le stade McMahon et le musée des beaux-arts Nickle qui présente des expositions variées dans ses quatre salles.

À l'institut Glenbow-Alberta, on peut voir la coiffure rituelle (à gauche) du chef sioux Sitting Eagle. Family of Man, de Mario Armengol (ci-dessus), présenté à Expo 67, se trouve au Centre éducatif de Calgary.

## Les folles journées du stampede de Calgary

Deux cow-boys se mesurent à un cheval rétif

Danse dans les rues, Indiens en costumes de fête, grondement des sabots de chevaux, grincement des roues de chariot. le stampede de Calgary (11), qui attire des visiteurs venus du monde entier, bat son plein pendant 10 jours au mois de juillet.

Les cow-boys canadiens et américains se disputent d'importants prix en argent au cours de spectaculaires compétitions : domptage de chevaux sauvages, monte à dos de bison, courses de chevaux, lutte au bouvillon et traite de vaches capricieuses. Mais l'épreuve la plus étonnante de toutes, inventée en Alberta, est une course qui oppose quatre chariots, 20 cavaliers et 32 chevaux.

En plus des défilés auxquels participent des cow-boys, des Indiens et la Gendarmerie royale, le spectacle est partout dans la ville : feux d'artifice, expositions, foire aux bestiaux, casinos décorés à la mode d'autrefois, courses de pur-sang et, même, reconstitution d'un village où se dressent des tipis d'Indiens Sarcis, Stonys, Peigans et Pieds-Noirs.

# Ranchs et mines d'or oubliées des contreforts des Rocheuses

## Sud-ouest de l'Alberta

C'est ici, au pays du chinook, que la monotone prairie commence à céder la place au doux vallonnement des collines Porcupine, les premiers contreforts des montagnes Rocheuses.

Dans cette région s'étendent certains des plus beaux et des plus riches pâturages de tout le Canada. Les hautes herbes sèchent sur pied et donnent un foin abondant que le chinook, un vent d'ouest chaud et sec descendu des Rocheuses, met à découvert de la neige en hiver.

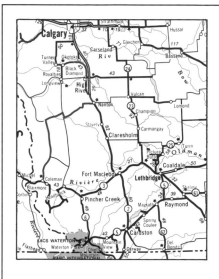

### LA BOSSE (THE HUMP)
Certains cherchent encore ici une mine d'or oubliée, mais se contentent, sans grand regret d'ailleurs, du splendide panorama qu'on découvre du haut de La Bosse, un sommet de 1 996 m qui se dresse en bordure de la route forestière principale (Forestry Trunk Road). Deux prospecteurs, Blackjack et Lemon, y auraient découvert de l'or vers 1880. Au cours d'une querelle, Lemon aurait tué Blackjack d'un coup de hache. Un chef indien, informé du meurtre par deux de ses hommes, jeta un sort sur les lieux et fit disparaître toute trace du métal précieux, ce qui rendit Lemon littéralement fou. Un siècle plus tard, certains croient encore que la colline recèle la mine d'or de Lemon.

*Vue de La Bosse*

## Le pin lodgepole, l'arbre qui naît du feu

Le pin lodgepole, à l'écorce écailleuse brun clair et aux aiguilles vert vif, atteint 30 m de haut. On le rencontre souvent en Alberta. Les Indiens fabriquaient les perches de leurs tipis avec son tronc très droit et se nourrissaient de son écorce intérieure qu'ils faisaient bouillir. De nos jours, son bois, relativement dur, sert à faire des traverses de chemins de fer, des poteaux de mines et de la pâte à papier.

Les cônes de cet arbre ne libèrent leurs graines qu'à 40°C, température qui n'est atteinte qu'avec un incendie de forêt. Les graines germent en quelques jours et les jeunes arbres croissent rapidement sur un sol riche en sels minéraux. Ces pins poussent fréquemment en futaies denses, parfois avec des pins gris. Le pin lodgepole est aussi commun sur la côte Ouest, mais il y est souvent rabougri. Son écorce brun-roux est épaisse et profondément sillonnée. On l'utilise pour le chauffage.

*Contreforts du mont Livingstone*

### MONT LIVINGSTONE
Le pinson à couronne blanche (de 17 à 19 cm de long) est commun sur le mont Livingstone et dans toute cette région de l'Alberta. Il a une tête grise rayée de noir et de blanc. Son dos gris est strié de brun et il arbore une tache blanche sur la gorge, ainsi que deux barres blanches sur chaque aile. Son ventre est gris et sa queue brun foncé.

*Pinson à couronne blanche*

| 0 | 2 | 4 | 6 | 8 | 10 Milles |
|---|---|---|---|---|---|
| 0 | 4 | 8 | | 12 | 16 Kilomètres |

On commença à faire de l'élevage dans la région peu après l'arrivée de la Police montée du Nord-Ouest, en 1874. Les éleveurs de bœufs et de moutons ne tardèrent pas à prospérer. L'un des premiers troupeaux fut amené par la montagne, depuis la Colombie-Britannique où l'élevage s'était développé à l'époque de la ruée vers l'or, dans les années 1860. Par la suite, les troupeaux arrivèrent du Montana et de l'est du Canada. Les premiers éleveurs étaient souvent d'anciens *Mounties*

qui créèrent une société à leur image. On y appréciait beaucoup les sports : cricket, polo, parties de chasse et courses de chevaux. De grands bals et des soirées musicales ou théâtrales clôturaient souvent

ces manifestations sportives. La vie paisible de ces petits villages perdus dans les collines continua ainsi jusqu'en 1914, année où de nombreux éleveurs partirent sous les drapeaux.

La région demeure aujourd'hui un pays d'élevage et certaines de ses institutions traditionnelles, les courses de chevaux par exemple, perdurent encore. Mais elle a sans doute un peu perdu du charme qui la caractérisait autrefois.

## BIG ROCK
Un énorme rocher de 40 m de long sur 18 m de large et de 9 m de haut, pesant dans les 18 000 t et fissuré en deux, se distingue parmi plusieurs milliers de blocs erratiques qui forment un alignement de quelque 650 km (Foothills Erratics Train). Ces rochers se seraient éboulés sur un glacier en mouvement qui les aurait laissés sur son passage, il y a quelque 10 000 ans.

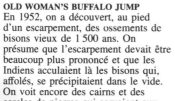

*Big Rock, près de Okotoks*

## OLD WOMAN'S BUFFALO JUMP
En 1952, on a découvert, au pied d'un escarpement, des ossements de bisons vieux de 1 500 ans. On présume que l'escarpement devait être beaucoup plus prononcé et que les Indiens acculaient là les bisons qui, affolés, se précipitaient dans le vide. On voit encore des cairns et des cercles de pierres qui servaient aux rites indiens. On y a aussi mis au jour des poteries Blackfoot vieilles de 300 ans.

## HIGH RIVER
Des échoppes de barbier et de forgeron de l'époque des premiers colons ont été reconstituées au musée de la Highwood. On peut y voir aussi un train de passagers et de fret des années 50, des outils et des vêtements de colons et d'éleveurs, ainsi que des objets préhistoriques indiens. Le musée renferme également une collection de lampes. Une salle est consacrée à l'évolution géologique de la région et présente, dans leur ordre chronologique, des pierres, des fossiles, du bois pétrifié, une dent de mammouth et les ossements d'un dinosaure. On peut aussi visiter deux selleries en activité.

*Marques d'éleveurs sur le mur d'une échoppe de forgeron, musée de la Highwood, High River*

## NANTON
L'eau de la fameuse source de Nanton est recueillie dans les collines Porcupine, à 11 km à l'ouest de la ville.
□ Dans le parc du Centenaire, une réplique du poste de la Police montée du Nord-Ouest à Mosquito Creek Crossing sert de bureau d'information touristique. Dans le parc se trouve également un bombardier quadrimoteur Lancaster de la Seconde Guerre mondiale.

*Selle de l'Ouest, High River*

## PARC PROVINCIAL CHAIN LAKES
Bordé par les Rocheuses et les collines Porcupine, ce parc de 4 km² est réputé pour ses paysages et ses eaux poissonneuses. Le réservoir Chain Lakes, long de 11 km et bien connu des pêcheurs à la truite, est né de la réunion de trois lacs, au cours des années 60. Il fait partie du ruisseau Willow qui se jette dans l'Oldman. Une pittoresque voie de canotage suit ces cours d'eau, au milieu des collines qu'habitent le cerf, l'orignal, l'ours noir et le coyote.

## Marques des éleveurs de l'Ouest

Les Égyptiens furent peut-être les premiers à marquer leurs bêtes au fer rouge, il y a près de 4 000 ans. Les Espagnols répandirent cette pratique dans les Amériques dès leur arrivée. Les éleveurs de l'ouest du Canada ne l'adoptèrent cependant que vers la fin des années 1870. À l'origine, la marque n'était souvent qu'une simple lettre, mais il fallut bientôt inventer d'innombrables variantes pour décourager les voleurs de bétail. Les bêtes étaient marquées au flanc ou à la hanche, parfois au garrot, à la mâchoire ou à l'encolure.

 Les marques se lisent de gauche à droite et de haut en bas. La marque ci-contre se lisait « barre U ».

 Les lettres accolées étaient dites « courantes ». Cette marque, le MP « courant », était celle des chevaux de la Police montée du Nord-Ouest.

 Une lettre couchée était dite « paresseuse ». Ici, le S « paresseux ».

 Une lettre soulignée d'une courbe se disait « berçante ». Ici, le P « berçant ».

 Une lettre aux extrémités supérieures rabattues à l'extérieur était dite « volante ». Ici, le U « volant ».

# Au pays du vent,
# un éboulement anéantit une ville

Sud-ouest de l'Alberta

En suivant les routes du sud-ouest de l'Alberta, le voyageur découvrira un paysage d'une étonnante diversité. Il cheminera tantôt entre des pâturages, tantôt entre des collines, jusqu'à ce que lui soient révélées la grandiose majesté des Rocheuses, mais aussi les cicatrices d'anciennes catastrophes, comme l'effroyable éboulement qui anéantit la petite ville de Frank en 1903.

Les endroits pittoresques abondent dans cette région où coulent d'innombrables

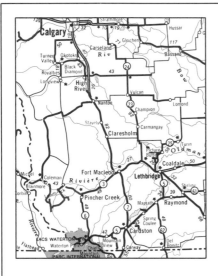

## L'éboulement de Frank

L'amoncellement de rochers d'une cinquantaine de mètres de hauteur qui recouvre sur 3 km² le fond de la vallée de la Crowsnest rappelle l'éboulement de Frank, le 29 avril 1903. À 4 h 10 du matin, un pan de rocher de 915 m de large, 640 m de haut et 150 m d'épaisseur dévala le versant du mont Turtle, en direction de la petite ville. En moins de deux minutes, 80 millions de tonnes de rochers s'écrasèrent au fond de la vallée. Soixante-dix personnes périrent et toute une partie de la ville disparut, notamment une mine et une voie de chemin de fer.

Les géologues prétendent que l'éboulement était inévitable. Les travaux de mines auraient peut-être simplement hâté la désintégration du pan de rocher.

Le centre d'interprétation de Frank Slide illustre le développement de la région, du chemin de fer et de la mine. On y présente quotidiennement un document audiovisuel d'une très haute qualité.

*Le site de l'éboulement*

### COL DU CROWSNEST

Le mont Crowsnest garde l'entrée nord du col. Les corneilles qui y font leurs nids sont apparemment à l'origine du nom de cette montagne.

□ Découvert en 1873, le col du Crowsnest (1 357 m) constitue l'une des voies de pénétration les plus faciles au travers des Rocheuses.

□ La municipalité de Crowsnest Pass est née en 1979 de la fusion de toutes les agglomérations albertaines de la vallée de Crowsnest. Avec une superficie de 148 km², c'est la troisième agglomération urbaine de la province par son étendue.

*Mont Crowsnest*

### COLEMAN

Une vieille locomotive, la *Ten Ton Toots*, sans doute la plus grosse « tirelire » du monde, sert à recueillir des dons de charité. Une autre locomotive, celle-ci attelée à ses wagons, repose au fond du lac Crowsnest depuis le début du siècle. Ce train transportait illégalement du whisky à l'époque de la prohibition. Le mécanicien ayant trop goûté à sa marchandise, le convoi dérailla et tomba dans le lac. On ne récupéra jamais la précieuse cargaison.

### DÉPÔTS VOLCANIQUES DE COLEMAN

Comme l'indique une plaque à l'ouest de Coleman, les rochers ici ont 93 millions d'années. Ces cendres et ces poussières sont les seuls dépôts volcaniques d'importance en Alberta. Les gros blocs ressemblent aux bombes de pierre ponce que lancent certains volcans en activité. L'absence de lave indique l'incidence d'une explosion volcanique.

### HILLCREST

Hillcrest connut l'une des pires catastrophes minières de l'histoire du Canada lorsqu'un coup de grisou tua 189 hommes le 19 juin 1914. Une simple clôture indique la sépulture des mineurs.

*Statue de mineur, à Blairmore*

### BLAIRMORE

L'emblème de la première agglomération du col du Crowsnest représente une corneille nichée dans un arbre. Lorsque le CP la rejoignit, Blairmore devint un grand centre minier de charbon bitumineux. On peut y voir une statue d'un mineur de charbon, sculptée à la hache dans un arbre vieux de 350 ans. Derrière la statue se trouve une locomotive qui, en 1914, était utilisée dans la mine de Hillcrest, à environ 7 km à l'est. (Depuis 1979, Blairmore et les ex-villes de Bellevue, Coleman, Frank et Hillcrest forment la municipalité de Crowsnest Pass.)

| 0 | 1 | 2 | 3 | 4 | 5 Milles |
| 0 | 2 | 4 | 6 | 8 Kilomètres |

rivières encaissées : la charmante chute Lundbreck ; la réserve forestière Rocky Mountains ; Beaver Mines Lake, d'où l'on a une vue splendide sur le mont Gladstone au sud (2 163 m) ; et les magnifiques routes panoramiques comme la route Adanac qui serpente au milieu d'une belle forêt de pins lodgepole entre Lynx Creek et Hillcrest Mines.

Plusieurs villes abandonnées jalonnent la route Adanac. Certaines ont connu leurs heures de gloire entre 1897 et 1898, lors-que le CP franchit le col du Crowsnest. D'autres, comme Passburg, près de Belle-vue, devaient devenir des centres miniers, mais le projet de transformation du char-bon en coke industriel, que ces centres de-vaient alimenter, ne se réalisa jamais.

Le vent qui souffle sur le col du Crows-nest atteint parfois 160 km/h et on l'a mê-me vu pousser des wagons sur une distan-ce de 24 km. Un boulet d'acier suspendu à une chaîne servait autrefois à mesurer la force du vent ! Lorsque le boulet poin-tait à l'horizontale, les habitants affir-maient qu'il y avait un « bon vent ».

## BELLEVUE
Haut perchée sur le col du Crowsnest d'où l'on découvre une vue magnifique, cette ville fut la première des nombreuses localités du sud de l'Alberta qui alimentaient en charbon les chemins de fer. Non loin, à Police Flats, on voit encore deux vieux bâtiments de mine et, 9 km à l'est de Bellevue, le site historique provincial de Leitch Collieries propose une exposition documentaire sur le développement minier. La chapelle Back to God, construite en 1961 aux abords de la ville, ne peut accueillir que huit personnes à la fois, mais il y passe néanmoins 20 000 visiteurs par an.

## CHUTE LUNDBRECK
À l'extrémité est du col du Crowsnest, des terrains de camping sont situés à proximité de la chute Lundbreck où la rivière Crowsnest se précipite d'une hauteur de 18 m. La route, qui longe une partie de cette rivière, est bordée d'arbres. Tourmentés et battus par le vent, ils affectent des formes étranges qui méritent qu'on s'y arrête.
□ Des membres de la Communauté chrétienne de la fraternité universelle, venus de Colombie-Britannique en 1915, s'établirent dans la région. Ils fondèrent le premier village doukhobor de l'Alberta près de la chute Lundbreck. Nombre de leurs descendants y vivent encore.

*La chute Lundbreck*

## COWLEY
Le vent régulier venu des Rocheuses est extrêmement propice au vol à voile. Les pilotes de planeurs qui se rassemblent ici en été et en automne montent parfois à plus de 9 000 m d'altitude avec leurs appareils.
□ Au nord de Cowley, à la butte du Massacre, un panneau rappelle qu'en 1867 une douzaine d'immigrants furent massacrés par des Indiens Gens-du-Sang.

*Ancien bâtiment de mine, à Police Flats*

*Vol à voile, à Cowley*

Connelly
Cowley
8
Lundbreck
2.5
ZONE DE RÉCR.
LUNDBRECK
FALLS
3
Pincher
8
3
11
N
22
6
Bellevue
3
ZONE
DE RÉCR.
CASTLE RIVER
Pincher
Creek
Hillcrest
Hillcrest-Mines
Burmis
23
Lac
Lees
15

**RÉSERVE FORESTIÈRE ROCKY MOUNTAINS**

19.5
LYNX
CREEK
Castle
9
46
Carbondale
CASTLE RIVER
BRIDGE
3.5
4,5
507
8
8
775
PARC PROV.
BEAUVAIS LAKE
Beaver
Mines
774
14
ZONE DE RÉCR.
CASTLE FALLS
Beaver Mines
Lac
Beauvais
Lac
Beaver Mines

## PINCHER CREEK
Le parc historique Kootenai Brown porte le nom de John George « Kootenai » Brown, un pionnier de la région qui fut le premier directeur du parc national des Lacs-Waterton. On peut y voir d'anciennes machines agricoles.
□ Le manoir Timothée Lebel (1919) s'inspire à la fois de l'architecture canadienne-française et de celle de La Nouvelle-Orléans. Il a été restauré et converti en centre d'art.

*Lys des glaciers*

## PARC PROVINCIAL BEAUVAIS LAKE
Ce petit parc tapi à l'ombre des Rocheuses renferme une flore montagnarde et subalpine. L'épinette et le peuplier y poussent partout. Au début du printemps, les fleurs jaunes du lys des glaciers constellent de taches claires les versants encore enneigés. À 1 337 m d'altitude, le lac Beauvais offre de la truite arc-en-ciel en abondance.

## ZONE DE RÉCRÉATION BEAVER MINES LAKE
On peut camper, pique-niquer et faire de la voile dans cette région située au pied du mont Gladstone. Au printemps, la campagne est semée de fleurs. La claytonie lancéolée, une fleur blanche ou rose qui pousse en bordure des boisés, permet, fleur, tige et feuilles comprises, de faire une délicieuse salade.

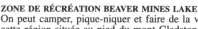

*Claytonie lancéolée*

BEAVER MINES
LAKE
Mont
Gladstone

# Des fiers sommets des Rocheuses au doux vallonnement de la Prairie

Sud-ouest de l'Alberta

Peu de paysages au Canada offrent un caractère aussi tranché que celui du parc national des Lacs-Waterton : à quelques centaines de mètres à peine des douces ondulations de la plaine se dressent soudain de hautes montagnes couvertes de neige. Le contraste saisissant donne à la région un cachet unique.

Les premiers contreforts des Rocheuses, couverts de verdoyantes prairies joliment tapissées d'églantiers, d'asters et de géraniums sauvages, s'étendent dans la

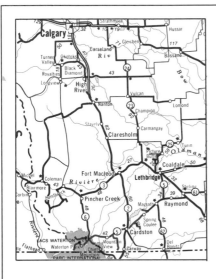

**PARC NATIONAL DES LACS-WATERTON**
En 1931, on jumela le parc national des Lacs-Waterton au parc national Glacier, dans le Montana, pour former le premier parc international de la Paix du monde.
□ Les trois lacs Waterton, reliés par les détroits du Bosphore et des Dardanelles, séparent les chaînons Lewis et Clark. Ils occupent le fond d'une vallée creusée par une rivière, puis élargie et sculptée par les glaciations. Le parc est réputé pour ses intéressantes formations géologiques.
□ Plus de 160 km de sentiers serpentent dans le parc et permettent de visiter ses principales curiosités, en particulier le canyon Red Rock et la chute du Cameron. Un vapeur, l'*International*, permet d'effectuer des excursions sur le lac Upper Waterton.
□ Une harde de 20 bisons pâture paisiblement dans un enclos près de l'entrée nord du parc.

**CANYON RED ROCK**
Un sentier d'exploration du parc national des Lacs-Waterton suit le canyon du Blakiston. Les parois du défilé, hautes de 20 m, sont rayées de veines rouges, pourpres, vertes et jaunes dues à la présence d'oxydes dans la roche. Une mer recouvrait autrefois cette région, comme le montrent les rides des escarpements et les fossiles d'algues qu'on y a découverts.

Il y a environ un million d'années, des glaciers transportèrent de gros blocs erratiques des montagnes voisines jusqu'ici.

Le mont Blakiston (2 940 m), point culminant du parc, domine le canyon.

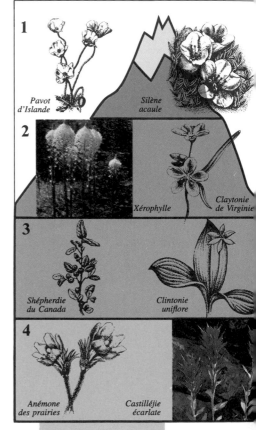

1 Pavot d'Islande — Silène acaule
2 Xérophylle — Claytonie de Virginie
3 Shépherdie du Canada — Clintonie uniflore
4 Anémone des prairies — Castilléjie écarlate

*Parc national des Lacs-Waterton*

**PUITS DE LA DÉCOUVERTE (DISCOVERY WELL)**
Pendant des siècles, les Indiens Kootenays pansèrent leurs blessures avec le pétrole qui suintait des rives du Cameron. Les colons l'employèrent à leur tour pour lubrifier leurs chariots. En 1902, un éleveur, John Lineham, fora un puits — le premier dans l'ouest du Canada — qui produisit, pendant quatre ans, jusqu'à 300 barils de pétrole par jour. Un monument marque aujourd'hui l'emplacement du premier puits de pétrole au Canada.

**LAC CAMERON**
Le lac Cameron déploie ses eaux bleues au fond d'une vallée circulaire, au pied du mont Custer, en contrebas d'un sentier de randonnée qui passe en bordure de chutes, de canyons et d'impressionnantes murailles.

*Puits de la Découverte,
parc national des Lacs-Waterton*

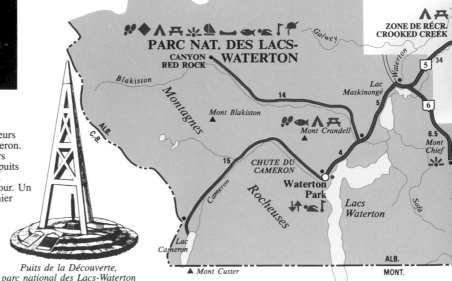

ZONE DE RÉCR.
CROOKED CREEK
PARC NAT. DES LACS-WATERTON
CANYON RED ROCK
Blakiston
Galwey
Montagnes
Mont Blakiston
Mont Crandell
CHUTE DU CAMERON
Waterton Park
Cameron
Rocheuses
Lac Maskinongé
Lacs Waterton
Lac Cameron
Mont Custer
Mont Chief
Sofa
ALB.
C.-B.
ALB.
MONT.

0  1  2  3  4  5 Milles
0  2  4  6  8 Kilomètres

partie nord-est du parc. Au-dessus de la prairie s'élèvent de majestueuses montagnes. Elles se formèrent d'abord quand le lit d'une ancienne mer intérieure se souleva sous la pression des mouvements de l'écorce terrestre, puis elles furent sculptées par les glaciers.

Le mont Blakiston (2 940 m) est le point culminant de ce parc où de nombreux sommets, souvent striés de veines rouges, vertes et grises, dépassent les 2 500 m. Certains s'enchaînent ; d'autres,

tel le mont Chief, se dressent solitaires comme d'immenses châteaux forts.

L'une des plus anciennes formations géologiques des Rocheuses (plus d'un milliard d'années) borde le cours du Cameron, près de Waterton Park. Là, des lacs limpides, nichés dans des cirques glaciaires aux versants abrupts et alimentés par les névés, rehaussent encore la beauté de ce parc aux multiples merveilles.

*Barrage Sainte-Marie*

## La flore d'une montagne

**D**es sommets enneigés à la prairie d'herbes sèches, le parc national des Lacs-Waterton abrite une flore abondante que les botanistes classent en différentes zones, selon l'altitude à laquelle elle croît.

**1** Zone boréale (de 2 300 m environ au sommet) : Au-delà de la limite de boisement s'étend le domaine de la toundra où le pavot d'Islande et le silène acaule poussent au ras du sol, à l'abri des vents.

**2** Zone subalpine (de 1 800 à 2 300 m) : L'air froid et sec favorise la croissance des résineux. La claytonie de Virginie et la xérophylle fleurissent aussi sur ces hauteurs.

**3** Zone montagnarde (de 1 400 à 1 800 m) : C'est le domaine des forêts d'érables nains, d'épinettes blanches et de pins lodgepole. On y trouve aussi des bouquets de shépherdies du Canada, de lupins argentés et de clintonies uniflores.

**4** Zone de la prairie (de 1 300 à 1 400 m) : La fétuque scabre et la *Bouteloua gracilis* dominent ici. L'anémone des prairies et la castilléjie écarlate fleurissent parmi les bosquets de trembles.

*Fétuque scabre*

### BARRAGE SAINTE-MARIE
Ce barrage de terre et son réservoir de 27 km de long ont transformé la prairie semi-aride des environs en une prospère région agricole.

L'irrigation permet aujourd'hui la culture des betteraves sucrières, des pommes de terre, des pois, des fèves, du maïs, des carottes et de nombreux autres légumes.

En 1897, des mormons de l'Utah creusèrent plus d'une centaine de kilomètres de canaux et détournèrent les eaux de la Sainte-Marie, réalisant ainsi le premier grand réseau d'irrigation au Canada. Mais les canaux s'asséchaient souvent au milieu de l'été, au moment même où l'eau était le plus indispensable. Depuis 1946, un barrage coupe le cours de la Sainte-Marie et forme un réservoir d'irrigation.

### MONT CHIEF
Cette montagne en forme de château fort est une klippe, c'est-à-dire un pic que l'érosion a séparé de sa chaîne montagneuse.

Sa structure géologique est intéressante : les roches les plus anciennes ont recouvert les plus jeunes lors de la formation de ce sommet.

## Un temple dans la plaine

**L**e seul temple mormon du Canada se trouve à Cardston. Ce grand monument de granit blanc, dont toutes les pierres ont été taillées à la main, a été construit entre 1913 et 1923 par des immigrants mormons originaires de l'Utah. Le granit provient de la vallée du Kootenay, en Colombie-Britannique. Le domaine est ouvert aux visiteurs.

La ville de Cardston tient son nom de Charles Ora Card, gendre de Brigham Young et chef des 40 familles mormones qui immigrèrent ici en 1887. Card fut le premier maire de la ville ; il y fonda un moulin, une scierie et une fromagerie. Sa cabane de rondins (1887) abrite aujourd'hui un musée. On peut y voir la bible de la famille Card et un mobilier sculpté à la main.

# L'histoire violente de la paisible Prairie

Sud-ouest de l'Alberta

À la fin du XIXᵉ siècle, les trafiquants de whisky ouvrirent d'innombrables comptoirs où ils vendaient de l'alcool frelaté aux Indiens. Une tasse de cette mixture s'échangeait contre une belle pelisse de bison, une pinte contre un bon cheval !

Ces quelques mots d'une lettre d'un trafiquant illustrent bien l'atmosphère qui ré-

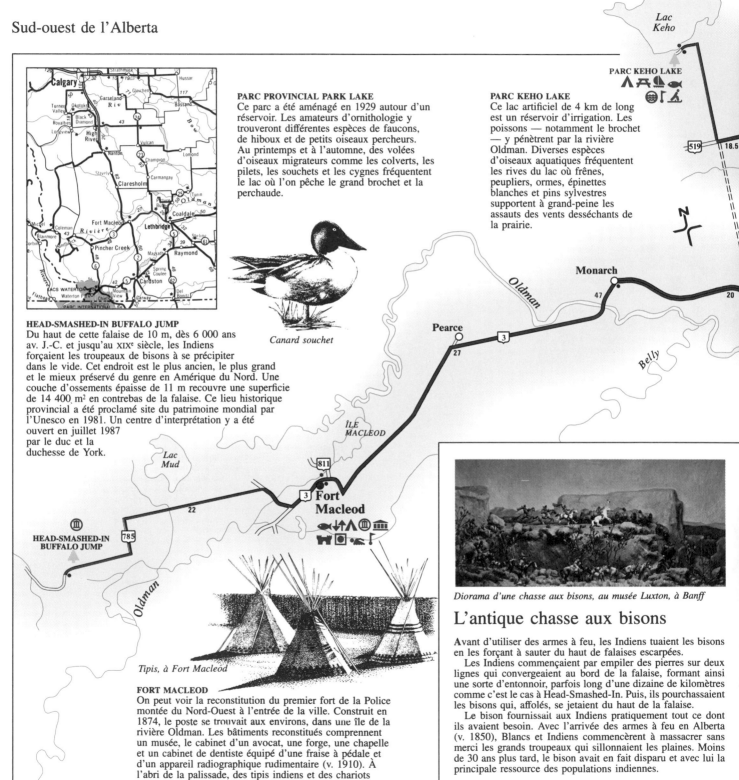

**PARC PROVINCIAL PARK LAKE**
Ce parc a été aménagé en 1929 autour d'un réservoir. Les amateurs d'ornithologie y trouveront différentes espèces de faucons, de hiboux et de petits oiseaux percheurs. Au printemps et à l'automne, des volées d'oiseaux migrateurs comme les colverts, les pilets, les souchets et les cygnes fréquentent le lac où l'on pêche le grand brochet et la perchaude.

**PARC KEHO LAKE**
Ce lac artificiel de 4 km de long est un réservoir d'irrigation. Les poissons — notamment le brochet — y pénètrent par la rivière Oldman. Diverses espèces d'oiseaux aquatiques fréquentent les rives du lac où frênes, peupliers, ormes, épinettes blanches et pins sylvestres supportent à grand-peine les assauts des vents desséchants de la prairie.

*Canard souchet*

**HEAD-SMASHED-IN BUFFALO JUMP**
Du haut de cette falaise de 10 m, dès 6 000 ans av. J.-C. et jusqu'au XIXᵉ siècle, les Indiens forçaient les troupeaux de bisons à se précipiter dans le vide. Cet endroit est le plus ancien, le plus grand et le mieux préservé du genre en Amérique du Nord. Une couche d'ossements épaisse de 11 m recouvre une superficie de 14 400 m² en contrebas de la falaise. Ce lieu historique provincial a été proclamé site du patrimoine mondial par l'Unesco en 1981. Un centre d'interprétation y a été ouvert en juillet 1987 par le duc et la duchesse de York.

*Tipis, à Fort Macleod*

**FORT MACLEOD**
On peut voir la reconstitution du premier fort de la Police montée du Nord-Ouest à l'entrée de la ville. Construit en 1874, le poste se trouvait aux environs, dans une île de la rivière Oldman. Les bâtiments reconstitués comprennent un musée, le cabinet d'un avocat, une forge, une chapelle et un cabinet de dentiste équipé d'une fraise à pédale et d'un appareil radiographique rudimentaire (v. 1910). À l'abri de la palissade, des tipis indiens et des chariots couverts évoquent une époque révolue.

*Diorama d'une chasse aux bisons, au musée Luxton, à Banff*

## L'antique chasse aux bisons

Avant d'utiliser des armes à feu, les Indiens tuaient les bisons en les forçant à sauter du haut de falaises escarpées.

Les Indiens commençaient par empiler des pierres sur deux lignes qui convergeaient au bord de la falaise, formant ainsi une sorte d'entonnoir, parfois long d'une dizaine de kilomètres comme c'est le cas à Head-Smashed-In. Puis, ils pourchassaient les bisons qui, affolés, se jetaient du haut de la falaise.

Le bison fournissait aux Indiens pratiquement tout ce dont ils avaient besoin. Avec l'arrivée des armes à feu en Alberta (v. 1850), Blancs et Indiens commencèrent à massacrer sans merci les grands troupeaux qui sillonnaient les plaines. Moins de 30 ans plus tard, le bison avait en fait disparu et avec lui la principale ressource des populations indiennes.

```
0   1   2   3   4   5 Milles
0     2     4     6    8 Kilomètres
```

gnait dans la région : « Mon associé Will Geary s'est mis à faire des histoires. Je l'ai tué d'un coup de pistolet. La récolte des pommes de terre sera bonne... »

La Police montée du Nord-Ouest — commandée par un éclaireur légendaire, Jerry Potts, un métis aux jambes arquées qui ne dédaignait pas la bouteille et se taillait les moustaches à coups de revolver — vint finalement rétablir l'ordre au cours des années 1870. La tombe de Potts se trouve près de Fort Macleod.

Certains des plus beaux champs de céréales et de betteraves sucrières de l'Alberta se trouvent dans cette prairie aujourd'hui bien paisible. Les rares arbres qu'on aperçoit ont été plantés pour couper le vent. Mais des silos solitaires se dressent au milieu de la campagne, comme des sentinelles gardant ce riche damier de champs dorés, beiges et bruns.

Lethbridge, la troisième ville de l'Alberta, est un centre important pour l'emballage de la viande et l'acheminement des céréales. À sa fondation, vers 1870, la ville s'appelait Coalbanks et vivait principalement de ses mines de charbon. Mais son économie repose maintenant sur l'élevage et l'agriculture qu'on pratique dans la région, ainsi que sur le pétrole et le gaz. Lethbridge se vante d'être la ville la plus ensoleillée du Canada, mais à cause du climat semi-aride il a fallu irriguer quelque 4 000 km$^2$ en périphérie au moyen d'un réseau de réservoirs et de canaux qui alimentent des arroseurs.

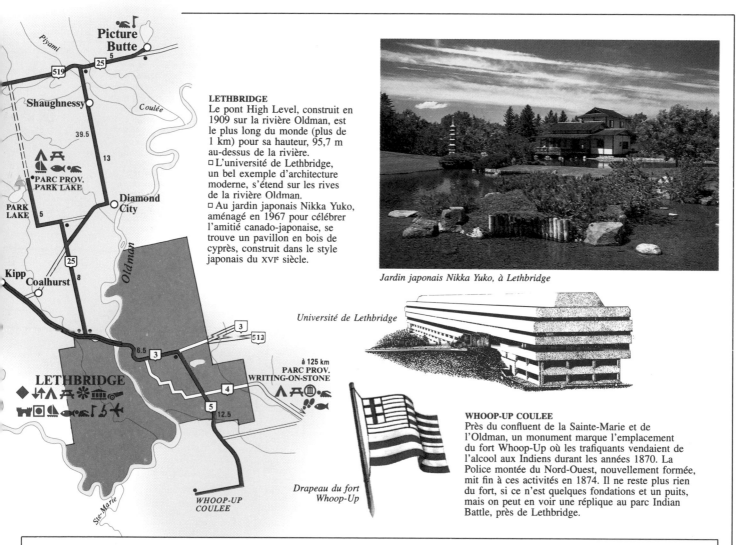

**LETHBRIDGE**
Le pont High Level, construit en 1909 sur la rivière Oldman, est le plus long du monde (plus de 1 km) pour sa hauteur, 95,7 m au-dessus de la rivière.
□ L'université de Lethbridge, un bel exemple d'architecture moderne, s'étend sur les rives de la rivière Oldman.
□ Au jardin japonais Nikka Yuko, aménagé en 1967 pour célébrer l'amitié canado-japonaise, se trouve un pavillon en bois de cyprès, construit dans le style japonais du XVIᵉ siècle.

*Jardin japonais Nikka Yuko, à Lethbridge*

*Université de Lethbridge*

*Drapeau du fort Whoop-Up*

**WHOOP-UP COULEE**
Près du confluent de la Sainte-Marie et de l'Oldman, un monument marque l'emplacement du fort Whoop-Up où les trafiquants vendaient de l'alcool aux Indiens durant les années 1870. La Police montée du Nord-Ouest, nouvellement formée, mit fin à ces activités en 1874. Il ne reste plus rien du fort, si ce n'est quelques fondations et un puits, mais on peut en voir une réplique au parc Indian Battle, près de Lethbridge.

# Des signes gravés sur la pierre

À 125 km au sud-est de Lethbridge, dans le parc provincial Writing-on-Stone, les visiteurs découvriront, gravés dans le grès, une bataille entre des guerriers à cheval *(à droite)*, une chasse aux bisons, des chèvres de montagne, des wapitis et des cerfs. Ces pétroglyphes ont été tracés par des Indiens au cours d'une période de trois siècles.

Sous l'action des vents et de l'eau, les formations de grès du parc se sont transformées en d'étranges tours de pierre — des cheminées des fées — au bord de la rivière Milk.

En 1899, la Police montée du Nord-Ouest construisit ici un poste pour mettre un terme à la contrebande de whisky. Certains de ses bâtiments ont été reconstruits.

*Parc provincial Writing-on-Stone*

# Des trésors préhistoriques dans un paysage fantomatique

## Centre-est de l'Alberta

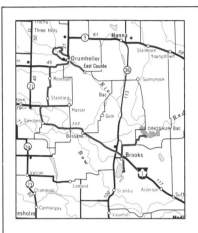

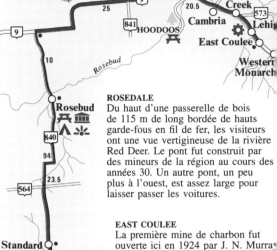

### CANYON HORSESHOE

Le canyon Horseshoe, large de 1,5 km, s'étend sur quelque 200 ha de « mauvaises terres ». Le fond est jonché de coquillages, de bois pétrifié et d'ossements de dinosaures. On y trouve parfois des pointes de flèches taillées par les Indiens. Des bouquets d'armoises, d'amélanchiers et de cerisiers sauvages tapissent le canyon.

### DRUMHELLER

En juillet, la fête bat son plein à Drumheller où se tiennent des expositions d'arts et métiers, des défilés, un rodéo, des courses de canots et des danses.
□ Les collections du musée Homestead Antique comprennent des tracteurs (1915-1925) remis en état de marche, un salon de barbier (v. 1915), des jouets antiques et des objets indiens.

### ROUTE DU DINOSAURE

La route du Dinosaure part de Drumheller en direction de l'ouest pour atteindre une vallée de 1,6 km de large, profonde de près de 120 m, vaste cimetière préhistorique où furent découverts des squelettes entiers de dinosaures. La « vallée des dinosaures » fait partie des badlands de l'Alberta, une longue bande de terres arides, semées de cactus et ponctuées de cheminées des fées.
□ Cette route de 48 km passe devant la « plus grande petite église du monde », un minuscule oratoire rose et blanc qui arbore dans son beffroi une cloche en laiton brillant. Près de 20 000 personnes y passent chaque année, six à la fois.
□ La route mène à un belvédère en bordure du canyon Horse Thief, redescend, puis longe le pays du pétrole et du blé avant de revenir à Drumheller. À la zone de récréation Bleriot Ferry, un traversier fait passer les voitures sur la rive ouest de la Red Deer.
□ En bout de route, on verra des reproductions grandeur nature de dinosaures, dans le Parc préhistorique.

*Raquettes*

### ROSEDALE

Du haut d'une passerelle de bois de 115 m de long bordée de hauts garde-fous en fil de fer, les visiteurs ont une vue vertigineuse de la rivière Red Deer. Le pont fut construit par des mineurs de la région au cours des années 30. Un autre pont, un peu plus à l'ouest, est assez large pour laisser passer les voitures.

### EAST COULEE

La première mine de charbon fut ouverte ici en 1924 par J. N. Murray. Quatre ans plus tard, la mine était desservie par le chemin de fer, ce qui stimula le développement industriel de la région. East Coulee connut son heure de gloire entre 1928 et 1955, alors que sa population atteignait 3 500 habitants et que l'extraction du charbon battait son plein. Il y eut un moment où six mines fonctionnaient en même temps. Seule la mine Atlas est toujours en activité. On peut la visiter en surface.

## Il y a plus de 70 millions d'années...

Les versants brûlés de soleil de la vallée de la Red Deer conservent les traces de la formation géologique de cette région. Les cours d'eau qui se jetaient dans la mer de Mowry (une étendue d'eau qui couvrait autrefois les plaines d'Amérique du Nord) déposèrent ici du limon et des sables, il y a des millions d'années. Chaque couche de sédiments emprisonna les plantes, les animaux et les organismes marins de l'époque qui se fossilisèrent au fil des années.

Il y a environ 70 millions d'années, les Rocheuses se formèrent. La Red Deer et ses affluents furent déplacés vers l'est où ils creusèrent une profonde vallée, mettant à nu les anciennes couches rocheuses où reposaient les fossiles. Les ravins tourmentés et les cheminées des fées sont le résultat de l'érosion incessante.

*Cheminées des fées*

### CLUNY

Non loin de Cluny, une croix de métal marque la tombe de Crowfoot, chef des Pieds-Noirs. On y lit seulement cette inscription : « Père de son peuple ». Issu d'une famille de guerriers — il n'avait que 13 ans lorsqu'il participa à sa première expédition —, Crowfoot livra 19 batailles et fut blessé à six reprises. Mais il comprit la vanité des combats entre tribus et entreprit de prêcher la paix à son peuple. En 1877, à Blackfoot Crossing, à 5 km au sud de Cluny, il signa le traité n° 7 par lequel les Indiens cédaient près de 130 000 km² de leur domaine à la Couronne britannique.
□ Un siècle plus tard, le 6 juillet 1977, le prince Charles et sept chefs de la tribu des Pieds-Noirs se sont prêtés à une reconstitution de la signature du traité historique de Blackfoot Crossing.
□ Non loin de l'endroit où fut signé le traité, une pierre porte l'effigie de Young Medicine Man, un Indien du Sang, tué en 1872 par un Pied-Noir qui vengeait ainsi la mort d'un des siens.

| 0 | 2 | 4 | 6 | 8 | 10 Milles |
| 0 | 4 | 8 | 12 | 16 Kilomètres |

Région sauvage battue par les vents, ponctuée de cheminées des fées érodées aux silhouettes étranges, d'escarpements lavés par les intempéries et de ravins encaissés, les badlands de la Red Deer, l'ancien royaume des dinosaures, constituent « le plus beau sujet de l'Ouest canadien », selon le peintre A. Y. Jackson.

Le parc provincial Dinosaur englobe les badlands, les « mauvaises terres », les plus spectaculaires du genre. D'une éminence qui domine l'entrée du parc, les visiteurs découvrent d'un coup d'œil les quelque 9 000 ha de ce fantastique paysage de pierre où l'on se plaît à imaginer les fantômes du tyrannosaure, ou de quelque autre monstre préhistorique.

Aux environs de Drumheller, la prairie ondoyante étale de nouveau ses vastes étendues de blé où se dressent, çà et là, les étranges épouvantails mécaniques des pompes à pétrole. Les antilopes, les cerfs, les canards, les perdrix et les faisans qui fréquentent en grand nombre ces terres fertiles font de la région de Drumheller un des hauts lieux de la chasse au Canada. On y pêche aussi du brochet, du doré et de la truite.

Drumheller, baptisé du nom de celui qui ouvrit ici la première mine de charbon en 1911, Sam Drumheller, est également un centre touristique très réputé, point de départ pour visiter les badlands de la Red Deer. La route du Dinosaure permet de parcourir, sur une cinquantaine de kilomètres, une région fascinante, riche en fossiles.

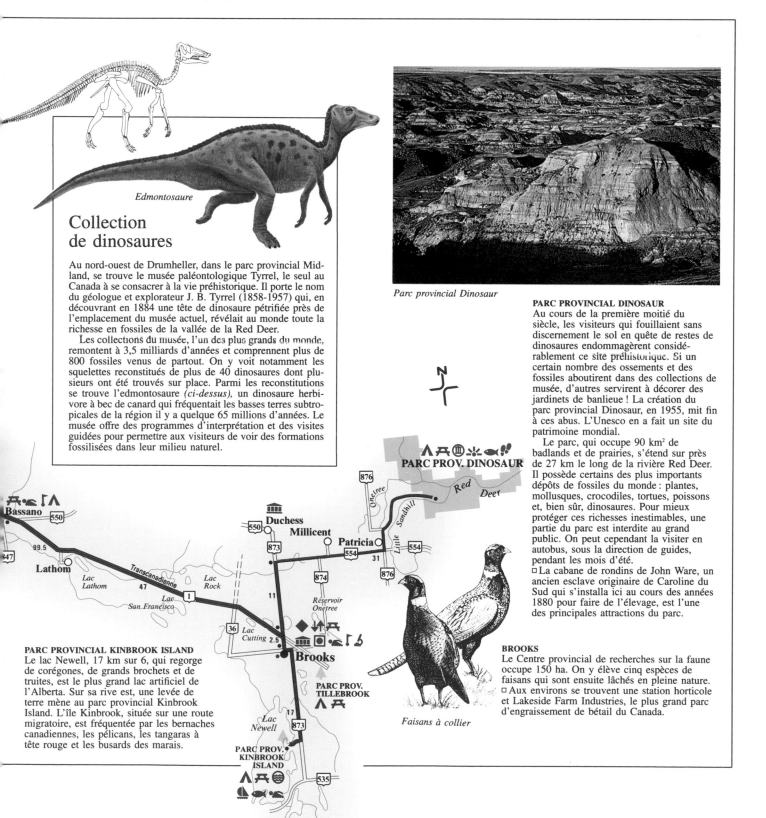

*Edmontosaure*

## Collection de dinosaures

Au nord-ouest de Drumheller, dans le parc provincial Midland, se trouve le musée paléontologique Tyrrel, le seul au Canada à se consacrer à la vie préhistorique. Il porte le nom du géologue et explorateur J. B. Tyrrel (1858-1957) qui, en découvrant en 1884 une tête de dinosaure pétrifiée près de l'emplacement du musée actuel, révélait au monde toute la richesse en fossiles de la vallée de la Red Deer.

Les collections du musée, l'un des plus grands du monde, remontent à 3,5 milliards d'années et comprennent plus de 800 fossiles venus de partout. On y voit notamment les squelettes reconstitués de plus de 40 dinosaures dont plusieurs ont été trouvés sur place. Parmi les reconstitutions se trouve l'edmontosaure *(ci-dessus)*, un dinosaure herbivore à bec de canard qui fréquentait les basses terres subtropicales de la région il y a quelque 65 millions d'années. Le musée offre des programmes d'interprétation et des visites guidées pour permettre aux visiteurs de voir des formations fossilisées dans leur milieu naturel.

*Parc provincial Dinosaur*

**PARC PROVINCIAL DINOSAUR**

Au cours de la première moitié du siècle, les visiteurs qui fouillaient sans discernement le sol en quête de restes de dinosaures endommagèrent considérablement ce site préhistorique. Si un certain nombre des ossements et des fossiles aboutirent dans des collections de musée, d'autres servirent à décorer des jardinets de banlieue ! La création du parc provincial Dinosaur, en 1955, mit fin à ces abus. L'Unesco en a fait un site du patrimoine mondial.

Le parc, qui occupe 90 km² de badlands et de prairies, s'étend sur près de 27 km le long de la rivière Red Deer. Il possède certains des plus importants dépôts de fossiles du monde : plantes, mollusques, crocodiles, tortues, poissons et, bien sûr, dinosaures. Pour mieux protéger ces richesses inestimables, une partie du parc est interdite au grand public. On peut cependant la visiter en autobus, sous la direction de guides, pendant les mois d'été.
□ La cabane de rondins de John Ware, un ancien esclave originaire de Caroline du Sud qui s'installa ici au cours des années 1880 pour faire de l'élevage, est l'une des principales attractions du parc.

**PARC PROV. DINOSAUR**

Bassano

Lathom

Lac Lathom

Lac Rock

Lac San Francisco

Transcanadienne

Duchess

Millicent

Patricia

Réservoir Onetree

Lac Cutting

Brooks

PARC PROV. TILLEBROOK

Lac Newell

PARC PROV. KINBROOK ISLAND

Red Deer

**PARC PROVINCIAL KINBROOK ISLAND**
Le lac Newell, 17 km sur 6, qui regorge de corégones, de grands brochets et de truites, est le plus grand lac artificiel de l'Alberta. Sur sa rive est, une levée de terre mène au parc provincial Kinbrook Island. L'île Kinbrook, située sur une route migratoire, est fréquentée par les bernaches canadiennes, les pélicans, les tangaras à tête rouge et les busards des marais.

*Faisans à collier*

**BROOKS**
Le Centre provincial de recherches sur la faune occupe 150 ha. On y élève cinq espèces de faisans qui sont ensuite lâchés en pleine nature.
□ Aux environs se trouvent une station horticole et Lakeside Farm Industries, le plus grand parc d'engraissement de bétail du Canada.

# D'insolites collines au sein de la Prairie

Sud-est de l'Alberta

Douces vallées, versants boisés, prés verdoyants, la ceinture de coteaux des collines du Cyprès rompt la monotonie de l'immense prairie.

Du fait de son altitude (1 372 m au-dessus du niveau de la mer), la partie occidentale des collines échappa à la glaciation qui couvrit tout l'ouest du Canada d'un énorme manteau de glace de 1 000 m d'épaisseur il y a 10 000 ans.

Les Cris, les Pieds-Noirs et les Assiniboines se disputèrent pendant des siècles

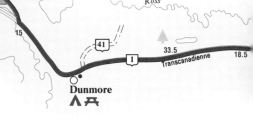

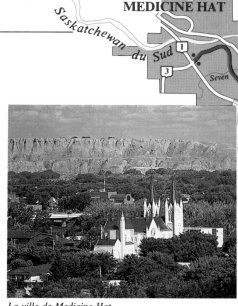

*La ville de Medicine Hat*

## Un jour, un sorcier perdit sa coiffure...

Les habitants de Medicine Hat pensent que l'étrange nom que porte leur ville lui vient d'un féroce combat qui opposa Cris et Pieds-Noirs, au bord d'une rivière du sud de l'Alberta. Les Cris se battaient bravement lorsque leur sorcier s'enfuit en se jetant dans la rivière. Au beau milieu, il perdit sa coiffure. Devant ce qui était pour eux un mauvais présage, les Cris se relâchèrent et furent bientôt massacrés. Les Pieds-Noirs appelèrent le champ de bataille *Saamis*, « la coiffure du sorcier » (en anglais : medicine man's hat). Non loin de là naquit la ville actuelle, vers 1882.

**MEDICINE HAT**
En juillet, l'Exposition et le Stampede de Medicine Hat attirent des cow-boys venus de toute l'Amérique du Nord et plus de 80 000 spectateurs. On y assiste à des défilés, à des courses de chariots et à une grande exposition agricole avec présentation de bestiaux et de chevaux.
□ Une promenade dans les vieux quartiers de la ville permettra d'admirer des bâtiments construits au tournant du siècle.
□ À proximité du site archéologique des Saamis se dresse un tipi géant de 20 étages de haut.
□ Sous la ville se trouve une rivière préglaciaire qui lui fournit une réserve illimitée d'eau potable ; en outre, des nappes souterraines de gaz naturel alimentent les réverbères municipaux.
□ Dans la localité avoisinante de Redcliff, on peut visiter les anciennes faïenceries Medalta devenues site historique provincial et national. Des programmes d'interprétation sont offerts en été.
□ On peut visiter les nombreuses serres de Redcliff. Les fleurs qu'on y cultive sont vendues en Alberta et partout dans l'ouest du Canada.

*Les Sweetgrass Hills du Montana, vues du sommet Head of the Mountain, dans le parc provincial Cypress Hills*

**HEAD OF THE MOUNTAIN**
Cette montagne est le point culminant (1 500 m) entre les montagnes Rocheuses et le Labrador. À la différence du reste de l'ouest du Canada, elle ne fut jamais recouverte par les glaciers. Du sommet, les visiteurs peuvent voir les collines Sweetgrass Hills du Montana qui se dessinent à l'horizon. Au sud et à l'est, la montagne descend doucement vers la prairie, tandis que ses versants nord et ouest tombent presque à pic. Les collines du Cyprès sont plus humides et plus fraîches que la prairie environnante. Le pin lodgepole, fréquent dans les Rocheuses, pousse sur les hauteurs, tandis que des forêts d'épinettes blanches et de trembles couvrent les terres basses.

ce riche terrain de chasse. En 1859, John Palliser conduisit une équipe d'arpenteurs britanniques dans ce territoire que possédait alors la Compagnie de la Baie d'Hudson. L'explorateur conclut que la majeure partie de la région était désertique et impropre à la colonisation, mais que les collines étaient comme une « île dans une mer d'herbes folles ».

Les colons s'amenèrent, attirés par la fertilité des collines et par l'abondance de la faune. La construction de routes et de barrages, l'élevage et le défrichage intensif firent perdre peu à peu à cette région une grande partie de sa beauté naturelle.

La partie la plus intéressante des collines du Cyprès, en Alberta, est préservée dans un parc provincial de 200 km². On peut y admirer le sauvage paysage de ces collines que les Pieds-Noirs appelaient *Ketewius Netumoo* — « les collines qui ne devraient pas être ».

La ville de Medicine Hat, bourdonnante d'activité, contraste avec le calme du parc et de la campagne environnante. La ville est construite sur d'énormes réserves de gaz naturel — plus de 20 milliards de mètres cubes —, ce qui fit d'ailleurs dire à Rudyard Kipling, en 1907, qu'elle avait « un enfer comme sous-sol ».

## Les collines, une oasis où foisonne la vie

*Benoîte à trois fleurs*

*Coyote*

L'air frais et humide et des pluies relativement abondantes donnent naissance à une riche flore dans les collines du Cyprès.

La région est couverte de prairies de fétuque et de futaies de pins lodgepole, d'épinettes blanches et de trembles, mais aussi de fleurs alpines comme le lupin argenté et la giroselle à petites fleurs. On y dénombre, en outre, 14 espèces d'orchidées dont le calypso bulbeux, l'habénaire à fleur verte et une variété rare d'orchidée à feuille ronde. La gaillarde vivace et la benoîte à trois fleurs émaillent aussi les prés.

La sittelle à poitrine rousse, la tourterelle triste, la paruline d'Audubon, la paruline des buissons, le cygne trompette et quelque 200 autres espèces d'oiseaux fréquentent les collines.

Les lynx roux, les renards roux et les coyotes chassent les musaraignes, les souris, les campagnols et les spermophiles. Les wapitis et les orignaux que l'on a introduits dans la région y prospèrent aujourd'hui. Des antilopes d'Amérique, des cerfs de Virginie et des cerfs mulets sillonnent aussi les collines.

*Gaillardes vivaces*

*Giroselle à petites fleurs*

### PARC PROVINCIAL CYPRESS HILLS
Le deuxième grand parc de l'Alberta offre des programmes d'activités qui permettent aux visiteurs de découvrir les richesses de la faune et de la flore de cette région. Des sentiers de randonnée serpentent au milieu de prés fleuris, de tranquilles vallées et de forêts ombragées d'épinettes blanches et de pins lodgepole. Plusieurs circuits permettent de visiter en voiture les principales attractions du parc et la plupart longent le plateau qui domine les collines et qui se transforme en jardin de fleurs sauvages au printemps et à l'été. Près du lac Reesor, un belvédère offre une vue panoramique de la prairie qui entoure les collines. On peut encore voir les profondes cicatrices qu'y ont laissées les glaciers en se retirant.
□ On pêche le grand brochet, la truite et l'omble de fontaine dans le réservoir de Spruce Coulee et dans les lacs Elkwater et Reesor.
□ En hiver, on y pratique la pêche sous la glace, la raquette, le ski alpin et le ski de fond.

### RUISSEAU BATTLE (BATTLE CREEK)
C'est de la source de ce cours d'eau que l'on voit le mieux le vaste plateau rocheux qui domine les collines du Cyprès. Il y a 40 millions d'années, ce plateau était le lit d'un cours d'eau qui charriait des galets et des pierres des Rocheuses. Avec le temps, le gravier se solidifia en un conglomérat semblable à du béton qui protège ainsi les collines contre l'érosion.

### LAC ELKWATER
L'un des plus anciens centres touristiques de l'Alberta se trouve au bord de ce lac alimenté par une source aux eaux limpides et fraîches. Un parc, aménagé en 1938 sur la rive sud du lac, fait aujourd'hui partie du parc provincial Cypress Hills. Une bande d'hirondelles niche sur des falaises, le long de la rive nord. Près du camping d'Elkwater, on peut voir une colonie de dindons sauvages, un gros oiseau brun qui est l'ancêtre du dindon domestique. L'espèce fut introduite dans les collines en 1962 et s'est répandue depuis dans tout le parc.

*Lac Elkwater, dans le parc provincial Cypress Hills*

### LAC REESOR
Grands hérons, martins-pêcheurs, cormorans et grèbes jougris pêchent dans les eaux tranquilles de ce lac. Les bosquets de trembles et d'épinettes blanches qui bordent la rive sud abritent des wapitis, des cerfs mulets et des cerfs de Virginie. Les gélinottes huppées et à queue fine picorent dans les prés verdoyants et les bosquets de peupliers faux-trembles.

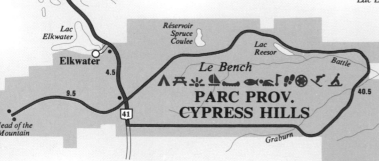

*Tourterelle triste*

# Au cœur de la forêt,
# le galop des chevaux sauvages

Centre-ouest de l'Alberta

Cette vaste contrée sauvage et pittoresque fut explorée au début du XIX<sup>e</sup> siècle par l'un des plus grands géographes connus, David Thompson. Ses cartes et ses relevés se sont révélés si précis qu'on les utilise encore aujourd'hui, notamment pour les Grands Lacs, le 49<sup>e</sup> parallèle, la Saskatchewan, l'Athabasca et le Columbia.

Cette région fut profondément marquée par la traite des fourrures. Le quartier général de la Compagnie du Nord-Ouest, Rocky Mountain House, se trouvait dans

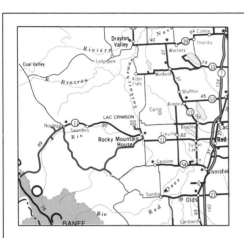

**NORDEGG**
Cette ville abandonnée porte le nom de Martin Nordegg, un immigrant allemand qui arriva au Canada en 1906. Il contribua à la création de la compagnie Canadian Northern Western Railway et à l'exploitation de la mine de charbon Brazeau. La mine se développa avec la construction du chemin de fer et, en 1914, elle produisait 544 t de charbon par jour. En 1941, une explosion causa la mort de 29 mineurs. La mine fut fermée en 1955 et la ville périclita.

**CHUTES CRESCENT**
Ces spectaculaires chutes de la Bighorn se trouvent près de la route David Thompson. Un sentier pittoresque mène à un belvédère qui domine le canyon de la Bighorn.

*Lac Abraham*

**ROUTE FORESTIÈRE PRINCIPALE (FORESTRY TRUNK)**
Cette route de gravier de quelque 1 000 km est la seule route nord-sud qui traverse les forêts de l'ouest de l'Alberta. Commencée en 1948, elle fut achevée 15 ans plus tard et relie aujourd'hui Grande-Prairie au col du Crowsnest. Stations-service, épiceries, terrains de camping et casse-croûte jalonnent la route. Dans la réserve forestière Rocky Mountains, on peut voir des mouflons et des chèvres de montagne, des wapitis, des orignaux, des cerfs et des ours. Il est recommandé de s'informer des conditions météorologiques et de l'état de la route avant de s'y engager. □ La chute de la rivière Ram où les eaux se précipitent dans un profond ravin est une des attractions de la route.

**BARRAGE BIG HORN**
Ce barrage de 91 m de haut a été construit entre 1969 et 1972 par la compagnie Calgary Power Ltd. Il retient le plus grand lac artificiel de l'Alberta, le lac Abraham, qui s'étend sur 48 km de long. Le réservoir où abondent les Dolly Varden et les ombles de fontaine porte le nom d'une famille indienne Stoney qui vivait dans la région. L'eau du lac arrive par un tunnel de 335 m de long à une centrale hydro-électrique qui abrite deux alternateurs, d'une puissance totale de 120 000 kW. On peut visiter la centrale sur rendez-vous.

**KOOTENAY PLAINS**
Kootenay Plains, l'une des rares prairies dans ce pays de montagnes, a un climat modéré et la neige y tombe rarement.

**RÉSERVE DU SIFFLEUR**
La réserve de 412 km² ne peut être visitée qu'à pied. Les wapitis et les chèvres de montagne fréquentent cette région de montagnes accidentées et de vallées encaissées où l'on voit parfois des grizzlis.

*Canyon du Siffleur, dans la réserve du Siffleur*

| 0 | 2 | 4 | 6 | 8 | 10 Milles |
| 0 | 4 | 8 | 12 | 16 Kilomètres |

un fort, en plein cœur du meilleur territoire de traite du nord-ouest du Canada. Tous les ans, on expédiait depuis le poste d'énormes ballots de peaux de loutres, de martres et de renards. Le fort fut complètement détruit à trois reprises par les Indiens au cours de son histoire tumultueuse. Inlassablement, les traiteurs le reconstruisirent jusqu'à ce qu'il soit abandonné en 1869, avec le déclin du commerce de la fourrure. En amont de Rocky Mountain House se trouve un escarpement où les Indiens forçaient les bisons à se jeter dans le vide.

La chasse n'est plus aussi féroce qu'au temps jadis. On aperçoit maintenant, dans les réserves aménagées par le gouvernement de l'Alberta, de nombreux animaux à fourrure et de petites bandes de chevaux sauvages qui galopent dans le lointain.

Bon nombre de sentiers permettent de découvrir les Rocheuses à dos de cheval. La région est l'une des plus poissonneuses de l'ouest du Canada : truites, Dolly Varden, perchaudes, brochets et laquaiches aux yeux d'or y abondent. De splendides chutes, comme celle de la rivière Ram, rehaussent encore la beauté du paysage.

Cette partie encore peu peuplée de l'Alberta fut colonisée au tournant du siècle. Les arrivants y exploitèrent tout d'abord le bois. Le pétrole, les mines et l'agriculture mixte complètent aujourd'hui l'économie de ce coin de pays.

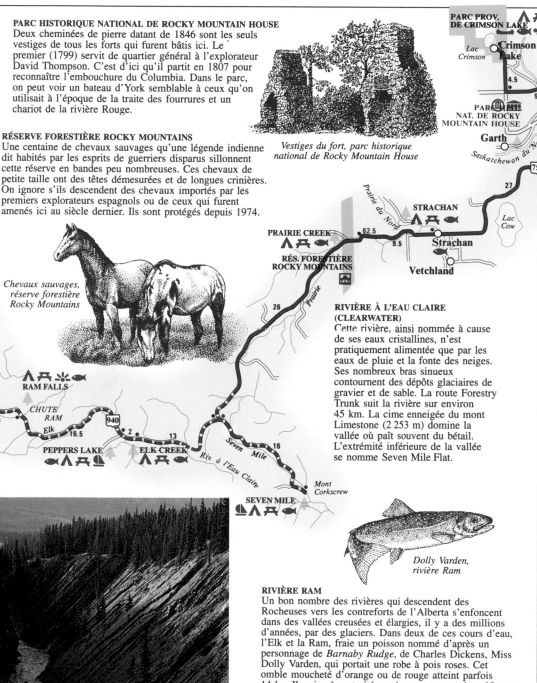

### PARC HISTORIQUE NATIONAL DE ROCKY MOUNTAIN HOUSE
Deux cheminées de pierre datant de 1846 sont les seuls vestiges de tous les forts qui furent bâtis ici. Le premier (1799) servit de quartier général à l'explorateur David Thompson. C'est d'ici qu'il partit en 1807 pour reconnaître l'embouchure du Columbia. Dans le parc, on peut voir un bateau d'York semblable à ceux qu'on utilisait à l'époque de la traite des fourrures et un chariot de la rivière Rouge.

*Vestiges du fort, parc historique national de Rocky Mountain House*

### RÉSERVE FORESTIÈRE ROCKY MOUNTAINS
Une centaine de chevaux sauvages qu'une légende indienne dit habités par les esprits de guerriers disparus sillonnent cette réserve en bandes peu nombreuses. Ces chevaux de petite taille ont des têtes démesurées et de longues crinières. On ignore s'ils descendent des chevaux importés par les premiers explorateurs espagnols ou de ceux qui furent amenés ici au siècle dernier. Ils sont protégés depuis 1974.

*Chevaux sauvages, réserve forestière Rocky Mountains*

*Castilléjie écarlate*

### PARC PROVINCIAL DE CRIMSON LAKE
Ce parc comporte 160 emplacements de camping ainsi que des mouillages et des installations de pique-nique. On se baigne dans le lac artificiel Crimson que bordent de belles plages de sable. La majeure partie du parc est recouverte de muskeg, mais on y dénombre cependant 65 espèces de plantes. Une des plus communes est la castilléjie écarlate dont les bractées orange et écarlates cachent presque les fleurs tubulaires vertes.

### RIVIÈRE À L'EAU CLAIRE (CLEARWATER)
Cette rivière, ainsi nommée à cause de ses eaux cristallines, n'est pratiquement alimentée que par les eaux de pluie et la fonte des neiges. Ses nombreux bras sinueux contournent des dépôts glaciaires de gravier et de sable. La route Forestry Trunk suit la rivière sur environ 45 km. La cime enneigée du mont Limestone (2 253 m) domine la vallée où paît souvent du bétail. L'extrémité inférieure de la vallée se nomme Seven Mile Flat.

*Dolly Varden, rivière Ram*

### RIVIÈRE RAM
Un bon nombre des rivières qui descendent des Rocheuses vers les contreforts de l'Alberta s'enfoncent dans des vallées creusées et élargies, il y a des millions d'années, par des glaciers. Dans deux de ces cours d'eau, l'Elk et la Ram, fraie un poisson nommé d'après un personnage de *Barnaby Rudge*, de Charles Dickens, Miss Dolly Varden, qui portait une robe à pois roses. Cet omble moucheté d'orange ou de rouge atteint parfois 14 kg. Il arrive à maturité en six ans et peut vivre 18 ans ou plus. La Dolly Varden se reproduit à l'automne et préfère les cours d'eau froids et limpides à fond de gravier qu'elle fréquente de septembre à novembre. Elle passe généralement l'hiver dans des lacs.

*Chute de la rivière Ram*

# De riches terres agricoles et les Rocheuses à l'horizon

## Centre de l'Alberta

Entre les lacs Pigeon et Buck, la route 13 escalade et dévale des collines ondulées, semées çà et là de bosquets de trembles. À l'ouest de Buck Lake, les énormes pompes du champ pétrolifère de la Pembina, l'un des plus étendus au monde, battent inlassablement la mesure.

Le paysage change lorsqu'on s'enfonce au sud. Parée de part et d'autre en été de haies d'églantiers, de mertensias et d'épilobes, la route 12 longe la rivière Blindman et traverse les fertiles terres agricoles

*Église de rondins, parc historique Pas-Ka-Poo, à Rimbey*

### MISSION BEACH

Le révérend Robert T. Rundle, premier missionnaire résident (1840) de la région qui constitue aujourd'hui l'Alberta, fonda ici une mission agricole méthodiste en 1847. Sur une plate-forme de béton, un autel de pierre se dresse à côté d'une maison de retraite en rondins et en pierre. Deux bras stylisés de 10 m de haut, dont les motifs sculptés symbolisent la culture indienne, la foi chrétienne et l'agriculture, flanquent l'autel.

### RIMBEY

Dans l'église restaurée (1908) du parc historique Pas-Ka-Poo, on peut voir une bible de 1873 ainsi que l'autel et les stalles d'origine. L'école de rondins (1903), restaurée, a toujours son tableau noir et ses pupitres. Les autres bâtiments du parc historique comprennent l'ancienne mairie de Rimbey, un magasin général et une cabane de trappeur. On expose aussi une batteuse de 1915 et une locomotive à vapeur de 1910. Des jardins fleuris entourent un étang.
□ La principale attraction du rodéo qui a lieu en juin est une course de chariots.

## Sous la terre fertile, un des plus grands champs pétrolifères du monde

Bien qu'on parle souvent de nappes ou de champs de pétrole, celui-ci ne stagne pas sous terre dans des espaces fermés : il imprègne des roches poreuses comme le calcaire ou le grès.

Le champ de la Pembina, à l'ouest de Buck Lake, dans le centre de l'Alberta, s'étend sur 3 200 km². Les réserves pourraient s'élever à 7,5 milliards de barils, mais 2 milliards seulement sont exploitables. Certains puits atteignent déjà plus de 1 500 m de profondeur.

Le pétrole de la Pembina est pris dans un piège stratigraphique : une couche de roches poreuses imprégnées de pétrole, recouverte par des roches imperméables. D'autres gisements de l'Alberta se trouvent dans des pièges de faille : des cavités scellées par des couches sédimentaires qui se sont déplacées.

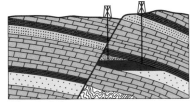

*Piège de faille*

*Piège stratigraphique*

### COLLINES MEDICINE LODGE

Les Indiens célébraient autrefois l'arrivée du printemps sur ces collines situées à 22 km au sud de Rimbey. De nos jours, des pistes de ski et de motoneige serpentent au milieu des forêts de trembles et d'épinettes blanches que fréquentent des cerfs mulets et des cerfs de Virginie.
□ À l'est des collines, la belle plage du parc provincial Aspen Beach s'étend en bordure des eaux tempérées du lac Gull.

### SUNDRE

Une cabane de rondins (1913), meublée avec des objets de l'époque des pionniers, et une école de 1908 se trouvent sur un terrain de camping, en bordure de la Red Deer.
□ Entre Mountain Aire Lodge et Sundre, la Red Deer est coupée de rapides et de chutes. Ce tronçon de 60 km est réservé aux canoéistes expérimentés.

0 2 4 6 8 10 Milles
0 4 8 12 16 Kilomètres

de sa vallée. La moitié du bétail de l'Alberta pâture sur les prés de cette région qui produit également du blé et du colza, ainsi que la majeure partie de la récolte d'avoine et d'orge de la province.

La ligne bleutée des Rocheuses apparaît de temps à autre dans le lointain, fugace comme un mirage. Ce n'est qu'à Sundre, où la route 27 descend dans la vallée de la Red Deer, qu'on les découvre vraiment. On choisira peut-être ici de se diriger à l'ouest, vers les hauts lieux touristiques comme la réserve forestière Rocky Mountains ou le parc national de Banff.

Mais la région a elle-même beaucoup à offrir. Quatre parcs provinciaux — Aspen Beach, Ma-Me-O-Beach, Pigeon Lake et Red Lodge — font l'enchantement des amateurs de sports nautiques, au cœur des plaines arides. Des régates ont lieu au lac Sylvan, renommé pour ses plages de sable, et en juin se tient, au lac Buck, un important concours de pêche.

*« The Spruces », village historique d'Innisfail*

### INNISFAIL

Dix bâtiments qui proviennent des environs ont été transportés dans un parc historique où ils forment un village typique de l'époque des pionniers. En été, on sert le thé tous les vendredis dans la salle à manger d'une auberge de rondins, The Spruces, construite en 1886 sur la piste qui reliait Calgary à Edmonton. Le village comprend également une gare (1904) et une forge (1915).
□ Une plaque rappelle la mémoire d'Anthony Henday, le premier Européen qui visita cette région en 1754 pour persuader les Indiens de vendre leurs fourrures à la Compagnie de la Baie d'Hudson.

## Un héritage islandais : la première bibliothèque de l'Alberta et un poète

En 1888-1889, une centaine d'Islandais s'installèrent le long de la rivière Medicine, après un échec dans le Dakota du Nord. Les débuts furent difficiles : les Islandais ne connaissaient pas grand-chose à l'agriculture et la terre lourde de la région était dure à travailler. Ils habitaient des huttes de terre et se nourrissaient de poisson, de gibier et de baies sauvages. Markerville devint le centre de leur petite communauté. Un bureau de poste y ouvrit ses portes, puis, en 1891, la première bibliothèque de l'Alberta. Bientôt, une fabrique de beurre et de fromage assura un revenu à la population.

Un de ces pionniers, Stephen G. Stephansson, est peut-être l'un des plus grands poètes du Canada, mais ses œuvres, écrites en islandais, sont mal connues. Il mourut en 1927. Sa maison de Markerville (à gauche) est aujourd'hui classée monument historique.

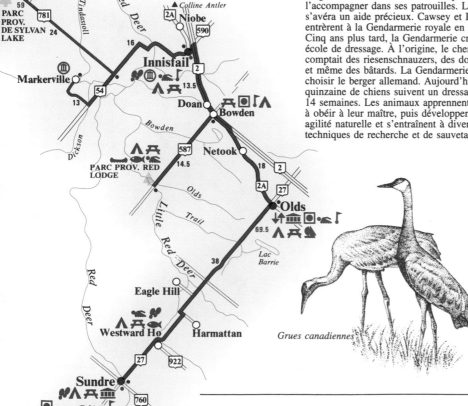

### BOWDEN

Les chenils de la Gendarmerie royale, à 5 km au nord de Bowden, sont ouverts au public en semaine. C'est en 1929 que le sergent John N. Cawsey, de la police provinciale, acheta un berger allemand du nom de Dale pour l'accompagner dans ses patrouilles. Le chien s'avéra un aide précieux. Cawsey et Dale entrèrent à la Gendarmerie royale en 1932. Cinq ans plus tard, la Gendarmerie créait une école de dressage. À l'origine, le chenil comptait des riesenschnauzers, des dobermans et même des bâtards. La Gendarmerie finit par choisir le berger allemand. Aujourd'hui, une quinzaine de chiens suivent un dressage de 14 semaines. Les animaux apprennent d'abord à obéir à leur maître, puis développent leur agilité naturelle et s'entraînent à diverses techniques de recherche et de sauvetage.

*Berger allemand*

### PARC PROVINCIAL RED LODGE

Les nombreux castors du parc vivent dans des terriers le long de la rivière Little Red Deer, à la différence de la plupart des castors qui construisent des huttes. Leurs barrages forment des bassins aux eaux paisibles où l'on pêche le grand brochet et l'omble de fontaine. Plusieurs couples de grues canadiennes, dont le cri étrange ressemble à l'appel d'un clairon, nichent aux environs. Des orignaux et des cerfs de Virginie passent l'hiver dans les forêts d'épinettes blanches du parc.

*Grues canadiennes*

### OLDS

Olds College, fondé en 1913, est une école d'agriculture qui compte 850 étudiants et se spécialise dans les aspects commerciaux de l'agriculture.
□ Le musée de Mountain View possède une collection de photographies du début du siècle, qui font revivre l'époque des premiers pionniers de cette région.

# Buttes solitaires et cheminées des fées d'un paysage lunaire

## Centre de l'Alberta

Soudain, près du parc Dry Island Buffalo Jump, une entaille géante coupe la Prairie. Les champs de blé et de colza restent comme suspendus au bord de la vallée de la Red Deer qui serpente sur 320 km entre Red Deer et Brooks. Le voyageur entre dans les badlands de la Red Deer dont les ravins et les étranges formations rocheuses donnent au paysage une allure fantomatique.

Les verts et les ors des cultures cèdent la place à des gorges arides où ne poussent

### CLIVE

Le musée Floyd Westling possède un tracteur à vapeur, toujours en état de marche, qui servait à battre le blé et à arracher les souches, une automobile Richmond, probablement la seule du genre au Canada, et une Ford à deux cylindres de 1903. On y verra également un silo, un château d'eau, une école, une imprimerie et une gare dans le village miniature.

*Porcs de Lacombe*

### LACOMBE

La ville a été baptisée du nom du père Albert Lacombe (1827-1916), un missionnaire oblat qui passa sa vie dans le Nord-Ouest.

□ On peut se promener dans les jardins d'une ferme expérimentale du gouvernement fédéral où l'on fait notamment l'élevage du porc de Lacombe.

□ Le deuxième étage de la Maison Hardwick, une bâtisse de grès de 11 pièces, est doté d'une galerie qui rappelle l'architecture des Maritimes. Construite vers 1910, cette résidence privée est ornée de belles boiseries et de vitraux.

## Un tourbillon de brique

« Je ne dessinerai pas des boîtes », a déclaré un jour Douglas Cardinal, un architecte métis d'Edmonton, originaire de Red Deer. La première grande œuvre qu'il réalisa, après avoir obtenu son diplôme de l'université du Texas, fut l'église Sainte-Marie, à Red Deer, construite en 1968.

Comme les valves d'une coquille, les murs de brique enserrent l'hémicycle intérieur. L'autel central où les allées, venant de chaque aile, convergent en étoile est dominé par un immense tube de béton qui laisse pénétrer la lumière du jour.

Le style si particulier de Cardinal se retrouve dans le superbe Musée canadien de la civilisation, ouvert à Hull en 1989.

*Église Sainte-Marie, à Red Deer*

### RED DEER

En juillet, le Festival folklorique international réunit une quinzaine de groupes ethniques qui font des démonstrations de leurs arts traditionnels : peinture chinoise, taille du verre à l'écossaise, ciselure ukrainienne. La ville organise aussi cinq rodéos, dont un de six jours à la mi-juillet, ainsi que des jeux écossais en juin.

□ L'hôtel de ville, un imposant ensemble de colonnes et de poutres de béton, a remporté un prix national d'architecture en 1961. Son vaste parc renferme 40 000 plantes.

□ La collection C.R. Parker comprend 21 véhicules, dont une Holsman Autobuggy de 1902, une Kissel Kar Speedster de 1918 et une Ford T de 1922 transformée en voiture de pompiers.

□ Le fort Normandeau, construit en 1885 au cours de la rébellion du Nord-Ouest, fut un poste de la Police montée du Nord-Ouest de 1886 à 1893. Il a été restauré près de son emplacement original et consacré monument historique.

*Danseurs ukrainiens au Festival folklorique international de Red Deer*

que quelques rares cactus et lichens. Des routes déroulent leurs lacets jusqu'au fond du canyon où les eaux boueuses de la Red Deer, à 122 m en contrebas, contrastent avec les roses, les jaunes et les verts des strates qui s'étagent sur les parois du canyon.

Ces strates sont les vestiges d'innombrables millénaires d'évolution géologique. Autrefois, la région était un delta marécageux, en bordure d'une mer intérieure. Les cours d'eau qui coulaient à l'est des Rocheuses y déversèrent des milliards de tonnes de sédiments. Avec le temps, cette boue se transforma en rochers qu'érodèrent les glaciers, le vent et les eaux pour former un étrange paysage lunaire de buttes solitaires aux versants escarpés et de cheminées des fées, énormes piliers d'argile, de sable et de gravier qu'un chapiteau protège de l'érosion.

Des squelettes de dinosaures, des fossiles de crocodiles, de tortues, de poissons, de mollusques, ainsi que de séquoias, de cyprès des marécages, de sycomores et de ginkgos ont été retrouvés dans les flancs multicolores de la vallée de la Red Deer.

Selon une légende indienne, le lac Buffalo (19 km) fut formé du sang d'un taureau tué par deux Indiens Sarcis. Une grande partie de la tribu s'y noya au printemps suivant et on entend encore, dit-on, des aboiements de chiens et des rires d'enfants qui montent du fond du lac.

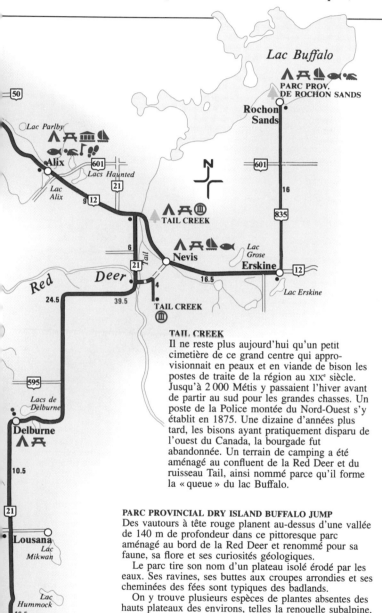

### PARC PROVINCIAL DE ROCHON SANDS

Le parc provincial de Rochon Sands, un petit domaine couvert de bosquets de trembles et de buissons de saskatoons et de cerisiers de Virginie, compte plusieurs plages sablonneuses en bordure du lac Buffalo. Des orioles de Baltimore nichent dans le parc où l'on peut voir parfois des grands hérons. L'endroit est bien connu des ornithophiles, des pêcheurs ainsi que des amateurs de sports nautiques. De nombreux visiteurs y viennent aussi camper et pique-niquer.

## Éoliennes et moulins de la Prairie

On s'est servi de lampes à pétrole, en Alberta, jusque dans les années 50, car le réseau électrique de la province desservait à peine un cinquième des fermes. D'aucuns produisaient eux-mêmes leur électricité au moyen d'éoliennes en bois entraînant des dynamos branchées sur des batteries. On voit encore certaines de ces éoliennes ici et là.

Au centre de l'Alberta, on met à profit la force des vents, lesquels soufflent toujours au moins à 15 km/h. Des éoliennes modernes perchées sur des tours d'acier actionnent des pompes qui puisent l'eau du sous-sol. Ces machines simples et bon marché sont une bonne source d'énergie.

### TAIL CREEK

Il ne reste plus aujourd'hui qu'un petit cimetière de ce grand centre qui approvisionnait en peaux et en viande de bison les postes de traite de la région au XIXᵉ siècle. Jusqu'à 2 000 Métis y passaient l'hiver avant de partir au sud pour les grandes chasses. Un poste de la Police montée du Nord-Ouest s'y établit en 1875. Une dizaine d'années plus tard, les bisons ayant pratiquement disparu de l'ouest du Canada, la bourgade fut abandonnée. Un terrain de camping a été aménagé au confluent de la Red Deer et du ruisseau Tail, ainsi nommé parce qu'il forme la « queue » du lac Buffalo.

### PARC PROVINCIAL DRY ISLAND BUFFALO JUMP

Des vautours à tête rouge planent au-dessus d'une vallée de 140 m de profondeur dans ce pittoresque parc aménagé au bord de la Red Deer et renommé pour sa faune, sa flore et ses curiosités géologiques.

Le parc tire son nom d'un plateau isolé érodé par les eaux. Ses ravines, ses buttes aux croupes arrondies et ses cheminées des fées sont typiques des badlands.

On y trouve plusieurs espèces de plantes absentes des hauts plateaux des environs, telles la renouelle subalpine, l'arroche de Nuttall, l'armoise de Louisiane, la raquette, la shépherdie et l'armoise argentée. Des trembles, des bouleaux à papier et des peupliers baumiers poussent sur un énorme éboulement, tandis que des genévriers, des saskatoons, des petits merisiers, des cerisiers de Virginie et des églantiers forment d'épais fourrés.

On peut voir des ossements de bisons au pied d'un escarpement du haut duquel les Indiens forçaient autrefois ces bovidés sauvages à se précipiter.

*Parc provincial Dry Island Buffalo Jump*

# Des « têtes d'ânes »
# au pays de « l'or noir »

Centre de l'Alberta

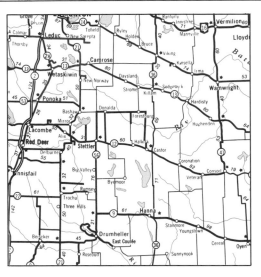

**DEVON**
Des cactus, des yuccas, des glaïeuls et des pivoines poussent au milieu du sable des dunes et des étangs du jardin botanique Devonian de l'université de l'Alberta, le plus septentrional de l'Amérique du Nord. Toutes les plantes connues de l'Alberta figurent parmi les 26 000 espèces qui y sont exposées. À l'entrée, une plaque indique qu'une partie du champ pétrolifère de Leduc s'étend à 1 500 m sous la surface du jardin.

**LEDUC**
À 17 km au nord-ouest, une plaque marque l'emplacement du puits Impérial n° 1 qui inaugura, le 13 février 1947, l'exploitation des 300 millions de barils du gisement pétrolifère de Leduc. La compagnie Imperial Oil avait fait 133 forages infructueux avant de découvrir du pétrole à 1 771 m de profondeur. Non loin se trouve le puits Atlantic n° 3 qui sauta en mars 1947.

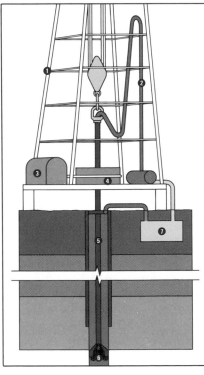

## A la recherche du précieux « or noir »

À la fin du XIXᵉ siècle, l'exploration pétrolière était fort simple : les prospecteurs se contentaient de forer un puits à l'endroit où le pétrole suintait à la surface. De nos jours, le pétrole étant plus rare, sa recherche est devenue plus complexe. Les géologues étudient d'abord la nature du sous-sol. Le pétrole se trouve habituellement dans des roches sédimentaires poreuses, du grès par exemple, recouvertes de roches denses et imperméables. Les sismologues localisent ces structures en déclenchant de petites explosions pour analyser les ondes de choc qui se répercutent à la surface. La photographie aérienne ainsi que les gravimètres et les magnétomètres fournissent d'autres indices.

Lorsqu'on découvre un site favorable, l'équipe de forage installe le derrick (1) qui soutient le tubage (2) et le mécanisme de forage. Un moteur (3) entraîne la table de rotation (4) qui dirige la descente du mécanisme et du tubage. À l'intérieur de ce dernier tourne une tige (5) dont l'extrémité est pourvue d'un trépan (6) qui fore le roc. On pompe une boue spéciale (7) dans le tubage pour lubrifier le trépan et faire remonter les débris de roche. La boue sert aussi à obturer le trou et empêcher les éruptions de se produire lorsque le pétrole arrive à la surface sous pression.

Près de Leduc, au milieu des champs de blé qui frissonnent au vent, des pompes, les « têtes d'ânes », battent lentement la mesure et amènent à la surface le pétrole enfoui depuis des millions d'années sous les riches terres de la région.

Le champ de Leduc produit du pétrole depuis la fin des années 40. Jusqu'à cette date, les gisements de pétrole du Canada (principalement dans la vallée de Turner, au sud de Calgary) subvenaient à peine à 10 p. cent de la demande au pays. Les

*Pompe à pétrole, près de Leduc*

*Édifice du gouvernement provincial, à Ponoka*

**PONOKA**
L'édifice du gouvernement provincial abrite huit ministères, un tribunal et un jardin tropical dans un atrium fermé de quatre étages. Ce bâtiment de brique aux lignes sinueuses a été construit en 1977 dans le cadre du programme de décentralisation du gouvernement. Ponoka, dont le nom désigne un wapiti chez les Pieds-Noirs, a été constituée en 1904.
□ En juillet a lieu un rodéo spectaculaire avec prises au lasso, combats contre des bouvillons et démonstrations d'équitation avec et sans selle.
□ Le fort Ostell, aujourd'hui transformé en musée, a été édifié en 1885 par le capitaine J. Ostell durant la rébellion de Riel. On y voit des objets fabriqués par les indigènes et les colons, de même qu'une collection de photographies.

compagnies pétrolières exploraient sans grand succès cette région depuis des années. Mais tout changea le 13 février 1947, le jour où « l'or noir » jaillit du puits Impérial n° 1, à Leduc.

En moins d'un an, 61 derricks — certains aussi hauts qu'un immeuble de 15 étages — s'élevaient au milieu des prairies. Mais l'exploration a aussi ses dangers. Le puits Atlantic n° 3, situé un peu au nord du premier puits Impérial, sauta en mars 1947. Le pétrole se déversa sur la prairie pendant six mois avant de prendre feu. Pour obturer le puits, il fallut utiliser 20 000 sacs de ciment, 16 000 sacs de sciure de bois, 1 000 sacs de capsules de peupliers, huit wagons de fibre de bois et deux wagons de plumes de dinde.

Mais la conflagration fit réaliser au public que l'Alberta était devenue une grande région pétrolifère. Dès lors, les capitaux affluèrent et les activités d'explo-ration s'intensifièrent. Si les derricks ont disparu de Leduc, les compagnies pétrolières continuent de chercher de nouveaux gisements dans le sous-sol ou dans les sables bitumineux de la région. (La haute tour d'acier qui servit au premier forage se trouve maintenant dans la banlieue sud d'Edmonton.) Le pompage et le stockage du pétrole restent encore la principale activité de Leduc.

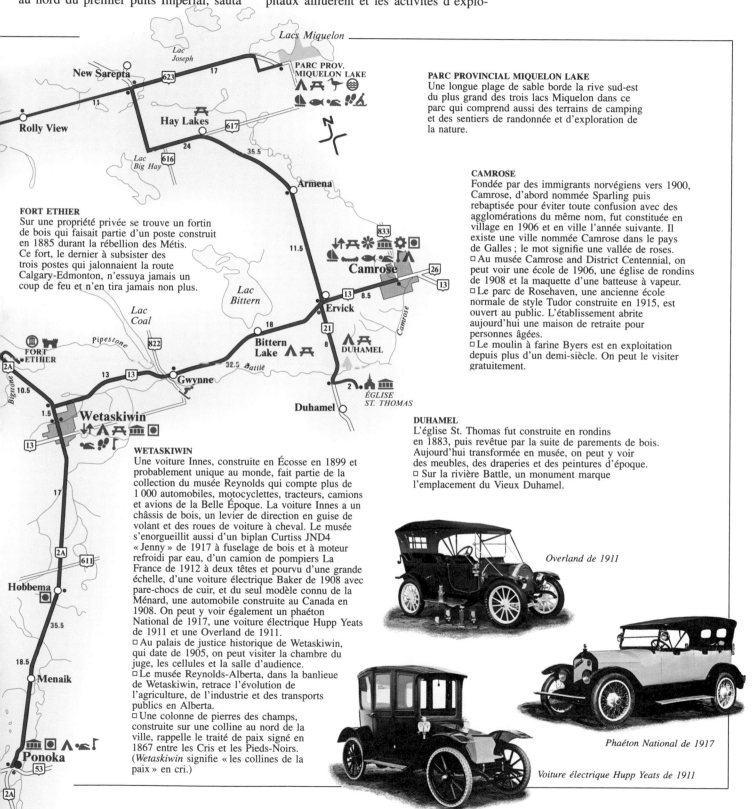

### FORT ETHIER

Sur une propriété privée se trouve un fortin de bois qui faisait partie d'un poste construit en 1885 durant la rébellion des Métis. Ce fort, le dernier à subsister des trois postes qui jalonnaient la route Calgary-Edmonton, n'essuya jamais un coup de feu et n'en tira jamais non plus.

### WETASKIWIN

Une voiture Innes, construite en Écosse en 1899 et probablement unique au monde, fait partie de la collection du musée Reynolds qui compte plus de 1 000 automobiles, motocyclettes, tracteurs, camions et avions de la Belle Époque. La voiture Innes a un châssis de bois, un levier de direction en guise de volant et des roues de voiture à cheval. Le musée s'enorgueillit aussi d'un biplan Curtiss JND4 « Jenny » de 1917 à fuselage de bois et à moteur refroidi par eau, d'un camion de pompiers La France de 1912 à deux têtes et pourvu d'une grande échelle, d'une voiture électrique Baker de 1908 avec pare-chocs de cuir, et du seul modèle connu de la Ménard, une automobile construite au Canada en 1908. On peut y voir également un phaéton National de 1917, une voiture électrique Hupp Yeats de 1911 et une Overland de 1911.
□ Au palais de justice historique de Wetaskiwin, qui date de 1905, on peut visiter la chambre du juge, les cellules et la salle d'audience.
□ Le musée Reynolds-Alberta, dans la banlieue de Wetaskiwin, retrace l'évolution de l'agriculture, de l'industrie et des transports publics en Alberta.
□ Une colonne de pierres des champs, construite sur une colline au nord de la ville, rappelle le traité de paix signé en 1867 entre les Cris et les Pieds-Noirs. (*Wetaskiwin* signifie « les collines de la paix » en cri.)

### PARC PROVINCIAL MIQUELON LAKE

Une longue plage de sable borde la rive sud-est du plus grand des trois lacs Miquelon dans ce parc qui comprend aussi des terrains de camping et des sentiers de randonnée et d'exploration de la nature.

### CAMROSE

Fondée par des immigrants norvégiens vers 1900, Camrose, d'abord nommée Sparling puis rebaptisée pour éviter toute confusion avec des agglomérations du même nom, fut constituée en village en 1906 et en ville l'année suivante. Il existe une ville nommée Camrose dans le pays de Galles ; le mot signifie une vallée de roses.
□ Au musée Camrose and District Centennial, on peut voir une école de 1906, une église de rondins de 1908 et la maquette d'une batteuse à vapeur.
□ Le parc de Rosehaven, une ancienne école normale de style Tudor construite en 1915, est ouvert au public. L'établissement abrite aujourd'hui une maison de retraite pour personnes âgées.
□ Le moulin à farine Byers est en exploitation depuis plus d'un demi-siècle. On peut le visiter gratuitement.

### DUHAMEL

L'église St. Thomas fut construite en rondins en 1883, puis revêtue par la suite de parements de bois. Aujourd'hui transformée en musée, on peut y voir des meubles, des draperies et des peintures d'époque.
□ Sur la rivière Battle, un monument marque l'emplacement du Vieux Duhamel.

*Overland de 1911*

*Phaéton National de 1917*

*Voiture électrique Hupp Yeats de 1911*

# 47 Stettler/Castor, Alb. (147 km)

# Un refuge pastoral pour un peuple pacifiste

Centre de l'Alberta

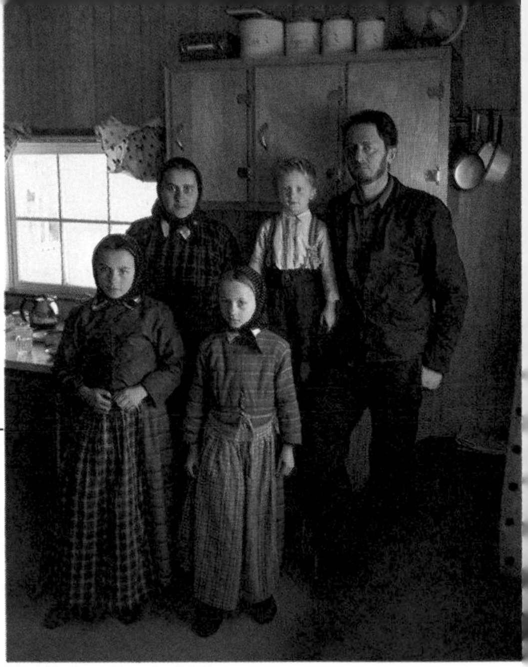

*Famille huttérite de l'Alberta*

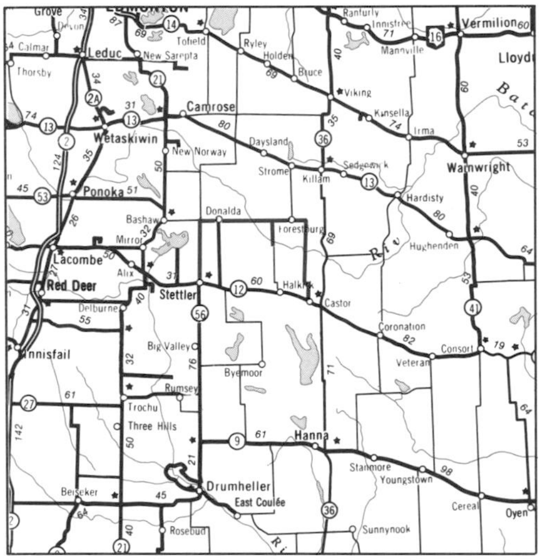

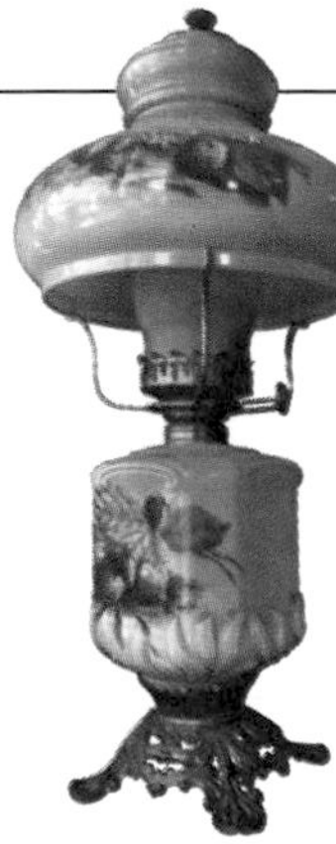

*Lampe à pétrole, Musée de Donalda*

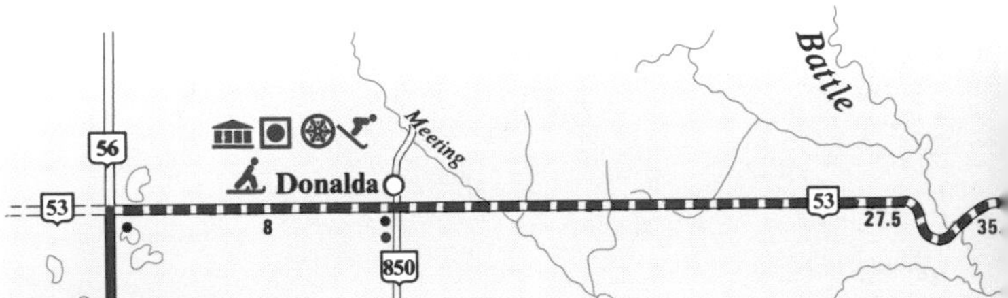

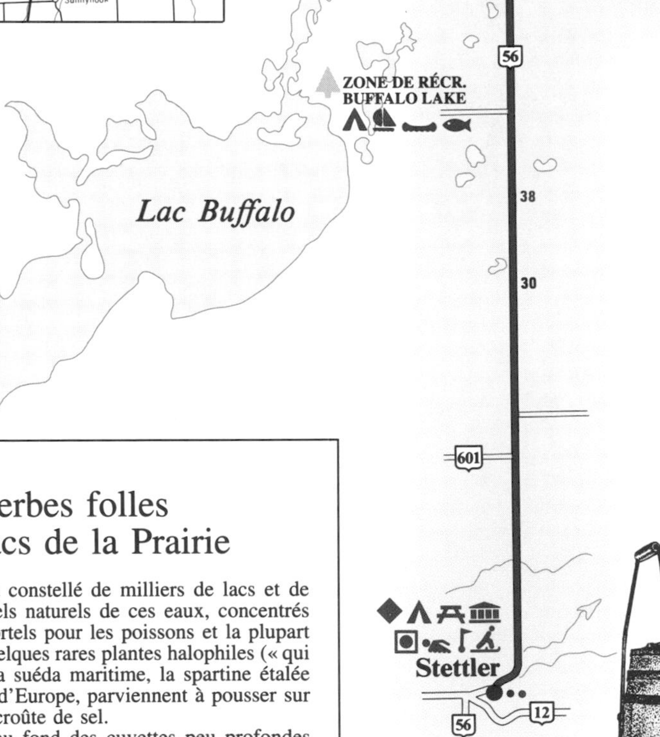

**DONALDA**
La collection du Musée de Donalda réunit un demi-millier de lampes de tous genres : lampes à huile de baleine, à saindoux, à suif, à pétrole, lampes miniatures au kérosène, lampes munies d'une cheville qu'on fichait dans un bougeoir. On remarquera aussi de curieuses lampes qui contenaient juste assez d'huile pour brûler pendant une heure. Le père de famille allumait la lampe lorsqu'un soupirant venait rendre visite à une fille de la maison. Lorsque la flamme s'éteignait, le galant devait s'en aller.
□ La collection comprend d'autres objets anciens, par exemple un gramophone Edison à cylindres et un garde-manger à l'épreuve des souris qui arriva à Donalda à bord d'un chariot couvert en 1903.
□ À l'est de la ville, la pittoresque vallée du Meeting Creek offre l'un des plus beaux paysages de badlands de l'Alberta. Les collines et les coulées accueillent en hiver de nombreux amateurs de ski, de toboggan et de motoneige. Une course de motoneiges s'y déroule en février.

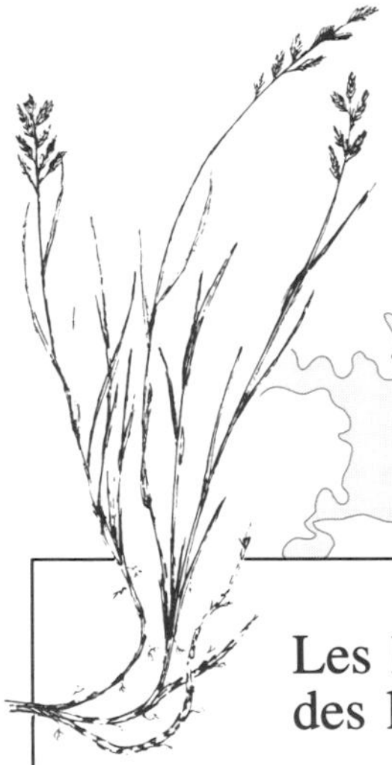

## Les herbes folles des lacs de la Prairie

Le centre de l'Alberta est constellé de milliers de lacs et de marécages alcalins. Les sels naturels de ces eaux, concentrés par l'évaporation, sont mortels pour les poissons et la plupart des plantes aquatiques. Quelques rares plantes halophiles (« qui aiment le sel »), comme la suéda maritime, la spartine étalée *(ci-dessus)* et la salicorne d'Europe, parviennent à pousser sur les rives couvertes d'une croûte de sel.

Ces lacs se formèrent au fond des cuvettes peu profondes que laissèrent les glaciers en récession à la fin de la dernière période glaciaire. Les eaux de ruissellement lavèrent les sols alcalins des environs et remplirent peu à peu les dépressions.

Mais le centre de l'Alberta possède aussi de nombreux lacs et étangs d'eau douce, souvent bordés de saules et de trembles. Des canards pilets et colverts nichent dans les épais tapis de scirpes et de quenouilles des rives marécageuses et se nourrissent d'insectes et de graines dans les champs voisins.

**STETTLER**
Le Musée de Stettler possède une vingtaine de modèles de baratte. Sur le terrain du musée, on peut aussi voir la première école de la ville, une ancienne cour de justice, une église (1908), une gare (1910) et une sellerie.
□ À Stettler, les visiteurs peuvent monter à bord d'un train à vapeur à l'ancienne et faire une randonnée dans la région.

*Baratte du XIXe siècle, Musée de Stettler*

0 1 2 3 4 5 Milles
0 2 4 6 8 Kilomètres

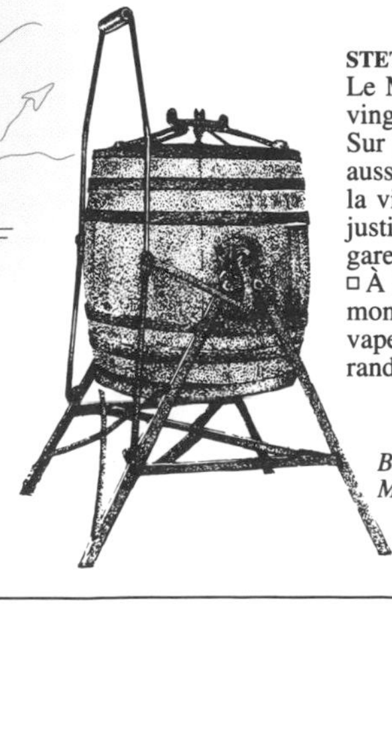

Quelque 6 000 membres d'une secte religieuse fondée en Europe au XVIᵉ siècle, les huttérites, habitent aujourd'hui le centre de l'Alberta. Persécutés parce qu'ils refusaient de faire baptiser leurs enfants et de porter les armes, les huttérites cherchèrent longtemps un havre de paix avant de s'installer ici au cours de la Première Guerre mondiale.

Les huttérites vivent et travaillent en communauté dans de petits villages qui ne comptent jamais plus d'une dizaine de familles. Deux membres élus, un prédicateur laïque et le *wirt,* qui assigne chaque jour les tâches, dirigent la colonie.

Les familles habitent dans des logements très simples et presque identiques. Les repas se prennent dans un réfectoire où hommes et femmes, groupés selon leur âge, prennent place à des tables distinctes. Dès qu'ils atteignent 18 semaines, les bébés sont placés dans des garderies et, dès l'âge de 2 ans, ils vont au jardin d'enfants, le *klein-schul.*

Les huttérites parlent un dialecte germanique. Les hommes portent des habits sombres et des chapeaux à larges bords ; les femmes, de longues jupes colorées et des mouchoirs à pois autour du cou.

Cette secte pacifiste qui mène une vie pastorale ne cherche pas à profiter des « bienfaits » du progrès. Les huttérites refusent les pensions de vieillesse, l'assurance-chômage et toutes les prestations sociales ; ils s'abstiennent aussi de voter et de se porter candidat.

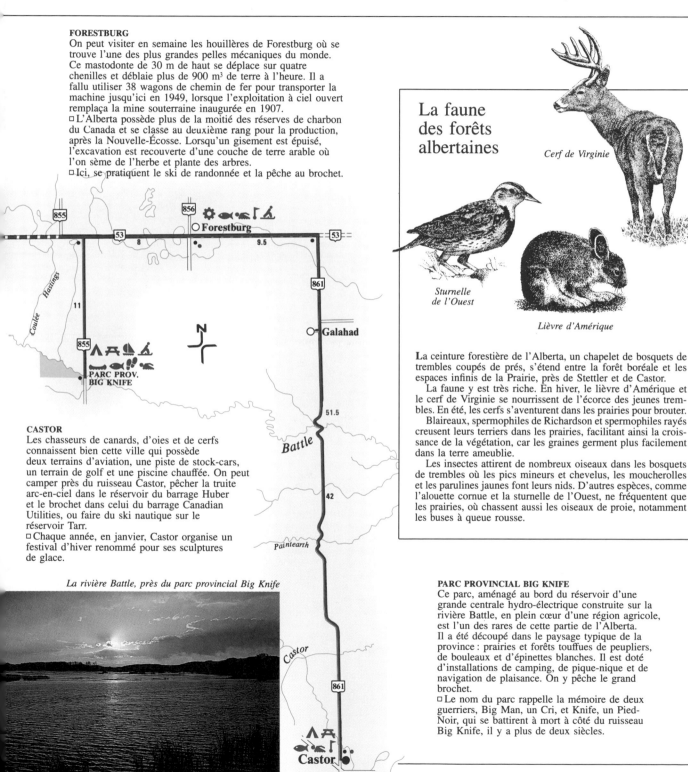

### FORESTBURG

On peut visiter en semaine les houillères de Forestburg où se trouve l'une des plus grandes pelles mécaniques du monde. Ce mastodonte de 30 m de haut se déplace sur quatre chenilles et déblaie plus de 900 m³ de terre à l'heure. Il a fallu utiliser 38 wagons de chemin de fer pour transporter la machine jusqu'ici en 1949, lorsque l'exploitation à ciel ouvert remplaça la mine souterraine inaugurée en 1907.
□ L'Alberta possède plus de la moitié des réserves de charbon du Canada et se classe au deuxième rang pour la production, après la Nouvelle-Écosse. Lorsqu'un gisement est épuisé, l'excavation est recouverte d'une couche de terre arable où l'on sème de l'herbe et plante des arbres.
□ Ici, se pratiquent le ski de randonnée et la pêche au brochet.

## La faune des forêts albertaines

*Cerf de Virginie*

*Sturnelle de l'Ouest*

*Lièvre d'Amérique*

La ceinture forestière de l'Alberta, un chapelet de bosquets de trembles coupés de prés, s'étend entre la forêt boréale et les espaces infinis de la Prairie, près de Stettler et de Castor.

La faune y est très riche. En hiver, le lièvre d'Amérique et le cerf de Virginie se nourrissent de l'écorce des jeunes trembles. En été, les cerfs s'aventurent dans les prairies pour brouter.

Blaireaux, spermophiles de Richardson et spermophiles rayés creusent leurs terriers dans les prairies, facilitant ainsi la croissance de la végétation, car les graines germent plus facilement dans la terre ameublie.

Les insectes attirent de nombreux oiseaux dans les bosquets de trembles où les pics mineurs et chevelus, les moucherolles et les parulines jaunes font leurs nids. D'autres espèces, comme l'alouette cornue et la sturnelle de l'Ouest, ne fréquentent que les prairies, où chassent aussi les oiseaux de proie, notamment les buses à queue rousse.

### CASTOR

Les chasseurs de canards, d'oies et de cerfs connaissent bien cette ville qui possède deux terrains d'aviation, une piste de stock-cars, un terrain de golf et une piscine chauffée. On peut camper près du ruisseau Castor, pêcher la truite arc-en-ciel dans le réservoir du barrage Huber et le brochet dans celui du barrage Canadian Utilities, ou faire du ski nautique sur le réservoir Tarr.
□ Chaque année, en janvier, Castor organise un festival d'hiver renommé pour ses sculptures de glace.

*La rivière Battle, près du parc provincial Big Knife*

### PARC PROVINCIAL BIG KNIFE

Ce parc, aménagé au bord du réservoir d'une grande centrale hydro-électrique construite sur la rivière Battle, en plein cœur d'une région agricole, est l'un des rares de cette partie de l'Alberta. Il a été découpé dans le paysage typique de la province : prairies et forêts touffues de peupliers, de bouleaux et d'épinettes blanches. Il est doté d'installations de camping, de pique-nique et de navigation de plaisance. On y pêche le grand brochet.
□ Le nom du parc rappelle la mémoire de deux guerriers, Big Man, un Cri, et Knife, un Pied-Noir, qui se battirent à mort à côté du ruisseau Big Knife, il y a plus de deux siècles.

Forestburg
Galahad
Battle
Paintearth
Castor
PARC PROV. BIG KNIFE

# L'or des champs et le vert argenté des vallées

## Centre-est de l'Alberta

Ce pays doucement ondulé constitue une mosaïque de paysages avec ses flancs de coteaux entaillés de ravines et semés de bosquets, ses champs de colza dorés, ses marécages bordés d'une croûte de sel et ses vallées où bruissent les feuilles du chalef argenté.

Au début du siècle, le gouvernement, au moyen d'affiches éclatantes, vantait partout les immenses possibilités agricoles de la Prairie. Une terre de 160 acres ne coûtait que 10 $. Des fils de fermiers

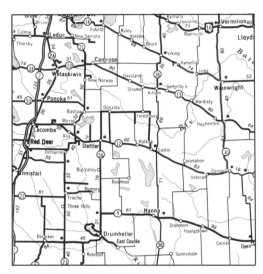

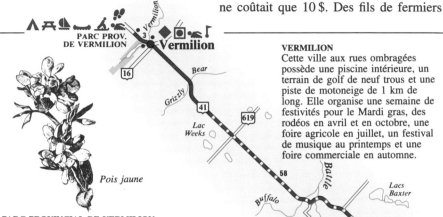

*Pois jaune*

### PARC PROVINCIAL DE VERMILION

On y trouve des plantes rares à cette latitude : grémil blanchâtre, lobélie, trèfle des prairies, graines de bœuf et pois jaune vénéneux. Les cerfs de Virginie et les coyotes hantent les bosquets de trembles bordés de marécages où se nourrissent des outardes, des hérons et des cygnes.
□ Le parc offre des installations de camping et de pique-nique ainsi que des sentiers de randonnée pédestre ou en ski. On peut y pêcher, y faire de la natation ou du bateau.

### VERMILION

Cette ville aux rues ombragées possède une piscine intérieure, un terrain de golf de neuf trous et une piste de motoneige de 1 km de long. Elle organise une semaine de festivités pour le Mardi gras, des rodéos en avril et en octobre, une foire agricole en juillet, un festival de musique au printemps et une foire commerciale en automne.

*Ribstones*

### SITE HISTORIQUE RIBSTONES

On peut voir ici deux rochers de quartzite qui servaient aux cérémonies de chasse des Cris. Chaque rocher porte des sillons profonds de 1 cm, gravés avec des galets et du sable il y a environ un millier d'années, qui représentent la colonne vertébrale et les côtes d'un bison. Le plus gros rocher (1,30 m sur 90 cm) représente un mâle, l'autre (1,30 m sur 40 cm) une femelle.

Les Indiens observaient leur territoire de chasse du haut de cet endroit et sacrifiaient des bisons sur ces pierres pour assurer le succès de la chasse. Lorsque les colons arrivèrent ici au début du XXe siècle, les Indiens déposaient encore des perles, du tabac et de la viande auprès des pierres.

*Faucon pèlerin*

## Un oiseau vif comme l'éclair, sauvé de l'extinction

Tous les oiseaux de proie — buses, faucons, aigles, hiboux — sont menacés d'extinction car ils se trouvent à la fin de la chaîne alimentaire qui va des herbivores aux insectivores, puis aux carnivores. La concentration des insecticides, qui augmente à chaque maillon de la chaîne, atteint des niveaux dangereusement élevés chez les rapaces.

En 1970, il ne restait plus que deux faucons pèlerins sauvages en Alberta. Cet oiseau, l'un des plus rapides du monde, pique à plus de 320 km/h. Malgré sa vitesse et sa force, il demeure à la merci des poisons inventés par l'homme.

Cette même année, le Service canadien de la faune créa un centre à Camp Wainwright pour élever des faucons pèlerins en captivité et les lâcher ensuite dans la nature. Le centre compte aujourd'hui une centaine de faucons pèlerins que les naturalistes étudient au moyen de caméras de télévision.

0   2   4   6   8   10 Milles

0   4   8   12   16 Kilomètres

de l'Ontario et des Maritimes, des Anglais en mal d'aventures, des mennonites et des Ukrainiens opprimés, des Américains accoururent. Ils ensemencèrent les champs, construisirent des maisons, mais ils durent aussi affronter la sécheresse, les tornades de poussière, la grêle, les incendies de prairie, les invasions de sauterelles et les gelées qui anéantissaient en quelques instants les espoirs d'une saison.

Pour gagner sa pitance, plus d'un colon s'en alla ramasser des ossements sur la colline Nose, au nord de Veteran, où les Indiens chassaient autrefois les bisons. Ces os se vendaient entre 10 $ et 16 $ la tonne aux États-Unis et servaient à fabriquer des engrais et à raffiner le sucre.

La vie était pénible dans ce pays et de nombreux colons se découragèrent. Ceux qui restèrent, malgré l'âpreté du climat et la rudesse de la terre, finirent par connaître une vie prospère. Le musée du Tracteur Wraight, près de Veteran, et les musées des pionniers de Wainwright et de Czar évoquent la vie de ces gens courageux.

### WAINWRIGHT
Au Musée de Wainwright, on verra un bureau de poste du début du siècle, avec ses meubles et son équipement d'époque, d'anciennes machines de laiterie et une baratte en bois.
□ La Tour de l'horloge est un monument commémoratif dédié aux victimes de la Première Guerre mondiale.
□ Quatre cents puits de pétrole et de gaz se trouvent sur un gisement découvert ici en 1921. On peut voir un vieux derrick dans le parc Petroleum, consacré à la prospection pétrolière.
□ Des soldats anglais s'entraînent à la base des forces canadiennes de Wainwright, autrefois le parc national de Buffalo. Bisons, wapitis et chevreuils y abondaient entre 1908 et 1941. Une statue en fibre de verre représentant un bison, le symbole de la ville, se dresse à l'entrée de Wainwright.

*Tour commémorative de l'horloge, à Wainwright*

### CZAR
Malgré le nom de cette ville qui évoque la Russie impériale, la région fut surtout colonisée par des Scandinaves. Le musée des Pionniers possède des ustensiles, des livres, des costumes et des jouets de l'époque des pionniers. D'autres collections illustrent l'histoire naturelle et archéologique des prairies. On y verra aussi une belle collection de 1 100 salières et poivrières dans une gamme de modèles variés.
□ La municipalité a aménagé un terrain de camping et de pique-nique à côté de la plage du lac Shorncliffe.

*Scène de moisson, en Alberta*

### COLLINES NEUTRAL
Pendant des siècles, les collines Neutral constituèrent une réserve de chasse sacrée pour les Indiens des Plaines. La guerre y était interdite. Selon la tradition, le Grand Esprit souleva ces collines pour séparer deux tribus ennemies. Les Indiens tinrent alors un grand conseil et firent la paix.
□ Au sommet des collines, un monument de pierre marque l'endroit où les Indiens se seraient réunis.
□ Les archéologues ont découvert de nombreux vestiges indiens aux environs, notamment des pierres alignées en cercle et des silhouettes de bisons et de tortues gravées sur des rochers.

### PARC PROVINCIAL GOOSEBERRY LAKE
On peut camper et pique-niquer dans le parc qui est doté d'un terrain de golf et d'installations pour les bateaux. Il n'y a pas de poisson dans les eaux alcalines du lac Gooseberry.

Le tremble, le peuplier, le chalef argenté, l'églantier et le saule poussent en bordure du lac et dans les rares endroits humides du parc. Des pins, des épinettes et des caraganas, plantés et entretenus à grands frais, abritent du vent le sol sec et sablonneux. On rencontre ici des coyotes, des spermophiles de Richardson et des sturnelles.

*Chalef argenté*

### CORONATION
L'agglomération, fondée en 1897, a été ainsi baptisée en l'honneur du couronnement de George V en 1911. Les rues et avenues sont nommées dans le même esprit : Windsor, Mary, Queen, King, Royal et George.
□ Coronation, qui se trouve sur la route migratoire des bernaches canadiennes, est une des meilleures régions de chasse de l'Alberta.
□ La ville organise un rodéo en juin et une foire agricole en août.

### VETERAN
Au musée du Tracteur Wraight, on peut voir un tracteur Rumely de 1910 à moteur de 15 chevaux et à refroidissement par huile, un Hart-Parr de 1928 et un John Deere de 1929. Les 46 tracteurs du musée, qui étaient utilisés en Alberta et en Saskatchewan au début du siècle, sont tous en état de marche. Le musée possède également des batteuses et de vieux moteurs qui actionnaient des broyeuses et des machines à laver. Les visites se font sur rendez-vous seulement.

*Tracteur Rumely (1910), Musée de Veteran*

# Les longues soirées d'été d'un pays de lacs et de forêts

Petit Lac des Esclaves

Ce pays de lacs, de prairies et de forêts, sur lequel le soleil se couche suffisamment tard en été pour que l'on puisse encore jouer au golf ou pêcher à 11 heures du soir, était autrefois le domaine des Slaveys (de *slaves,* esclaves), ainsi nommés par les Cris qui méprisaient leurs mœurs pacifiques.

Le traité par lequel les Indiens du nord de l'Alberta cédaient de vastes territoires au gouvernement canadien fut signé, en 1899, non loin de Grouard, la plus vieille

*Église de la mission Saint-Bernard, à Grouard*

### GROUARD

Ce village, qui était autrefois une ville florissante, porte le nom de Mgr Émile Jean-Baptiste Grouard (1840-1931), un missionnaire oblat qui vint évangéliser les Indiens. Grouard traduisit et publia des recueils de cantiques et de prières dans les langues de plusieurs tribus. On lui doit le tableau qui se trouve derrière l'autel de la petite église de bois de la mission Saint-Bernard. Il est enterré dans le cimetière de l'église.

### PARC PROVINCIAL WINAGAMI LAKE

Avec ses bois de trembles et de peupliers baumiers et sa belle plage de sable, ce parc est un endroit rêvé pour le camping. On peut pêcher le brochet, le doré et la perchaude, faire du bateau et pratiquer des sports nautiques dans les eaux du lac.
□ Les naturalistes ont dénombré ici quelque 150 espèces d'oiseaux, notamment des pygargues à tête blanche, des grands chevaliers à pattes jaunes, des mainates rouilleux, des mouettes de Franklin et 15 espèces de pics. Les ours noirs, les orignaux, les cerfs et les renards roux sillonnent le sous-bois et se nourrissent de canneberges et d'églantines. L'habénaire hyperboréale et le comaret des marais abondent sur les terrains marécageux.

---

## L'ami des Indiens

C'est en 1863 qu'un jeune missionnaire français, le père Émile Jean-Baptiste Grouard, arriva dans les lointaines contrées de la rivière de la Paix. Pendant 68 ans, jusqu'à sa mort à l'âge de 91 ans, il exerça son ministère auprès des Cris et des Beavers du Nord-Ouest.

Bien des Indiens accusaient les missionnaires d'apporter avec eux la maladie et la famine. Mais le père Grouard, *Kitchi-Ayamiheiviyiniw* (le grand homme de la prière) comme ils l'appelaient, sut gagner leur confiance. Grouard fit venir une presse, la première du district de la rivière de la Paix, pour imprimer les recueils de cantiques et de prières qu'il avait traduits dans leur langue. Le missionnaire était aussi un artiste accompli. Une de ses toiles orne l'église de la mission Saint-Bernard, à Grouard, la petite ville qui prit son nom.

Nommé archevêque en 1930, Grouard mourut en 1931. Il est enterré dans le cimetière de la mission.

---

### HIGH PRAIRIE

Parmi les collections du Musée de High Prairie, on remarquera une herminette vieille de 3 000 ans et une épée, toutes deux découvertes en 1923 enfouies dans la terre à environ 1,5 km d'ici. On ignore la provenance de cette épée, dont la facture remonte au début du XIXe siècle. Quant à l'herminette, trouvée non loin de l'épée, elle a été façonnée dans une roche métamorphique inconnue dans la région. Le musée comprend aussi une importante collection de meubles de l'époque des pionniers, dont des machines à laver du début du siècle et un lit en cuivre avec des poteaux de 10 cm de diamètre.
□ Outre son rodéo en août, la ville propose aux touristes une piscine extérieure, un terrain de golf et un terrain de camping.

*Paruline à croupion jaune*

### FAUST

Une fenêtre de l'église anglicane St. Paul contient un fragment de vitrail à motif de rosace qui provient de la cathédrale St. Paul de Londres, bombardée durant la Seconde Guerre mondiale.
□ Ce hameau, situé sur la baie de Giroux, au bord du Petit Lac des Esclaves, est un centre de pêche, d'exploitation forestière et d'élevage de visons. Les champs pétrolifères des collines Swan se trouvent un peu plus au sud.

localité de la région (1872). Grouard était alors une petite ville de 4 000 âmes fort animée qui, en 1905, disputa même à Edmonton l'honneur de devenir la capitale de la province.

Grouard connut son heure de gloire avec la ruée vers l'or du Klondike de 1896. Elle prospéra tant que les colons s'aventurèrent en direction du nord. Les hameaux que ceux-ci fondèrent étaient approvisionnés l'hiver par des convois de traîneaux et l'été par des vapeurs qui traversaient le Petit Lac des Esclaves.

Le terminus oriental de cette route commerciale était la ville de Slave Lake, alors connue sous le nom de Sawridge. Elle avait été fondée en 1898 par des prospecteurs qui préférèrent s'installer ici plutôt que de risquer le dur voyage qui les aurait conduits au Yukon. Avec cinq navires en service, Sawridge se vantait d'être la capitale des vapeurs au Canada. Lorsque les bateaux furent remplacés par le chemin de fer en 1914, Grouard et Sawridge sombrèrent dans l'oubli.

Slave Lake connut un regain d'activité lorsque, 50 ans plus tard, on découvrit du pétrole dans la région. La bourgade, qui n'avait plus que 500 habitants en 1960, en compte aujourd'hui environ 5 600.

Petit Lac des Esclaves

**PETIT LAC DES ESCLAVES**
L'extrémité sud du Petit Lac des Esclaves, l'un des plus grands plans d'eau de l'Alberta avec ses 1 195 km², est bordée d'une ceinture de dunes de 6 m de haut qui s'étalent sur 5 km. Malgré ses dimensions, ce lac est qualifié de « petit » pour le distinguer du Grand Lac des Esclaves, dans les Territoires du Nord-Ouest.
□ Deux aigles, le pygargue à tête blanche et le balbuzard, habitent le parc provincial Lesser Slave Lake. Des orignaux, des cerfs, des loups et des ours, dont quelques grizzlis, fréquentent ses collines couvertes de peupliers, d'épinettes et de bouleaux.
□ Le parc offre de nombreuses attractions : natation, pêche au doré et au grand brochet, navigation de plaisance, canotage et camping dans ses trois grands terrains, North Shore, Lily Creek et Marten Creek. Du sommet du mont Marten (915 m), les excursionnistes découvrent une splendide vue du lac et des collines avoisinantes.

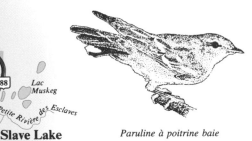
Paruline à poitrine baie

## Le puissant grizzli

Avec le requin, l'ours grizzli est sans doute l'animal qui terrifie le plus l'homme. Pourtant, le grizzli nous évite et n'attaque habituellement que s'il y est contraint.

Le grizzli s'aventurait autrefois loin à l'est, jusqu'à la rivière Rouge. On ne le trouve plus aujourd'hui que dans certaines régions de la Colombie-Britannique, du Yukon et des Territoires du Nord-Ouest, dans les Rocheuses et sur les collines Swan, au sud du Petit Lac des Esclaves.

Animal massif aux membres puissants dont le pelage va du noir au jaune crème, le grizzli se nourrit habituellement de poissons, de rongeurs, d'insectes, de racines et de baies sauvages.

**SLAVE LAKE**
Les premiers explorateurs, les trafiquants de fourrures, les prospecteurs du Klondike et les pionniers de la rivière de la Paix firent tous halte dans cet endroit qui était à l'origine un territoire de chasse indien. La Compagnie de la Baie d'Hudson y possédait deux postes de traite lorsque des chercheurs d'or déçus s'installèrent dans la région en 1898. La bourgade, qui s'appelait alors Sawridge, devint un centre de ravitaillement pour les colons qui se dirigeaient vers le nord. Cinq navires, quatre pour les marchandises et un pour les passagers, y faisaient régulièrement escale au plus fort de la navigation commerciale, laquelle disparut en 1914 au profit du chemin de fer. La ville prit son nom actuel en 1923.

Lors d'une inondation, en 1935, la grand-rue fut recouverte de plus de 1 m d'eau. L'année suivante, les habitants halèrent leurs maisons sur la glace pour reconstruire la ville sur les hauteurs, à 4 km de son emplacement initial.
□ Slave Lake organise une grande fête en juillet et en août, Riverboat Daze. On y assiste à des feux d'artifice, à des concours de bûcherons et à un championnat de balle molle.

# Sur les pas du père Lacombe, « l'homme au grand cœur »

Centre de l'Alberta

Églises et musées, à Saint-Albert, à Morinville et ailleurs dans cette riche région agricole, évoquent l'époque des missionnaires du siècle dernier qui évangélisèrent les Indiens de l'Ouest et préparèrent l'arrivée des colons. L'un des plus célèbres fut le père Albert Lacombe, un oblat qui arriva dans la région en 1852 et exerça son ministère dans l'Ouest pendant 67 ans. Le père Lacombe, surnommé « l'homme au grand cœur » par les Indiens, sut faire la paix entre les Cris et

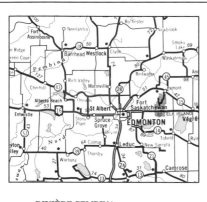

## RIVIÈRE PEMBINA
En 1862, les aventuriers qui se frayaient un chemin vers les champs aurifères du Caribou, en Colombie-Britannique, prirent pour un volcan un gisement de charbon qui se consumait naturellement, près de la rivière Pembina. Le gisement est aujourd'hui exploité et la houille alimente des centrales électriques situées au bord du lac Wabamun.
□ Blotti au fond d'une vallée encaissée, le parc provincial Pembina River est le refuge des parulines jaunes, des pics mineurs et des bruants à gorge blanche.

## Le jardin aquatique du lac Wabamun

Les plantes poussent en si grand nombre dans les eaux tempérées et peu profondes du lac Wabamun qu'elles en cachent le fond.

Les vagues empêchent la végétation de pousser sur ses rives tantôt sablonneuses, tantôt rocailleuses, mais les baies abritées se transforment en un fouillis de quenouilles, de prêles et d'immenses roseaux. Des milliers d'oiseaux nichent le long des rives marécageuses où abondent les crustacés, les insectes et les vairons. Les orignaux et les castors mangent les longues tiges spongieuses des nénuphars dont les fleurs parsèment le lac de taches jaunes au printemps et en été.

Des tapis de lentilles d'eau, une plante d'un vert cru qui flotte sur l'eau, couvrent certaines parties du lac en été, tandis que le potamot, la cornifle nageante et le volant d'eau remontent du fond vaseux à la surface.

*Prêle fluviatile*

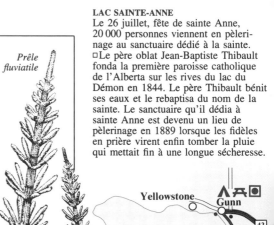

## LAC SAINTE-ANNE
Le 26 juillet, fête de sainte Anne, 20 000 personnes viennent en pèlerinage au sanctuaire dédié à la sainte.
□ Le père oblat Jean-Baptiste Thibault fonda la première paroisse catholique de l'Alberta sur les rives du lac du Démon en 1844. Le père Thibault bénit ses eaux et le rebaptisa du nom de la sainte. Le sanctuaire qu'il dédia à sainte Anne est devenu un lieu de pèlerinage en 1889 lorsque les fidèles en prière virent enfin tomber la pluie qui mettait fin à une longue sécheresse.

## ALBERTA BEACH
Le Musée d'Alberta Beach, installé dans la plus petite église de pierre du monde, renferme une centaine de bibles dont certaines remontent à 1814. On peut y voir aussi un mélodion écossais vieux de 210 ans, une centaine d'armes anciennes et une collection d'objets indiens et de spécimens géologiques.

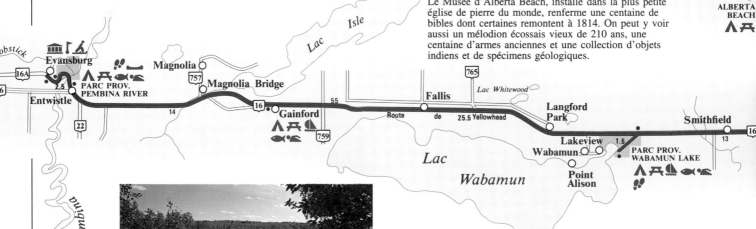

*Parc provincial Wabamun Lake*

## PARC PROVINCIAL WABAMUN LAKE
Du matin au soir, canots, voiliers et barques de pêcheurs glissent sur les 20 km de long du paisible lac Wabamun, « le miroir » en cri, dont les eaux regorgent de grands brochets, de perchaudes et de grands corégones. Les canoéistes affectionnent la baie de Moonlight au crépuscule.
□ Aménagé en bordure de la route de Yellowhead, à 64 km à l'ouest d'Edmonton, le parc Wabamun Lake est l'un des plus populaires de l'Alberta. Les visiteurs y trouvent de belles plages de sable, des terrains de pique-nique et des appontements pour les bateaux. Des orignaux, des cerfs de Virginie et des castors fréquentent les bois où de nombreux oiseaux de proie, buses à queue rousse, busards des marais, crécerelles américaines et émerillons chassent lapins, souris et musaraignes, et font le bonheur des ornithophiles.

0   1   2   3   4   5 Milles
0      2      4      6      8 Kilomètres

les Pieds-Noirs, s'attirant ainsi leur respect et leur amitié.

Une statue du père Lacombe domine Saint-Albert où il fonda une mission en 1861. La même année, il rallia tous ses paroissiens pour construire, avec des cordes et des madriers grossièrement équarris, le premier pont de l'ouest du Canada. L'ouvrage a aujourd'hui disparu, mais on peut encore voir la mission de bois rond, devenue le musée du Père-Lacombe. Le musée renferme une maquette du pont, plusieurs ouvrages rédigés par le missionnaire dans la langue des Cris et des Pieds-Noirs, ainsi que les raquettes qu'il utilisait sans doute pour visiter ses amis indiens. Un autre missionnaire québécois, le père Jean-Baptiste Morin, fonda la localité de Morinville. L'église du village et le couvent Notre-Dame font aujourd'hui partie d'un centre historique et culturel.

La première vague d'immigrants déferla dans la région en 1885, avec l'achèvement de la ligne du CP. Les nouveaux venus transformèrent la vaste prairie en une riche terre agricole, comme en témoigne le pittoresque marché du samedi à Stony Plain.

*Marché de Stony Plain*

**MORINVILLE**

Avec son clocher flanqué de deux clochetons, ses portes et ses fenêtres en plein cintre, l'église catholique Saint-Jean-Baptiste, construite en 1907 et restaurée en 1973, s'inspire de l'architecture religieuse traditionnelle du Québec. Des peintures décrivant des scènes bibliques ornent les murs et le plafond, au-dessus de l'autel. Cette église, dont certaines parties ont été construites de rondins en 1895, est un monument historique.

**COLLINES GLORY**

Au nord de Stony Plain, la route s'enfonce au milieu des collines Glory d'où l'on découvre par endroits de splendides vues sur les environs. Ombragés de grandes épinettes, plusieurs lacs aux eaux cristallines sont propices aux pique-niques.

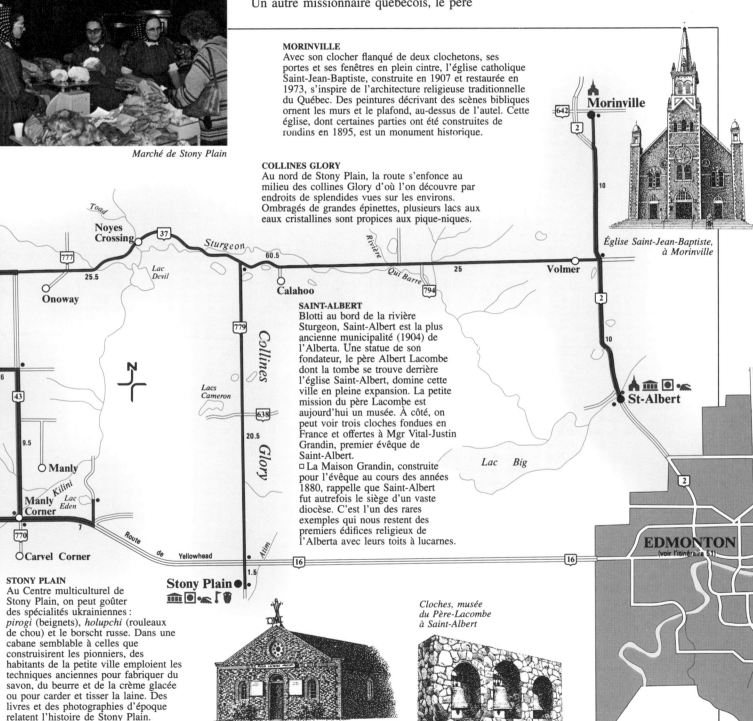

*Église Saint-Jean-Baptiste, à Morinville*

**SAINT-ALBERT**

Blotti au bord de la rivière Sturgeon, Saint-Albert est la plus ancienne municipalité (1904) de l'Alberta. Une statue de son fondateur, le père Albert Lacombe dont la tombe se trouve derrière l'église Saint-Albert, domine cette ville en pleine expansion. La petite mission du père Lacombe est aujourd'hui un musée. À côté, on peut voir trois cloches fondues en France et offertes à Mgr Vital-Justin Grandin, premier évêque de Saint-Albert.

□ La Maison Grandin, construite pour l'évêque au cours des années 1880, rappelle que Saint-Albert fut autrefois le siège d'un vaste diocèse. C'est l'un des rares exemples qui nous restent des premiers édifices religieux de l'Alberta avec leurs toits à lucarnes.

**STONY PLAIN**

Au Centre multiculturel de Stony Plain, on peut goûter des spécialités ukrainiennes : *pirogi* (beignets), *holupchi* (rouleaux de chou) et le borscht russe. Dans une cabane semblable à celles que construisirent les pionniers, des habitants de la petite ville emploient les techniques anciennes pour fabriquer du savon, du beurre et de la crème glacée ou pour carder et tisser la laine. Des livres et des photographies d'époque relatent l'histoire de Stony Plain.

□ Une statue équestre, œuvre de Don Bednar, a été érigée en 1974 pour commémorer le centenaire de la Police montée du Nord-Ouest en Alberta.

*Cloches, musée du Père-Lacombe à Saint-Albert*

*Musée du Père-Lacombe, à Saint-Albert*

# Une capitale florissante, à la porte du Grand Nord

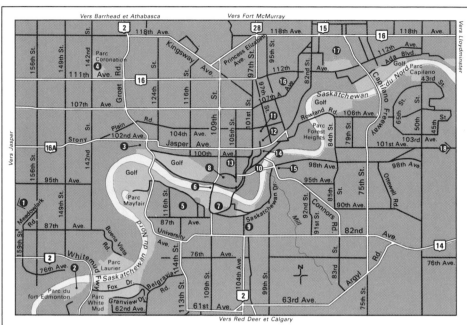

## Edmonton

1 West Edmonton Mall
2 Parc du fort Edmonton
3 Musée provincial de l'Alberta
4 Centre des sciences spatiales
5 Université de l'Alberta
6 Pont High Level
7 Capital City Recreation Park
8 Parlement
9 Old Strathcona
10 Tour Alberta Telephone
11 Musée des Beaux-Arts d'Edmonton
12 Théâtre Citadel
13 Musée de la police d'Edmonton
14 Centre des congrès/Temple de l'aviation
15 Serres Muttart
16 Stade du Commonwealth
17 Edmonton Northlands
18 Refinery Row

À cheval sur la Saskatchewan du Nord, Edmonton, capitale de l'Alberta et la plus septentrionale des grandes villes canadiennes, est une métropole florissante. Vers la fin du XVIII$^e$ siècle, la grande rivière attira les premiers négociants au fort Edmonton de la Compagnie de la Baie d'Hudson. Au siècle suivant, les chariots des colons tracèrent la fameuse piste menant de Calgary à Edmonton.

Base d'approvisionnement pour les chercheurs d'or du Klondike vers la fin du XIX$^e$ siècle, Edmonton prit une expansion considérable en 1905 avec l'arrivée du chemin de fer transcontinental et son nouveau statut de capitale provinciale.

L'avènement de l'aviation commerciale devait faire d'Edmonton « la porte du Grand Nord » : ses trois aéroports desservent toujours les régions éloignées. Mais c'est la découverte d'un gisement de pétrole à Leduc, en 1947, qui donna à la ville son véritable essor.

**Capital City Recreation Park** (7) Quelque 22,5 km de pistes cyclables et piétonnières sillonnent ce parc situé de part et d'autre de la rivière.

**Centre des congrès** (14) Construit dans l'escarpement qui surplombe la Saskatchewan du Nord, il abrite un bureau de tourisme et le Temple de la renommée de l'aviation canadienne. Divers instruments d'aéronautique, des maquettes d'avions et un montage photographique relatent l'histoire de l'aviation canadienne.

**Centre des sciences spatiales** (4) Ce centre polyvalent inclut un planétarium et le Margaret Zeidler Star Theatre.

**Edmonton Northlands** (17) L'immense complexe comprend le Northland Coliseum des Oilers d'Edmonton, une piste de course et le parc des expositions où prennent place des foires et des expositions agricoles. Plusieurs événements importants s'y déroulent, dont le Super Rodéo en mars, les Journées du Klondike en juillet et les finales canadiennes de rodéo, en novembre, le plus grand rodéo intérieur.

**Musée des Beaux-Arts** (11) C'est le plus grand musée de l'Alberta ; il possède des toiles du Groupe des Sept et d'artistes modernes.

**Musée de la Police d'Edmonton** (13) La collection est entièrement consacrée à l'histoire de la police en Alberta.

**Musée provincial de l'Alberta** (3) Cet imposant édifice, inauguré à l'occasion du centenaire de la Confédération, occupe les terrains de l'ancienne résidence du lieutenant-gouverneur.

Dans la salle d'orientation, une frise de bronze de 11 pièces décrit les thèmes des collections des quatre galeries principales du musée : civilisation amérindienne, histoire naturelle, habitat et histoire de la province. Objets, diaporamas, spécimens et

*Rowand House, construite vers 1840, est l'un des nombreux monuments historiques du fort Edmonton.*

photographies illustrent toutes les facettes de l'histoire de l'Alberta.

**Parc du fort Edmonton** (2) Ce musée extérieur comprend trois rues évoquant la petite ville des années 1885-1905. Parmi les 50 bâtiments, on remarque la reconstitution du fort Edmonton, ainsi que les bureaux du *Edmonton Bulletin* de 1878, premier journal de l'ouest du Canada.

Dans le parc se trouve l'église George McDougall, construite par le missionnaire méthodiste de ce nom en 1872. Restaurée au cours des années 40 et 50 et transformée par la suite en musée, elle expose des bibles et des livres de prières.

Le Centre de la nature John Janzen présente une collection permanente d'histoire naturelle et offre plus de 4 km de sentiers dans les limites du parc.

**Parlement** (8) Ce monument à dôme élevé, construit en 1912 avec des marbres du Québec, de Pennsylvanie et d'Italie, domine le centre de la capitale. On peut en faire la visite.

**Pont High Level** (6) Ce pont géant à deux tabliers a été construit entre 1910 et 1913. Les trains roulent sur le tablier supérieur ; les voitures, sur le tablier inférieur. À proximité se trouve la chute artificielle Great Divide, construite pour fêter le 75$^e$ anniversaire d'Edmonton.

**Quartier historique Old Strathcona** (9) Le vieux quartier commercial d'Edmonton recèle plusieurs immeubles datant du début du siècle, comme une caserne de

*Le stade de 60 217 places a été inauguré en 1978 pour les Jeux du Commonwealth.*

pompiers, l'hôtel Strathcona et le cinéma Princess. On peut y faire une promenade autoguidée.

**Refinery Row** (18) Ce quartier industriel à l'est de la ville comprend une usine de polyéthylène, d'énormes réservoirs de stockage et des stations de pompage.

**Serres Muttart** (15) Quatre pyramides de verre dominent ce complexe ; trois d'entre elles regroupent des espèces végétales représentant trois différentes régions climatiques ; la quatrième est consacrée aux plantes d'ornement.

**Stade du Commonwealth** (16) Ce stade de 60 217 places a été construit pour abriter les Jeux du Commonwealth en 1978 et agrandi en 1983 pour les Jeux universitaires internationaux. Plusieurs installations datent de la première époque : le vélodrome Argyll, le boulodrome Coronation, le champ de tir Strathcona et le centre de sports nautiques Kinsmen.

**Théâtre Citadel** (12) Ce complexe ultramoderne de verre et de brique, achevé en 1976 et agrandi en 1984, renferme cinq théâtres, des salles de répétition, des ateliers, des bureaux et une bibliothèque.

**Tour Alberta Telephone** (10) On a une vue imprenable d'Edmonton depuis la galerie AGT Vista 33 en haut de la tour. Un musée expose d'anciens téléphones ainsi que les plus récentes créations de la télécommunication.

**Université de l'Alberta** (5) Fondée en 1906, elle domine la Saskatchewan du Nord. On y remarque la faculté de médecine et « The Hub », une maison d'étudiants chauffée à l'énergie solaire.

**West Edmonton Mall** (1) Ce centre commercial offre plus de 800 boutiques, le parc de manèges intérieur le plus vaste du monde, deux lacs intérieurs (le premier assez grand pour qu'on y fasse du surfing, le second assez profond pour qu'on y pratique la plongée), une patinoire aux dimensions de la LNH, un golf miniature à 18 trous et une infinité d'autres attractions réparties sur 45 ha. Le *Livre des records Guinness* a qualifié ce centre dc « huitième merveille du monde ».

*Un bouquet de gratte-ciel* (photo ci-dessus) *entoure le vieil hôtel Macdonald* (à gauche) ; *le centre des Congrès d'Edmonton* (à droite) *a été construit sur l'escarpement dominant la Saskatchewan du Nord. Le West Edmonton Mall* (ci-contre), *une ville dans une ville, offre une gamme infinie de boutiques et d'installations de divertissement.*

*Ce bouclier des Pieds-Noirs* (ci-dessus), *qui daterait de 1870, fait partie des collections exposées au Musée provincial de l'Alberta.*

## La fièvre des Journées du Klondike

Chaque année, pendant 10 jours en juillet, Edmonton revit la fièvre de la ruée vers l'or de 1898. Les magasins arborent de fausses façades dans le style de l'époque, les cafés se transforment en saloons où des pianistes en canotier jouent des airs d'antan. Les rues du centre-ville sont réservées aux promeneurs qui se pavanent dans leurs plus beaux atours d'époque.

D'innombrables concours mettent à contribution la force ou l'adresse de chacun. Le meilleur bûcheron est couronné « Roi du Klondike ». Une centaine de radeaux se disputent le championnat mondial des *Sourdough* (c'est le surnom des chercheurs d'or) sur la Saskatchewan du Nord.

Au parc des Expositions, le Silver Slipper Gambling Saloon ouvre ses portes aux parieurs et un prix en or est décerné chaque jour. Les gagnants vont en diligence encaisser leur prix au centre-ville. Dans le parc se dresse une modeste réplique (13 m) du mont Chilkoot, en bois, fil de fer et plâtre, sur laquelle coulent une chute d'eau et un ruisseau où les visiteurs peuvent chercher de petites pépites d'or.

*Course de radeaux pendant les Journées du Klondike*

# Un refuge pour les bisons et... des oursons nourris au biberon

Centre de l'Alberta

Le parc national Elk Island, dont le nom, en anglais, évoque les grandes hardes de wapitis qui peuplaient autrefois la région, est aménagé dans la partie nord des collines Beaver. Trappeurs, chasseurs et colons avaient pratiquement anéanti le troupeau en 1906 lorsque le gouvernement fédéral ouvrit une réserve qui se transforma par la suite en parc national.

Elk Island n'est pas une île ; c'est un territoire sauvage niché au cœur d'une région agricole. Ses collines la différencient

## FORT SASKATCHEWAN

Dans le musée de Fort Saskatchewan, une fresque de 3 m sur 2 raconte l'histoire de la ville depuis l'époque d'Anthony Henday, le premier Blanc qui explora cette région de l'Alberta. Henday, qui se livrait à la traite des fourrures pour la Compagnie de la Baie d'Hudson, parcourut le territoire des Pieds-Noirs, plus au sud, en 1754-1755.

Le musée comprend une collection de photographies et d'objets de l'époque des Indiens et des pionniers. On remarque un duplicateur (1908) qui fonctionnait avec de la toile mouillée et des feuilles de fer blanc. Plusieurs bâtiments ont été restaurés dans un petit parc où l'on verra également une moissonneuse qu'on attelait à des chevaux, des batteuses dotées d'un moteur à vapeur et un monument construit avec des pierres de l'ancien fort de la Gendarmerie royale (1875).

*École de rondins, musée de Fort Saskatchewan*

## VILLAGE HISTORIQUE UKRAINIEN

Juste à la sortie est du parc national Elk Island, on peut voir les églises à coupoles et les maisons de pionniers du Village historique ukrainien. Les bâtiments proviennent de villages avoisinants.

□ Il y a un marché toutes les fins de semaine et un festival des récoltes s'y tient en septembre.

## PARC POLAR

Ce zoo de 6,27 km² renferme une centaine d'espèces sauvages venues de divers pays froids comme le Canada, l'Union soviétique et le nord de la Chine. On y trouve aussi des animaux des climats chauds : guépards, lions et rhinocéros, ainsi qu'un couple de gorilles des montagnes, espèce en voie d'extinction. Au total, plus d'un millier de bêtes sauvages vivent dans le parc. Des routes de terre permettent de visiter les zones où elles se tiennent.

Aux visiteurs, la parc offre des randonnées en fourragère en été et en traîneau l'hiver, des terrains de pique-nique et un restaurant. Au-delà de 32 km de pistes attendent les amateurs de ski de randonnée.

*Tigres de Sibérie dans le parc Polar*

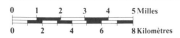

vraiment de la prairie environnante : cuvettes, massifs et ravins révèlent des accidents géologiques qui accentuent encore son relief particulier par rapport aux terres à céréales et aux pâturages qui l'entourent. Son climat aussi est différent. En été, les collines sont plus fraîches que la prairie inondée de soleil : en hiver, elles font dévier les vents qui ravagent les plaines.

Refuge de wapitis, le parc national Elk Island accueille des espèces sauvages menacées : bisons des plaines et des bois et cygnes trompettes. On y trouve aussi des castors, des coyotes, des visons, des orignaux et des cerfs mulets. Les lacs et les fondrières du parc abritent la sauvagine : il y en aurait plus de 200 espèces — certaines y nichent, les autres y font escale au printemps et à l'automne.

La flore comporte le tremble, le bouleau, le peuplier et l'épinette, ainsi que des plantes comme le souci d'eau et la salsepareille, qui ont disparu ailleurs.

Le parc offre aussi un grand intérêt touristique. Situé à quelque 48 km à l'ouest d'Edmonton, c'est un endroit rêvé pour le camping, le canotage, le golf et la randonnée à pied ou en ski.

*Église paroissiale, à Star*

**STAR**
La plus vieille paroisse catholique ukrainienne du Canada fut fondée ici par des colons ukrainiens en 1892-1894 ; à l'époque, elle s'appelait Edna. L'église actuelle, la troisième depuis la fondation de la paroisse en 1897, fut construite en 1926-1927. On y voit des émaux du Christ, de la Vierge et des quatre évangélistes, sauvés de l'incendie qui ravagea la seconde église en 1922.

**COLLINES BEAVER**
Les collines Beaver, une série de crêtes, de tourbières et de lacs peu profonds formés par la récession des glaciers, s'élèvent à une quarantaine de mètres au-dessus de la prairie.
□ L'assise rocheuse des collines fut formée il y a 100 millions d'années quand un glacier en récession déposa du sable, du gravier et de la boue au fond d'une ancienne mer. Le paysage vallonné fut créé plus tard par un glacier qui déposa d'énormes blocs erratiques du Bouclier canadien, il y a entre un million d'années et 10 000 ans. Des tourbières, des lacs et des étangs se formèrent ensuite dans les dépressions.

**PARC NATIONAL ELK ISLAND**
Petites villes et champs cultivés entourent ce parc national de 194 km$^2$, l'un des plus petits du Canada, où les Sarcis et les Indiens des plaines chassaient autrefois castors, bisons et wapitis.
□ Le parc offre des visites guidées, des projections de films documentaires et des sentiers d'exploration de la nature.
□ Sandy Beach, sur la rive est du lac Astotin, comporte de nombreuses attractions touristiques : installations de pique-nique et de camping, golf de neuf trous, voile, canot et natation. Vingt et une îles jalonnent les 4 km de ce lac, profond de 6 m, le plus grand du parc.
□ Plusieurs pistes bien balisées permettent aux skieurs de randonnée et aux raquetteurs d'admirer la beauté du parc en hiver.

## Un refuge pour des espèces menacées

Une clôture de 2 mètres de haut entoure le parc national Elk Island pour mettre les espèces en danger qui s'y trouvent à l'abri des loups et des autres prédateurs. Par ailleurs, les populations de mammifères doivent être soigneusement contrôlées dans ce milieu fermé. Ainsi, les cerfs épuisent leurs sources de nourriture s'ils se reproduisent trop vite et les barrages des 2 500 castors du parc peuvent causer d'importantes inondations.

Quelque 450 bisons des plaines sillonnent le territoire au nord de la route 16 qui traverse le parc. Plus de 200 bisons des bois peuplent une zone au sud de la route. La survie du bison a été si bien assurée qu'on peut dorénavant relâcher des sujets dans les territoires qu'ils habitaient autrefois.

On a recensé plus de 200 espèces d'oiseaux dans le parc, notamment le grand duc et la mésange à tête noire, tandis que les terres marécageuses abritent le huard à collier, le canard roux et la maqueuse à ailes blanches.

*Lac Astotin, parc national Elk Island*

# Dômes, *boordays* et *pysankas*, un coin d'Ukraine dans la Prairie

## Centre de l'Alberta

Les pionniers d'origine ukrainienne qui ont donné naissance au principal groupe ethnique de cette région arrivèrent ici entre 1898 et 1910. Durs à la tâche, ils défrichaient de 2 à 4 ha de terre tous les ans, tout en travaillant dans les mines, les camps de bûcherons ou à la construction du chemin de fer pour s'acheter du bétail et de l'équipement agricole.

Leurs premières habitations, les *boordays*, étaient d'humbles masures creusées dans le sol et couvertes d'une toiture de

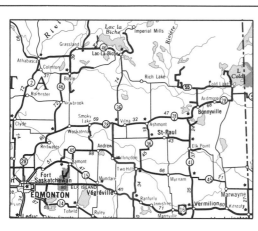

*Églantier*

**PISTE DE VICTORIA**
Des buissons d'églantiers, emblème floral de l'Alberta, bordent la route historique qui longe la Saskatchewan du Nord. La piste de Victoria, qui date des années 1870, faisait partie de la route qu'empruntaient les convois de chariots entre Winnipeg et Edmonton. De nos jours, à l'ouest de Victoria Settlement, elle offre le splendide paysage d'une vallée luxuriante, encaissée et boisée.

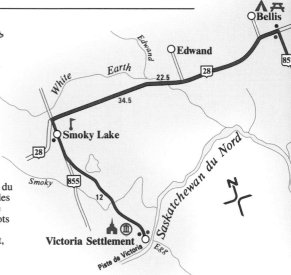

## Les chaumières des colons ukrainiens

Le *boorday* était un trou dans le sol, garni de rondins et couvert d'une toiture de branchages et de terre. Souvent, plusieurs familles s'y entassaient pendant que les hommes construisaient de grosses cabanes de rondins comme on peut en voir au Village historique de Shandro ou dans le centre de l'Alberta.

Ces grosses cabanes de deux pièces étaient généralement faites de rondins de peupliers ou de trembles revêtus d'un enduit de boue. Les murs étaient ensuite passés à la chaux. Ces cabanes s'inspiraient du modèle ukrainien traditionnel : toit de chaume, décorations de couleurs vives — bleu et jaune — sur les portes et les fenêtres, avant-toit délicatement orné. Dès que leurs maisons étaient prêtes, les colons construisaient une église — une simple construction de bois rond, mais toujours coiffée du traditionnel dôme en forme de poire.

*Chaumière ukrainienne,
Village historique de Shandro*

**VICTORIA SETTLEMENT**
Au sud-ouest du lac Smoky se trouve l'ancien village de Victoria sur le site du fort Victoria, poste de la Compagnie de la Baie d'Hudson devenu très tôt une mission méthodiste et une colonie. On y a restauré la maison d'un commis du fort, la plus ancienne construction (1864) de l'Alberta toujours sur son site d'origine. Un autre bâtiment historique, l'église méthodiste, présente un diaporama décrivant la vie au temps des colons. Des guides en costumes d'époque accompagnent les visiteurs.

*Icône, musée du Monastère, à Mundare*

*Un* boorday, *tableau de William Kurelek*

*Église orthodoxe ukrainienne,
Village historique de Shandro*

branchages et de terre. Avec le temps, les colons construisirent des cabanes de rondins dont le style rappelait l'architecture de leur patrie d'origine. Au Village historique de Shandro, on peut voir des exemples, jalousement conservés, de ces deux types d'habitations.

Profondément religieux, les Ukrainiens construisirent aussi des églises dont les dômes brillants dominent leurs villages comme autant de témoignages émouvants de leur foi et de leur courage.

Chants et danses folkloriques, broderies, décoration des œufs de Pâques, spécialités culinaires, autant de traditions ukrainiennes qui restent vivaces. Vegreville organise au début de juillet un grand festival ukrainien qui témoigne de la vigueur de ce patrimoine culturel. La ville possède aussi un énorme *pysanka* (œuf de Pâques) qui commémore les premiers pionniers. Ses motifs symbolisent la prospérité, l'abondance des récoltes et la sécurité de leur patrie d'adoption.

*La Saskatchewan du Nord, près de Wasel*

### SHANDRO
Le Village historique et le musée des Pionniers de Shandro évoquent la vie des premiers immigrants ukrainiens. Parmi les 18 bâtiments du village, on peut voir la chaumière de rondins construite en 1902 par le premier colon, Nikon Shandro, un silo de 1926, l'une des plus anciennes églises orthodoxes de la province (édifiée près de Chipman par des missionnaires russes en 1904), une forge, un moulin à vent et la réplique d'un *boorday*.

### BOIAN
Attirés par les terres fertiles de la région, des Roumains s'installèrent ici en 1899 et donnèrent à leur village le nom d'une localité de leur province natale, la Bucovine. Perchée sur une colline, l'église orthodoxe roumaine St. Mary (1903) est sans doute la plus ancienne église roumaine encore ouverte au culte en Amérique du Nord. Les murs de rondins sont recouverts de planches de bois. Aux environs, on peut voir une vieille école de pierre, qui abrite aujourd'hui une salle communautaire, et un cimetière, seuls vestiges de l'ancienne communauté. De nombreuses familles ont récemment quitté la région pour s'installer dans les centres industriels de l'Ontario et du Québec.

*Église orthodoxe roumaine St. Mary, à Boian*

### HAIRY HILL
Le village porte le nom d'une colline où les bisons se défaisaient de leur toison d'hiver au printemps. On construit ici des canots constitués d'une carcasse d'épinette de Sitka, de chêne et d'érable de 5 m de long recouverte de toile, semblables à ceux que l'on fabriquait dans l'est du Canada vers 1880.

### TWO HILLS
Le village, qui se trouve à l'est du grand gazoduc Alberta Gas Trunk Line, est entouré d'un réseau d'installations d'épuration du gaz naturel.
□ La petite ville organise un tournoi de baseball, un rodéo intérieur et une exposition agricole en août.

### VEGREVILLE
Un énorme *pysanka*, un œuf de Pâques décoré de 8 m sur 6 et qui pèse 2 270 kg, se dresse au milieu du parc Héritage. L'œuf d'aluminium, qui tourne sur une base d'acier et de béton, honore la mémoire des pionniers de la région, ainsi que celle de la Police montée qui assura leur protection. Ses motifs de bronze, d'or et d'argent, étoiles, triangles équilatéraux, ailes de moulins et dents de loups, symbolisent la prospérité, l'abondance des récoltes et la sécurité.
□ Au début de juillet, la fête bat son plein pendant les trois journées du festival ukrainien ponctué de danses, de dégustations de plats traditionnels, d'expositions locales et de concours. Un défilé, des spectacles nocturnes et un déjeuner pour les invités arrivant à l'aéroport marquent la foire agricole de trois jours à la fin de juillet.
□ À l'est de la ville, on peut voir une statue de 2 m de haut de la Vierge Marie, sculptée en Italie dans un bloc de marbre de Carrare.

### MUNDARE
Le musée du Monastère des pères basiliens possède une collection exceptionnelle d'art d'Europe orientale, de reliques religieuses et d'objets ukrainiens. On peut y voir un évangile du XIIᵉ siècle calligraphié en slavon, quatre icônes du XIVᵉ siècle, des exemplaires de la première bible imprimée en latin en 1520, ainsi que la première bible imprimée en français en 1558. Les collections comprennent également une nappe d'autel du XVIIᵉ siècle brodée d'argent et un violon italien de 1723.
□ L'église Saint-Pierre-et-Saint-Paul du monastère est un édifice octogonal de brique avec un dôme de bois, coiffé de huit demi-arcs et surmonté d'une croix en aluminium. Ses vitraux relatent la vie du Christ ainsi que l'histoire de Mundare et du peuple ukrainien. Dans une niche du narthex se trouve la reproduction d'une icône de la Vierge. L'original, auquel sont attribués 539 miracles, est à Pochayev, en Ukraine occidentale.

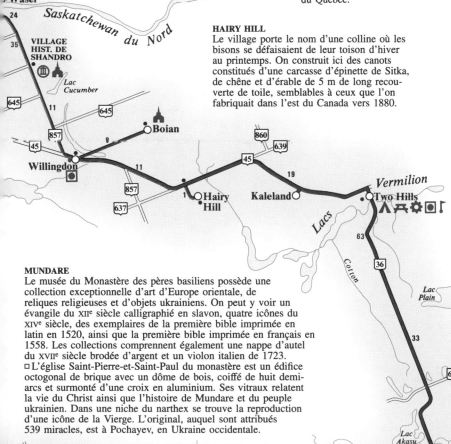

*Œuf de Pâques géant, à Vegreville*

# Une constellation de lacs sous un frais couvert forestier

Centre-est de l'Alberta

Au nord du parc provincial Long Lake, les grandes terres agricoles cèdent la place à un paysage de collines boisées. Cette région que l'homme a peu marquée de son empreinte abrite de nombreuses espèces d'oiseaux (pélican blanc, grand héron, grèbe de l'Ouest, huard, pygargue à tête blanche, balbuzard, buse, grue canadienne et hibou), qui trouvent ici un refuge sûr et une abondante nourriture. Les routes sont bordées de buissons de baies sauvages (bleuets, canneberges, framboi-

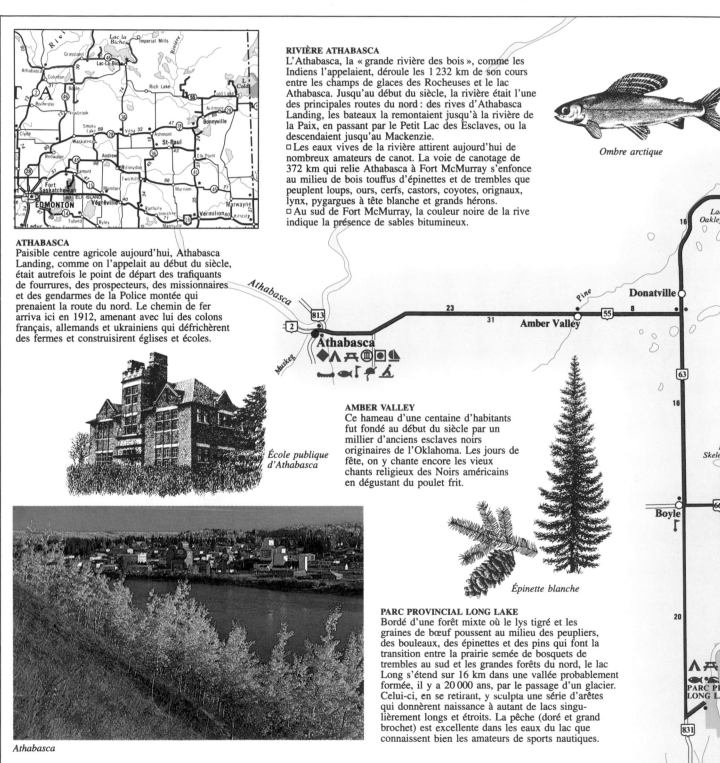

### RIVIÈRE ATHABASCA

L'Athabasca, la « grande rivière des bois », comme les Indiens l'appelaient, déroule les 1 232 km de son cours entre les champs de glaces des Rocheuses et le lac Athabasca. Jusqu'au début du siècle, la rivière était l'une des principales routes du nord : des rives d'Athabasca Landing, les bateaux la remontaient jusqu'à la rivière de la Paix, en passant par le Petit Lac des Esclaves, ou la descendaient jusqu'au Mackenzie.
□ Les eaux vives de la rivière attirent aujourd'hui de nombreux amateurs de canot. La voie de canotage de 372 km qui relie Athabasca à Fort McMurray s'enfonce au milieu de bois touffus d'épinettes et de trembles que peuplent loups, ours, cerfs, castors, coyotes, orignaux, lynx, pygargues à tête blanche et grands hérons.
□ Au sud de Fort McMurray, la couleur noire de la rive indique la présence de sables bitumineux.

*Ombre arctique*

### ATHABASCA

Paisible centre agricole aujourd'hui, Athabasca Landing, comme on l'appelait au début du siècle, était autrefois le point de départ des trafiquants de fourrures, des prospecteurs, des missionnaires et des gendarmes de la Police montée qui prenaient la route du nord. Le chemin de fer arriva ici en 1912, amenant avec lui des colons français, allemands et ukrainiens qui défrichèrent des fermes et construisirent églises et écoles.

*École publique d'Athabasca*

### AMBER VALLEY

Ce hameau d'une centaine d'habitants fut fondé au début du siècle par un millier d'anciens esclaves noirs originaires de l'Oklahoma. Les jours de fête, on y chante encore les vieux chants religieux des Noirs américains en dégustant du poulet frit.

*Épinette blanche*

### PARC PROVINCIAL LONG LAKE

Bordé d'une forêt mixte où le lys tigré et les graines de bœuf poussent au milieu des peupliers, des bouleaux, des épinettes et des pins qui font la transition entre la prairie semée de bosquets de trembles au sud et les grandes forêts du nord, le lac Long s'étend sur 16 km dans une vallée probablement formée, il y a 20 000 ans, par le passage d'un glacier. Celui-ci, en se retirant, y sculpta une série d'arêtes qui donnèrent naissance à autant de lacs singulièrement longs et étroits. La pêche (doré et grand brochet) est excellente dans les eaux du lac que connaissent bien les amateurs de sports nautiques.

*Athabasca*

0 1 2 3 4 5 Milles
0 2 4 6 8 Kilomètres

siers et saskatoons) que les premiers colons faisaient sécher au soleil afin de les conserver pour l'hiver.

Les forêts sont parsemées d'innombrables lacs d'une éclatante limpidité. On en compte plus d'une cinquantaine dans un rayon de 100 km autour du lac La Biche et la plupart sont typiques des régions septentrionales : bordées de splendides plages sablonneuses, leurs eaux cristallines sont constellées de petits îlots boisés et regorgent de poissons.

Les amateurs de canot, de voile et de natation sont ici au paradis. La pêche au doré, à la perchaude et au grand brochet est excellente. Ce dernier atteint parfois une taille exceptionnelle et il n'est pas rare de voir des prises d'une bonne dizaine de kilos. Les environs du lac La Biche constituent l'un des meilleurs territoires au Canada pour pêcher l'ombre arctique.

La région connut une brève flambée de tourisme en 1916, lorsque les habitants d'Edmonton se pressèrent en foule à la nouvelle et imposante Auberge du Lac La Biche. Mais un tragique accident sur le lac qui coûta la vie à plusieurs touristes mit fin au bref engouement.

Une nature aussi triomphante ne pouvait toutefois pas laisser toujours indifférent. Depuis quelque temps, les touristes redécouvrent la beauté de ces collines, de ces bois giboyeux et de ces lacs poissonneux. Hélas ! ils ne peuvent plus profiter de la fameuse auberge car on en a fait un hôpital en 1937.

**PLAMONDON**
Le musée aménagé dans la plus ancienne église de Plamondon (1911) relate l'histoire du village. On peut y voir la cloche qui appelait les premiers colons à la prière et une collection d'objets fabriqués par les pionniers. Une ferme coûtait à peine 10 $ lorsque les premiers colons arrivèrent du Michigan en 1908. Ils furent suivis par des immigrants bretons en 1913-1914.

*Canneberge sauvage*

**OWL RIVER**
Au printemps, des millions de crocus mauves couvrent la colline Owl Hoot, une butte de sable de 90 m de haut, autrefois un refuge de hors-la-loi, qui se pare d'églantiers et de fraisiers sauvages en été, puis de bleuets et de canneberges en automne. Du sommet, on aperçoit un pays boisé, coupé d'innombrables lacs et rivières. Le doré, la perchaude et le brochet abondent dans la rivière Owl.

**PARC PROVINCIAL SIR WINSTON CHURCHILL**
Ce parc, aménagé dans une île du lac La Biche, est relié à la rive par une levée de terre de 2 km. Des sentiers s'enfoncent dans les bois luxuriants de sapins baumiers, d'épinettes blanches, de bouleaux, de peupliers, de harts rouges et de saules. Grèbes, goélands, cormorans et des vols d'une centaine de pélicans survolent le parc en été.

*Vison*

**PETITE LIGNE DE PARTAGE DES EAUX**
The Little Divide, une arête de 30 m de haut couverte de broussailles et d'arbres, sépare le lac Beaver du lac La Biche, 3 km plus loin. Les cours d'eau qui prennent leur source dans le lac Beaver se déversent dans la baie d'Hudson ; les eaux du lac La Biche alimentent le réseau fluvial du bassin du Mackenzie qui se jette dans l'océan Arctique.

**LAC LA BICHE**
Les cérémonies religieuses (pow-wows) que célébraient les Cris jusqu'à l'arrivée des Blancs revivent ici au mois d'août, à l'occasion du Blue Feather Fish Derby. Deux fois l'an, les Indiens et les Métis se rassemblaient sur les rives du lac La Biche pour demander la bénédiction du Grand Manitou par des chants et des danses. Aujourd'hui, l'agglomération organise quatre journées de défilés, de compétitions, de danses et de baseball.
□ Les trappeurs firent ici le commerce d'innombrables castors, renards, lynx et coyotes au siècle dernier. De nombreux élevages de visons furent créés dans les années 40 ; il n'en reste plus qu'un petit nombre, mais les peaux sont reconnues pour leur qualité.

## L'or des sables noirs

**D**epuis longtemps déjà, les Indiens et les trappeurs du nord-est de l'Alberta calfataient leurs canots avec une substance noirâtre qui suintait sur les rives de l'Athabasca. Les ingénieurs de la Syncrude ont perfectionné une technique pour extraire le pétrole des sables bitumineux de l'Athabasca, la plus grande réserve de pétrole du monde actuellement connue.

Des tapis roulants transportent des montagnes de sable entre les mines à ciel ouvert et les usines de traitement qui extraient le bitume selon un procédé très simple : le sable, déversé dans de l'eau chaude, se dépose au fond et les hydrocarbures sont recueillis à la surface. Le bitume est ensuite transformé sous une chaleur intense en pétrole brut synthétique qui sera raffiné.

La mine Syncrude produit jusqu'à 160 000 barils de pétrole brut par jour. Un centre d'interprétation y reste ouvert toute l'année.

*Mine Syncrude, à Fort McMurray*

# 55 St. Paul/Parc Wolf Lake, Alb. (414 km)

# L'ancien territoire des Pieds-Noirs et des Cris

## Centre-est de l'Alberta

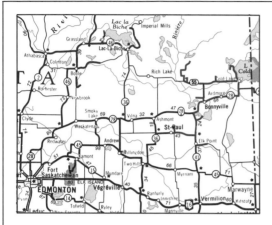

### PARC PROVINCIAL MOOSE LAKE

La région aujourd'hui occupée par le parc s'appelait autrefois « Anshaw », du nom d'Angus Shaw, un négociant de la Compagnie du Nord-Ouest qui fonda le premier poste de traite de la région en 1789. Shaw donna un nom français au lac ; il l'appela *l'orignal*, mot qui fut traduit en anglais par la suite.
□ Un sentier de randonnée, le long de Deadman's Point, conduit à un bois d'épinettes blanches où s'enchevêtrent des monotropes uniflores, du thé des bois et des hypnes plumeuses, seule partie de l'ancienne forêt à avoir survécu aux incendies de 1927 et de 1942. Aujourd'hui, tout le reste de ce parc aménagé sur la rive nord du lac Moose est pratiquement recouvert par le pin gris.
□ Sternes, grives solitaires, manbèches branle-queue, aigles pêcheurs, petites buses et pélicans fréquentent le parc.

*Pin gris*

*Tissages, réserve indienne Kehiwin*

### RÉSERVE INDIENNE KEHIWIN

Plusieurs des 500 Indiens de cette réserve, qui porte le nom d'un guerrier cri des Plaines, sont les descendants des chefs Big Bear et Poundmaker. On peut visiter les usines de la Kehiwin Steel Industries Ltd. et de la Kehiwin Cree-ations Ltd. Dans cette dernière, on peut se procurer des couvertures, des tapis et des tapisseries, des châles, des vestes et des sacs ornés des symboles et des motifs géométriques qu'affectionnaient les Indiens des Plaines.
□ Le lac Kehiwin, au sud-ouest de la réserve, et le lac Muriel, au nord-est, sont peuplés de perches, de dorés et de brochets. Tous deux sont dotés d'appontements et d'installations de pique-nique et de camping. Il y a des plages de sable au lac Muriel.

### ST. PAUL

Avant l'arrivée des Blancs, les Cris des Bois sillonnaient la région du nord de la Saskatchewan du Nord, loin des féroces Pieds-Noirs installés plus au sud. Les lacs Thérien — autrefois le paradis des oiseaux aquatiques — s'appelaient Manawan, « l'endroit où l'on ramasse les œufs ».
□ La seule plate-forme d'atterrissage pour soucoupes volantes du monde a été construite ici en 1967, à l'occasion du Centenaire. Les drapeaux des provinces et des territoires du Canada flottent au-dessus de cette structure de 12 m de diamètre, qui renferme des lettres devant être ouvertes le 3 juin 2067.

*Plate-forme pour ovnis, à St. Paul*

### ELK POINT

Au musée du Fort George, on peut voir des cercles de tonneaux de rhum, des boucles de ceinture, des serrures, des charnières et des outils forgés dans les années 1790, à l'époque où les compagnies du Nord-Ouest et de la Baie d'Hudson possédaient leur poste de traite dans la région, Fort George et Buckingham House, les deux construits en 1792. Les collections du musée comprennent aussi des balles de mousquets, de vieux pistolets, des fusils à pierre, des colifichets, des bijoux et des pointes de flèches en métal que les traiteurs troquaient contre des fourrures.

*Objets indiens, musée du Fort George, à Elk Point*

| 0 | 2 | 4 | 6 | 8 | 10 Milles |
| 0 | 4 | 8 | 12 | 16 Kilomètres |

Les eaux claires et tempérées des lacs du centre-est de l'Alberta, qui abondent en truites, brochets, perchaudes, dorés et corégones, sont un véritable paradis des pêcheurs. La région est également un haut lieu de villégiature avec ses plages sablonneuses et ses nombreuses installations de camping.

Il y a deux siècles, Elk Point était le principal centre de la traite des fourrures sur la Saskatchewan du Nord. Près de cette agglomération, des fouilles archéologiques ont confirmé que les monticules de terre et les madriers noircis indiquent les endroits où furent construits, en 1792, Buckingham House pour la Compagnie de la Baie d'Hudson et Fort George pour la Compagnie du Nord-Ouest. Les canots et les bateaux d'York s'alignaient alors le long de la rive et les prés se couvraient de tipis lorsque les Cris et les Pieds-Noirs venaient vendre leurs fourrures ou troquer de la viande de bison séchée. Les deux postes furent abandonnés quand les animaux à fourrure se firent rares. La région resta isolée jusqu'au début du XXe siècle.

Aujourd'hui, les routes serpentent au milieu des bois et des champs de céréales. Au nord du lac Moose, la campagne, semée de fondrières où nichent toutes sortes d'oiseaux, est propice à la chasse. Le lac Moose et le lac Cold (352 km²), avec leurs plages de sable fin et leurs eaux cristallines facilement accessibles, sont propices à la voile, au ski nautique et à la pêche.

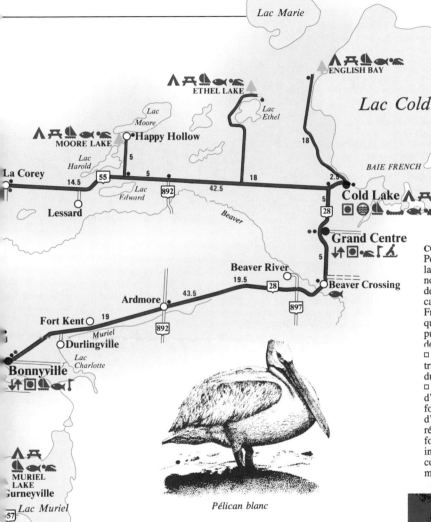

Truite de lac

Pélican blanc

**COLD LAKE**

Pendant bien des années, aucun Indien n'aurait osé traverser le lac Cold de 352 km² que tous croyaient hanté par un monstre du nom de Kinosoo, caché dans les profondeurs du lac, par 113 m de fond. Selon la légende, un jeune guerrier cri était parti en canot sur le lac pour rendre visite à sa fiancée. Près de la baie French, à l'extrémité sud du lac, un animal blanc, aussi grand qu'une baleine et avec une bosse sur le dos, saisit dans ses puissantes mâchoires le canot dont on ne retrouva que des débris ; la jeune Indienne ne revit jamais plus son guerrier.
□ Le lac Cold est un lieu de pêche recherché. On y prend des truites qui pèsent jusqu'à 18 kg et qui sont parmi les meilleures du monde. Le grand brochet et le doré y abondent.
□ La base aérienne de Cold Lake est l'une des principales bases d'avions à réaction des forces canadiennes. C'est là que sont formés tous les pilotes de chasse du Canada. Sa station d'observation des satellites et sa station de radar font partie du réseau NORAD. La base organise tous les ans une Journée des forces armées (ordinairement en juin) à laquelle le public est invité : on peut y voir un spectacle aérien, une importante collection d'avions canadiens et américains, ainsi que du matériel de sauvetage et de lutte contre l'incendie.

**BONNYVILLE**

Depuis sa colonisation par des Canadiens français, en 1907, cette région d'agriculture mixte a donné naissance à une communauté multiculturelle. La construction récente de plusieurs raffineries de pétrole à moins de 40 km a donné un nouvel essor économique à la cité.
□ La région possède un terrain d'aviation, un golf de neuf trous et des installations modernes pour les sports d'hiver et d'été. Amateurs de bateau et de pêche y viennent également nombreux. Plusieurs autres manifestations attirent les visiteurs : carnaval en mars, foire commerciale et concours de pêche en juin, rodéo en août.

**LINDBERGH**

L'usine de la Canadian Salt Co. produit jusqu'à 345 t de sel par jour. Découvert au cours des années 40, le gisement de 300 m d'épaisseur et de plusieurs kilomètres de long est suffisamment important pour approvisionner le Canada pendant 2 000 ans. L'usine, que l'on peut visiter, raffine 41 variétés de sel.

Lac Cold

# La rébellion de 1885 et les révoltes indiennes

## Nord-ouest de la Saskatchewan

**LAC FLOTTEN**
De grandes colonies de goélands de Californie, de sternes communes, de goélands à bec cerclé et de grèbes de l'Ouest fréquentent le lac dont la rive orientale est bordée de *kames* — des amas de sable et de gravier déposés par les eaux d'anciens glaciers.

**PARC PROVINCIAL MEADOW LAKE**
Forêts profondes, clairières et marécages sont les traits marquants de ce parc de 157 000 ha, l'un des plus grands de la Saskatchewan, que traverse sur plus de 110 km une chaîne de lacs allant du lac Cold sur la frontière albertaine au lac Waterhen. Sentiers de randonnée pédestre et circuits de canotage permettent d'en explorer tous les recoins.

*Grèbe de l'Ouest*

**PARC HISTORIQUE STEELE NARROWS**
C'est là qu'eut lieu la dernière bataille de la rébellion du Nord-Ouest, le 3 juin 1885, entre les Cris de Big Bear et un détachement de la milice commandé par le major Sam Steele, de la Police montée du Nord-Ouest. Big Bear se rendit par la suite, fut jeté en prison et mourut le 17 janvier 1888. Des panneaux, dans le parc, racontent les batailles ainsi que la vie de Steele et de Big Bear.

**PARC HISTORIQUE DE FORT PITT**
De 1829 à 1890, Fort Pitt fut un poste de traite de la Compagnie de la Baie d'Hudson. Durant la rébellion du Nord-Ouest de 1885, il fut brièvement commandé par la Police montée du Nord-Ouest sous les ordres de l'inspecteur Francis Dickens, fils de l'écrivain Charles Dickens. Assiégés par les Cris beaucoup plus nombreux qu'eux, les *Mounties* durent se replier. Les Cris levèrent le siège pour faciliter leur retraite. Des panneaux explicatifs racontent les faits saillants de la rébellion et de la traite des fourrures.
□ C'est à Frenchman Butte, maintenant lieu historique, que les Cris affrontèrent la milice le 28 mai 1885. Des panneaux indiquent les positions des Indiens et de la milice, ainsi que l'emplacement des pièces d'artillerie.

*Plaque d'orientation, parc historique Steele Narrows*

**LLOYDMINSTER**
Cette ville de 17 400 habitants est située en Alberta *et* en Saskatchewan. En effet, la rue principale dans l'axe nord-sud, la 50e avenue ou avenue Meridian, constitue la frontière de la province et le 110e méridien de longitude. La scission entre les deux provinces se produisit en 1905 ; 60 p. 100 de la population urbaine vit en Alberta.
□ Lloydminster fut fondée en 1903 par des immigrants anglais, sous la direction d'un pasteur anglican, le révérend George Lloyd, à qui la ville doit son nom.
□ Le centre historique de la ville renferme le musée d'antiquités Barr, la collection Fuchs Wildlife Display et la galerie d'art Imhoff où se trouvent 70 œuvres du comte Berthold von Imhoff (1866-1939), peintre d'origine allemande qui vécut dans la région de 1913 jusqu'à sa mort. Imhoff décora plus de 90 églises au Canada et aux États-Unis. Une église à Paradise Hill, dans le voisinage, possède 18 fresques de lui.

*Église St. John, à Lloydminster*

**CUT KNIFE**
Des perches de tipis, dressées sur une colline isolée, marquent la tombe de Poundmaker qui signa le traité nº 6 de 1876 au nom des Cris dont il était le chef. Neuf ans plus tard, au cours de la rébellion du Nord-Ouest, les Cris menés par Poundmaker repoussèrent quelque 300 gendarmes et soldats. Après la bataille, le chef cri empêcha ses guerriers de massacrer les Blancs. Une stèle indique l'emplacement de la bataille. Poundmaker se rendit à la fin de la rébellion et fut condamné à un an de prison. Il mourut en 1886.

Le souvenir des chefs indiens Big Bear et Poundmaker qui se virent réduits à faire la guerre pour sauver leur peuple de la famine hante encore cette région du nord-ouest de la Saskatchewan.

Parsemée de lacs et de parcs, la région présente aujourd'hui des fermes prospères et des villes bourdonnantes d'activité, comme Lloydminster et North Battleford. Mais dans les vieux forts et sur les champs de bataille résonne toujours l'écho assourdi des événements tragiques de 1885.

En 1880 déjà, la plupart des Indiens de la Prairie vivaient dans des réserves et dépendaient du gouvernement pour leur subsistance. En 1883, les rations furent supprimées et de nombreux Indiens moururent de faim. En mars 1885, après que les Métis eurent attaqué un poste de la Police montée du Nord-Ouest, les Cris de Poundmaker incendièrent la petite ville de Battleford. Un mois plus tard, non loin de Cut Knife, ils battirent une troupe de 300 hommes. De leur côté, les Cris de Big Bear massacrèrent neuf Blancs à Frog Lake, en Alberta, et pillèrent Fort Pitt. Un détachement de la milice les poursuivit de Frenchman Butte jusqu'à Loon Lake. Mais les Indiens se faufilèrent dans l'actuel parc provincial de Meadow Lake.

Le rêve d'une nation métisse-indienne fut anéanti le 12 mai avec la défaite de Louis Riel à Batoche. Peu après, Big Bear libéra ses prisonniers blancs. Poundmaker et lui furent jetés en prison et moururent peu de temps après leur libération.

*Fresque de Von Imhoff, église catholique de Paradise Hill*

#### COCHIN
Le village a pris le nom du père Louis Cochin, un missionnaire qui apaisa les Indiens de Poundmaker pendant la rébellion du Nord-Ouest.
□ Une plaque marque l'emplacement d'un sentier qui reliait la mission de Cochin au poste de la Compagnie de la Baie d'Hudson à Green Lake, 110 km au nord. Les troupes qui poursuivirent Big Bear en 1885 empruntèrent cette voie.

## Fort Battleford, le refuge des colons au temps de la rébellion

Le fort, construit en 1876, servit de refuge à 400 colons quand les Cris commencèrent à piller les villages du voisinage en 1885. C'est là que le chef cri Poundmaker se rendit après la défaite des Métis à Batoche et qu'eut lieu la dernière exécution publique au Canada lorsque huit Indiens, reconnus coupables de meurtre lors du massacre de Frog Lake, furent pendus.

La maison du commandant (1877) est meublée dans le style de l'époque. Dans le quartier des officiers (1886), on peut voir le fauteuil du président de l'Assemblée législative territoriale (1883-1905) de Regina. Le casse-tête de Poundmaker, une carabine Winchester et une mitrailleuse Gatling à 10 canons, utilisée durant la rébellion, sont exposés dans un petit musée.

*Mitrailleuse Gatling, parc historique national du Fort Battleford*

#### NORTH BATTLEFORD
La ville de 15 000 âmes remonte à 1905, date où le chemin de fer Canadien National décida de contourner Battleford pour faire passer ici sa nouvelle ligne. Les habitants, se rendant compte que le nouvel emplacement serait plus avantageux, traversèrent en grand nombre la Saskatchewan du Nord. En cinq ans, l'agglomération était devenue une ville.
□ Au musée Western Development, on peut voir un petit village saskatchewanais de 1925 avec sa banque, son salon de barbier et sa pharmacie. Le musée renferme aussi des maisons de ferme, une caserne de 1890 de la Police montée du Nord-Ouest, de l'équipement ferroviaire et des instruments aratoires. Durant le festival « Those were the Days » célébré en août, on fait revivre les méthodes agricoles des années 20.
□ L'exposition George Hooey Wildlife Exhibit, en face du Western Development Museum, possède plus de 400 animaux, poissons et oiseaux, tous naturalisés par le défunt George Hooey.

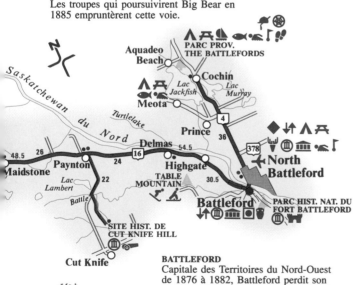

#### BATTLEFORD
Capitale des Territoires du Nord-Ouest de 1876 à 1882, Battleford perdit son rang quand le gouvernement territorial déménagea à Regina. Government House, la chambre du conseil des Territoires du Nord-Ouest (1878), est aujourd'hui un monument historique précieux. La ville en compte plusieurs autres : le fort historique de Battleford, l'église Gardiner de 1886, le bureau de poste, le tribunal et le bureau du cadastre, tous de 1911, ainsi que la mairie de 1912.

*...mbe de Poundmaker, à Cut Knife*

*Musée Western Development, à North Battleford*

# Une ville fondée
# sous les auspices de la tempérance

Centre de la Saskatchewan

Le seul souvenir des origines austères de Saskatoon est la rue de la Tempérance. C'est en 1882 qu'un certain John Lake fut envoyé dans les Territoires du Nord-Ouest (dont la Saskatchewan faisait alors partie) par une société de tempérance de l'Ontario afin d'y fonder une colonie. Il choisit un emplacement qui dominait la Saskatchewan du Sud et le baptisa Saskatoon — mot cri désignant un petit fruit de couleur pourpre qui pousse dans la région.

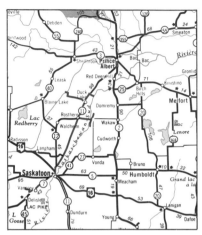

**VANSCOY**
Un réseau de galeries sous Vanscoy abrite la plus grande mine de potasse du monde. Les mers, en s'évaporant, laissèrent une large bande de potasse épaisse de 180 m dans le centre de la Saskatchewan. Découvert en 1943 par des foreurs de pétrole, le minerai sert à fabriquer des engrais.

*Automobile Derby, musée Western Development, à Saskatoon*

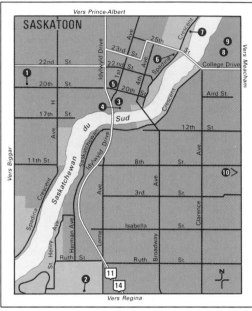

1 Musée de la Culture ukrainienne
2 Musée Western Development
3 Office du tourisme et des congrès de Saskatoon
4 Meewasin Valley Centre
5 Auditorium du Centenaire
6 Musée ukrainien du Canada
7 Galerie d'art Mendel
8 Université de la Saskatchewan
9 Musée John G. Diefenbaker

*Vue de Saskatoon, au bord de la Saskatchewan du Sud*

**SASKATOON**
Centre commercial, industriel et universitaire en pleine expansion, Saskatoon offre une vaste gamme d'intérêts culturels et récréatifs. Les rives de la Saskatchewan du Sud, dans le centre-ville, ont été aménagées en parc.
□ Le musée de la Culture ukrainienne renferme des céramiques, des tapisseries et des outils de l'époque des pionniers, en tout quelque 2 000 objets qui expliquent l'histoire et les traditions de l'Ukraine. On remarquera les collections de poupées costumées et d'articles religieux.
□ Le musée Western Development de Saskatoon renferme un village typique de l'époque du Boom (1910). Dans la collection d'instruments aratoires et d'anciennes voitures, on notera la présence d'une Derby, automobile construite à Saskatoon dans les années 20.
□ Les visiteurs du Musée ukrainien du Canada peuvent voir des objets décoratifs et des témoignages sur l'immigration ukrainienne.
□ La collection permanente de la galerie Mendel renferme des œuvres de Lawren Harris et de A.Y. Jackson.
□ Sur le campus de l'université de la Saskatchewan se trouve la première école de Saskatoon, la Little Stone School House, qui est aussi le plus vieux bâtiment. Un guide en costume d'époque la fait visiter. Aussi sur le campus, on peut voir un musée consacré à John G. Diefenbaker, où sont conservés différents objets qui rappellent l'ancien Premier ministre.

*Objets de marqueterie, musée de la Culture ukrainienne, à Saskatoon*

0   2   4   6   8   10 Milles

0   4   8   12   16 Kilomètres

Un an plus tard, 35 compagnons tout aussi sobres que John Lake arrivèrent d'Ontario. La société de tempérance qui leur avait vendu des terres pour la somme de 320 $ s'était bien gardée de leur dire que la vente de l'alcool était de toute manière prohibée dans la région et que le gouvernement offrait des fermes aux colons pour seulement 10 $ !

Aujourd'hui, avec 185 000 habitants, Saskatoon est la ville la plus peuplée de la province. C'est un centre industriel important qui abrite également l'université de la Saskatchewan. Près d'un monument qui marque l'emplacement du camp de John Lake, sur la rive est, on découvre une vue pittoresque de la ville dont les clochers, les six ponts et le massif hôtel Bessborough se reflètent dans la rivière, de part et d'autre de laquelle s'étendent de grandes avenues ombragées et de vastes parcs.

*Fort Carlton*

## PARC HISTORIQUE DU FORT CARLTON

On a reconstruit ici le principal fort des trafiquants de fourrures entre la rivière Rouge et les Rocheuses. Bâti en 1810, le fort Carlton était le quartier général du Conseil du Nord de la Compagnie de la Baie d'Hudson et une halte à mi-chemin entre Winnipeg et Edmonton.
□ La palissade et les bastions reconstitués du fort Carlton évoquent le commerce prospère des fourrures vers 1860. Une visite guidée des bâtiments permet de revivre l'atmosphère de l'époque et de voir comment les fourrures étaient classées et mises en ballots.

## DUCK LAKE

En 1895, un Cri, du nom d'Almighty Voice, tua une vache égarée pour le festin de ses noces. La Police montée du Nord-Ouest le mit en prison à Duck Lake, mais il s'échappa et tua un sergent une semaine plus tard. Après une chasse à l'homme de 19 mois, l'Indien fut abattu au nord-est de Batoche. La prison restaurée se trouve au Musée historique de Duck Lake. On peut y voir aussi la canne et la montre en or de Gabriel Dumont, ainsi que le fusil de Louis Riel.

## ROSTHERN

À 6 km à l'est de Rosthern une plaque identifie la ferme où Seager Wheeler cultivait le blé 10-B Marquis qui fut cinq fois primé à l'échelle mondiale entre 1910 et 1918. Cette variété de blé fut longtemps la plus répandue dans la Prairie.

*Église Saint-Antoine-de-Padoue, Batoche*

## SITE HISTORIQUE NATIONAL DE BATOCHE

C'est ici qu'une milice de 850 hommes mata définitivement, le 12 mai 1885, la rébellion de quelque 300 Métis du Nord-Ouest. Sur les ruines du village, un centre d'interprétation retrace les origines du conflit.
□ L'église Saint-Antoine-de-Padoue (1884) et son presbytère sont les seuls vestiges de la « capitale » des Métis. Le presbytère est aujourd'hui un musée où sont exposés des objets ayant appartenu à Louis Riel ainsi que le revolver et la bride de Gabriel Dumont. Celui-ci est enterré dans le cimetière de l'église.

## FISH CREEK

La route qui longe la Saskatchewan du Sud mène, en 6 km, à un paisible pré où la milice affronta les Métis le 24 avril 1885, durant la rébellion du Nord-Ouest. Un monument marque ce site historique national. Une pierre tombale indique l'endroit où plusieurs miliciens furent enterrés.

Une troupe de 850 hommes, commandée par le major général Frederick Middleton, s'avançait dans le ravin du ruisseau Fish lorsque Gabriel Dumont et 150 Métis les attaquèrent des hauteurs (on peut encore voir les trous où s'étaient embusqués les tireurs). L'artillerie ne put venir à bout des Métis qui perdirent quatre hommes seulement contre 10 pour les forces de l'ordre. Les Métis s'esquivèrent avant l'arrivée des renforts.

*Louis Riel*

*Gabriel Dumont*

# Le chef des rebelles et le « Prince des Plaines »

C'est le 12 mai 1885, avec la bataille de Batoche, que s'évanouit le rêve d'un État métis dans la Prairie. Les Métis — nés de mères indiennes et de pères blancs — chassaient le bison et pratiquaient l'agriculture dans la vallée de la Saskatchewan du Sud. Batoche devint leur capitale. En 1884, leur chef, Louis Riel, demanda des terres à Ottawa. Sa requête ayant été repoussée, Riel forma un gouvernement provisoire et fit de Gabriel Dumont son commandant en chef.

Dumont parvint à remporter plusieurs brillantes victoires sur les 850 miliciens que commandait le major général Frederick Middleton. Mais celui-ci finit par s'emparer de Batoche au bout d'un siège de quatre jours.

Riel fut accusé de trahison et pendu à Regina. Dumont prit la fuite et se produisit avec le Wild West Show de William « Buffalo Bill » Cody, sous le nom de « Prince des Plaines ». Amnistié, il rentra à Batoche où il mourut en 1906.

# Lacs et rivières sauvages de l'immuable Nord

## Centre-nord de la Saskatchewan

Près du lac Montréal, un monument marque le centre géographique de la Saskatchewan. À l'ouest, dans le parc national du Prince-Albert, la forêt boréale cède le pas aux boisés de trembles, puis à la prairie. Au nord, s'étend une vaste région sauvage et majestueuse qui n'a pratiquement pas changé depuis l'époque des trafiquants de fourrures du XVIIIe siècle. Seuls la route et les terrains de camping qui bordent les lacs témoignent ici de la présence de l'homme.

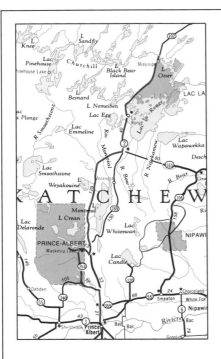

Lac Waskesiu, parc national du Prince-Albert

Thé du Labrador

**SENTIER BOUNDARY BOG**
Ce sentier du parc national du Prince-Albert longe une tourbière où poussent la canneberge, le thé du Labrador, qui donne une infusion riche en vitamine C, et des plantes insectivores comme le rossolis à feuilles rondes, la sarracénie et l'utriculaire.

**WASKESIU LAKE**
La seule agglomération du parc national du Prince-Albert est dotée d'un terrain de golf et d'un centre d'interprétation de la nature qui décrit la flore, la faune et les formations géologiques de la région. En été, on peut y louer des chevaux et faire des excursions en bateau.

## La tombe solitaire de Grey Owl

Au cœur du parc national du Prince-Albert, un sentier mène à la cabane et à la tombe de Grey Owl (1888-1938), qui se disait fils d'un père apache et d'une mère écossaise. Ce n'est qu'après sa mort qu'on découvrit qu'il s'agissait d'un Anglais du nom de Archibald Stansfeld Belaney. Arrivé au Canada en 1906 à l'âge de 17 ans, il avait assimilé la langue et les mœurs des Ojibways du nord de l'Ontario. Mince et basané, vêtu de peau de daim et chaussé de mocassins, il consacra toute sa vie à s'élever contre le massacre inutile des animaux sauvages. Il donna de nombreuses conférences qui l'emmenèrent aux États-Unis et en Grande-Bretagne, où il prit même la parole devant George VI au palais de Buckingham. Il créa enfin une colonie de castors dans le parc national du Prince-Albert où il passa les sept dernières années de sa vie. Certaines de ses œuvres, notamment *The Adventures of Sajo and Her Beaver People* et *Tales of an Empty Cabin,* sont devenues des classiques.

Courses de traîneaux, à Prince-Albert.

**PRINCE-ALBERT**
Située sur la Saskatchewan du Sud, la ville de Prince-Albert (34 000 hab.) est un des grands centres forestiers de la Saskatchewan et une halte pour les voyageurs en route vers les régions septentrionales de la province.
□ La Maison Diefenbaker commémore la carrière de John Diefenbaker (1895-1979) qui fut député de Prince-Albert de 1953 jusqu'à sa mort. (Deux autres premiers ministres, Wilfrid Laurier et Mackenzie King, ont aussi représenté Prince-Albert au Parlement.)
□ Le musée historique de Prince-Albert retrace l'histoire de la ville au moyen de photographies, de documents et d'objets.
□ L'église Nisbet, dans le parc Kinsman, date de la fondation de Prince-Albert en 1866.
□ La ville célèbre une Semaine nationale de la foresterie, en mai, le High Noon Optimist Founder's Day en juin et sa foire annuelle en juillet et août.

| 0 | 4 | 8 | 12 | 16 | 20 Milles |
| 0 | 8 | 16 | 24 | 32 Kilomètres |

Les pourvoyeurs du parc provincial du Lac-La-Ronge, le plus grand de la province, guident les visiteurs en mal d'aventures sur les voies de canotage et les lacs poissonneux qui émaillent le parc.

Le fleuve Churchill, qui est alors un labyrinthe de lacs reliés par de dangereux rapides, traverse l'extrémité nord du parc. C'est le seul fleuve sauvage du Canada qui soit d'accès facile pour les touristes.

De grandes masses de granite rouge, de basalte noir et de roches métamorphiques grises, formées il y a deux milliards d'années, bordent le fleuve dont les abords sont peuplés de goélands, de sternes, de colverts et de pélicans blancs.

Les rapides Otter, où l'on trouve le seul pont du Churchill, offrent l'un des plus beaux paysages du Bouclier canadien. C'est ici que le fleuve, qui draine les régions septentrionales de la Saskatchewan sur des milliers de kilomètres carrés, se déverse par une gorge encaissée dans les eaux placides du lac Otter.

*Excursion de pêche au lac Otter*

**PARC PROVINCIAL DU LAC-LA-RONGE**
Ponctué d'une centaine de lacs aux eaux cristallines, dont le lac La Ronge, le plus grand parc de la Saskatchewan (344 500 ha) est réputé pour la taille de ses dorés, de ses grands brochets et de ses truites grises.

**LA RONGE**
On peut réserver ici des excursions de pêche en avion dans les lacs du parc ou plus au nord. Des boutiques d'artisanat vendent des objets de fabrication indienne.
▢ Au musée régional de La Ronge, une exposition permanente raconte l'histoire de la région. Le centre d'interprétation de Mistasinihk Place explique les modes de vie du Grand Nord et présente l'artisanat local.

**STANLEY MISSION**
Le plus vieux bâtiment de la ville est l'église Holy Trinity, la première église anglicane de la Saskatchewan. Elle fut bâtie vers 1860 avec des rondins de bois dur coupés par les Indiens et des vitraux importés de Grande-Bretagne. Pour atteindre Stanley Mission, il faut traverser le parc provincial du Lac-La-Ronge par la route de gravier et franchir la Churchill en bateau.

*Pygargue à tête blanche*

*Mocassins de la coopérative indienne de La Ronge*

**PARC NATIONAL DU PRINCE-ALBERT**
Ce parc comprend trois zones de végétation. Les blaireaux vivent dans la prairie marquée par les théophrasies et les rosiers épineux. Les wapitis sillonnent les boisés de trembles entre lesquels poussent la viorne trilobée et la salsepareille, tandis que le caribou des bois fréquente la forêt boréale. On a recensé 200 espèces d'oiseaux dans le parc, notamment des pélicans blancs (4 500 au lac Lavallée) et le rare pygargue à tête blanche. Un petit troupeau de bisons vit aussi dans le parc.
▢ Une route panoramique qui suit la rive sud du lac Waskesiu longe des formations glaciaires et un étang où vivent des castors (une jetée mène jusqu'à leurs huttes). Le parc comprend 140 km de sentiers qui sont parfois balisés par des arbres dont les branches inférieures sont émondées à la manière des Indiens et des trappeurs d'autrefois.

*Pélican blanc*

# Une récolte tous les 80 ans

Plus de la moitié de la Saskatchewan est boisée. Tout son centre en particulier, entre les terres agricoles du sud et le Bouclier canadien au nord, est couvert d'une vaste forêt commerciale qui appartient à la province.

Les bois tendres représentent 60 p. 100 de la production : le pin gris et l'épinette noire servent à fabriquer des traverses de chemin de fer, des piquets de clôture, du contre-plaqué et de la pâte à papier. L'épinette blanche donne du bois de construction. Le tremble, l'essence la plus commune de la province, est un bois dur servant surtout à faire de la pâte à papier.

Plus de 3 millions de jeunes arbres sont plantés tous les ans dans les régions de coupe. Ils atteindront leur maturité au bout de 80 ans.

En été, les touristes peuvent visiter une usine de pâte à papier près de Prince-Albert.

*Exploitation d'une forêt commerciale de la Saskatchewan*

# Dons d'une nature inviolée, des truites et des brochets fabuleux

## Nord de la Saskatchewan et du Manitoba

Jusqu'à récemment, les vastes forêts du nord de la Saskatchewan et du Manitoba n'étaient guère plus connues qu'à l'époque d'Henry Kelsey, le premier Européen à les explorer, en 1690. Désormais, des routes panoramiques comme celles de Kelsey et du lac Hanson permettent de les découvrir à pied, à bicyclette ou en camping. La route de Kelsey fait le tour des collines Pasquia dont on ne peut atteindre les cimes déchiquetées qu'à pied. On croise les rivières Rice, Pasquia et Wask-

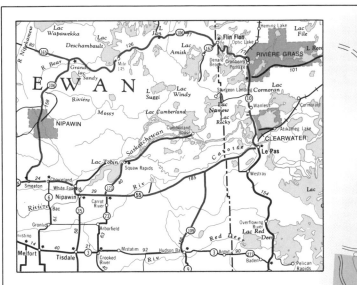

### NIPAWIN

Dans la « capitale du brochet », durant le festival en juillet et août, quatre sujets marqués, dont l'un comporte un numéro gagnant, sont relâchés dans le lac Tobin. Les pêcheurs essaient de les attraper pour un gros lot intéressant. Pendant deux jours, à la mi-juillet, un concours international de dorés offre aussi des prix en argent.
□ Parmi les célébrations locales, il y a une foire commerciale en avril et la Foire de Nipawin en juillet.
□ Près de Nipawin, de hauts escarpements bordent la large Saskatchewan qui coule vers le lac Winnipeg. Nés dans les Rocheuses, ses bras nord et sud se réunissent à 80 km à l'ouest de la ville.

### PARC HISTORIQUE PROVINCIAL DE CUMBERLAND HOUSE

Le plus ancien établissement de la province, qui fut aussi le premier poste de la Compagnie de la Baie d'Hudson à l'intérieur des terres, fut fondé par Samuel Hearne en 1774 sur cet emplacement. On peut voir dans le parc les restes du *Northcote*, le premier bateau à roues de la Saskatchewan, ainsi qu'une ancienne poudrière à pierre.

### PARC PROVINCIAL DE NIPAWIN

L'esker de Narrow Hills est le point d'attraction de ce parc de 53 600 ha où se regénère une forêt de pins gris décimée par un incendie en 1970.

### SQUAW RAPIDS

C'est ici que fut construite en 1953 la première centrale hydro-électrique de la Saskatchewan. Le réservoir du barrage qui coupe le cours de la Saskatchewan forme le lac Tobin. On peut visiter la centrale de 286 000 kW de la fin mai au début septembre.

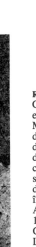

*La Saskatchewan, près de Nipawin*

### ROUTE DE KELSEY

Cette route de 185 km (route 163 en Saskatchewan, route 283 au Manitoba) est jalonnée de cours d'eau à ombles, de sentiers d'exploration de la nature, de points de vue pittoresques et de terrains de camping et de pique-nique. La route serpente le long des versants nord des collines Pasquia, autrefois des îles de l'ancien lac glaciaire Agassiz. Cette région sauvage de 16 200 ha est couverte d'érables à Giguère, de sorbiers et de conifères. Le parcours non balisé de 16 km qui relie les environs de Pakwaw Lake à la région sauvage Wildcat Hill, où l'on a récemment vu des couguars, est réservé aux excursionnistes expérimentés.

*Couguar*

### HUDSON BAY

Au début de juin, la ville organise un festival de la forêt qui met en vedette un rodéo de semi-remorques et un concours de sculptures à la scie mécanique.
□ Le parc historique de Hudson Bay est structuré autour de quatre thèmes qui décrivent autant d'aspects du développement local : le chemin de fer, les fourrures, les forêts et l'agriculture.

0  4  8  12  16  20 Milles

0  8  16  24  32 Kilomètres

wei qui regorgent d'ombles de fontaine. Le paysage le plus saisissant du nord de la Saskatchewan est peut-être celui qu'on découvre au carrefour de la route de Kelsey et de la route 9. D'un belvédère situé sur le côté est des collines Pasquia, les touristes voient s'étaler devant eux le delta de Cumberland, une vaste étendue de marécages verdoyants qui abritent d'innombrables oies et canards.

La route du lac Hanson s'enfonce dans d'épaisses forêts de conifères et longe, en-

tre autres, les lacs Deschambault, Jan et Little Bear, qui sont tous bien connus des

Festival de la truite de Flin Flon

pêcheurs de la région. Au nord-ouest du parc provincial Nipawin et du lac Big Sandy, la route contourne les croupes bleutées des collines Wapawekka.

La plupart des localités de la région organisent des concours de pêche, où les prises sont souvent d'une taille exceptionnelle. Le Festival de la truite de Flin Flon a lieu en juin. À Nipawin, la « capitale du brochet », le festival annuel s'étend de la fin juin au début d'août.

## ROUTE DU LAC HANSON
La route du lac Hanson (360 km) contourne des centaines de lacs et de rivières accessibles autrefois uniquement en avion ou en canot. Après Smeaton, en Saskatchewan, la route vire nord-est, en direction de Flin Flon, au Manitoba.
□ La route secondaire 165 mène à d'immenses piliers de silices et de sable, au bord de la Nipekamew.

## LE PAS
Au Festival des trappeurs, en février, on assiste à une course de chiens de 240 km et à des concours variés.
□ En août, les Indiens de la tribu Opasquia donnent un spectacle de danses traditionnelles et de lancers de javelots et de hachettes.
□ L'église Christ Church (1896), dans le parc Devon, est décorée d'ornements sculptés en 1848 par un groupe de sauveteurs partis à la recherche de l'expédition de Sir John Franklin.
□ Le Petit Musée du Nord présente une collection d'objets ciselés dans l'ivoire par les Inuits.

## FLIN FLON
Une statue de fibre de verre de 6 m de haut, œuvre du caricaturiste Al Capp, immortalise l'homonyme de cette ville minière. Dans le roman de J. E. Preston-Muddock, *The Sunless City* (1905), Josiah Flintabbatey Flonatin, surnommé Flin Flon, aboutit à une ville pavée d'or au centre de la terre, en passant par un lac sans fond. Un prospecteur du nom de Tom Creighton qui découvrit, en 1914, un gisement de minerai décida que c'était là l'endroit où Flin Flon avait trouvé sa ville aux richesses fabuleuses.
□ On peut visiter l'Hudson Bay Mining and Smelting Co., qui raffine de l'or, de l'argent, du cuivre, du cadmium et du zinc.
□ Une grande partie de Flin Flon étant construite sur le roc, les canalisations d'eau sont installées en surface, dans des conduits de bois qui font aussi office de trottoirs.
□ Le Willowvale Wildlife Park abrite des faisans, des paons et des pintades.

Josiah Flintabbatey Flonatin, statue d'Al Capp

## PARC PROVINCIAL GRASS RIVER
Un tronçon de 130 km de la voie de canotage Grass River, coupé de rapides et de chutes, relie 24 des 154 lacs du parc. Les rives sont creusées de marmites de géants formées par des pierres emportées dans le tourbillon des eaux. La voie de canotage, fréquentée par Samuel Hearne en 1774, s'enfonce dans « le pays du rat », où abondaient autrefois les rats musqués.

## PARC PROVINCIAL CLEARWATER LAKE
Le lac Clearwater, alimenté par une source, est réputé pour le bleu limpide de ses eaux où la végétation aquatique est rare. Les particules de calcaire dissoutes dans l'eau reflètent la lumière du soleil. Un sentier de randonnée mène à un escarpement de calcaire de 15 m de haut sur la rive sud du lac.
□ Une petite harde de caribous hiverne dans la partie septentrionale de la forêt provinciale Cormorant qui abrite des orignaux, des loups et des ours noirs.

## Ornements façonnés du bout des dents

Quelques rares Indiennes de la tribu des Cris du nord du Manitoba et de la Saskatchewan pratiquent encore un art ancien et fort peu connu. Les femmes plient en coin de fines pellicules d'écorce de bouleau, puis dessinent avec leurs dents de délicats motifs de fleurs, d'insectes, d'oiseaux et de flocons de neige qui servaient autrefois de modèles aux traditionnelles broderies de perles.

Les touristes peuvent acheter ces décorations au musée de Denare Beach.

### Map labels
Lac Wildnest
Jan Lake
135
GRANITE LAKE
TYRRELL LAKE
71
106
SASK. MAN.
Sturgeon-weir
Creighton
Flin Flon
167   16
Bakers Narrows
Denare Beach
82
Lac Athapapuskow
Lac Amisk
10
PARC PROV. GRASS RIVER
Cranberry Portage
Lac Simonhouse
391
Lac Egg   29   156
Lac Pothier
FORÊT PROV. CORMORANT
Lac Cormorant
Atik
Lac Namew
SASK. MAN.
Lac Rocky
Wanless
Lac Clearwater
Root Lake
PARC PROV. CLEARWATER LAKE
Lac Cumberland
Cumberland House
PARC HIST. DE CUMBERLAND HOUSE
123
Pemmican Portage
Lac Bloodsucker
45
Prospector
10
Big Eddy Settlement
Lac Saskeram
Le Pas
Lac Cut Beaver
Birch
Lac Goose
79   283
Lac Bainbridge
SASK. MAN.
38.5   55
Rice   193
9
Pakwaw Lake
McVey
Waskwei   166
Niska
Collines Pasquia
Pasquia   87
Chemong
Leaf
Lac Leaf
Ruby Beach
3
Hudson Bay
9

# Au sein d'une étendue aride, de hautes collines verdoyantes

## Sud-ouest de la Saskatchewan

Soudain, au cœur d'une mer d'herbes rases et clairsemées, dans la sécheresse et la poussière de la plaine, le voyageur découvre une oasis de forêts, de lacs et de pâturages verdoyants, les fascinantes collines du Cyprès.

Elles se dressent sur une étendue de 100 km, comme une sorte de coin effilé dont la pointe, à 1 067 m d'altitude, se situe près d'Eastend. Un tiers des collines se trouvent en Alberta où elles atteignent 1 463 m.

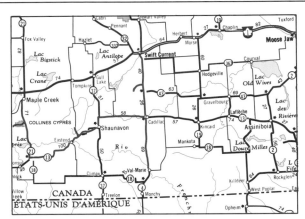

**MAPLE CREEK**
Cette petite ville, qui se trouve au cœur des terres d'élevage de la province, a été surnommée « Old Cow Town ». Sur la route 1, au nord-ouest, une plaque rappelle le « Ranch 76 ». Fondé en 1888, c'était l'un des plus grands à l'époque où la Prairie n'était pas encore clôturée. Il fut démantelé en 1921. Le bureau du ranch est conservé au musée de Frontier Village, au sud de Maple Creek.
□ Le musée des Old Timers renferme une collection de fusils anciens et d'objets indiens, ainsi qu'une pompe à incendie manuelle de 1890.

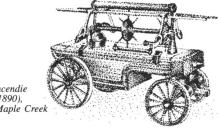

*Pompe à incendie manuelle (1890), musée de Maple Creek*

**PARC PROVINCIAL CYPRESS HILLS**
Une vallée large de 16 km, The Gap, sépare les deux sections du parc provincial Cypress Hills. Les 57 km² de la section est comprennent le Loch Leven, un lac artificiel où l'on pêche l'omble de fontaine, la truite brune et la truite arc-en-ciel. Les 148 km² de la section ouest sont occupés par une forêt provinciale et une réserve.
□ De Bald Butte, une colline située près du lac Loch Leven, on découvre une vallée, The Gap, semée de tertres déposés par les glaciers et de marmites formées par les eaux de fonte glaciaire. Près du lac Adams, se dressent des escarpements de graviers agglomérés au cours des âges.

*Fort Walsh*

**PARC HISTORIQUE NATIONAL DU FORT WALSH**
Deux ans après le Massacre des Cypress Hills en 1873, la Police montée du Nord-Ouest construisit le fort Walsh pour mettre fin aux activités des trafiquants de whisky qui offraient aux Indiens de l'alcool frelaté en échange de leurs fourrures.

Baptisé en l'honneur de l'inspecteur James Walsh, de la Police montée, le fort servit aussi à surveiller les 4 000 Sioux de Sitting Bull qui s'étaient réfugiés dans les collines du Cyprès en 1876-1877, après avoir battu la cavalerie américaine lors de la bataille de Little Big Horn, au Montana.

Abandonné en 1883, puis brûlé, le fort Walsh fut reconstruit en 1944. La Gendarmerie royale y éleva des chevaux pendant quelques années.
□ Les bâtiments reconstruits au parc historique national du Fort Walsh comprennent des ateliers, une caserne, une écurie, la maison du commandant, une poudrière et une salle de garde. Le centre d'interprétation explique la chasse au bison, la traite des fourrures et du whisky, la vie d'un policier au fort Walch et l'histoire des Indiens des plaines.

*Poste de traite de Farwell*

**POSTE DE TRAITE DE FARWELL**
Le poste de traite d'Abe Farwell a été reconstitué près du fort Walsh. On peut y voir des fourrures, du tabac, des barils de whisky et des médicaments datant des années 1870.
□ Des Assiniboines furent tués près d'ici en mai 1873 par des chasseurs de loups américains lors d'une bataille connue sous le nom de Massacre des Cypress Hills.

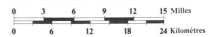

| 0 | 3 | 6 | 9 | 12 | 15 Milles |
| 0 | 6 | | 12 | 18 | 24 Kilomètres |

Sur le vaste plateau qui les surmonte, pousse une dense prairie de fétuque scabre, de folle avoine, de pâturin et de chiendent de l'Ouest. En juillet, le plateau se colore du jaune de la potentille frutescente, du violet argenté des lupins et du bleu doux du penstémon. Les explorateurs français prirent pour des cyprès les pins lodgepole qui poussent sur les hauteurs. C'est cette interprétation erronée qui a valu à la région son nom étonnant, quand on sait qu'il n'y pousse aucun cyprès.

Il y a 40 millions d'années, le plateau était le lit d'un cours d'eau jonché de galets et de blocs de quartz qui se sont depuis solidifiés. D'étroites vallées orientées nord-sud entaillèrent le plateau pour former un chapelet de collines. Les glaciers achevèrent de modeler la région en donnant une forte pente à la paroi nord du plateau. Au sud, les petites collines se confondent peu à peu avec la plaine.

Près du lac Loch Leven, au milieu des basses terres arides, un belvédère permet d'apercevoir, au nord de Maple Creek, les Grandes Collines de Sable que fréquentent l'antilope d'Amérique, le rat kangourou et le pied-en-bêche de Hammond, un crapaud aux doigts semi-palmés.

## Des silos par milliers

Les 4 500 silos qui se dressent en bordure des voies ferrées donnent aux petites villes de la région leur cachet particulier. Introduits au Canada en 1881 à Gretna, au Manitoba, les silos verticaux, seuls gratte-ciel de la région, remplacèrent rapidement les anciens entrepôts où il fallait pelleter le grain pour charger les wagons. Leur structure n'a pas beaucoup changé depuis lors.

Les fermiers amènent leur grain par camion. Après la pesée, le grain est déversé dans le puits (1). Une chaîne à godets (2) le remonte jusqu'à une trémie (3) où est déjà stocké du grain de même qualité. Un silo peut comporter jusqu'à 20 trémies. Pour charger les wagons, on relâche le grain dans le puits d'où il est remonté au sommet, puis déversé dans le wagon par une goulotte (4).

**SWIFT CURRENT**
L'un des plus grands rodéos de la Saskatchewan a lieu ici au début de juillet.
□ Une station de recherches agronomiques, fondée en 1921, met au point de nouvelles plantes fourragères et vivrières propres à supporter le climat semi-aride de la région. La station est ouverte au public.
□ Le musée de Swift Current est surtout un musée d'histoire naturelle consacré à la faune locale. On y admire des objets faits par les pionniers et les Indiens.
□ On peut visiter la seule usine d'hélium du Canada, à 12 km au nord.
□ Le musée historique Wright, à 6,5 km au nord de Swift Current, renferme des objets faits par les pionniers ainsi qu'une importante collection de souvenirs de l'époque nazie.

**PARC RÉGIONAL PINE CREE**
Les terrains de camping et de pique-nique du parc sont cachés dans un profond ravin. Une plaque rappelle la mémoire de John Macoun (1831-1920), un botaniste qui participa à l'expédition de Sandford Fleming en 1872 et étudia les tracés du chemin de fer dans les Prairies. Macoun, l'un des principaux botanistes du Canada, visita presque tout le pays pour en étudier la flore.

**EASTEND**
La ville se blottit dans la vallée de la rivière Frenchman, large de 1,5 km.
□ Au High School Museum, on peut voir la mâchoire inférieure d'un *titanotherium,* seul vestige connu de cet animal préhistorique, semblable au rhinocéros, qui paissait dans la Prairie il y a 40 millions d'années.

*Vallée de la Frenchman, près d'Eastend*

*Chiens de prairie*

**VAL MARIE**
La Société d'histoire naturelle de la Saskatchewan protège une colonie de chiens de prairie, à l'est de Val Marie. Naguère encore, on pouvait voir d'énormes « villes de chiens », mais l'homme a décimé ces animaux qu'il croyait nuisibles. Il n'en resterait plus aujourd'hui qu'environ 6 000 dans quelques régions du sud de la Saskatchewan.

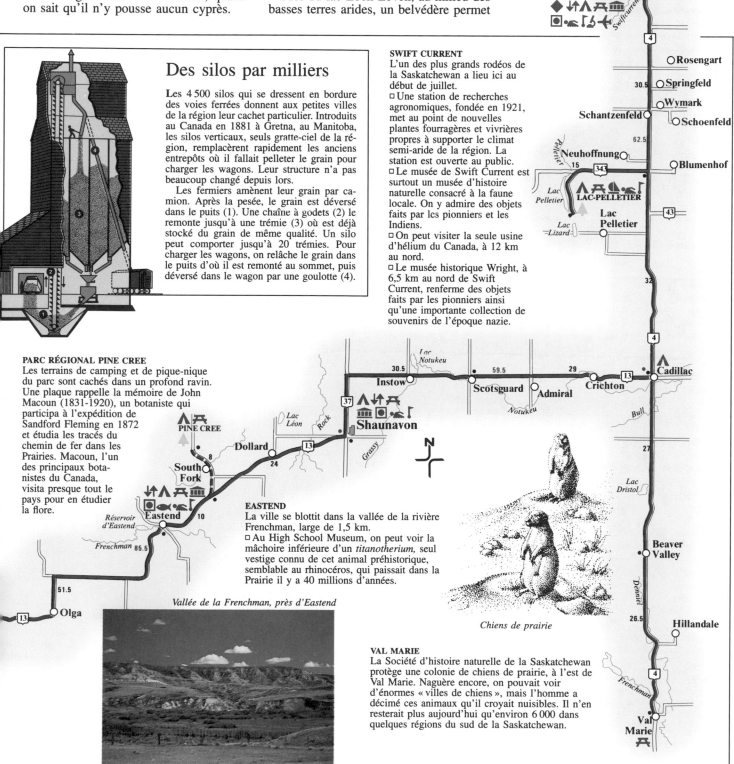

# Les badlands du Big Muddy, repaire de bandits de grand chemin

## Centre-sud de la Saskatchewan

Au début du siècle, les badlands du Big Muddy servirent de repaire à des bandits de grand chemin. Les cheminées des fées, les buttes et les ravins impénétrables leur permettaient d'y semer facilement les poursuivants ou d'y cacher le bétail volé.

En 1883, une grande sécheresse ruina les éleveurs de bétail et certains de leurs hommes de peine formèrent des bandes de hors-la-loi. Dutch Henry, contrebandier et voleur de chevaux du Montana, venait, entre ses équipées, se réfugier dans cette

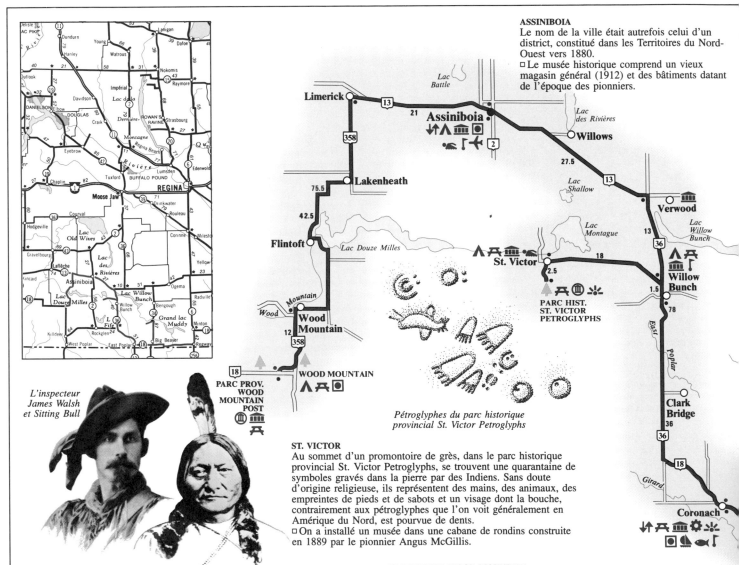

L'inspecteur James Walsh et Sitting Bull

Pétroglyphes du parc historique provincial St. Victor Petroglyphs

**ASSINIBOIA**

Le nom de la ville était autrefois celui d'un district, constitué dans les Territoires du Nord-Ouest vers 1880.

□ Le musée historique comprend un vieux magasin général (1912) et des bâtiments datant de l'époque des pionniers.

**ST. VICTOR**

Au sommet d'un promontoire de grès, dans le parc historique provincial St. Victor Petroglyphs, se trouvent une quarantaine de symboles gravés dans la pierre par des Indiens. Sans doute d'origine religieuse, ils représentent des mains, des animaux, des empreintes de pieds et de sabots et un visage dont la bouche, contrairement aux pétroglyphes que l'on voit généralement en Amérique du Nord, est pourvue de dents.

□ On a installé un musée dans une cabane de rondins construite en 1889 par le pionnier Angus McGillis.

**PARC PROVINCIAL WOOD MOUNTAIN POST**

On a reconstitué dans ce parc la caserne et le mess du poste de la Police montée du Nord-Ouest, construit pour surveiller les Sioux de Sitting Bull. Après la bataille de Little Big Horn en 1876, quelque 4 000 Sioux se réfugièrent dans le sud-ouest de la Saskatchewan et l'inspecteur James Walsh, commandant du fort Walsh dans des collines du Cyprès et de l'avant-poste de Wood Mountain, fut chargé de maintenir l'ordre. Walsh disait de Sitting Bull qu'il était « le plus rusé et le plus intelligent de tous les Indiens et d'une bravoure à toute épreuve ». En 1881, les Sioux se rendirent aux autorités américaines.

□ Dans les différents bâtiments, on peut voir des objets qui rappellent la vie des Sioux et de la Police montée à Wood Mountain.

**PLATEAU DE WOOD MOUNTAIN**

Ce plateau sépare le bassin de la Saskatchewan qui coule au nord-ouest vers la baie d'Hudson de celui du Missouri qui se dirige vers le golfe du Mexique au sud. À leur source, les deux cours d'eau ont profondément érodé le plateau. Cette région est peuplée de trembles et de saules à chatons, et fréquentée par la gélinotte des armoises qui se nourrit de graines et de baies. Au printemps, des antilopes d'Amérique et des cerfs mulets broutent l'avoine sauvage sur les prairies du plateau.

□ Dans les badlands de Killdeer, à 32 km au sud-ouest, s'élèvent des collines argileuses, rongées par l'érosion, qui atteignent parfois 90 m de haut. Aucune végétation n'y pousse.

□ Le stampede de Wood Mountain, le plus ancien rodéo annuel (1912) de la Saskatchewan, a lieu tous les ans en juillet au parc régional de Wood Mountain.

0  2  4  6  8  10 Milles

0  4  8  12  16 Kilomètres

sauvage région, à quelques lieues de la frontière. Aidé de son complice, Tom Owens, il creusa près d'une source deux cavernes, l'une pour les hommes, l'autre, plus grande, pour les chevaux. Leur repaire était presque inexpugnable car, du haut de Peaked Butte, les voleurs pouvaient surveiller tout le pays, tant du côté canadien que du côté américain. Plusieurs bandits notoires vinrent se joindre à Henry et Owens, notamment Bloody Knife et Pigeon Toed Kid.

En 1903, Henry et ses hommes se joignirent à la bande Nelson-Jones, elle-même partie de la Horde Sauvage qui faisait régner la terreur dans tout l'Ouest, des deux côtés de la frontière. Au cours d'une de leurs équipées, les voleurs s'emparèrent de 200 chevaux qu'ils vendirent au Canada et qu'ils volèrent de nouveau pour les revendre au Montana. À la suite d'un vol de 140 bêtes à la Diamond Ranch Company, une prime de 1 200 $ fut offerte pour la capture des chefs de la bande.

En 1906, Dutch Henry fut abattu à Roseau, au Minnesota. Bloody Knife trouva la mort dans une querelle d'ivrognes. Pigeon Toed Kid fut tué par une bande de cavaliers qui le poursuivaient et Jones par un shérif américain. Quant à Nelson (alias Sam Kelly), un tribunal l'acquitta d'une accusation de meurtre. Il mourut paisiblement dans son lit en 1954, à North Battleford, en Saskatchewan, les bottes aux pieds.

### WILLOW BUNCH

Une statue grandeur nature en papier mâché d'Edouard Beaupré, géant de 2,52 m qui naquit ici en 1881, est exposée au musée de Willow Bunch, de même que quelques-uns de ses vêtements, une bague et le lit dans lequel il dormait. Beaupré, qui pesait 6,4 kg à la naissance, se joignit au cirque de P.T Barnum à l'âge de 17 ans et mourut six ans plus tard.
□ Dans un parc régional au sud-ouest de Willow Bunch se trouve une stèle qui rappelle le souvenir de Jean-Louis Légaré, éleveur et négociant qui approvisionna les Sioux de Sitting Bull pendant leur exil au Canada (1876-1881).

### CASTLE BUTTE

Dressée comme un château fort au milieu de la prairie, cette éminence d'argile de 60 m de haut marque l'extrémité nord des badlands du Big Muddy. Il y a des milliers d'années, les eaux de fonte des glaciers érodèrent le schiste qui entourait la butte, laissant une colline aux versants presque verticaux.

*Les badlands du Big Muddy*

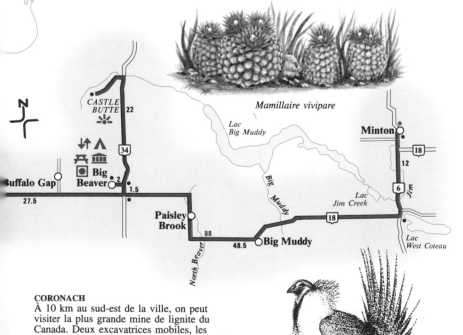

*Mamillaire vivipare*

*Gélinotte des armoises*

### CORONACH

À 10 km au sud-est de la ville, on peut visiter la plus grande mine de lignite du Canada. Deux excavatrices mobiles, les plus hautes en Amérique du Nord, enlèvent les couches supérieures de terre pour mettre à nu ce charbon tendre et brun qui alimente les chaudières de la centrale thermique Poplar River, 1 km plus loin, également ouverte au public.

### BADLANDS DU BIG MUDDY

Cette vallée de 3 km de large serpente en direction du sud-est, entre Willow Bunch et le lac Big Muddy. On y trouve des cheminées des fées (colonnes de terre isolées, coiffées d'une pierre), des buttes (collines à sommet plat et à versants verticaux) et des coulées (ravins creusés par des cours d'eau). On peut également y voir les cavernes du bandit Sam Kelly, l'emplacement d'un poste de la Police montée du Nord-Ouest datant de 1902 et des silhouettes de bisons et de tortues esquissées dans la pierre par des Indiens de la préhistoire.
□ Il y a un million d'années, cette région n'était qu'une légère dépression. Par la suite, les glaciers creusèrent la vallée, et les cours d'eau auxquels ils donnèrent naissance — comme le Big Muddy qui n'est maintenant plus qu'un ruisseau — ont sculpté d'étranges formations rocheuses.
□ Le printemps pare les badlands de couleurs chatoyantes. Sur les versants exposés au sud s'ouvrent, entre les taches blanches du phlox subulé, les fleurs jaunes et pourpres de la raquette et du mamillaire vivipare. La prairie mixte des pentes ouest et nord s'émaille des fleurs rouges du lys des prairies et des épis jaunes de l'oxytrope.
□ Des buses rouilleuses et des aigles dorés planent dans le silence de la vallée. Au printemps, des malards, des foulques américaines et des sarcelles à ailes bleues font leurs nids sur le lac Big Muddy.

# Des oasis de fraîcheur autour d'un lac artificiel

Un géant sur la Saskatchewan du Sud

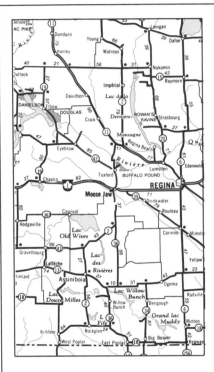

*Ameublement d'une maison de terre, à Elbow*

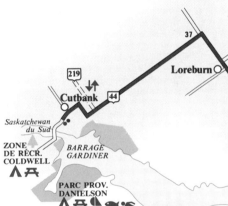

*Maison de terre, à Elbow*

### ELBOW
Les premiers colons construisirent souvent leur maison avec un matériau de construction qui abondait dans la région : les mottes de terre à longues racines des immenses prairies. Une de ces maisons a été reconstituée en 1965 près du musée d'Elbow. L'intérieur *(ci-dessus)* montre à quel point elles pouvaient être confortables. L'ameublement comprend un gramophone à manivelle, un poêle en fonte et une baratte.
□ Au musée d'Elbow, aménagé dans une école de 1908, sont exposés divers objets d'époque, tels qu'un tableau noir, un pupitre et un orgue, de vieux moulins à café et des broyeurs d'os.

### PARC PROVINCIAL DOUGLAS
Ce parc, aménagé sur la rive est du lac Diefenbaker, comporte des installations de camping et de pique-nique ainsi que des plages surveillées. La pêche y est excellente car les eaux abondent en esturgeons, truites, grands brochets, perchaudes et dorés. Des dunes recouvrent près d'un dixième du parc. Certaines sont stabilisées par des buissons, mais la plupart sont mouvantes. Des trembles et des peupliers baumiers poussent en petits bosquets.
□ Sur la route d'Elbow, au nord du parc, se trouve un petit fragment d'un rocher de 362 t vénéré par les Cris. Un glacier aurait transporté ce bloc sur une distance de 320 km à l'ère glaciaire. Les Cris pensaient que le rocher était la forme pétrifiée d'un bison lâché du haut des airs par un aigle. Ils le nommèrent *Mistusinne* et en firent un sanctuaire. Les archéologues tentèrent en vain de faire déplacer le rocher sur les hauteurs pour le sauver lors de la construction du barrage Gardiner. Il n'en subsiste, hélas ! qu'un fragment qui surplombe le lac Diefenbaker, là où *Mistusinne* est désormais englouti.

## Un barrage géant sur la Saskatchewan du Sud

*Barrage Gardiner*

Avec ses 5 km de long et ses 64 m de hauteur, le barrage Gardiner est le plus grand barrage de terre du Canada. Les travaux, commencés en 1959, durèrent huit ans et transformèrent le panorama semi-aride de la vallée de la Saskatchewan du Sud. Son réservoir, le lac Diefenbaker, long de 225 km, est aussi un agréable lieu de villégiature.

D'une capacité annuelle de 800 millions de kilowattheures, la centrale hy-dro-électrique Coteau Creek du barrage Gardiner peut être visitée. On verra les énormes alternateurs ; enfin, des photos et des panneaux explicatifs montrent le fonctionnement de la centrale et relatent l'histoire de l'électricité.

Un barrage secondaire fut construit au cours des années 60 sur la Qu'Appelle, à l'extrémité sud-est du lac Diefenbaker dont les eaux peuvent ainsi se déverser dans la vallée de la Qu'Appelle.

Bien des siècles avant l'arrivée de l'homme blanc, les Indiens suivaient le cours de la Saskatchewan du Sud pour traverser la Prairie dans leurs frêles canots d'écorce. Ils l'appelaient Kisiskatchewan, « la rivière aux eaux rapides ».

Les trafiquants de fourrures empruntèrent eux aussi la rivière et ses nombreux affluents pour expédier leurs pelleteries vers l'est. Ils utilisèrent d'abord des canots, puis des bateaux d'York ; ensuite vinrent les vapeurs à roues.

Dès 1858, des arpenteurs projetèrent un barrage sur la Saskatchewan du Sud pour ouvrir une voie navigable entre les rivières Qu'Appelle et Assiniboine. Mais cela devint inutile avec l'avènement du chemin de fer en 1885.

Au cours des grandes sécheresses des années 30, le gouvernement de la Saskatchewan créa un service pour conserver les ressources agricoles et hydrauliques de la province. Ce premier volet de sauvegarde du territoire précéda le plan d'aménage-

ment de la Saskatchewan du Sud qui permit d'utiliser les eaux de la rivière pour produire de l'électricité et irriguer les terres. L'aménagement de la Saskatchewan du Sud a pris fin en 1967 avec l'inauguration du barrage Gardiner. Au bord de son réservoir, le lac Diefenbaker, se trouvent le parc provincial Douglas, la zone de récréation Coldwell et le parc provincial Danielson, trois oasis de fraîcheur dans une région semi-aride.

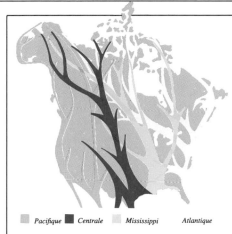

**Les routes migratoires**

Les milliers d'oiseaux qui nichent autour des lacs et des marais de la Saskatchewan, comme à Nicolle Flats, empruntent la route centrale, l'une des quatre grandes routes migratoires d'Amérique du Nord. Au printemps, quelque 2 millions de canards et d'oies ş'en servent pour gagner les régions septentrionales. À l'automne, ils repartent vers le sud-est du Texas.

Les trois autres grandes routes migratoires sont celles du Pacifique, du Mississippi et de l'Atlantique. Les oiseaux de la route du Pacifique passent généralement l'hiver en Californie. Les plaines d'inondation du Mississippi et les marécages de la Louisiane accueillent ceux de la route du Mississippi. Quant aux oiseaux qui suivent la côte atlantique, ils hivernent en Floride et dans les Antilles. Les quatre réseaux se croisent au-dessus du delta de Peace-Athabasca, au nord-est de l'Alberta.

**PARC PROVINCIAL BUFFALO POUND**
Les visiteurs peuvent louer des chevaux ou des poneys Shetland pour explorer le sentier de randonnée Big Valley. Celui-ci longe un ravin où poussent des buissons d'armoise et des cactus et passe en bordure de Pound Cliff, un escarpement d'où les bisons, pourchassés par les Indiens, se précipitaient dans le vide. Quelque 25 espèces d'oiseaux, dont la buse à queue rousse et le pic doré, fréquentent les abords du sentier.

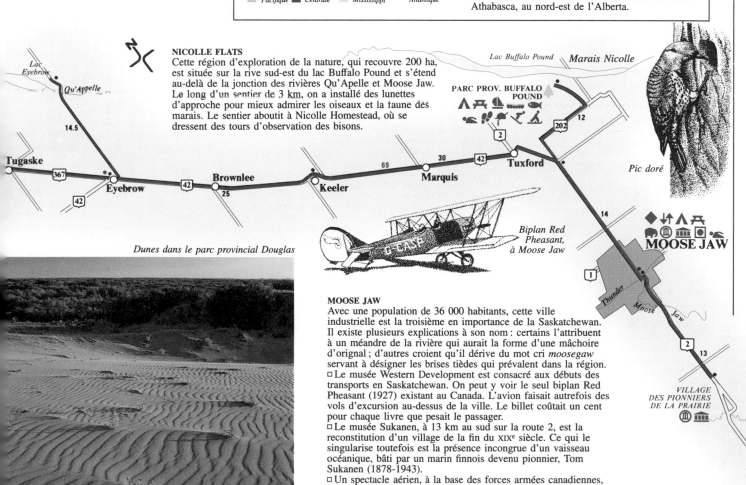

**NICOLLE FLATS**
Cette région d'exploration de la nature, qui recouvre 200 ha, est située sur la rive sud-est du lac Buffalo Pound et s'étend au-delà de la jonction des rivières Qu'Apelle et Moose Jaw. Le long d'un sentier de 3 km, on a installé des lunettes d'approche pour mieux admirer les oiseaux et la faune des marais. Le sentier aboutit à Nicolle Homestead, où se dressent des tours d'observation des bisons.

*Lac Buffalo Pound*    *Marais Nicolle*

PARC PROV. BUFFALO POUND

*Pic doré*

Lac Eyebrow

Qu'Appelle

14.5

Tugaske   367

42

Eyebrow   42   Brownlee   25

Keeler

69   30   42   Marquis   Tuxford

202   12

2

14

MOOSE JAW

*Dunes dans le parc provincial Douglas*

*Biplan Red Pheasant, à Moose Jaw*

1

Thunder   Moose Jaw

2   13

**MOOSE JAW**
Avec une population de 36 000 habitants, cette ville industrielle est la troisième en importance de la Saskatchewan. Il existe plusieurs explications à son nom : certains l'attribuent à un méandre de la rivière qui aurait la forme d'une mâchoire d'orignal ; d'autres croient qu'il dérive du mot cri *moosegaw* servant à désigner les brises tièdes qui prévalent dans la région.
□ Le musée Western Development est consacré aux débuts des transports en Saskatchewan. On peut y voir le seul biplan Red Pheasant (1927) existant au Canada. L'avion faisait autrefois des vols d'excursion au-dessus de la ville. Le billet coûtait un cent pour chaque livre que pesait le passager.
□ Le musée Sukanen, à 13 km au sud sur la route 2, est la reconstitution d'un village de la fin du XIXe siècle. Ce qui le singularise toutefois est la présence incongrue d'un vaisseau océanique, bâti par un marin finnois devenu pionnier, Tom Sukanen (1878-1943).
□ Un spectacle aérien, à la base des forces armées canadiennes, constitue le clou de la foire annuelle de Moose Jaw qui a lieu pendant une semaine en juillet. On peut y voir évoluer les Snowbirds, qui ont leur base ici.

*VILLAGE DES PIONNIERS DE LA PRAIRIE*

# La ville-reine des Plaines, un jardin dans la Prairie

## Centre de la Saskatchewan

Refuge d'oiseaux Last Mountain Lake

### MANITOU BEACH
Personne ne s'est jamais noyé dans le Petit Lac Manitou, car il est impossible de couler dans ses eaux chargées de sel. Ce lac de 19 km de long, alimenté par une source riche en minéraux, ne possède pas de déversoir, si bien que l'évaporation ne cesse d'accroître la concentration du sel. Les Indiens prêtaient des vertus curatives à ce « lac du Grand Esprit ».
□ Entre les deux grandes guerres, le Petit Lac Manitou était une station thermale très en vogue, qu'on surnommait la « Carlsbad du Canada ». Son attraction principale, la Piscine du Chalet, fut par la suite détruite par un incendie. Le nouvel établissement thermal de Manitou est en passe de raviver l'ancienne popularité.

### REFUGE D'OISEAUX LAST MOUNTAIN LAKE
Fondée en 1887, cette réserve de 10 km², située à l'extrémité nord du lac Last Mountain, est le plus ancien refuge d'oiseaux d'Amérique du Nord. À la mi-septembre, jusqu'à 10 000 cormorans à aigrettes et 20 000 grues canadiennes viennent s'y reposer, de même que des oies de Ross et des grues blanches d'Amérique. Des pélicans blancs et des macreuses à ailes blanches font leur nid sur les îles du lac.
□ En juin et en juillet, un tapis d'asters, de verges d'or et de campanules couvre les prairies bordées de trembles et de saules.

### PARC PROVINCIAL ROWAN'S RAVINE
Le parc doit son nom à un ravin de 7 m de profondeur et de plus de 1 km de long.
□ Le lac Last Mountain (97 km de long) offre une excellente pêche au grand brochet, à la perchaude et au doré.

Pendant des générations, les chasseurs indiens entassèrent des os de bisons près d'un ruisseau qu'ils appelaient *Wascana* (le tas d'os). En 1882, cet endroit fut choisi comme capitale de ce qui était alors les Territoires du Nord-Ouest et on le rebaptisa Regina, en l'honneur de la reine Victoria.

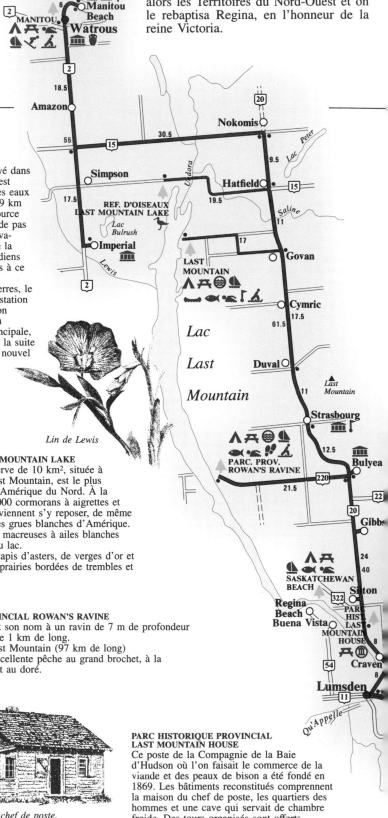

Lin de Lewis

Maison du chef de poste, parc historique Last Mountain House

### PARC HISTORIQUE PROVINCIAL LAST MOUNTAIN HOUSE
Ce poste de la Compagnie de la Baie d'Hudson où l'on faisait le commerce de la viande et des peaux de bison a été fondé en 1869. Les bâtiments reconstitués comprennent la maison du chef de poste, les quartiers des hommes et une cave qui servait de chambre froide. Des tours organisés sont offerts.

```
0    2    4    6    8   10 Milles
0      4      8      12     16 Kilomètres
```

La nature n'avait pourtant pas gâté la « ville-reine des Plaines » : « S'il y avait un peu plus d'arbres, un peu plus d'eau, une colline ici et là, je crois bien que la perspective serait meilleure », écrivait Sir John A. Macdonald en 1886.

Les fondateurs de la ville écoutèrent son conseil : lorsque Regina devint la capitale de la nouvelle province de la Saskatchewan en 1905, ils décidèrent de faire un jardin de cette prairie désolée. On jeta donc un barrage sur le cours d'eau Was-

cana pour créer un lac qui fut bientôt bordé d'un parc.

Ce parc, le Wascana Centre, occupe aujourd'hui le cœur de la cité. Des pistes cyclables et des routes panoramiques entourent le lac que sillonnent les bateaux de plaisance. Des pelouses plantées d'arbres, un refuge d'oiseaux et des terrains de pique-nique s'étendent entre le Parlement, le musée d'Histoire naturelle et l'université de Regina, qu'entourent de beaux jardins ornés de fontaines.

Regina ne vivait autrefois que de l'agriculture. Mais son économie s'est développée avec l'arrivée de nouvelles industries comme l'usine Co-Upgrader, la première au Canada à raffiner l'huile lourde.

L'histoire de la ville est liée à celle de la Gendarmerie royale. Autrefois quartier général de ce corps d'élite (1882-1920), Regina abrite de nos jours un centre important de recrutement et de formation.

*Fontaine de Trafalgar Square et édifice du Parlement, à Regina*

## REGINA

Regina (180 000 hab.) est non seulement la capitale, mais le centre de rayonnement des affaires et de l'éducation en Saskatchewan. C'est également la demeure première de la GRC et son unique base d'entraînement.
□ À la Bibliothèque centrale de Regina, la galerie Dunlop offre à longueur d'année une diversité d'expositions et de programmes culturels. La Salle historique de la Prairie possède une intéressante collection de vieilles photographies, de coupures de journaux et d'autres documents historiques.
□ Le Globe Theatre, aménagé dans la Vieille Poste, est la résidence permanente de la troupe locale de théâtre.
□ Dans le même bâtiment, le musée Regina Plains relate l'histoire des Indiens de la Plaine.
□ Le procès de Louis Riel est reconstitué, durant l'été, au domaine historique Government House, l'ancienne résidence des lieutenants-gouverneurs à laquelle on a restitué son cachet d'antan.
□ Un monument du parc Victoria rappelle l'accession de la Saskatchewan au rang de province, le 4 septembre 1905.
□ Les Buffalo Days font revivre, fin juillet et début août, l'époque des pionniers, tandis que la foire agricole la plus importante au Canada, la Canadian Western Agribition, se tient fin novembre et début décembre.

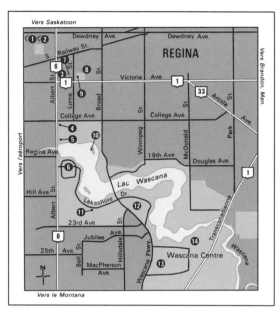

Vers Saskatoon — Dewdney Ave. — Dewdney Ave. — REGINA — Vers Brandon, Man. — Railway St. — Albert St. — Victoria Ave. — Lorne St. — Broad St. — Arcola Ave. — College Ave. — College Ave. — Winnipeg St. — McDonald St. — Park St. — Vers l'aéroport — Regina Ave. — 19th Ave. — Douglas Ave. — Lac Wascana — Hill Ave. — Albert St. — Lakeshore Dr. — 23rd Ave. — Jubilee Ave. — Bell St. — Hillsdale St. — Wascana Pkwy. — Wascana Centre — Transcanadienne — 25th Ave. — MacPherson Ave. — Wascana — Vers le Montana

| | | |
|---|---|---|
| 1 École de la GRC | 7 Galerie d'art Dunlop | 12 Centre des Arts de la Saskatchewan |
| 2 Government House | 8 La Vieille Poste | 13 Université de Regina |
| 3 Office du tourisme | 9 Parc Victoria | 14 Wascana Centre |
| 4 Musée d'Histoire naturelle de la Saskatchewan | 10 Wascana Waterfowl Park | |
| 5 Speaker's Corner | 11 Maison Diefenbaker | |
| 6 Parlement | | |

## ÉCOLE DE LA GRC

Le musée du Centenaire de la GRC évoque l'histoire de ce corps d'élite avec sa collection d'armes, d'uniformes, de photographies et de documents historiques.
□ La chapelle (1883), le plus ancien édifice de Regina, contient les fonts baptismaux consacrés à la mémoire d'un gendarme tué durant la rébellion du Nord-Ouest en 1885.
□ À Sleigh Square, divers monuments commémorent le centième anniversaire de la Gendarmerie royale (1973), les agents morts en service et le patrouilleur de l'Arctique, le *St. Roch*.

*Insigne de la GRC*

## WASCANA CENTRE

Le lac artificiel Wascana est le pôle d'attraction de ce parc de 930 ha où sont situés les édifices du gouvernement.
□ La maison d'enfance de John G. Diefenbaker (1895-1979), qui se trouvait à Borden, en Saskatchewan, a été transportée ici en 1967. La maisonnette, bâtie en 1906, contient des souvenirs personnels de l'ex-Premier ministre du Canada.
□ Le Parlement (1912) possède trois galeries ornées de portraits des notables de la Saskatchewan. L'édifice se dresse au milieu d'un beau jardin décoré de fontaines dont une provient de Trafalgar Square, à Londres.
□ Le centre des Arts de la Saskatchewan abrite l'Orchestre symphonique de Regina. Le centre comporte également deux salles de théâtre et un hall des congrès. On peut le visiter en été.
□ Au musée d'Histoire naturelle de la Saskatchewan, une centaine de vitrines sont consacrées à la géologie, à l'archéologie, à l'histoire et à d'autres sujets. De remarquables dioramas montrent la faune sauvage dans son environnement naturel.
□ Le centre de la Science permet entre autres de faire soi-même la démonstration d'une foule de thèmes reliés à la planète et au corps humain.
□ La galerie d'art Norman Mackenzie de l'université de Regina possède des œuvres de la Renaissance italienne, des œuvres contemporaines et des sculptures égyptiennes.

*Centre des Arts de la Saskatchewan*

regarva — REF. CONDIE — REGINA — Transcanadienne

# Au pays du charbon, l'épopée de deux villages de pionniers

## Sud-est de la Saskatchewan

La grande roue de Weyburn

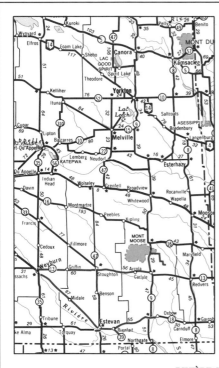

Extraction à ciel ouvert, près d'Estevan

**WEYBURN**
Des panneaux de mosaïque, enchâssés entre les rayons d'une grande roue d'acajou cerclée de cuivre, à l'hôtel de ville, racontent l'histoire de Weyburn depuis l'époque des Indiens.
□ On peut voir au Musée historique Soo Line diverses armes et des perches où l'on pendait les scalps, ainsi que des objets indiens remontant à près de 5 000 ans.
□ Weyburn a vu naître l'écrivain W.O. Mitchell et T.C. Douglas, Premier ministre de la Saskatchewan de 1944 à 1961.

**RIVIÈRE SOURIS**
La voie de canotage de la rivière Souris est l'une des plus populaires de la Saskatchewan. Après les marécages de Yellow Grass au nord de Weyburn, la rivière, longue de 720 km, s'enfonce dans le Dakota du Nord, puis rejoint l'Assiniboine dans l'ouest du Manitoba. Il y a peu de rapides sur cet itinéraire très pittoresque de 226 km que jalonnent de nombreux terrains de camping.

## Des mines à ciel ouvert

La première mine de charbon du sud-est de la Saskatchewan démarra en 1895, à Roche-Percée. Ce n'était qu'une petite entreprise familiale, mais elle engendra bientôt tout un réseau de mines souterraines. En 1930, les mines à ciel ouvert, plus sûres et plus rentables, firent leur apparition. Au lieu de percer des galeries pour ne récupérer que 60 p. 100 du charbon, on enlevait la couche de terre qui recouvre la veine carbonifère, ce qui permettait d'en extraire plus de 85 p. 100.

Les mines à ciel ouvert, cependant, dévastent le paysage et détruisent la végétation. Depuis quelque temps, un vaste programme de réaménagement efface peu à peu les cicatrices qu'elles ont laissées.

On nivelle d'abord le terrain au bulldozer, le sol est ensuite débarrassé des débris de rochers, puis labouré, fertilisé et ensemencé. De nombreux sites semblables sont maintenant transformés en pâturages ou en réserves d'animaux.

**ESTEVAN**
Cette ville de 10 500 âmes revendique, à juste titre, le surnom de « capitale canadienne du soleil ». Son nom est la contraction de ceux de deux directeurs du CP, George Stephen et William Van Horne.
□ Elle mérite un autre surnom, celui de « capitale de l'énergie », pour sa situation stratégique à proximité de sources de charbon, de gaz naturel et de pétrole. Au sud de la ville, un convoyeur aérien gigantesque, « Big Lou », surplombe les mines à ciel ouvert et entraîne le charbon jusqu'à la centrale du barrage Boundary.

**RÉSERVOIR DU BARRAGE BOUNDARY**
Ainsi nommé à cause de son réservoir qui longe la frontière américaine, le barrage Boundary a une capacité de 882 megawatts, la plus importante de la Saskatchewan. Sa centrale, qui est équipée des plus grosses chaudières à lignite du Canada, est alimentée par les vastes réserves de charbon du sud-est de la province. La vapeur produite par les chaudières entraîne les alternateurs de la centrale. Les touristes peuvent visiter le barrage, se baigner et faire du canot dans le réservoir.

**Weyburn** 29 **Hume** **Griffin** 69 **Froude** 40 **Stoughton** 13 33 47

35

Rinfret **Ralph** 39

NICKEL LAKE

Souris

**Halbrite** 41

• **Midale** 80

**Macoun** 39

**Hitchcock** 39 47

**Estevan** 6.5

WOODLAWN

RÉSERVOIR DU BARRAGE BOUNDARY

Deux villages de pionniers — Cannington Manor et Hirsch — connurent, pour des raisons différentes, des destins malheureux. À Cannington Manor des aristocrates anglais tentèrent de s'acclimater à la rude vie de la Prairie, alors que des juifs chassés d'Europe fondèrent Hirsch en 1892.

La rigueur des hivers et la sécheresse des étés amenèrent la ruine du village juif. En 1894, il ne restait plus que sept des 47 familles qui s'y étaient installées.

La colonie de Cannington Manor, une « petite Angleterre dans la Prairie », fut fondée en 1882 par Edward Michell Pierce, capitaine à la retraite de l'armée britannique. Les colons y vivaient comme des gentlemen, dans le grand style de l'Angleterre victorienne. Mais leur rêve ne dura même pas le temps d'une génération. Vers la fin des années 1890, la plupart étaient partis pour les champs aurifères du Klondike ou les champs de bataille de l'Afrique du Sud. Le coup de grâce vint en 1900, quand les ingénieurs du CP décidèrent de contourner Cannington Manor.

Le chemin de fer donna naissance à de nouvelles villes et à de jeunes industries, alimentées par le charbon du sous-sol. Vers 1920, la concurrence des autres régions charbonnières se fit cruellement sentir. L'introduction, en 1930, de techniques d'extraction à ciel ouvert donna cependant un nouvel élan à l'économie du sud-est de la Saskatchewan.

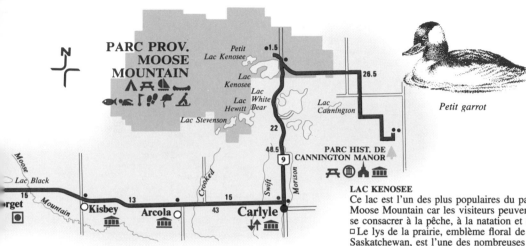

**PARC PROVINCIAL MOOSE MOUNTAIN**
Perché sur un plateau au milieu des prairies, ce parc de 400 km² est couvert d'une forêt de trembles. Ses nombreux lacs et marécages attirent la sarcelle à ailes bleues, le petit garrot, le vautour à tête rouge, le cerf de Virginie et le castor. Des sentiers de randonnée et d'exploration mènent à certains des plus beaux endroits du parc. On peut y pratiquer la natation, l'équitation et la pêche.

*Petit garrot*

*Lys de la prairie*

**LAC KENOSEE**
Ce lac est l'un des plus populaires du parc provincial Moose Mountain car les visiteurs peuvent y camper et se consacrer à la pêche, à la natation et au canotage.
□ Le lys de la prairie, emblème floral de la Saskatchewan, est l'une des nombreuses plantes que l'on trouve dans la région. Ses fleurs d'un rouge orangé, mouchetées de noir, constellent les prés en juin et juillet. Chaque plante donne jusqu'à cinq fleurs, si belles que ce lys a beaucoup souffert d'une cueillette excessive.

*Roche Percée*

**ROCHE-PERCÉE**
Les affleurements de grès situés près de cette ville ont été sculptés par les intempéries, mais ils ont aussi été mutilés par ceux qui y gravèrent leur nom. Haute de 7,5 m, la Roche Percée fut vénérée par les Indiens qui la couvrirent de pétroglyphes. En juillet 1874, les hommes d'un détachement de la Police montée y gravèrent leurs initiales. Une stèle rappelle qu'ils y tinrent un service religieux.

**PARC HISTORIQUE PROVINCIAL DE CANNINGTON MANOR**
À la fin du XIXᵉ siècle, des aristocrates anglais tentèrent de recréer ici la vie de leur pays d'origine : chasse à courre, cricket, parties de tennis et de billard, courses de chevaux, rien n'y manquait. Aujourd'hui, il ne reste plus rien de la colonie, si ce n'est les maisons Maltby et Hewlett, une menuiserie et une maisonnette de célibataire.
□ Une petite église de bois, All Saints (1884), a été restaurée. Parmi la collection d'argenterie qu'elle abrite, on peut y voir un calice d'argent qui servait autrefois de trophée sportif.
□ Le musée renferme également des aquarelles de 1870, une canne-fusil pour le tir au pigeon et une maquette de Cannington Manor à son heure de gloire.

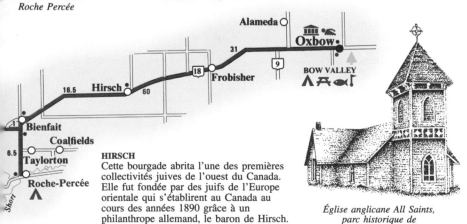

*Église anglicane All Saints, parc historique de Cannington Manor*

**HIRSCH**
Cette bourgade abrita l'une des premières collectivités juives de l'ouest du Canada. Elle fut fondée par des juifs de l'Europe orientale qui s'établirent au Canada au cours des années 1890 grâce à un philanthrope allemand, le baron de Hirsch. À 3 km à l'ouest de la petite ville, une plaque marque l'emplacement du cimetière des colons.

*Maison Maltby, parc historique de Cannington Manor*

# Dans la vallée de la Qu'Appelle, l'écho d'une légende indienne

## Vallée de la Qu'Appelle

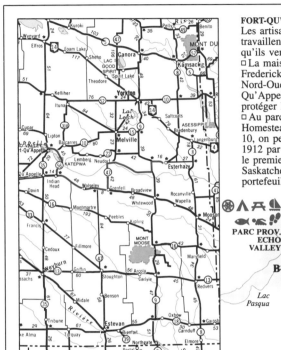

### FORT-QU'APPELLE

Les artisans du centre de poterie Hansen-Ross travaillent l'argile pour façonner les objets d'art qu'ils vendent aux touristes.
□ La maisonnette qu'habita le major général Frederick Middleton au cours de la rébellion du Nord-Ouest en 1885 fait partie du Musée de Fort-Qu'Appelle. Le fort fut construit en 1875 pour protéger les colons.
□ Au parc historique national Motherwell Homestead, à Abernathy, 8 km au sud de la route 10, on peut visiter un charmant manoir bâti en 1912 par W.R. Motherwell (1860-1943), qui fut le premier ministre de l'Agriculture de la Saskatchewan en 1905 et détint le même portefeuille au fédéral dans les années 20.

Centre de poterie Hansen-Ross, à Fort-Qu'Appelle

### LEBRET

Un chemin de croix mène à une chapelle à flanc de coteau d'où l'on domine la ville, l'église du Sacré-Cœur, et le lac Mission. Une croix lumineuse se dresse à l'endroit où des missionnaires catholiques plantèrent une croix de bois en 1865.
□ Devant une école technique indienne se dresse la statue de Joseph Hugonard, premier directeur d'un des plus anciens pensionnats indiens du Canada.

Église du Sacré-Cœur, à Lebret

### PARC PROVINCIAL ECHO VALLEY

Entre les lacs Pasqua et Echo, deux sentiers d'exploration de la nature traversent ce parc sillonné de ravins boisés où poussent l'érable, le peuplier, l'orme et le bouleau.
□ Le parc provincial Katepwa Point offre des activités sportives et des cours d'artisanat.

## Les riches récoltes de la prairie

De nouvelles variétés de semences à grand rendement ont été mises au point dans des fermes expérimentales comme celle d'Indian Head.

Le blé vitreux roux, principale céréale de la Saskatchewan, donne une farine idéale pour le pain. Les fermiers en tirent la majeure partie de leurs revenus.

Le blé dur, second en importance dans la province, sert à la fabrication des pâtes alimentaires. Il pousse généralement dans le centre et le sud de la Saskatchewan.

Le lin, qui donne une huile utilisée dans la fabrication des peintures, est également une source importante de fibres commerciales. Ses dérivés servent à l'alimentation du bétail.

Le seigle d'automne freine l'érosion. Il permet de nourrir les animaux, de faire de la farine et du whisky.

Blé vitreux roux    Blé dur    Lin    Seigle d'automne

### INDIAN HEAD

L'agglomération compte une pépinière du gouvernement fédéral où les visiteurs peuvent pique-niquer au milieu de belles pelouses et de parterres de fleurs. Fondé en 1902, cet établissement a distribué des millions de plants d'arbres aux fermiers de la région. Les groupes peuvent demander à visiter les serres et l'arboretum.
□ À 3 km au nord, une écurie ronde de pierre, datant de 1882, est le dernier vestige de la ferme Bell où travaillaient quelque 100 métayers. Elle était administrée par le major W.R. Bell pour le compte de la Qu'Appelle Valley Farming Company.
□ En 1887, une partie des terres de la compagnie fut vendue à la ferme expérimentale d'Indian Head. On y étudie toujours la rotation des cultures, la lutte contre les mauvaises herbes et l'emploi des engrais. Les jardins paysagers sont ouverts au public.
□ Un monument commémore la fondation en 1902 de la Territorial Grain Growers' Association, la première coopérative de transport et de commercialisation des céréales organisée par des agriculteurs.

0    2    4    6    8    10 Milles
0    4    8    12    16 Kilomètres

La Qu'Appelle traverse les deux tiers du sud de la Saskatchewan, déroulant ses méandres à l'est du lac Diefenbaker avant de rejoindre l'Assiniboine au Manitoba. Sa paisible vallée, le pays des champs verdoyants, est un des hauts lieux du tourisme en Saskatchewan.

La rivière s'élargit à Fort-Qu'Appelle pour donner naissance à une chaîne de lacs cristallins bordés de parcs provinciaux où les visiteurs peuvent se baigner et faire du bateau. De nombreux chalets se dressent au bord des eaux poissonneuses des lacs Pasqua, Echo, Mission et Katepwa.

La vallée de la Qu'Appelle tire son nom d'une touchante légende indienne que relate une plaque commémorative, près du village de Lebret. Un Indien, parti à la rencontre de sa fiancée, traversait un lac de la vallée lorsqu'il entendit quelqu'un crier son nom. « Qu'appelle ? » lança-t-il, mais seule la vallée répercuta l'écho de sa voix. Quand il arriva au camp de sa bien-aimée, on lui apprit qu'elle venait tout juste de mourir. C'est alors qu'il comprit que c'était sa voix qu'il avait entendue, à l'instant de sa mort.

« Lorsque la lune s'élève au-dessus des collines », écrit Pauline Johnson, on croit entendre l'écho de la voix du jeune guerrier confiant sa peine :

*J'écoute, l'âme brisée, le chasseur qui*
[*rappelle*
*Pourquoi la vallée porte le nom Qu'Appelle*

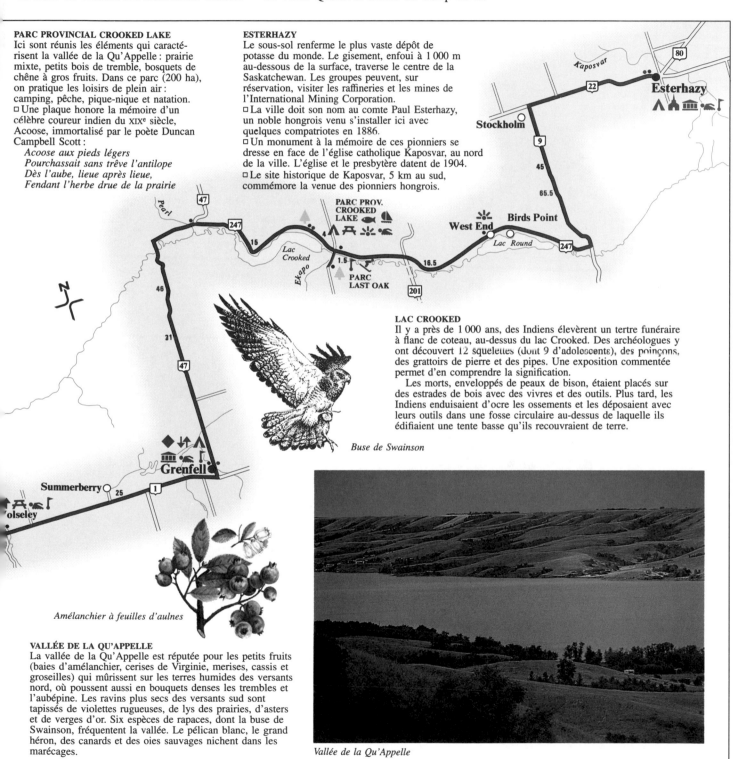

**PARC PROVINCIAL CROOKED LAKE**
Ici sont réunis les éléments qui caractérisent la vallée de la Qu'Appelle : prairie mixte, petits bois de tremble, bosquets de chêne à gros fruits. Dans ce parc (200 ha), on pratique les loisirs de plein air : camping, pêche, pique-nique et natation.
□ Une plaque honore la mémoire d'un célèbre coureur indien du XIXe siècle, Acoose, immortalisé par le poète Duncan Campbell Scott :
*Acoose aux pieds légers*
*Pourchassait sans trêve l'antilope*
*Dès l'aube, lieue après lieue,*
*Fendant l'herbe drue de la prairie*

**ESTERHAZY**
Le sous-sol renferme le plus vaste dépôt de potasse du monde. Le gisement, enfoui à 1 000 m au-dessous de la surface, traverse le centre de la Saskatchewan. Les groupes peuvent, sur réservation, visiter les raffineries et les mines de l'International Mining Corporation.
□ La ville doit son nom au comte Paul Esterhazy, un noble hongrois venu s'installer ici avec quelques compatriotes en 1886.
□ Un monument à la mémoire de ces pionniers se dresse en face de l'église catholique Kaposvar, au nord de la ville. L'église et le presbytère datent de 1904.
□ Le site historique de Kaposvar, 5 km au sud, commémore la venue des pionniers hongrois.

*Buse de Swainson*

**LAC CROOKED**
Il y a près de 1 000 ans, des Indiens élevèrent un tertre funéraire à flanc de coteau, au-dessus du lac Crooked. Des archéologues y ont découvert 12 squelettes (dont 9 d'adolescents), des poinçons, des grattoirs de pierre et des pipes. Une exposition commentée permet d'en comprendre la signification.

Les morts, enveloppés de peaux de bison, étaient placés sur des estrades de bois avec des vivres et des outils. Plus tard, les Indiens enduisaient d'ocre les ossements et les déposaient avec leurs outils dans une fosse circulaire au-dessus de laquelle ils édifiaient une tente basse qu'ils recouvraient de terre.

*Amélanchier à feuilles d'aulnes*

**VALLÉE DE LA QU'APPELLE**
La vallée de la Qu'Appelle est réputée pour les petits fruits (baies d'amélanchier, cerises de Virginie, merises, cassis et groseilles) qui mûrissent sur les terres humides des versants nord, où poussent aussi en bouquets denses les trembles et l'aubépine. Les ravins plus secs des versants sud sont tapissés de violettes rugueuses, de lys des prairies, d'asters et de verges d'or. Six espèces de rapaces, dont la buse de Swainson, fréquentent la vallée. Le pélican blanc, le grand héron, des canards et des oies sauvages nichent dans les marécages.

*Vallée de la Qu'Appelle*

# Les riches terres agricoles des « lutteurs de l'esprit »

### Centre-est de la Saskatchewan

La colonisation de cette région de la Saskatchewan débuta à la fin du XIX<sup>e</sup> siècle. Chaque communauté a tissé son fil dans la tapisserie ethnique de la province : les Russes à Veregin, les Allemands à Gorlitz, les Écossais à Kylemore et les Ukrainiens à Kamsack et à Yorkton. En juillet, des troupes de danseurs et de chanteurs en costumes ethniques se produisent lors de la Foire de Yorkton. Plusieurs des salles du musée Western Development de

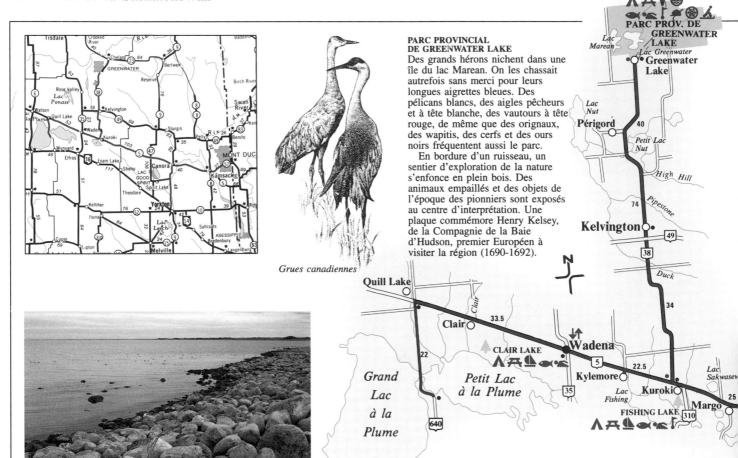

*Grues canadiennes*

**PARC PROVINCIAL DE GREENWATER LAKE**

Des grands hérons nichent dans une île du lac Marean. On les chassait autrefois sans merci pour leurs longues aigrettes bleues. Des pélicans blancs, des aigles pêcheurs et à tête blanche, des vautours à tête rouge, de même que des orignaux, des wapitis, des cerfs et des ours noirs fréquentent aussi le parc.

En bordure d'un ruisseau, un sentier d'exploration de la nature s'enfonce en plein bois. Des animaux empaillés et des objets de l'époque des pionniers sont exposés au centre d'interprétation. Une plaque commémore Henry Kelsey, de la Compagnie de la Baie d'Hudson, premier Européen à visiter la région (1690-1692).

*Grand Lac à la Plume*

**LACS À LA PLUME**

Ces lacs peu profonds, alimentés par des cours d'eau chargés de sels minéraux, n'ont pas de déversoir et l'évaporation ne cesse d'accroître leur salinité. On n'a pas pris un seul poisson depuis 1934 dans le Grand Lac à la Plume où l'on pratiquait autrefois la pêche commerciale. Le Petit Lac à la Plume, moins salin, était encore poissonneux en 1945.

En été, une bonne partie des eaux de ces lacs s'évapore, laissant une croûte de sel d'un blanc étincelant. La végétation est rare sur ce sol stérile où ne poussent que des joncs, des laiches et quelques bouquets de trembles.

Des grues canadiennes et des milliers de canards et d'oies s'arrêtent ici à l'époque des migrations. Les Indiens ramassaient autrefois des plumes d'oie sur les rives des lacs et les échangeaient aux comptoirs de la Compagnie de la Baie d'Hudson. Ces grandes plumes que l'on utilisait pour écrire ont donné leur nom aux lacs.

*Argentine*

*Smilacine étoilée*

*Hart rouge*

## Des plantes dont les racines fixent les dunes

Peu de plantes survivent sur l'étroite plage battue par les vagues de la rive sud du lac Good Spirit. Des saules, des peupliers et des herbes à croissance rapide s'enracinent dans le sable des dunes, tandis que des argentines à fleurs jaunes fleurissent sur ce sol humide mais pauvre.

Sur les terres qui s'étendent au-delà des plages se dressent quelques rares harts rouges au milieu des sumacs vénéneux. La smilacine étoilée préfère les profondes cuvettes où s'accumulent l'humidité et les sels minéraux. Un tapis de mousse protège le sable contre l'érosion du vent.

Les épais fourrés des versants abrités des dunes cèdent le terrain à des futaies de trembles et de peupliers baumiers ou à des prés marécageux.

cette ville sont meublées dans les styles auxquels étaient attachés les pionniers : salon de style anglais, salle à manger allemande, chambre à coucher suédoise.

Au nord de Yorkton, là où s'élevait York City, une plaque rappelle qu'une compagnie de colonisation acheta d'immenses terrains en 1882 pour 1 $ l'acre, puis les vendit à 200 colons venus de l'Ontario. York City devint alors leur comptoir d'approvisionnements. En 1890, lorsqu'on fit passer le chemin de fer à

5 km au sud, les habitants déplacèrent leur bourgade et la rebaptisèrent Yorkton. Les meules qui se trouvent près de la plaque proviennent du moulin de la colonie.

Les doukhobors — membres d'une secte religieuse russe dont le nom signifie « les lutteurs de l'esprit » — sont peut-être ceux qui ont le plus lutté pour préserver leur héritage. En 1899, près de 7 400 doukhobors quittèrent leur patrie, avec l'appui financier du grand écrivain russe Léon Tolstoï, pour s'installer au Canada

où on leur avait promis la liberté religieuse et l'exemption du service militaire. Résolus de vivre selon leurs coutumes, ils supportaient mal qu'on se mêlât de leurs affaires et, dès 1903, ils protestèrent à Yorkton contre des règlements qui les forçaient à démembrer leurs fermes communautaires. Certains finirent par se plier aux exigences des pouvoirs publics. D'autres cherchèrent une plus grande liberté en Colombie-Britannique.

---

# Des femmes farouches et pathétiques

Les doukhobors qui arrivèrent au Canada en 1899 n'avaient pas un sou vaillant. Les hommes travaillèrent à la construction du chemin de fer alors que les femmes, faute de bêtes de trait, s'attelèrent aux charrues. Un dramaturge russe, Léopold Soulerzhitsky, a laissé cet émouvant témoignage : « Il y avait quelque chose de solennel et de poignant dans ces silhouettes de femmes attelées à la lourde charrue. Les gros bâtons attachés à la corde leur entaillaient le ventre, tandis que leurs mains brûlées par le soleil cherchaient désespérément à atténuer cette douleur lancinante. » Près de 60 communautés se développèrent autour de Yorkton, mais elles disparurent quand les doukhobors s'installèrent dans des fermes.

À Veregin, un temple doukhobor (à gauche) sert toujours aux services religieux. Le musée aménagé à l'étage supérieur contient la maquette d'un village doukhobor.

## PARC PROVINCIAL DUCK MOUNTAIN
Ce plateau ondulé, semé de lacs, marque la limite méridionale de la forêt mixte en Saskatchewan. Des trembles et des peupliers baumiers poussent sur le sol sablonneux, des bouleaux blancs sur les rives des lacs et des cours d'eau, des épinettes noires et des tamaracs en bordure des marécages.
□ Des vautours à tête rouge planent souvent au-dessus du lac Madge. Des pélicans blancs, des pygargues à tête blanche et des grands ducs fréquentent aussi le parc.
□ Au centre d'interprétation, on peut voir des objets qui proviennent du fort Pelly, un poste de la Compagnie de la Baie d'Hudson, construit en 1824 sur l'Assiniboine. Le centre possède aussi une collection de champignons, notamment une énorme vesse-de-loup de 7 kg.
□ Le parc est doté de quatre pistes de ski alpin. Environ 80 km de routes panoramiques longent le lac Madge et mènent à de belles plages.

## KAMSACK
On peut y voir les coupoles en forme de bulbe d'oignon des églises ukrainiennes orthodoxes et catholiques, ainsi qu'un temple de style russe. À 5 km de Kamsack s'élevait autrefois un village communautaire de doukhobors, Voskrissenie. Une grande salle à l'abandon est tout ce qui en subsiste.
□ Un monument rappelle les postes de traite qui furent construits au coude de l'Assiniboine, là où la rivière fait une courbe prononcée, à environ 24 km au nord-ouest de Kamsack. Le premier poste fut construit en 1793 et le dernier resta en activité jusqu'en 1912. Le fort Livingstone, quartier général de la Police montée du Nord-Ouest en 1874-1875, se trouvait au nord.

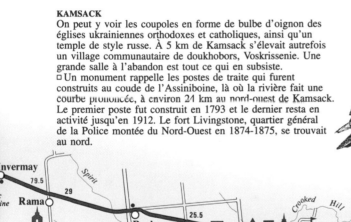

Vautour à tête rouge

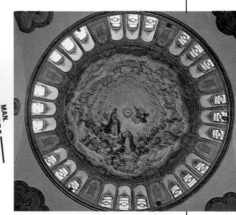

Fresque du dôme de l'église catholique ukrainienne Sainte-Marie, à Yorkton

## PARC PROVINCIAL GOOD SPIRIT LAKE
Les 280 ha de dunes de la rive sud du lac Good Spirit abritent d'innombrables oiseaux. On y voit notamment des maubèches branle-queue avancer de leur démarche chancelante et des pluviers kildirs chercher des insectes et des petits crustacés le long de la rive. L'hirondelle des sables fait aussi son nid sur les dunes. La paruline jaune et le jaseur des cèdres fréquentent les fourrés. Les bécassines ordinaires que l'on voit souvent s'envoler en zigzag nichent dans un pré de laiches, à l'abri des dunes.

## YORKTON
La fresque du dôme de l'église catholique ukrainienne Sainte-Marie (1914) représente le couronnement de la Vierge Marie. D'un diamètre de 19 m, elle a été exécutée par Stephen Meush en 1939-1941. L'église contient aussi une icône peinte en 1964 par Igor Suhacev, lequel a conçu les boiseries du sanctuaire.
□ L'annexe de Yorkton du musée Western Development possède une collection d'instruments aratoires et de voitures anciennes. On y visite aussi des pièces meublées dans le style des pionniers, dont une cuisine ukrainienne ornée de beaux coffres de cèdre. Sur les terrains du musée a lieu à la mi-août chaque année depuis 1890 la fête des Moissonneurs.
□ À la fin mai, le Festival du court métrage et du vidéo le plus ancien en Amérique attire à Yorkton des participants du monde entier.

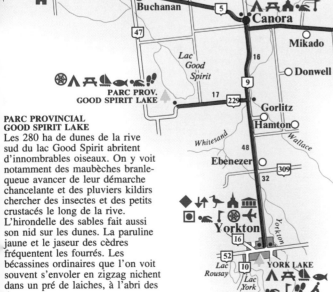

Église catholique ukrainienne Sainte-Marie, à Yorkton

# Deux « sommets », sentinelles de la Prairie

## Centre-ouest du Manitoba

*Grands hérons*

### PARC PROVINCIAL DUCK MOUNTAIN

Le mont Baldy (831 m), point culminant du Manitoba, atteint à peine le septième de la hauteur du mont Logan, au Yukon, le plus haut sommet du Canada. Du haut du mont Baldy, on découvre une splendide vue de l'escarpement du Manitoba au nord et du lac Dauphin au sud-est.

□ Le parc provincial Duck Mountain, encore très sauvage, compte plus de 70 petits lacs. Six colonies de grands hérons, disséminées dans quelque 150 endroits, y font leurs nids.

□ Un cadran solaire près du lac Wellman honore la mémoire de l'astronome polonais Nicolas Copernic (1473-1543).

### LAC DES PRAIRIES

Ce lac artificiel s'étend sur 72 km dans la vallée de l'Assiniboine. Dans le parc provincial Asessippi, on peut voir des eskers — reliefs glaciaires constitués de gravier et de sable déposés par les eaux de fonte.

□ Près du parc, une plaque évoque le souvenir du Moulin de la rivière Shell qui était situé dans l'ancien village d'Asessippi. Une cinquantaine de colons, venus de l'Ontario en 1883, abandonnèrent Asessippi lorsque le chemin de fer fut construit plus au sud.

*Parc national du Mont-Riding*

### ERICKSON

Une station fédérale de pisciculture s'active ici à développer une nouvelle denrée de la Prairie : la truite arc-en-ciel. La Prairie est semée d'innombrables mares formées par des glaciers, il y a près de 10 000 ans. Jusqu'à la fin des années 60, ces mares ne servaient qu'à abreuver les animaux, car les poissons ne pouvaient y survivre en raison de la rareté en oxygène de leurs eaux peu profondes pendant les mois d'hiver. On découvrit que la truite arc-en-ciel pouvait vivre dans certaines de ces mares et les agriculteurs de la région alevinent maintenant les plus grandes mares au printemps. Les jeunes poissons se nourrissent tout l'été de crustacés d'eau douce, de larves d'insectes et de plancton microscopique. À la fin de l'automne, les pêcheurs prennent le poisson au filet et le vendent aux restaurants de la région. Environ 1 500 agriculteurs élèvent ainsi des truites arc-en-ciel dans cette région qui était déjà le grenier de blé du monde.

**GRANDVIEW**

Au Watson Crossley Community Museum sont exposés des objets de l'époque des pionniers, une collection de vieilles voitures et d'anciens instruments aratoires ainsi qu'un curieux livre de remèdes populaires, *Egyptian Secrets,* sans indication d'auteur ni de date.

### PARC NATIONAL DU MONT-RIDING

Le mont Riding, centre d'attraction du seul parc national du Manitoba, fait partie de l'escarpement du Manitoba. Au nord et à l'est, le parc surplombe de près de 450 m les terres agricoles des environs. Ses 3 000 km² englobent de la forêt boréale et feuillue, des boisés de trembles, du pâturage et de la prairie.

□ Près du lac Audy, des bisons paissent dans un enclos de 530 ha de bois et de pâturage. Un centre d'interprétation de la nature rappelle le rôle du bison dans la culture des Indiens des Plaines.

*Boutons d'or des Prairies*

*Pêche à la truite, à Erickson*

| 0 | 3 | 6 | 9 | 12 | 15 Milles |
| 0 | 6 | 12 | 18 | 24 Kilomètres |

Soudain, la croupe bleutée du mont Riding et la crête tourmentée du mont Duck, au nord, rompent l'uniforme déroulement de la Prairie. Ces accidents de terrain font partie de l'escarpement du Manitoba, une série de plateaux qui naissent dans le Dakota du Nord, jalonnent le Manitoba et s'enfoncent au nord-ouest, jusqu'en Saskatchewan.

À cause de la diversité des terrains, le parc national du Mont-Riding abrite quelque 500 espèces végétales. Il marque aussi la frontière entre les deux territoires du satyridé, un papillon dont le comportement curieux demeure inexpliqué. Les années paires, en effet, on ne le trouve que dans la partie est du parc, et uniquement dans la partie ouest, les années impaires.

Plus de 160 km de sentiers de randonnée sillonnent le parc. Des naturalistes organisent des visites guidées et emmènent les visiteurs « hurler avec les loups » qui condescendent parfois à leur répondre. De grandes hardes de wapitis et de cerfs mulets vivent dans le parc provincial Duck Mountain où nichent en grand nombre des grands hérons, une des rares populations du Canada de vautours à tête rouge et des pélicans blancs.

Le point culminant du Manitoba, le mont Baldy (831 m), s'élève dans l'angle sud-est du parc Duck Mountain. De son sommet, le visiteur découvrira le vaste damier des champs de blé et de tournesol de la grande vallée qui s'étend vers le sud.

*Costumes ukrainiens, à Dauphin*

*Panier de Pâques ukrainien*

**DAUPHIN**
Pendant les quatre journées du Festival national ukrainien, au début d'août, quelque 40 000 visiteurs défilent au *Selo Ukrainia* (village ukrainien), un amphithéâtre de plein air de 5 000 places, situé à environ 10 km au sud de la ville, où se donnent des spectacles de chants et de danses folkloriques. Les habitants en profitent pour revêtir les costumes traditionnels et confectionner les fameux paniers de Pâques remplis de *paska* et de *babka* (pains de Pâques), de jambon, de fromage et de *pysanky* (œufs décorés).
□ Le musée du fort Dauphin est entouré d'une palissade de bois, comme l'étaient les anciens postes de traite. On peut y voir des objets qui proviennent du fort, un poste de la Compagnie du Nord-Ouest établi sur la rive ouest du lac Dauphin.

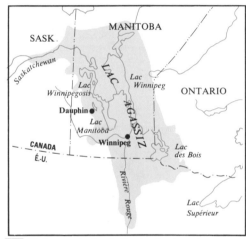

*Bison du lac Audy*

**MINNEDOSA**
Nichée au creux d'une large vallée paisible, Minnedosa est souvent choisie comme la plus belle ville du Manitoba. Le lac formé par le barrage sur la Minnedosa est propice aux activités nautiques.
□ Parmi les activités estivales, on compte une foire d'amusement et une foire agricole, les premier et troisième week-ends de juillet et, le deuxième week-end d'août, un rodéo où rivalisent des chariots de toutes sortes.

## Le plus grand lac du monde couvrait autrefois la Prairie

Plus étendu que les Grands Lacs, le lac Agassiz, aujourd'hui disparu, nous a laissé les lacs Winnipeg, Manitoba, Winnipegosis, Dauphin et le lac des Bois.

En 13 500 ans, le lac Agassiz s'est formé à quatre reprises, selon que les glaciers avançaient ou reculaient. Les deux premiers lacs alimentaient le Mississippi ; le troisième déversait ses eaux dans le lac Nipigon ; le quatrième s'écoulait dans la baie d'Hudson. Le lac Agassiz s'est asséché il y a 8 000 ans, laissant derrière lui une épaisse couche de limon et d'argile qui forme aujourd'hui les terres fertiles de la Prairie.

*Limites maximales de l'ancien lac Agassiz*

**NEEPAWA**
Arts visuels, littérature et arts de la scène sont enseignés par des artistes et des artisans professionnels durant le Festival des arts, en juillet. Les œuvres des étudiants et de leurs professeurs sont présentées au public au cours de concerts et d'expositions.
□ Un tour de ville autoguidé permet d'admirer entre autres le palais de justice du comté de Beautiful Plains, la plus ancienne cour des Prairies et le second plus vieux bâtiment du Manitoba, ainsi que la maison d'enfance de l'auteure Margaret Laurence (1926-1987).

**GLADSTONE**
Une plaque évoque l'ancienne route de la Saskatchewan qu'empruntaient les pionniers. Des plaques jalonnent également son tracé à Neepawa et Minnedosa. Les Indiens, les trafiquants de fourrures, les arpenteurs et les colons utilisèrent jusqu'au début du XXe siècle ce réseau de pistes qui sillonnaient la Prairie.
□ Le parc Williams offre des installations de camping et de pique-nique. Un musée de pionniers loge dans l'immeuble du CN.

# Sertis dans la Prairie, des rivières et des lacs cristallins

## Sud-ouest du Manitoba

Les touristes qui visitent le sud-ouest du Manitoba s'attendent à parcourir un paysage de prairies infinies bornées par l'horizon. Cette région recèle pourtant de vastes étendues de champs ondulés, de charmants coteaux boisés et de gracieuses vallées profondément encaissées.

Le voyageur découvrira ainsi avec ravissement les pentes abruptes, couvertes

*Dressage à Brandon*

### VIRDEN

Depuis les années 50, cette région est la plus importante productrice de pétrole du Manitoba. On aperçoit des puits jusque dans la ville.

□ Une maison victorienne (1888), construite en briques de la région, abrite le musée Pioneer Home. On y admire des porcelaines de Limoges, des lits de cuivre, des objets de toilette en faïence, des peaux de bison et de bœuf musqué qui servaient de descentes de lit et un piano en palissandre datant de 1865, de même que deux robes de mariées de 1880, des dentelles et des poupées de porcelaine.

### VALLÉE DE L'ASSINIBOINE

À l'est de Brandon s'élève un monument qui marque l'emplacement de Grand Valley, l'ancien port de la « marine des prairies » — une flotte de sept bateaux à roue qui, de 1876 à 1885, sillonna l'Assiniboine entre Winnipeg et Fort Ellice. La navigation fluviale disparut avec l'arrivée du chemin de fer, dans les années 1880.

### ZONE PROVINCIALE DE RÉCRÉATION GRAND VALLEY

Les archéologues ont mis au jour les vestiges d'un village indien vieux de 1 200 ans. Ses habitants, des Algonquins, furent peut-être les premiers à descendre des forêts du Nord vers la Prairie.

### SOURIS

Son pont suspendu pour piétons (177 m), l'un des plus longs du Canada, est la réplique du pont construit en 1904 par William Sowden, fondateur de Souris dont la maison abrite le musée Hillcrest.

□ Les chercheurs de pierres pourront s'en donner à cœur joie dans la carrière d'agate de Souris qui recèle la plus grande variété de pierres semi-précieuses en Amérique du Nord : agates, epidote, dentrite, jaspe et autres trésors. Un droit de cueillette est payable à l'avance au Rock Shop de Souris.

*Vallée de l'Assiniboine*

### BOISSEVAIN

Une centaine de tortues participent ici chaque année en juillet au Derby canadien de la tortue, une course où les participantes, placées au centre d'un cercle, ont à parcourir, par les méandres de leurs choix, un rayon de 15 m.

□ Boissevain a deux musées : la galerie Moncur de la préhistoire, où certaines pièces datent de 10 000 ans, et le Beckoning Hill, un musée de pionniers.

□ Au sud de la ville, le parc provincial Turtle Mountain, avec ses 400 lacs et marais, est un lieu de prédilection pour les oiseaux migrateurs et les tortues peintes à qui le parc doit son nom. Plusieurs lacs, le lac Adam et le lac Max entre autres, abondent en brochets, en truites arc-en-ciel et en truites brunes. On trouve au parc des sites de camping, des sentiers de randonnée et des voies de canotage.

### JARDIN INTERNATIONAL DE LA PAIX

Le jardin, orné de bassins et de parterres de fleurs, a été inauguré en 1932. Dédié à la paix entre le Canada et les États-Unis, il chevauche la frontière et se trouve à mi-chemin entre l'Atlantique et le Pacifique. Ses principales attractions sont la chapelle de la Paix, le pavillon Errick F. Willis (une salle de réunion et d'exposition), la tour de 35 m et l'horloge fleurie.

□ Orné de bassins et de fleurs à profusion, le Jardin accueille, en juin et en juillet, le Camp international de musique. La Légion royale canadienne y organise aussi des camps d'été.

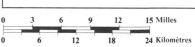

| 0 | 3 | 6 | 9 | 12 | 15 Milles |
| 0 | 6 | 12 | 18 | 24 Kilomètres |

de chênes, de la vallée de la Pembina, qui fut creusée dans le roc par les eaux de fonte glaciaire. Les lacs Pélican, Lorne, Louise et Rock, fréquentés par de grandes colonies de pélicans en été, jalonnent le cours de cette rivière qui serpente dans le damier bigarré des champs cultivés.

La vallée, longue de 160 km, traverse les collines de la Pembina. Celles-ci appartiennent aux plateaux de l'escarpement du Manitoba qui s'étendent du Dakota du Nord à la Saskatchewan. Leurs champs d'avoine, de blé et d'orge sont jonchés de pierres, vestiges d'une ancienne plage datant de l'époque glaciaire, et le roc affleure même par endroits pour former des dos de baleine, comme celui de Pilot Mound.

Les collines se transforment graduellement en plateaux à l'ouest de la vallée. Au sud-est, dominant les plateaux, se dresse le mont Turtle dont le sommet, à 245 m d'altitude, est un labyrinthe de marécages et d'étangs laissés par la dernière glaciation.

Au nord du mont Turtle s'étend la vallée de l'Assiniboine, la plus large de toutes celles qui entaillent l'escarpement du Manitoba. À l'est de Brandon, elle s'étale sur plus de 100 km, mais elle est coupée de petites collines qui rompent la monotonie des vastes plaines où l'on cultive le blé et le seigle. Les champs, ici, sont semés de marmites de géants (dépressions circulaires remplies d'eau) au bord desquelles poussent des roseaux, des quenouilles, des saules et des trembles.

### BRANDON
La plus vieille ville de la Prairie à l'ouest de Winnipeg est également, avec ses 40 000 h, la seconde ville du Manitoba. Elle a été fondée en 1882, lorsque le CP franchit l'Assiniboine.
□ Les bâtiments historiques à voir sont le Palais de justice (1884), la maison Paterson-Matheson (1895) et l'école normale de Brandon (1913).
□ Le musée d'histoire naturelle B.J. Hales de l'université de Brandon contient des collections d'oiseaux et de mammifères, des objets indiens et d'autres de l'époque des premiers colons.
□ On peut demander un tour guidé à la station de recherche d'Agriculture du Canada.
□ À l'aéroport, le musée Commonwealth Air Training Plan rappelle le programme d'entraînement des pilotes qui contribuèrent de façon significative à la Seconde Guerre mondiale et expose des appareils historiques.
□ Le Brandon Allied Art Council Inc. gère une galerie d'art et un espace de spectacles.
□ En avril a lieu la Foire royale d'hiver du Manitoba ; en juin, l'Exposition provinciale ; et à la fin d'octobre, la Foire agricole, qui se tient au Keystone Center, donne lieu au championnat provincial de rodéo.

# Les potiers préhistoriques du Manitoba

Les Indiens qui fabriquèrent, il y a 1 200 ans, les poteries de type Blackduck trouvées au site de Grand Valley participaient à un réseau d'échanges commerciaux qui couvrait toute l'Amérique du Nord. (On a découvert dans le sud-ouest du Manitoba des coquillages provenant du Pacifique et du golfe du Mexique.) L'influence des diverses tribus de ce réseau est manifeste dans les poteries des Indiens préhistoriques du Manitoba.

Les récipients de type Blackduck, les plus courants, étaient de grands pots coniques ou sphériques à parois minces qui servaient à cuisiner et à conserver les aliments. Les Indiens mêlaient du sable, des pierres concassées ou des coquillages à de l'argile pour que les pièces ne se fendillent pas au séchage et à la cuisson. De nombreux pots de type Blackduck étaient mis en forme au moyen de moules de toile. Les impressions laissées par les moules nous ont d'ailleurs beaucoup appris sur les techniques préhistoriques de tissage. On décorait ensuite l'argile molle, puis la pièce était mise à cuire sur un foyer de charbons.

*Poterie de type Blackduck*

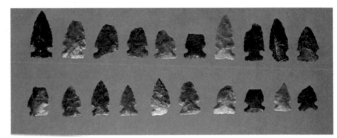
*Pointes de flèches préhistoriques de la zone de récréation Grand Valley*

### KILLARNEY
Le lac de Killarney, « une perle sertie de jade », se blottit au pied d'une colline qu'ombragent les érables et les chênes. Quatre parcs entourent la ville, la plus grande au sud du Manitoba. Au parc Erin, on peut voir une réplique de la pierre de Blarney (pierre d'un château d'Irlande qui aurait la vertu de donner l'éloquence à ceux qui parviennent à l'embrasser tête en bas) et une fontaine en forme de trèfle dont la figure centrale est un farfadet à califourchon sur une tortue. La vieille cloche montée sur un monument commémore les pionniers de la région. Le parc Erin offre une plage et un quai public.
□ Le musée J.A. Victor David renferme des objets de l'époque des pionniers, divers spécimens de la faune locale et une galerie d'art.

### PILOT MOUND
Le tertre auquel la ville doit son nom est un affleurement de rocher de 35 m de haut en dos de baleine, au sommet duquel des fouilles, entreprises en 1908, mirent au jour un tertre funéraire indien. Les Sioux et les chasseurs de bisons métis se battirent au cours des années 1850 en cet endroit qui servit autrefois à des cérémonies indiennes.

### MUSÉE HISTORIQUE ARCHIBALD
Dans ce musée, situé au nord-ouest de Manitou, se trouve la maisonnette de bois construite en 1878 où vécut la suffragette Nellie McClung l'année (1890-91) où elle fit l'école dans la région. Restaurée selon les descriptions qu'elle en a faites dans son livre *Clearing in the West*, la cabane renferme des exemplaires autographiés de ses ouvrages.

McClung était une oratrice hors pair. Sa devise : « Ne jamais se rétracter, ne jamais s'expliquer, ne jamais s'excuser, aller droit au but et laisser les gens protester. » En 1916, le Manitoba devint la première province à donner le droit de vote aux femmes, dans une large mesure grâce à ses efforts. Fondatrice de la Ligue de l'égalité politique, elle fut la première femme à siéger au conseil d'administration de la CBC (1936-1942) et la seule femme de la délégation canadienne à la Société des Nations en 1938. L'intensité de sa vie publique ne l'empêcha pas d'élever cinq enfants et de publier 17 livres.

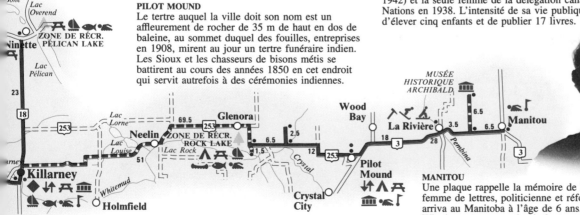

*Nellie McClung*

### MANITOU
Une plaque rappelle la mémoire de Nellie McClung (1873-1953), femme de lettres, politicienne et réformiste. Née en Ontario, elle arriva au Manitoba à l'âge de 6 ans. En 1911, elle s'installa à Winnipeg et y mena de virulentes campagnes en faveur de la prohibition et des droits des femmes. Ses conférences et ses ouvrages contribuèrent à donner le droit de vote aux femmes.

# Au cœur des grandes plaines, une parcelle de désert

## Centre-sud du Manitoba

Entre les villes propères de Portage-la-Prairie et de Brandon, la Transcanadienne traverse une région de forêts et de prairies ondulées qui offre un contraste saisissant avec les terres cultivées à l'est et à l'ouest. On y voit peu de fermes, mais de grandes étendues de terres en friche, ce qui est rare dans le sud du Manitoba. Il y a 10 000 ans se trouvait ici le delta d'un cours d'eau large de 1 km qui déversait dans l'ancien lac Agassiz, à l'est, les eaux d'un glacier en récession.

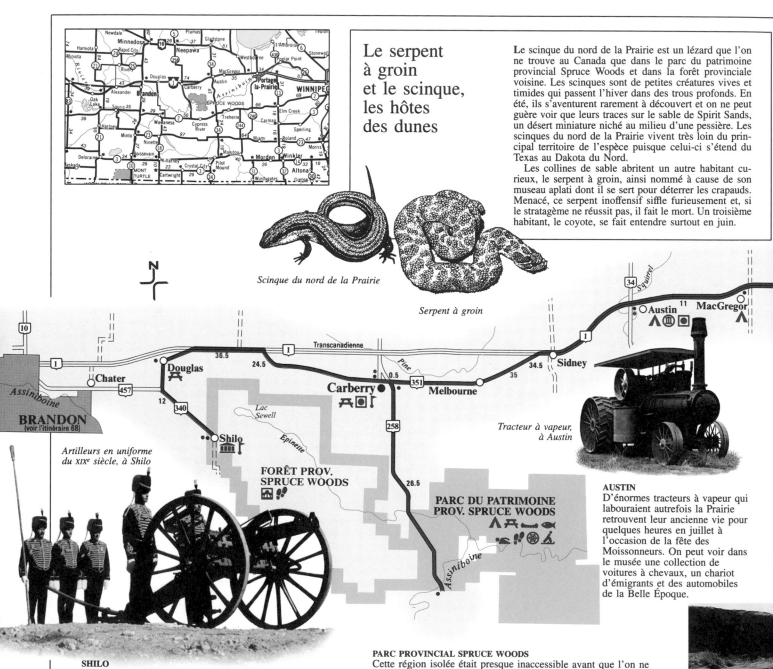

## Le serpent à groin et le scinque, les hôtes des dunes

Le scinque du nord de la Prairie est un lézard que l'on ne trouve au Canada que dans le parc du patrimoine provincial Spruce Woods et dans la forêt provinciale voisine. Les scinques sont de petites créatures vives et timides qui passent l'hiver dans des trous profonds. En été, ils s'aventurent rarement à découvert et on ne peut guère voir que leurs traces sur le sable de Spirit Sands, un désert miniature niché au milieu d'une pessière. Les scinques du nord de la Prairie vivent très loin du principal territoire de l'espèce puisque celui-ci s'étend du Texas au Dakota du Nord.

Les collines de sable abritent un autre habitant curieux, le serpent à groin, ainsi nommé à cause de son museau aplati dont il se sert pour déterrer les crapauds. Menacé, ce serpent inoffensif siffle furieusement et, si le stratagème ne réussit pas, il fait le mort. Un troisième habitant, le coyote, se fait entendre surtout en juin.

*Scinque du nord de la Prairie*

*Serpent à groin*

*Tracteur à vapeur, à Austin*

*Artilleurs en uniforme du XIXᵉ siècle, à Shilo*

### AUSTIN
D'énormes tracteurs à vapeur qui labouraient autrefois la Prairie retrouvent leur ancienne vie pour quelques heures en juillet à l'occasion de la fête des Moissonneurs. On peut voir dans le musée une collection de voitures à chevaux, un chariot d'émigrants et des automobiles de la Belle Époque.

### SHILO
Un canon de 6 lb, peut-être utilisé par les colons de Selkirk à l'époque du massacre de Seven Oaks, en 1816, se trouve parmi les 60 pièces exposées au musée d'Artillerie de la base des forces canadiennes à Shilo. On peut y voir aussi l'affût de canon sur lequel fut transportée la dépouille de la reine Victoria en 1901.

### PARC PROVINCIAL SPRUCE WOODS
Cette région isolée était presque inaccessible avant que l'on ne crée le parc en 1965. Aujourd'hui, de bonnes routes mènent, à partir de Carberry, à une zone de récréation très fréquentée pour ses loisirs au grand air, ses terrains de camping, ses voies de canotage et ses sentiers de randonnée. Un sentier d'exploration de la nature traverse les Spirit Sands et mène à une carrière appelée Devil's Punch Bowl, creusée par des cours d'eau souterrains. On peut aussi se promener à travers les dunes dans un ancien chariot couvert.

Du haut des airs, la région affecte la forme d'un éventail tendu d'ouest en est entre Neewapa et Portage-la-Prairie, à la base duquel se situe le parc du patrimoine provincial Spruce Woods. Ce parc, 30 km au sud de la Transcanadienne, préserve les caractéristiques de la région. Ses coteaux sont parsemés d'épinettes et de tilleuls d'Amérique, de lacs en croissant et de sources turquoise. Mais l'attrait unique de ce parc est son étendue de dunes, appelées les Spirit Sands, où, sur 25 km, pousse le cactus et se tapit le lézard. Cette région désertique est unique au Manitoba et il est peu d'endroits aussi arides au Canada.

Les colons ayant vainement tenté d'y faire de l'agriculture, la Couronne reprit possession des terres en 1895 pour en faire une réserve forestière dont le Manitoba fit l'acquisition en 1930. Le parc provincial Spruce Woods fut créé dans la section est de la réserve dans les années 60.

Ces terres jadis ingrates pour le défricheur sont devenues un havre pour le touriste. Les vallons et les collines de sable n'ont guère changé depuis que Thompson Seton, un naturaliste du gouvernement manitobain, les explora au cours des années 1880 et 1890. C'est ici que se déroule l'histoire qu'il raconte dans *The Trail of a Sandhill Stag*, publié en 1899.

### POPLAR POINT
Sainte-Anne, une église anglicane en rondins construite en 1859, sert toujours au culte. Les bancs sont les mêmes que ceux qu'utilisaient les premiers paroissiens, des colons de la rivière Rouge venus de la région de Winnipeg. L'orgue de l'église, la chaire et le chœur sont d'époque. Sa cloche, fondue en 1871, vient de York Factory, sur la baie d'Hudson. Ses cloisons lattées sont en bois de peuplier et plâtrées à la chaux.

### LAC MANITOBA
Découvert en 1738 par Pierre de La Vérendrye, le lac Manitoba atteint 40 km de large à son extrémité sud, mais se rétrécit en direction du nord. Appelé autrefois lac des Prairies, son nom actuel vient de *Manitou bau* (le détroit du dieu) en raison de l'étroit goulet qui le sépare du lac Winnipegosis au nord. Les eaux de ce lac de 190 km de long se jettent dans le lac Winnipeg par la rivière Dauphin.

### MARAIS DE DELTA
Une longue arête de sable sépare le lac Manitoba du marais de Delta, vaste étendue de hautes herbes coupée de baies peu profondes, de marécages et de canaux. La région, qui s'étend sur 18 000 ha, est un refuge pour les malards, les pélicans, les bernaches canadiennes et les cygnes trompettes. Elle abrite également un centre privé d'observation des oiseaux aquatiques, fermé au public.

*Lac Manitoba*

*MARAIS DE DELTA*
*Baie Cadham*
*Portage*

**Delta**

**Oakland**

**Poplar Point**

**High Bluff**

*Assiniboine*

**Portage-la-Prairie**

**Bagot** 48.5

*Willow Bend* 37.5

**Transcanadienne**

**ZONE DE RÉCR. NORQUAY BEACH**

**Pigeon Lake**

**St-François-Xavier**

**WINNIPEG**
(voir l'itinéraire 71)

### PORTAGE-LA-PRAIRIE
Cette ville prospère de 13 000 habitants est un important centre de conserverie alimentaire doté d'une riche histoire. C'est ici que le grand explorateur Pierre de La Vérendrye construisit le fort La Reine en 1738. Pendant 15 ans, il lui servit de base pour explorer les Prairies.
□ En 1872, à quelques kilomètres de là, un fermier écossais, John Sutherland Sanderson, prenait possession de la première ferme de l'ouest du Canada. Des monuments rappellent ces deux événements.
□ Le musée du Fort-La-Reine et le Village des pionniers, à 4 km à l'est de Portage, comportent une réplique du fort de La Vérendrye, ainsi que celle d'une maison de ferme construite en 1890 qui a reçu le titre de « ferme du siècle », une église de campagne et une petite école des années 1880.
□ Dans le parc de l'Île, au milieu du lac Crescent où loge un refuge de chevreuils et d'oiseaux aquatiques, on trouve des aires de jeux et de pique-nique.

*Parc du patrimoine provincial Spruce Woods*

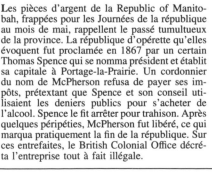
*Musée du Fort-La-Reine et Village des pionniers*

### SAINT-FRANÇOIS-XAVIER
Une statue *(ci-dessous)* rappelle la légende indienne du cheval blanc de la plaine. Un Sioux et un Cri se disputaient la main d'une jeune Assiniboine. Le Cri l'emporta en faisant cadeau d'un magnifique cheval blanc à la jeune fille qu'il prit alors pour femme. Le Sioux tua le couple, mais le cheval prit la fuite. La légende veut que l'esprit de l'Indienne habite désormais le corps du cheval qui est condamné à errer dans la plaine à tout jamais.
□ C'est dans cette plaine que se réunissaient les Métis au XIXᵉ siècle avant d'entreprendre la chasse au bison pour approvisionner en pemmican les commerçants de fourrure.

## Une république d'opérette
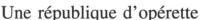
Les pièces d'argent de la Republic of Manitobah, frappées pour les Journées de la république au mois de mai, rappellent le passé tumultueux de la province. La république d'opérette qu'elles évoquent fut proclamée en 1867 par un certain Thomas Spence qui se nomma président et établit sa capitale à Portage-la-Prairie. Un cordonnier du nom de McPherson refusa de payer ses impôts, prétextant que Spence et son conseil utilisaient les deniers publics pour s'acheter de l'alcool. Spence le fit arrêter pour trahison. Après quelques péripéties, McPherson fut libéré, ce qui marqua pratiquement la fin de la république. Sur ces entrefaites, le British Colonial Office décréta l'entreprise tout à fait illégale.

# Fêtes et foires de campagne, reflets d'une mosaïque ethnique

## Centre-sud du Manitoba

Près de Gardenton, la première église ukrainienne orthodoxe du Canada, Saint-Michel, ouvre encore ses portes aux fidèles deux fois par an. Les cloches qui tintent alors dans la campagne rappellent que, dans cette petite bourgade privée de prêtres, les offices religieux n'étaient autrefois célébrés qu'à la Noël et à Pâques. Comme bien d'autres agglomérations du sud du Manitoba, Gardenton est fière de son héritage ethnique qu'elle préserve jalousement.

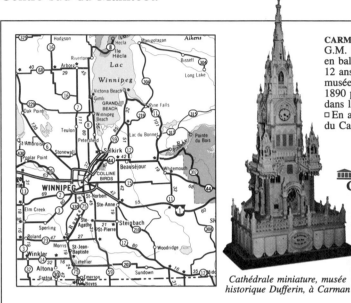

**CARMAN**
G.M. Strachan, un artisan infirme, a construit une cathédrale miniature en balsa qui est exposée au musée historique Dufferin. Il lui a fallu 12 ans pour tailler et assembler les 4 514 pièces de la maquette. Le musée contient également une collection de 24 aquarelles peintes vers 1890 par Arthur Brooke, un colon, qui décrivent la vie des pionniers dans la Prairie.
□ En août se tient ici un festival des violoneux qui attire des concurrents du Canada entier et des États-Unis.

*Cathédrale miniature, musée historique Dufferin, à Carman*

*Aquarelle d'Arthur Brooke, musée historique Dufferin, à Carman*

## Des œufs, des crânes et des peaux de dinosaures

À l'époque préhistorique, cette région, que recouvrait une mer intérieure peu profonde, était habitée par de nombreuses espèces de dinosaures. Ils disparurent il y a 63 millions d'années, mais l'on découvre fréquemment des restes de ces étranges créatures dans le schiste et le grès du sud du Manitoba. C'est l'expédition de Palliser qui découvrit, entre 1857 et 1860, les premiers fossiles de dinosaures.

Depuis cette date, les archéologues ont mis au jour des centaines de squelettes, des crânes, des œufs et même des peaux de dinosaures. Le Musée de Morden, où l'on peut voir des fossiles d'oiseaux et de reptiles, présente aussi les squelettes presque intacts d'un mosasaure, un animal de près de 12 m de long, et d'un plésiosaure, une étrange créature à long cou, semblable à une tortue.

**WINKLER**
Située au cœur des riches terres du triangle de la Pembina, la petite ville est devenue un centre manufacturier où se fabriquent entre autres des maisons mobiles, des véhicules de loisirs et divers produits de métal et de plastique.
□ Des objets de l'époque des pionniers et d'anciennes machines agricoles sont exposés au musée des Moissonneurs de la Pembina. Certaines de ces machines défilent dans les rues lors du Festival des moissonneurs de la Pembina, en septembre.

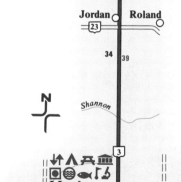

**MORDEN**
Une station fédérale de recherches, fondée en 1915 par le ministère de l'Agriculture, s'occupe d'améliorer les récoltes locales. On peut visiter les laboratoires, l'arboretum et les jardins où poussent plus de 3 000 espèces de plantes.
□ En mai, Morden fête la fin de l'hiver au cours de la Semaine des bourgeons de printemps. En août, les fermiers de la région offrent des dégustations gratuites de maïs et de cidre lors du Festival annuel du maïs et de la pomme.

*Tournesols*

**ALTONA**
On peut visiter les usines de la C.S.P. Foods qui fait de l'huile de graines de tournesol, une plante oléagineuse abondamment cultivée dans la région. Le Festival du tournesol, en juillet, comprend des démonstrations de fabrication de savon et de saucisses, des défilés, des expositions agricoles et la dégustation de mets mennonites.

Les fêtes et les foires de campagne sont populaires dans cette région. Le Festival des moissonneurs de Winkler, le Stampede de Morris et le Festival du tournesol d'Altona sont autant de manifestations qui reflètent la diversité culturelle du pays.

Dans les années 1870, les Canadiens français fondèrent ici plusieurs bourgades comme Saint-Malo et Saint-Pierre. Puis vinrent les immigrants du centre et de l'est de l'Europe, fuyant la persécution religieuse. Leur souvenir revit à Steinbach,

dans un village mennonite qui est un véritable musée vivant.

Le triangle de la Pembina, à l'ouest de la rivière Rouge, dans le sud du Manitoba, est sans doute l'une des régions les plus fertiles de l'Amérique du Nord. Dans cet endroit abrité par les collines de la Pembina, les gelées sont plus rares que partout ailleurs dans la province. On peut donc s'y livrer à des cultures généralement réservées à des cieux plus cléments,

comme celles des pommes de terre, du maïs, de la betterave sucrière, du tournesol et de la pomme.

La Manitoba Farm Vacations Association, qui regroupe environ 60 fermes de la province, donne aux vacanciers l'occasion de vivre la vie d'une famille rurale en aidant aux travaux des champs. La plupart de ces fermes offrent aussi la possibilité de pratiquer la pêche, la natation et l'équitation.

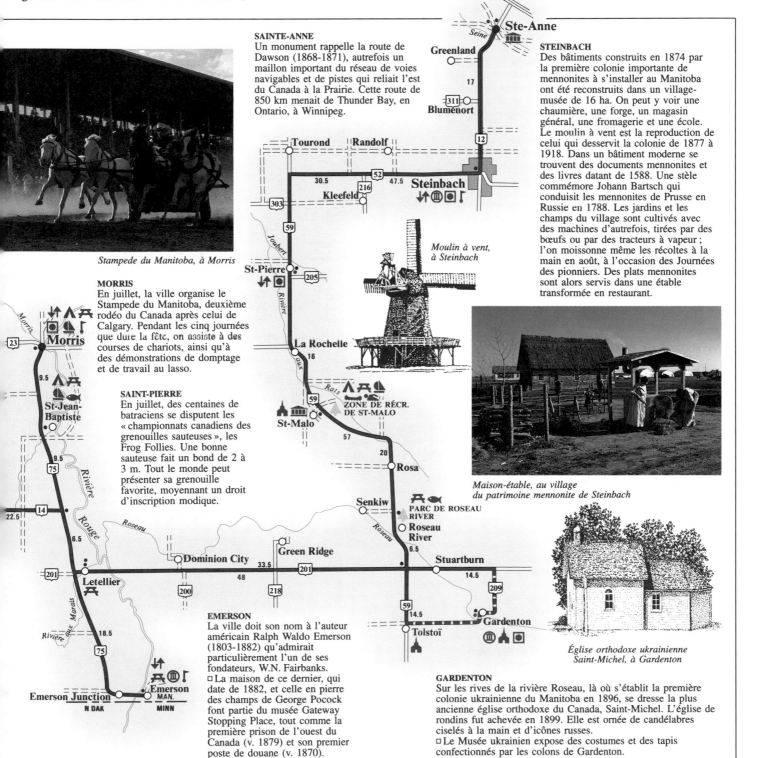

*Stampede du Manitoba, à Morris*

**MORRIS**
En juillet, la ville organise le Stampede du Manitoba, deuxième rodéo du Canada après celui de Calgary. Pendant les cinq journées que dure la fête, on assiste à des courses de chariots, ainsi qu'à des démonstrations de domptage et de travail au lasso.

**SAINT-PIERRE**
En juillet, des centaines de batraciens se disputent les « championnats canadiens des grenouilles sauteuses », les Frog Follies. Une bonne sauteuse fait un bond de 2 à 3 m. Tout le monde peut présenter sa grenouille favorite, moyennant un droit d'inscription modique.

**SAINTE-ANNE**
Un monument rappelle la route de Dawson (1868-1871), autrefois un maillon important du réseau de voies navigables et de pistes qui reliait l'est du Canada à la Prairie. Cette route de 850 km menait de Thunder Bay, en Ontario, à Winnipeg.

*Moulin à vent, à Steinbach*

**STEINBACH**
Des bâtiments construits en 1874 par la première colonie importante de mennonites à s'installer au Manitoba ont été reconstruits dans un village-musée de 16 ha. On peut y voir une chaumière, une forge, un magasin général, une fromagerie et une école. Le moulin à vent est la reproduction de celui qui desservit la colonie de 1877 à 1918. Dans un bâtiment moderne se trouvent des documents mennonites et des livres datant de 1588. Une stèle commémore Johann Bartsch qui conduisit les mennonites de Prusse en Russie en 1788. Les jardins et les champs du village sont cultivés avec des machines d'autrefois, tirées par des bœufs ou par des tracteurs à vapeur ; l'on moissonne même les récoltes à la main en août, à l'occasion des Journées des pionniers. Des plats mennonites sont alors servis dans une étable transformée en restaurant.

*Maison-étable, au village du patrimoine mennonite de Steinbach*

**EMERSON**
La ville doit son nom à l'auteur américain Ralph Waldo Emerson (1803-1882) qu'admirait particulièrement l'un de ses fondateurs, W.N. Fairbanks.
□ La maison de ce dernier, qui date de 1882, et celle en pierre des champs de George Pocock font partie du musée Gateway Stopping Place, tout comme la première prison de l'ouest du Canada (v. 1879) et son premier poste de douane (v. 1870).

**GARDENTON**
Sur les rives de la rivière Roseau, là où s'établit la première colonie ukrainienne du Manitoba en 1896, se dresse la plus ancienne église orthodoxe du Canada, Saint-Michel. L'église de rondins fut achevée en 1899. Elle est ornée de candélabres ciselés à la main et d'icônes russes.
□ Le Musée ukrainien expose des costumes et des tapis confectionnés par les colons de Gardenton.

*Église orthodoxe ukrainienne Saint-Michel, à Gardenton*

# La porte de l'Ouest...
# une ville animée et cosmopolite

Winnipeg est située au confluent de la Rivière Rouge et de l'Assiniboine, où se réunissaient jadis les Indiens, les explorateurs, les commerçants de fourrure et les pionniers. Son développement s'accéléra avec l'arrivée du chemin de fer du CP en 1885. En moins de 30 ans, la petite bourgade se transforma en une métropole, à un rythme sans doute jamais égalé au Canada. Le centre-ville conserve une agglomération d'immeubles datant du début du siècle, uniques en Amérique du Nord, qui furent témoins de cette époque. Le chemin de fer amena des immigrants désireux de s'établir dans les grands espaces de l'Ouest. Pour un grand nombre, Winnipeg marquait la fin du périple et c'est grâce à eux que la ville jouit d'un patrimoine pluriethnique.

Aujourd'hui, Winnipeg, qui est une capitale provinciale active et chaleureuse, compte 650 000 habitants, la moitié de la population du Manitoba.

**Basilique Saint-Boniface** (27)  L'extérieur date de 1908 ; l'intérieur, plusieurs fois détruit par le feu, de 1972. La tombe de Louis Riel se trouve dans le cimetière adjacent.

**Bourse de Winnipeg** (15)  Fondée en 1887, la Bourse de Winnipeg, le seul marché à terme sur marchandises au Canada, transige des titres sur les denrées agricoles, l'or, l'argent et les taux d'intérêt. Du haut d'une galerie, les visiteurs peuvent suivre les transactions boursières.

**Centennial Centre** (20)  Ce complexe regroupe le musée de l'Homme et de la Nature (21) et la salle de concert du Centenaire où se produisent en permanence le Winnipeg Royal Ballet, l'Orchestre symphonique de Winnipeg et le Manitoba Opera Association. Le centre d'Art dramatique du Manitoba (22) se trouve également à proximité.

**Centre d'Art dramatique du Manitoba** (22)  Inauguré en 1958, il est reconnu partout au Canada pour son répertoire de théâtre régional.

**Centre éducatif et culturel ukrainien** (19)  Le musée, la galerie d'art, la bibliothèque et les archives représentent la plus importante collection de livres et d'objets ukrainiens en Amérique du Nord.

**Centre Fort Whyte** (6)  Ouvert toute l'année, ce centre d'éducation sur l'environnement comprend 80 ha de lacs, de marais et de forêts. Deux sentiers d'interprétation permettent d'admirer la faune d'animaux et d'oiseaux aquatiques. Au centre d'interprétation sont réunis divers exhibits reliés à la nature sauvage. L'aquarium des Prairies renferme les poissons d'eau douce qu'on trouve au Manitoba.

**Centre récréatif Pan-Am** (7)  Créé pour les Jeux panaméricains de 1967, il abrite le musée des Sports aquatiques du Canada où l'on peut voir la plus grande collection au monde de timbres-poste à thème sportif ainsi que des maquettes de navires.

**Dalnvert** (14)  Des guides en costumes d'époque font visiter l'élégante résidence victorienne (1895) de Sir Hugh Macdonald (1850-1929), neuvième Premier ministre du Manitoba et fils de Sir John A. Macdonald.

**Fort Garry** (23)  Il ne reste plus qu'une porte de ce fort de la Compagnie de la Baie d'Hudson (1836). Trois autres forts s'élevèrent aux environs : le fort Rouge des Français (1738), le fort Gibraltar de la Compagnie du Nord-Ouest (1804) et le premier fort Garry (1821).

**Hôtel de la Monnaie** (28)  La seule succursale de la Monnaie royale canadienne frappe de la monnaie canadienne et étrangère. On peut y visiter le musée et voir un film sur la fabrication de l'argent.

**Maison Riel, site historique national** (25)  La maison de la mère de Louis Riel est consacrée à la mémoire de son fils, le chef rebelle des Métis. La petite cabane, bâtie en 1880, renferme des objets ayant appartenu à la famille.

**Maison Ross** (18)  Cette cabane de rondins (1855) fut le premier bureau de poste de l'ouest du Canada. On y voit encore le bureau et la chaise du maître de poste William Ross. En face, un monument indique l'emplacement du fort Douglas, construit en 1813 par la Compagnie de la Baie d'Hudson.

**Maison Seven Oaks** (17)  La plus vieille résidence du Manitoba, construite par le marchand John Inkster en 1851-1853, a gardé une bonne partie de son mobilier d'origine. Le magasin général d'à côté est garni de marchandises d'époque.

**Moulin de Grant** (2)  On a restauré le premier moulin à l'ouest des Grands Lacs, qu'édifia le chef métis Cuthbert Grant en 1829. On y moud encore de la farine.

*Portage Avenue* (ci-dessus) *est l'artère la plus animée de Winnipeg. Plus de la moitié de la population de la province vit dans la capitale. Deux bisons de bronze* (ci-dessous) *gardent le grand escalier du Parlement du Manitoba.*

**Musée de l'Aviation de l'Ouest canadien** (4) Second en importance au Canada, le musée expose notamment un Tiger Moth, des Junkers JU52 et un Bristol Freighter.

*Miroitant au soleil, les murs de l'Hôtel de la Monnaie (ci-dessus) abritent un musée. Détruite par le feu en 1968, la basilique Saint-Boniface (à droite) a été reconstruite derrière la façade de l'ancien édifice (1908).*

**Musée des Beaux-Arts** (9) Cet édifice de forme triangulaire possède neuf galeries et un auditorium de 300 places. La collection permanente inclut des œuvres contemporaines de divers artistes canadiens et surtout manitobains, et une importante collection d'art inuit.

**Musée de l'Homme et de la Nature du Manitoba** (21) Il renferme sept salles où l'on décrit la vie humaine dans des environnements spécifiques à l'aide de dioramas et de reconstitutions. La galerie Nonsuch contient une réplique grandeur nature du premier navire marchand à avoir pénétré dans la baie d'Hudson, en 1688. Le planétarium de 280 places présente des spectacles sur la nature de l'univers.

**Musée Saint-Boniface** (26) Cet ancien couvent des Sœurs grises (1846), le plus vieil édifice de Winnipeg, abrite un musée de la tradition canadienne-française. Non loin, sur les terrains de l'hôpital, un monument est érigé à la mémoire de Pierre de La Vérendrye (1685-1749) et de ses fils.

**Musée vivant de la Prairie** (1) On a préservé ici 20 ha de la prairie de hautes herbes qui couvrait autrefois une grande partie du sud du Manitoba. On peut assister à des présentations audiovisuelles au centre d'interprétation, lequel possède plusieurs spécimens d'animaux empaillés. En été, des naturalistes organisent des visites guidées.

**Parc Assiniboine** (3) Sur ses 152 ha, les visiteurs peuvent admirer les Jardins anglais et une serre où poussent près de 8 000 plantes tropicales. Le zoo du parc possède plus de 135 espèces d'oiseaux et 80 espèces animales dont quelques-unes sont rares, comme le léopard des neiges et le lynx Irkutsk. La Maison tropicale, une jungle miniature de fougères et de vignes, renferme des singes, des reptiles et des oiseaux exotiques qui volent en liberté. Le centre de découverte Kinsman abrite un zoo pour enfants.

**Parc Kildonan** (16) Le centre d'attraction de ce parc de 40 ha est le Rainbow Stage, un théâtre de verdure de 2 342 places, qui présente en été des pièces de théâtre et des comédies musicales.

**Parlement du Manitoba** (10) L'édifice de style néo-classique, inauguré en 1921, est construit en pierre de Tyndall, un matériau local, et en marbre d'Italie. Son dôme est surmonté du fameux *Golden Boy*, une statue dorée de 4 m. D'autres statues agrémentent le parc dont celle de la reine Victoria ainsi qu'un monument dédié à la mémoire de Louis Riel (1844-1885). C'est également ici que se trouve la résidence du lieutenant-gouverneur, bâtie en 1883.

**Place Portage** (12) Situé en plein cœur de la ville, ce centre commercial est le plus grand complexe architectural de Winnipeg. Il s'étend sur trois coins de rue.

**Prairie Dog Central** (5) Tous les dimanches, entre juin et septembre, ce train à vapeur, composé de voitures du XIXᵉ siècle, fait, en deux heures, l'aller-retour de 58 km entre Winnipeg et Grosse-Île. On le prend à la gare St. James du CN.

**The Forks, site historique national** (24) *The Forks,* qui signifie « fourche », évoque l'importance du site, au confluent de la rivière Rouge et de l'Assiniboine, dans le développement de l'Ouest canadien. Des promenades le long des deux rivières offrent de beaux points de vue, riches en histoire.

**Université du Manitoba** (11) Fondée en 1877, c'est la plus vieille université de l'ouest.

**Université de Winnipeg** (8) L'ancien United College est passé au rang d'université en 1967.

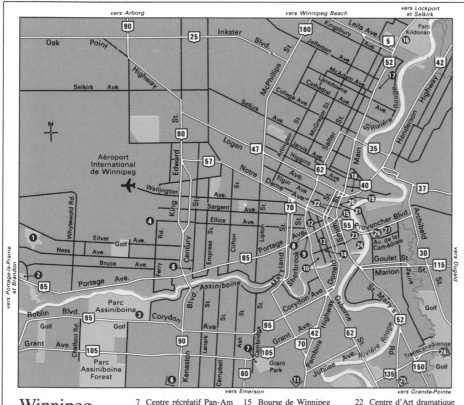

# Winnipeg

1 Musée vivant de la Prairie
2 Moulin de Grant
3 Parc Assiniboine
4 Musée de l'Aviation de l'Ouest canadien
5 Prairie Dog Central
6 Centre Fort Whyte

7 Centre récréatif Pan-Am
8 Université de Winnipeg
9 Musée des Beaux-Arts
10 Parlement du Manitoba
11 Université du Manitoba
12 Place Portage
13 Palais des congrès/Office du tourisme
14 Dalnvert

15 Bourse de Winnipeg
16 Parc Kildonan
17 Maison Seven Oaks
18 Maison Ross
19 Centre éducatif et culturel ukrainien
20 Centennial Centre
21 Musée de l'Homme et de la Nature du Manitoba

22 Centre d'Art dramatique du Manitoba
23 Fort Garry
24 The Forks
25 Maison Riel
26 Musée Saint-Boniface
27 Basilique Saint-Boniface
28 Hôtel de la Monnaie

# Un lac vaste comme une mer et la « maison des dieux »

Rive sud-ouest du lac Winnipeg

Le premier explorateur à découvrir cette étendue d'eau de 24 400 km² qu'est le lac Winnipeg fut probablement Henry Kelsey, en 1690. Les rives de ce lac, sixième en importance au Canada, offrent un contraste frappant. La rive orientale, avec ses promontoires de granit et ses baies sablonneuses typiques du Bouclier canadien, est encore relativement sauvage. La rive orientale, facile d'accès par la prairie, est peuplée de plages et de stations de villégiature et semée de marais à sauvagine.

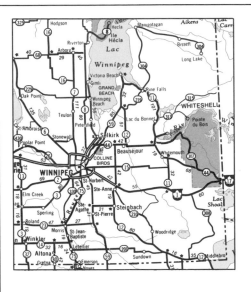

*Parc commémoratif Stefansson, à Arnes*

### ARNES
Vilhjalmur Stefansson, né ici en 1879, démontra que les explorateurs de l'Arctique pouvaient s'alimenter eux-mêmes, comme les Inuits. Dans un parc commémoratif se trouvent une statue de Stefansson et un *inukshuk* (repère des Inuits à forme humaine) sur lequel est gravée une citation de son autobiographie : « Je sais par où je suis passé et je sais ce que cela m'a apporté. »

*Costumes islandais traditionnels, à Gimli*

### GIMLI
Cette ville, où vit la plus importante communauté islandaise hors d'Islande, célèbre un festival de trois jours au mois d'août. La *Fjallkona,* « jeune fille des montagnes », préside les fêtes. Les descendants de pionniers revêtent leurs costumes traditionnels, et il se donne de nombreux spectacles artistiques et athlétiques.
□ Au Musée historique de Gimli, on peut voir les petites yoles qui servaient à monter les filets sous la glace et un bateau de pêche de 12 m, typique de ceux que l'on voit encore sur le lac Winnipeg. Le musée renferme également des objets de l'époque des pionniers et on y a reconstitué la cabane de rondins d'Alafur Johannsson, le premier enfant né à Gimli.

### SELKIRK
Une réplique en bois et en béton, haute de 7 m, d'un chariot de la rivière Rouge se trouve dans le parc de Selkirk. Ces chariots à deux roues que tiraient des bœufs furent longtemps le principal moyen de transport par voie de terre.
□ Le plus vieux vapeur du Manitoba encore en existence, le *Keenora* (1897), ainsi que le *Bradbury* (1915), seul brise-glace qui navigua sur les eaux du lac Winnipeg, se trouvent en cale sèche au musée de la Marine.

## Après les canots d'écorce, les bateaux d'York et les vapeurs

Le bateau d'York, plus lourd et plus lent que les frêles canots des voyageurs, était devenu, dès 1820, le principal mode de transport dans l'Ouest car il était robuste et facile à manier. Son équipage comptait de six à neuf rameurs, mais l'on pouvait aussi utiliser une voile carrée de toile sur les grands lacs. Trop lourd pour être porté à dos d'homme, il était posé sur des rouleaux et halé à la main ou au treuil pour les portages autour des rapides et des chutes. On peut encore voir un bateau d'York au parc historique national de Lower Fort Garry.

Puis les vapeurs remplacèrent les bateaux d'York sur les grands cours d'eau de l'Ouest vers 1870. Avec leurs cargaisons de marchandises ou leurs groupes de passagers, ils descendaient la rivière Rouge depuis le terminus du chemin de fer, dans le Minnesota, jusqu'au lac Winnipeg. Les écueils des rapides et les sautes de vent sur le lac rendaient la navigation dangereuse. Ainsi, le *City of Winnipeg,* qui offrait à ses passagers le luxe d'un piano à queue et d'un salon éclairé aux candélabres, coula lors d'une tempête en 1881.

La navigation fluviale déclina avec l'arrivée du chemin de fer en 1881. Mais les touristes retrouveront le climat de la belle époque à bord de bateaux de croisière qui circulent l'été sur la rivière Rouge et l'Assiniboine jusqu'au cœur même de Winnipeg. Le *Lady Winnipeg* et le *Paddlewood Princess* offrent des excursions au parc historique national de Lower Fort Garry.

*Bateaux d'York*

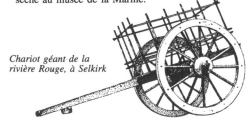
*Chariot géant de la rivière Rouge, à Selkirk*

*Bateau à roues de la rivière Rouge*

Entre 1870 et 1880, quelque 1 500 Islandais s'installèrent à Gimli, qui signifie « maison des dieux », sur l'île d'Hecla, dans la partie ouest du lac. Après des débuts extrêmement durs, ils fondèrent, en 1878, la république autonome de Nouvelle-Islande, qui avait sa constitution et levait des impôts. Mais son existence fut de courte durée car le Manitoba étendit ses frontières pour l'englober, en 1881.

Les Islandais n'en édifièrent pas moins leur propre économie basée sur l'agriculture, la forêt et la pêche et vécurent ainsi de façon relativement autonome jusqu'à la fin des années 40. Leur isolement prit fin avec l'avènement d'une route, d'un chemin de fer et d'un traversier.

La première station balnéaire, au sud-ouest du lac, Winnipeg Beach, remonte à 1903. Aujourd'hui, les villas et les stations touristiques s'étendent loin au nord, jusqu'à l'île d'Hecla.

*Corallorhize striée*

*Église luthérienne restaurée, à Hecla*

### PARC PROVINCIAL D'HECLA

Les îles qui forment le parc s'avancent sur les eaux du lac Winnipeg, comme les pierres d'un gué. L'île d'Hecla, la plus grande, est peuplée de pins rouges, peu courants dans le nord du Manitoba. Le tremble, le pin gris, le bouleau, le tamarac et l'épinette noire poussent sur le versant ouest. Une belle orchidée, la corallorhize striée, émaille les pâturages de la rive est où les fermiers islandais faisaient autrefois leurs foins. Les marécages de l'extrémité sud de l'île servent de refuge à des bernaches canadiennes, à des oies bleues et blanches, à des cygnes siffleurs, à des pygargues à tête blanche et à 15 différentes espèces de canards.

□ Une digue relie l'île d'Hecla à la rive. Un traversier fait la navette entre Gull Harbor, sur l'île d'Hecla, et l'île de Black Island. On accède aux autres îles du parc par bateau.

□ Le centre Gull Harbor Resort and Conference offre aux visiteurs des sentiers de randonnée ainsi que des terrains de camping, de tennis et de golf.

□ Une église luthérienne, construite en 1922, fait partie d'un village typique de pêcheurs islandais reconstitué sur la route de Gull Harbour, où l'on peut voir d'autres objets de tradition islandaise.

### LOWER FORT GARRY

Au parc historique national de Lower Fort Garry, on a restauré le quartier général de la Compagnie de la Baie d'Hudson dans la région (1831-1837).

Des figurants en costumes d'époque s'affairent à préparer le *bannock* (pain cuit sans levain), à filer et à carder la laine, à fabriquer savons et chandelles. Le comptoir est plein des marchandises que la compagnie offrait alors aux fermiers, aux trappeurs et aux ménagères : sucre, thé, pièges, rhum, fusils, couvertures, parfums et épices. Dans le grenier se trouvent des presses qui servaient à mettre les peaux en ballots et des centaines de fourrures de rats musqués, de castors, de loups et de renards. La « Grande Maison » fut construite en 1832 pour George Simpson, gouverneur de la compagnie. Ses fines porcelaines, son argenterie et son piano sont autant d'échos de la grande époque de la compagnie.

*Bastion sud-ouest, Lower Fort Garry*

*Grenier à fourrures, Lower Fort Garry*

# Un paradis des pêcheurs en bordure du Bouclier canadien

## Vallée de la rivière Rouge/Rivière Winnipeg

Sombre et mélancolique, alternance sans cesse répétée de rochers, d'arbres et d'eau, le Bouclier canadien s'enfonce sous la verdoyante et fertile Prairie dans le sud-est du Manitoba. Mais, entre la Prairie et le Bouclier, s'étale une vaste région dont le terrain sablonneux favorise la croissance du pin noir, de l'orme, du bouleau et du tremble.

On a d'ailleurs pu découper sur ce territoire une série de réserves forestières provinciales, comme celles de Sandilands,

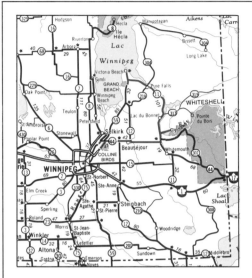

### LOCKPORT
La seule écluse de la Prairie fut inaugurée ici en 1910. Elle permet de contourner les rapides de St. Andrews, sur la rivière Rouge, et donne accès à la Winnipeg et au lac Winnipeg. Au-dessus de l'écluse se trouve le canal qui dérive les eaux d'inondation de la rivière Rouge. Autrefois, en effet, lorsque les chutes de neige avaient été fortes, le dégel du printemps faisait souvent déborder la rivière Rouge qui transformait les environs de Winnipeg en un vaste lac. En 1950, par exemple, Winnipeg subit une grave inondation quand la rivière dépassa de 10 m son niveau normal. Percé en 1968, le canal de dérivation est long de 47 km et presque aussi large que la rivière Rouge à Winnipeg.
□ En amont de l'écluse se trouve un musée installé dans la maison du capitaine William Kennedy (1814-1890). Cet explorateur de l'Arctique est enterré dans le cimetière de l'église St. Andrew.

*Carrière de pierre de taille, à Garson*

### ST. ANDREWS
L'église anglicane St. Andrew (1849) est la plus vieille église de pierre de l'ouest du Canada qui soit encore consacrée au culte. Les bancs et les prie-dieu recouverts de peaux de bison sont d'époque. Au-dessus de l'autel se trouve un vitrail dédié à William Cockran, missionnaire et fondateur de la paroisse de St. Andrews qui est enterré dans le cimetière adjacent.

*Église anglicane St. Andrew, à St. Andrews*

### GARSON
La pierre de taille de Tyndall, que l'on extrait ici depuis 1895 de l'une des plus anciennes formations de roches sédimentaires du monde, a servi à la construction de nombreux édifices au Canada dont le Parlement à Ottawa et celui de Winnipeg. Ce calcaire grisâtre contient des fossiles d'animaux marins qui vivaient dans les mers chaudes recouvrant alors l'Amérique du Nord.

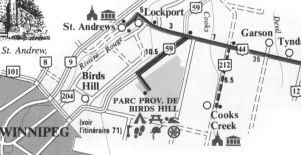

*Anémone pulsatille*

*Grotte de l'église de l'Immaculée-Conception, à Cooks Creek*

### PARC PROVINCIAL DE BIRDS HILL
La hauteur qui porte le nom de Birds Hill est un esker, une longue croupe de sable et de gravier déposés par un cours d'eau glaciaire. Les colons s'y réfugiaient autrefois lorsque la rivière Rouge débordait. Aujourd'hui, l'esker est au centre d'un parc provincial, un endroit idéal en été pour les pique-niques et les randonnées à pied ou à cheval. En juillet s'y tient l'un des festivals de folklore les plus importants en Amérique du Nord.
□ L'anémone pulsatille, emblème floral du Manitoba, pousse sur les prairies du parc. À la fin de l'été, les prés sont jonchés d'asters, de verges d'or et de liatrides.

### COOKS CREEK
On peut voir dans cette ville une reconstitution de la grotte de Notre-Dame de Lourdes et de l'église de l'Immaculée-Conception. Ces répliques furent construites au début des années 50 par Phillip Ruh, un oblat qui fut pendant 32 ans le curé de la paroisse de Cooks Creek. La grotte, où a lieu un pèlerinage en août, commémore l'apparition de la Vierge à Lourdes en 1858.
□ L'église voisine est ornée de coupoles de style byzantin.

d'Agassiz et de Bélair, qui s'étendent du nord de la frontière du Minnesota jusqu'au lac Winnipeg. La région produit de la pâte à papier et du bois pour les scieries de la rivière Winnipeg qui dévale les pentes de la bordure accidentée du Bouclier, entre le lac des Bois et le lac Winnipeg.

Les rapides rugissants, les tourbillons et les chutes spectaculaires de la Winnipeg étaient le cauchemar des voyageurs. En un seul endroit, on pouvait voir s'échelonner jusqu'à sept portages !

Plusieurs barrages hydro-électriques, dont les réservoirs ont submergé un grand nombre de rapides et de chutes, assagissent aujourd'hui le cours de la rivière qui n'en demeure pas moins un lieu de pêche privilégié. Ses eaux abondent toujours en dorés, en grands brochets, en esturgeons et en laquaiches argentées, et les pêcheurs mouillent leurs embarcations sur les eaux placides des criques ou à l'ombre des affleurements de granit.

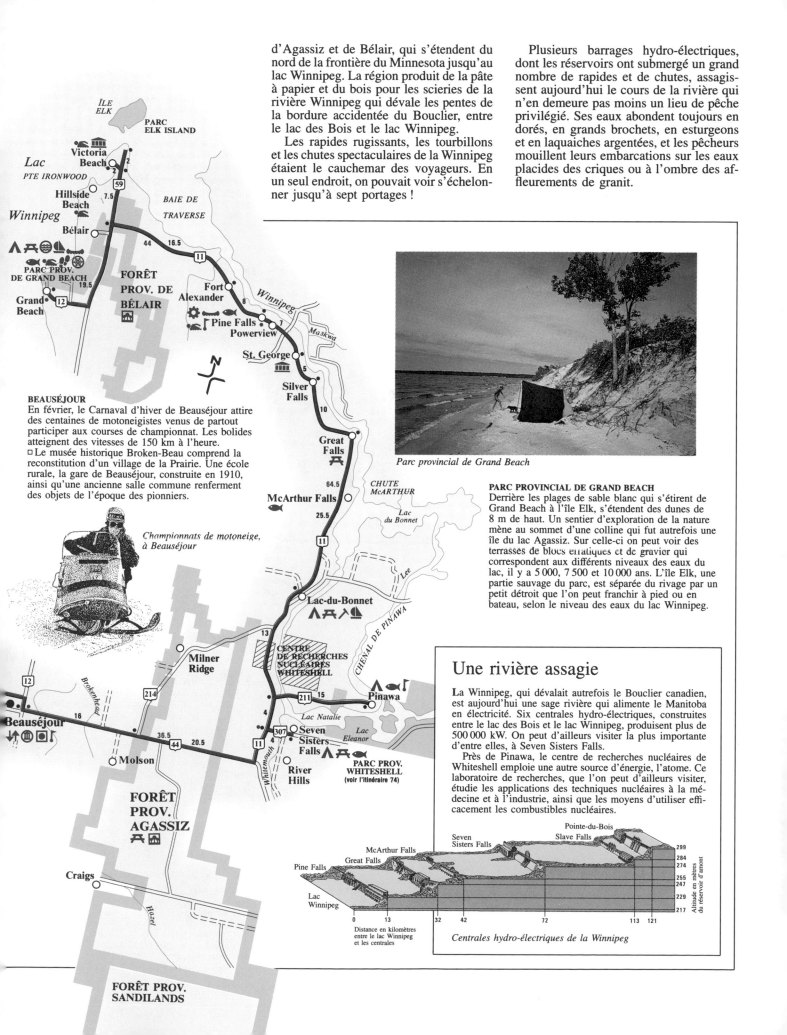

## BEAUSÉJOUR

En février, le Carnaval d'hiver de Beauséjour attire des centaines de motoneigistes venus de partout participer aux courses de championnat. Les bolides atteignent des vitesses de 150 km à l'heure.

□ Le musée historique Broken-Beau comprend la reconstitution d'un village de la Prairie. Une école rurale, la gare de Beauséjour, construite en 1910, ainsi qu'une ancienne salle commune renferment des objets de l'époque des pionniers.

*Championnats de motoneige, à Beauséjour*

*Parc provincial de Grand Beach*

## PARC PROVINCIAL DE GRAND BEACH

Derrière les plages de sable blanc qui s'étirent de Grand Beach à l'île Elk, s'étendent des dunes de 8 m de haut. Un sentier d'exploration de la nature mène au sommet d'une colline qui fut autrefois une île du lac Agassiz. Sur celle-ci on peut voir des terrasses de blocs erratiques et de gravier qui correspondent aux différents niveaux des eaux du lac, il y a 5 000, 7 500 et 10 000 ans. L'île Elk, une partie sauvage du parc, est séparée du rivage par un petit détroit que l'on peut franchir à pied ou en bateau, selon le niveau des eaux du lac Winnipeg.

## Une rivière assagie

La Winnipeg, qui dévalait autrefois le Bouclier canadien, est aujourd'hui une sage rivière qui alimente le Manitoba en électricité. Six centrales hydro-électriques, construites entre le lac des Bois et le lac Winnipeg, produisent plus de 500 000 kW. On peut d'ailleurs visiter la plus importante d'entre elles, à Seven Sisters Falls.

Près de Pinawa, le centre de recherches nucléaires de Whiteshell emploie une autre source d'énergie, l'atome. Ce laboratoire de recherches, que l'on peut d'ailleurs visiter, étudie les applications des techniques nucléaires à la médecine et à l'industrie, ainsi que les moyens d'utiliser efficacement les combustibles nucléaires.

*Centrales hydro-électriques de la Winnipeg*

# Au cœur des forêts,
# des centaines de lacs glaciaires

## Parc provincial Whiteshell

**D**ans le parc provincial Whiteshell, la rivière Winnipeg est bordée par certains des plus vieux rochers du monde (2,5 milliards d'années), vestiges de montagnes qui se formèrent des millions d'années avant les Rocheuses. Les glaciations successives érodèrent la roche tendre pour mettre à nu les affleurements anciens, à peine ondulés, du Bouclier canadien.

Il y a 10 000 ans, les glaciers laissèrent le roc absolument dépouillé de toute végétation. Peu à peu apparurent des lichens,

### LAC NUTIMIK
Le musée d'Histoire naturelle du lac Nutimik comporte une collection d'animaux empaillés. On peut aussi y voir des minéraux du Bouclier canadien et des objets d'origine indienne : pointes de javelot et de flèche en pierre et en os, haches de pierre et outils de coquillage. Le sentier Pine Point longe une série de rapides et de chutes formés par la rivière Whiteshell.

*Images de pierres, lac Bétula*

### LAC BÉTULA
Près du lac, un sentier mène à des agencements de pierres disposées, il y a près de 1 000 ans, par des Algonquins pour représenter des oiseaux, des tortues, des poissons et des serpents. Les galets sont posés sur une vaste surface de granite dénudé, le long de la Whiteshell. La plus grande figure, celle d'une tortue, mesure 7,5 m de long.

### RENNIE
Le refuge Alf Hole, sur la route migratoire du Mississippi, accueille jusqu'à un millier d'oies sauvages en septembre et octobre. Les visiteurs peuvent voir des cartes de migration, quelques spécimens d'oies et un spectacle audiovisuel dans le centre d'interprétation. C'est en 1939 qu'Alfred Hole recueillit quatre oisons abandonnés qui, depuis, ont fait souche.

*Bernache canadienne*

### FORÊT PROVINCIALE SANDILANDS
Dans la forêt, la Transcanadienne franchit sept crêtes de sable, correspondant aux anciennes lignes de rivage du lac glaciaire Agassiz. Cerfs, orignaux, castors, lynx, loups et ours fréquentent les marécages plantés de tamaracs et de cèdres qui s'étendent entre les crêtes. La route est bordée de sentiers, de pistes de ski de fond et de raquette, ainsi que de terrains de pique-nique. La chasse est autorisée dans la réserve. On peut pêcher le doré et le grand brochet dans la Whitemouth.

La forêt provinciale Sandilands fut créée en 1923 pour protéger l'écologie fragile de la région. Les programmes de reboisement et d'exploitation forestière contrôlée contribuent à préserver une forêt qui risquait de disparaître à cause d'un défrichement trop intensif.

*Épinette noire (à gauche)
et peuplier faux-tremble*

### CENTRE FORESTIER SANDILANDS
Non loin de Hadashville, à 2,5 km au sud de la jonction entre la Transcanadienne et la route 11, le centre forestier Sandilands regroupe, sur 120 ha, différents types de forêts : épinette noire des fondrières, arbres feuillus de l'Est, pin gris. On y trouve également un pont suspendu, le Beaver, qui enjambe la rivière Whitemouth, une tour d'incendie, un véhicule qui plante des arbres et un musée qui traite de l'environnement local, de la coupe des arbres et de leur conservation.

### PÉPINIÈRE PROVINCIALE PINELAND
Dans cette pépinière, accessible par la Transcanadienne, 1 km à l'est de sa jonction avec la route 11, on fait pousser les plants d'épinettes et de pins qui serviront à reboiser le Manitoba. On peut visiter les serres et les champs où les jeunes arbres grandissent pendant trois ans pour être ensuite plantés sur des brûlis ou après des coupes de balivage. Des terrains de pique-nique ont été aménagés sur les rives de la Whitemouth.

puis le vent apporta des graines et les plantes commencèrent à peupler ce paysage désolé. Des fougères, comme la woodsia de l'île d'Elbe, s'accrochent encore à grand-peine aux anfractuosités des rochers, mais le long des torrents poussent le thuya occidental, le frêne noir, ainsi que l'érable nain ; par ailleurs, le tamarac et l'épinette noire bordent d'innombrables fondrières.

À l'exception du lac West Hawk formé par une météorite, les quelque 200 lacs du parc Whiteshell, ont rempli des dépressions creusées par les glaciers. Les oiseaux aquatiques qui empruntent la route migratoire du Mississippi s'y arrêtent. Dans plusieurs de ces lacs pousse un riz sauvage que les Indiens récoltent en canot. Au bord du lac Bétula, les Indiens de la préhistoire ont disposé des pierres sur le granite nu pour représenter des animaux et des êtres humains.

Outre la Transcanadienne, plusieurs routes bordent le parc Whiteshell, le premier parc provincial du Manitoba, aménagé en 1962. Une bonne partie toutefois n'en est encore accessible que par avion ou par bateau.

**FORÊT PROV. WHITESHELL**

Pointe-du-Bois

Lac Eaglenest

**PARC PROV. WHITESHELL**

Winnipeg

Lac George

Lac Tumao

Lac Turtle

Lac Crowduck

Lac Bétula

Lac Whiteshell

20.5

Lac Molloy

CHUTE RAINBOW 2

Lac Little Whiteshell

Lac White

Lac Jessica

Lac Lone Island

Whiteshell

307

21.5

Lac Brereton

Lac Sailing

Rennie

Lac Ste-Claire

44

Lac Bear

Lac South Cross

20

2.5

39.5

**LILY POND**

Lac Caddy

8 312

Lac Star

Lac West Hawk

11.5

Lac Barren

301

**West Hawk Lake**

17

Falcon Beach

Lac Falcon

Falcon

**STATION DE SKI FALCON LAKE**

45 23.5 1

East Braintree

Boggy

# Le riz sauvage, délice des gourmets

Le riz sauvage pousse dans les lacs peu profonds, les marécages et au bord des cours d'eau lents du parc provincial Whiteshell. À la fin d'août et au début de septembre, les Indiens, à bord de leurs canots, récoltent jusqu'à 200 kg de riz sauvage par jour. Longtemps essentiel à leur alimentation, il est devenu un mets très apprécié des gourmets.

## Ragoût du chasseur

INGRÉDIENTS :

1 t. de riz sauvage
6 côtelettes de porc
3 c. à thé de graisse
1 t. de céleri haché
1 gros oignon haché
1 poivron haché
1 t. de lait

1 boîte de champignons
1 boîte de soupe aux champignons
1/2 c. à thé de sel
1/2 c. à thé d'origan
poivre au goût

Faire tremper une nuit le riz sauvage. Bien rincer dans plusieurs eaux. Faire bouillir le riz 5 min dans quatre tasses d'eau pour une tasse de riz. Égoutter, rincer et refaire bouillir le riz de 15 à 20 min. Égoutter et rincer. Faire revenir la viande, les légumes et les champignons jusqu'à ce qu'ils soient tendres. Ajouter les épices, la soupe aux champignons, allongée de lait, et du poivre. Faire chauffer et verser sur le riz. Mettre 30 min au four, à 180°C (350°F).

**LILY POND**
Ainsi nommé pour ses milliers de nénuphars, cet étang, situé près du lac West Hawk, fut creusé par les glaciers, il y a des milliers d'années. L'une des fleurs les plus odorantes du Canada, le nénuphar blanc ou lis d'eau, fleurit de juin à septembre. Ses fleurs s'ouvrent tôt le matin et se ferment peu après midi.

**LAC WEST HAWK**
Formé par une météorite il y a 150 millions d'années, ce lac de 110 m de fond est le plus profond du Manitoba. La truite arc-en-ciel y abonde.

*Lily Pond, parc provincial Whiteshell*

**FALCON BEACH**
On trouve dans cette agglomération des écuries, des courts de tennis, des installations de camping, un terrain de golf et une station de ski aux environs. On peut faire du bateau et du ski nautique ou se livrer à la natation et à la pêche sur le lac Falcon.

**EAST BRAINTREE**
Le thuya occidental, le pin blanc et le pin rouge — des essences rares à cette latitude — poussent dans la forêt provinciale Northwest Angle, à 40 km au sud de cette ville. Des affleurements de granite dominent les fondrières plantées d'épinettes noires où des orignaux viennent se nourrir. On peut camper dans la forêt.

**PARC PROVINCIAL WHITESHELL**
C'est le plus ancien parc provincial du Manitoba et, avec ses 2 590 km², c'est aussi le plus grand et le plus difficilement accessible. La Transcanadienne et plusieurs routes provinciales le franchissent, mais un grand nombre de ses 200 lacs ne sont accessibles que par bateau ou par avion, depuis Winnipeg, Lac-du-Bonnet ou Pine Falls.
□ Le circuit de canotage de la Whiteshell emprunte une partie de la route que suivit La Vérendrye jusqu'à la rivière Rouge en 1733.
□ Des sentiers longent des marécages, des rivières, des mares habitées par des castors et des affleurements de granite.

# Une dentelle de lacs, de rivières et de chutes, le triomphe de l'eau

## Nord-ouest de l'Ontario

Le nord-ouest de l'Ontario offre deux régions sauvages contrastantes : le lac des Bois et le parc provincial Quetico. Le premier, semé de quelque 14 600 îles, couvre une superficie de 4 350 km² que se partagent l'Ontario, le Manitoba et le Minnesota. Au moins les trois quarts de son littoral, qui totalise 104 000 km, se situent au Canada. Toutefois, c'est uniquement en Ontario qu'on y trouve des îles à profusion, de belles falaises et des plages rocailleuses ; au Manitoba et au Min-

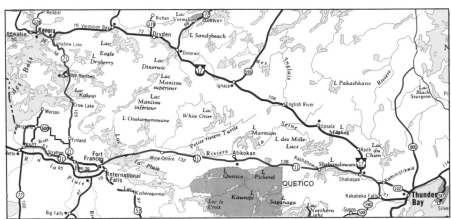

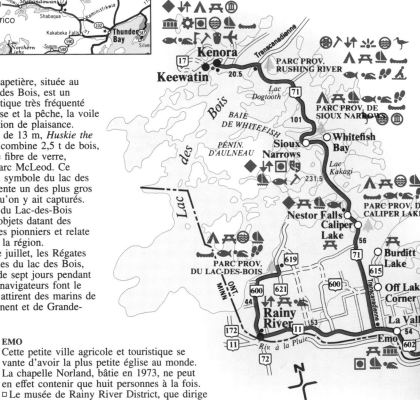

### PARC PROVINCIAL RUSHING RIVER
La rivière Rushing s'élance en une série de rapides et de chutes dans ce parc de 160 ha situé sur la rive rocailleuse du lac Dogtooth. Il y a des milliers d'années, toute cette région était recouverte par les glaces. Les rochers précambriens du parc en portent encore de nombreuses traces, toutes pointant vers le sud.
□ Le parc provincial Rushing River offre des voies de canotage, des sentiers de randonnée, des plages et 200 emplacements de camping.

### KENORA
Cette ville papetière, située au bord du lac des Bois, est un centre touristique très fréquenté pour la chasse et la pêche, la voile et la navigation de plaisance.
□ Une statue de 13 m, *Huskie the Muskie,* qui combine 2,5 t de bois, d'acier et de fibre de verre, domine le parc McLeod. Ce maskinongé, symbole du lac des Bois, représente un des plus gros spécimens qu'on y ait capturés.
□ Le Musée du Lac-des-Bois expose des objets datant des Indiens et des pionniers et relate l'histoire de la région.
□ À la fin de juillet, les Régates internationales du lac des Bois, une course de sept jours pendant laquelle les navigateurs font le tour du lac, attirent des marins de tout le continent et de Grande-Bretagne.

*Régates du lac des Bois, près de Kenora*

### PARC PROVINCIAL DU LAC-DES-BOIS
C'est en édifiant le terrain de camping Aspen, à l'intérieur du parc, qu'on a découvert, et ce n'est pas un hasard, que les Indiens avaient eux aussi l'habitude d'y établir des campements. Le parc est un lieu idéal pour la pêche et le bateau. Une plage de sable, qui s'étend sur 100 m, invite à la baignade et au bronzage.
□ Le chevauchement de trois zones de végétation constitue la singularité du parc. On y trouve les essences de bois franc, comme le frêne, l'orme et le tilleul d'Amérique, de la région des Grands Lacs ; d'autres arbres typiques de la Prairie, comme l'érable du Manitoba ; et finalement l'épinette et le pin gris, propres aux forêts boréales.
□ Le sol plat et sablonneux du parc rappelle que, il y a plusieurs milliers d'années, le lac Agassiz recouvrait toute la région. Le lac des Bois en représente le dernier vestige.

### EMO
Cette petite ville agricole et touristique se vante d'avoir la plus petite église au monde. La chapelle Norland, bâtie en 1973, ne peut en effet contenir que huit personnes à la fois.
□ Le musée de Rainy River District, que dirige le Women's Institute Museum, expose, entre fin mai et fin septembre, des objets du temps des pionniers.

*Grand brochet*

### FORT FRANCES
Cette ville papetière (8 870 hab.), reliée par un pont à International Falls, au Minnesota, est à la porte d'une grande région touristique, bien connue des pêcheurs et des chasseurs. L'usine de papier fin Boise Cascade peut y être visitée sur réservation. Le musée de Fort Frances expose des objets datant des Indiens, des coureurs des bois et des pionniers.
□ Le parc Pithers Point, situé sur la rivière à la Pluie, renferme une reconstitution du fort Saint-Pierre, dont l'original fut bâti en 1731, celle d'un remorqueur, le *Hallett,* et le musée Look Tower.

nesota, ses rives sont plates et sablonneuses. Le lac des Bois est un lieu de vacances idéal : pêche, baignade, voile et navigation de plaisance, à partir de centres de villégiature comme Kenora ou de villages plus petits comme Nestor Falls. Les parcs provinciaux riverains invitent aussi à en profiter, comme à Sioux Narrows, d'un accès facile à la nature sauvage.

Le Nord-Ouest de l'Ontario fut d'abord exploré par Jacques de Noyan en 1688 puis, vers les années 1730, par Pierre de

La Vérendrye. Entre 1780 et 1840 environ, le lac des Bois faisait partie de la voie de canotage qu'empruntaient, entre Thunder Bay et le lac Winnipeg, les trafiquants de fourrures.

Le parc provincial Quetico conserve de nos jours la pureté des lacs, des rivières et des forêts que traversaient les voyageurs. Ses futaies de pin rouge et de pin blanc sont peut-être vieilles de deux siècles. Ce parc recèle aussi la plus grande collection de pétroglyphes indiens, peints

ou gravés, dans l'est du continent. Répartis sur une trentaine de sites à travers le parc, ils représentent des hommes, des animaux et des formes abstraites dont on ignore encore la signification.

Contrairement au lac des Bois, le parc provincial Quetico n'est pas facilement accessible. Une seule route, à partir de la Transcanadienne, mène au terrain de camping. À partir de là, c'est la grande aventure, à pied ou en canot.

### PARC PROVINCIAL DE SIOUX NARROWS
Situé sur l'île Long Point dans le lac des Bois, le parc offre toute la palette des activités de plein air : pêche, voile, canotage, baignade, ski nautique et autres.
□ Tout autour du lac, les rochers ont été décorés autrefois par les Indiens de dessins rouille et orangés dont la signification demeure inconnue.
□ Le parc et la station de villégiature doivent leur nom à la présence d'un détroit que traverse maintenant la route 11 et qui fut, vers 1750, la scène d'une bataille entre les Ojibways et les Sioux.

*Vison*

### NESTOR FALLS
Ce village est renommé pour la pêche et les sports nautiques. Un belvédère sur la route 71 permet d'apercevoir la chute.
□ Au parc provincial de Caliper Lake non loin de là, on a réussi à préserver quelques rares futaies de pins rouges et blancs, des essences acclimatées ici par des bûcherons du Québec.

### PARC PROVINCIAL KAKABEKA FALLS
Surnommée la « Niagara du Nord », la chute Kakabeka, haute de 39 m, est le centre d'attraction de ce parc provincial de 387 ha situé à l'ouest du village du même nom. On y trouve un centre d'information, des terrains de camping et de pique-nique et une plage. Un belvédère permet d'admirer les chutes.
□ Au pied de la chute, d'énormes murailles noires enserrent les rapides et le vent s'y engouffre en produisant des sons étranges.

### ATIKOKAN
La ville a pris son essor dans les années 40 avec l'exploitation des mines de fer du lac Steep Rock. Son économie repose aujourd'hui sur l'industrie légère et le tourisme. C'est un centre de pourvoirie pour les visiteurs qui pénètrent dans le parc provincial Quetico.
□ On peut y visiter le musée Centennial qui fait partie du Civic Centre et le Parc historique où sont exposées des pièces d'équipement reliées aux mines et à la coupe du bois.

*Hépatique à lobes ronds*

*Chute Kakabeka*

*Parc provincial Quetico*

### PARC PROVINCIAL QUETICO
Les terrains de camping Chippewa et Ojibwa sur le sentier Dawson sont les deux seuls sites accessibles par automobile dans ce parc de 4 662 km². Ils sont situés sur le lac French, à plusieurs kilomètres de l'entrée du parc sur la Transcanadienne, où un centre d'information renseigne sur l'histoire, la faune et la flore du parc. Trois sentiers d'exploration de la nature serpentent autour des terrains de camping, chacun sur environ 2,5 km.
□ Un personnel expérimenté est à la disposition des visiteurs qui veulent s'aventurer, seuls, dans les profondeurs du parc pour explorer ses voies de canotage, qui s'étendent sur 1 500 km, ainsi que ses portages.

*Balbuzard*

# Une contrée paisible marquée par la ruée vers l'or

Nord-ouest de l'Ontario

Le chemin de fer du Canadien Pacifique pénétra dans cette région en 1879, ouvrant la voie aux milliers de mineurs et de prospecteurs qui allaient, dans les années 1890 puis en 1925-1926, se lancer à la recherche du métal magique, l'or. Le nord-ouest de l'Ontario était alors sauvage, à part d'humbles villages aux points de portage ou près des embranchements ferroviaires. Ces colonies aux rares bâtiments duraient parfois à peine plus longtemps que l'aventure minière qui les avait

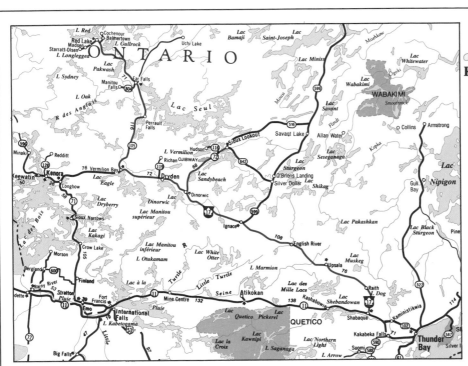

**RED LAKE**
D'abord poste de traite, Red Lake (2 100 hab.) vécut de ses gisements d'or de 1920 à 1955. Après trois décennies, l'or redevenait d'actualité dans les années 80. Les mines sont ouvertes aux visiteurs.
□ Red Lake est un paradis de chasse et de pêche desservi par avion.

## Le château de ses rêves

Sur les rives du lac White Otter, à 50 km au sud d'Ignace, se dresse à l'abandon un bâtiment de trois étages flanqué d'une tour (ci-contre). Il fut construit vers 1914 par un prospecteur écossais arrivé en 1903, Jimmy McQuat (photo, à droite), qui abandonna l'or pour devenir pêcheur et trappeur. Une légende romantique veut qu'il ait destiné ce château de rondins à une noble dame écossaise. Quoi qu'il en soit, il l'édifia de ses propres mains. Malgré ses 50 ans, il abattit des arbres, traîna les rondins à travers les broussailles, les équarrit et les assembla par queue d'aronde ; il monta les murs et les toits tout seul. On prétend qu'il transporta les lourdes fenêtres en canot malgré une quinzaine de portages. L'exploit séduisit un écrivain nommé Hodson qui le publia sous le titre de *The Hermit of White Otter Lake*. En réalité, McQuat n'était pas du tout un ermite : il aimait le plaisir et la compagnie. Malgré des demandes répétées aux autorités, il n'obtint toutefois jamais les titres de propriété du terrain sur lequel il avait construit sa demeure. En octobre 1918, il se prit dans ses propres filets de pêche et se noya. On l'enterra près de son château de rondins.

Pendant plus de 70 ans, la demeure, oubliée de tous, subit les rigueurs du climat et du temps. Mais en 1980, des citoyens des villes voisines d'Ignace et d'Atikokan firent campagne pour la restaurer. Le château devint l'emblème d'Ignace. Aujourd'hui, le touriste curieux peut, en une journée de chemin de halage et de canotage, aller admirer ce témoignage d'un rêve insensé mais grandiose : un château érigé dans la nature.

**DRYDEN**
Fondée en 1894, Dryden (5 500 h) porte le nom du ministre provincial de l'Agriculture de l'époque, John Dryden. Les gouvernements provinciaux se sont longtemps efforcés de mettre en valeur les richesses agricoles de la région dont l'économie repose aujourd'hui sur l'industrie papetière et le tourisme. On peut visiter le moulin local de pâtes et papiers.
□ Dryden est un centre de chasse et de pêche renommé. À côté de l'office du tourisme, un monument de 6 m de haut, « Max the Moose », rappelle que le gros gibier abonde dans la région.
□ Au sud de Dryden, près de la route 502, un vieux chemin mène en 6 km à la ville fantôme de Gold Rock dont les bâtiments en ruine rappellent l'époque de la ruée vers l'or, au début du siècle.

engendrées. Gold Rock, près de Dryden, est un village minier de bonne taille et bien conservé qui subsiste dans une solitude absolue, témoignage émouvant de la fièvre intense mais brève que suscita la ruée vers l'or.

D'autres communautés, telles que Red Lake, Ear Falls et Dryden, ont connu un sort meilleur. En 1948, la construction d'une route jusqu'à Red Lake permit d'avoir accès à la région, jusqu'alors accessible uniquement par voie d'eau, à tra-

vers le lac Seul et la rivière English. Le progrès économique allait reposer dorénavant non plus sur l'or mais sur le bois, autre grande richesse locale.

La contrée s'ouvrit aussi au tourisme. Aujourd'hui, les pourvoyeurs amènent leurs clients en avion chasser et pêcher dans une contrée reculée où l'on n'entend, au crépuscule, que le cri nostalgique du huart et le *flac* d'un poisson bondissant hors de l'eau pour gober un insecte.

*L'usine hydro-électrique d'Ear Falls*

## EAR FALLS
En 1929, une usine hydro-électrique sur la rivière English donnait naissance à Ear Falls. Un musée raconte l'histoire de la ville dont l'économie repose sur l'industrie forestière, l'exploitation minière et les transports. Ear Falls est aussi connue pour ses camps de chasse et de pêche sur le lac Seul et la rivière English. Dans les années 20, les bateaux qui traversaient le lac Seul pour desservir les mines d'or de Red Lake faisaient escale à Goldpines, petite ville des environs.
□ Ear Falls a été surnommée la capitale mondiale d'un aigle majestueux, le pygargue à tête blanche, qui niche près des lacs environnants.

*Pygargue à tête blanche*

## SIOUX LOOKOUT
Cette ville, dont le nom veut dire « poste pour observer les Sioux », est située sur le lac Pelican, dans le système formé par le lac Seul et la rivière English. On dit que l'endroit fut ainsi nommé par les Ojibways qui, des hauteurs de la localité, surveillaient l'attaque des Sioux. On vient aujourd'hui s'y approvisionner d'aussi loin que la baie d'Hudson. La ville vit surtout de l'industrie forestière.
□ La chasse et la pêche attirent bien des touristes car la région est fréquentée par l'orignal et l'ours noir, tandis que dorés, brochets, maskinongés, achigans et truites grises abondent dans les lacs.
□ Au parc Centennial, on peut voir une locomotive du CN reconstituée.

*Avion pour vacanciers, dans le nord-ouest de l'Ontario*

## IGNACE
La ville est née du chemin de fer en 1879. Elle porte le nom d'Ignace Mentour qui servit de guide à l'équipe de géomètres chargée des levés de terrain pour le CP vers 1870. La ruée vers l'or y amena des prospecteurs en 1890. Aujourd'hui, l'activité économique de la ville repose sur l'extraction du cuivre, du plomb et du zinc ainsi que sur l'industrie forestière.
□ D'Ignace, on peut s'envoler vers le nord en direction de divers camps de pêche et de chasse ou atteindre, par la route 599, Savant, Pickel et les lacs de la région de Central Patricia. C'est la route la plus septentrionale de l'Ontario.
□ En août, Ignace célèbre les fêtes de White Otter qui rappellent que la ville s'est choisi comme emblème le château que construisit l'Écossais McQuat au lac White Otter.

## PARC PROVINCIAL SANDBAR LAKE
À proximité de la route 599, le parc offre une plage de sable fin déposé par un glacier en récession il y a des milliers d'années. Les eaux peu profondes du lac Sandbar sont idéales pour la natation, la voile et la navigation de plaisance, tandis que les pêcheurs s'y régalent de grands brochets et de perchaudes.
□ Les amateurs de randonnée pédestre suivront sur 2 km le sentier Rock Cliff jusqu'à un magnifique belvédère naturel formé d'énormes blocs erratiques abandonnés par le glacier.
□ Des cornouillers rouges et des clintonies boréales émaillent les sous-bois du parc.

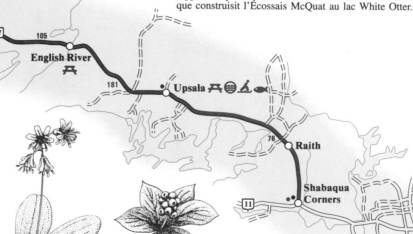

*Clintonie boréale*

# Un géant endormi au bord du plus grand lac du monde

Rive nord du lac Supérieur

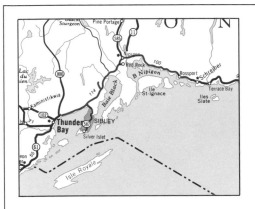

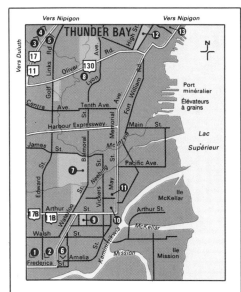

1 Parc historique du fort William
2 Mont McKay
3 Boulevard Lake Park
4 Parc Centennial
5 Monument Terry Fox
6 Parc Chippewa
7 Jardin botanique du Centenaire
8 Université Lakehead
9 Parc Vickers
10 Musée historique de Thunder Bay
11 Office du tourisme
12 Parc Hillcrest
13 Office du tourisme

**THUNDER BAY**

Située à l'extrémité ouest de la voie maritime du Saint-Laurent, la ville de Thunder Bay, créée en 1970 par la fusion de Port Arthur et de Fort William, est le troisième port en importance au Canada. D'énormes cargaisons y transitent : céréales de l'Ouest, minerai de fer, charbon, potasse et sulfure, produits forestiers. Ses 15 élévateurs à grains, dont quelques-uns sont ouverts aux visites, peuvent contenir plus de 2 millions de tonnes de grains. Thunder Bay occupe aussi une place importante dans l'industrie papetière et le traitement du bois. On peut visiter des moulins.
□ Thunder Bay est riche en parcs et en belvédères. Le Bluffs Lookout, dans le parc Centennial, découvre une vue splendide sur la ville et sur le Sleeping Giant. On a également de très beaux points de vue au parc Hillcrest et sur le mont McKay (183 m), au sud de la ville.
□ Le vieux fort William, au sud-est sur la route 61, fait revivre l'époque où la bourgade du fort était au centre de l'empire de la Compagnie du Nord-Ouest. Une autre reconstitution historique à voir est celle d'un camp de bûcherons de 1910, situé dans le parc Centennial.
□ Le monument à Terry Fox, à l'est de la ville sur la route 11/17, marque l'endroit où, terrassé par le cancer, le coureur unijambiste fut forcé d'abandonner son « marathon de l'espoir », le 1er septembre 1980.

*Élévateurs à grains, port de Thunder Bay*

**LOON**

Les touristes qui visitent la mine à ciel ouvert de la compagnie Thunder Bay Amethyst Mining, à Eagle Lake, peuvent ramasser eux-mêmes des améthystes, une pierre semi-précieuse de quartz cristallin. De gros blocs de granite mouchetés d'améthyste servent de pierre à bâtir décorative.

*Améthyste*

## Le fort du « Grand Rendez-vous »

Au début du XIXe siècle, le fort William était le quartier général de la Compagnie du Nord-Ouest. Chaque été, des milliers d'agents de la compagnie, d'Indiens, de voyageurs et de trappeurs s'y réunissaient pour le « Grand Rendez-vous » où l'on procédait à l'échange de pelleteries contre vivres et biens. Pour ceux qui arrivaient, leurs canots chargés, d'endroits aussi éloignés que le fort Chipewyan sur le lac Athabasca, le Grand Rendez-vous était un motif de réjouissances. L'activité débordante de l'époque est reconstituée à Old Fort William, le plus important village historique au pays, en banlieue de Thunder Bay. Ouvert toute l'année, il occupe un site de 50 ha sur la rivière Kaministiquia, 14 km en amont du fort original. Les 42 bâtiments entourés d'une palissade comprennent des magasins, des ateliers d'artisans, une prison et la maison du conseil où les associés traitaient leurs affaires. Le personnel est costumé.

*Visite du parc du fort William, au son de la cornemuse*

**SILVER ISLET**

Un gros rocher de 24 m de diamètre, qui n'émerge jamais à plus de 2,5 m au-dessus de l'eau, devint la principale mine d'argent du Canada lorsqu'on y découvrit, en 1868, une veine s'enfonçant à la verticale. En 1884, le puits atteignait 450 m de profondeur et il fallut fermer la mine que les eaux du lac commençaient à inonder. La mine avait rapporté en 16 ans quelque 3 millions de dollars.

0   2   4   6   8   10 Milles
0   4   8   12   16 Kilomètres

Les hautes falaises de granite du Bouclier canadien bordent la rive nord du lac Supérieur, le plus grand lac d'eau douce au monde, dont environ le tiers de ses 82 000 km² se trouvent en territoire canadien.

À la fin du XVIIᵉ siècle, la voie de canotage qu'empruntaient les voyageurs et les trafiquants de fourrure longeait cette rive. La percée du canal à Sault-Sainte-Marie en 1855 permit aux bateaux à vapeur de transporter leurs énormes cargaisons de grains et de minerai de fer sur les eaux de ce lac parfois aussi tumultueuses que celles de la mer.

Le long de la Transcanadienne, qui épouse les contours de la rive nord, de nombreuses haltes permettent d'admirer la grandeur du panorama et parfois d'apercevoir quelques-uns des cargos modernes qui perpétuent la tradition.

La Transcanadienne relie la ville de Thunder Bay, avec ses attraits urbains, aux agréments rustiques de la rive nord du lac Supérieur. Elle permet aussi d'accéder aux beautés naturelles de la région : forêts denses, rivières sautillantes, affleurements majestueux des plus vieux rochers du monde. Deux remarquables attractions sont le Sleeping Giant, un promontoire qui, de loin, évoque la silhouette d'un homme couché, et le mystérieux canyon Ouimet, une gorge spectaculaire de 5 km, probablement creusée par d'anciens glaciers, à moins qu'il ne s'agisse d'une faille de la croûte terrestre.

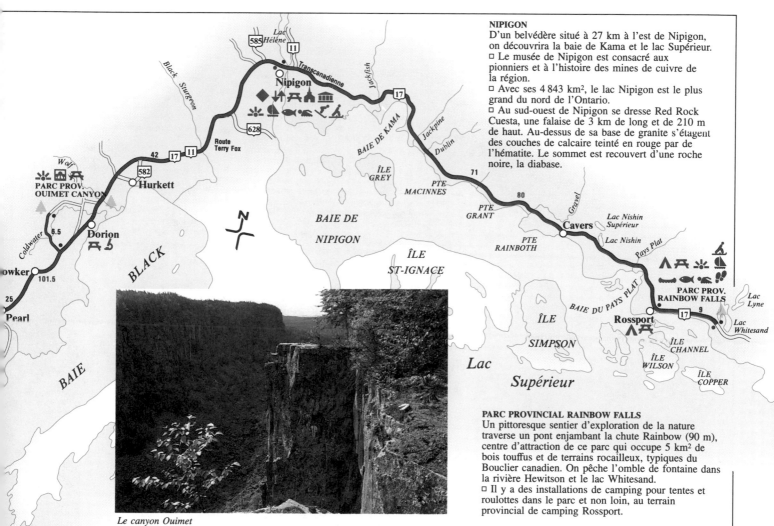

Le canyon Ouimet

**NIPIGON**
D'un belvédère situé à 27 km à l'est de Nipigon, on découvrira la baie de Kama et le lac Supérieur.
□ Le musée de Nipigon est consacré aux pionniers et à l'histoire des mines de cuivre de la région.
□ Avec ses 4 843 km², le lac Nipigon est le plus grand du nord de l'Ontario.
□ Au sud-ouest de Nipigon se dresse Red Rock Cuesta, une falaise de 3 km de long et de 210 m de haut. Au-dessus de sa base de granite s'étagent des couches de calcaire teinté en rouge par de l'hématite. Le sommet est recouvert d'une roche noire, la diabase.

**PARC PROVINCIAL RAINBOW FALLS**
Un pittoresque sentier d'exploration de la nature traverse un pont enjambant la chute Rainbow (90 m), centre d'attraction de ce parc qui occupe 5 km² de bois touffus et de terrains rocailleux, typiques du Bouclier canadien. On pêche l'omble de fontaine dans la rivière Hewitson et le lac Whitesand.
□ Il y a des installations de camping pour tentes et roulottes dans le parc et non loin, au terrain provincial de camping Rossport.

**PARC PROVINCIAL SLEEPING GIANT**
Ce parc de 243 km² occupe la majeure partie de la péninsule de Sibley. À l'extrémité sud-ouest gît le Sleeping Giant, un promontoire de 300 m qui, depuis Thunder Bay, à quelque 25 km de distance, ressemble à un homme couché. Au sommet de la poitrine du géant, s'ouvre une vue magnifique sur le lac Supérieur et la péninsule de Sibley.
□ Chacun des six sentiers d'exploration de la nature offre un attrait spécial. Le Piney Wood Hills, par exemple, surplombe le lac Joeboy où viennent s'abreuver les orignaux. Parmi les neuf autres sentiers balisés, le Kabeyun permet de marcher toute une journée en longeant la côte ouest de la péninsule.

*Polatouche*

**PARC PROVINCIAL OUIMET CANYON**
Le canyon Ouimet, une gorge spectaculaire, bordée d'arbres, s'ouvre à 67 km à l'est de Thunder Bay. Ses parois à pic dominent d'une centaine de mètres les éboulements du fond. Plusieurs espèces de plantes que l'on ne trouve habituellement que dans l'Arctique poussent au fond du canyon où l'on trouve encore de la glace en plein cœur de l'été. C'est ainsi qu'on peut y voir des arbustes nains et plusieurs espèces d'hépatiques au milieu d'épais tapis de mousse. Les chatons, qui poussent normalement à la verticale, croissent ici horizontalement à côté de cèdres et de bouleaux rabougris. Des pins gris et des épinettes aux formes tourmentées bordent le canyon. Près de la paroi ouest de la gorge, un grand rocher qui ressemble à un profil humain, Indian Head, s'élève du fond du ravin.
□ Le canyon Ouimet a 150 m de large et près de 5 km de long. Le parc de 8 km² ne possède pas d'installations de camping. Un sentier de 1 km mène d'un terrain de stationnement au bord de la gorge. Les visiteurs doivent se montrer prudents, car les sentiers qui bordent les murailles à pic sont souvent glissants.

*Grands corbeaux*

# Fourrures et chemin de fer dans les grandes solitudes du Nord

Rive nord du lac Supérieur

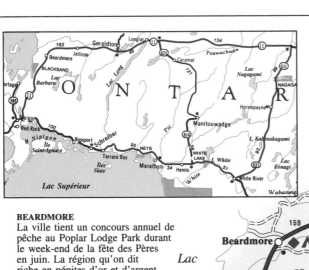

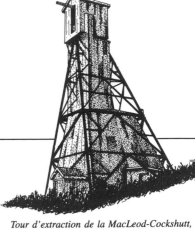

**GERALDTON**

Chasse et pêche, industrie forestière et minière alimentent l'économie de la petite ville nommée en l'honneur de J. S. Fitz*gerald* et Joseph Erring*ton* qui exploitèrent les mines d'or de la région dans les années 30. La vieille tour d'extraction de la mine MacLeod-Cockshutt rappelle le boom que connut la ville et constitue son emblème.

*Tour d'extraction de la MacLeod-Cockshutt, Geraldton*

**BEARDMORE**

La ville tient un concours annuel de pêche au Poplar Lodge Park durant le week-end de la fête des Pères en juin. La région qu'on dit riche en pépites d'or et d'argent attire toujours des amateurs.
□ Le citoyen le plus célèbre de Beardmore est Norval Morrisseau. Né en 1932 dans la réserve Sand Point du parc Lake Nipigon, l'artiste ojibway, qui s'inspire de motifs pictoraux empruntés à son folklore, est sorti de l'ombre dans les années 60. On peut voir quelques-unes de ses œuvres dans des bâtiments municipaux ainsi qu'à l'hôtel Crestwind.

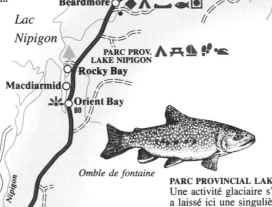

*Omble de fontaine*

**PARC PROVINCIAL MACLEOD**

Situé sur le lac Kenogamsis, ce parc enchante les amateurs de petite navigation et de pêche. Un esker ou long bourrelet de cailloutis y signale le cours d'une ancienne rivière glaciaire. En 1939, un incendie détruisit la forêt qui s'est reconstituée aujourd'hui de peuplier faux-tremble.

**PARC PROVINCIAL LAKE NIPIGON**

Une activité glaciaire s'étendant sur des milliers d'années a laissé ici une singulière plage de sable noir.
□ Le lac Nipigon, la plus grande étendue d'eau entièrement située en Ontario, est réputé pour ses truites. En 1916, le Dr J. W. Cook y captura un omble de fontaine de 7 kg, un record toujours inégalé. Non loin de là, la baie Orient accueillit dans les années 20 un ardent et célèbre pêcheur, le prince de Galles ou futur Édouard VIII qui allait plus tard abdiquer pour devenir duc de Windsor.

## Une austère beauté qui inspira des peintres

**D**ans la péninsule de Coldwell, le parc provincial Neys conserve dans sa beauté originelle une parcelle de terrain sur la rive nord du lac Supérieur. Ce paysage d'une austérité saisissante a inspiré plusieurs peintres du Groupe des Sept et notamment Lawren Harris et A.Y. Jackson, qui séjournèrent à Schrieber et à Rossport à l'automne de 1921. Harris fut si vivement impressionné par la beauté du site qu'il retourna plusieurs fois dans la péninsule de Coldwell entre 1922 et 1924. Une toile de 1926 intitulée *North Shore, Lake Superior* (*à gauche*) et plusieurs œuvres autres œuvres monumentales expriment sa vision toute personnelle d'un paysage qui fait maintenant partie de l'imaginaire canadien.

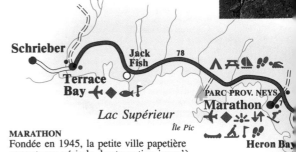

**MARATHON**

Fondée en 1945, la petite ville papetière connut une période de stagnation jusqu'à ce qu'on rénove l'ancien moulin dans les années 80 et qu'on découvre de l'or.
□ De Marathon, on a facilement accès au parc national du Pukaskwa, par la route 627 au sud, et au parc provincial Neys, par la Transcanadienne à l'est.

La route qui va de Nipigon à Hornepayne traverse une région qui ne s'est développée qu'au XXᵉ siècle et qui avait été jusqu'alors le royaume des coureurs des bois et des commerçants de fourrure. Les territoires de la Compagnie du Nord-Ouest et ceux de la Compagnie de la Baie d'Hudson se chevauchaient ici car le bassin de la baie d'Hudson commence au nord du lac Nipigon, de Longlac et de Hornepayne. Les deux sociétés y établirent des postes rivaux, comme à Longlac,

où les Cris et les Ojibways troquaient leurs pelleteries pour des perles, des lames, des couteaux et de la vaisselle.

L'arrivée du chemin de fer du Transcontinental National, plus tard le Canadien National, transforma la région en reliant les anciens postes de traite comme Longlac aux villes nées du rail, comme Geraldton et Hornepayne. Il se créa, dans les « hauts » de l'Ontario, un chapelet de villages parallèle à celui qu'avait fait naître dans les « bas », le long du lac Supé-

rieur, le chemin de fer du Canadien Pacifique. Dès lors, le progrès économique de la région s'axa sur les mines d'or, l'exploitation forestière et le tourisme.

Au sud de Hornepayne, la route vire de 90 degrés vers Marathon, sur le bord du lac Supérieur. Tout près de là, au parc provincial Neys, on peut admirer le paysage austère qui inspira le peintre Lawren Harris (1885-1970) du Groupe des Sept durant son séjour dans la région vers 1920.

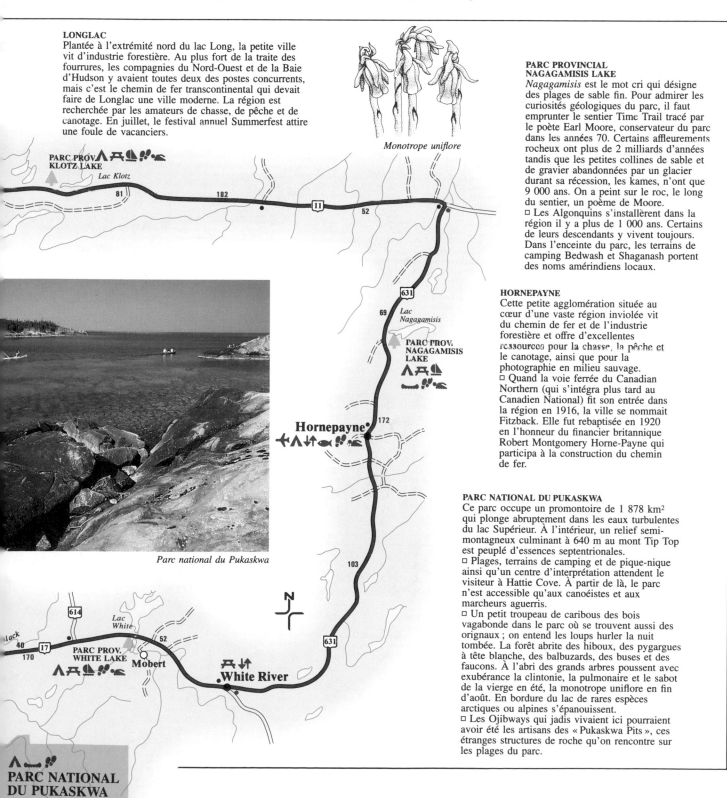

**LONGLAC**
Plantée à l'extrémité nord du lac Long, la petite ville vit d'industrie forestière. Au plus fort de la traite des fourrures, les compagnies du Nord-Ouest et de la Baie d'Hudson y avaient toutes deux des postes concurrents, mais c'est le chemin de fer transcontinental qui devait faire de Longlac une ville moderne. La région est recherchée par les amateurs de chasse, de pêche et de canotage. En juillet, le festival annuel Summerfest attire une foule de vacanciers.

*Monotrope uniflore*

*Parc national du Pukaskwa*

**PARC PROVINCIAL NAGAGAMISIS LAKE**
*Nagagamisis* est le mot cri qui désigne des plages de sable fin. Pour admirer les curiosités géologiques du parc, il faut emprunter le sentier Time Trail tracé par le poète Earl Moore, conservateur du parc dans les années 70. Certains affleurements rocheux ont plus de 2 milliards d'années tandis que les petites collines de sable et de gravier abandonnées par un glacier durant sa récession, les kames, n'ont que 9 000 ans. On a peint sur le roc, le long du sentier, un poème de Moore.
□ Les Algonquins s'installèrent dans la région il y a plus de 1 000 ans. Certains de leurs descendants y vivent toujours. Dans l'enceinte du parc, les terrains de camping Bedwash et Shaganash portent des noms amérindiens locaux.

**HORNEPAYNE**
Cette petite agglomération située au cœur d'une vaste région inviolée vit du chemin de fer et de l'industrie forestière et offre d'excellentes ressources pour la chasse, la pêche et le canotage, ainsi que pour la photographie en milieu sauvage.
□ Quand la voie ferrée du Canadian Northern (qui s'intégra plus tard au Canadien National) fit son entrée dans la région en 1916, la ville se nommait Fitzback. Elle fut rebaptisée en 1920 en l'honneur du financier britannique Robert Montgomery Horne-Payne qui participa à la construction du chemin de fer.

**PARC NATIONAL DU PUKASKWA**
Ce parc occupe un promontoire de 1 878 km² qui plonge abruptement dans les eaux turbulentes du lac Supérieur. À l'intérieur, un relief semi-montagneux culminant à 640 m au mont Tip Top est peuplé d'essences septentrionales.
□ Plages, terrains de camping et de pique-nique ainsi qu'un centre d'interprétation attendent le visiteur à Hattie Cove. À partir de là, le parc n'est accessible qu'aux canoéistes et aux marcheurs aguerris.
□ Un petit troupeau de caribous des bois vagabonde dans le parc où se trouvent aussi des orignaux ; on entend les loups hurler la nuit tombée. La forêt abrite des hiboux, des pygargues à tête blanche, des balbuzards, des buses et des faucons. À l'abri des grands arbres poussent avec exubérance la clintonie, la pulmonaire et le sabot de la vierge en été, la monotrope uniflore en fin d'août. En bordure du lac de rares espèces arctiques ou alpines s'épanouissent.
□ Les Ojibways qui jadis vivaient ici pourraient avoir été les artisans des « Pukaskwa Pits », ces étranges structures de roche qu'on rencontre sur les plages du parc.

**PARC NATIONAL DU PUKASKWA**

# L'incessant ressac des vagues sur les plus vieux rochers du monde

## Rive est du lac Supérieur

Entre Sault-Sainte-Marie et Wawa, la Transcanadienne atteint le milieu de son parcours près de Batchawana Bay. Une plaque aux chutes Chippewa indique l'endroit exact. L'autoroute traverse certaines des plus anciennes formations rocheuses de la croûte terrestre. Constituées il y a 1 ou 2 milliards d'années, elles font partie du Bouclier canadien, une région riche en ressources naturelles qui occupe les deux tiers de l'Ontario. Son sous-sol recèle des réserves métallifères énormes,

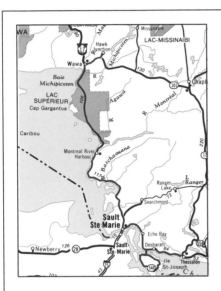

### WAWA
L'or fait partie de l'histoire de Wawa. La route circulaire de Surluga, à l'est de Wawa, serpente pendant 10 km au milieu de pittoresques champs aurifères. La petite route de terre mène à neuf mines abandonnées. De 1897 à 1903, les prospecteurs en tirèrent plusieurs millions de dollars de pépites. De nos jours, le fer et le tourisme ont remplacé l'or dans l'économie de Wawa.
□ À un carrefour, au sud de la ville, se dresse une sculpture d'acier de 9 m qui représente une oie sauvage — *wawa* en ojibway. Au printemps et à l'automne, des milliers d'oies sauvages traversent en formation le ciel de la ville.
□ Au sud de Wawa, à 5 km sur la route 17, une chute de 23 m se déverse dans la rivière Magpie.

### PARC PROVINCIAL DU LAC-SUPÉRIEUR
Ce parc de 1 554 km² renferme des promontoires granitiques qui surplombent le lac Supérieur et d'épaisses forêts d'érables, de bouleaux, de peupliers et d'épinettes. À travers le temps, séismes, éruptions volcaniques et glaciers ont modelé ses collines majestueuses et ses vallées profondes. La roche volcanique du cap Gargantua est une preuve de ces bouleversements anciens.
□ Les endroits les plus panoramiques du parc se situent sur la rive du lac Supérieur, dans la vallée d'Agawa, au bord de la rivière Sand et dans le voisinage du lac Mijinemungshing. On trouve des terrains de camping au sud, au lac Crescent et à la baie Agawa, et au nord, au Rabbit Blanket. Pour explorer le parc, il y a sept voies de canotage et des sentiers de randonnée.
□ Belette, mouffette, martre, vison, rat musqué, castor, loup et ours noir font partie de la faune du parc, tout comme l'orignal qu'on aperçoit parfois sur la route 17. On a recensé plus de 250 espèces d'oiseaux, dont l'outarde et la grue canadienne.
□ Les cours d'eau intérieurs regorgent de truites et d'ombles de fontaine. Le lac Supérieur et les cours d'eau qui s'y jettent recèlent du touladi, du corégone, de la truite arc-en-ciel, de même que du saumon et de la truite brune.

*Rat musqué*

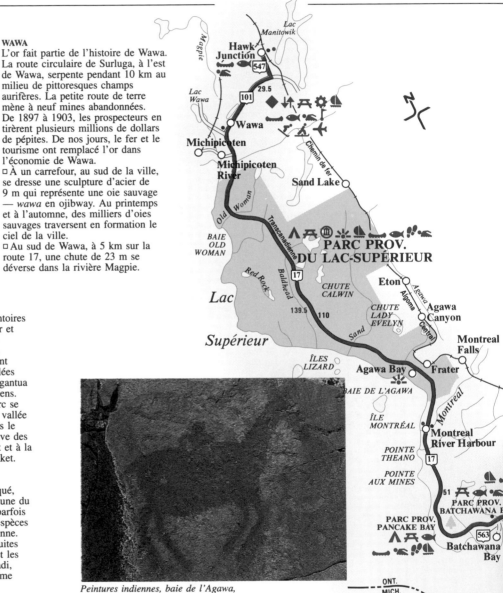

*Peintures indiennes, baie de l'Agawa, parc provincial du Lac-Supérieur*

### PARC PROVINCIAL PANCAKE BAY
Le nom du parc (*pancake* signifie crêpe) rappelle l'époque où les voyageurs venant de Fort William s'y arrêtaient, en route pour Sault-Sainte-Marie. Sachant qu'ils trouveraient le lendemain de quoi renouveler leurs provisions, ils employaient ce qui leur restait de farine pour se faire sauter des crêpes.
□ Dans ce parc provincial de 467 ha se trouve une plage de 3,2 km, la plus longue du lac Supérieur, propice à la baignade et à la détente, où l'on peut également pêcher la truite arc-en-ciel et le touladi qui abondent dans les environs. Il y a plus de 335 emplacements de camping.

0 · 4 · 8 · 12 · 16 · 20 Milles

0 · 8 · 16 · 24 · 32 Kilomètres

tandis que l'exploitation des forêts qui la recouvrent représente une importante activité industrielle.

Avant que la Transcanadienne atteigne Wawa en 1960, les seuls moyens de transport étaient le train, l'hydravion ou le canot. Encore aujourd'hui, d'immenses étendues restent vierges, dans l'état même où les explorateurs les découvrirent il y a plus de 300 ans.

Les montagnes austères, les rivières rugissantes, les baies et les petits lacs jonchés de rochers donnent à la rive est du lac Supérieur un cachet unique. D'énormes vagues viennent battre un rivage qu'adoucissent, çà et là, de belles plages de sable blanc lovées autour de petites criques abritées. À l'automne, la forêt de feuillus qui borde le lac sur près de 145 km au nord et à l'est de Sault-Sainte-Marie chatoie de toutes ses couleurs.

*Le « train des neiges », dans le canyon de l'Agawa*

### BAIE DE L'AGAWA
Il y a plus de deux siècles, un chef ojibway, qui avait traversé le lac Supérieur pour livrer bataille, laissa plusieurs peintures sur une falaise de la baie de l'Agawa, en témoignage de sa victoire. En 1851, Henry Schoolcraft, un agent indien de Sault Ste. Marie, au Michigan, découvrit les peintures et en donna une description précise, mais il oublia d'en indiquer l'emplacement. C'est en 1958 que Selwyn Dewdney, un chercheur canadien, entreprit de les retrouver, ce qui lui demanda 14 mois de recherches. Les peintures constituent aujourd'hui l'attraction majeure du parc provincial du Lac-Supérieur.

### CANYON DE L'AGAWA
Le chemin de fer Algoma Central fait le service entre Sault-Sainte-Marie et ce pittoresque canyon, de juin à la mi-octobre. Les passagers disposent de deux heures pour explorer le canyon, pêcher, pique-niquer, se promener ou faire de l'escalade, ou tout simplement se détendre dans un décor grandiose.
□ Un « train des neiges » fait également le service en fin de semaine entre décembre et avril.

*Le pont International, à Sault-Sainte-Marie*

### SAULT-SAINTE-MARIE
Seul Hamilton produit plus d'acier que cette ville au Canada. Son pendant américain du même nom se situe en face sur la rivière Sainte-Marie qui relie le lac Huron au lac Supérieur. À travers les écluses qui longent la rivière de part et d'autre de la frontière, écluses les plus fréquentées au monde, on voit passer des cargos chargés de grain et de minerai de fer. Les écluses peuvent être visitées.
□ Le musée de Sault-Sainte-Marie raconte l'histoire de l'endroit depuis les temps préhistoriques jusqu'à nos jours. Le *Norgama* (55 m), le dernier bateau construit pour le transport de passagers sur les Grands Lacs, est devenu un musée de la marine.
□ La Maison Ermatinger, bâtisse de pierre de style georgien, fut construite en 1814 par Charles Ermatinger, commerçant de fourrures, pour son épouse, une princesse ojibway. Monument historique national, elle abrite aujourd'hui un musée.
□ Le Centre forestier des Grands Lacs, le plus important institut de recherche en foresterie au Canada, offre des tours guidés.
□ Le pont International, long de 3 km, relie la ville à sa jumelle américaine, au Michigan.

*Maison Ermatinger, à Sault-Sainte-Marie*

### THESSALON
Au nord de cette ville forestière s'étend une vaste région touristique. Les visiteurs ont accès à un quai public et à une marina.

### ÎLE SAINT-JOSEPH
L'île Saint-Joseph, longue de 30 km et large de 24, se trouve au milieu du chenal qui relie les lacs Huron et Supérieur. Ses terres agricoles, ses épaisses forêts et ses criques abritées lui donnent un cachet particulier. Les Ojibways l'appelaient *Anipich*, « l'endroit des grands arbres ». On peut aller s'y détendre et y pratiquer la pêche.
□ Le parc historique national du Fort-Saint-Joseph renferme les ruines d'un poste militaire construit en 1796. Le centre d'interprétation relate l'histoire du fort qui fut un centre important d'échanges commerciaux et une base militaire britannique pendant la guerre de 1812.
□ Au musée de l'Île-Saint-Joseph, on peut voir des objets de l'époque des pionniers dans une église, une grange, une école et une cabane de rondins restaurées.

Mekatina

Mashkode

Harmony
Chippewa

Wabos

17

116.5  51.5
Goulais  Northland
aralash  552  River
Corners

556

Heyden

25  Garden River  Lac Rock

Plummer  Rydal Bank  129

14  638

Echo Bay  Portlock  561  Thessalon  19

SAULT-
STE-MARIE

550  ÎLE  Lac  Bar River  20.5  17  Thessalon

SUGAR  George  20

Desbarats  Bruce Mines

565  Sault-  Lac
Ste-Marie  Richards  Huron
Landing  84.5

ONT.  548  POINTE
MICH.  BIG  ONT.
MICH.

ÎLE  548  ÎLE
NEEBISH  Kentvale  81.5

ST-JOSEPH
PARC HIST. NAT.
DU FORT-ST-JOSEPH

# Le domaine de Gitchi-Manitou, le bon esprit des Indiens

## Île Manitoulin

L'île Manitoulin, la plus grande île du monde en eau douce, s'étend sur quelque 2 700 km². Elle offre 1 600 km environ de rives pittoresques, dont une grande partie fait face au lac Huron et à la baie Georgienne, le reste baignant dans le chenal du Nord qui mène à la rivière Sainte-Marie et à Sault-Sainte-Marie.

Un réseau de ponts et de digues relie l'île Manitoulin à la terre ferme, du côté du chenal du Nord. Au sud, un traversier assure le service entre South Baymouth

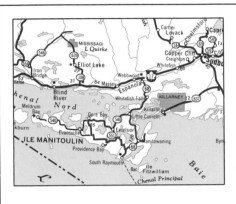

*Musée historique de Gore Bay*

### BIRCH ISLAND

Dans la Petite Ile Cloche, le rocher Dreamer offre une belle vue sur le chenal du Nord, la baie aux Iles et les monts La Cloche. Les adolescents indiens venaient jeûner ici pendant quelques jours avant de passer à l'âge adulte. Un « esprit gardien » qui les guiderait toute leur vie leur apparaissait en rêve.
□ Un monument de pierre rappelle la visite que le président Franklin D. Roosevelt effectua ici en 1943.

### KAGAWONG

Presque au centre de l'île Manitoulin, le lac Kagawong se déverse dans le lac Huron par la rivière Kagawong que vient couper la chute Bridal Veil. Des installations de pique-nique, des sentiers d'exploration de la nature et un belvédère sont aménagés à cet endroit.
□ L'église anglicane St. John, un petit bâtiment de bardeaux, est ornée d'une chaire façonnée dans l'étrave d'un vieux bateau. Les bancs y sont décorés de flotteurs provenant de filets de pêche.

### GORE BAY

Ce joli village est le centre administratif de l'île Manitoulin.
□ Le Musée historique de Gore Bay est aménagé dans un ancien palais de justice qui servait aussi de prison. On peut encore y voir, exposés dans les cellules, des vestiges d'un ancien village indien, Sheguiandah, des objets fabriqués par des pionniers et une collection de pièces qui proviennent sans doute du *Griffon* de La Salle. (Le bateau aurait sombré lors d'une tempête dans les eaux du détroit de Mississagi, à l'extrémité ouest de l'île Manitoulin, en 1679.)
□ Le belvédère East Bluff permet de découvrir les collines environnantes et les eaux limpides de la baie de Gore et le chenal du Nord.

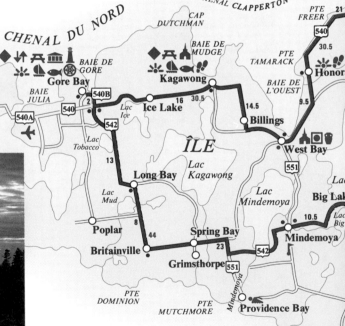

*Le phare de South Baymouth*

### SOUTH BAYMOUTH

Entre le début d'avril et la fin d'octobre, deux traversiers pour automobiles et passagers, le *Chi-Cheenan* (grand canot) et le *Nindawayma*, font chacun deux fois par jour la navette entre ce minuscule village et Tobermory, sur la péninsule de Bruce. La traversée dure 1 h 45.
□ Face au débarcadère, on a restauré une école, Little Red Schoolhouse, qui date du XIXᵉ siècle. Non loin, un musée expose des objets d'artisanat et des souvenirs des pionniers.

et Tobermory, à la pointe de la péninsule de Bruce.

Quelque 800 km de routes épousent les rivages de l'île, serpentent entre des lacs aux eaux limpides et longent des ruisseaux cristallins coupés de gracieuses chutes. On pêche l'achigan à petite bouche, le grand brochet, le maskinongé, le doré et l'omble de fontaine dans plusieurs des 108 lacs qui comptent de nombreuses plages de sable fin. Little Current est un centre touristique bien connu des plaisanciers et des plongeurs qui viennent ici explorer les nombreuses épaves englouties sous les eaux du lac Huron et du chenal du Nord.

L'influence des Indiens Outaouais et Ojibways est toujours vivace dans l'île Manitoulin qui était pour eux le sanctuaire à la fois de Gitchi-Manitou, l'esprit bienveillant, et de son ennemi Matchi-Manitou. À Sheguiandah et ailleurs, les archéologues ont découvert des vestiges qui attestent de la présence indienne depuis plusieurs milliers d'années. Des objets sont exposés dans divers musées, dont celui de Gore Bay. Six réserves indiennes sont établies dans l'île.

Bon nombre de cérémonies locales, comme le pow-wow annuel de Wikwemikong, perpétuent les coutumes et les traditions artistiques indiennes.

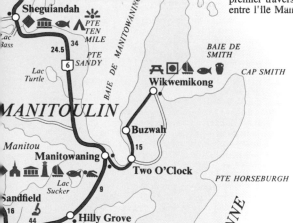

### ESPANOLA
C'est la plus importante communauté de l'île. Devenue une ville fantôme pendant la grande dépression, Espanola a connu un regain d'activité depuis l'installation d'une papeterie en 1945. Maintenant axée vers le tourisme, elle offre diverses activités de loisirs dont un terrain de golf et une piscine olympique.

### MANITOWANING
Les Indiens croyaient que cette région était le domaine du Grand Esprit, Gitchi-Manitou. Manitowaning signifie, en effet, « le repaire du Grand Esprit ».
□ L'église anglicane St. Paul, construite par les Indiens en 1849, est la plus ancienne de l'île.
□ Le musée Assiginack comprend une prison du siècle dernier, une étable, une forge et une petite école. On peut y voir notamment une ceinture wampum que portait le chef Assiginack, un Outaouais qui se rangea au côté des Britanniques pendant la guerre de 1812.
□ Un terrain de jeu et une plage se trouvent près du quai de la bourgade où est mouillé le *Norisle*, premier traversier à transborder des automobiles entre l'île Manitoulin et Tobermory.

### LITTLE CURRENT
Le musée Howland Centennial de Little Current, à 10 km au sud de Sheguiandah, comprend trois maisons de rondins, une grange à deux étages et une forge. On peut y voir des objets indiens et des instruments de l'époque des pionniers. Le parc qui entoure le musée est pourvu d'aires de pique-nique.
□ Des concours hippiques, des expositions d'artisanat, des danses et une foire sont les principales attractions du festival Haweater de Little Current qui a lieu au début d'août. En septembre se déroule une vente de bétail aux enchères, l'une des plus importantes en Amérique du Nord.
□ Sur la Maison R.H. Ripley, une plaque rappelle que la Compagnie de la Baie d'Hudson tenta de fonder ici un poste en 1856. Il fallut l'abandonner à cause de l'hostilité des Indiens et des missionnaires. La Maison Ripley a été construite sur les fondations mêmes du poste.
□ Près de Little Current, on peut voir les vestiges d'une mission jésuite (1648-1650) dirigée par le père Joseph Poncet, probablement le premier habitant européen de l'île.

Oiseau-tonnerre, *peinture de Francis Kagige*

Bécasse

### WIKWEMIKONG
Cette petite ville, tout comme plusieurs bourgades environnantes, fait partie de la réserve indienne de l'Île Manitoulin. On peut s'y procurer des objets d'artisanat.
□ Au printemps et en été, elle est l'hôte d'un pow wow, cérémonie traditionnelle de chants et de danses qui attire des participants de toute l'Amérique du Nord.
□ Une trentaine de tableaux de l'artiste indien Francis Kagige ornent les murs d'une école primaire de Wikwemikong. L'école est ouverte au public en été.

# Une intense activité minière dans la quiétude de la forêt

Rive nord-est de la baie Georgienne

Le « Big Nickel », à Sudbury

Locomotive à vapeur, à Capreol

**CAPREOL**
En visitant cette ville du bassin de Sudbury, on peut voir les ordinateurs du réseau de marchandises du CN en pleine activité.
□ Un fourgon de queue, une draisine et une locomotive à vapeur sont exposés dans le parc Prescott, de même qu'un fragment de 12 t d'une énorme météorite qui s'écrasa près d'ici en 1911 ou 1912.
□ On pêche le doré et le grand brochet dans les lacs Burwash, Ferris et Takko, ainsi que dans les rivières Groundhog et Vermilion.

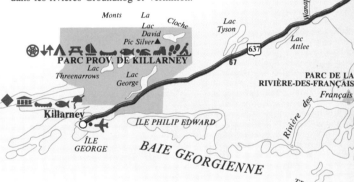

**PARC PROVINCIAL DE KILLARNEY**
Ce parc sauvage, surnommé le « joyau » des parcs de l'Ontario, occupe 345 km² sur la rive nord de la baie Georgienne. Situé dans la partie méridionale du bouclier Précambrien, on y trouve des formations rocheuses qui datent de plus de 2 milliards d'années ainsi que quelques-uns des rares érables et merisiers qui poussent encore en Ontario. La beauté sauvage des lieux a été immortalisée entre autres par quatre peintres du Groupe des Sept : Frank Carmichael, Arthur Lismer, A. J. Casson et A. Y. Jackson. C'est grâce aux démarches de ce dernier que l'on en a fait un parc national.
□ On trouve, au parc, un service d'accueil et des activités organisées, ainsi qu'un terrain de camping pour tentes et roulottes au lac George. C'est un excellent endroit pour faire du canot et des excursions. Un sentier de 32 km à travers les monts La Cloche mène au sommet de Silver Peak. D'autres sentiers conduisent à Cranberry Bog et à Baie Fine.

Parc provincial de Killarney

**RIVIÈRE DES FRANÇAIS**
La rivière des Français n'a pas creusé son lit par érosion. Elle suit un réseau de fissures et de failles naturelles sur les 120 km de son cours entre le lac Nipissing et la baie Georgienne. La rivière se divise en de multiples bras qui forment tantôt des anses paisibles, tantôt des rapides et des chutes qui faisaient autrefois la terreur des voyageurs. Aujourd'hui encore, elle offre un défi de taille aux canoéistes. Des peintures indiennes ornent des affleurements de granite près de la pointe Keso. La pêche au doré, au maskinongé, au bar-perche et au grand brochet est excellente dans cette rivière.

**POINTE AU BARIL**
À la fin du siècle dernier, une lanterne fichée sur un tonneau guidait les bateaux de pêche vers ce port abrité, d'où son nom de Pointe au Baril. Un phare de bois, toujours en service, a remplacé la vieille balise en 1889.
□ Le parc provincial Sturgeon Bay, à 5 km au nord, renferme une plage de sable, ce qui est rare dans la région, et 82 emplacements de camping pour tentes et roulottes. La baie bien abritée est idéale pour la voile et la navigation de plaisance.

**PARC PROVINCIAL KILLBEAR**
Ce parc de 12 km² possède 4 km de plage et 6,5 km de sentiers de randonnée. Trois promontoires rocheux offrent une vue saisissante d'une partie de l'archipel des Trente-Mille-Îles. Certaines îles ne sont que des amas de cailloux, sans aucune végétation ; d'autres sont couvertes de bois et atteignent jusqu'à 8 km de long.

0   2   4   6   8   10 Milles

0   4   8   12   16 Kilomètres

Ce circuit offre quatre centres d'intérêt remarquables : la ville industrielle de Sudbury, les bois sauvages du parc provincial de Killarney, les eaux tumultueuses de la rivière des Français et la paisible beauté des Trente Mille Îles.

La ville de Sudbury est située dans un vaste bassin géologique (vraisemblablement créé par une météorite ou par une éruption volcanique) qui regorge de minéraux : or, argent, cobalt, platine et le plus grand gisement au monde de nickel. Mal-gré son intense activité minière, Sudbury bénéficie d'un décor de parcs, de lacs et de forêts, et d'une vie culturelle active.

Au sud-ouest de Sudbury, le paysage rugueux du parc provincial de Killarney a été la source d'inspiration du peintre A. Y. Jackson et d'autres membres du Groupe des Sept dans les années 20 et, plus récemment, de l'artiste Robert Bateman. Les monts La Cloche, avec leurs coteaux et arêtes de quartzite blanc, sont l'une des merveilles qu'il recèle.

Les eaux vives de la rivière des Français, bien connue des pêcheurs au doré et au grand brochet, faisaient partie de la route de la traite des fourrures qui reliait autrefois Montréal au lac Supérieur. En été, des centaines de canoéistes n'hésitent pas à affronter les eaux turbulentes de la rivière.

Les Trente Mille Îles jalonnent la côte est de la baie Georgienne. On peut explorer par bateau, à partir de Parry Sound, ce paradis de vacanciers.

*Coulées de laitier, à Sudbury*

### SUDBURY

L'importance de ce centre minier s'impose par la présence de deux repères de taille : la cheminée géante de l'Inco, à Copper Cliff, la plus haute du monde (380 m) ; et le « Big Nickel », une pièce commémorative de cinq cents, haute de 9 m, qui date de 1951.
□ Quand la mine fonctionne, on peut voir de la route 144, à l'ouest de Sudbury, les traînées incandescentes des coulées de laitier qui descendent les flancs d'énormes crassiers.
□ Dans la région avoisinante, une trentaine de lacs et quelque 2 500 ha de forêt permettent de se baigner et de faire du bateau en été, du ski en hiver. Le parc Bell, aménagé au bord du lac Ramsey, dispose d'un amphithéâtre en plein air où se donnent des concerts et des pièces de théâtre.
□ Parmi les galeries et musées, on note la Galerie du Nouvel-Ontario, consacrée à l'art franco-ontarien, le musée du Moulin à fleur, le musée Copper Cliff et l'extraordinaire Science Nord. L'université Laurentienne, établissement bilingue, renferme aussi un centre d'art et un musée.

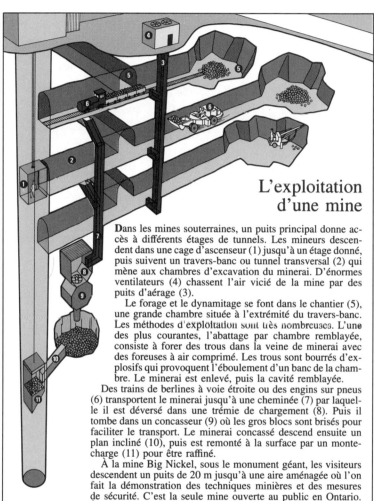

## L'exploitation d'une mine

**D**ans les mines souterraines, un puits principal donne accès à différents étages de tunnels. Les mineurs descendent dans une cage d'ascenseur (1) jusqu'à un étage donné, puis suivent un travers-banc ou tunnel transversal (2) qui mène aux chambres d'excavation du minerai. D'énormes ventilateurs (4) chassent l'air vicié de la mine par des puits d'aérage (3).

Le forage et le dynamitage se font dans le chantier (5), une grande chambre située à l'extrémité du travers-banc. Les méthodes d'exploitation sont très nombreuses. L'une des plus courantes, l'abattage par chambre remblayée, consiste à forer des trous dans la veine de minerai avec des foreuses à air comprimé. Les trous sont bourrés d'explosifs qui provoquent l'éboulement d'un banc de la chambre. Le minerai est enlevé, puis la cavité remblayée.

Des trains de berlines à voie étroite ou des engins sur pneus (6) transportent le minerai jusqu'à une cheminée (7) par laquelle il est déversé dans une trémie de chargement (8). Puis il tombe dans un concasseur (9) où les gros blocs sont brisés pour faciliter le transport. Le minerai concassé descend ensuite un plan incliné (10), puis est remonté à la surface par un monte-charge (11) pour être raffiné.

À la mine Big Nickel, sous le monument géant, les visiteurs descendent un puits de 20 m jusqu'à une aire aménagée où l'on fait la démonstration des techniques minières et des mesures de sécurité. C'est la seule mine ouverte au public en Ontario. À partir de la mine, on peut également faire une excursion de 2 h 30 en autocar à travers le bassin de Sudbury.

*Paruline triste*

*Calopogon gracieux*

### PARRY SOUND

Ce village sur la baie Georgienne porte le nom de Sir William Parry, qui explora l'Arctique au XIXe siècle. Parry Sound est un lieu de villégiature très fréquenté par les plaisanciers. La plongée sous-marine à la recherche d'épaves est un attrait du lieu. On pêche la truite arc-en-ciel, l'omble de fontaine, le moulac, le bar-perche et le doré dans les eaux de la région.
□ L'*Island Queen*, une vedette de croisière, fait un tour des Trente Mille Îles en 3 heures.
□ On peut escalader, aux abords de la ville, une tour de 24 m, perchée sur une colline. Du sommet, on découvre une splendide vue de la baie, de la forêt et des innombrables lacs de la région. Elle fut bâtie en 1920 pour surveiller les feux de forêt.
□ Le musée West Parry Sound District relate l'histoire de la coupe du bois, du transport en bateau et des autres activités régionales.

# Les anciennes places fortes des rives de la baie Georgienne

## Rive sud-est de la baie Georgienne

Semée de charmantes stations balnéaires, de coquets ports de plaisance et de stations de ski, la rive sud-est de la baie Georgienne est également riche en souvenirs du passé. Deux sites historiques — Sainte-Marie au pays des Hurons et les établissements de Penetanguishene — nous ramènent aux débuts de l'histoire du Canada.

Sainte-Marie au pays des Hurons, la première colonie française en Ontario, a été reconstruite à côté de la rivière Wye,

**MEAFORD**
Cette station balnéaire est située au cœur d'une riche région de vergers. On y trouve une marina, des plages et des stations de ski. Le musée local relate l'histoire de la ville depuis sa fondation vers 1840 par des pionniers anglais.
□ Beautiful Joe, le chien du roman de Margaret Marshall Saunders, qui porte ce titre, est enterré dans un parc au bord de la Big Head. Paru en 1894, ce roman devint la première œuvre canadienne à être publiée à plus d'un million d'exemplaires et valut à son auteur de recevoir le titre de commander de l'Empire britannique.

**THORNBURY**
La charmante vallée de la Beaver abrite des stations de ski et des vergers au bord de ses rivières poissonneuses. Au sud de la ville, la chute Eugenia dévale d'une hauteur de 24 m l'escarpement du Niagara. Ainsi nommée par un ex-officier français en l'honneur de l'impératrice Eugénie, elle fut le théâtre d'une véritable ruée vers l'or en 1853. On n'y trouva que des pyrites sans valeur, mais la méprise fut à l'origine du développement de la région.

*Truite arc-en-ciel*

**PARC PROVINCIAL DE CRAIGLEITH**
Des fossiles laissés par une mer qui couvrait la région il y a 375 millions d'années sont incrustés dans les terrasses de calcaire du parc. Le centre d'interprétation, qui domine la baie de la Nottawasaga, raconte comment ces invertébrés se transformèrent en pierre.

**OWEN SOUND**
Les Indiens appelaient l'endroit *Wad-i-need-i-ton*, « la belle vallée », bien avant que le capitaine William Owen y accoste et le baptise de son nom. Des objets de l'époque des pionniers et le modèle réduit d'un campement ojibway sont exposés au musée du comté.
□ La galerie Tom Thomson du musée des Beaux-Arts honore la mémoire de ce fameux paysagiste qui vécut son enfance à Leith, aux environs.

**RÉSERVE D'INGLIS FALLS**
La Sydenham se précipite du haut des 30 m de l'escarpement du Niagara dans une gorge pittoresque, où de nombreuses activités sont offertes aux visiteurs — pique-nique, natation, pêche, canotage, randonnée, raquette et ski de fond.

*Adiante pédalé*

**GROTTES DES BLUE MOUNTAINS**
Situées près de Collingwood, ces belles grottes datent de l'époque où une mer chaude et peu profonde recouvrait l'Ontario. Certaines ont plus de 25 m de profondeur, mais des rampes permettent d'y accéder sans danger. Une échelle mène à une grotte si profonde que la glace y est éternelle. Une entrée particulièrement étroite a été baptisée « le martyre de l'obèse » (Fat Man's Misery). Dans la « Caverne aux fougères » (Fern Cavern) poussent la fougère ambulante et l'adiante pédalé. Le piton Ekarenniondi, « là où se dresse le rocher », servait de repère aux Pétuns de la nation huronne.

*La chute Inglis, près d'Owen Sound*

*Ekarenniondi, grottes des Blue Mountains*

0  1  2  3  4  5 Milles
0  2  4  6  8 Kilomètres

à l'est de Midland. C'est de ce poste fortifié, où vécurent saint Jean de Brébeuf et cinq autres saints martyrs, que les jésuites français tentèrent d'évangéliser la Huronie de 1639 à 1649.

Les guerres indiennes mirent un terme aux efforts des jésuites. Sainte-Marie ne fut jamais attaquée, mais elle devint isolée au milieu des villages hurons désertés et d'une population iroquoise toujours plus hostile. Craignant un affrontement, les jésuites abandonnèrent finalement leur mission et rentrèrent à Québec. Pendant 300 ans, Sainte-Marie au pays des Hurons, première percée audacieuse à l'intérieur du Canada, ne fut qu'un souvenir. Sa reconstitution rend hommage à la foi et à l'héroïsme de ses fondateurs.

À Penetanguishene, à 5 km au nord de Midland, se trouve une ancienne base, mi-chantier naval, mi-garnison, construite par les Anglais après la guerre de 1812. Tout autour, Penetanguishene devint un village animé de trafiquants de fourrures anglais et français. On a restauré la base pour témoigner de l'époque où l'Angleterre régnait en maître sur les Grands Lacs.

## Un avant-poste isolé et les cabanes des Hurons

Sainte-Marie au pays des Hurons a été méticuleusement reconstituée dans les années 60. À l'entrée, les fresques de C. W. Jefferys relatent l'histoire de la Huronie tandis qu'un film montre la vie en Nouvelle-France au XVIIᵉ siècle. À l'intérieur de la palissade se dressent des maisons d'habitation, un hôpital, une forge, une cuisine, des écuries et une chapelle qui abrite la tombe de saint Jean de Brébeuf ainsi que l'église Saint-Joseph, la plus vieille du Canada. Le sanctuaire des Martyrs, édifié en souvenir des jésuites, domine le site historique.

Dans le parc Little Lake, on a reconstitué un village huron. Des racines, du blé d'Inde et des herbes sèchent aux murs des cabanes dont l'intérieur est bordé de couchettes. Dehors on peut voir les caveaux à légumes et les bains.

*Sainte-Marie au pays des Hurons, avec le sanctuaire des Martyrs à l'arrière-plan*

*Cabane huronne, à Midland*

### PENETANGUISHENE
Les quartiers historiques de la Marine et de l'Armée, vestiges de l'unique base au Canada qui ait réuni les deux forces (1817-1856), renferment 15 bâtiments, casernes et quartiers d'officiers. La goélette *Bee*, qui date du XIXᵉ siècle, est amarrée au quai. Des guides costumés accueillent les visiteurs.
□ Dans l'église de garnison St. James-on-the-Lines, les bancs portent des inscriptions jadis gravées par les militaires et sa large nef centrale permet à quatre hommes d'y défiler de front.

*Poterie des Blue Mountains, à Collingwood*

### COLLINGWOOD
Jadis l'un des grands centres de la navigation sur les Grands Lacs, Collingwood est aujourd'hui une ville touristique prospère. On y fabrique depuis 1940 une poterie faite d'argile rouge des ruisseaux. Les ateliers sont ouverts au public.

### MIDLAND
Trois sites à Midland évoquent le patrimoine historique, religieux et naturel de la région. Ce sont respectivement Sainte-Marie au pays des Hurons, le sanctuaire des Martyrs et la réserve de la faune Wye Marsh.
□ On a reconstitué un village huron du XVIᵉ siècle à côté du musée de la Huronie dans le parc Little Lake de Midland. Le musée renferme des objets indiens et des maquettes des navires qui sillonnaient les Grands Lacs.
□ À partir de Midland et de Penetanguishene, on a accès, par bateau, au parc national des Îles de la Baie-Georgienne, réparti sur 59 îles.

### PARC PROVINCIAL DE WASAGA BEACH
Wasaga Beach, 14 km de sable tassé au bord de la baie Georgienne, serait la plage d'eau douce la plus longue et la plus sûre du monde.
□ Les dunes du parc, face à la rivière Nottawasaga, sont un endroit idéal pour la pêche, la randonnée et le canotage.
□ Le site historique de l'Île-Nancy occupe une île formée par du limon et du sable amassés autour de la coque du *Nancy*, une goélette qui coula en 1814. Un musée renseigne sur le rôle du *Nancy* dans la guerre de 1812 et un spectacle de son et lumière se donne dans le théâtre attenant.

*Figure de proue, musée Upper Lakes, à Wasaga Beach*

Cawaja Beach
Perkinsfield
Balm Beach
Ossossane Beach
Wymbolwood Beach
Wendake Beach
Bluewater Beach
Deanlea Beach
Woodland Beach
Allenwood Beach
Allenwood
New Wasaga Beach
Wasaga Beach
Oakview Beach
Springhurst Beach
Brocks Beach
Batteaux
Collingwood
Mair Mills
Baie East Black Bass
POINTE PIGEON
PARC PROV. DE WASAGA BEACH
Penetanguishene
Midland
Lac Midland Park
Lac Wye
RÉS. DE LA FAUNE WYE MARSH
Penetang Harbour

# Sous un vent incessant,
# les eaux claires d'une côte escarpée

Péninsule de Bruce

Pittoresque et sauvage, la péninsule de Bruce, qui s'avance dans le lac Huron, appartient à l'escarpement du Niagara, une arête rocheuse qui s'incurve vers le nord-ouest depuis la rive sud du lac Ontario jusqu'à l'île Manitoulin.

Sa rive orientale, du côté de la baie Georgienne, est une longue suite de falaises modelées par les glaciers et rongées par le vent et l'eau. Des grottes, des hauts-fonds et des formations rocheuses tourmentées ponctuent le rivage.

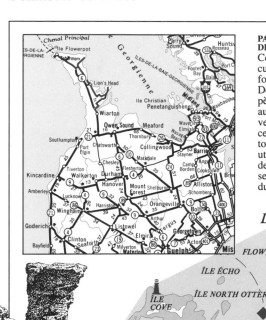

### PARC NATIONAL DE LA PÉNINSULE DE BRUCE
Ce parc de 270 km² est rempli de curiosités géologiques : fossiles, étranges formations rocheuses, plages en terrasse. Des urubus à tête rouge et des faucons pèlerins survolent le parc que fréquente aussi le massasauga de l'Est, seul serpent venimeux de l'est du Canada. L'été, le centre de Cyprus Lake est ouvert aux touristes qui peuvent utiliser les terrains de camping et les sentiers de randonnée du parc.

*Massasauga de l'Est*

### CAP CABOT
Un phare garde l'entrée du bassin Wingfield, dans le cap Cabot, une falaise qui domine la baie Georgienne à l'extrémité nord-est de la péninsule de Bruce. Comme le reste de la péninsule, le cap Cabot recule lentement vers l'ouest, sous l'action de l'érosion.
□ Les Indiens surnommaient « lac des fantômes » le lac Gillies qui baigne dans un lit de marbre. Selon la légende, tous les habitants d'un village indien s'y noyèrent un jour qu'ils pêchaient sous la glace.

*Pilier rocheux de l'île Flowerpot*

### ÎLE FLOWERPOT
À 6 km environ au large de Tobermory, l'île, ainsi nommée pour ses deux rochers en forme de pot de fleur, fait partie du parc sous-marin national Fathom Five. Des fleurs et des buissons poussent sur les piliers de calcaire que protègent maintenant de l'érosion des structures en béton. Les visiteurs peuvent se rendre à pied jusqu'à un phare qui fonctionne depuis 1873 et explorer un grand nombre des grottes de l'île. Tout l'été, des bateaux font la navette entre l'île et Tobermory.

### PARC SOUS-MARIN NATIONAL FATHOM FIVE
Des centaines de plongeurs se retrouvent chaque été dans le premier parc sous-marin du Canada (130 km²) pour admirer les 19 épaves de bateaux qu'on y a identifiées. Les cartes du centre d'interprétation permettent de localiser les épaves et certaines sont parfois même visibles de la surface.
□ On peut visiter les îles dans des bateaux à fond transparent qui permettent de voir les épaves ou louer de l'équipement de plongée et des barques à Tobermory.

*Calypso bulbeux*

### BAIE DE DORCAS
Dans les tourbières de la côte ouest de la péninsule de Bruce poussent 42 des 58 espèces d'orchidées sauvages de l'Ontario, dont le sabot de la Vierge, le rare calypso bulbeux, la spiranthe découpée, le cypripède acaule et la pogonie langue-de-serpent. Ces fleurs délicates ne se développent que dans des conditions bien particulières de sol, d'humidité, de température et d'ensoleillement. Certaines prennent jusqu'à 16 ans avant de fleurir.

## Un cimetière sous les eaux de la baie

Des dizaines de bateaux, victimes des vents et des hauts-fonds, gisent dans les eaux transparentes de la baie Georgienne. Plus de 70 épaves de goélettes à coques de bois, de remorqueurs et de vapeurs ont été dénombrées près de la péninsule de Bruce.

Le *Sweepstakes*, une goélette qui fit naufrage en 1896, et le *City of Grand Rapids*, qui coula après un incendie en 1907, sont faciles à localiser. Ils reposent, par 3 à 9 m de fond, dans le port de Tobermory.

La coque du *China*, une goélette qui se fracassa en 1883 sur les écueils de ce que l'on appelle aujourd'hui le China Reef, est visible de la surface. En 1900, le *Marion L. Breck* fit naufrage au sud-ouest de Bears Rump, mais le gardien du phare de l'île Flowerpot secourut son équipage. Le capitaine John O'Grady, de la goélette *Philo Scoville,* eut moins de chance. Il fut écrasé entre son vaisseau et les rochers au cours d'une tempête, durant l'hiver de 1889.

En 1901, le vapeur *Wetmore* et les goélettes *King* et *Brunette* qu'il remorquait sombrèrent. On peut encore voir la chaudière du *Wetmore* affleurer à la surface lorsque les eaux sont basses.

0  1  2  3  4  5 Milles
0    2    4    6    8 Kilomètres

Du haut des falaises, adossées à un arrière-pays de petits lacs et de bois épais, surtout au nord, on découvre une splendide vue sur les îles de la baie et les villages qui se blottissent au fond de criques abritées.

La côte occidentale, qui s'ouvre sur le lac Huron, se caractérise par une série de marécages peuplés de cèdres et coupés de canaux peu profonds, tandis que des dunes et des crêtes rabotées par les glaciers s'étendent parallèlement à la rive.

La péninsule, émaillée de fleurs sauvages rares, de fougères et d'orchidées, constitue une sorte de rocaille géante, unique en Amérique du Nord. L'ours, le cerf, la gélinotte et le coyote fréquentent les boisés au-dessus desquels planent parfois des aigles. Des sentiers de randonnée, dont un tronçon de 145 km du fameux sentier de Bruce, mènent au cœur d'une nature triomphante qui offre aux visiteurs des forêts, des ravins, des grottes et de petites baies bordées de plages vierges.

Les eaux cristallines qui baignent la péninsule cachent de dangereux récifs que viennent battre de furieuses tempêtes ; des dizaines d'épaves de bateaux gisent d'ailleurs au fond de la baie Georgienne et dans la partie est du lac Huron.

Un traversier relie Tobermory, à l'extrémité nord de la péninsule, à South Baymouth, dans l'île Manitoulin. D'autres bateaux, dont le port d'attache est aussi Tobermory, conduisent les touristes au parc sous-marin national Fathom Five.

# Un sentier de randonnée qui mène jusqu'aux nuages

Long de 720 km, le sentier de Bruce suit l'escarpement du Niagara entre Queenston, dans le sud de l'Ontario, et Tobermory, à l'extrémité de la péninsule de Bruce. Il serpente au milieu des épais bois de cèdres et de bouleaux de la péninsule, passe à côté de grottes et de falaises abruptes avant de plonger en direction des pittoresques villages de la côte. Les nuages enveloppent souvent les excursionnistes au cap Cabot, l'une des régions les plus élevées de l'Ontario.

Sur la péninsule de Bruce, les points d'accès au sentier sont Tobermory, Dyer Bay, le cap Cabot, Hope Bay, Lion's Head, Cape Croker et Wiarton. Près de la pointe Halfway Rock, un tronçon de 2 km constitue un agréable but de promenade.

Une magnifique mais difficile excursion consiste à parcourir en trois jours les 50 km qui séparent la baie de Dunk du cap Cabot. Munissez-vous de gourdes car l'eau claire de la baie, visible tout le temps, est souvent hors d'atteinte.

**CAP CROKER**
Les Ojibways ont fait un parc de leur magnifique réserve du cap. Les visiteurs campent sur des falaises boisées qui dominent la baie de Sydney ou au bord de l'eau. Des sentiers d'exploration de la nature et un tronçon de 24 km du sentier de Bruce sillonnent le parc qui compte plusieurs grottes, une plage de sable, un terrain de jeu, des tables à pique-nique et des installations pour faire du bateau et de la pêche. Près de l'entrée du parc, un magasin offre aux visiteurs des objets d'artisanat indien. Certaines parties d'un phare reconstruit en 1905 datent du début du XIXe siècle ; il servait à guider les navires au milieu des récifs.

Falaises de calcaire, péninsule de Bruce

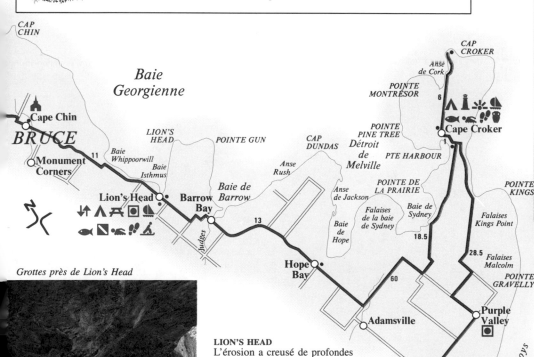

Grottes près de Lion's Head

**LION'S HEAD**
L'érosion a creusé de profondes grottes dans les parois abruptes des falaises et sculpté d'étranges formations rocheuses dont l'une, vue du quai du village, ressemble à une tête de lion. Sur la rive sud de la baie de Colpoys, un étroit sentier jonché de rochers mène à cinq grottes. Les deux ouvertures de la plus grande, la grotte de Bruce, ressemblent à une paire d'yeux fixes.

**WIARTON**
Une alevinière provinciale y élève 3 millions de poissons tous les ans (coho, saumon et truite). Les visiteurs peuvent voir les œufs sur les plateaux d'incubation ainsi que les jeunes alevins. Grâce à l'alevinière, la pêche à la truite arc-en-ciel est excellente dans la baie de Colpoys. Le grand brochet fréquente les lacs Mountain, Miller et Isaac. La truite moulac (une espèce hybride créée par des biologistes canadiens) abonde dans les eaux de Lion's Head. On pêche l'achigan, la perchaude et le brochet dans le lac Huron. L'achigan vit également dans les lacs Chelsey, Gould, Miller, Cyprus, Berford, Cameron et Gillies.

# De riches terres agricoles sur les rives de la « mer douce »

Ouest de l'Ontario

La route traverse de paisibles entreprises agricoles et longe les rives scintillantes du lac Huron. De Milverton à Goderich, elle ondule entre de basses collines au milieu des champs de maïs, de lin, de soja et de tournesol. À Listowel, à Wingham, à Clinton, on prend contact avec l'ambiance champêtre de l'Ontario rural où les heures s'égrènent lentement. À Goderich, l'audacieux plan de rues en « roue de charrette » a été conçu par William Dunlop dit Tiger (1792-1848),

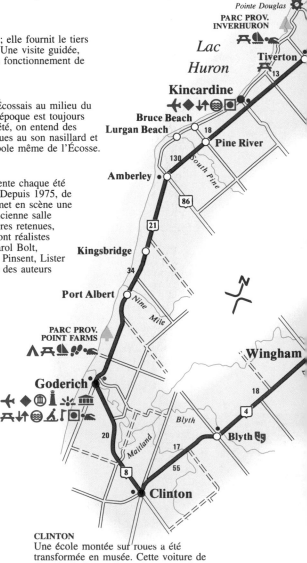

### PARC PROVINCIAL MacGREGOR POINT
Des forêts, des marais, des plages sablonneuses et des rivages battus par les vents composent les 1 204 ha de ce parc. Un renflement du relief signale l'ancienne rive du lac Algonquin qui couvrait cette région il y a 12 000 ans.
□ Un sentier et un trottoir en planches donnent accès à la zone marécageuse du parc où vivent des amphibiens et des reptiles dont une jolie tortue, la clemmyde à gouttelettes. Plus de 200 espèces d'oiseaux fréquentent le parc.

*Clemmyde à gouttelettes*

### CENTRALE NUCLÉAIRE DE BRUCE
C'est l'une des plus grandes du monde ; elle fournit le tiers de l'électricité consommée en Ontario. Une visite guidée, des expositions et un film expliquent le fonctionnement de la centrale.

### KINCARDINE
La ville a été colonisée par des Écossais au milieu du siècle dernier. Une tradition de l'époque est toujours bien vivante : le samedi soir, en été, on entend des fanfares locales défiler dans les rues au son nasillard et entraînant de la cornemuse, symbole même de l'Écosse.

### BLYTH
La petite localité de 900 habitants présente chaque été des pièces de théâtre de grande classe. Depuis 1975, de juin à septembre, le Festival de Blyth met en scène une centaine de représentations dans une ancienne salle communautaire de 490 sièges. Les œuvres retenues, des pièces de dramaturges canadiens, sont réalistes et portent sur la vie à la campagne ; Carol Bolt, Anne Chislett, Colleen Curran, Gordon Pinsent, Lister Sinclair et Michel Tremblay font partie des auteurs dont les pièces ont été jouées.

*Court House Square, à Goderich*

*Hôtel de ville, à Goderich*

### GODERICH
La reine Elisabeth II a dit un jour de Goderich que c'était « la plus jolie ville du Canada ». Nichée sur une falaise qui surplombe le lac Huron, Goderich est le plus grand port dans la zone canadienne du lac et tire un grand revenu de ses mines de sel découvertes en 1866.
□ Parmi les attractions de Goderich, il faut signaler le Court House Square, un parc octogonal situé au cœur même de la ville. Il fut conçu en 1829 par le Dr William Dunlop, chirurgien écossais et cofondateur de la ville avec son partenaire Galt. Huit grandes avenues bordées d'arbres irradient en étoile autour du parc.
□ Le musée des Pionniers du comté de Huron loge dans une école du XIXe siècle à laquelle s'est ajoutée une annexe ; sa collection d'objets est consacrée à l'histoire de la ville. Parmi les autres musées locaux, signalons la prison historique du lac Huron (1839-1842) et le musée de la Marine logé dans la timonerie d'un cargo des Grands Lacs.

### CLINTON
Une école montée sur roues a été transformée en musée. Cette voiture de chemin de fer est l'une des sept qui faisaient circuler l'instruction entre 1926 et 1970 dans les colonies du nord de l'Ontario desservies par le chemin de fer.

l'un des cofondateurs de la ville. Entre 1820 et 1840, Dunlop et son partenaire John Galt (1779-1839) ouvrirent la région à la colonisation. À partir de Goderich, la route 21 longe le lac Huron dont on aperçoit fréquemment les eaux bleues.

Avec ses 37 000 km², dont 22 000 sont en terre canadienne, le lac Huron se classe deuxième parmi les Grands Lacs. Les explorateurs français du XVIIᵉ siècle le surnommèrent « la mer douce ». Les premiers vacanciers en explorèrent les charmes vers la fin du XIXᵉ siècle. Il y eut un grand hôtel dans ce qui est aujourd'hui le parc provincial Point Farms, où séjournait une certaine élite américaine et torontoise.

Aujourd'hui, Kincardine, Port Elgin et Southampton sont des centres de villégiature où l'on vient de partout faire de la natation, de la pêche et du véliplanchisme.

À Southampton, la route décrit un angle droit pour entrer dans la partie agricole de la région. Ici, Hanover et Durham restent fidèles à leur ancienne tradition d'excellence en ébénisterie ; Flesherton collectionne les antiquités ; Orangeville conserve avec amour ses bâtiments victoriens. Quand vient l'automne, la vallée de l'Hockley, près d'Orangeville, se pare de magnifiques couleurs.

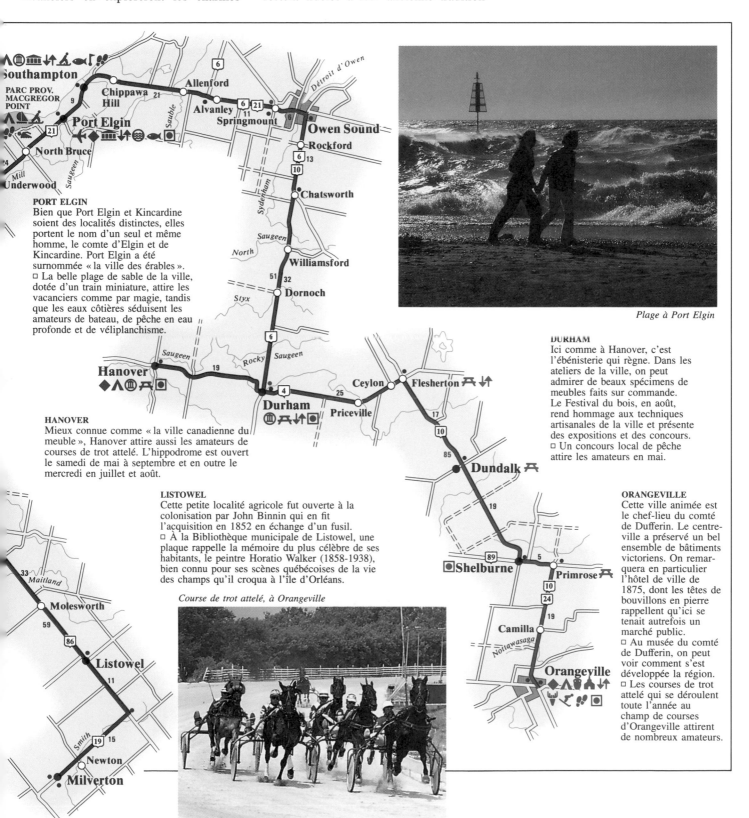

*Plage à Port Elgin*

**PORT ELGIN**
Bien que Port Elgin et Kincardine soient des localités distinctes, elles portent le nom d'un seul et même homme, le comte d'Elgin et de Kincardine. Port Elgin a été surnommée « la ville des érables ».
□ La belle plage de sable de la ville, dotée d'un train miniature, attire les vacanciers comme par magie, tandis que les eaux côtières séduisent les amateurs de bateau, de pêche en eau profonde et de véliplanchisme.

**HANOVER**
Mieux connue comme « la ville canadienne du meuble », Hanover attire aussi les amateurs de courses de trot attelé. L'hippodrome est ouvert le samedi de mai à septembre et en outre le mercredi en juillet et août.

**LISTOWEL**
Cette petite localité agricole fut ouverte à la colonisation par John Binnin qui en fit l'acquisition en 1852 en échange d'un fusil.
□ À la Bibliothèque municipale de Listowel, une plaque rappelle la mémoire du plus célèbre de ses habitants, le peintre Horatio Walker (1858-1938), bien connu pour ses scènes québécoises de la vie des champs qu'il croqua à l'île d'Orléans.

*Course de trot attelé, à Orangeville*

**DURHAM**
Ici comme à Hanover, c'est l'ébénisterie qui règne. Dans les ateliers de la ville, on peut admirer de beaux spécimens de meubles faits sur commande. Le Festival du bois, en août, rend hommage aux techniques artisanales de la ville et présente des expositions et des concours.
□ Un concours local de pêche attire les amateurs en mai.

**ORANGEVILLE**
Cette ville animée est le chef-lieu du comté de Dufferin. Le centre-ville a préservé un bel ensemble de bâtiments victoriens. On remarquera en particulier l'hôtel de ville de 1875, dont les têtes de bouvillons en pierre rappellent qu'ici se tenait autrefois un marché public.
□ Au musée du comté de Dufferin, on peut voir comment s'est développée la région.
□ Les courses de trot attelé qui se déroulent toute l'année au champ de courses d'Orangeville attirent de nombreux amateurs.

# Le pays où d'un coup de talon l'on découvrait l'or et l'argent

## Nord-est de l'Ontario

En 1903, deux bûcherons qui marquaient des arbres dans la forêt voisine de Cobalt, à environ 130 km au sud de Kirkland Lake, découvrirent un gisement de sulfure qui brillait au soleil. L'analyse des échantillons envoyés à Montréal révéla une forte teneur en argent. La nouvelle n'ayant pas tardé à se répandre, des milliers de prospecteurs envahirent cette région encore sauvage et Cobalt se mit à pousser comme un champignon. Quelques prospecteurs chanceux

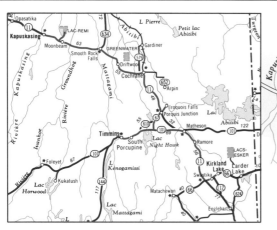

**KAPUSKASING**
Le musée Ron Morel consiste en une locomotive à vapeur attelée à deux wagons. Il est consacré au chemin de fer et à la fondation de Kapuskasing, vers 1910.
□ Un tour de bateau en 4 heures aux fameuses chutes Beaver inclut un arrêt d'une heure et demie pour manger, pêcher ou tout bonnement se détendre.

**PARC PROVINCIAL RENÉ-BRUNELLE**
Ce parc se trouve sur la grande ceinture d'Argile qui s'étend entre Cochrane et Hearst et qui constitue un oasis de fertilité dans l'aridité du Bouclier canadien. À la fin de la dernière époque glaciaire, les eaux de fonte formèrent là un grand lac. Quand les eaux disparurent, elles laissèrent une épaisse couche de limon qui subsiste encore. Ce limon, allié à la fraîcheur du climat, favorise la croissance de l'épinette noire qui donne au parc une ambiance toute particulière.

## L'express de l'Ours polaire

D'une capacité de 600 passagers, le Polar Bear Express, qui assure le service Cochrane-Moosonee, près de la baie de James, permet de découvrir les étendues sauvages du Grand Nord. Achevé en 1932, le chemin de fer suit une ancienne voie de canotage qu'empruntaient les Indiens et traverse plus de 300 km de muskeg et de toundra. En été, l'aller-retour s'effectue dans la journée, avec un arrêt de quelques heures à Moosonee.
Les passagers peuvent franchir en bateau les quelques kilomètres qui les séparent de Moose Factory, le plus ancien poste de traite de l'Ontario, construit dans une île de la rivière Moose, en face de Moosonee. Fondée en 1673 par la Compagnie de la Baie d'Hudson, Moose Factory fut le premier établissement anglais de ce qui est aujourd'hui l'Ontario. Dans l'île où vivent des Indiens Cris se dresse l'église anglicane St. Thomas (1864) où l'on peut voir une nappe d'autel en peau d'orignal et des recueils de cantiques en cri. On visitera aussi la poudrière, le fort de rondins et la forge (1740).

**TIMMINS**
La plus étendue du Canada avec ses 3210 km², cette ville de 46 600 habitants compte des mines importantes et des usines d'exploitation forestière. La mine Kidd Creek est devenue la plus grande productrice mondiale d'argent et de zinc. On trouve aussi à Timmins des mines de cuivre, d'or, de plomb, de nickel et d'étain. En été, la chambre de commerce organise des visites guidées dans les mines et les usines.
□ La découverte de gisements d'or en 1909 fit prospérer la ville qui demeura la première productrice d'or jusqu'en 1960. Timmins porte le nom de l'un de ses fondateurs, Noah Timmins (1867-1936). Le Musée de Timmins possède une intéressante collection d'objets historiques et de spécimens de minéraux ; à l'extérieur, la collection Porcupine expose des outils de mineurs.

*Loup-cervier*

*Mine Kidd Creek, près de Timmins*

découvrirent de riches gisements d'argent et d'or. En 1903, Harry Preston tomba littéralement sur un « escalier pavé d'or » en glissant sur une touffe de mousse : le quartz moucheté de paillettes jaunes que le talon de sa botte mit à jour devint plus tard la légendaire Dome Mine.

La concession de Kirkland Lake accordée en 1912 à Harry Oakes donna naissance à la fameuse Lake Shore Mine, l'une des plus grandes mines d'or de l'Ontario. Mais tous n'eurent pas cette chance.

Alexander McIntyre, un Écossais porté sur l'alcool et sans un sou vaillant, divisa sa concession en huit lots qu'il vendit pour la maigre somme de 25 $ pièce. Plus tard, la mine McIntyre Porcupine, qui portait son nom mais ne lui appartenait plus, allait produire 230 millions de dollars d'or.

Jusqu'au tournant du siècle, tous les transports s'effectuaient par les lacs et les rivières de la région. Puis, vers 1900, le chemin de fer fit son apparition, pour desservir les riches gisements de Timmins,

Porcupine, Cobalt et Kirkland Lake ; il atteint aujourd'hui Moosonee, près de la baie de James. Une route parallèle à la voie ferrée se rend jusqu'à Fraserdale, à 115 km au nord de Cochrane.

Les rivières sont maintenant coupées de barrages, les forêts ont été abattues et les montagnes éventrées par les mines. Mais la région compte encore d'innombrables lacs paisibles et de vastes forêts vierges.

**COCHRANE**
Le Polar Bear Express assure le service entre Cochrane et Moosonee, sur la baie de James, à travers de vastes étendues désertiques. En face de la gare de Cochrane, un musée consacré au chemin de fer et aux pionniers retrace l'histoire de la baie de James.
□ Au nord-ouest de Cochrane se trouve le parc provincial Greenwater dont les 26 lacs aux eaux d'un vert éclatant offrent l'une des meilleures pêches à la truite de l'Ontario.

*Statue d'un ours polaire, à Cochrane*

**Le roi de Kirkland Lake**

**L**'un des principaux personnages de l'histoire des mines en Ontario fut aussi la victime d'un crime qui défraya longtemps la chronique. Américain de naissance, Harry Oakes avait cherché fortune dans les camps miniers d'Australie, d'Afrique du Sud, du Colorado et du Yukon avant de se mettre à prospecter le pays sauvage de Kirkland Lake, vers 1911, en quête d'or. Un an plus tard, sa seconde concession donna naissance à la fameuse mine Lake Shore, l'une des 12 mines qui jalonnent le Golden Mile de Kirkland Lake.

Oakes épousa une Australienne, fit construire un manoir de 37 pièces à Niagara Falls, puis s'enfuit aux Bahamas vers le milieu des années 30, poursuivi par le fisc. En 1943, il était assassiné dans sa maison de Nassau. Son gendre fut accusé du meurtre, mais acquitté. L'affaire n'a jamais été tirée au clair.

**IROQUOIS FALLS**
Trois fois par jour en juillet et en août, l'Abitibi-Price reçoit les visiteurs. Ceux-ci peuvent assister à la métamorphose du bois en pâte, puis en papier.
□ Un musée logé dans l'ancienne gare illustre les transformations subies par l'usine et la vie des premiers habitants de la ville.

PARC SHALLOW RIVER WATERWAY

**MATHESON**
Un grand incendie dévasta la région en 1916, détruisant plus de 2 000 km² de forêts, ainsi que les villages de Porquis Junction, Iroquois Falls et Matheson. Ce désastre fit 223 victimes.
□ Des objets de l'époque des pionniers, des instruments aratoires et d'anciens outils de mineurs sont exposés au musée Black River-Matheson. On peut y voir aussi l'intérieur d'une vieille école.

*Lac Kenogami, près de Kirkland Lake*

*Garrot commun*

**PARC PROVINCIAL KETTLE LAKES**
Le sentier Kettle (2 km) longe un certain nombre des lacs du parc qui occupent d'anciennes marmites de géants (*kettles*). Alimentés par des sources, ces lacs, généralement circulaires, s'étendent au fond de dépressions qui furent formées à la fin de la dernière époque glaciaire.
Naturellement dépourvus de poissons à cause de leur origine, les plus grands de ces lacs sont alevinés chaque année avec des ombles de fontaine et des truites arc-en-ciel.

**KIRKLAND LAKE**
En 1912, Harry Oakes obtint une concession qui devint plus tard la fameuse mine Lake Shore. Elle allait, avec d'autres, entraîner le rapide développement de Kirkland Lake. L'une de ces concessions produit encore le cinquième de l'or extrait au Canada. Une autre produit du fer. On peut visiter certaines mines. Le Museum of Northern History contient des objets de l'époque des pionniers et des outils de mineurs.

# Une région sauvage
# facilement accessible

## Nord-est de l'Ontario

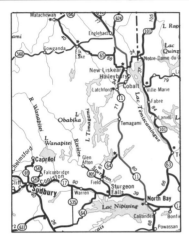

**NEW LISKEARD**
Ceinture étroite de terre d'argile fertile, Little Clay Belt s'étend entre New Liskeard et Englehart. Au sud de la ville, un belvédère offre une splendide vue sur la campagne vallonnée et les collines boisées du Bouclier canadien. On peut aller en bateau sur le lac Témiscamingue.

**HAILEYBURY**
Nichée dans les collines qui entourent le lac Témiscamingue d'une superficie de 313 km², la ville est dotée de plages et de marinas agréables. Dans les eaux du lac abondent l'achigan, le brochet et le doré jaune.
□ Le musée de la ville rappelle l'incendie de 1922 qui détruisit presque entièrement la ville et dévasta les environs.
□ Le Shaefer Model Railroad possède 100 trains électriques miniatures qui circulent dans un paysage européen.

*High Falls, parc provincial Kap-Kig-Iwan, près d'Englehart*

*Concours de marteau-perforateur, au Festival des mineurs de Cobalt*

*Mine abandonnée, à Cobalt*

**COBALT**
La légende raconte que c'est en lançant son marteau sur ce qu'il croyait être l'œil vif d'un renard que le forgeron Fred Larose découvrit ici le plus riche filon d'argent du monde en septembre 1903. En réalité, le gisement avait été repéré le mois précédent par deux bûcherons travaillant au chemin de fer. Il y eut jusqu'à 100 mines en activité à Cobalt à une certaine époque et la ville comptait 10 000 habitants comparativement à 2 000 aujourd'hui. Les années 30 ayant entraîné la fermeture de plusieurs mines, la ville connut des moments difficiles, mais retrouva sa prospérité 20 ou 30 ans plus tard quand commença l'exploitation du cobalt à des fins médicales. Les mines de Cobalt ont produit un demi-milliard d'onces d'argent à ce jour.
□ Le Northern Ontario Mining Museum possède une des plus belles collections au monde de spécimens d'argent prélevé sur place. Un circuit de randonnée en voiture de 6 km permet de voir les mines, les usines et plusieurs belvédères.
□ Le Festival des mineurs de Cobalt bat son plein pendant cinq jours au début d'août avec des concours de travail de mine, des concerts, des danses et toutes sortes d'attractions intéressantes.

**LATCHFORD**
La municipalité est fière de son pont couvert, le plus petit du monde, qui enjambe le ruisseau Latchford. Elle connut une brève prospérité minière au début du siècle avant de se consacrer à l'industrie forestière. Son histoire est évoquée au musée House of Memories. Aujourd'hui, la ville est un point de départ en avion pour canoéistes, pêcheurs et chasseurs.

*Musée House of Memories, à Latchford*

**TEMAGAMI**
Autrefois village indien, la ville devint très tôt, avec l'avènement du chemin de fer, un centre touristique pour la randonnée pédestre, la pêche et la chasse. On peut admirer la région du haut des airs grâce à des sociétés locales d'aviation.
□ Dans le parc provincial Finlayson Point, une plaque rappelle la mémoire de l'écrivain et collectionneur Archibald Stansfeld Belaney, connu sous le nom de Grey Owl, qui vécut ici de 1906 à 1910.

Cette région sauvage, située à moins de 500 km de Toronto, demeure en grande partie intouchée, même si l'exploitation forestière, les mines et le tourisme y ont stimulé la croissance de villes comme North Bay.

Les amateurs de plein air viennent ici au printemps et en été pour pêcher, à l'automne pour chasser le canard, la perdrix, l'orignal et le cerf, en hiver pour pêcher sur la glace, faire du ski ou explorer les bois en motoneige.

Semé d'îles, le lac Nipissing (830 km²), qui est réputé pour sa pêche au doré, offre des baies abritées et d'immenses plages. Les eaux profondes et froides du lac Temagami regorgent d'énormes touladis. Parmi les 40 espèces de poissons qui fréquentent les autres lacs et les rivières des environs, on note le grand brochet, le maskinongé, l'esturgeon, le grand corégone, l'omble de fontaine et la truite arc-en-ciel.

La région offre de nombreuses attractions dont une foire d'automne à New Liskeard et un festival des mineurs en été à Cobalt. À Cobalt, en outre, on peut visiter une mine et admirer des spécimens d'argent brut. Les musées de Marten River sont consacrés à la trappe et à l'abattage du bois. À North Bay, enfin, les vacanciers pourront explorer le lac Nipissing à bord du *Chief Commanda II* ou profiter des nombreuses plages de la ville.

## ENGLEHART
Située à l'extrémité nord de Little Clay Belt, la ville vit de l'agriculture et de la forêt. Son musée rappelle la vie des pionniers et les grandes étapes de l'implantation ferroviaire. La région est reconnue pour la chasse et la pêche.
□ Dans le parc provincial Kap-Kig-Iwan, une série de cascades et de chutes ont donné au parc son nom en ojibway. On y trouve des terrains de camping et de pique-nique ainsi que des belvédères. La rivière Englehart est trop tumultueuse pour la natation, mais excellente pour la pêche. Il y a quatre sentiers de randonnée dans le parc.

## MARTEN RIVER
Au musée Northern Ontario Trapper, on peut voir une cabane de trappeurs, des pièges, une hutte de castors et une collection de fourrures. Un spectacle audiovisuel raconte l'histoire de la trappe dans le nord de l'Ontario.
□ Au parc provincial de Marten River, on protège la pinède qui attira autrefois les bûcherons. Une réplique d'un camp renferme de vieilles machines utilisées pour l'exploitation de la forêt, dont le « frein Barenger », assemblage de cordes et de poulies qui servaient à ralentir la descente des troncs à flanc de colline. Un sentier de 5 km permet d'admirer des pins blancs tricentenaires.
□ On pêche l'achigan, le doré et le grand brochet dans la rivière Marten.

## Les célèbres quintuplées de Callander

*Les quintuplées Dionne et leur médecin, le docteur A.R. Dafoe (1938)*

Les quintuplées Dionne sont nées dans une ferme de Callander, le 28 mai 1934. Leur naissance était déjà exceptionnelle. Leur survie fut un miracle. De toute l'histoire de la médecine, on ne connaissait que deux autres cas de quintuplés identiques, et aucun quintuplé n'avait jamais dépassé l'âge de quelques semaines.

Yvonne, Annette, Marie, Émilie et Cécile firent la une de tous les journaux d'Amérique du Nord. Deux impresarios de Chicago persuadèrent leur père de signer un contrat pour présenter les bébés lors d'une grande exposition qui devait se tenir à Chicago. Le public protesta et le gouvernement de l'Ontario retira la garde des bébés à leurs parents pour les confier à un conseil de tutelle. On les installa dans un hôpital construit spécialement pour elles et, en 1936, on y ouvrit une galerie d'observation publique. En 10 ans, près de 3 millions de curieux vinrent ainsi voir les quintuplées.

En 1943, le père eut finalement gain de cause devant les tribunaux et la famille réunie s'installa dans une maison que lui fournit le gouvernement de l'Ontario. Leur maison natale est maintenant un musée à North Bay.

## NORTH BAY
Cette ville de 50 000 habitants, la « Porte du Nord », vit le jour en 1882 quand le Canadien Pacific décida d'y implanter un centre de triage. Au musée de North Bay, on voit des objets qui rappellent la vie des pionniers, la navigation sur le lac et la construction du chemin de fer. Aujourd'hui, North Bay est un centre industriel important et le cœur d'une région qui attire les vacanciers. Les parcs, les plages et les marinas de la ville sont parfaits pour la natation, la navigation de plaisance et la pêche.
□ De la mi-mai à la fête du Travail, le *Chief Commanda II* offre des excursions de trois et six heures sur le lac Nissiping.
□ À côté du centre d'information touristique se trouve la maison natale des quintuplées Dionne. La petite ferme fut déménagée de son site originel à Callander et restaurée. Elle renferme divers souvenirs, dont le panier où furent placés les cinq bébés après leur naissance.
□ À Callander, la résidence du Dʳ Dafoe, médecin des quintuplées, renferme une collection d'objets reliés aux Dionne.

*Lac Trout, à North Bay*

## LAC NIPISSING
Son nom veut dire « petites eaux » en langue indienne. Il faisait autrefois partie de la voie d'eau qu'empruntèrent les explorateurs et les coureurs des bois qui allaient vers l'ouest, reliant ainsi la vallée de l'Outaouais à la rivière French qui se jette dans la baie Georgienne.
□ Le lac Nissiping est réputé pour sa pêche au doré. En hiver, des « villages » de cabanes de pêcheurs s'installent sur la glace.

*Martre d'Amérique*

Lac Jumping Cariboo
88.5
Lac Field

Marten River
Lac Kaotisinimigo
99
Lac Marten
11   23.5
PARC PROV. DE MARTEN RIVER
Tilden Lake
Transcanadienne   37
Lac Tomiko
Tomiko
Little Sturgeon
Cooks Mills
Lac Talon
Lac Trout
123
63
Mattawa
17   94
17
13
Nipissing Junction
NORTH BAY
Callander
BAIE DE CALLANDER
11
**Lac Nipissing**

# Les portes de l'enfer et la grotte du monstre

## Cours supérieur de l'Outaouais

L'Outaouais, près de Mattawa

### MATTAWA

La ville est située au confluent des rivières Outaouais et Mattawa, lieu historique pour l'exploration du pays et le commerce des fourrures. Depuis 1988, la rivière fait d'ailleurs partie des sites du patrimoine canadien. Dès le XVIIe siècle, la rivière fut fréquentée par des explorateurs, des missionnaires, des coureurs des bois et des trafiquants de fourrures. Vers 1800, bûcherons, agriculteurs et colons entreprirent d'ouvrir la région.
□ Le Musée du district de Mattawa raconte l'histoire des anciens pionniers.

## Souvenirs des explorateurs sur les rives de la Mattawa

Pendant plus de deux siècles, les explorateurs, les missionnaires et les traiteurs de fourrures empruntèrent le cours de l'Outaouais et de la Mattawa pour gagner le lac Nipissing, puis la rivière des Français et la baie Georgienne. Étienne Brûlé fut le premier homme blanc à suivre cette route, en 1611, suivi plus tard de Champlain, des missionnaires jésuites, qui évangélisèrent la Huronie, de Radisson et Groseilliers, de La Vérendrye et d'Alexander Mackenzie. Au bord de la Mattawa, dans le parc provincial Samuel-de-Champlain, on peut voir la reconstitution d'un « canot du maître », une grande embarcation faite d'écorce de bouleau et de racines d'épinette qui servait au transport des marchandises. Dans le musée du parc, un spectacle audiovisuel raconte l'épopée des voyageurs.

Réplique d'un Canot du maître, parc provincial Samuel-de-Champlain

Chouette rayée

### PARC PROVINCIAL DRIFTWOOD

Le barrage des Joachims, terminé en 1950, inonda cette partie du cours de l'Outaouais pour former la baie de Driftwood, ainsi nommée, de même que le parc aménagé sur ses rives, à cause des grandes quantités de bois d'épave qu'on y trouva après l'inondation. Aujourd'hui encore, les visiteurs peuvent dénicher de belles sculptures naturelles sur les bords de la rivière. Du haut d'un belvédère, ils découvriront une vue splendide de la vallée de l'Outaouais et des Laurentides. Des chouettes rayées, des martins-pêcheurs, des grands hérons et des balbuzards fréquentent le parc où l'on voit parfois des pygargues à tête blanche. La forêt est peuplée de peupliers, de bouleaux blancs, d'érables, de pins rouges et de pins gris.

### ROLPHTON

Le musée Peter A. Nichol expose des centaines de bois d'épave rejetés sur le rivage et recueillis dans le parc provincial Driftwood.
□ La centrale des Joachims (360 000 kW) est la plus grande centrale hydro-électrique de l'Outaouais.

### EGANVILLE

Cette pittoresque bourgade porte le nom de John Egan, un pionnier qui vint s'établir ici vers 1820. Les trafiquants de fourrures empruntaient la rivière Bonnechère qui traverse la ville.
□ Des guides font visiter les grottes qui s'enfoncent dans les murailles de la gorge de la Bonnechère. Ces grottes, qui se trouvent à 8 km à l'est d'Eganville, furent creusées par l'eau dans le calcaire. Leurs parois renferment des fossiles d'animaux qui habitaient une mer tropicale, il y a 500 millions d'années.
□ Cerfs de Virginie, ours noirs et gélinottes huppées fréquentent la forêt sauvage de la vallée, entre Eganville et Renfrew.

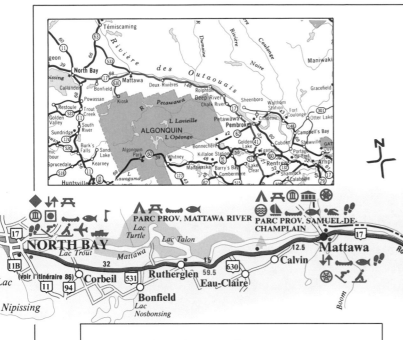

0  2  4  6  8  10 Milles

0  4  8  12  16 Kilomètres

L'Outaouais et la Mattawa faisaient partie du grand réseau de voies navigables qu'empruntèrent pendant près de deux siècles les explorateurs, les missionnaires et les trafiquants de fourrures. De nos jours, les voyageurs peuvent suivre leurs traces sur la route 17.

L'Outaouais, qui constitue plus de la moitié de la frontière Ontario-Québec, sépare les riches terres agricoles, qui s'étendent au sud, des immenses forêts vallonnées des Laurentides.

Près de la centrale atomique de Chalk River s'étend la pointe au Baptême. Les voyageurs de la Compagnie du Nord-Ouest qui allaient à Fort Williams s'y arrêtaient pour « baptiser » les nouvelles recrues qui devaient ensuite offrir une tournée d'eau-de-vie aux anciens.

La Mattawa traverse une des parties les plus sauvages de cette région. Par endroits, elle se fraie un chemin entre d'immenses murailles de granite qui prennent l'allure de châteaux forts fantomatiques.

La moitié des 72 km de son cours se trouve dans le parc provincial Mattawa River où ses eaux vives se précipitent dans un lieu-dit la porte de l'Enfer. Près du portage de la Cave s'ouvre une gorge aux parois à pic qu'assombrit le feuillage des cèdres, des épinettes et des pins. Ce passage menaçant enflamma l'imagination des anciens voyageurs. Certains juraient même qu'un monstre sanguinaire vivait dans l'ombre d'une profonde caverne, sur la rive nord de la Mattawa.

## DEEP RIVER
La ville fut créée en 1945 pour héberger les employés du centre de recherches nucléaires de Chalk River. Elle a été construite avec le souci de respecter les beautés naturelles du site. Son nom a été tiré du journal personnel d'un explorateur du XVIIIe siècle, Alexander Henry, qui avait surnommé l'Outaouais la « rivière creuse ». On y pratique la natation, le golf et la pêche en été.

## INSTITUT FORESTIER NATIONAL DE PETAWAWA
Créé en 1918, c'est le plus vieil institut forestier du Canada. On y trouve un centre d'information et un parc d'exposition à l'air libre où l'on peut voir différentes essences locales ainsi que des objets en bois. Dans son domaine de 98 ha, l'institut a aménagé des itinéraires autoguidés à pied, en voiture ou en bateau. Les quatre-temps, les trilles dressés et les petits prêcheurs émaillent le sous-bois. On peut faire du bateau, de la natation ou des pique-niques dans le parc.

## CHALK RIVER
La ville, par son nom, rappelle peut-être la coutume qu'on avait autrefois de marquer les billes à la craie. Ce fut au XIXe siècle un camp de bûcherons, puis une région agricole avant de devenir un centre ferroviaire. En 1945, Chalk River connut la célébrité lorsque le premier réacteur nucléaire hors des États-Unis entra en service. Aujourd'hui, les installations de Chalk River figurent parmi les plus modernes du monde. On peut les visiter de la fin juin à la fête du Travail. La visite commence au centre d'information où des films, des maquettes et des expositions initient le visiteur à l'énergie nucléaire. Elle comprend une excursion en autobus à l'un des réacteurs expérimentaux et une promenade de trois heures et demie dans les installations.

## PETAWAWA
L'armée canadienne est installée ici depuis 1905. On peut visiter deux musées dont l'un retrace l'histoire de la base et l'autre, l'évolution de l'armée de l'air depuis la Seconde Guerre mondiale.

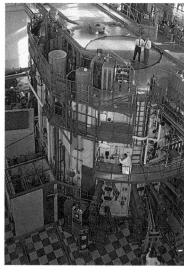

*Centre de recherches nucléaires de Chalk River*

## PEMBROKE
Le commerce des fourrures dans la vallée de l'Outaouais a marqué le développement de la ville au XIXe siècle. C'est ici qu'on a utilisé pour la première fois des lampadaires électriques. Dans le parc Riverside, on peut voir le plus grand totem de l'Ontario. Près de la marina se trouve le Swallows Roost, un site où se réunissent tous les ans en juillet des hirondelles et divers oiseaux migrateurs avant de prendre leur envol vers l'Amérique du Sud.
□ Au musée Champlain Trail, on peut voir la première école de Pembroke (1838), une cabane de rondins à deux étages (1872) avec des meubles d'époque, un fumoir et un four à pain. Parmi les outils utilisés pour exploiter le bois, on remarque un arrache-souches, une chèvre et des marteaux pour graver dans les billes le sceau de leur propriétaire.

## RENFREW
Les pionniers écossais ont donné à la ville le nom de la demeure ancestrale des rois d'Écosse.
□ Le musée McDougall Mill, installé dans un moulin de 1855, possède une collection d'objets du siècle dernier provenant des fermes de la vallée de l'Outaouais. Le musée se trouve dans le parc O'Brien, sur les rives de la Bonnechère. Tout à côté, on peut voir une passerelle suspendue.
□ Le parc Storyland (16 ha) présente 200 personnages de contes de fées dans un décor naturel. On y trouve un belvédère de 122 m de hauteur d'où l'on a une vue admirable sur l'Outaouais.
□ Dans le parc Logos Land de 100 ha, consacré à des thèmes bibliques et récréatifs, on peut voir une réplique de l'arche de Noé.

*Musée McDougall Mill, à Renfrew*

## DACRE
La seule « côte magnétique » de l'Ontario se trouve à environ 1 km au sud du carrefour des routes 132 et 41. Les visiteurs, victimes d'une illusion d'optique, croient voir les automobiles remonter une descente au point mort.

*Quatre-temps*

*Cerf de Virginie*

# En un étroit passage, toute la diversité des Grands Lacs

Sud-ouest de l'Ontario

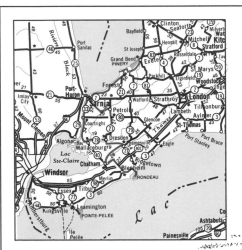

Raffinerie, à Sarnia

Pierre en forme de chaudron renversé, réserve indienne de la pointe Kettle

### GRAND BEND

Une belle plage de sable, à l'endroit où la rivière Ausable se jette dans le lac Huron, attire à Grand Bend (700 hab.) des milliers d'estivants. L'agglomération s'appelait autrefois Brewster, du nom d'un meunier de l'endroit. Le barrage de son moulin provoquant des inondations, les colons brûlèrent la minoterie et rebaptisèrent le village en 1860.

### PARC PROVINCIAL PINERY

Des dunes, suffisamment hautes pour servir de pistes de ski en hiver, se dressent à 3 km de la plage dans ce parc de 22 km². Elles sont les anciens bancs de sable de la baie aux eaux peu profondes qui occupait la région, il y a 6 000 ans. À l'intérieur des terres, à la limite septentrionale de la forêt carolinienne, on dénombre huit espèces de chênes américains. Sur les sables de la rive ne survivent que de petites plantes robustes comme l'hydraste du Canada.

### POINTE KETTLE

Des boules de carbonate de calcium vieilles de 275 millions d'années sont soudées à la surface des schistes de la rive de la réserve indienne de la pointe Kettle. Ces blocs en forme de chaudron renversé atteignent une soixantaine de centimètres de diamètre. Dans le parc Ipperwash, un affleurement de silex noir servit pendant 2 000 ans aux Indiens pour fabriquer des armes et des outils.

### SARNIA

D'immenses réservoirs dressés dans le ciel comme de gigantesques doigts d'acier, festonnés de tuyaux et d'échelles, scintillent la nuit comme des châteaux enchantés dans la Chemical Valley, au sud de Sarnia, principal centre pétrochimique du Canada. C'est là que se trouvent les raffineries des compagnies Esso, Sunoco, Shell, Dow, Nova et sa division Polysar qui fabrique du caoutchouc. Du Pont, ICI, BASF, Akzo et Fiberglas y ont également de vastes installations.
□ Les navires qui suivent le cours de la Sainte-Claire passent sous le pont international Bluewater et au-dessus de l'énorme tunnel de fonte de 1 837 m construit en 1889-1891 pour le chemin de fer.

### CHATHAM

C'est dans l'église baptiste que John Brown et d'autres abolitionnistes américains tramèrent le coup de main contre l'arsenal d'Harper's Ferry, en Virginie-Occidentale, pour lequel Brown fut condamné et exécuté. Chatham était alors l'une des principales destinations du réseau ferroviaire clandestin qu'empruntaient les esclaves fugitifs. Au musée Chatham-Kent, on peut voir des objets qui ont appartenu à Brown. D'autres musées exposent des souvenirs de l'époque des pionniers et des Indiens, une momie égyptienne et la première pompe à vapeur des pompiers de Chatham (1870).
□ Tous les étés, des courses de canots sont organisées sur la Thames.

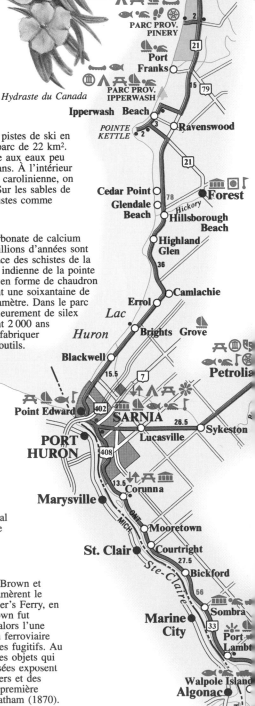

Hydraste du Canada

0 2 4 6 8 10 Milles
0 4 8 12 16 Kilomètres

La région qui sépare les plages sablonneuses du lac Huron et du lac Érié est une riche terre agricole, prolongement septentrional de l'ancienne forêt carolinienne. Dans ce passage marqué par l'histoire, trois magnifiques parcs provinciaux — Pinery et Ipperwash sur le lac Huron, Rondeau sur le lac Érié — côtoient l'une des plus grandes régions industrielles du Canada, Chemical Valley.

Zone touristique et industrielle, cette région du sud-ouest de l'Ontario garde néanmoins son caractère pastoral d'autrefois. À quelques kilomètres à peine du centre de villégiature de Grand Bend, s'étendent en effet de vastes forêts que fréquentent les cerfs de Virginie.

Ce passage fut de tout temps une terre d'accueil. Les loyalistes y bâtirent des villages après la guerre d'Indépendance américaine. Des Indiens y trouvèrent refuge et y fondèrent, en 1792, Moraviantown, à 8 km à l'est de Thamesville. C'est là aussi, près de Moraviantown, que fut tué Tecumseh, le chef shawnee, au cours d'un combat contre les envahisseurs américains, lors de la guerre de 1812. Les esclaves fugitifs se réfugièrent également dans cette région avant la guerre civile américaine et c'est à Chatham et Dresden qu'ils arrivaient autrefois par « le chemin de fer clandestin ». À Dresden, on peut d'ailleurs voir la maison de Josiah Henson, l'esclave fugitif qui servit de modèle à l'auteur de *La Case de l'Oncle Tom*.

*Musée de la Case-de-l'Oncle-Tom, à Dresden*

### DRESDEN

La maison du révérend Josiah Henson, qui servit de modèle à Harriet Beecher Stowe pour le héros de *La Case de l'Oncle Tom*, est l'un des sept bâtiments du musée de la Case-de-l'Oncle-Tom. Henson, un esclave né au Maryland en 1789, fut ordonné pasteur de l'Église épiscopale méthodiste en 1828. Il se réfugia dans le Haut-Canada avec sa femme et ses quatre enfants deux ans plus tard. Avec un groupe d'abolitionnistes, il acheta plusieurs propriétés dans la région en 1841 et fonda l'Institut anglo-américain qui était à la fois un refuge et une école technique pour les esclaves fugitifs. La maison d'Henson, construite peu après, contient encore quelques-uns de ses meubles. On peut aussi visiter une maison qui servait de dortoir aux fugitifs et l'église où prêchait le pasteur. Henson mourut en 1883 ; il est enterré près de sa maison.

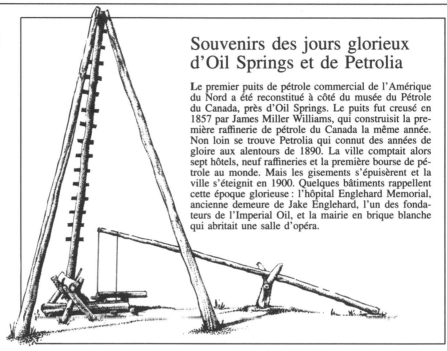

## Souvenirs des jours glorieux d'Oil Springs et de Petrolia

Le premier puits de pétrole commercial de l'Amérique du Nord a été reconstitué à côté du musée du Pétrole du Canada, près d'Oil Springs. Le puits fut creusé en 1857 par James Miller Williams, qui construisit la première raffinerie de pétrole du Canada la même année. Non loin se trouve Petrolia qui connut des années de gloire aux alentours de 1890. La ville comptait alors sept hôtels, neuf raffineries et la première bourse de pétrole au monde. Mais les gisements s'épuisèrent et la ville s'éteignit en 1900. Quelques bâtiments rappellent cette époque glorieuse : l'hôpital Englehard Memorial, ancienne demeure de Jake Englehard, l'un des fondateurs de l'Imperial Oil, et la mairie en brique blanche qui abritait une salle d'opéra.

*Église de la Mission, près de Thamesville*

### THAMESVILLE

Une route de gravier de 6 km, à l'est de la ville, mène à Fairfield, un village fondé en 1792 par des missionnaires moraviens et des Indiens Delawares qui avaient fui les États-Unis. Pillé pendant la guerre de 1812, le village fut reconstruit de l'autre côté de la Thames en 1815 sous le nom de New Fairfield. L'église de la Mission remonte à 1848. Le musée de Fairfield, aménagé sur le site de 1792, relate l'histoire du village.

### PARC PROVINCIAL DE RONDEAU

Ce parc luxuriant abrite une faune et une flore exceptionnelles. Tulipiers de Virginie, noyers tendres, lauriers-sassafras, chênes noirs et chênes châtaigniers ne se retrouvent généralement que beaucoup plus au sud. On y voit aussi le serpent à groin et la tortue à carapace molle. Le parc est constitué d'une forêt dense, d'un grand marais, d'une baie aux eaux tempérées et peu profondes et d'une plage de sable de 8 km. La forêt dont le sol est tapissé d'adiantes pédalés est un fouillis de vignes vierges grimpantes. C'est le principal territoire de nidification au Canada du moucherolle vert et de la paruline orangée.

*Paruline orangée*

# Une forêt d'usines
# au pays des vergers

## Sud-ouest de l'Ontario

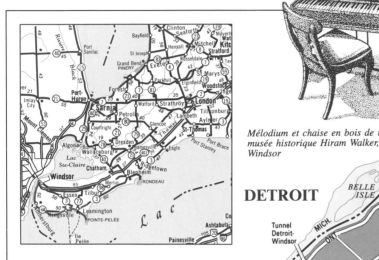

*Fontaine internationale de la paix, à Windsor*

*Mélodium et chaise en bois de rose,
musée historique Hiram Walker,
Windsor*

### WINDSOR

Windsor, la ville la plus méridionale du Canada, est un grand centre industriel et le poste frontière le plus fréquenté. Son économie est étroitement liée à celle de Detroit et à l'industrie de l'automobile. Les deux villes sont reliées par le pont Ambassadeur, le plus long pont suspendu international du monde, et par le tunnel Detroit-Canada.
□ Le Festival international de la liberté — une semaine de concerts et de compétitions sportives organisée par les deux villes — coïncide avec la fête du Canada (1er juillet) et celle de l'Indépendance des États-Unis (4 juillet).
□ La Fontaine internationale de la paix, dans les jardins Coventry, à Windsor, est un autre symbole de l'entente canado-américaine. Elle se dresse à quelques mètres du rivage, dans la rivière Detroit.
□ Le Musée communautaire de Windsor, une maison georgienne bâtie en 1811 par le colonel François Bâby, est la plus vieille maison de brique à l'ouest de Niagara. Elle fut le quartier général des envahisseurs américains en 1812 et la bataille de Windsor se déroula à ses portes en 1838.
□ Le musée des Beaux-Arts expose des œuvres canadiennes : estampes et sculptures inuites, un bronze de Suzor-Côté, œuvres d'Emily Carr, de Cornelius Krieghoff et d'Arthur Lismer.

*Résidence des militaires retraités,
au fort Malden*

### AMHERSTBURG

Peu d'endroits ont eu l'importance stratégique du fort Malden qui est aujourd'hui un parc historique national. Construit par les Anglais en 1796, le fort servit de base militaire au cours de la guerre de 1812. Les Britanniques l'abandonnèrent lorsque les Américains remportèrent la bataille du lac Érié en 1813. Ils en reprirent possession en 1815 en vertu du traité de Gand. Le fort résista ensuite à quatre assauts menés par les partisans de William Lyon Mackenzie au cours de la rébellion de 1837.

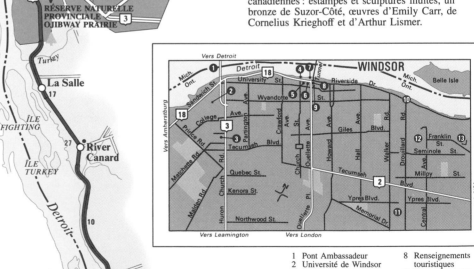

1 Pont Ambassadeur
2 Université de Windsor
3 Renseignements touristiques
4 Musée des Beaux-Arts
5 Musée historique Hiram Walker
6 Auditorium Cleary
7 Jardins de Dieppe
8 Renseignements touristiques
9 Renseignements touristiques
10 Distillerie Hiram Walker
11 Chrysler
12 Ford Canada
13 General Motors

0  1  2  3  4  5 Milles
0  2  4  6  8 Kilomètres

Le comté d'Essex se range parmi les régions les plus industrialisées du Canada. Il n'en garde pas moins un aspect essentiellement rural, celui d'une vaste péninsule de vergers et de terres agricoles, rendez-vous des naturalistes, des ornithologues et tout simplement des estivants.

Bornée par le lac Sainte-Claire au nord et le lac Érié au sud, la région bénéficie du climat le plus tempéré de tout l'est du Canada. C'est ici que poussent 90 p. 100 des concombres, des tomates et des fleurs cultivés en serre au Canada. C'est en 1749 que des fermiers du Québec fondèrent le premier établissement agricole permanent de l'Ontario, à l'emplacement de Windsor dont certaines rues suivent encore l'ancien tracé des clôtures.

Windsor est aujourd'hui le troisième centre industriel de l'Ontario. La ville compte d'importantes usines chimiques, pharmaceutiques et textiles, et on y exploite des mines de sel. Ses usines fabriquent environ 25 p. 100 de la production canadienne de véhicules et de pièces automobiles.

En bordure du lac Érié, les parcs Centennial et Dieppe offrent une belle vue sur Detroit dont les habitants passent souvent la frontière pour assister aux courses de chevaux de Windsor ou se distraire dans ses boîtes de nuit. En juillet, les deux villes organisent le Festival international de la liberté et une immense foule se masse des deux côtés de la rivière pour admirer un spectaculaire feu d'artifice.

**REFUGE D'OISEAUX JACK MINER**
À l'époque des migrations, des dizaines de milliers d'oies et de canards sauvages viennent se poser quotidiennement au refuge Jack Miner, près de Kingsville. Fondé par le grand naturaliste en 1904, le refuge est ouvert au public tous les jours du 1er octobre au 15 avril, sauf le dimanche.
□ Le moment le plus propice pour observer les oiseaux migrateurs est en fin d'après-midi, du 20 octobre au 15 novembre et du 20 mars au 10 avril.
□ Des guides montrent aux visiteurs comment les oiseaux sont bagués, nourris et soignés.

*Ketnie rose des marais*

## Plantes, oiseaux et papillons rares

Le lac Érié tempérant le climat, le parc national de la Pointe-Pelée voit croître une flore inhabituelle à cette latitude.

À la fin du mois de juin, le parc devient un immense jardin de fleurs multicolores. On y rencontre de nombreuses essences rares, comme l'orme de Samarie, le sumac aromatique et le lindéra. La ketnie rose des marais, seul hibiscus sauvage du Canada, y pousse au milieu des fougères et des nénuphars et, pendant les périodes de sécheresse, la corne de raquette y déploie ses splendides fleurs jaune vif.

Mais le parc est surtout réputé pour ses oiseaux. Deux des grandes routes migratoires du continent s'y croisent et le spectacle des migrations d'automne et de printemps est splendide. En mai, lorsque la migration des parulines bat son plein, plus de 100 espèces fréquentent le parc et le chant des oiseaux au point du jour est inoubliable. Le parc accueille des faucons, des aigles, des geais bleus, des mainates, des canards, des oies, des hérons et des sternes. Parmi les 300 espèces d'oiseaux recensées, 90 y font leurs nids, notamment le grand héron, la petite nyctale, le grand duc et le petit butor.

À l'automne, des milliers de papillons monarques, en route vers des régions plus chaudes, s'arrêtent dans le parc.

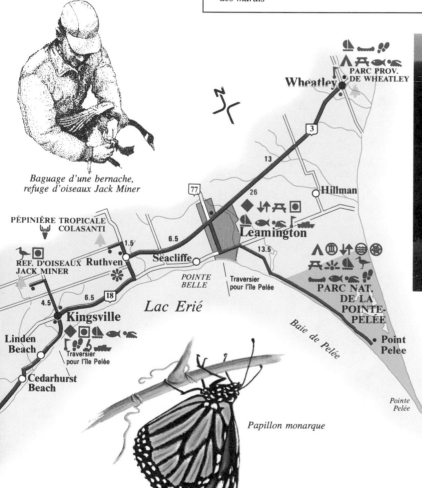

*Baguage d'une bernache, refuge d'oiseaux Jack Miner*

**PÉPINIÈRE TROPICALE COLASANTI**

**REF. D'OISEAUX JACK MINER** Ruthven

Séacliffe

*POINTE BELLE*

Traversier pour l'île Pelée

**PARC NAT. DE LA POINTE-PELÉE**

*Lac Érié*

Kingsville

Linden Beach

Traversier pour l'île Pelée

Cedarhurst Beach

*Baie de Pelée*

Wheatley

**PARC PROV. DE WHEATLEY**

Hillman

Leamington

Point Pelee

*Pointe Pelée*

*Papillon monarque*

*La Promenade, parc national de la Pointe-Pelée*

**PARC NATIONAL DE LA POINTE-PELÉE**
La pointe Pelée, l'endroit le plus méridional du Canada, se trouve à la même latitude que le nord de la Californie. Le parc national occupe l'extrémité d'une langue de sable de 18 km de long, battue par les eaux du lac Érié. La rive recule d'un demi-mètre par an à certains endroits de la côte est, mais les vagues déposent du sable et du gravier sur la rive opposée. Le parc renferme l'une des dernières forêts caroliniennes du Canada où poussent le noyer noir, le chêne jaune, le liard, le caryer à noix douces et le laurier-sassafras.
□ Un centre d'interprétation permet d'identifier un grand nombre d'animaux, d'oiseaux, de fleurs et d'insectes du parc. Un sentier d'observation de la nature s'enfonce dans la forêt. Une chaussée en bois mène à une tour d'observation dans le marais du parc.

# Un festival d'été de renommée mondiale

## Sud-ouest de l'Ontario

En visitant la vallée de la Thames, en 1792, le lieutenant-gouverneur John Graves Simcoe donna le nom de « New London » à une petite bourgade de la région, espérant la voir consacrée capitale du Haut-Canada ; mais le choix se posa, un an plus tard, sur York — le futur Toronto. London n'en devint pas moins un centre industriel et commercial prospère et les noms de certaines de ses rues, comme Pall Mall et Piccadilly, continuent d'évoquer la capitale britannique.

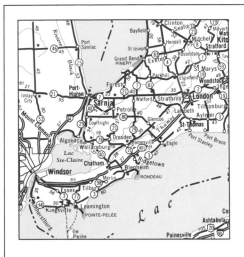

### LUCAN

Dans un coin ombragé du cimetière Saint-Patrick, une pierre de granite rappelle le massacre, le 4 février 1880, de cinq membres de la famille Donnelly. La tuerie mit fin à une querelle qui avait commencé en Irlande au cours des années 1840 pour faire rage ensuite au Canada pendant 40 ans jusqu'à ce qu'une bande d'hommes armés abattent James, Johannah, John, Thomas et Bridget Donnelly. Les six hommes accusés de ces meurtres furent acquittés. La pierre fut érigée vers 1960.

### LONDON

Cette ville bourdonnante d'activité (270 000 hab.) est au centre d'une riche région agricole. Elle a une vie culturelle intense, marquée par la présence d'un musée des beaux-arts, d'un orchestre symphonique et d'une troupe de théâtre professionnelle qui se produit au Grand Théâtre. En septembre a lieu la Foire Western, l'une des plus importantes du Canada.
□ La Maison Eldon (1834) et le palais de justice flanqué de sa prison (1831) font partie des bâtiments du XIXe siècle qui ont été restaurés. Le musée Lawson se trouve dans le pavillon Grosvenor Lodge de style néo-gothique (1853). Le passé de la ville revit dans le Village historique de Fanshawe, reconstitution d'une petite agglomération d'avant l'avènement du chemin de fer. La vieille brasserie Labatt est une réplique du bâtiment original de 1847.
□ Parmi les musées à visiter, on note le musée Guy Lombardo qui rappelle la carrière du célèbre musicien, le musée d'Archéologie indienne et celui du Royal Canadian Regiment.
□ Les espaces verts occupent un sixième de la ville. Le plus grand, le parc Springbank, couvre 78 ha sur les berges de la rivière Thames ; on y trouve un refuge d'oiseaux, des jardins floraux, un zoo et, pour les enfants, les jardins Storybook ornés de reproductions d'animaux et de personnages de contes de fées.

### ST. MARYS

Le musée du district de St. Marys domine la ville. Il est aménagé dans une maison (1850) construite en pierre de taille, comme le sont de nombreux édifices de la ville dont l'hôtel de ville, et abrite une collection d'objets ayant appartenu aux pionniers. La ville possède aussi un opéra de style néo-gothique.

*London, vue de la Thames*

### ST. THOMAS

Cette petite ville conserve une élégance toute victorienne, avec les tours de son hôtel de ville et la ruche gothique (1826) des jardins du musée des Pionniers du comté d'Elgin. Ce musée contient des objets personnels du colonel Thomas Talbot qui avait fait de la ville sa « capitale ».
□ En face du musée, une statue grandeur nature a été érigée à la mémoire de l'éléphant de cirque Jumbo, tué ici dans un accident de chemin de fer en 1885.

*Ruche gothique, musée des Pionniers du comté d'Elgin*

### FALAISE HAWK

À la fin de septembre, il passe parfois ici plus de 20 000 petites buses par jour. Entre août et décembre, on y voit aussi des engoulevents, des faucons pèlerins, des pygargues à tête blanche, des huards et des bernaches canadiennes. Au début d'octobre, les geais bleus y passent parfois au rythme de 500 à la minute.

*Petite buse*

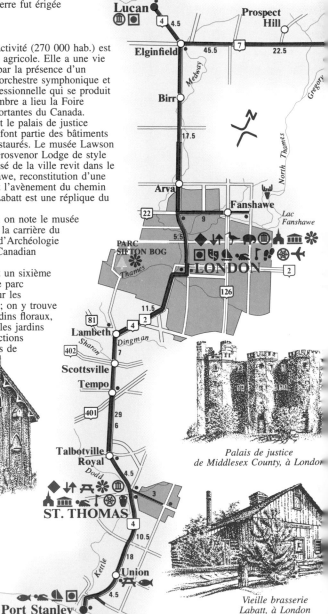

*Palais de justice de Middlesex County, à London*

*Vieille brasserie Labatt, à London*

0 2 4 6 8 10 Milles
0 4 8 12 16 Kilomètres

Ce fut toutefois son secrétaire, le colonel Thomas Talbot, qui donna forme au rêve de Simcoe en achetant, en 1803, un vaste territoire au nord du lac Érié. Mauvais coucheur et buveur invétéré, Talbot était cependant un excellent administrateur. C'est ainsi qu'il créa le meilleur réseau routier du Haut-Canada en obligeant tous ses colons à défricher une route en bordure de leurs terres s'ils voulaient obtenir leurs titres de propriété. Mais comme il se conduisait en véritable despote, on dut le démettre de ses fonctions vers les années 1830.

Le « baron du lac Érié » n'en laissa pas moins sa marque et un bon nombre des petites villes de la région, notamment St. Thomas, la « capitale de Talbot », naquirent de ses efforts. À London, le palais de justice, qui ressemble à une forteresse, est inspiré du château Malahide, la demeure ancestrale des Talbot en Irlande.

Vers la même époque, d'autres braves colons s'installaient au nord de London.

Animés du désir d'implanter dans le Nouveau Monde ce qu'il y avait de mieux dans l'Ancien, ils nommèrent une des villes qu'ils créèrent Stratford et sa rivière, Avon. Le rêve de ces pionniers devait se réaliser un siècle plus tard. Le 13 juillet 1953, en effet, on inaugurait le premier festival de Stratford. Cette importante manifestation annuelle consacrée au dramaturge anglais Shakespeare a, depuis, acquis une réputation mondiale.

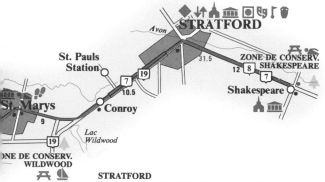

**SHAKESPEARE**

Sebastian Fryfogel, un immigrant suisse, fut le premier colon de la région. Arrivé avec les ouvriers du chemin de fer en 1828, il construisit une auberge de rondins pour les colons. De 1844 à 1845, Fryfogel bâtit une autre auberge, cette fois en brique. Ce gracieux édifice, orné de peintures murales, se trouve à 2,5 km à l'est de Shakespeare. C'est aujourd'hui un musée.

*Auberge Fryfogel, à Shakespeare*

**STRATFORD**

D'abord appelée Little Thames, la ville reçut le nom du lieu de naissance de Shakespeare des colons qui s'y installèrent en 1831. (La rivière Avon avait déjà été nommée ainsi par la Canada Company au moment d'ouvrir la région à la colonisation.) De 1870 à 1950, la ville vécut des retombées économiques des chemins de fer qui convergeaient ici. Au moment de leur déclin, la ville connut un nouvel essor grâce à son festival. Aujourd'hui, les berges de la rivière aménagées en parc abritent chaque été cet événement théâtral de haute réputation.

## Le rideau se lève sur Stratford

C'est en 1951 que l'homme d'affaires Tom Patterson eut l'idée d'organiser dans sa ville de Stratford un festival d'été consacré à Shakespeare. L'année suivante, il s'associait avec le producteur anglais Sir Tyrone Guthrie et ensemble, ils démarraient leur première saison sous une vaste tente.

Le 13 juillet 1953, Alec Guinness et Irene Worth jouaient *Richard III* devant une salle comble. Ainsi s'amorça la carrière de ce festival de six semaines qui s'est acquis depuis lors une réputation internationale.

En 1957, la tente fut remplacée par l'actuel Théâtre du festival, œuvre de l'architecte canadien Robert Fairfield, dont la salle principale peut accueillir 2 262 personnes. La scène en a été créée par la conceptrice britannique Tanya Moiseiwitsch, laquelle travailla étroitement avec Guthrie au cours des premières années du festival. Cette scène, qui se projette jusqu'au centre de la salle, permet à tous les spectateurs de bien suivre le jeu des acteurs. Le Théâtre comprend deux autres salles : la salle Avon (1 102 places) et le Third Stage, plus petit, réservé aux pièces expérimentales et à l'initiation de jeunes comédiens.

Le Festival de Stratford donne environ 500 représentations au cours de sa saison qui va de la fin d'avril à la mi-novembre. Sa troupe est constituée d'une centaine de comédiens et son répertoire comprend maintenant des œuvres de nombreux dramaturges, dont Tchekhov, Molière, Racine et Sophocle, ainsi que des pièces d'auteurs canadiens comme John Murell, Sharon Pollock et Michel Tremblay. La saison comporte en outre des concerts, des films et des expositions.

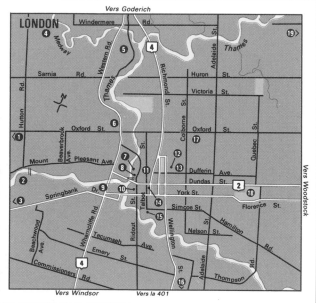

*La scène du Théâtre du festival, à Stratford*

1 Parc Sifton Bog
2 Musée Guy Lombardo
3 Parc Springbank
4 Musée d'Archéologie indienne
5 Université de Western Ontario
6 Musée Lawson
7 Maison Eldon
8 Musées régionaux d'art et d'histoire de London
9 Musée pour enfants
10 Vieux palais de justice et prison
11 Grand Théâtre
12 Centennial Hall
13 Renseignements touristiques
14 Marché Covent Garden
15 Vieille brasserie Labatt
16 Renseignements touristiques
17 Musée du Royal Canadian Regiment
18 Foire Western
19 Village historique de Fanshawe

# Au pays des mennonites, là où le temps s'est arrêté

## Centre-sud de l'Ontario

Occupées par des passagers vêtus de couleurs sombres, les voitures à chevaux qui circulent encore dans la région rappellent aux visiteurs que les environs de Kitchener et de Waterloo furent colonisés par les adeptes d'une secte religieuse, les mennonites.

La plupart des mennonites rejettent toujours les apports du progrès. Ils n'utilisent ni l'automobile, ni l'électricité, ni le téléphone, ni même les tracteurs. Ils n'acceptent pas d'aide sociale et ils refusent de

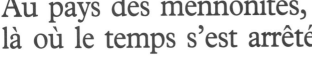

Voiture à cheval mennonite, région de Waterloo

**ELMIRA**

Au printemps, la grand-rue de cette ville se transforme en mail où les visiteurs achètent des crêpes, du sirop d'érable, des saucisses, de la choucroute, des pâtés, des gâteaux et des beignets aux pommes pendant le festival annuel du sirop d'érable. Des artisans tissent, filent la laine et font du crochet en plein air devant des milliers de spectateurs qui peuvent visiter une érablière dans un traîneau tiré par des chevaux ou par des tracteurs.

**ST. JACOBS**

Un musée, The Meeting Place, permet aux visiteurs de mieux comprendre le mode de vie, l'histoire et les croyances mennonites.
□ Le Maple Syrup Museum of Ontario, logé dans une fabrique de chaussures du siècle dernier, réunit des objets qui racontent la fabrication du sirop d'érable.

1 Village historique de Doon
2 École des beaux-arts Doon
3 Marché de Kitchener
4 Tour commémorative des Pionniers
5 Jardins Rockway
6 Maison Joseph Schneider
7 Parc de Waterloo
8 Université Wilfrid-Laurier
9 Université de Waterloo

Défilé de l'Oktoberfest, à Kitchener

**PARC HISTORIQUE NATIONAL WOODSIDE**

Une allée bordée d'arbres mène à Woodside, la maison où le Premier ministre Mackenzie King passa son enfance Cette belle demeure victorienne fut construite en 1853 et louée par le père de Mackenzie King de 1886 à 1893.

Confortablement meublée, on pourrait la croire encore habitée. On y voit notamment une belle table à dessus de marbre, une cuisinière ancienne, un lit de cuivre, un piano à queue et du mobilier de style victorien.
□ Une exposition est consacrée à la famille et à la vie publique de Mackenzie King. Des projections de diapositives et de films sont également offertes aux visiteurs.

**KITCHENER**

Avec sa ville jumelle, Waterloo, Kitchener forme l'un des principaux complexes industriels du Canada (population totale, 225 000 hab.). La ville fut fondée en 1799 par des mennonites venus de Pennsylvanie. Avec l'arrivée de colons allemands en 1833, le village prit le nom de Berlin. On le débaptisa plus tard durant la Première Guerre mondiale.
□ Le célèbre marché de Kitchener anime la ville tous les samedis matin. On y trouve des saucisses, des fromages et des spécialités mennonites comme la tarte à la mélasse.
□ La grande fête annuelle est l'*Oktoberfest*, neuf jours de réjouissances à l'allemande et de danses au son des fanfares.
□ Au Village historique de Doon, reconstitution d'un village de 1860, on peut visiter 23 bâtiments, dont une école, une église, un magasin et une gare, ainsi qu'un musée. La Maison Joseph Schneider Haus, restaurée, illustre la vie des mennonites vers 1850.
□ La tour commémorative des Pionniers (1926), qui domine la rivière Grand, rend hommage aux colons mennonites.
□ Une plaque sur l'école des beaux-arts Doon signale qu'ici naquit le paysagiste canadien Homer Watson (1855-1936).

Tour commémorative des Pionniers, à Kitchener

Elmira

St. Jacobs

WATERLOO

PARC HIST. NAT. WOODSIDE

KITCHENER

RÉSERVE CHICOPEE

Doon

| 0 | 1 | 2 | 3 | 4 | 5 Milles |
| 0 | 2 | 4 | 6 | 8 Kilomètres |

voter, d'occuper une charge publique et de servir sous les drapeaux.

Les mennonites parlent le « Pennsylvania Dutch », un mélange d'allemand et d'anglais. Ce dialecte leur vient de leurs ancêtres suisses qui se réfugièrent d'abord en Allemagne vers le milieu du XVIe siècle, puis, 100 ans plus tard, en Pennsylvanie. En 1784, après la révolution américaine, un premier groupe de mennonites s'installa au Canada, au nord de la ville de Waterloo.

Un autre groupe de mennonites, les amish, arriva d'Europe après 1822. Chez les amish, les hommes portent des vêtements sans bouton, ni col, ni poche, afin de les rendre aussi différents que possible des uniformes militaires. Les femmes ne portent aucun bijou, pas même une alliance. La plupart des maisons des amish sont tellement austères qu'elles excluent les rideaux, les tableaux et le papier peint et même l'eau courante.

Par la force des choses, les mennonites commencent cependant à faire quelques concessions au progrès : leurs cabriolets sont maintenant équipés de réflecteurs triangulaires, comme l'exige la loi. Quelques-uns conduisent des automobiles noires, sans aucune garniture de chrome, et font même installer le téléphone pour traiter leurs affaires, mais dans leurs granges et non dans leurs maisons.

Carrière d'Elora

### ELORA
La rivière Grand s'enfonce dans la réserve de la gorge d'Elora, dévale la chute de la Cascade, puis se divise de part et d'autre d'un rocher, Islet Rock, perché au milieu d'une autre chute. Elle traverse ensuite Hole-in-the-Rock, une grotte qui mène au fond de la gorge, puis une faille, Hidden Valley.
□ Sur la rue Elora's Mill, un musée et des boutiques occupent des bâtiments restaurés du début du siècle. Le moulin de Drimmies, sur la rivière Grand, est aujourd'hui une auberge de campagne.

Moulin de Drimmies, à Elora

Pont couvert, à West Montrose

### WEST MONTROSE
C'est dans ce petit village situé au bord de la rivière Grand que se trouve le dernier des sept ponts couverts que comptait l'Ontario au début du siècle. Construit en 1881, il était éclairé avec des lampes au benzène jusqu'à ce qu'on y installe l'électricité en 1950. Ce vestige du passé est devenu un site historique quand on a dévié la grand-route en 1955.

### WATERLOO
La plus ancienne école de la région de Waterloo, une maisonnette de rondins construite en 1820, se trouve dans le parc de Waterloo qui compte également un lac, une piscine, un petit zoo, des terrains de pique-nique et de jeux.
Des fanfares s'y produisent le dimanche en été. Une plaque rappelle le souvenir de Abraham Erb, fondateur de la ville.
□ L'université de Waterloo abrite la plus grande école d'ingénieurs du Canada, ainsi que des collèges affiliés aux églises unie, anglicane, mennonite et catholique. La collection de tableaux de l'université comprend une belle œuvre de William Kurelek, *Haying in Ontario*, ainsi que des peintures, des sculptures, des céramiques et des tapisseries d'une vingtaine de pays.
□ Le musée Seagram décrit l'histoire du vin et de l'alcool. Joseph Seagram (1841-1919) devint le seul propriétaire d'une distillerie de Waterloo en 1883. C'est ici que fut confectionné le premier VO de Seagram en 1907.

### GUELPH
La ville possède d'élégantes maisons de pierre de taille comme la mairie, un bel exemple d'architecture classique.
□ La maison natale de John McCrae, l'auteur du poème *In Flanders Fields* (1915), contient des souvenirs de l'écrivain.
□ Environ 90 espèces d'oiseaux aquatiques fréquentent le parc Kortright, à 4 km au sud de Guelph. Doublé d'une station de recherches, le refuge offre des tables de pique-nique et un sentier d'exploration qui mène à une tour d'observation.
□ On peut visiter le campus boisé de l'université de Guelph, de réputation internationale.

Bec-scie couronné, parc Kortright, à Guelph

### FERGUS
Cette ville, fondée par Adam Fergusson et James Webster, comprend de nombreux bâtiments à l'architecture simple et rectangulaire qu'affectionnaient les premiers colons écossais.
□ En août, les fêtes écossaises de Fergus attirent de nombreux visiteurs qui assistent à des défilés de cornemuses, à des concours de tambours, à des tours de force et des jeux d'adresse, ainsi qu'aux fameuses danses de l'épée. En septembre, Fergus accueille la plus ancienne foire d'automne de l'Ontario.

# Sur la route du tabac, le souvenir d'un grand chef indien

## Centre-sud de l'Ontario

Les terres sablonneuses, plates et bien drainées, du comté de Norfolk, près de Simcoe, produisent plus de 50 p. 100 du tabac ontarien. À la mi-août, les feuilles de tabac sont récoltées et mises à sécher dans les longs abris rouges ou verts que l'on voit partout dans la région.

On est frappé par la prospérité qu'affichent les fermes et les maisons de cette région. Mais cette prospérité n'est pas née du jour au lendemain. À l'arrivée des premiers colons, l'endroit était couvert de

*L'auberge Heritage Inn Dining Room, à Mount Pleasant.*

### CAMBRIDGE
Cette ville de 80 000 habitants est née en 1973 de la fusion de Galt, Hespeler et Preston et certaines parties des municipalités de Waterloo et de North Dumfries. La ville tient son nom de Cambridge Mills, un village rebaptisé plus tard Preston. Au début du siècle dernier, toutes les petites villes actionnaient leurs moulins avec les eaux des rivières Grand et Speed. Le parc Mill Race évoque ce passé ; quelques vieux moulins ont été transformés en boutiques.
□ Parmi les espaces verts, les parcs Forbes et Riverside offrent des terrains de pique-nique et un petit zoo. La zone de conservation Shade's Mills attire les vacanciers à longueur d'année.
□ Chaque été se déroulent les Highland Games en l'honneur des colons écossais et de leurs traditions.

### MOUNT PLEASANT
Les maisons octogonales ont connu un bref succès au milieu du XIXe siècle. Né aux États-Unis, ce style a vite gagné l'Ontario où l'on peut encore voir une trentaine de bâtiments construits selon ce plan. L'un d'eux est devenu une auberge, le Heritage Inn Dining Room, à Mount Pleasant.

## Le paradis des ornithophiles

À courte distance de la communauté agricole et touristique de Port Rowan, un étroit croissant de dunes et de marécages s'avance sur 40 km dans le lac Érié. C'est la péninsule de Long Point, qui attire quelque 350 espèces d'oiseaux dont le tiers nichent ici. Bien que la plus grande partie de cette réserve soit inaccessible au public, le parc provincial, à l'entrée de la péninsule, permet de bien observer les oiseaux, surtout durant leur migration printanière. Tout près, l'observatoire de Long Point, où les spécialistes baguent les oiseaux et étudient leurs mœurs migratoires, accueille les ornithophiles.

Au nord de Port Rowan se trouve la zone de conservation Backus Heritage qui renferme 20 bâtiments historiques, dont le plus vieux moulin à eau de l'Ontario, le moulin Blackhouse, qui date de 1798.

On peut visiter la station sylvicole St. Williams, la première pépinière de l'Ontario, qui produit plus de 7 millions de jeunes arbres tous les ans.

*Cygnes siffleurs, à Long Point*

### PARIS
L'église de Paris Plains (1845) est un bel exemple de construction en galets, une technique rarement utilisée au Canada. Un autre bâtiment ancien, le Penmarvian, fut construit en 1845-1848 dans le style néo-grec par Hiram « King » Capron, le fondateur de la ville. Celui-ci fit exploiter les gisements de gypse de l'endroit pour fabriquer du plâtre de Paris qui donna son nom à la ville.

*Pied de tabac*

*Église de Paris Plains*

### SIMCOE
Le musée Eva Brook Donly contient des lampes et des instruments aratoires de l'époque des pionniers, ainsi que des tableaux d'artistes du comté de Norfolk.
□ Un monument rappelle la mémoire de John Graves Simcoe, premier lieutenant-gouverneur du Haut-Canada qui a donné son nom à la ville.

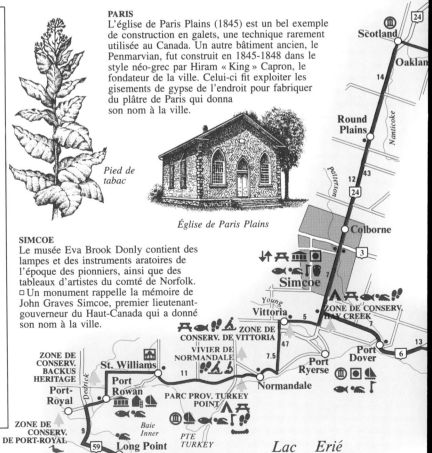

*Scotland*
*Oaklan*
*Round Plains*
*Colborne*
*Simcoe*
*Young*
*Vittoria*
*ZONE DE CONSERV. DE VITTORIA*
*VIVIER DE NORMANDALE*
*ZONE DE CONSERV. BAY CREEK*
*Port Dover*
*Port Ryerse*
*Normandale*
*ZONE DE CONSERV. BACKUS HERITAGE*
*St. Williams*
*Port Royal*
*Port Rowan*
*PARC PROV. TURKEY POINT*
*ZONE DE CONSERV. DE PORT-ROYAL*
*Long Point*
*Baie Inner*
*PTE TURKEY*
*PARC PROV. DE LONG POINT*
*PTE LONG*
*Lac Erié*

0  2  4  6  8  10 Milles
0  4  8  12  16 Kilomètres

grandes futaies de pins blancs et rouges qu'ils abattirent pour cultiver des céréales, des légumes et des fruits. Mais, privée des profondes racines d'arbres qui la retenaient, la terre, devenue trop légère pour supporter toutes ces cultures, se dégrada rapidement sous l'effet de l'érosion.

Les champs se transformèrent en tertres de sable que poussait le vent, et de nombreuses fermes durent être abandonnées. Ce n'est que vers 1920, lorsque des agriculteurs commencèrent à cultiver le tabac, que la région devint l'une des plus riches de l'Ontario.

Au nord du comté de Norfolk se trouve Brantford. La ville tient son nom de Joseph Brant, un chef mohawk, et sa renommée du fameux inventeur Alexander Graham Bell qui y conçut l'idée du téléphone. Brant mena ici les Indiens des Six Nations en 1784, lorsque leur fidélité à la Couronne britannique pendant la guerre d'Indépendance américaine leur fit perdre leurs territoires dans l'État de New York.

**RÉSERVE F.W.R. DICKSON**
Cette réserve sauvage de prés, de marécages, de tamaracs et de forêts marque la limite septentrionale de l'aire du sassafras. Un sentier d'exploration de la nature mène au marais et près de plusieurs gîtes de renards dans la forêt. Des mangeoires attirent des cardinaux, des pics et des juncos.

*Chapelle des Mohawks à Brantford*

**OHSWEKEN (RÉSERVE DES SIX NATIONS)**
Au mois d'août, les Iroquois font revivre leur histoire dans un théâtre en plein air de la réserve des Six Nations.
□ Le traité de Haldimand de 1784, qui fixait les limites de la réserve des Six Nations, est exposé dans la Maison du conseil (1863).
□ À Chiefswood, maison natale de la poétesse métisse Pauline Johnson (1861-1913), on peut voir la table de travail de l'auteure et plusieurs manuscrits originaux. Construite en 1835 par son père, le chef G.H.M. Johnson, elle renferme des meubles dans le style des années 1870.
□ Une plaque évoque le souvenir de John Brant, fils de Joseph Brant, qui fut le premier Indien élu à l'Assemblée législative du Haut-Canada en 1832.

*Monument de Joseph Brant, parc Victoria, à Brantford*

**NANTICOKE**
Une centrale électrique (la plus grande centrale thermique à charbon du monde), les hauts fourneaux d'une aciérie gigantesque et un énorme lotissement provincial ont fait de cette ville de 20 200 habitants, au bord du lac Érié, un centre industriel. On peut visiter la centrale sur demande.

## Le premier coup de téléphone de M. Bell

C'est au cours de l'été 1874 qu'Alexander Graham Bell, en visite chez ses parents à Tutela Heights, près de Brantford, conçut l'idée du téléphone. Pendant deux ans, Bell travailla à la construction de son premier appareil. C'est le 3 août 1876 qu'il en fit l'essai au bureau de la Dominion Telegraph Company, à Mount Pleasant, et qu'il entendit enfin la voix de son oncle David, à Brantford, qui récitait le fameux *To be or not to be* de Shakespeare. C'était la première communication téléphonique intelligible échangée d'un bâtiment à un autre. Une semaine plus tard avait lieu la première conversation « interurbaine », de Brantford à Paris (Ont.), une distance de 13 km.

La Bell Telephone Company of Canada vit bientôt le jour et comptait quatre abonnés en 1877. Le cinquième fut le Premier ministre Alexander Mackenzie qui fit installer une ligne téléphonique entre son bureau et la résidence du gouverneur général. La compagnie antidata, par complaisance, la demande du Premier ministre pour en faire officiellement le premier abonné.

*Appareil téléphonique, domaine Bell*

*Domaine Bell, à Brantford*

**BRANTFORD**
Dans le parc Victoria, un monument rappelle la mémoire de Joseph Brant, le chef iroquois qui donna son nom à la ville. Dans le parc Lorne, un cadran solaire marque l'endroit où ses compagnons prirent possession des terres que leur donna la Couronne britannique en 1784.
□ Dans West Street, un monument rappelle l'invention du téléphone par Alexander Graham Bell, à Tutela Heights.
□ Le domaine Bell, qui domine la rivière Grand, contient des copies des premiers appareils téléphoniques et plusieurs meubles de famille. Le premier central téléphonique du Canada (1877), aménagé dans la maison du révérend Thomas Henderson, se trouve sur la propriété.
□ La chapelle des Mohawks est la première église protestante qui fut construite dans ce qui est aujourd'hui l'Ontario (1785). La tombe de Brant se trouve à côté de la chapelle.
□ Le Brant County Museum contient une collection d'objets indiens, d'armes anciennes et de meubles d'époque.
□ À la galerie d'art Glenhyrst de Brant, logée dans une vaste demeure de 11 pièces, on peut admirer des œuvres de Homer Watson et de David Milne.

# La capitale de l'acier, entre vignes et vergers

## Péninsule du Niagara

Hamilton, la capitale de l'acier au Canada, a su échapper aux maux qui affligent la plupart des villes industrielles. Ses vieilles demeures et ses trottoirs pavés soigneusement préservés, de même que d'audacieux édifices modernes, comme le centre culturel Hamilton Place, témoignent d'un rare souci de la qualité de vie pour un grand centre urbain.

Les espaces verts concourent eux aussi à créer un cadre de vie harmonieux. Parmi les quelque 45 parcs des environs

### CHÂTEAU DUNDURN

Le château Dundurn évoque l'atmosphère élégante dans laquelle vivait Sir Allan Napier MacNab, avocat, promoteur, financier et politicien, qui le fit construire vers 1832.
□ Parmi les 35 pièces ouvertes au public dans ce musée qui relate l'histoire de Hamilton, on remarquera une bibliothèque lambrissée de noyer noir et une salle à manger meublée d'une immense table d'acajou où 20 convives pouvaient prendre place. Dans le parc entourant le château se trouve le Battery Lodge, de la même époque, qui loge le Musée militaire de Hamilton.

*Château Dundurn, à Hamilton*

### HAMILTON

Hamilton (425 000 hab.), l'une des principales villes industrielles du Canada, est située sur la baie de Burlington, dans le lac Ontario. Le port de Hamilton, l'un des mieux aménagés des Grands Lacs, se classe au troisième rang pour l'importance de son achalandage. Une levée de 90 m, appelée « la Montagne », s'élève au-dessus de la ville. Les parcs sont nombreux à Hamilton et la ville s'enorgueillit de ses jardins botaniques.
□ Hamilton Place est le centre culturel de la ville. Le musée des Beaux-Arts possède une collection d'artistes canadiens renommés dont Kurelek, Krieghoff et Suzor-Côté. L'université McMaster est célèbre pour son réacteur nucléaire. Le musée Steam and Technology, le musée de l'aviation Warplane Heritage et le Musée militaire du château Dundurn valent le détour.
□ La Maison Whitehern, une jolie construction de pierre datant des années 1840, se dresse toujours dans le centre de la ville.

*Aciérie, à Hamilton*

### TEMPLE DE LA RENOMMÉE DU FOOTBALL CANADIEN

On trouvera dans ce temple les bustes des plus grands joueurs de football, un ordinateur qui répond aux questions qui lui sont posées sur les records de la Ligue canadienne de football et une salle de cinéma où l'on présente des films de la coupe Grey. Un grand vitrail illustre les quatre étapes de l'évolution du sport — 1900, 1920, 1950 et l'époque actuelle.

*Vitrail, Temple de la renommée du football canadien*

### ROYAL BOTANICAL GARDENS

Ouverts toute l'année, les jardins botaniques présentent une collection d'arbres et de plantes herbacées, un salon de thé et un jardin pour les enfants. Le vaste domaine, sillonné de sentiers d'exploration, renferme la Rocaille, au nord-est de Hamilton, le Jardin du printemps, à Burlington, avec ses floralies d'iris, de lys et de pivoines en juin, ainsi que la réserve naturelle de Cootes Paradise.

1  Royal Botanical Gardens
2  Université McMaster
3  Musée militaire et château Dundurn
4  Village de Hess
5  Musée des Beaux-Arts de Hamilton
6  Temple de la renommée du football canadien
7  Hamilton Place
8  Whitehern
9  Renseignements touristiques
10  Parc Sam Lawrence
11  Musée Warplane Heritage
12  Steel Company Canada
13  Pont James Allen
14  Parc de la Confédération
15  Musée Steam and Technology

de Hamilton, on remarquera les jardins botaniques et le parc Sam Lawrence, avec une vue magnifique du sommet de la ville.

À l'est de Hamilton s'étend la péninsule du Niagara, la principale région fruitière et vinicole du Canada. La majeure partie du vin canadien provient des raisins qui poussent sur le riche sol de cette région au climat tempéré. C'est en mai, à l'époque de la floraison des cerisiers, des pêchers et des pommiers, que le paysage revêt toute sa splendeur.

La région a été colonisée par des loyalistes, des mennonites, des quakers, des huguenots et une vingtaine d'autres groupes religieux ou ethniques. La diversité de cet héritage culturel revit tous les ans au printemps, à St. Catharines, avec le Festival des arts folkloriques. Cette manifestation d'une semaine marque l'ouverture de la saison des fêtes, des marchés en plein air et des foires de campagne qui s'achèvera en septembre par le Festival de la vigne et son pittoresque défilé.

*Phare de Port Dalhousie, près de St. Catharines*

### STONEY CREEK

Le parc Battlefield Memorial commémore la bataille au cours de laquelle, le 6 juin 1813, 700 soldats britanniques mirent en déroute 2 000 Américains. Le musée, meublé dans le style des années 1790, relate ce fait d'armes. Il a été aménagé dans la maison dont les Américains avaient fait leur quartier général.

*Monument du Champ-de-bataille, à Stoney Creek*

### VINELAND

L'institut d'Horticulture de Vineland, ouvert au public, fait partie des installations de recherche du ministère ontarien de l'Agriculture et de l'Alimentation. On peut visiter des jardins floraux et des serres consacrées à la culture expérimentale des légumes.

### ST. CATHARINES

Située sur le canal Welland au sud du lac Ontario, St. Catharines (124 000 hab.) est au cœur de la région fruitière et vinicole du Niagara.
□ On peut encore apercevoir des vestiges des trois premiers canaux Welland (1829, 1845 et 1887). Le canal actuel, le quatrième, date de 1932. Le Musée historique de St. Catharines en décrit la construction ; on peut visiter l'écluse n° 3.
□ Les régates royales canadiennes de Henley ont lieu ici, au début d'août, tandis que se déroulent en mai le Blossom and Folk Arts Festival et le plus important de tous, le Festival de la vigne en septembre.
□ Le musée Morningstar Mill-Mountains Mills, aux chutes De Cew, est aménagé dans un vieux moulin de 1872. Une plaque identifie le site de la Maison De Cew, à 1 km environ de Beaver Dams. Le 22 juin 1813, Laura Secord vint ici prévenir les Britanniques d'une attaque imminente de l'armée américaine.

*Lac Ontario*

### JORDAN

Le Jordan Historical Museum of the Twenty réunit les maisons Vintage (v. 1840) et Jacob Fry (1815), une école de pierre (1859) et un cimetière dont les stèles marquent les tombes de colons mennonites. On y verra un énorme pressoir à cidre de l'époque des pionniers, une adaptation locale des pressoirs européens. Actionnée par une vis de 3 m de haut, façonnée dans une pièce de noyer noir, la presse exerçait une pression de 18 tonnes.

*Porte de la taverne Marlatt, musée de Grimsby*

### GRIMSBY

Cette petite ville s'appelait autrefois « Forty » parce qu'elle était située sur le ruisseau Forty Mile. En 1816, on la rebaptisa du nom de la ville anglaise de Grimsby. On a enchâssé dans le bâtiment la belle porte de la taverne Marlatt (1855-1873).
□ Une chaise Windsor ayant appartenu au colonel Robert Nelles, colon loyaliste de la région, fait partie de la collection du Musée de Grimsby. On a enchâssé dans le bâtiment la belle porte de la taverne Marlatt (1855-1873).

*Pressoir à fruits, Jordan Historical Museum of the Twenty*

## Un concours de foulage du raisin

En septembre, pendant 10 jours, St. Catharines célèbre son festival de la vigne, le Niagara Grape and Wine Festival, au cours duquel se déroulent, entre autres manifestations, un concours de foulage du raisin, qui oppose les maires des localités de la région, et le couronnement de la « famille royale » qui présidera aux destinées du festival.
□ Environ 90 p. 100 du raisin canadien provient de la péninsule du Niagara. Jusque vers le milieu des années 40, la production locale ne pouvait servir qu'à la fabrication du sherry et du porto, mais de nouveaux plants ont donné aux vins de l'Ontario un parfum plus subtil. On peut demander à visiter les établissements des vins Barnes, le plus ancien chai du Canada (1873), et ceux des vins Andrés, à Winona.

## Des chutes prodigieuses maintes fois défiées

Péninsule du Niagara

Un « grand et prodigieux saut ! » C'est en ces termes que Jean-Louis Hennepin, missionnaire et explorateur belge, décrivait les chutes du Niagara en 1678. Il fut le premier à donner une description des deux spectaculaires cataractes du Niagara, le Fer à Cheval de la chute canadienne (670 m de large et 54 m de haut)

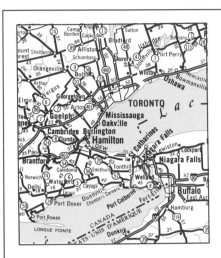

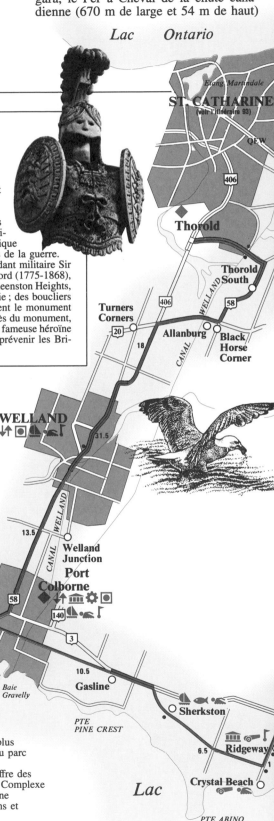

### La guerre de 1812

La péninsule du Niagara retentit encore des combats que s'y livrèrent les troupes américaines et britanniques durant la guerre de 1812. Deux places fortes britanniques existent encore aujourd'hui : le vieux fort Érié (1764) et le fort George (1797-1799). À la fin du conflit, les deux étaient tombés aux mains des Américains pour être bientôt repris par les Britanniques. Le vieux fort Érié et le parc historique national du Fort-George relatent les péripéties de la guerre.

Deux figures légendaires, celle du commandant militaire Sir Isaac Brock (1769-1812) et celle de Laura Secord (1775-1868), sont aussi liées à la péninsule du Niagara. À Queenston Heights, Brock défit les Américains, mais y laissa sa vie ; des boucliers et d'autres symboles de guerre (à droite) ornent le monument de 64 m de hauteur dédié à Brock en 1854. Près du monument, le Laura Secord Homestead rend hommage à la fameuse héroïne canadienne qui parcourut 30 km à pied pour prévenir les Britanniques d'une attaque américaine, en 1813.

### CANAL WELLAND

Le canal Welland, long de 43 km, qui relie Port Weller, sur le lac Ontario, à Port Colborne, sur le lac Érié, traverse la péninsule du Niagara, à 13 km à l'ouest des chutes. Ses huit écluses, d'une dénivellation totale de 100 m, peuvent accueillir des bateaux ayant jusqu'à 22 m de long. Il faut 8 à 10 heures pour les franchir.
□ Les navires franchissent une dénivellation de 57 m à Thorold : 43 m au moyen de trois écluses-ascenseurs jumelées, puis 14 m dans une écluse simple, 500 m plus loin. Les écluses jumelées font remonter les navires allant vers l'ouest en même temps qu'elles font descendre ceux qui se dirigent à l'est.
□ Le canal de déviation, percé en 1973, permet d'éviter cinq ponts élévateurs et un pont tournant ferroviaire au cœur de la ville. Sous le chenal passent le tunnel Townline (trois voies de chemin de fer et une route à deux voies), ainsi que celui d'East Main Street (une autoroute à quatre voies).
□ Le premier canal Welland fut construit entre 1824 et 1829, le second entre 1845 et 1886, le troisième entre 1887 et 1931. Le tracé actuel date de 1913-1932.

### PORT COLBORNE

C'est là que se trouve l'écluse n° 8, la plus longue du monde (421 m). On la voit du parc Fountain View.
□ Connue pour ses minoteries, la ville offre des plages de sable et un port de plaisance. Complexe de six bâtiments, le Historical and Marine Museum expose des souvenirs des colons et des anciens chantiers navals.

*Canal Welland*

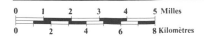

et la chute américaine (305 m de large et 56 m de haut).

La chute que découvrit Hennepin s'est depuis bien assagie, car une partie de ses eaux a été détournée vers des centrales hydro-électriques.

Des millions de touristes visitent les chutes tous les ans depuis le début du XIXe siècle. Les chutes attirèrent également des casse-cou qui tentèrent de les franchir dans des barriques, des ballons de caoutchouc ou des bateaux. Le plus célèbre fut un funambule français, Blondin, qui, en 1859, traversa la gorge du Niagara sur une corde. Les exploits de ces aventuriers valurent à certains une gloire éphémère, mais d'autres perdirent la vie en défiant les chutes.

La loi, qui mit fin à ces prouesses en 1912, visait surtout à empêcher les spéculateurs de s'emparer de ce merveilleux site naturel. L'Ontario, d'ailleurs, y avait déjà créé en 1887 le parc des chutes de la Reine-Victoria, premier parc provincial du Canada. Aujourd'hui, la Commission des parcs du Niagara possède tous les terrains qui bordent la rivière et la promenade du Niagara. Le long de celle-ci, le visiteur voit revivre la guerre de 1812 à Fort-Érié, Queenston et Niagara-on-the-Lake.

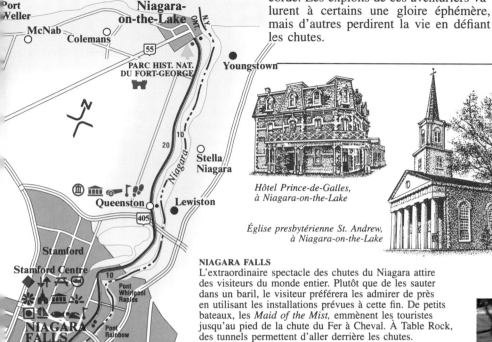

*Hôtel Prince-de-Galles, à Niagara-on-the-Lake*

*Église presbytérienne St. Andrew, à Niagara-on-the-Lake*

### NIAGARA-ON-THE-LAKE

D'abord sous le nom de Newark, Niagara-on-the-Lake fut la première capitale du Haut-Canada de 1791 à 1796 et un port prospère jusqu'à l'ouverture du canal Welland, en 1829, qui la priva d'une partie de son trafic. Aujourd'hui, c'est une des villes du début du XIXe siècle les mieux préservées. Sur la rue principale se trouvent le musée Niagara Apothecary (1866) et l'élégant hôtel Prince-de-Galles. La ville offre aussi plusieurs résidences du siècle dernier, admirablement conservées, comme les maisons Kirby (1815) et McFarlane (1800). L'église presbytérienne St. Andrew (1831) est une merveille de style néo-grec.
□ Du début d'avril à la mi-octobre, le Festival Shaw attire 250 000 visiteurs en présentant des pièces du grand dramaturge britannique et de ses contemporains.

### NIAGARA FALLS

L'extraordinaire spectacle des chutes du Niagara attire des visiteurs du monde entier. Plutôt que de les sauter dans un baril, le visiteur préférera les admirer de près en utilisant les installations prévues à cette fin. De petits bateaux, les *Maid of the Mist,* emmènent les touristes jusqu'au pied de la chute du Fer à Cheval. À Table Rock, des tunnels permettent d'aller derrière les chutes.
□ La tour Minolta (99 m) et la tour Skylon (160 m) sont l'une et l'autre surmontées d'un restaurant rotatif. On peut également survoler les chutes en hélicoptère.
□ Quelque 3 km en aval, un téléphérique de 549 m franchit les gorges du Niagara. Au nord du pont Whirlpool Rapids, un ascenseur mène les touristes à des promenades le long des rapides.
□ La ville même de Niagara Falls offre des attractions pour tous les goûts.
□ Dans le Niagara, l'île Navy est un refuge de goélands à bec cerclé et d'une vingtaine d'espèces de canards.
□ À Niagara Glen, en aval du pont Whirlpool Rapids, on peut admirer des tulipes de Virginie et plusieurs plantes canadiennes rares.

*Le téléphérique des chutes du Niagara*

*Feuilles et fleur du tulipier de Virginie à Niagara Glen*

## Une cataracte en recul

Il y a 12 500 ans environ, quand prit fin la période glaciaire, les lacs réapparurent. Il en fut ainsi du lac Érié qui se déversait à l'origine dans le bassin du Mississippi.

À mesure que les glaciers reculaient, le lac trouva un autre passage, au nord, et ses eaux se jetèrent par le cours du Niagara dans le lac Iroquois, l'ancêtre du lac Ontario. Les chutes du Niagara naquirent le jour où les eaux franchirent l'escarpement d'une soixantaine de mètres qui séparait les deux lacs. Elles se mirent aussitôt à reculer, de 1,2 m environ par an. Aujourd'hui, elles se trouvent à 11 km au sud de leur emplacement d'origine, à Queenston.

Cette régression est due à la composition des couches sédimentaires de l'escarpement : schistes et calcaires tendres recouverts par de la dolomite et du calcaire dur. Le schiste de la base s'érode rapidement, tandis que les couches supérieures forment une saillie en surplomb qui finit par s'effondrer sous son propre poids.

## Dans un doux paysage, de riantes demeures et de coquettes fermes

Centre de l'Ontario

Cette région rurale du centre de l'Ontario est celle des petites villes et des bourgs empreints de la nostalgie du passé. C'est le pays des villages de pionniers, des plaques commémoratives, des musées et des résidences imposantes.

De belles demeures restaurées font la fierté des gros bourgs établis au bord des rivières. À côté des coquettes maisons de ferme, paissent des troupeaux de vaches holsteins, qui font l'orgueil de la région,

### FORKS OF THE CREDIT
Les deux bras de la Credit se précipitent dans des gorges encaissées avant de se rejoindre au pied de l'escarpement du Niagara.
□ Aux environs se trouve une falaise boisée, Rattlesnake Point, qui fait partie de l'escarpement du Niagara. Ses parois abruptes, marquées de fissures et de failles, sont fort appréciées des alpinistes.

### ROCKWOOD
Le visiteur aura plaisir à se promener dans la campagne environnante à bord d'un vieux tram de l'Ontario Electric Railway Museum de Rockwood. Le musée expose une trentaine de véhicules électriques sur rail, dont une réplique d'une voiture découverte de 1893, une voiture en bois propulsée au charbon, une voiture de tronçon « en épi » qui fonctionne dans les deux sens (1915), garnie de sièges en osier, et enfin une voiture aérodynamique en service à Toronto de 1938 à 1963.

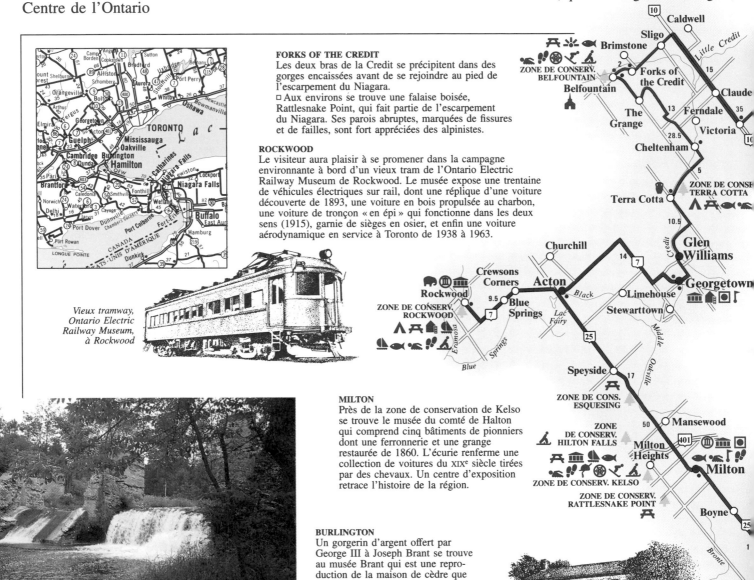

*Vieux tramway, Ontario Electric Railway Museum, à Rockwood*

### MILTON
Près de la zone de conservation de Kelso se trouve le musée du comté de Halton qui comprend cinq bâtiments de pionniers dont une ferronnerie et une grange restaurée de 1860. L'écurie renferme une collection de voitures du XIXᵉ siècle tirées par des chevaux. Un centre d'exposition retrace l'histoire de la région.

### BURLINGTON
Un gorgerin d'argent offert par George III à Joseph Brant se trouve au musée Brant qui est une reproduction de la maison de cèdre que se fit construire le chef mohawk vers 1800. Brant obtint une vaste concession dans la région en récompense de sa loyauté lors de la révolution américaine. Il y mourut en 1807.

*Musée Joseph Brant, à Burlington*

*Chute de la rivière Credit, près de Belfountain*

### DUNDAS
La ville se donne le nom de « capitale canadienne du cactus », en raison de ses nombreuses serres où l'on expose une grande variété de cactus et de plantes charnues. Le Festival du cactus y a lieu au mois d'août.
□ L'hôtel de ville est l'un des plus beaux exemples d'architecture néo-classique de la province.

*Grand iris barbu*

0 1 2 3 4 5 Milles
0 2 4 6 8 Kilomètres

dans les champs que divisent des clôtures de cèdre, construites il y a un siècle par les premiers colons.

La vallée de la Credit offre un doux paysage de pâturages ondulés, de failles crayeuses et de bois épais que traversent des torrents. Les vieux barrages qui enjambent les rivières amenaient autrefois l'eau aux scieries, aux minoteries et, plus tard, aux centrales électriques. C'est ici que, pour la première fois en Ontario, en 1883, on installa l'électricité dans une ferme, un progrès qui allait révolutionner tout un mode de vie. Aujourd'hui, le musée de l'Agriculture de l'Ontario, près de Milton, permet de saisir le passé de la province.

La vallée recèle de nombreux vestiges du passé. Magasins généraux, greniers à foin, forges et auberges d'autrefois sont devenus des magasins d'antiquités, des studios d'artistes, des galeries d'art ou des restaurants. Le Village des pionniers de Black Creek nous replonge dans la vie campagnarde du siècle dernier. Les galeries de pierre et de bois grossièrement équarri de la Collection canadienne McMichael, à Kleinburg, exposent les œuvres des artistes du Groupe des Sept, dont plusieurs vécurent dans les environs.

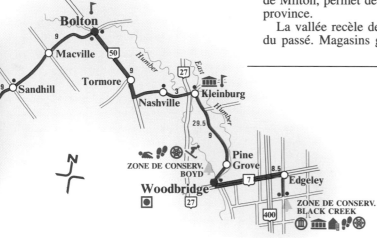

Moulin, Village des pionniers de Black Creek

**ZONE DE CONSERVATION BLACK CREEK**
Les quatre bâtiments de bois de la ferme de Daniel Strong, au centre du Village des pionniers de Black Creek, se dressent toujours à l'endroit où ils furent construits. □ Le village compte encore un magasin général, un moulin, un atelier de tisserand et une cordonnerie, ainsi que plusieurs autres bâtiments d'époque. □ La Maison Burwick (1844), meublée dans le style local du temps, renferme d'anciens tapis et tapisseries. Le musée de la grange de Dalziel, une énorme grange construite en porte-à-faux (1809), abrite la plus vaste collection canadienne de jouets du XIXe siècle. □ Des figurants fabriquent des chandelles, barattent le beurre, cardent la laine, confectionnent des tapis au crochet et cuisent du pain comme on le faisait avant 1867.

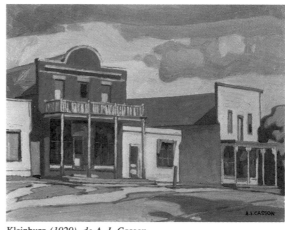

Kleinburg (1929), de A. J. Casson

## Un foyer pour le Groupe des Sept

La Collection canadienne McMichael, à Kleinburg, est l'une des plus importantes collections de toiles du Groupe des Sept. Formé en 1920, le groupe se composait de Frank Carmichael, Lawren Harris, A.Y. Jackson, Frank Johnston, Arthur Lismer, J.E.H. MacDonald, et F. H. Varley. Tom Thomson, qui s'était noyé dans le parc Algonquin en 1917, eut une influence déterminante sur le groupe. Les toiles de ces artistes et de ceux qui se joignirent à eux par la suite, comme A. J. Casson, sont exposées à Kleinburg.

Robert et Signe McMichael commencèrent leur collection dans une maison de six pièces qu'ils appelaient Tapawingo (mot indien qui signifie « lieu de joie »). En 1965, les McMichael firent don de leur collection à la province de l'Ontario. Le musée possède aussi des objets d'art indien et inuit. On peut y voir le modeste studio que possédait Tom Thomson à Toronto.

Musée de l'Ancienne Poste, à Oakville

**OAKVILLE**
Plus de deux douzaines de bâtiments du Vieux Oakville datent du XIXe siècle. Le musée de l'Ancienne Poste (1835), la Maison Thomas (1829) et le Poste de douanes (1855) ont été restaurés et sont ouverts aux visiteurs. Les autres bâtiments comprennent l'église St. Andrew (1840), la grange en pierre de Romain et MacDougald (1854) et l'église St. Jude (1883).

**PARC PROVINCIAL BRONTE CREEK**
Le profond ravin Bronte Creek traverse le parc qui est ouvert toute l'année. La ferme Spring Lane qui date du début du siècle nous replonge dans la vie d'une famille de pionniers. Les jeunes visiteurs peuvent jouer avec les animaux ou dans la cour de la ferme, au milieu des balles de foin.

Merle bleu à poitrine rouge

# La grande métropole canadienne garde un visage humain

Peu de villes en Amérique du Nord ont évolué aussi rapidement que Toronto qui, avec ses 3,6 millions d'habitants, est devenue une grande métropole sans que son tissu social en souffre.

C'était autrefois un endroit agréable, mais terne. Ancienne ville de garnison britannique, Toronto était un port, le siège du gouvernement et un centre régional de 9 000 âmes quand elle fut constituée en ville. Durant plus d'un siècle, elle étendit son influence économique, sans rien perdre de son puritanisme anglo-saxon. Mais l'afflux d'immigrants de toutes origines, après la Seconde Guerre mondiale, devait modifier son tissu social en profondeur. Aujourd'hui, Toronto est, comme le dit son nom en huron, un « centre de convivialité » où prolifèrent les musées, les théâtres et les lieux de divertissement.

À l'heure actuelle, la capitale de l'Ontario est aussi le centre commercial et industriel de tout le Canada. Sa bourse, la plus importante au pays, occupe le septième rang à l'échelle mondiale. Au centre-ville se dressent des gratte-ciel comme le Centre Toronto-Dominion (54 étages), le Commerce Court (57 étages) et la First Canadian Place (74 étages) ; autour, on a une mosaïque de petites agglomérations à caractères divers, ponctuées d'espaces verts et de vestiges du passé.

**Bourse de Toronto** (21)  Le centre d'accueil aux visiteurs et la galerie publique à l'étage permettent d'assister aux activités de la bourse la plus importante du Canada et l'une des plus modernes au monde au plan technologique.

**Canada's Wonderland** (37)  On trouve de tout dans ce magnifique parc d'amusement de 150 ha : des montagnes russes, des glissoires aquatiques, des personnages de bandes dessinées et des spectacles mettant en vedette dauphins et otaries.

**Casa Loma** (41)  Le plus grand château d'Amérique du Nord fut construit en 1911-1914 par l'industriel Sir Henry Pellatt. Cette « folie » de 98 pièces est un labyrinthe de passages secrets et d'escaliers dérobés. Un tunnel de 210 m mène aux écuries lambrissées d'acajou.

**Centre des Arts O'Keefe** (28)  Dans cette salle de 3 200 places, la plus vaste du Canada, se donnent des représentations musicales, des concerts et toutes sortes de spectacles. C'est ici que se produisent régulièrement le Ballet national du Canada et la Canadian Opera Company.

**Centre St. Lawrence** (27)  Pièces de théâtre, musique, danse et cinéma occupent les deux théâtres de ce centre où ont lieu également des débats publics sur des sujets d'intérêt local.

**Centre des Sciences de l'Ontario** (43) Construit pour commémorer le centenaire du Canada en 1967, ce musée est situé dans les collines qui avoisinent un profond ravin. Les visiteurs sont encouragés à manipuler les appareils scientifiques mis

*Symboles du dynamisme de Toronto, le SkyDome, la tour du CN, Harbourfront et les gratte-ciel (à gauche) illuminent ses nuits. Les 41 étages de vitres à reflets dorés du Royal Bank Plaza (en haut) dominent le quartier des affaires, tandis que le Casa Loma (ci-dessus) évoque un passé prestigieux.*

à leur disposition. On y voit un simulateur de vaisseau spatial, ainsi qu'un ordinateur qui joue au « tic-tac-to ».

**Champ de courses Woodbine** (35)  La plus ancienne course de chevaux du continent, Queen's Plate, s'y déroule chaque année depuis 1860.

**École Enoch-Turner** (33)  La première école publique de Toronto fut construite par le brasseur Enoch Turner en 1848. Restaurée, elle présente une collection d'objets torontois du XIXe siècle.

**Exposition canadienne nationale** (1) C'est la plus grande exposition annuelle du monde ; elle se tient tous les ans depuis 1878. Sur 120 ha s'y déroulent des spectacles, des compétitions sportives, des floralies, des expositions consacrées aux sciences, à l'éducation et à la mode, une foire agricole où sont présentées les plus récentes techniques informatiques. Le Canadian International Air Show et le Kid's World avec ses spectacles, ses randonnées à dos de poney et ses séances de maquillage sont deux attractions particulièrement prisées.

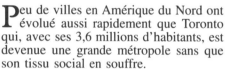

**Fort York** (4) Des figurants en costumes d'époque font visiter les quartiers des officiers, les casemates et les casernes reconstitués dans l'enceinte des fortifications qui datent de 1793 et de 1815.

**Harbourfront** (18) Ce quartier retapé, qui occupe 40 ha en bordure du port, attire plus de 3 millions de visiteurs par an. On y trouve des marinas, des restaurants, des boutiques, des galeries d'art, des studios d'artisanat et le plus grand marché d'antiquités au Canada, sans parler des concerts et des divers événements culturels qui s'y déroulent.

**High Park/Colborne Lodge** (38) Des sentiers serpentent entre les rocailles, les parterres de fleurs, le petit zoo et l'étang Grenadier qui agrémentent ce parc de 141 ha. La plus grande partie du terrain fut léguée à la ville par John G. Howard (1803-1890), l'un des premiers arpenteurs et ingénieurs de Toronto. Sa maison, Colborne Lodge (1837), abrite entre autres une collection de ses propres aquarelles.

**Jardin zoologique du Toronto métropolitain** (45) Ce zoo de catégorie internationale occupe un domaine de 287 ha dans les terres vallonnées qui bordent la rivière Rouge. Plus de 4 000 animaux vivent dans d'immenses enclos ouverts ou vitrés qui recréent leur milieu naturel. Les visiteurs peuvent emprunter le monorail, le zoomobile ou des sentiers balisés pour visiter les animaux groupés par type d'habitat.

**Maison Campbell** (13) On a restauré cette belle maison de style georgien construite en 1822 où vécut, de 1825 à 1829, Sir William Campbell, ministre de la Justice du Haut-Canada.

**Maison Gibson** (39) Elle fut construite vers 1850 par David Gibson, qui avait appuyé William Lyon Mackenzie durant la rébellion du Haut-Canada en 1837. Restaurée dans l'esprit de l'époque, on y offre des démonstrations d'artisanat et de cuisine de jadis.

**Maison Mackenzie** (29) Ce bâtiment à étage en pierre (1857) fut le domicile de William Lyon Mackenzie, premier maire de Toronto (1834) et chef de la rébellion du Haut-Canada en 1837.

**Maison Spadina** (40) Construite en 1866 à côté du Casa Loma, elle est renommée pour l'originalité de son décor et pour ses jardins de style victorien.

**Marché Kensington** (5) À proximité des gratte-ciel, ce joli marché se tient en pleine rue. On y trouve de nombreux restaurants de tous les pays.

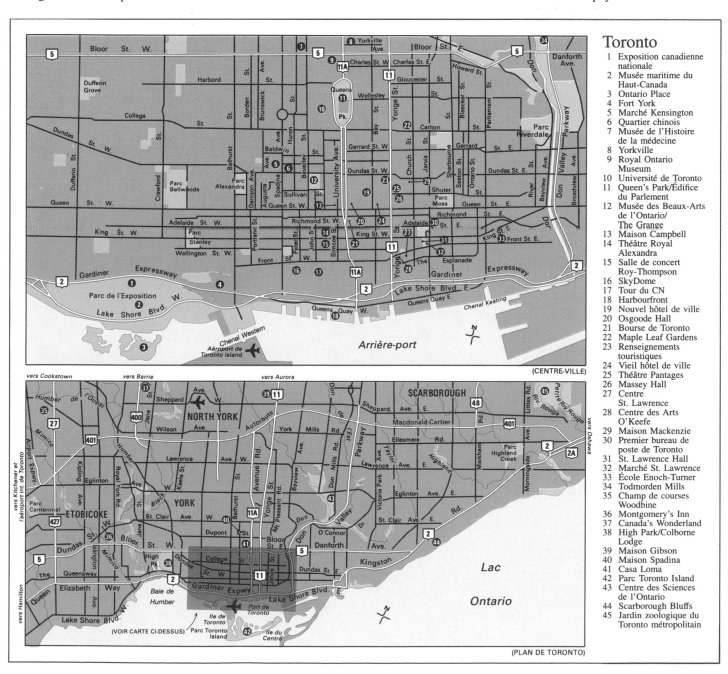

**Toronto**

1 Exposition canadienne nationale
2 Musée maritime du Haut-Canada
3 Ontario Place
4 Fort York
5 Marché Kensington
6 Quartier chinois
7 Musée de l'Histoire de la médecine
8 Yorkville
9 Royal Ontario Museum
10 Université de Toronto
11 Queen's Park/Édifice du Parlement
12 Musée des Beaux-Arts de l'Ontario/ The Grange
13 Maison Campbell
14 Théâtre Royal Alexandra
15 Salle de concert Roy-Thompson
16 SkyDome
17 Tour du CN
18 Harbourfront
19 Nouvel hôtel de ville
20 Osgoode Hall
21 Bourse de Toronto
22 Maple Leaf Gardens
23 Renseignements touristiques
24 Vieil hôtel de ville
25 Théâtre Pantages
26 Massey Hall
27 Centre St. Lawrence
28 Centre des Arts O'Keefe
29 Maison Mackenzie
30 Premier bureau de poste de Toronto
31 St. Lawrence Hall
32 Marché St. Lawrence
33 École Enoch-Turner
34 Todmorden Mills
35 Champ de courses Woodbine
36 Montgomery's Inn
37 Canada's Wonderland
38 High Park/Colborne Lodge
39 Maison Gibson
40 Maison Spadina
41 Casa Loma
42 Parc Toronto Island
43 Centre des Sciences de l'Ontario
44 Scarborough Bluffs
45 Jardin zoologique du Toronto métropolitain

(CENTRE-VILLE)

(PLAN DE TORONTO)

**Marché St. Lawrence** (32) Le premier hôtel de ville de Toronto (1844-1899) logeait ici. Restauré, l'édifice est maintenant un marché public.

**Massey Hall** (26) Construite en 1894, cette salle continue de présenter de nombreux concerts et des soirées musicales.

**Montgomery's Inn** (36) Construite vers 1830 par Thomas Montgomery, un aubergiste d'origine irlandaise, cette auberge de pierre est un bel exemple d'architecture georgienne tardive ou loyaliste. L'intérieur a été restauré dans le goût des années 1830-1855 ; des guides costumés recréent l'ambiance de l'époque.

**Musée des Beaux-Arts de l'Ontario** (12) On peut y voir l'*Élévation de la croix,* de Rubens, et *The Harvest Waggon,* de Gainsborough. Sa collection canadienne comprend des tableaux de Krieghoff, Borduas, Kane, Carr, Thompson et du Groupe des Sept. Sa salle des sculptures abrite la plus grande collection mondiale d'œuvres du sculpteur britannique Henry Moore (1898-1986). Adjacente à ce magnifique musée, la Grange est un manoir restauré des années 1830, qui fut le premier site du musée.

**Musée de l'Histoire de la médecine** (7) C'est 5 000 ans de pratique médicale que présente ce musée logé dans l'Académie de la médecine.

**Musée maritime du Haut-Canada** (2) Le musée est aménagé dans l'ancien quartier des officiers de la caserne Stanley (1841). Le remorqueur *Ned Hanlan* (1932) y est exposé en cale sèche.

**Nouvel hôtel de ville** (19) Cette merveille architecturale a été terminée en 1965. Deux tours incurvées de 27 et 19 étages flanquent la « soucoupe » centrale de trois étages qui loge la salle du conseil municipal. La place Nathan-Phillips qui en marque l'entrée est le point de rencontre favori des Torontois. En hiver, le miroir d'eau devient une patinoire.

**Ontario Place** (3) Ce complexe de divertissements et d'expositions de 39 ha est aménagé dans le lac Ontario sur des îles et dans des pavillons futuristes reliés par des voies piétonnières. On y trouve des restaurants et des boutiques, la Cinésphère et le Temple de la renommée du baseball canadien. Au Forum ont lieu des spectacles de musique et de danse en plein air. Le Village des enfants comprend une forêt de punching-balls et une colline. Le destroyer *Haida* est amarré au quai en permanence.

**Osgoode Hall** (20) Cet édifice abrite la Cour suprême de l'Ontario ainsi que la Law Society of Upper Canada qui le fit construire de 1829 à 1832.

**Parc Toronto Island** (42) Des vedettes relient la ville aux trois principales îles, dotées de sentiers d'interprétation de la nature, de plages et de dunes ; on peut louer des bicyclettes et des bateaux. Dans l'île du Centre se trouvent un parc d'amusement et une ferme d'agrément.

**Premier bureau de poste de Toronto** (30) Construit en 1833 et classé monument historique, le comptoir de ce bureau

*Le stade SkyDome (ci-dessous), au pied de la tour du CN, accueille 53 000 spectateurs aux parties de baseball, 2 000 de plus au football et 67 500 au total aux concerts rock. Son toit rétractable se situe au niveau d'un 32ᵉ étage.*

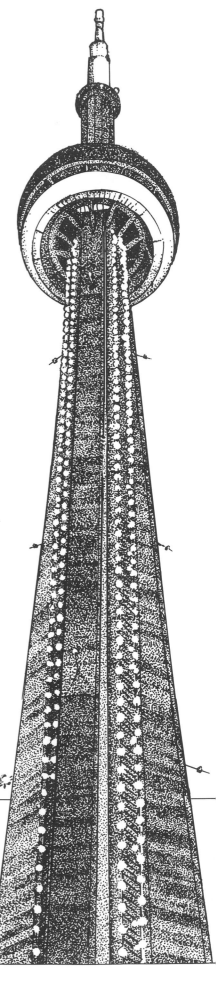

## Le monument le plus spectaculaire de Toronto

La plus haute montée en ascenseur du monde (447 m), le plus long escalier (2 570 marches), la plus haute structure autonome avec ses 553,33 m, la tour du CN (17) pèse autant que 23 200 éléphants réunis.

Achevée en 1976, cette tour de 52 millions de dollars est un important relais de télécommunications et aussi le monument le plus spectaculaire de Toronto. Des milliers de tonnes de béton armé ont servi à ériger cette immense colonne triangulaire qui a été conçue pour résister à tous les risques imaginables, vent, glace, incendie, tremblement de terre, accidents d'avion, foudre, ce qui en fait la tour la plus sûre du monde, selon les ingénieurs qui l'ont construite.

Quatre ascenseurs mènent les visiteurs aux sept étages du Sky Pod, à 346 m au-dessus du sol, où ils trouvent des plates-formes d'observation intérieures et extérieures, un restaurant et un cabaret rotatifs et de l'équipement de radiodiffusion. Un cinquième ascenseur va jusqu'au Space Deck (447 m), d'où l'on aperçoit le mât d'antenne de 100 m de haut qui fut amené en hélicoptère au sommet de la tour. En bas, les visiteurs peuvent vivre un vol simulé vers Jupiter.

de poste fonctionne toujours, mais ses employés portent des costumes d'époque.

**Quartier chinois** (6) C'est l'un des plus grands en Amérique du Nord ; il s'étend de la rue Bathurst à la rue Bay et offre des restaurants et des marchés d'alimentation, des kiosques de livres, des cinémas et des boutiques où l'on vend des ivoires, des jades et des soieries.

**Queen's Park/Édifice du Parlement** (11) Ce bâtiment d'inspiration romane abrite l'assemblée législative de l'Ontario ; il a été construit entre 1886 et 1892. Des guides le font visiter.

**Royal Ontario Museum** (9) Ouvert en 1914, ce musée est le plus grand du Canada et l'un des plus importants dans toute l'Amérique du Nord. Sa collection, qui dépasse les 6 millions de pièces, porte sur les arts, l'archéologie, la géologie, la minéralogie, la zoologie et la paléontologie. Dans l'immeuble principal, on contemplera de belles œuvres d'art chinois et des fossiles de dinosaures.

**Salle de concert Roy-Thompson** (15) D'une capacité de 2 800 places, cette salle est renommée pour son architecture audacieuse et ses qualités acoustiques. Construite en 1982, elle a remplacé Massey Hall comme siège de l'Orchestre symphonique de Toronto.

**St. Lawrence Hall** (31) L'immeuble (1850), de style Renaissance, abrite le Ballet national du Canada. L'étage supérieur, restauré, sert à des réceptions officielles.

**Scarborough Bluffs** (44) Vestiges de la dernière époque glaciaire, ces falaises de 90 m se dressent au bord du lac Ontario.

**SkyDome** (16) Ce stade polyvalent muni d'un toit entièrement rétractable est le siège de l'équipe de baseball de Toronto, les Blue Jays, et de l'équipe de football de Toronto, les Argonauts. Son tableau d'affichage est le plus grand du monde ; il mesure trois étages de haut sur neuf étages de large. Des concerts de musique rock et des spectacles de toutes sortes sont également présentés au SkyDome dont le complexe comprend un hôtel, un studio de conditionnement physique, un cinéma, des restaurants et des bars.

**Théâtre Pantages** (25) Ce magnifique théâtre de vaudeville et ciné-palace de 1920 ouvrait de nouveau ses portes en

1989 avec le spectacle musical *The Phantom of the Opera*, d'Andrew Lloyd Webber. Le théâtre, d'une capacité de 2 000 places, se prête bien aux productions musicales américaines. Les théâtres Elgin et Winter Garden, contemporains du Pantages, ont aussi été restaurés.

**Théâtre Royal Alexandra** (14) Le « Royal Alex » est fréquenté par les Torontois depuis 1907.

**Todmorden Mills** (34) Ce site historique du XIXᵉ siècle comprend deux bâtiments antérieurs à la Confédération, une ancienne brasserie (transformée maintenant en centre d'exposition) et l'ancienne gare Old Don.

**Université de Toronto** (10) Fondée en 1827 sous le nom de King's College, l'université compte plus de 250 bâtiments répartis sur trois campus. Quelque 50 000 étudiants la fréquentent.

**Vieil hôtel de ville** (24) Une tour à horloge de 90 m domine cet imposant édifice (1891-1899).

**Yorkville** (8) Plusieurs pâtés de maisons victoriennes ont été transformés en galeries d'art, en boutiques et en restaurants élégants.

*Le théâtre Pantages (ci-dessus) proclame par son opulence l'importance des arts et du spectacle dans la vie torontoise. Le rythme échevelé de la ville s'apaise dans les rues calmes et élégantes de Yorkville (ci-dessus, au centre), tandis qu'il s'intensifie à Ontario Place (ci-dessus, à droite), un parc d'amusement construit sur des îles. Les tours semi-circulaires de l'hôtel de ville (ci-contre), qui dominent le Nathan Phillips Square, bourdonnent d'activité.*

# De petites villes et quelques temples entre deux lacs

## Centre de l'Ontario

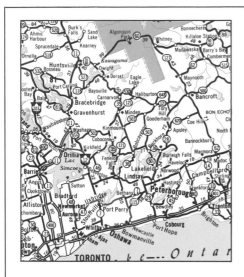

### BEAVERTON
L'église presbytérienne néo-classique St. Andrew a été construite entre 1840 et 1853.
□ Au nord de Beaverton, le système Trent-Severn débouche dans le lac Simcoe à l'écluse Gamebridge.
□ Le parc provincial McRae Point occupe une petite péninsule à trois pointes qui fait saillie dans le lac Simcoe. Un sentier de 1,2 km traverse un marécage riche en vie sauvage et en oiseaux. La pêche et la petite navigation attirent de nombreux visiteurs.

### PARC PROVINCIAL SIBBALD POINT
Ce parc de 200 ha appartenait autrefois à la famille Sibbald. Mᵐᵉ Susan Sibbald acheta la propriété en 1853, s'y installa en pionnière avec ses quatre fils et lui donna le nom du lieu où elle avait passé son enfance en Écosse, Eildon Hall. Ses descendants occupèrent le domaine jusqu'en 1951. La maison familiale a été transformée en musée.
□ L'église anglicane St. George (1877), qui surplombe le lac Simcoe, fut construite par les fils de Mᵐᵉ Sibbald pour rendre hommage à la mémoire de leur mère. Deux grandes figures de la littérature canadienne sont enterrées à côté : Stephen Leacock (1869-1944) et Mazo de la Roche (1879-1961), auteur de la fameuse série de romans *Jalna*.

### SHARON
Un bâtiment blanc de deux étages, le temple Sharon, rappelle à la mémoire une secte religieuse du XIXᵉ siècle. En 1801, un quaker américain, David Willson, s'établit dans la région et quitta ses coreligionnaires pour fonder les Enfants de la Paix aussi appelés les « davidites ». Les compagnons de Willson construisirent le temple en 1830. Tout est symbolique dans ce bâtiment. Les trois niveaux représentent la Sainte Trinité; les 12 piliers, les 12 apôtres. La structure carrée du bâtiment signifiait que les davidites n'usaient pas de faux-fuyant. Bien que Willson lui-même ait été considéré comme un fanatique, l'orchestre ambulant de sa secte connut une grande popularité dans les petites villes ontariennes. Aujourd'hui, les davidites n'existent plus et leur gracieux temple est devenu un musée.

*Temple Sharon*

### UXBRIDGE
La ville fut fondée par des Écossais, des Allemands et des Hollandais de Pennsylvanie au début du siècle dernier.
□ De style byzantin, le temple commémoratif Thomas Foster (1936), au nord d'Uxbridge, a été construit par « Honest Tom » Foster, un maire de Toronto (1925-1928) qui avait été élevé à Uxbridge. On prétend que le plan du temple lui fut suggéré par le Taj Mahal en Inde.
□ Le musée Uxbridge-Scott comprend six bâtiments de pionniers : l'écurie à voitures Hilson, l'atelier à outils Nesbitt, l'école Quaker Hill, la salle communautaire Victoria Corners, un atelier de travail et l'église Fifth Line (v. 1870) où l'on célèbre encore des mariages. Plusieurs anciens citoyens d'Uxbridge sont l'objet d'expositions permanentes : l'auteure Lucy Maud Montgomery (1874-1942), le peintre David Milne (1882-1953) et le pianiste Glen Gould (1932-1982) en font partie.

*Temple commémoratif Thomas Foster, à Uxbridge*

| 0 | 4 | 8 | 12 | 16 | 20 Milles |
|---|---|---|---|---|---|
| 0 | 8 | 16 | 24 | | 32 Kilomètres |

La route longe la grande agglomération de Toronto et relie le lac Ontario au lac Simcoe. On trouve dans cette région de grandes entreprises industrielles, des terrains de récréation et un certain nombre de curiosités historiques.

Entre Oshawa et Pickering s'étire un chapelet de villes industrieuses qui font partie de ce qu'on appelle le « fer à cheval doré » de l'Ontario, une zone d'urbanisation ininterrompue qui s'étend jusqu'à St. Catharines. La plupart de ces villes furent d'abord des ports de lacs avant de devenir des centres ferroviaires puis industriels.

Bien qu'une prospérité rapidement acquise leur ait parfois fait perdre leur âme, ces villes se sont efforcées de conserver certains bâtiments et certaines rues qui rappellent le passé. Cet effort a donné des résultats particulièrement heureux à Fort Hope où l'on a su préserver à temps le charme suranné d'une petite ville du milieu du XIXe siècle.

Une atmosphère rurale subsiste encore dans la région agricole qui s'étend au nord du lac Ontario et dans certaines villes comme Port Perry, Uxbridge et Leaksdale où un nombre grandissant de Torontois viennent chercher la paix. Parmi les monuments historiques et architecturaux de l'endroit se rangent le vieux moulin Tyrone, le temple commémoratif Thomas Foster, le temple Sharon et le Eildon Hall dans le parc provincial Sibbald Point.

**LEASKDALE**
Une plaque sur la maison du pasteur de l'église presbytérienne révèle qu'ici vécut de 1911 à 1926 Lucy Maud Montgomery, auteure de *Anne of Green Gables* ; son mari était alors pasteur de la paroisse. Elle écrivit la moitié de son œuvre dans cette maison qui est aujourd'hui propriété privée.

**TYRONE**
Dans les années 1840, les pionniers du Haut-Canada cultivaient le blé pour gagner leur subsistance ; dans ce temps-là, chaque village avait son moulin et faisait sa farine. L'un de ces moulins fonctionne toujours à Tyrone. Les visiteurs sont invités à en faire la découverte. C'est un moulin à eau qui dans ses beaux jours pouvait produire quotidiennement de 40 à 50 barils de farine, soit l'équivalent de 90 kg. Son propriétaire possède également une scierie, un moulin à moulée et une fabrique de cidre.

*La maison Cone, à Port Hope*

*La maison Penryn Park, à Port Hope*

**PORT HOPE**
Situé sur le lac Ontario à l'embouchure de la rivière Ganaraska, Port Hope est réputé pour la beauté de ses bâtiments et de ses rues. D'abord poste de traite des fourrures, la ville fut développée par les loyalistes vers 1790. La localité s'appela brièvement Toronto, mais elle changea de nom pour honorer un de ses politiciens, le colonel Henry Hope. Au milieu du siècle dernier, Port Hope devint un centre industriel et ferroviaire prospère. C'est de cette époque que datent la plupart des 90 bâtiments qui ont été classés monuments historiques. On ira voir des pâtés entiers de maisons de style victorien dans la rue Walton, considérée comme l'une des mieux préservées au Canada. On admirera également l'hôtel de ville (1851) et le collège Trinity (1868). Parmi les jolies demeures qui décorent les rues résidentielles, on notera les maisons Bluestone (1834), Cone (1847), Octagon (1856) et Penryn Park (1859). Cette dernière a servi au tournage du film *Anne of Green Gables*.

*Une Carter 1911, Musée canadien de l'automobile, à Oshawa*

**OSHAWA**
La prospérité d'Oshawa (125 000 hab.) repose principalement sur l'industrie de l'automobile. La production commença en 1907 lorsque le colonel R.S. McLaughlin (1871-1972) fonda sa propre société d'automobiles qui allait ouvrir la voie à la General Motors du Canada.
□ Parkwood, la demeure de McLaughlin, renferme dans ses 55 pièces des antiquités, des tapisseries et des murales d'une valeur inestimable. On y expose aussi des toiles du Groupe des Sept. La demeure est entourée de magnifiques jardins à la française.
□ La galerie Robert McLaughlin, au centre civique d'Oshawa, expose des œuvres d'artistes canadiens contemporains.
□ Au Musée canadien de l'automobile, on peut admirer plus de 70 voitures historiques datant des années 1890 à 1980.
□ Le musée Oshawa-Sydenham englobe trois maisons du XIXe siècle et décrit la vie avant l'ère de l'automobile.

*Jardin italien de Parkwood, à Oshawa*

# Des splendeurs du Muskoka aux rives souriantes du lac Simcoe

Centre de l'Ontario

Tapie entre le lac Simcoe et le lac Couchiching, Orillia est la petite ville où Stephen Leacock a campé ses *Sunshine Sketches of a Little Town*. C'est dans sa maison d'été, maintenant transformée en musée, que Leacock écrivit, entre autres, ce chef-d'œuvre d'humour. Pour l'auteur, qui passa son enfance dans cette magnifique région, « rien ne peut se comparer à la beauté souriante des eaux, des rives et des baies du lac Simcoe et de son frère jumeau, le Couchiching ».

## Héros du peuple chinois

Né à Gravenhurst en 1890, Norman Bethune interrompit ses études de médecine en 1914 pour servir en Europe. Lors de la guerre civile d'Espagne, il créa un service de transfusion sanguine pour les armées républicaines. En 1938, Bethune se joignit aux communistes chinois qui se battaient contre les Japonais et les Chinois nationalistes. Il fonda des hôpitaux, organisa des unités médicales et forma des médecins. S'étant coupé au doigt au cours d'une opération, il mourut de septicémie à Wupaishan où il fut enterré. Bethune est devenu un héros national de la Chine communiste et sa dépouille a été transférée dans la tombe des martyrs de Chine. Les Chinois ont donné son nom à des écoles et à des hôpitaux. Son portrait a paru sur des affiches et des timbres chinois (*à droite*).

## GRAVENHURST

Autrefois camp de bûcherons, Gravenhurst est devenue à la fin du XIXe siècle la porte qui ouvrait aux vacanciers la jolie région de Muskoka. Le monument le plus fameux de la ville est la maison où naquit le docteur Norman Bethune, mondialement connu pour ses activités humanitaires en Espagne et en Chine. Elle a été restaurée, transformée en musée et classée monument historique. À l'étage, une exposition relate la vie du célèbre médecin.
□ L'opéra de Gravenhurst, habilement restauré, offre en été une saison de représentations théâtrales et musicales.
□ De juin à octobre, on peut aller sur le lac Muskoka à bord d'un vapeur reconstitué du XIXe siècle, le *Segwun*.

## BARRIE

Ville industrielle de 48 000 habitants sur la baie de Kempenfelt, Barrie fut d'abord un poste avancé sur la voie militaire qui allait du lac Ontario jusqu'au haut des Grands Lacs. Elle porte le nom de Robert Barrie, commandant du chantier naval de Kingston (1818-1835).
□ Une grande fête de deux jours au début d'août, le Kempenfest, se signale par des expositions d'artisanat et des régates.
□ Trois attractions majeures à signaler : le champ de courses de Barrie, un musée militaire au camp Borden, à proximité, et un festival d'été au théâtre Gryphon.
□ À 8 km au nord de la ville, le musée et les archives du comté de Simcoe retracent le développement de la région depuis la préhistoire. On y verra la reconstitution d'une rue du XIXe siècle avec un magasin général, une boutique de jouets et un salon funéraire. Sur le terrain du musée, on peut visiter une maison de rondins de 1834 meublée dans le style des pionniers et de vieilles granges où forgerons et tonneliers rivalisaient d'adresse. On y trouve aussi l'un des rares moulins à vent de l'Ontario.

*Stephen Leacock*

## ORILLIA

Cette petite ville touristique de 24 000 habitants servit de modèle à Stephen Leacock qui en fit la Mariposa de ses *Sunshine Sketches of a Little Town* (1911). Un musée consacré à Stephen Leacock, économiste, historien et humoriste, a été installé dans la maison d'été que l'écrivain possédait ici. On y expose des manuscrits de l'auteur.
□ Un monument à Champlain, haut de 12 m, est considéré comme l'un des plus beaux bronzes du Canada. Il se trouve dans le parc Couchiching Beach.
□ Orillia est une escale importante sur le canal qui va de Trent à Severn. Le *Island Princess*, vestige des anciens vapeurs à aubes du Mississippi, offre des croisières quotidiennes sur le lac Couchiching de juillet à octobre.

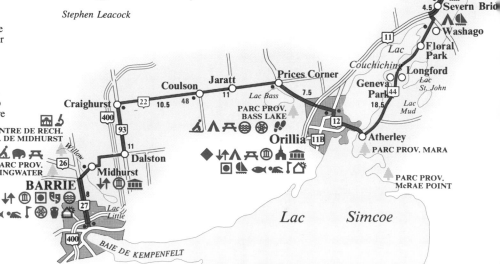

## PARC PROVINCIAL ARROWHEAD

En été, des naturalistes donnent des conférences sur la flore et la faune du parc qui abrite des cerfs, des orignaux et des plantes rares à cette latitude comme la lobélie du cardinal. On peut aussi y voir des chutes et des barrages de castors. Le parc offre plus de 385 emplacements de camping.

Fort heureusement, la région est restée aussi pittoresque qu'elle l'était du temps de Leacock, il y a plus de 50 ans.

Passé Orillia, les terres agricoles du sud de l'Ontario cèdent la place aux pins et au granite du Muskoka. Le bois et les terres bon marché attirèrent les colons dans cette région que la rumeur voulait riche en gisements aurifères. Mais l'effroyable route du Muskoka brisait les voyageurs les plus endurcis. À son extrémité nord se trouvait le petit village de McCabe's Bay (aujourd'hui Gravenhurst), sur le lac Muskoka. De là, des vapeurs emmenaient les passagers et leurs bagages. Le dernier de ces navires, le *Segwun*, fait encore de nostalgiques randonnées sur le lac à partir de Gravenhurst.

Aujourd'hui, on se rend par la route 11 à Gravenhurst, Bracebridge et Huntsville, pour accéder aux lacs et aux bois du Muskoka, une région réputée pour l'extraordinaire beauté de son feuillage en automne.

## HUNTSVILLE

Cette ville touristique est située à l'orée du pittoresque lac des Baies (qui offre 160 km de rives) et du parc provincial Algonquin. Du parc Lion's Lookout, on a une vue imprenable sur la ville et la région.

□ À 6 km au sud de Huntsville se trouve l'église Madill, construite en 1873 par des méthodistes wesleyens. L'oratoire en rondins de bois équarris ne sert plus aujourd'hui qu'aux services commémoratifs de l'Église unie.

□ Au Village des pionniers du Muskoka, niché dans la forêt, des maisons et divers bâtiments restaurés et meublés dans le goût de l'époque 1860-1910 évoquent le passé qui est illustré au musée historique, dans le même complexe.

□ Le monument commémoratif Dyer, au nord-est de Huntsville, fut érigé par un homme d'affaires de Detroit en souvenir de sa femme. La tour de 13 m s'élève dans un parc qui domine la rivière East.

## BRACEBRIDGE

Un panneau annonce que la ville est à mi-chemin du pôle Nord (depuis l'équateur). Et pourtant, ce joli centre de villégiature fréquenté toute l'année n'a rien d'arctique. On y fait de la natation et du bateau en été, du ski de randonnée, de la raquette et de la pêche sur glace en hiver.

□ De la mi-septembre à la mi-octobre se déroule à Bracebridge le festival Muskoka Cavalcade of Colour ; en février a lieu un carnaval d'hiver, marqué par des événements sportifs, auquel participent Gravenhurst et Huntsville.

*Église Madill, à Huntsville*

# Le secret des feuilles

Sous la couche superficielle d'une feuille, composée de la cuticule et de l'épiderme, se trouvent les chloroplastes qui contiennent la chlorophylle grâce à laquelle la plante transforme l'énergie du soleil en nourriture. Les chloroplastes reposent sur des cellules spongieuses où se mélangent du gaz carbonique (qui pénètre dans la feuille par les stomates), de l'eau et des éléments nutritifs (qui y entrent par les veines). Lorsque le soleil frappe les chloroplastes, la chlorophylle déclenche une réaction (la photosynthèse) au cours de laquelle les éléments nutritifs et le gaz carbonique se combinent pour produire du sucre qui alimente l'arbre. Avec le froid, la production de chlorophylle se ralentit, des pigments jaunes et orange sous-jacents apparaissent et le sucre produit de nouveaux pigments rouges. Ces pigments se combinent les uns aux autres et donnent sa couleur au feuillage.

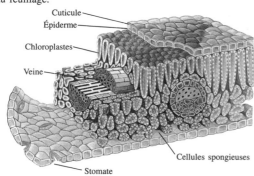

*Feuillage d'automne dans le Muskoka*

# Source d'une œuvre magistrale, le parc des amoureux de la nature

Centre de l'Ontario

La danse du soleil sur l'eau d'un lac, le jeu de lumière entre les pins, l'imposante masse des forêts sauvages, le sombre moutonnement des collines sous un ciel d'orage... autant de sujets qui inspirèrent le peintre Tom Thomson, autant de spectacles qui raviront le promeneur, dans le parc Algonquin.

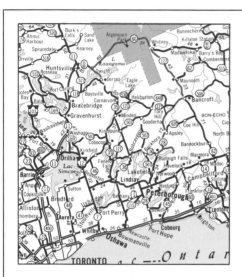

Loups des bois

The West Wind, *par Tom Thomson*

### PARC PROVINCIAL ALGONQUIN

Il s'étend sur 7 600 km². La route 60 traverse sa partie sud sur 56 km, offrant aux visiteurs un accès facile aux nombreuses attractions du parc.

□ À la borne kilométrique 20, un musée présente des dioramas sur la faune, la flore et la géographie du parc.
□ Une exposition près de l'entrée est met en vedette un camp de bûcherons reconstitué, une vieille locomotive et un bateau amphibie.
□ Environ 1 500 km de voies navigables relient entre eux le millier de lacs qui se trouvent dans le parc. L'amateur de randonnées peut choisir entre plusieurs petits sentiers, et deux pistes de randonnée avec halte de nuit. Les lacs sont abondamment peuplés de truites grises, d'ombles de fontaine, d'achigans à petite bouche et de dorés.
□ Au lac Canoe, un mât totémique de 12 m rappelle la mémoire de l'artiste Tom Thomson qui se noya ici en 1917.

*Parc provincial Algonquin*

Locomotive, Exposition des pionniers, parc provincial Algonquin

### DORSET

Cette minuscule municipalité se dresse à la jonction des hauteurs de Haliburton (au sud-est) et du Muskoka, sur le bras oriental du lac des Baies. Une tour de 31 m permet d'admirer la région et le lac.
□ Le centre de ressources naturelles Leslie M. Frost, aménagé dans un domaine de 240 km² où abondent les lacs et les forêts, ouvre ses portes aussi bien aux étudiants et aux spécialistes qu'aux visiteurs. Le centre offre des sentiers bien balisés et des randonnées avec des guides, ainsi que diverses activités comme le canotage, le ski de randonnée et la raquette.

PARC PROV. ALGONQUIN

MUSÉE DU PARC

Lac Burntroot

Lac Big Trout

Lac Burnt Island

Lac Two R

Lac Cache

Lac Louisa

Lac Smoke

Lac Canoe

Entrée Ouest

Oxtongue

Lac Kawagama

Oxbow

Lac Oxtongue

Dwight

Dorset Lac Rave

Birkendale

Lac des Baies

CENTR LESLI M. FROS

| 0 | 2 | 4 | 6 | 8 | 10 Milles |
| 0 | 4 | 8 | 12 | 16 Kilomètres |

Il y a un siècle, la région n'était accessible qu'en canot. Aujourd'hui, les touristes la visitent en voiture ou en avion, campent sur des terrains bien aménagés ou s'élancent sur ses innombrables voies de canotage. Le parc Algonquin est le plus ancien parc provincial de l'Ontario (1893) et l'un des plus étendus du Canada.

Pendant près de 4 000 ans, les Indiens habitèrent la région sans l'altérer. En 60 ans, les compagnies forestières la transformèrent à tout jamais. Les premiers bûcherons arrivèrent d'Ottawa vers 1840, attirés par les grands pins rouges, blancs et gris qui poussaient dans la région. Mais les émondes qu'ils laissaient derrière eux alimentèrent des incendies de forêt qui dévastèrent la contrée.

Il se fait toujours de l'abattage au parc Algonquin ; en fait, les trois quarts de sa superficie sont réservés à cette industrie. Mais le règlement est strict : il est défendu d'abattre des arbres à la périphérie des lacs et près des portages.

Sur la route 60 on rencontre des terrains de camping et de pique-nique, et une dizaine de sentiers qui permettent d'agréables randonnées en forêt. Durant l'été, on organise des excursions pour les canoéistes, les ornithophiles, les amateurs de fleurs sauvages et de champignons et pour entendre hurler les loups.

## L'énigme du lac Canoe

Le peintre canadien Tom Thomson vécut ses dernières années dans la solitude du parc Algonquin où il travailla comme guide. Ses plus belles œuvres, des paysages qui influencèrent le Groupe des Sept, datent de cette époque. Deux splendides toiles de la dernière année de sa vie, *The West Wind (à gauche)* et *The Jack Pine*, sont parmi les plus fréquemment reproduites.

Thomson avait à peine 39 ans lorsqu'il mourut mystérieusement sur le lac Canoe, au cours de l'été 1917. Thomson serait parti pêcher sur le lac. On retrouva d'abord son embarcation, puis son cadavre, six jours plus tard. Le peintre avait une profonde blessure à une tempe et la cheville prise dans une ligne de pêche. Le coroner conclut à une noyade accidentelle. Selon certains, Thomson se serait servi de la ligne pour soutenir sa cheville foulée, puis aurait glissé et heurté sa tête avant de tomber par-dessus bord. Pour d'autres, il se serait suicidé après avoir appris qu'une jeune fille attendait un enfant de lui.

### BANCROFT

La région de Bancroft, à l'extrémité du Bouclier canadien, est un site de choix pour les géologues puisqu'on peut y échantillonner 80 p. 100 des minéraux qui se trouvent au Canada. Chaque année, à la fin de juillet et au début d'août, une manifestation de quatre jours, le Rockhound Gemboree, attire des milliers de collectionneurs venus de tous les coins du monde. Au programme : des excursions sur le terrain, des visites à des mines abandonnées et des démonstrations de taille de pierres.
□ Des objets de l'époque des pionniers sont exposés dans le Musée historique de Bancroft, une cabane de rondins datant de 1857.
□ La chasse et la pêche sont excellentes aux environs de Bancroft, paradis des ornithophiles.

*Musée historique de Bancroft*

### PARC PROVINCIAL SILENT LAKE

Ce parc de 14 km² possède 165 emplacements de camping, équipés d'une table de pique-nique et d'un foyer. L'érable à sucre, la pruche, le pin blanc et l'épinette blanche dominent la forêt voisine où l'on trouve des castors, des rats musqués, des loutres, des renards roux, des ours noirs et des cerfs. Les embarcations à moteur sont interdites sur le lac.
□ Les visiteurs peuvent explorer à pied le parc provincial Silent Lake en été, en raquette en hiver. À l'ouest du parc se trouve une piste de motoneige.

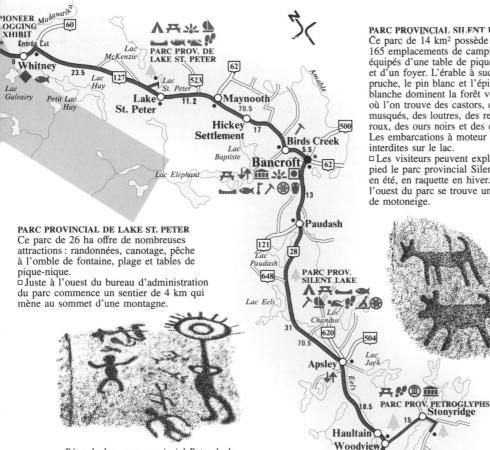

### PARC PROVINCIAL DE LAKE ST. PETER

Ce parc de 26 ha offre de nombreuses attractions : randonnées, canotage, pêche à l'omble de fontaine, plage et tables de pique-nique.
□ Juste à l'ouest du bureau d'administration du parc commence un sentier de 4 km qui mène au sommet d'une montagne.

*Pétroglyphes, parc provincial Petroglyphs*

*Expédition géologique, près de Bancroft*

### PARC PROVINCIAL PETROGLYPHS

Les pétroglyphes que l'on trouve dans ce parc auraient été gravés par des Algonquins il y a 500 à 1 000 ans. Les silhouettes esquissées sur une muraille de calcaire de 30 m sur 50 représentent plus de 900 animaux, êtres humains et symboles mythologiques. Une structure spéciale a été aménagée pour protéger les pétroglyphes des intempéries. En été, le parc offre des programmes d'interprétation pour cerner leur signification.
□ Un sentier de 6,5 km mène au lac Minnow et aux chutes du ruisseau Eels, qui se trouve à l'extérieur du parc.

# Au « pays des eaux vives et des terres d'abondance »

Centre de l'Ontario

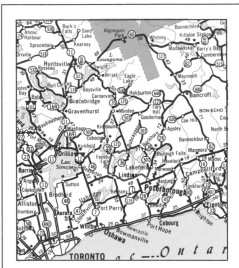

## PARC PROVINCIAL BALSAM LAKE

Le lac Balsam marque le point culminant de la voie navigable Trent-Severn. Le parc est un excellent point de départ pour explorer la voie navigable et les hautes terres d'Haliburton au nord. On y trouve 485 emplacements de camping et on peut s'y baigner, pique-niquer et faire la randonnée. Derrière le terrain de camping Poplar Plains, un sentier d'exploration de la nature, qui traverse un marécage, une forêt de feuillus et une grande prairie, mène au sommet d'une colline.

*Moulin de Purdy, à Lindsay*

## LINDSAY

Le premier colon de la région, William Purdy, jeta un barrage sur la Scugog en 1827 et construisit deux moulins qui se dressent toujours au bord de la rivière. En 1834, un arpenteur du nom de Lindsay fut tué ici accidentellement d'un coup de feu et la petite ville prit son nom en 1850.
□ Au musée de la Société historique du comté de Victoria, une plaque rappelle la mémoire d'Ernest Thompson Seton, écrivain et naturaliste né en Angleterre qui s'installa dans une ferme voisine de Lindsay en 1866.

## MINDEN

Fondé en 1859, ce village, le premier établissement du district d'Haliburton, devint le siège du comté en 1874. Clergy House (1870), une maison de bois qui accueillait autrefois des missionnaires anglicans itinérants, est son plus ancien bâtiment.
□ Le village organise un Festival des couleurs pour saluer l'arrivée du splendide feuillage d'automne.

*Paruline à ailes dorées*

## BOBCAYGEON

Établi dans trois îles et sur la terre ferme, ce village marque le milieu de la voie navigable Trent-Severn. Un monument rappelle la première écluse de bois de la voie navigable fut construite ici entre 1833 et 1835.

*« The Highlander », à Haliburton*

## HALIBURTON

Le village et la région qui l'entoure portent le nom du juge Thomas Chandler Haliburton, natif de Nouvelle-Écosse et créateur du personnage romanesque « Sam Slick ». Il fut président de la compagnie Canadian Land and Emigration qui colonisa la région au cours des années 1860.
□ Le centre d'information touristique est logé dans un local peu commun : une locomotive à vapeur et un fourgon de queue en bois (1911) du chemin de fer du Grand Tronc, qui rappellent l'inauguration de la ligne ici en 1878.
□ Le musée Haliburton Highlands Pioneer expose des outils qui servaient autrefois aux bûcherons, aux fermiers et aux trappeurs.

## FENELON FALLS

Maryboro Lodge (1837) abrite le musée de Fenelon Falls qui est consacré à la vie des pionniers au milieu du XIXe siècle.
□ Maskinongés, achigans à grande bouche et dorés abondent dans le lac Sturgeon.

*Platane*

Des centaines de lacs constellent les forêts de pins, d'épinettes, d'érables, de chênes et de peupliers baumiers des hauteurs d'Haliburton. Sur ces hautes terres nichent deux villages, Minden et Haliburton, qui constituent un refuge idéal pour les vacanciers en quête de paix et de tranquillité.

Depuis les hautes terres d'Haliburton, des rivières descendent au sud vers une chaîne de 14 lacs, les Kawarthas — « eaux vives et terres d'abondance » en langue huronne — qui se déversent les uns dans les autres jusqu'au lac Ontario. Le chapelet fluvial qu'ils forment sépare le comté d'Haliburton et les terres agricoles des environs de Lindsay et de Peterborough.

Les lacs Kawartha sont reliés par les canaux et les écluses de la voie navigable Trent-Severn qui s'étire sur 380 km entre le lac Ontario et le lac Huron. Cette voie épouse le tracé de l'ancienne route que suivaient les Indiens et les premiers explorateurs. Commencée en 1835, la voie navigable, qui reliait alors les premiers établissements de la région, permettait aux chalands chargés de bois et aux vapeurs de contourner les rapides.

La navigation commerciale sur les lacs Kawartha déclina lorsque l'industrie du bois périclita, puis elle disparut complètement dans les années 30.

Le réseau routier prit alors la relève et rendit cette région plus accessible aux sportifs et en particulier aux plaisanciers.

## Deux « ladies » arrivent dans le bois

Deux écrivaines, Catharine Parr Traill *(à gauche)* et Susanna Moodie *(à droite)*, étaient de ces « pionniers de bonne naissance » qui arrivèrent au Canada entre 1815 et 1855. Les deux sœurs, nées en Angleterre, s'installèrent dans le Haut-Canada avec leurs maris en 1832.

Catharine s'adapta d'emblée à la vie du canton de Douro, près de Peterborough, et donna de sages conseils aux futurs colons dans *Les Forêts du Canada* (1836) et *The Female Emigrant's Guide* (1854). Susanna, pour sa part, dans *Roughing It In the Bush* (1852), prétend s'être sentie comme « un criminel condamné à la prison perpétuelle ». Mais après avoir vécu un incendie de forêt et l'attaque d'un ours, elle écrivit en 1853 un second livre plus enjoué, *Life in the Clearings*.

### LAKEFIELD
La tombe du major Samuel Strickland, le fondateur de Lakefield, se trouve dans le cimetière de l'église du village (1853). Le major défricha des champs en plein bois et raconta ses aventures dans *Twenty-seven Years in Canada West*. Ses sœurs, Susanna Moodie et Catharine Parr Traill, ont, elles aussi, écrit des livres où elles nous racontent leur épopée.

*Bateaux de plaisance à l'écluse-ascenseur de Peterborough*

*Écluse-ascenseur de Peterborough*

### PETERBOROUGH
Situé sur la voie navigable Trent-Severn, Peterborough, la « reine des Kawarthas », est une moderne cité qui compte maintenant 60 000 habitants. L'écluse-ascenseur de Peterborough, considérée comme un exploit d'ingénierie au moment de sa réalisation, en 1904, est encore aujourd'hui la plus haute du monde. Elle élève en une seule fois les navires et l'eau qui les supporte sur une hauteur de 20 m.
□ La Maison Hutchison, bâtie en 1837 pour le premier médecin de la ville, et la Maison Grover-Nicholls (1847), un bel exemple d'architecture néo-classique, rare en Ontario, sont parmi les plus anciens édifices de Peterborough. Elles offrent un contraste frappant avec les lignes modernes de l'université Trent, érigée en 1963 sur les deux rives boisées de l'Otonabee.
□ Le musée du Centenaire de Peterborough possède une collection d'armures, de médailles militaires et d'uniformes qui vont de la bataille de Waterloo à la guerre de Corée, des archives photographiques qui couvrent un siècle d'histoire locale, des traîneaux et des voitures à cheval du XIXe siècle.

*Maison Hutchison, à Peterborough*

*Maison Grover-Nicholls, à Peterborough*

*Université Trent, à Peterborough*

# Moulins à eau
# et demeures aristocratiques

## Centre de l'Ontario

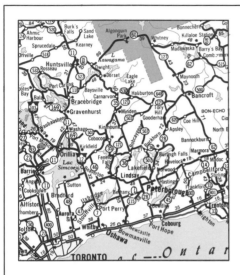

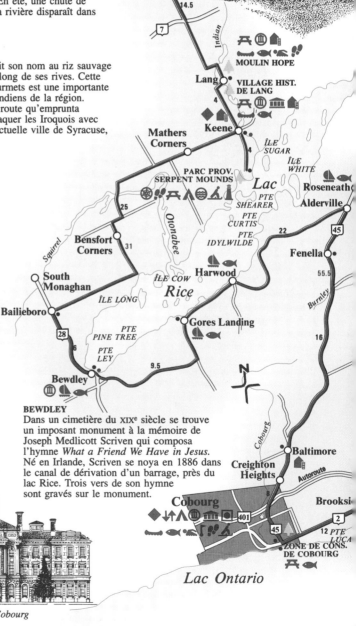

### ZONE DE CONSERVATION WARSAW CAVES
La rivière Indian a creusé dans le calcaire d'innombrables cuvettes et passages souterrains où s'enfoncent des ruisseaux. Les parois des grottes renferment des fossiles de poissons, de plantes et de mollusques préhistoriques. À la surface, les pierres prises dans les tourbillons ont creusé des centaines de marmites de géants. En été, une chute de 4 m de haut se tarit et la rivière disparaît dans les profondeurs du sol.

### LAC RICE
Ce lac de 40 km de long doit son nom au riz sauvage qui pousse en abondance le long de ses rives. Cette plante très appréciée des gourmets est une importante source de revenus pour les Indiens de la région. Le lac Rice se trouve sur la route qu'emprunta Champlain en 1615 pour attaquer les Iroquois avec ses alliés hurons, près de l'actuelle ville de Syracuse, dans l'État de New York.

*Salle du tribunal de Victoria Hall, à Cobourg*

### COBOURG
À la fois centre touristique et port, Cobourg est fière de ses édifices du XIXe siècle et de ses somptueuses résidences d'été.
□ Victoria Hall (1860), l'un des plus beaux édifices municipaux de la province, fut inauguré par le prince de Galles, le futur Édouard VII. La salle du tribunal est une réplique de l'Old Bailey, de Londres.
□ Victoria College (1836) fait aujourd'hui partie de l'université de Toronto et est rattaché à l'hôpital de Cobourg.
□ La maison natale de Marie Dressler (1869-1934), une vedette du cinéma muet, a été restaurée dans le style des années 1830 et abrite un restaurant et une brasserie.
□ Le parc Victoria est un endroit idéal pour les pique-niques.
□ La galerie d'Art de Northumberland expose diverses œuvres d'artistes canadiens, américains et européens.

*Victoria Hall, à Cobourg*

### BEWDLEY
Dans un cimetière du XIXe siècle se trouve un imposant monument à la mémoire de Joseph Medlicott Scriven qui composa l'hymne *What a Friend We Have in Jesus*. Né en Irlande, Scriven se noya en 1886 dans le canal de dérivation d'un barrage, près du lac Rice. Trois vers de son hymne sont gravés sur le monument.

0  1  2  3  4  5 Milles
0  2  4  6  8 Kilomètres

De tous les bâtiments que nous ont laissés les pionniers, bien peu sont aussi romantiques que les moulins à eau. Près de Keene, deux beaux moulins anciens se dressent au bord de la rivière Indian. Le moulin Lang, qui fait partie de Century Village, fut construit en 1846 pour moudre la farine des fermiers des environs. En amont, au moulin à scie Hope, on façonnait les madriers qui servaient ensuite à construire les granges et les maisons.

À Keene, les champs doucement ondulés descendent jusqu'aux anses et aux marécages du lac Rice. Au XIXᵉ siècle, les petits villages du lac étaient reliés par des vapeurs qui transportaient les colons jusqu'aux lacs Kawartha et aux hauteurs d'Haliburton. Devenus des ports de plaisance, ils attirent aujourd'hui les amateurs de bateaux et de pêche.

Au sud du lac Rice s'étend la ville de Cobourg dont le majestueux hôtel de ville, inauguré en 1860, rappelle l'importance qu'avait cette agglomération au XIXᵉ siècle, alors un grand port sur le lac Ontario. Entre Cobourg et Trenton, le voyageur empruntera en toute tranquillité la route 2 qui fait partie de l'itinéraire Heritage Highway, la route historique qui reliait autrefois le Haut et le Bas-Canada. Le passage de l'autoroute Macdonald-Cartier, à quelques kilomètres au nord, a permis de préserver le cachet de cette région.

*Le moulin de Lang (ci-contre) et la forge du Village historique (ci-dessus)*

**KEENE**

Les bâtiments restaurés du Village historique de Lang, au nord de Keene, incluent une forge, une scierie, une fabrique de bardeaux, une église de bois, une maison de rondins et un magasin général. Le moulin de Lang (1846), près de la rivière Indian, était, sur le plan technologique, le plus avancé de son temps. C'est ici que fut moulu pour la première fois le blé Red Fife, une variété hybride obtenue à Peterborough. À Lang même, un musée raconte l'histoire des pionniers.
□ Le moulin Hope (1836), mû à l'eau, est toujours en exploitation ; on peut y voir une intéressante collection d'outils pour travailler le bois.

## Ossements et colliers de coquillages des tertres funéraires du lac Rice

Au parc provincial Serpent Mounds se trouvent les tertres funéraires les mieux conservés du Canada. Ici reposent des Indiens qui habitaient la péninsule de la Pointe il y a 2 000 ans. Le plus grand tertre (7 m de haut et 2 m de large) serpente pendant 60 m sur une falaise qui domine le lac Rice. Il est entouré de huit tertres plus petits, en forme d'œuf. Tous recouvrent des fosses communes où les morts étaient enterrés en grande cérémonie. L'endroit fut visité jusque vers l'année 1000 de notre ère par de petits groupes d'Indiens qui continuaient d'y enterrer leurs morts. Certains squelettes ont été trouvés intacts, d'autres disloqués ou brûlés. Les archéologues ont mis à jour des colliers de coquillages, des ossements d'animaux, des épieux de cuivre et des becs de huarts, qui sont exposés dans un centre d'interprétation relatant l'histoire de la région.

*Fouilles archéologiques, parc provincial Serpent Mounds*

*Maison Barnum, à Grafton*

**WICKLOW**

L'église de Wicklow (1824), la plus ancienne église baptiste de l'Ontario, est un simple bâtiment de bois. La congrégation qu'elle desservait date de 1798.

**TRENTON**

Cette jolie ville de 15 300 habitants se trouve à l'extrémité sud de la voie navigable Trent-Severn (280 km) qui relie le lac Ontario à la baie Georgienne. Elle est aux portes mêmes de l'île et de la baie de Quinte qui attirent en été les amateurs de voile, de natation et de pêche.
□ La base aérienne de Trenton, l'une des plus importantes du Canada, se trouve à l'est de la ville. Les pilotes du Commonwealth s'y entraînaient durant la guerre de 1939-1945.

*Sterne commune, parc provincial de la Presqu'île*

**GRAFTON**

La Maison Barnum, de style néoclassique, fut construite en 1817 par le colonel Eliakim Barnum, un loyaliste originaire du Vermont. Restaurée dans le style du XIXᵉ siècle, elle abrite aujourd'hui un musée. Son élégant manteau de cheminée, ciselé à la main, est remarquable.

*Maison Proctor, à Brighton*

**BRIGHTON**

La Maison Proctor, transformée en musée, est un bijou de l'architecture du XIXᵉ siècle.
□ Le parc provincial de la Presqu'île occupe un croissant de terre couvert de marais, de forêts, de prés et de plages qui s'avance dans le lac Ontario. La maison du gardien du phare est devenue un centre d'exposition. On a recensé dans le parc plus de 310 espèces d'oiseaux dont 125 y font leur nid. De vastes colonies de goélands, ainsi que des canards, des cormorans, des sternes et des hérons nichent au large, dans deux petites îles.

# Un lac sur la montagne et le souvenir des loyalistes

Sud-est de l'Ontario

Le comté de Prince Edward, plus connu sous le nom d'île de Quinte, s'avance profondément dans le lac Ontario pour former, en fait, une presqu'île.

Avec ses 800 km de rivage, l'île de Quinte est le paradis des vacanciers. Des bateaux de plaisance sillonnent tout l'été ses baies et ses chenaux. Sur sa rive occidentale, entre les blanches collines de sable du parc provincial Sandbanks s'enchâssent de belles plages battues par le ressac ; et, sur la rive orientale, des routes

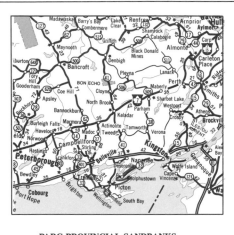

**BELLEVILLE**

Les premiers colons loyalistes construisirent deux moulins sur la Moira. La petite ville qui en naquit devint si prospère que ses habitants demandèrent à la reine Victoria d'en faire la capitale du Canada.
□ La Maison Glanmore, un bel exemple d'architecture victorienne, abrite aujourd'hui le musée du comté de Hastings. On peut y voir une collection de dispositifs d'éclairage qui va de la lanterne de bateau, de calèche ou de bicyclette aux anciennes chandelles romaines.
□ Sur la pelouse de l'arsenal de Belleville, un monument rappelle la mémoire de Sir Mackenzie Bowell, Premier ministre du Canada de 1894 à 1896. D'apprenti-imprimeur, il devint propriétaire du journal local *Intelligencer*.

*Musée du comté de Hastings, à Belleville*

**PARC PROVINCIAL SANDBANKS**

Ce parc de terres sablonneuses était autrefois complètement recouvert par les eaux. Avec le temps, le vent et les vagues formèrent un banc de sable en travers de l'embouchure d'une vaste baie du lac Ontario. Des plantes commencèrent à y pousser et consolidèrent cette jetée naturelle. On peut se baigner dans le lac qui est bordé de hautes dunes et d'une plage de sable longue de 10 km.
□ Un sentier d'exploration de la nature permet de comprendre comment se sont formées les dunes.

**PICTON**

Sir John A. Macdonald, qui dirigea le premier gouvernement fédéral du Canada, plaida au palais de justice qui date de 1834.
□ L'église St. Mary Magdelen (1827) abrite un musée.

*Palais de justice du comté de Prince Edward, à Picton*

COMTÉ DE PRINCE EDWARD

*Parc provincial Sandbanks*

*Robinier — faux acacia*

sinueuses dominent le lac Ontario et mènent au splendide lac On the Mountain, perché au-dessus de la baie de Quinte.

Juste en dessous du lac On the Mountain, à Glenora, un traversier fait la navette entre l'île de Quinte et Adolphustown où est érigé un monument à la mémoire des premiers colons de la région — les loyalistes qui quittèrent les États-Unis pour se réfugier ici en 1784.

L'histoire de ces colons patients et déterminés anime les musées, les maisons

*Traversier pour Adolphustown*

de style georgien et les vieilles églises que la population locale entretient avec amour. La fidélité des loyalistes envers la Couronne britannique inspire, de nos jours encore, la devise de l'Ontario : *Ut incepit fidelis sic permanet* (« Loyale elle est née, loyale elle restera »).

*La Maison Blanche, à Amherstview*

### ADOLPHUSTOWN

On peut lire cette citation du Livre de l'Exode sur une plaque qui rappelle l'arrivée d'un petit groupe de loyalistes : « Ôte les chaussures de tes pieds car l'endroit que tu foules est terre sacrée. » Dans un cimetière voisin, en hommage aux loyalistes, on a érigé un obélisque et un mur sur lequel sont incrustées d'anciennes pierres tombales.
□ Au Musée loyaliste, installé dans une maison de 1877, on trouvera des cartes des premières colonies, les « listes d'appel » des loyalistes qui combattirent sous les drapeaux anglais et une collection de documents, de portraits, d'outils, d'ustensiles et de meubles.
□ Au nord d'Adolphustown, sur les rives de la baie de Hay, se trouve la plus ancienne chapelle méthodiste du Haut-Canada, construite en 1792. À côté, une plaque marque le site de la maison d'enfance de Sir John Macdonald.

### AMHERSTVIEW

Construite par William Fairfield en 1793, la Maison Blanche est un splendide exemple d'architecture coloniale. Cinq générations plus tard, elle appartient toujours à la même famille qui l'a conservée dans un état remarquable.
□ La maison du fils Fairfield (1796) a été restaurée à Bath non loin.

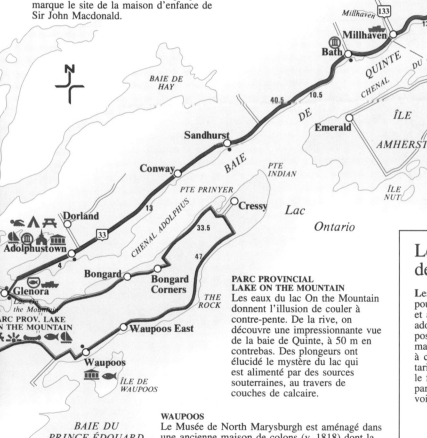

*Mouette de Bonaparte*

### ÎLE AMHERST

Les oiseaux migrateurs affluent sur les plages et les baies de l'île au printemps et à l'automne. Les oiseaux de rivage font leurs nids sur les plages de gravier de la pointe est. D'avril à octobre, on peut voir des mouettes de Bonaparte à l'extrémité sud-ouest de l'île.
□ Une plaque est apposée sur la maison où vécut le peintre Daniel Fowler. On peut voir ses aquarelles au musée des Beaux-Arts, à Ottawa.

### PARC PROVINCIAL LAKE ON THE MOUNTAIN

Les eaux du lac On the Mountain donnent l'illusion de couler à contre-pente. De la rive, on découvre une impressionnante vue de la baie de Quinte, à 50 m en contrebas. Des plongeurs ont élucidé le mystère du lac qui est alimenté par des sources souterraines, au travers de couches de calcaire.

### WAUPOOS

Le Musée de North Marysburgh est aménagé dans une ancienne maison de colons (v. 1818) dont la cuisine, le salon et les chambres à coucher sont meublés dans le style rural du XIXe siècle. On peut y voir un harmonium (v. 1850), une herse à foin (v. 1824), une poupée Quaker (1842), des courte-pointes, des dentelles et des tissages faits à la main.

## Les clôtures en zigzag des premiers pionniers

Les premiers fermiers avaient besoin de clôtures « assez hautes pour arrêter un cheval, assez solides pour résister à un taureau et assez serrées pour empêcher les mouffettes de passer ». Ils adoptèrent plusieurs solutions : murettes de pierre, souches posées sur le côté, troncs de jeunes cèdres fendus en deux ; mais la plus populaire était la clôture en zigzag, solide et facile à construire, que l'on peut encore voir dans le sud de l'Ontario. Les mauvaises herbes poussant dans les coins délaissés, le fermier perdait du terrain, aussi la remplaça-t-on peu à peu par des clôtures droites qui suscitèrent des querelles entre voisins.

# L'ancienne capitale,
# une ville surgie du passé

Est de l'Ontario

Collège militaire royal, à Kingston, vu du fort Henry

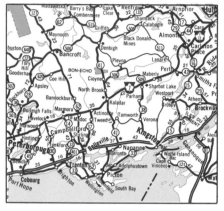

Maison Bellevue, à Kingston

1 Musée du
  Pénitencier
2 Parc historique
  national de la
  Maison-Bellevue
3 Temple de la
  renommée du hockey
4 Université Queen
5 Musée de la redoute
  Murney
6 Cathédrale
  Sainte-Marie
7 Musée maritime
  des Grands-Lacs
8 Cathédrale
  St. George
9 Hôtel de ville
10 Office du tourisme
11 Musée des
  Communications et
  de l'Électronique des
  forces canadiennes
12 Fort Henry
13 Musée du Collège
  militaire royal

Grande salle de l'hôtel de ville de Kingston

Sir John A. Macdonald

## KINGSTON

La ville est fière de ses nombreux monuments anciens. Certains d'entre eux remontent aux années 1841-1843 où Kingston était la capitale du Canada. L'hôtel de ville, par exemple, devait abriter le parlement fédéral ; ce rêve ne devint jamais réalité parce que la capitale se transporta à Montréal avant que les travaux soient terminés.

□ Le vieux fort Henry évoque le passé militaire de Kingston. Construit durant la guerre de 1812 et reconstruit en 1832-1836, il abrite une importante collection d'équipement militaire. En été, les visiteurs assistent à des démonstrations d'exercices d'infanterie. Parmi les autres sites militaires, on peut nommer la redoute Murney, construite en 1846 pour assurer la défense du port, et le Collège militaire royal (1876), le plus ancien du Canada.

□ Le Musée maritime des Grands-Lacs, dans le quartier portuaire de Kingston, évoque l'histoire de la région depuis la fin du XVIIe siècle jusqu'à aujourd'hui. On ne manquera pas de visiter en outre le musée du Pénitencier, le musée des Communications et de l'Électronique des forces canadiennes, le Temple de la renommée du hockey et le centre d'art Agnes Etherington de l'université Queen.

□ Sir John A. Macdonald, le premier des premiers ministres du Canada, habita la maison Bellevue (1840), maintenant classée monument historique. À l'angle des rues Brock et Clergy, le cottage Elizabeth (non ouvert au public) est un bel exemple de l'architecture néo-gothique, très en vogue au début du XIXe siècle.

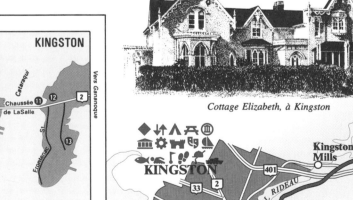

Cottage Elizabeth, à Kingston

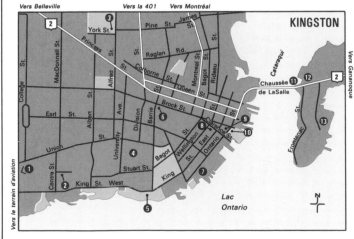

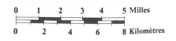

Tour à tour village indien, forteresse française, citadelle britannique, voire même, de 1841 à 1843, capitale du Canada, Kingston est une ville surgie intacte du passé. L'histoire revit dans les édifices de grès de la vieille ville, dans ses monuments et ses musées, ainsi qu'à l'ombre des fortifications du fort Henry où se déroulent chaque jour des manœuvres militaires du XIXe siècle.

Frontenac y fit ériger un fort de bois en 1673 et lui donna son nom. Cavelier de La Salle, nommé commandant du fort, remplaça la palissade par des bastions de pierre. Fort Frontenac fut un comptoir et un poste militaire français jusqu'à ce que les Britanniques s'en emparent en 1758.

Après la révolution américaine, 1 500 loyalistes s'y installèrent et l'appelèrent Kingston en l'honneur de George III. Durant la guerre de 1812, Kingston fut la principale base navale du Haut-Canada. Plus tard, elle devint le siège du gouvernement de Sir John A. Macdonald. Avec ses 60 000 habitants, Kingston est aujourd'hui renommée pour ses industries et ses maisons d'enseignement.

Le canal Rideau, achevé en 1832, accentua pour un temps l'importance stratégique et commerciale de Kingston. Sur une trentaine de kilomètres, au nord de la ville, le canal suit le cours de la Cataraqui et traverse une série de lacs semés de petites îles rocailleuses. On peut pique-niquer à proximité de ses vieilles écluses que l'on actionne encore à la main.

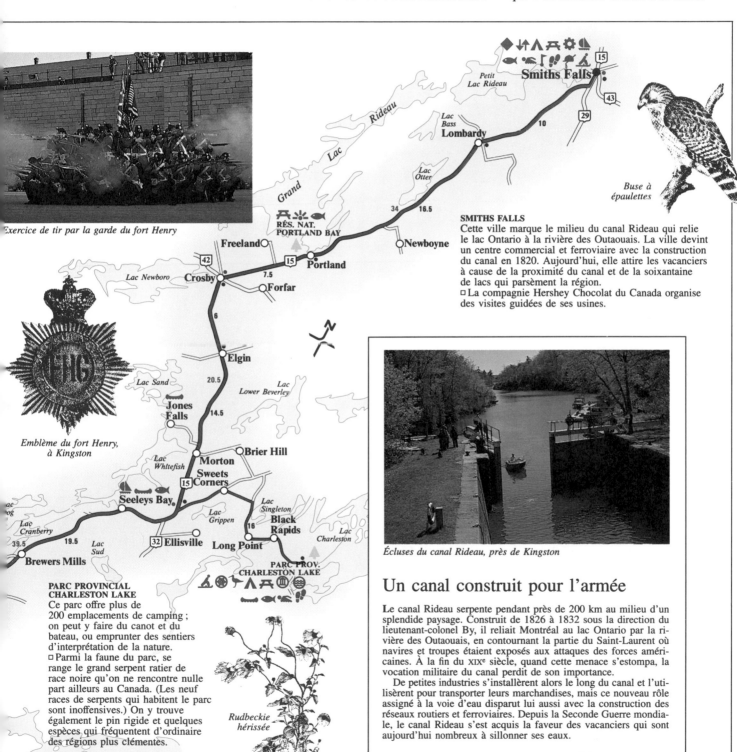

*Exercice de tir par la garde du fort Henry*

*Emblème du fort Henry, à Kingston*

*Buse à épaulettes*

**SMITHS FALLS**
Cette ville marque le milieu du canal Rideau qui relie le lac Ontario à la rivière des Outaouais. La ville devint un centre commercial et ferroviaire avec la construction du canal en 1820. Aujourd'hui, elle attire les vacanciers à cause de la proximité du canal et de la soixantaine de lacs qui parsèment la région.
□ La compagnie Hershey Chocolat du Canada organise des visites guidées de ses usines.

*Écluses du canal Rideau, près de Kingston*

**PARC PROVINCIAL CHARLESTON LAKE**
Ce parc offre plus de 200 emplacements de camping ; on peut y faire du canot et du bateau, ou emprunter des sentiers d'interprétation de la nature.
□ Parmi la faune du parc, se range le grand serpent ratier de race noire qu'on ne rencontre nulle part ailleurs au Canada. (Les neuf races de serpents qui habitent le parc sont inoffensives.) On y trouve également le pin rigide et quelques espèces qui fréquentent d'ordinaire des régions plus clémentes.

*Rudbeckie hérissée*

## Un canal construit pour l'armée

Le canal Rideau serpente pendant près de 200 km au milieu d'un splendide paysage. Construit de 1826 à 1832 sous la direction du lieutenant-colonel By, il reliait Montréal au lac Ontario par la rivière des Outaouais, en contournant la partie du Saint-Laurent où navires et troupes étaient exposés aux attaques des forces américaines. À la fin du XIXe siècle, quand cette menace s'estompa, la vocation militaire du canal perdit de son importance.

De petites industries s'installèrent alors le long du canal et l'utilisèrent pour transporter leurs marchandises, mais ce nouveau rôle assigné à la voie d'eau disparut lui aussi avec la construction des réseaux routiers et ferroviaires. Depuis la Seconde Guerre mondiale, le canal Rideau s'est acquis la faveur des vacanciers qui sont aujourd'hui nombreux à sillonner ses eaux.

# Les chefs-d'œuvre des maçons du canal Rideau

## Est de l'Ontario

Au siècle dernier, les eaux du Mississippi canadien, un affluent peu connu de l'Outaouais, fourmillaient de chalands à fond plat et de trains de bois. De nos jours, seuls quelques moulins restaurés rappellent cette glorieuse époque.

Juste après la guerre de 1812, le gouvernement britannique fit venir dans la région des colons écossais et irlandais. Bon nombre d'entre eux, des soldats démobilisés, reçurent des terres en prime pour leurs états de service. De petits ports et

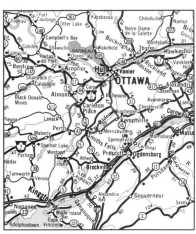

**ALMONTE**
Au cours de la Première Guerre mondiale, Robert Tait McKenzie, un médecin de l'armée britannique, se rendit célèbre par ses méthodes de rééducation physique. Sa renommée de sculpteur dépassa bientôt sa réputation de chirurgien : McKenzie réalisa, en effet, des centaines de sculptures, de médailles et de monuments commémoratifs. Le musée du moulin de Kintail possède plus de 70 de ses œuvres.

Le Coureur,
*moulin de Kintail, à Almonte*

**CARLETON PLACE**
La ville fut fondée par William Morphy en 1818. L'hôtel de ville et cinq autres bâtiments ont été classés monuments historiques.
□ Dans le parc Memorial, une plaque rend hommage à Arthur Roy Brown, un aviateur de la Première Guerre mondiale qui naquit ici en 1893. En 1918, il abattit l'as allemand Manfred von Richthofen, le fameux « Baron Rouge ».

*Maison Matheson, à Perth*

**PERTH**
Nommée d'après une cité écossaise, la ville a deux titres de gloire. C'est ici qu'eut lieu le dernier duel au Canada. C'est ici aussi que fut créé le fameux « fromage éléphant » en 1893.
□ À proximité de l'hôtel de ville, on remarquera l'hôtel de Perth (1838), la Maison Matheson (1840) et la Maison Inge-Va (1823).

### « Le fromage éléphant »

Le plus gros fromage du monde, qui fut présenté par le Canada à l'Exposition de Chicago en 1893, avait été fabriqué dans un hangar à marchandises du CP, à Perth. « Le fromage éléphant », comme l'appelaient les journaux du Québec, pesait 10 t et fut expédié sur deux wagons plats à Chicago.

Des centaines de personnes assistèrent au départ du train spécial. Entre Perth et Windsor, la foule se pressait au passage du train. Quand on déchargea finalement le précieux objet à Chicago pour le placer dans le pavillon canadien, le fromage défonça le plancher et il fallut l'exposer dans un autre bâtiment au plancher plus solide.

La foire terminée, le fromage fut expédié à Liverpool, en Angleterre, où il fut acheté par un restaurateur de Londres qui le fit découper par quatre hommes armés de pelles.

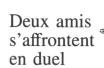

### Deux amis s'affrontent en duel

Robert Lyon, « tombé en combat mortel » selon les mots gravés sur sa tombe du vieux cimetière de Perth, fut le dernier duelliste à trouver la mort au Canada, le 13 juin 1833.

Robert Lyon, alors âgé de 20 ans, avait insulté Elizabeth Hughes, la fiancée d'un de ses camarades d'université, John Wilson, qui le provoqua en duel sur les rives de la rivière Tay. L'affrontement eut lieu sous la pluie battante. Les deux hommes se manquèrent une première fois, mais Lyon tomba mortellement blessé quelques instants plus tard. Wilson, accusé de meurtre, plaida sa propre cause et soutint qu'il avait dû se battre pour sauver son honneur. Il fut acquitté, épousa Elizabeth Hughes et devint plus tard juge à la Cour suprême de l'Ontario.

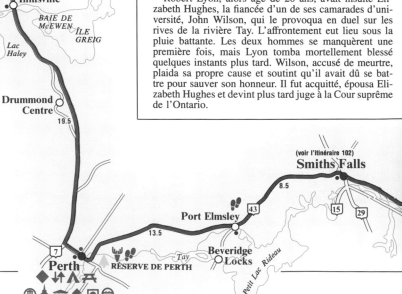

(voir l'itinéraire 102)

Smiths Falls

Port Elmsley

Perth
RÉSERVE DE PERTH
Beveridge Locks

des bourgades de meuniers se développèrent et connurent la prospérité, comme en témoignent les belles maisons de pierre qui ont fait la réputation du pays.

La plupart d'entre elles furent construites par les maîtres maçons qui avaient travaillé au canal Rideau. Le moulin de Watson, une splendide bâtisse de cinq étages, se dresse à l'endroit où l'île Long divise le Rideau en deux bras, à Manotick. Le moulin de Kintail, construit en 1830 avec des pierres des champs multicolores,

est également remarquable. Un grand nombre de ces maisons et de ces moulins ont été transformés en musées.

La meilleure manière d'explorer cette région est sans doute d'emprunter ses voies d'eau. Le Mississippi, qui serpente au milieu du comté historique de Lanark, est coupé de deux chutes à Almonte, un centre touristique très fréquenté en été. La rivière Tay, dont les rives sont constellées de fossiles marins, coule sur un lit de granite rose, tandis que la voie navigable

Rideau s'étire sur près de 200 km entre Ottawa et Kingston.

La région est très prisée par les amateurs de plein air. C'est ainsi qu'on pêche le doré, le maskinongé, le grand brochet et la perchaude dans le parc provincial Rideau River, tandis que la réserve Baxter offre divers programmes à ceux qui s'intéressent à la nature. Dans la réserve d'animaux sauvages de Perth, un sentier de 3 km instruira les visiteurs qui s'intéressent à la gestion de la faune.

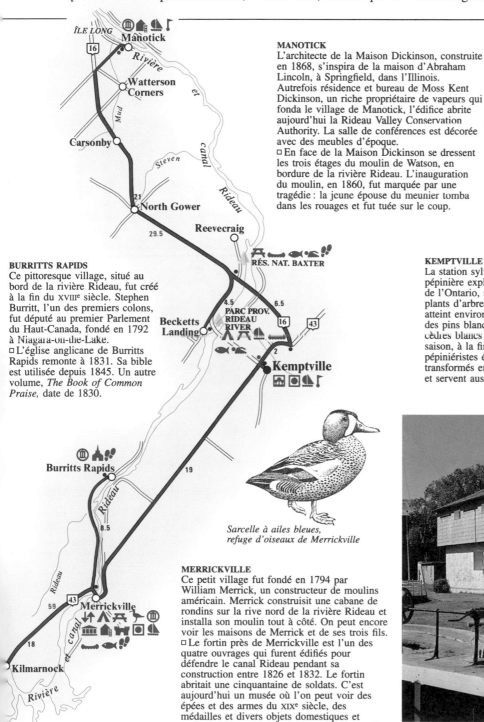

## MANOTICK

L'architecte de la Maison Dickinson, construite en 1868, s'inspira de la maison d'Abraham Lincoln, à Springfield, dans l'Illinois. Autrefois résidence et bureau de Moss Kent Dickinson, un riche propriétaire de vapeurs qui fonda le village de Manotick, l'édifice abrite aujourd'hui la Rideau Valley Conservation Authority. La salle de conférences est décorée avec des meubles d'époque.
□ En face de la Maison Dickinson se dressent les trois étages du moulin de Watson, en bordure de la rivière Rideau. L'inauguration du moulin, en 1860, fut marquée par une tragédie : la jeune épouse du meunier tomba dans les rouages et fut tuée sur le coup.

*Moulin de Watson, à Manotick*

## BURRITTS RAPIDS

Ce pittoresque village, situé au bord de la rivière Rideau, fut créé à la fin du XVIIIᵉ siècle. Stephen Burritt, l'un des premiers colons, fut député au premier Parlement du Haut-Canada, fondé en 1792 à Niagara-on-the-Lake.
□ L'église anglicane de Burritts Rapids remonte à 1831. Sa bible est utilisée depuis 1845. Un autre volume, *The Book of Common Praise*, date de 1830.

## KEMPTVILLE

La station sylvicole G. Howard Ferguson, une vaste pépinière exploitée par le ministère des Ressources naturelles de l'Ontario, se trouve en bordure de la ville. On y élève des plants d'arbres de diverses essences. La production annuelle atteint environ 7 millions d'arbres, surtout des pins rouges, des pins blancs, des pins gris, des peupliers de Caroline, des cèdres blancs et des érables argentés. Pendant la morte saison, à la fin de l'automne et au début du printemps, les pépiniéristes éclaircissent la forêt. Les arbres abattus sont transformés en bois d'œuvre pour l'entretien des bâtiments et servent aussi à fabriquer des caisses d'emballage.

*Sarcelle à ailes bleues, refuge d'oiseaux de Merrickville*

## MERRICKVILLE

Ce petit village fut fondé en 1794 par William Merrick, un constructeur de moulins américain. Merrick construisit une cabane de rondins sur la rive nord de la rivière Rideau et installa son moulin tout à côté. On peut encore voir les maisons de Merrick et de ses trois fils.
□ Le fortin près de Merrickville est l'un des quatre ouvrages qui furent édifiés pour défendre le canal Rideau pendant sa construction entre 1826 et 1832. Le fortin abritait une cinquantaine de soldats. C'est aujourd'hui un musée où l'on peut voir des épées et des armes du XIXᵉ siècle, des médailles et divers objets domestiques et agricoles d'autrefois. On visitera également la vieille cave qui servait de poudrière.

*Fortin du canal Rideau, près de Merrickville*

# Une éclaircie dans la forêt, berceau de la capitale d'un pays

En 1857, la reine Victoria choisissait Ottawa comme capitale du Canada, mettant fin aux aspirations de Montréal, de Québec, de Toronto et de Kingston. L'opposition fut farouche. Goldwin Smith écrivait qu'Ottawa était « un camp de bûcherons... transformé en arène politique ». Malgré tout, la construction du Parlement commença en 1859 et le statut d'Ottawa fut confirmé par l'Acte de l'Amérique du Nord britannique, en 1867.

Au début du XIXe siècle, un certain Nicholas Sparks avait pratiqué une éclaircie dans la forêt pour installer sa ferme près de l'endroit où se trouve aujourd'hui la rue qui porte son nom. Sa ferme resta isolée jusqu'en 1826, lorsque le colonel John By commença à creuser le canal Rideau. By établit son quartier général au confluent de l'Outaouais et de la rivière Rideau, et il y fonda une petite ville consacrée au commerce du bois qui reçut le nom de Bytown. On la rebaptisa en 1855, car le nom d'Ottawa paraissait de meilleur augure pour une ville qui aspirait à devenir la capitale du Canada. Deux ans plus tard, Ottawa voyait son titre confirmé.

On oublie ses modestes débuts quand on admire la capitale moderne qu'est devenue Ottawa, grâce aux efforts du gouvernement central pour développer ses beautés naturelles et préserver son cachet. Aujourd'hui, avec ses promenades charmantes, ses parcs et des projets d'embellissement comme celui du canal Rideau, la capitale du Canada est une cité verte où il fait bon vivre. Par ailleurs, le nombre et la qualité de ses musées, de ses galeries d'art et de ses autres attractions en font une ville de calibre international que les visiteurs découvrent avec ravissement.

**Archives nationales** (7) Plus de 100 000 livres, de même que des manuscrits, des cartes, des photographies et divers ouvrages reliés à l'histoire du Canada sont conservés ici, y compris l'acte constitutif de 1982.

**Basilique Notre-Dame** (23) Sculptés par Philippe Hébert, les prophètes, les évangélistes et les Pères de l'Église dominent le chœur de style gothique. La basilique, bâtie en 1841, est surmontée par deux flèches de 54 m. Un monument honore la mémoire de Mgr Joseph-Eugène Guigues, fondateur de l'université d'Ottawa.

**Belvédère Kitchissippi** (1) Une plaque rappelle les explorateurs canadiens qui guidèrent les troupes du colonel Garnet

*Le canal Rideau (ci-dessous), construit à des fins militaires, serpente dans la ville, sillonné par de petits bateaux de plaisance en été. En hiver, un tronçon de 8 km (à droite) s'illumine pour former la plus longue patinoire du monde.*

Wolseley au travers des cataractes du Nil en 1884, pour aller secourir le général Charles Gordon, assiégé à Khartoum.

**Bibliothèque nationale** (7) La collection comprend environ 3 millions de livres, périodiques, journaux, feuilles de musique, enregistrements et autres ouvrages. La collection Glen Gould renferme entre autres le piano de l'artiste.

**Canal Rideau** (18) Construit entre 1826 et 1832, le canal Rideau répondait à des objectifs militaires ; en fait, il servit de voie commerciale durant tout le XIXe siècle. Aujourd'hui, il est sillonné, en été, par de petits bateaux de plaisance. En hiver, un tronçon de 8 km du cours d'eau forme la plus longue patinoire du monde.

**Centre canadien de la caricature** (25) Situé dans le marché Byward, ce musée organise des expositions thématiques à partir de sa collection permanente qui comporte plus de 20 000 caricatures d'inspiration politique.

**Centre national des arts** (17) Ce complexe moderne, situé sur la rive ouest du canal Rideau, près de la place de la Confédération, abrite un opéra de 2 300 places, un théâtre de 800 places, un théâtre

expérimental plus petit et des salons destinés aux récitals et aux réceptions.

**Cour des Arts** (29) Le centre d'Art municipal d'Ottawa loge dans l'ancien palais de justice du comté de Carleton. Musique, théâtre et danse y sont à l'honneur, ainsi que des ateliers et des conférences ouverts au public.

**Cour suprême du Canada** (8) L'impressionnant bâtiment de pierre abrite les deux cours fédérales, la Cour suprême et les chambres des juges. L'édifice est l'œuvre d'un important architecte québécois, Ernest Cormier (1885-1980).

**Earnscliffe** (31) Cette maison de trois étages (1855), qui fut la demeure de Sir John A. Macdonald de 1883 à 1891, est devenue la résidence du haut-commissaire de la Grande-Bretagne.

**Eglise St. Andrew** (10) Les bancs de cette église de pierre (1872) sont disposés en demi-cercle autour de la chaire. Le lutrin fut offert par la reine Juliana, des Pays-Bas, lors de son séjour à Ottawa, durant la Deuxième Guerre mondiale.

**Ferme expérimentale centrale** (2) Au cœur de la ville, une ferme de 500 ha abrite le bureau central et le centre de

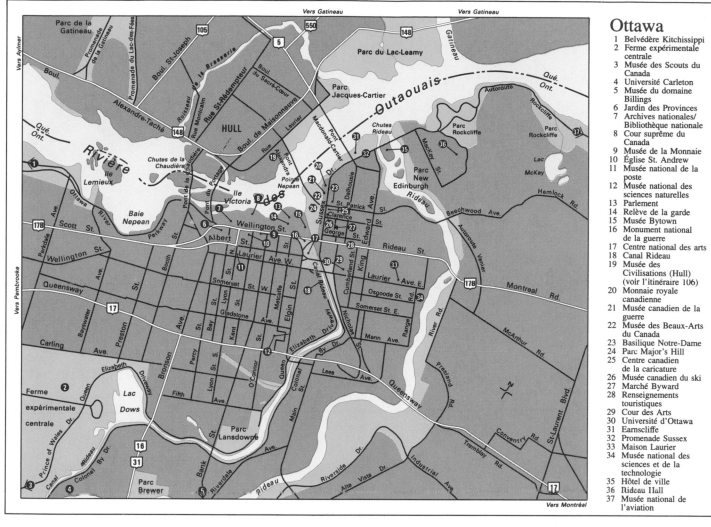

## Ottawa

1. Belvédère Kitchissippi
2. Ferme expérimentale centrale
3. Musée des Scouts du Canada
4. Université Carleton
5. Musée du domaine Billings
6. Jardin des Provinces
7. Archives nationales/ Bibliothèque nationale
8. Cour suprême du Canada
9. Musée de la Monnaie
10. Église St. Andrew
11. Musée national de la poste
12. Musée national des sciences naturelles
13. Parlement
14. Relève de la garde
15. Musée Bytown
16. Monument national de la guerre
17. Centre national des arts
18. Canal Rideau
19. Musée des Civilisations (Hull) (voir l'itinéraire 106)
20. Monnaie royale canadienne
21. Musée canadien de la guerre
22. Musée des Beaux-Arts du Canada
23. Basilique Notre-Dame
24. Parc Major's Hill
25. Centre canadien de la caricature
26. Musée canadien du ski
27. Marché Byward
28. Renseignements touristiques
29. Cour des Arts
30. Université d'Ottawa
31. Earnscliffe
32. Promenade Sussex
33. Maison Laurier
34. Musée national des sciences et de la technologie
35. Hôtel de ville
36. Rideau Hall
37. Musée national de l'aviation

recherche d'Agriculture Canada. On peut visiter en calèche les parterres de fleurs, les jardins d'agrément et le plus ancien arboretum du Canada.

**Hôtel de ville** (35)  Cet édifice de huit étages (1958) est situé dans l'île Verte, près des chutes Rideau. On y admire un escalier suspendu d'aluminium et de marbre blanc, ainsi que les cygnes royaux, offerts par la reine, qui promènent leur grâce nonchalante sur la rivière Rideau, entre l'hôtel de ville et l'université Carleton.

**Jardin des Provinces** (6)  Les drapeaux des provinces flottent au-dessus de plaques de bronze émaillé représentant leurs emblèmes floraux.

**Maison Laurier** (33)  Cette maison de pierre (1878) fut la résidence de deux premiers ministres, Sir Wilfrid Laurier et Mackenzie King. Elle renferme des photos, des documents et des meubles leur ayant appartenu, ainsi que le mobilier du bureau d'un autre Premier ministre, Lester B. Pearson. On y trouve aussi un prie-dieu (v. 1550) provenant du château de Marie Stuart, reine d'Écosse, et un fauteuil de chêne qui aurait servi lors du couronnement de Jacques Ier d'Angleterre.

**Marché Byward** (27)  Ce marché animé remonte aux années 1830. Certains vieux bâtiments y ont été convertis en restaurants et en boutiques.

**Monnaie royale canadienne** (20)  L'hôtel de la Monnaie produit des millions de pièces et de flans destinés à l'étranger. Les visiteurs peuvent assister au laminage, au découpage et à la frappe des pièces. Un petit musée expose des pièces de monnaie canadienne et étrangère.

**Monument national de la guerre** (16)  Il se dresse sur la place de la Confédération, en hommage à tous les anciens combattants du Canada.

**Musée des Beaux-Arts du Canada** (22)  Une admirable structure de granit et de verre abrite la plus importante collection d'art du Canada. Ce chef-d'œuvre architectural de Moshe Safdie a été ouvert au public en 1988. Les peintures, sculptures, gravures et autres œuvres que possède le musée sont exposées dans des galeries éclairées par la lumière du jour. On y admire une imposante collection de peintres canadiens, anciens et contemporains. Parmi les grands maîtres européens, on note Canaletto, Rubens, Rembrandt, le Greco, Turner, Corot, Daumier, Degas, Cézanne et Mondrian. Au cœur de l'édifice, la chapelle Rideau reconstituée renferme des œuvres religieuses.

*La Maison Laurier (1878), où résidèrent deux premiers ministres, est aujourd'hui un musée.*

**Musée Bytown** (15)  Situé près des écluses, il occupe le plus vieux bâtiment d'Ottawa (1827), qui servit d'intendance au colonel By durant la construction du canal Rideau. Il contient des documents relatant l'histoire de Bytown et celle du canal.

**Musée canadien de la guerre** (21)  Parmi la collection qui relate l'histoire militaire du Canada, on peut voir un canon en laiton solide fondu en 1732 et un fusil Gatling utilisé durant la rébellion du Nord-Ouest en 1885.

**Musée canadien du ski** (26)  On y retrace les progrès accomplis dans les équipements de ski, surtout au Canada.

*Les tulipes en fleur* (à droite) *transforment Ottawa en un parterre multicolore. Ses 3 millions de fleurs constituent un spectacle des plus impressionnants. Pendant une demi-heure, les gardes à pied du gouverneur-général et les grenadiers font l'exercice, musique en tête, lors de la relève de la garde, sur la colline du Parlement* (ci-dessous). *Les blasons des provinces sont sculptés sur les arches de la salle de la Confédération* (en bas).

**Musée du domaine Billings** (5) La première demeure de Braddish Billings, une petite cabane de rondins (1813), devint la cuisine d'été d'une maison plus vaste qu'il construisit ici en 1828.

**Musée de la monnaie** (9) La Banque du Canada y expose des monnaies qui ont eu cours au pays — perles, wampoums et dents de baleine — et certaines curiosités comme des pièces de monnaie chinoise en forme de couteau et une pierre Yap de 3 tonnes venant du Pacifique.

**Musée national de l'aviation** (37) Logé à l'aéroport de Rockcliffe, il abrite une centaine d'avions, dont une réplique du

*Figé dans la pierre, ce lion au regard féroce est l'une des nombreuses sculptures qui ornent la colline du Parlement.*

*Silver Dart*, le premier aéronef de l'Empire britannique à s'élever dans les airs, en 1909 à Baddeck, en Nouvelle-Écosse.

**Musée national de la poste** (11) Un fourgon postal et la reconstitution d'un bureau de poste au début du siècle font pendant à une importante collection de timbres du monde entier.

**Musée national des sciences naturelles** (12) Des spécimens d'oiseaux et de mammifères du Canada figurent parmi la reconstitution de leur habitat naturel. La collection d'animaux, de plantes, de minéraux et de fossiles illustre l'évolution de la planète.

**Musée national des sciences et de la technologie** (34) On y invite les visiteurs à manipuler les objets. Les collections vont des automobiles et des locomotives anciennes à un générateur Van de Graaff.

Ces soldats de la Première Guerre mondiale (à gauche) *font partie du monument national de la guerre de la place de la Confédération. À la Monnaie royale canadienne, des pièces de monnaie fraîchement frappées brillent de tout leur éclat (ci-dessus). Un vieil avion de la poste aérienne qui date des années 20 (ci-dessous, à droite) est exposé au Musée national de l'aviation. Le musée des Beaux-Arts du Canada (ci-dessous, à gauche) est l'œuvre de l'architecte d'origine israélienne Moshe Safdie.*

Confédération et les provinces. Le plafond de la Chambre des communes est tapissé de lin d'Irlande, peint à la main. Le fauteuil du président est la réplique de celui qui se trouve dans la Chambre des communes britannique. Dans l'antichambre, une frise de grès de 36 m de long évoque l'histoire du Canada. La salle du Sénat, dont le plafond est doré à la feuille d'or, est ornée de fresques qui représentent les champs de bataille de la Première Guerre mondiale. Des guides font visiter l'aile centrale et l'on peut assister aux débats du haut de la galerie des Communes.

Devant les édifices du Parlement, une flamme éternelle commémore les cent ans de la Confédération canadienne.

**Promenade Sussex** (32) Le long de cette magnifique avenue, qui va du centre-ville à Rideau Hall, se situent de nombreux édifices importants comme la basilique Notre-Dame, le musée des Beaux-Arts du

Canada, la Monnaie royale canadienne, le Musée canadien de la guerre, le ministère des Affaires extérieures et, au numéro 24, la résidence du Premier ministre.

**Relève de la garde** (14) À 10 heures tous les matins durant l'été, des soldats en tuniques rouges et bonnets à poil répètent cette cérémonie militaire traditionnelle sur la colline parlementaire.

**Rideau Hall** (36) Cette belle demeure en pierre de taille, bâtie en 1838, est la résidence des gouverneurs généraux du Canada. Le parc est ouvert au public tous les jours en juillet et en août, les fins de semaine et jours de fête le reste de l'année.

**Université Carleton** (4) Environ 19 500 étudiants fréquentent cette université fondée en 1942. Ses bâtiments modernes incluent une tour des Arts de 22 étages. Le pavillon des sciences Henry Marshall Tory est orné d'une mosaïque de 3 m sur 50, œuvre de Gérald Trottier.

**Université d'Ottawa** (30) C'est la plus ancienne université bilingue du Canada, fondée en 1848 sous le nom de Bytown College ; c'est aussi la plus importante avec ses 23 600 étudiants.

**Musée des Scouts du Canada** (3) Il relate l'histoire du scoutisme au Canada. On peut y voir un journal de bord tenu par Lord Baden-Powell durant sa visite au Canada en 1910.

**Parc Major's Hill** (24) Depuis 1869, il est de tradition d'y faire tonner le canon (1807) à midi en semaine et à 10 heures le dimanche. Deux pierres indiquent l'emplacement de la maison du colonel By.

**Parlement** (13) Ses trois grands édifices de style gothique victorien dominent la ville : l'aile centrale (Chambre des communes et Sénat), l'édifice Est (cabinets du gouverneur général, du Conseil privé et du Premier ministre, ainsi que la chambre du Conseil des ministres) et l'édifice Ouest (bureaux et salles où siègent les commissions). Les deux édifices latéraux furent érigés entre 1859 et 1865 ; l'aile

centrale dut être reconstruite après un incendie, en 1916. Il n'en subsista que la bibliothèque pyramidale, réputée pour son plafond voûté et ses boiseries délicates.

La tour de la Paix (93 m), avec son carillon de 53 cloches, domine l'aile centrale. Au sommet brille un feu blanc lorsque le Parlement siège. Sous le carillon se trouve la salle du Souvenir qui renferme les quatre grands livres où sont inscrits les noms des Canadiens tombés au champ d'honneur. Gravés dans les murs de 14 m sont des poèmes de John McCrae, Rudyard Kipling, John Bunyan et Victor Hugo. Le sol est pavé de pierres provenant des champs de bataille de France et de Belgique.

L'entrée de l'aile centrale, sous la tour de la Paix, mène à la salle de la Confédération dont les piliers symbolisent la

# Des bois sauvages
# aux portes de la ville

Parc de la Gatineau

À quelques kilomètres à peine du cœur d'Ottawa s'étendent les bois sauvages du parc de la Gatineau, fondé en 1938 et administré par la Commission de la capitale nationale.

Les douces collines qui traversent le parc sont les vestiges d'anciennes montagnes arrondies au cours des siècles par des glaciers. Ceux-ci disparurent il y a environ 12 000 ans, laissant derrière eux un paysage âpre et désolé que recouvre aujourd'hui une végétation riche et variée.

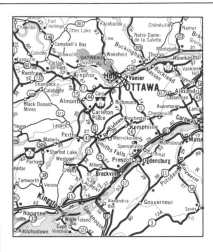

## WAKEFIELD (LA PÊCHE)
Le Musée historique de la Gatineau retrace les habitudes de vie au XIXe siècle. Le moulin Maclaren, sur la rivière La Pêche, accueille les visiteurs en été et en début d'automne. Construit vers 1830, il fut vendu 10 ans plus tard à James et John Maclaren qui l'utilisèrent pour approvisionner leurs camps de bûcherons de la Gatineau.
□ Lester B. Pearson, 19e Premier ministre du Canada, est enterré au cimetière Maclaren.

**PARC DE LA GATINEAU**

### PARC DE LA GATINEAU
D'une superficie de 356 km², le parc est bordé à l'est par la rivière Gatineau, au sud, par celle des Outaouais ; il commence à la sortie de Hull et s'enfonce sur 50 km dans le Bouclier canadien. Il y a un centre d'accueil à Old Chelsea.
□ La partie méridionale du parc renferme un certain nombre de sites historiques et politiques : le domaine de Mackenzie King, la résidence d'été officielle du Premier ministre au lac Harrington et le centre de conférence du lac Meech. La partie récréative du parc comprend les lacs Philippe et La Pêche.
□ Le parc de la Gatineau offre toutes sortes d'activités aux vacanciers : pêche, camping, natation et navigation de plaisance. Un réseau de 190 km de sentiers accueille les amateurs de randonnée en été, les skieurs de fond en hiver. On y trouve aussi deux zones de ski alpin.

*Collines de la Gatineau*

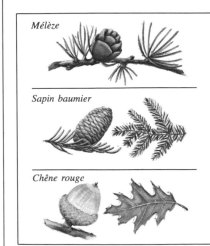

*Mélèze*

*Sapin baumier*

*Chêne rouge*

## Des sommets aux basses terres, la renaissance d'une forêt

Des siècles d'exploitation forestière et de défrichage intenses, d'incendies et d'inondations ont laissé leur marque dans les trois types de forêts du parc de la Gatineau. La moitié des arbres, qui n'ont pas 60 ans, poussent en terre peu profonde, sur les sommets et les pentes supérieures. Ce sont les bois durs, le chêne rouge, le bois de fer et le frêne blanc, ainsi que les trembles et le bouleau blanc. Croissent ici aussi des peuplements mixtes de pruches et d'érables rouges et quelques rares bosquets de bois tendres, pins blancs, rouges et noirs.

L'érable à sucre et le hêtre occupent les terres humides à mi-pente, tandis que les sapins baumiers et les épinettes blanches envahissent les terres agricoles abandonnées.

Les rives des cours d'eau et les basses terres humides sont surtout peuplées de bois mixtes — frêne noir et cèdre — et de bois tendres, épinette noire, mélèze et tamarac.

### AYLMER
C'est le paradis des golfeurs avec ses six terrains de golf, dont le Kingsway Park and Country Club où se trouve le Musée canadien du golf ; on y expose des *brassies, mashies, spoons* et autres *niblicks* qui précédèrent les bois et les fers numérotés que nous connaissons aujourd'hui. On peut y voir aussi un bois recouvert de cuir qui servit à Willie Park, gagnant du premier British Open en 1860.
□ Parmi les 170 monuments historiques de la région Aylmer-Lucerne, on peut citer Symmes Inn (1832), le British Hotel (1841) et l'hôtel de ville (1851) qui fut un palais de justice et abrite maintenant une bibliothèque.
□ Le Musée d'Aylmer se loge dans la Maison John McLean (1840). Il raconte l'histoire de la ville, particulièrement la période d'avant 1850 quand régnait la navigation à vapeur.

0  1  2  3  4  5 Milles

0  2  4  6  8 Kilomètres

Les Indiens s'installèrent dans la vallée de l'Outaouais il y a 4 000 ans, mais il fallut attendre l'époque de la traite des fourrures pour que la présence de l'homme se fasse sentir dans la Gatineau. Des colons et des bûcherons s'y installèrent au début du XIXᵉ siècle ; les terres étaient si pauvres que la plupart des colons étaient repartis au tournant du siècle. L'exploitation forestière continua jusque vers les années 20. Quand l'homme réintégra la Gatineau, ce fut, cette fois, pour en jouir.

Les promenades de la Gatineau et du Lac-Fortune mènent au belvédère Champlain d'où l'on admire le relief moutonnant du parc. Des lacs cristallins séduisent canoéistes et pêcheurs ; un réseau de pistes attire les amateurs de randonnée en été, de ski de fond en hiver, tandis que les campeurs et les pique-niqueurs ont l'embarras du choix de plages et de sites pittoresques où savourer la beauté d'une région encore intacte.

*La Gatineau*

**LA GATINEAU**
Cette rivière de 386 km qui se jette dans l'Outaouais, près de Hull, a reçu le nom de Nicolas Gatineau, sieur Duplessis, négociant en fourrures, qui arriva au Québec en 1650 et se serait noyé dans la Gatineau en 1683.

**LAC MEECH**
Le lac porte le nom de l'Américain Esa Meech qui s'établit ici vers 1820.
▫ En 1906, l'inventeur canadien Thomas « Carbide » Willson (1860-1915) acheta un terrain sur le lac Meech pour y construire un centre de recherches. Willson House fut achetée par le gouvernement fédéral en 1979 et devint un centre de conférences. C'est là qu'ont eu lieu les discussions sur l'accord du lac Meech à partir de 1987.

## La grande époque des bûcherons de la Gatineau

L'exploitation forestière, la principale industrie du Canada pendant une bonne partie du XIXᵉ siècle, fut particulièrement intensive dans la Gatineau où se trouvaient certaines des plus belles forêts de pins blancs dont l'Angleterre avait tant besoin à l'époque.

On abattait les arbres en hiver pour faire glisser les troncs sur le sol gelé. Les bûcherons, qui se mettaient à deux pour attaquer les troncs à la hache, équarrissaient ensuite les billes. Des attelages de bœufs tiraient les troncs jusqu'au bord de la rivière où on les entassait en attendant le printemps. Avec le dégel, les billots dévalaient la rivière jusqu'à l'Outaouais où l'on formait de grands radeaux qui partaient ensuite jusqu'à Québec. Ce travail harassant était souvent dangereux.

Après la paie, en juillet, les bûcherons descendaient en ville « se défouler ». Plus d'un perdit tout son pécule — parfois 300 $ — en quelques nuits de beuverie, de débauche et de bagarres.

**KINGSMERE**
Ce domaine de 230 ha a été la résidence d'été de William Lyon Mackenzie King, Premier ministre de 1921 à 1930, puis de 1935 à 1948. Le Cloître (*à droite*) que le Premier ministre assembla sur son terrain provient des ruines d'anciens bâtiments. Certaines des pierres ont appartenu au premier parlement canadien, détruit par un incendie en 1916, d'autres à la Chambre des communes de Londres, bombardée durant la Seconde Guerre mondiale. La résidence de Mackenzie King, Moorside, a été transformée en musée.

**HULL**
Fondée en 1880, Hull fut la première localité permanente à s'établir sur la rivière des Outaouais. Le premier colon fut un Américain, Philemon Wright, qui arriva avec un petit groupe de ses concitoyens. D'abord village agricole, Hull s'adonna à l'industrie du bois au cours du XIXᵉ siècle. En 1851, un autre Américain, Erza Butler Eddy, y installa une usine d'allumettes avant de devenir un producteur de pâtes et papiers.
▫ Aujourd'hui, la prospérité de Hull est étroitement liée à celle de sa grande voisine, Ottawa. Le gouvernement fédéral est le principal employeur de la ville. Depuis les années 70, des projets fédéraux d'urbanisme, comme la Place du Portage, ont transformé le visage de Hull.
▫ Le Musée canadien des civilisations, situé sur la rivière des Outaouais en face du Parlement d'Ottawa, est l'œuvre de l'architecte albertain Douglas Cardinal ; il renferme des objets qui remontent à la préhistoire.

*Musée canadien des civilisations à Hull*

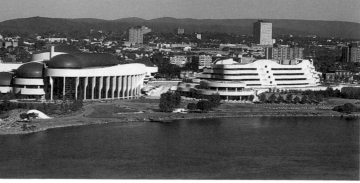

# Le délicieux jardin
# du Grand Esprit des Indiens

Les Mille Îles

Sur les 56 km qui séparent Gananoque de Brockville s'étendent 1 000 îles, les unes couvertes de forêts luxuriantes, les autres dénudées ou semées de rares pins rabougris ; 1 000 îles dont les plus vastes abritent de coquets ports de plaisance et de somptueuses villas alors que les plus petites ne sont que de simples rochers.

Les Indiens appelaient les Mille Îles le « Jardin du Grand Esprit ». Selon la légende, la région était autrefois une grande

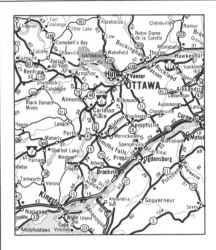

## Le château de Boldt

George Boldt, un Allemand qui arriva en Amérique du Nord à la fin du XIXe siècle, commença sa carrière comme laveur de vaisselle. Mais il ne tarda pas à faire fortune. Boldt contribua à fonder l'hôtel Waldorf-Astoria de New York, acquit plusieurs grandes entreprises et devint millionnaire.

Vers 1890, il acheta une île, la fit remodeler en forme de cœur et commença à y faire construire un château pour l'offrir à sa femme. Hélas ! celle-ci mourut peu de temps après. Le cœur brisé, Boldt fit arrêter les travaux. Il ne vint jamais revoir le château de ses rêves, dans l'île Hart.

On peut prendre le bateau à Gananoque, Ivy Lea, Kingston ou Rockport pour se rendre dans cette île.

*Château de Boldt, dans l'île Heart*

*Pont international des Mille-Îles, près de Ivy Lea*

**PROMENADE DES MILLE-ÎLES**
Les arbres qui bordent la promenade de 38 km cachent parfois le Saint-Laurent, mais de nombreux belvédères permettent néanmoins de l'admirer. Surplombant la promenade, près de la baie de Brown, se trouve une étonnante dalle de grès gris pâle, longue de 1 km, qui repose sur le granite rougeâtre, commun dans la région.

Les plus grandes futaies de pin des corbeaux du Canada continental qui poussent en bordure de cette route se mêlent aux chênes rouges et blancs, entre Rockport et Ivy Lea.

**MALLORYTOWN LANDING**
Située sur la rive nord du Saint-Laurent, c'est la seule partie du parc national des îles du Saint-Laurent qui soit accessible en voiture.

*Pin des corbeaux*

PARC BROWN'S BA
Mallorytown Landing
ÎLE GRENADIER
Promenade des Mille-Îles  10
4,9
PARC D'IVY LEA
Rockport
Wilstead
401
2  2,5  4  DU ST-LAURENT
Ivy Lea  137  ÎLE HILL
Gananoque  14  BAIE HALSTEADS  DES ÎLES  2,5
ÎLES NAVY
PARC NAT.  ÎLE WELLESLEY
ÎLES ADMIRALTY
MILLE
ONT.  ÎLE  N.Y.  GRINDSTONE
ÎLES

*Skydeck Thousand Islands, dans l'île Hill*

**GANANOQUE**
C'est de Gananoque, une ravissante station de villégiature au cœur des Mille Îles, que partent les excursions en bateau de 1 h 30 et de 3 heures à travers les îles.
□ Le Musée de Gananoque, logé dans l'ancien hôtel Victoria (1863), expose des meubles du XIXe siècle et des articles d'équipement militaire.
□ Le joli hôtel de ville de brique de Gananoque a été construit en 1830 par le riche marchand John McDonald pour sa jeune épouse Henrietta Mallory.

**ÎLE HILL**
L'île est située sous les travées du Pont international que le Premier ministre Mackenzie King et le Président Franklin D. Roosevelt inaugurèrent, en 1938.
□ Du haut du Skydeck, à 120 m au-dessus du Saint-Laurent, la vue s'étend à 65 km à la ronde par beau temps. Un ascenseur mène aux trois plates-formes d'observation.

0  1  2  3  4  5 Milles
0  2  4  6  8 Kilomètres

étendue d'eau dépourvue de toute île sur les bords de laquelle le Grand Esprit aurait créé un paradis afin d'inciter à la paix les belliqueuses tribus indiennes. Celles-ci continuant malgré tout à se battre de plus belle, le dieu remit le paradis dans sa besace et remonta vers les cieux. Mais la besace se déchira et le paradis s'écrasa au milieu des eaux, s'éparpillant en mille morceaux.

Les géologues ont évidemment une explication moins poétique. Il y a près de 900 millions d'années, des montagnes aussi majestueuses que les Rocheuses occupaient le lit actuel du Saint-Laurent. Avec le temps, les rivières et les glaciers les transformèrent en modestes collines, aujourd'hui des îles et des hauts-fonds.

À la fin du XIXe siècle, les îles étaient le refuge des millionnaires qui y bâtirent de splendides demeures en bordure de l'eau pour y passer l'été. De nos jours, la région est sans doute l'une des plus touristiques de tout le Canada. Croisières en bateau, sentiers de randonnée, foires de campagne, natation, ski nautique et des eaux extraordinairement poissonneuses font des Mille Îles un lieu privilégié des vacanciers.

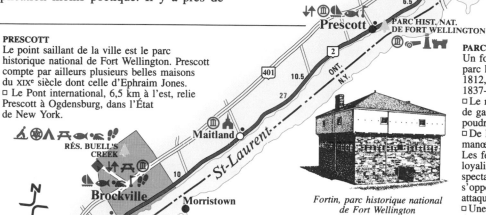

## PRESCOTT
Le point saillant de la ville est le parc historique national de Fort Wellington. Prescott compte par ailleurs plusieurs belles maisons du XIXe siècle dont celle d'Ephraim Jones.
□ Le Pont international, 6,5 km à l'est, relie Prescott à Ogdensburg, dans l'État de New York.

## MAITLAND
À côté de l'église Bleue (1845) est enterrée Barbara Heck (1734-1804), qui contribua à implanter le méthodisme en Amérique du Nord. D'origine irlandaise, elle émigra avec son mari à New York en 1760. Huit ans plus tard, elle participait à la fondation de la première église wesleyenne du continent américain à New York. Les Heck étaient des loyalistes ; après la guerre de l'Indépendance, ils s'établirent au Canada où Barbara continua à travailler pour les méthodistes jusqu'à sa mort.
□ La Vieille Distillerie (1828) servit de moulin et sa tour, de point de tir ; on y fabriquait des boulets.

*Fortin, parc historique national de Fort Wellington*

## PARC HISTORIQUE NATIONAL DE FORT WELLINGTON
Un fortin de trois étages est la principale attraction du parc historique situé près de Prescott. Construit en 1812, le fort servit surtout durant les rébellions de 1837-1838 et resta occupé jusqu'en 1885.
□ Le rez-de-chaussée, qui se compose d'une salle de garde, d'un magasin, d'une armurerie et d'une poudrière, est transformé en musée.
□ De la mi-mai au début de septembre, des manœuvres militaires s'y déroulent quotidiennement. Les festivités de 10 jours qui marquent les Journées loyalistes à Prescott donnent lieu ici à un grand spectacle. Des troupes en costumes d'époque s'opposent dans un combat simulé, les unes pour attaquer le fort, les autres pour le défendre.
□ Une tour de pierre de 20 m (1820), sur une avancée de terre, offre une vue splendide du Saint-Laurent. Elle faisait autrefois partie d'un moulin à vent qui servit de place forte aux rebelles en 1938.

*L'église Bleue, à Maitland*

## BROCKVILLE
Fondée en 1784, Brockville fut une des premières agglomérations loyalistes du Haut-Canada. Elle reçut le nom du major général Sir Isaac Brock, le héros de la guerre de 1812.
□ Les rues ombragées de la ville sont bordées de belles maisons anciennes. Le palais de justice de Brockville, construit en 1842, est l'un des plus anciens édifices publics de l'Ontario. On remarquera également l'hôtel Carriage House (1820), l'école Victoria (1855) et la Loge orangiste (1825).
□ Le tunnel ferroviaire de Brockville, le plus ancien du Canada, fut construit entre 1854 et 1860 pour permettre au train de la Brockville and Ottawa Railway d'atteindre le bord du fleuve. Il est resté en service jusqu'en 1954.

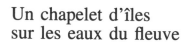

*Bec-scie à poitrine rousse*

*Pomme de mai*

*Coprins chevelus*

# Un chapelet d'îles sur les eaux du fleuve

Véritable paradis des amateurs de bateau, le parc national des Îles-du-Saint-Laurent s'étend entre Kingston et Brockville sur une petite bande de terre ferme, 18 îles boisées et 80 îlots rocheux.

Le parc recèle une flore et une faune très riches. Parmi les 800 espèces végétales recensées ici, on peut citer le chêne noir, la pomme de mai, le coprin chevelu, l'airelle à longues étamines que l'on ne retrouve nulle part ailleurs au Canada et l'anémone rue qui atteint ici la limite septentrionale de son territoire. Environ 65 espèces d'oiseaux fréquentent le parc, notamment le cardinal, le troglodyte de Caroline, le dindon sauvage, le pygargue à tête blanche et le bec-scie à poitrine rousse ; on y dénombre aussi 28 espèces de reptiles et d'amphibiens, dont la couleuvre rayée de l'Est et la salamandre bleue.

Les îles, qui souvent portent des noms pittoresques (Camelot, Endymion), sont les vestiges d'anciennes montagnes nivelées par des glaciers et des rivières il y a près de 500 millions d'années. Presque toutes sont pourvues d'appontements, de terrains de camping, de puits et de foyers.

# Un village d'autrefois sur les rives du Saint-Laurent

## Sud-est de l'Ontario

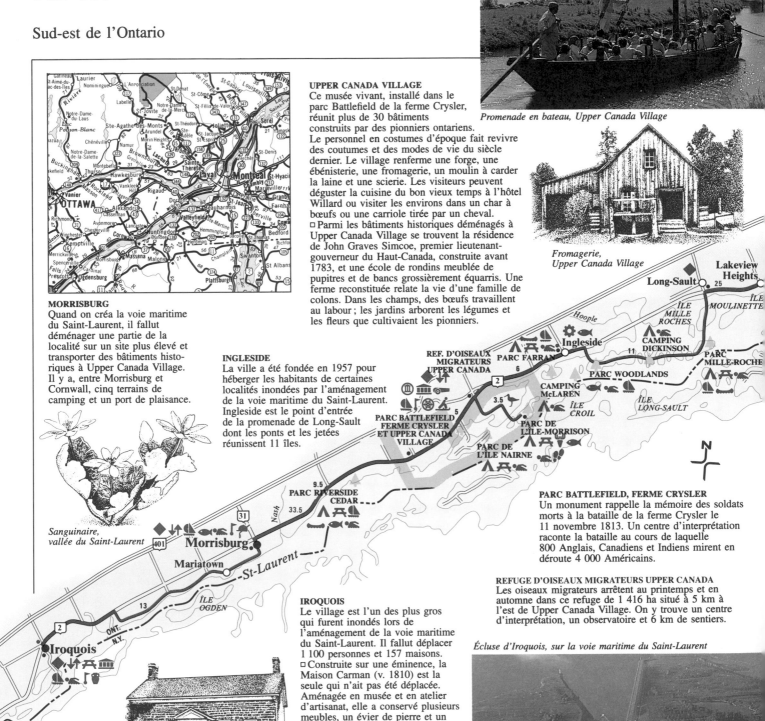

Promenade en bateau, Upper Canada Village

**UPPER CANADA VILLAGE**

Ce musée vivant, installé dans le parc Battlefield de la ferme Crysler, réunit plus de 30 bâtiments construits par des pionniers ontariens. Le personnel en costumes d'époque fait revivre des coutumes et des modes de vie du siècle dernier. Le village renferme une forge, une ébénisterie, une fromagerie, un moulin à carder la laine et une scierie. Les visiteurs peuvent déguster la cuisine du bon vieux temps à l'hôtel Willard ou visiter les environs dans un char à bœufs ou une carriole tirée par un cheval.
□ Parmi les bâtiments historiques déménagés à Upper Canada Village se trouvent la résidence de John Graves Simcoe, premier lieutenant-gouverneur du Haut-Canada, construite avant 1783, et une école de rondins meublée de pupitres et de bancs grossièrement équarris. Une ferme reconstituée relate la vie d'une famille de colons. Dans les champs, des bœufs travaillent au labour ; les jardins arborent les légumes et les fleurs que cultivaient les pionniers.

Fromagerie, Upper Canada Village

**MORRISBURG**

Quand on créa la voie maritime du Saint-Laurent, il fallut déménager une partie de la localité sur un site plus élevé et transporter des bâtiments historiques à Upper Canada Village. Il y a, entre Morrisburg et Cornwall, cinq terrains de camping et un port de plaisance.

Sanguinaire, vallée du Saint-Laurent

**INGLESIDE**

La ville a été fondée en 1957 pour héberger les habitants de certaines localités inondées par l'aménagement de la voie maritime du Saint-Laurent. Ingleside est le point d'entrée de la promenade de Long-Sault dont les ponts et les jetées réunissent 11 îles.

Maison Carman, à Iroquois

**IROQUOIS**

Le village est l'un des plus gros qui furent inondés lors de l'aménagement de la voie maritime du Saint-Laurent. Il fallut déplacer 1 100 personnes et 157 maisons.
□ Construite sur une éminence, la Maison Carman (v. 1810) est la seule qui n'ait pas été déplacée. Aménagée en musée et en atelier d'artisanat, elle a conservé plusieurs meubles, un évier de pierre et un foyer hollandais.
□ À cheval sur la frontière, un énorme barrage régularise le niveau des eaux du Saint-Laurent pour les rendre navigables.

**PARC BATTLEFIELD, FERME CRYSLER**

Un monument rappelle la mémoire des soldats morts à la bataille de la ferme Crysler le 11 novembre 1813. Un centre d'interprétation raconte la bataille au cours de laquelle 800 Anglais, Canadiens et Indiens mirent en déroute 4 000 Américains.

**REFUGE D'OISEAUX MIGRATEURS UPPER CANADA**

Les oiseaux migrateurs arrêtent au printemps et en automne dans ce refuge de 1 416 ha situé à 5 km à l'est de Upper Canada Village. On y trouve un centre d'interprétation, un observatoire et 6 km de sentiers.

Écluse d'Iroquois, sur la voie maritime du Saint-Laurent

0  1  2  3  4  5 Milles
0  2  4  6  8 Kilomètres

À Upper Canada Village revivent, dans un site enchanteur, des fermes, des maisons particulières, des églises, des tavernes et des échoppes datant de 1784 à 1867. Une équipe d'architectes, d'historiens et d'horticulteurs ont méticuleusement reconstitué ici l'atmosphère d'un village d'autrefois.

Un pont, construit en 1840, mène à la grand-rue, en bordure de laquelle se dressent des maisons dont les intérieurs reproduisent minutieusement ceux de l'époque des pionniers. Ainsi les tissus, les peintures et les papiers peints sont semblables à ceux qu'on utilisait dans les foyers avant la Confédération. Les clous et les loquets forgés à la main, les meubles, les ustensiles, les chandelles et les lampes, tout est authentique ou fidèlement reproduit avec les outils et les techniques que l'on employait au XIXᵉ siècle.

Des lunaires, des roses trémières, des cheveux de Vénus et des pommiers McIntosh (les premiers pommiers McIntosh Red furent d'ailleurs plantés un peu plus au nord, à Dundela) fleurissent dans les jardins de Crysler Hall, où l'on présente un film et une exposition sur la reconstitution du site et sur l'inondation de la région. La maison Crysler Hall fut construite par un fils de John Crysler dont la ferme fut le lieu d'une victoire décisive dans la guerre de 1812. La ferme est aujourd'hui sous l'eau, mais un monument dans le parc Battlefield de la ferme Crysler rappelle l'événement.

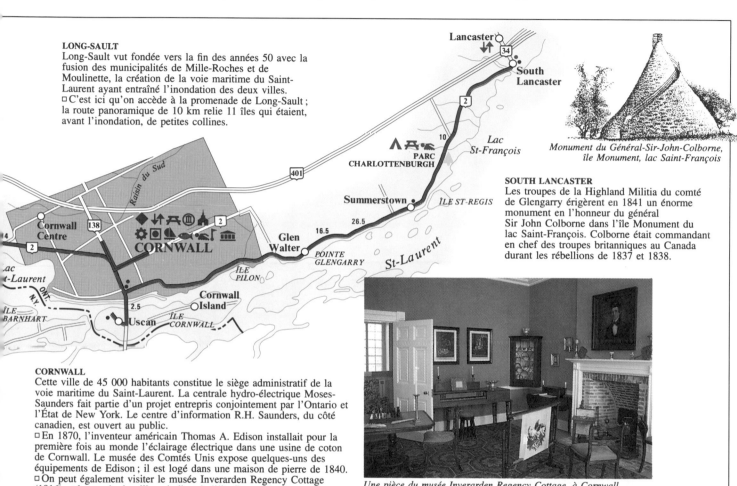

**LONG-SAULT**
Long-Sault vut fondée vers la fin des années 50 avec la fusion des municipalités de Mille-Roches et de Moulinette, la création de la voie maritime du Saint-Laurent ayant entraîné l'inondation des deux villes.
▫ C'est ici qu'on accède à la promenade de Long-Sault ; la route panoramique de 10 km relie 11 îles qui étaient, avant l'inondation, de petites collines.

*Monument du Général-Sir-John-Colborne, île Monument, lac Saint-François*

**SOUTH LANCASTER**
Les troupes de la Highland Militia du comté de Glengarry érigèrent en 1841 un énorme monument en l'honneur du général Sir John Colborne dans l'île Monument du lac Saint-François. Colborne était commandant en chef des troupes britanniques au Canada durant les rébellions de 1837 et 1838.

**CORNWALL**
Cette ville de 45 000 habitants constitue le siège administratif de la voie maritime du Saint-Laurent. La centrale hydro-électrique Moses-Saunders fait partie d'un projet entrepris conjointement par l'Ontario et l'État de New York. Le centre d'information R.H. Saunders, du côté canadien, est ouvert au public.
▫ En 1870, l'inventeur américain Thomas A. Edison installait pour la première fois au monde l'éclairage électrique dans une usine de coton de Cornwall. Le musée des Comtés Unis expose quelques-uns des équipements de Edison ; il est logé dans une maison de pierre de 1840.
▫ On peut également visiter le musée Inverarden Regency Cottage (1816) et le musée du village indien de l'île Cornwall.

*Une pièce du musée Inverarden Regency Cottage, à Cornwall*

# La voie maritime du Saint-Laurent, une porte ouverte sur le cœur de l'Amérique du Nord

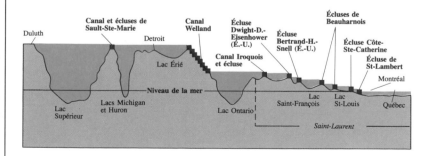

Depuis l'ouverture de la voie Maritime en 1959, les navires de haute mer peuvent s'enfoncer jusqu'au cœur de l'Amérique du Nord. Auparavant, la navigation se limitait aux barges qui empruntaient des canaux percés avant 1903 pour contourner les hauts-fonds et les rapides du Saint-Laurent entre Montréal et Prescott. C'est en 1954 que le Canada et les États-Unis décidèrent d'aménager cette voie maritime de près de 3 800 km de long.

Il fallut construire sept nouvelles écluses et creuser le lit des anciens canaux. La province de l'Ontario et l'État de New York conjuguèrent en outre leurs efforts pour ériger trois énormes barrages hydro-électriques dans la région de Cornwall.

Les navires qui remontent le fleuve, de l'Atlantique au lac Supérieur, franchissent 20 écluses d'une dénivellation totale de 183 m. La circulation de ces gros bateaux, qui transportent des cargaisons trois fois supérieures à celles des plus grandes barges d'autrefois, est réglée par ordinateur. Le grain et le minerai de fer représentent plus de la moitié des marchandises transportées.

# Un petit coin d'Écosse entre le Saint-Laurent et l'Outaouais

Sud-est de l'Ontario

Les premiers Écossais de l'Ontario venaient de la vallée Mohawk, dans l'État de New York. Ils furent rejoints, deux ans plus tard, en 1786, par 500 Écossais de Glengarry. D'autres les suivirent pendant encore un demi-siècle, dont, en 1802, un groupe de 400 Highlanders qui comprenaient quelque 125 MacMillan !

Les patronymes écossais étaient d'ailleurs le cauchemar des maîtres de poste. On vit jusqu'à un demi-millier de Macdonald recevoir leur courrier au bureau

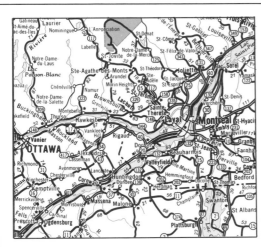

*Palais de justice, à L'Orignal*

**L'ORIGNAL**
C'est l'une des premières agglomérations de la vallée de l'Outaouais. La région appartenait à une seigneurie québécoise quand Nathaniel Hazard Treadwell l'acheta vers 1800. La ville a gardé son nom français.
▢ Le plus ancien palais de justice de l'Ontario se trouve à L'Orignal. Le corps de bâtiment, de style néo-classique, fut achevé en 1825.

**DUNVEGAN**
Trois bâtiments de bois de pièces abritent des souvenirs des pionniers écossais et loyalistes qui s'installèrent dans le comté il y a près de 200 ans. L'auberge des Pionniers de Glengarry (v. 1830) a encore sa buvette, ses boiseries et ses planchers de pin d'origine. Un appentis protège des traîneaux et des chariots du début du XIXe siècle et une grange de rondins (v. 1850) contient une collection d'outils.

## Pasteur et romancier à succès

Les différents ouvrages de Ralph Connor furent tirés à quelque 5 millions d'exemplaires ! Connor était en réalité le pseudonyme qu'avait adopté Charles William Gordon (1860-1937), un pasteur presbytérien.

La première paroisse de Gordon, près de Banff, en Alberta, servit de cadre à *Black Rock* (1898). *The Sky Pilot* (1899), traduit en 1978 sous le titre *Pilote du ciel*, parle des colons de la Prairie tandis que *The Man from Glengarry* (1901) et *Glengarry School Days* (1902) se situent dans les bois où l'auteur passa son enfance. Ces trois ouvrages établirent sa popularité. Gordon écrivit 25 livres, mais son ministère n'en demeura pas moins sa principale préoccupation. Il fut pasteur d'une église de Winnipeg de 1895 à 1915, puis de 1919 jusqu'à sa mort, après avoir été aumônier militaire pendant la Première Guerre mondiale.

*Rassemblement de cornemuses, à Maxville*

**MAXVILLE**
Les Glengarry Highland Games, les jeux écossais parmi les plus importants de toute l'Amérique du Nord, ont lieu dans cette ville depuis 1948. Organisés au mois d'août, ils comprennent des jeux traditionnels, ainsi que des concours de cornemuse et de tambour.
▢ C'est dans cette région du sud-est de l'Ontario que se déroule l'action de deux romans de Ralph Connor, *The Man from Glengarry* et *Glengarry School Days*. Connor, de son vrai nom William Gordon, naquit à St. Elmo, au nord de Maxville, en 1860. Il mourut en 1937 à Winnipeg.

**ST. ANDREWS**
Le plus vieil oratoire de pierre de l'Ontario est l'ancienne église St. Andrew (1801), qui est maintenant transformée en salle paroissiale. Dans le cimetière de la nouvelle église St. Andrew (1860) se trouve la tombe de l'explorateur Simon Fraser. Ce fut la première église catholique construite par les Écossais dans le Haut-Canada.

*Démonstration de force et d'adresse, aux Glengarry Highland Games*

*Église St. Andrew, à St. Andrews*

d'Alexandria. La ville de Maxville a peut-être été ainsi nommée parce que nombre de ses habitants portaient un nom commençant par « Mac ».

Ces colons défrichèrent les riches pâturages de cette région de production laitière, mais beaucoup partirent dans le Grand Nord et l'Ouest pour le compte de la Compagnie du Nord-Ouest. Ils furent remplacés par des fermiers du Québec, si bien que la moitié de la population est aujourd'hui francophone.

Les pionniers du comté de Glengarry se sont illustrés dans tous les domaines, aussi bien dans l'enseignement et la politique que dans l'industrie et le commerce. Quant à leur glorieuse tradition militaire, qui remonte au Glengarry Light Infantry de la guerre de 1812, elle vit toujours chez les Highlanders de Dundas, de Stormont et de Glengarry. Les Glengarry Highland Games ont lieu tous les ans à Maxville.

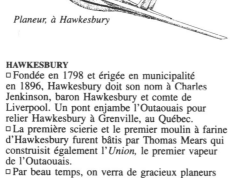

*Planeur, à Hawkesbury*

## HAWKESBURY
□ Fondée en 1798 et érigée en municipalité en 1896, Hawkesbury doit son nom à Charles Jenkinson, baron Hawkesbury et comte de Liverpool. Un pont enjambe l'Outaouais pour relier Hawkesbury à Grenville, au Québec.
□ La première scierie et le premier moulin à farine d'Hawkesbury furent bâtis par Thomas Mears qui construisit également l'*Union,* le premier vapeur de l'Outaouais.
□ Par beau temps, on verra de gracieux planeurs dans le ciel d'Hawkesbury. On peut aussi visiter leur club.

## Alaistair Mhor, prêtre et patriote

Mgr Alexander Macdonell, connu sous le nom d'Alaistair Mhor (le grand Alexandre) pour le distinguer d'un homonyme, protégea les colons de Glengarry et se fit souvent leur porte-parole. Le père Macdonell avait 42 ans en 1804 lorsqu'il conduisit au Canada les soldats démobilisés d'un régiment catholique qu'il avait mis sur pied, les Glengarry Fencibles. Le régiment qu'il fonda par la suite au Canada, le Glengarry Light Infantry, livra 14 batailles au cours de la guerre de 1812.

Après la guerre, Macdonell transforma sa maison en séminaire. Il devint le premier évêque catholique du Haut-Canada en 1820, et membre du Conseil législatif en 1831. Il mourut en Écosse, en 1840.

## ST. RAPHAELS
Construite en 1821, l'église St. Raphael fut détruite par un incendie en 1970. Les ruines sont impressionnantes.
□ Un monument rappelle la mémoire de Mgr Alexander Macdonell, premier évêque catholique du Haut-Canada et fondateur du régiment Glengarry Light Infantry.
□ Une plaque marque l'endroit où naquit John Sandfield Macdonald, co-Premier ministre du Canada en 1862-1864 et premier Premier ministre de l'Ontario de 1867 à 1871.

## MARTINTOWN
Avec la crue du printemps, la Raisin se transforme en un torrent impétueux où se disputent des courses de canots qui attirent chaque avril une centaine de concurrents.
□ Un moulin en pierre des champs, construit au début du siècle, est souvent croqué par des artistes de la région. Il est habité par les descendants des premiers occupants.

*Ruines de l'église St. Raphael*

## WILLIAMSTOWN
La Foire de Williamstown, la plus ancienne foire rurale du Canada, a lieu la seconde semaine du mois d'août. Elle fut inaugurée en 1810 par Sir John Johnson, chef d'un groupe de loyalistes de l'État de New York qui arrivèrent ici en 1784. Le manoir de Johnson (v. 1790), coiffé d'un toit rouge, est l'une des nombreuses demeures intéressantes de Williamstown. La maison de bois du révérend John Bethune, fondateur de la première paroisse presbytérienne de l'Ontario en 1787, et Fraserfield (v. 1872), une grande demeure de pierre de 23 pièces, en sont deux autres.
□ Le Nor'Westers and Loyalist Museum occupe un bâtiment georgien de brique rouge (1862).

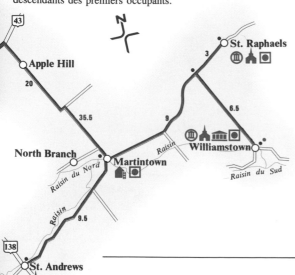

*Manoir de Sir John Johnson, à Williamstown*

# Le lac des adieux aux voyageurs aventureux

Lac Saint-Louis

À la fin du XVIIIe siècle et au début du XIXe, c'est à Lachine que s'embarquaient les voyageurs de la Compagnie du Nord-Ouest qui partaient vers les lointaines forêts. Le rassemblement se faisait en amont des mauvais rapides de Lachine, près de l'actuelle promenade du Père-Marquette. Les voyageurs, leurs canots chargés à ras bords, chantaient pour se donner du cœur et scander leurs coups de rames. L'un de ces chants s'intitule précisément « La Plainte du coureur des bois ».

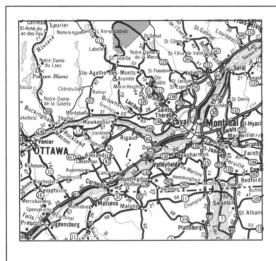

## SAINTE-ANNE-DE-BELLEVUE

Située à l'extrémité ouest de l'île de Montréal, la localité fondée à la fin du XVIIe siècle était le point de départ des coureurs des bois en route vers l'ouest. Il reste de cette période une maison de pierre (1793) sur la rue Sainte-Anne : ce fut la demeure de Simon Fraser, un Écossais associé à la compagnie du Nord-Ouest. C'est aujourd'hui un restaurant.
□ Dans l'église de Sainte-Anne, on peut voir une peinture représentant sainte Anne, patronne des voyageurs, guidant des canoteurs vers le rivage. (Le couvent Marguerite-Bourgeois s'élève sur l'emplacement de l'ancienne chapelle où les voyageurs s'arrêtaient pour prier.)
□ Les écluses de Sainte-Anne, construites à des fins commerciales et militaires en 1840, relient le lac des Deux-Montagnes au lac Saint-Louis. Elles servent aujourd'hui aux bateaux de plaisance.
□ L'arboretum Morgan du collège Macdonald de l'université McGill occupe 245 ha. Les quatre cinquièmes du domaine, consacrés à la forêt, renferment 150 espèces d'arbres. Le domaine est ouvert toute l'année ; ses 19 km de sentiers sont propices à la marche et au ski de fond.

*Moulin à vent du XVIIIe siècle, à Pointe-Claire*

## VAUDREUIL

Le Musée régional de Vaudreuil-Soulanges est aménagé dans une école de pierre qui fut construite en 1859. On peut y voir des meubles et des outils du XIXe siècle.
□ L'église Saint-Michel (1787) renferme une chaire, des autels, des candélabres et deux statues sculptées par Philippe Liébert entre 1792 et 1798. Derrière le maître-autel, une peinture (1809) de grandes dimensions, œuvre de William Berczy, montre saint Michel, épée à la main, terrassant le démon.
□ En face de l'église Saint-Michel, une plaque rappelle la mémoire de Pierre de Rigaud, marquis de Vaudreuil-Cavagnal, dernier gouverneur de la Nouvelle-France, qui se rendit aux Anglais en 1760.

*Musée régional de Vaudreuil-Soulanges*

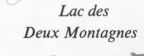

## LIEU HISTORIQUE NATIONAL DE COTEAU-DU-LAC

Ce site renferme les vestiges du premier canal à écluses construit par les Anglais en Amérique du Nord en 1779.
Ancêtre de la voie maritime du Saint-Laurent, ce canal permit la navigation militaire et commerciale entre Montréal et Kingston jusqu'en 1850. Il mesurait à l'origine 300 m de long sur 2,5 m de large et on pouvait y baisser et lever le niveau d'eau de 2,7 m.
□ De 1781 à 1814, les Anglais fortifièrent le canal avec un bastion et plusieurs casemates dont il ne reste que des ruines. Une casemate octogonale, copie de celle édifiée en 1812, renferme une collection de fournitures militaires qui appartenaient aux Anglais. Au centre d'accueil, on peut voir une maquette du fort, une exposition sur la navigation dans le Saint-Laurent et divers objets découverts par les archéologues.

*Casemate octogonale de Coteau-du-Lac*

## POINTE-DES-CASCADES

Le village est traversé par le canal de Soulanges, construit au cours des années 1890 pour contourner les rapides du Saint-Laurent entre le lac Saint-François et le lac Saint-Louis. Le canal devint inutile avec la construction en 1959 du canal Beauharnois et de la voie maritime du Saint-Laurent. Du village, on peut voir les rapides, les écluses et les centrales électriques qui jalonnent le cours de la voie maritime. À l'écluse no 3, le parc des Ancres expose une collection d'ancres retirées des eaux du Saint-Laurent au cours des deux derniers siècles.

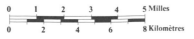

*Ah ! que l'hiver est long*
*Que ce temps est ennuyant !*
*Nuit et jour mon cœur soupire,*
*De voir venir le doux printemps,*
*Car c'est lui qui console*
*Les malheureux amants*
*Avec leurs amours folles.*

Le déclin de la traite des fourrures avait déjà commencé lorsqu'on inaugura le canal de Lachine en 1825. Construit pour contourner les dangereux rapides de Lachine, il devint en fait la porte d'entrée des Grands Lacs et, pendant 130 ans, il vit passer plus de navires que tout autre canal du Canada.

Au cours du XIXᵉ siècle, la descente des rapides de Lachine était le plaisir favori des amateurs de sensations fortes (« le plaisir suprême de la terreur », écrivait quelqu'un en 1854). La Canada Steamship Lines offrait des croisières sur le *Rapids King*, le *Rapids Prince* et le *Rapids Queen*. Le dernier navire de passagers à faire le parcours fut le *Rapids Prince* en 1940. Moins de 20 ans plus tard, la voie maritime du Saint-Laurent assagissait les rapides.

Le canal de Lachine est aujourd'hui désaffecté et seules ses rives sont fréquentées par les promeneurs et les cyclistes en été, les skieurs de fond en hiver. En été, on voit maintenant des embarcations de plaisance sur le lac Saint-Louis, là où résonnait autrefois le chant des voyageurs.

**POINTE-CLAIRE**
Stewart Hall (1916) est la reproduction à l'échelle d'un château de l'île de Mull, en Écosse. Cette résidence, qui abrite aujourd'hui un centre communautaire, est l'une des nombreuses demeures construites ici par de riches Montréalais au tournant du siècle.
□ Sur la pointe qui a donné son nom à l'agglomération se trouve un moulin à vent datant de 1709. Il servit de refuge aux colons lors des attaques des Indiens. La roue du moulin sert d'emblème à la ville.

# Le canal de Lachine : la porte des Grands Lacs

Au début du XVIIᵉ siècle, les trafiquants de fourrures qui revenaient de l'ouest vers Montréal rencontraient un obstacle impressionnant près de la ville : les rapides de Lachine. Les affronter pouvait signifier perdre son canot, sa cargaison et même sa vie. On préférait généralement faire un portage de 14 km.
□ Vers la fin du siècle, on parla de creuser un canal rudimentaire qui permettrait aux trafiquants d'éviter les fameux rapides. Faute d'argent, de main-d'œuvre et d'intérêt de la part des autorités, le projet resta en plan.
□ Des impératifs commerciaux allaient le ressusciter vers 1820. Intéressés à prolonger en amont le trafic fluvial sur le Saint-Laurent, des hommes d'affaires de Montréal financèrent le projet. La construction du canal de Lachine commença en 1821. Quatre ans plus tard, ses 14 km permettaient la navigation commerciale vers les Grands Lacs. Il fut élargi entre 1843 et 1848, puis une nouvelle fois en 1884.
□ Au cours du XIXᵉ siècle, un quartier industriel et commercial se développa des deux côtés du canal ; il déclina rapidement après l'ouverture en 1959 de la voie maritime du Saint-Laurent. Aujourd'hui, le canal est bordé de parcs que fréquentent les amateurs de cyclisme, de jogging ou de marche ; on y trouve des tables de pique-nique.

*Le canal de Lachine au XIXᵉ siècle*

POINTE-CLAIRE

Dorval

MONTRÉAL
(voir l'itinéraire 112)

LACHINE

*Lac St-Louis*

CANAL DE LACHINE

St-Laurent

RAPIDES DE LACHINE

*Bateaux à voile sur le lac Saint-Louis*

**ÎLE PERROT**
Au début du XVIIIᵉ siècle, Joseph Trottier Desruisseaux, seigneur de l'île Perrot, construisit un moulin à vent (1705) pour moudre son grain. Aujourd'hui, le parc historique de Pointe-du-Moulin renferme le moulin restauré et une maison de 1785. Une exposition décrit le fonctionnement du moulin. En été, un spectacle théâtral rappelle les événements survenus dans l'île depuis le XVIIIᵉ siècle. Le parc offre également des tables à pique-nique et des sentiers de randonnée pédestre.

**LACHINE**
Sous le Régime français, l'explorateur René-Robert Cavelier de La Salle (1643-1687) était propriétaire du domaine où s'élève maintenant la municipalité. Comme tous les grands explorateurs venus d'Europe depuis le XVᵉ siècle, il cherchait une route vers la Chine. C'est pour se moquer de ses rêves que ses détracteurs appelèrent la ville Lachine. Un monument de pierre de 3,7 m rend hommage à celui qui en voulant se rendre en Chine découvrit le Mississippi.
□ Plusieurs plaques près du monument de La Salle rappellent le massacre de Lachine de 1689 : les Iroquois attaquèrent le village, tuèrent 24 colons et firent 60 otages.
□ Un hangar de pierre construit par la Compagnie du Nord-Ouest en 1803 pour entreposer des fourrures constitue la pièce maîtresse de l'exposition consacrée à la traite des fourrures dans le parc historique national de Lachine sur les rives du lac Saint-Louis. Après la fusion de la Compagnie de la Baie d'Hudson et de la Compagnie du Nord-Ouest en 1820, le hangar devint un entrepôt. Le musée retrace le rôle clé joué par Lachine et par Montréal dans le commerce des pelleteries au XVIIIᵉ et au XIXᵉ siècle.
□ Le centre d'interprétation du canal Lachine rappelle les grandes étapes de son histoire.
□ Le Musée de Lachine comprend un ensemble de constructions dont une maison bâtie entre 1669 et 1685 par Jacques Le Ber et Charles Le Moyne, l'une des plus anciennes au Canada. Le musée retrace la vie à l'époque de la Nouvelle-France et la croissance économique de Lachine au XIXᵉ siècle.

# La « Grande Rivière du Nord » et la traite des fourrures

Vallée du cours inférieur de l'Outaouais

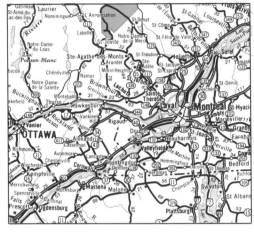

*Musée historique d'Argenteuil, à Carillon*

## GRENVILLE

Fondée en 1809 comme poste de traite, Grenville se trouvait à l'extrémité ouest du canal de Carillon dont les trois écluses, Grenville, Carillon et Sainte-Anne-de-Bellevue (à l'extrémité ouest de l'île de Montréal), assuraient la circulation ininterrompue des bateaux entre Montréal et Ottawa. Construite par des ingénieurs anglais de 1825 à 1829, la vieille écluse de Carillon disparut sous les eaux quand fut construite la centrale hydro-électrique de Carillon, vers 1960.

## CARILLON

Un monument rappelle la mémoire de Dollard des Ormeaux et de ses 16 compagnons massacrés par les Iroquois au Long-Sault en 1660.
□ À Carillon se trouvait, côté est, la première écluse du vieux canal du même nom construit entre 1819 et 1833. On peut visiter les vestiges de cette écluse. Un nouveau canal fut creusé dans les années 60 pour la centrale hydro-électrique de Carillon, la plus importante de l'Outaouais. On peut la visiter.
□ Le Musée historique d'Argenteuil occupe la vieille caserne de Carillon, bâtiment de pierre de trois étages construit de 1834 à 1837 pour loger les soldats anglais qui gardaient le premier canal de Carillon. On peut y voir des objets ayant appartenu aux Français, aux Amérindiens et aux loyalistes.

## PAPINEAUVILLE

Centre agricole et industriel, le village de Papineauville doit son nom au chef des Patriotes et à l'inspirateur de la rébellion de 1837, Louis-Joseph Papineau.

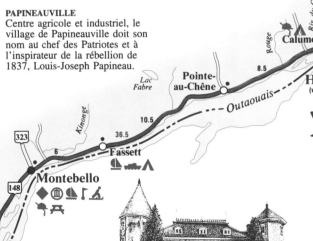

*Manoir Louis-Joseph-Papineau*

## MONTEBELLO

Cette petite ville touristique tient son nom de l'imposant manoir de pierre construit en 1850 par l'avocat et politicien Louis-Joseph Papineau, chef de la rébellion de 1837 dans le Bas-Canada. Le manoir, transformé en musée, et la chapelle où Papineau est enterré se trouvent sur le domaine de l'hôtel Château Montebello. Le musée est ouvert d'avril à novembre ; on peut visiter la chapelle sur rendez-vous.
□ Le Château Montebello, le plus grand bâtiment du monde en rondins, a été inauguré en juillet 1930. Construit en quatre mois avec 10 000 rondins, ce fut d'abord un lieu de villégiature réservé aux riches commerçants, puis un club privé. Il s'ouvrit au grand public au début des années 70. Le Sommet économique mondial s'y tint en 1981.

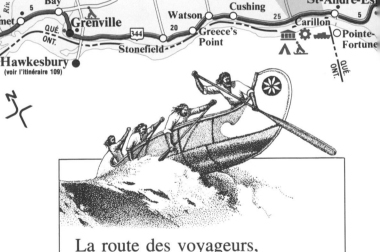

## La route des voyageurs, la première « transcanadienne »

Vers la fin du XVIII<sup>e</sup> siècle et au début du XIX<sup>e</sup>, la rivière des Outaouais se conjugua à une série de lacs, de rivières et de ruisseaux pour former une sorte de « Transcanadienne » qu'empruntaient missionnaires, Indiens, trappeurs et trafiquants. Chaque printemps, des flottilles de canots chargés de toutes sortes de marchandises quittaient Montréal pour gagner des postes avancés à l'intérieur du continent.
C'est à Sainte-Anne-de-Bellevue que se faisait la première escale. À l'extrémité ouest de l'île de Montréal, les voyageurs chantaient un hymne de départ. Le lendemain, ils abordaient le rude parcours du Long-Sault, 20 km de rapides dangereux. À Carillon et à Grenville, ils apercevaient les contreforts des Laurentides, à l'orée du pays sauvage où ils allaient pénétrer. Aujourd'hui, les routes modernes qui suivent le cours de l'Outaouais offrent aux voyageurs le même paysage admirable.

Le premier à remonter le cours de l'Outaouais, la «Grande Rivière du Nord» des trafiquants de fourrures, fut Étienne Brûlé en 1610. Champlain le suivit en 1613, puis à nouveau en 1615, sur ce qui allait devenir la principale route de la traite des pelleteries au Canada : le long de l'Outaouais, puis de la Mattawa jusqu'au lac Nipissing.

Les trafiquants de fourrures faisaient parfois halte à l'extrémité du lac des Deux-Montagnes, juste à l'embouchure

de l'Outaouais. Français et Indiens se battirent férocement à cet endroit. À Carillon, des monuments rappellent l'un des combats les plus sanglants qui les opposèrent : la farouche résistance d'Adam Dollard des Ormeaux en 1660. Les hostilités empêchèrent la colonisation de la vallée de l'Outaouais jusqu'au XVIIIe siècle. L'une des rares seigneuries françaises de la région, la Petite-Nation, date du début du XIXe siècle. C'est ici que Louis-Joseph Papineau, chef de la rébellion de

1837 dans le Bas-Canada, construisit en 1850 son manoir de Montebello, qui abrite aujourd'hui un musée.

Au début du XIXe siècle, le commerce des fourrures céda le pas à l'exploitation forestière. On construisit des canaux et plus tard des voies ferrées pour contourner les dangereux rapides qui coupent l'Outaouais entre Grenville et Carillon. Des loyalistes, des Écossais et des Américains entreprirent alors de coloniser la région.

**SAINT-PLACIDE**
Dans ce petit village touristique situé au bord du lac des Deux-Montagnes, on peut voir la maison natale de Sir Adolphe-Basile Routhier (1839-1920), auteur des paroles de *Ô Canada*. Avocat, poète, romancier et dramaturge, Routhier fut juge en chef du Québec et président de la Société royale du Canada.

**SAINT-ANDRÉ-EST**
C'est là que fut fondée la seigneurie d'Argenteuil et que naquit Sir John J.C. Abbott, premier Canadien de naissance à occuper le poste de Premier ministre du Canada (1891-1893).
□ Une plaque rappelle que c'est ici qu'un groupe d'immigrants de Nouvelle-Angleterre construisit la première usine à papier du Canada entre 1803 et 1805.

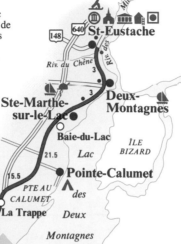

**SAINT-EUSTACHE**
Fondé en 1768 au cœur d'une riche région agricole, le village porte le nom du seigneur de l'endroit, Eustache Lambert. Ce fut une des places fortes des Patriotes, le site d'une bataille qui mit fin à la première phase de la rébellion de 1837. Les murs et les tours jumelles de l'église Saint-Eustache portent encore les marques des boulets anglais. C'est dans cette église, construite entre 1813 et 1841, qu'enregistre l'Orchestre symphonique de Montréal.
□ Construit en 1763, le moulin Légaré, le plus vieux moulin à eau du Canada à fonctionner sans interruption, desservait à l'origine la seigneurie de Rivière-du-Chêne. Les visiteurs peuvent voir comment se moud le grain et acheter les produits qui y sont fabriqués.

**OKA**
L'abbaye cistercienne d'Oka est l'un des plus anciens monastères en Amérique du Nord. Elle fut cédée par les sulpiciens aux trappistes vers 1880. Les moines fondèrent une école d'agriculture et une ferme expérimentale où fut créé le fameux fromage d'Oka. On peut visiter la chapelle, les jardins et les bâtiments où habitaient les trappistes à leur arrivée.
□ Sept chapelles de pierre, construites sur une colline entre 1740 et 1742, formaient le plus ancien calvaire du Canada. Il n'en reste plus que trois aujourd'hui. On s'y rend en procession le 14 septembre, fête de la Sainte-Croix. Au sommet du calvaire, la vue est remarquable.

## Les cicatrices d'une courageuse rébellion

Les murs de l'église Saint-Eustache, avec leurs traces de boulets de canon, nous rappellent la sanglante bataille qui se déroula ici lors de la rébellion de 1837. Surnommé le Vieux Brûlot, le général John Colborne, commandant des troupes britanniques dans le Bas-Canada, marcha sur Saint-Eustache. Quelque 250 Patriotes, menés par Jean-Olivier Chénier, se barricadèrent dans l'église. Les troupes britanniques avancèrent lentement sous un feu roulant de canons et de mousquets, pénétrèrent dans l'église et l'incendièrent. Une centaine de rebelles furent tués, notamment Chénier dont le monument se trouve à l'école du Sacré-Cœur. En 1841, l'église fut restaurée.

*Impact de boulet, église Saint-Eustache*

*Chapelle du monastère d'Oka*

*Chapelles de pierre, près d'Oka*

**PARC PAUL-SAUVÉ**
Nommé d'après Paul Sauvé, Premier ministre du Québec en 1959-1960, ce grand parc provincial, situé à deux pas de Montréal, faisait autrefois partie de la seigneurie des Deux-Montagnes qui fut cédée aux sulpiciens en 1717 par Louis XIV. Sa belle forêt de feuillus se compose de caryers, de noyers, de chênes et de quelques frênes. Longue de 13,2 km, la plage s'enfonce doucement dans les eaux du lac. En été, des milliers de visiteurs viennent camper ici ou faire du canot et de la voile. L'hiver y attire les raquetteurs, les skieurs de fond et les amateurs de motoneige.

# Une ville cosmopolite aux multiples facettes

M ontréal est une ville animée où il fait bon vivre. Avec ses quelque 3 millions d'habitants, elle présente les traits d'une grande cité nord-américaine, tout en restant profondément enracinée dans la civilisation européenne. Même si elle a perdu aux mains de Toronto son titre de métropole canadienne, elle n'en demeure pas moins un centre commercial, industriel et financier de grande importance et conserve la réputation internationale que lui ont value Expo 67 et les Jeux olympiques d'été de 1976. Enfin, c'est à Montréal que s'épanouit la culture française en terre d'Amérique.

Depuis les années 60, grâce à une vitalité qui s'est exercée sur tous les plans, la ville a vu surgir un nombre incroyable de gratte-ciel, de quartiers souterrains et de centres sportifs, sans parler des musées, des galeries d'art et des théâtres.

Son caractère français, allié à des traditions anglo-saxonnes, et la présence active de nombreux groupes ethniques sont ce qui donne à la ville un caractère cosmopolite unique en Amérique du Nord. Des quartiers aussi différents que le Vieux-Montréal, avec ses petites rues et ses bâtiments de pierre grise, et le « Quartier latin » de la rue Saint-Denis, avec ses restaurants-terrasses, offrent un panorama urbain toujours renouvelé.

**Banque de Montréal** (27) La plus vieille banque du Canada (1817) emménagea rue Saint-Jacques en 1847. On admirera son portique de style classique orné de colonnes corinthiennes, son dôme élégant et un hall d'une ampleur impressionnante. Le musée de la banque expose une collection de pièces de monnaie rares, de billets de banque et de pièces d'or.

**Basilique Notre-Dame** (29) De style néo-gothique, elle fut construite en 1829 par l'architecte américain James O'Donnell. Ses deux tours jumelles de 67 m furent achevées en 1840 et sa splendide décoration intérieure, qu'on doit à Victor Bourgeau, date de 1870. Le musée de l'église expose des vêtements liturgiques et une belle collection d'argenterie du XVIIe siècle. À côté, le vieux séminaire de Saint-Sulpice (1865) est le plus ancien édifice de Montréal.

**Cathédrale Marie-Reine-du-Monde** (18) Cette imposante cathédrale, construite entre 1870 et 1894, est calquée sur la basilique Saint-Pierre de Rome, mais réduite au quart de sa surface. Les statues qui ornent la façade représentent les saints patrons de Montréal.

**Centre canadien d'architecture** (6) Ce musée doublé d'un centre de recherche est unique au Canada et l'un des rares au monde à se consacrer exclusivement à l'architecture. Sa collection permanente comprend 20 000 dessins et gravures, 135 000 livres et 45 000 photographies. Le bâtiment imposant, ouvert en 1989, englobe la maison Shaughnessy, très bel exemple d'architecture victorienne. Le jardin de sculptures, en face, est une œuvre de Melvin Charney.

*Le château de Ramezay (1705) fut l'une des résidences des gouverneurs de la Nouvelle-France.*

**Chapelle Notre-Dame-de-Bon-Secours** (36) Cette chapelle, qu'on appelait avant « l'église des matelots », remplaça en 1885 celle qu'avait construite, en 1657, Marguerite Bourgeoys (1620-1700), première enseignante de Montréal et fondatrice des Dames de la Congrégation de Notre-Dame, dont la vie est illustrée dans le musée de la chapelle. Une statue de la vierge couronnée d'étoiles, de 9 m de haut, se dresse au sommet d'une tour octogonale, le visage tourné vers le port.

**Château Dufresne** (13) La luxueuse demeure restaurée (1915-1918) abrite le musée des Arts décoratifs de Montréal.

**Château de Ramezay** (33) Le manoir de pierre (1705) fut utilisé à diverses reprises par les gouvernements français, britannique et canadien et il servit de quartier général lors de l'invasion américaine de 1775-1776. Le musée retrace la vie à Montréal au XVIIIe siècle et expose des meubles, des tableaux et des costumes.

**Complexe Desjardins** (26) Trois édifices à bureaux et un grand hôtel entourent un centre commercial spacieux couvert d'un toit vitré.

**Forum de Montréal** (5) C'est le siège des *Canadiens* de Montréal, l'équipe de hockey qui a remporté la Coupe Stanley plus souvent que n'importe quelle autre équipe de la Ligue nationale. Construit en 1924 et rénové en 1968, avec 16 500 places, il présente toutes sortes d'événements sportifs, comme des matchs de boxe et de lutte, ainsi que des spectacles sur glace et des concerts de musique rock.

**Habitat** (8) Construit pour Expo 67, le projet expérimental d'habitation de Moshe Safdie dans la Cité du Havre est un bijou d'architecture contemporaine.

**Hôtel de ville** (32) Bel exemple de style Second Empire, cet édifice de cinq étages, réplique de celui de Paris, date de 1872-1878. Il fut reconstruit et agrandi en 1922 après un incendie.

**Île Notre-Dame** (10) Parmi les attractions de cette île artificielle, construite pour Expo 67, se rangent un parc floral, la piste de course Gilles-Villeneuve et le Palais de la civilisation, logé dans l'ancien pavillon de la France, où l'on présente de grandes expositions.

**Île Sainte-Hélène** (12) On y trouve de nombreuses attractions pour toute la famille : La Ronde, un ensemble de manè-

*Palais de la civilisation, dans l'île Notre-Dame*

ges et de jeux ; l'Aquarium de Montréal ; le Vieux-Fort (1822) où le musée David M. Stewart expose des cartes anciennes, des appareils scientifiques et des instruments de navigation.

**Jardin botanique** (14) Fondé en 1931 par le frère Marie-Victorin (1885-1944), le grand botaniste québécois, c'est le deuxième jardin botanique du monde après celui de Londres. Dans son domaine

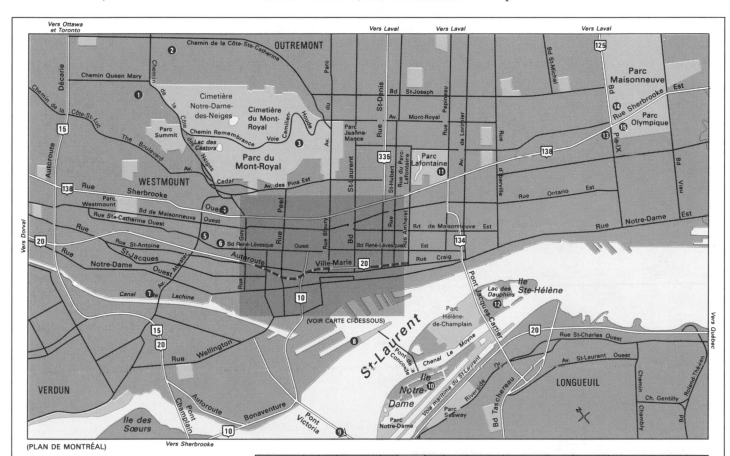

(PLAN DE MONTRÉAL)

- - - - - Autoroute souterraine

## Montréal

1 Oratoire Saint-Joseph
2 Université de Montréal
3 Parc du Mont-Royal
4 Tours du fort
5 Forum de Montréal
6 Centre canadien d'architecture
7 Canal de Lachine (voir l'itinéraire 110)
8 Habitat
9 Voie maritime du Saint-Laurent
10 Île Notre-Dame
11 Parc Lafontaine
12 Île Sainte-Hélène
13 Château Dufresne
14 Jardin botanique
15 Parc Olympique
16 Musée des Beaux-Arts
17 Renseignements touristiques
18 Cathédrale Marie-Reine-du-Monde
19 Planétarium Dow
20 Université McGill
21 Musée McCord
22 Place Ville-Marie
23 Place Victoria
24 Place d'Youville
25 Place des Arts
26 Complexe Desjardins
27 Banque de Montréal
28 Théâtre Centaur
29 Basilique Notre-Dame
30 Place Royale
31 Vieux-Montréal
32 Hôtel de ville
33 Château de Ramezay
34 Vieux-Port
35 Marché Bonsecours
36 Chapelle Notre-Dame-de-Bon-Secours
37 Maison Sir George-Étienne-Cartier

(CENTRE-VILLE)

de 73 ha, on peut admirer quelque 26 000 espèces et variétés de plantes représentant un grand nombre d'habitats. Le jardin comprend également 10 serres intérieures et 30 jardins de plein air parmi lesquels figurent le Jardin de Chine, une immense roseraie et un jardin japonais.

**Maison Sir George-Étienne-Cartier** (37) Il s'agit en réalité des deux maisons adjacentes qu'occupa Sir George-Étienne Cartier (1814-1873). La maison de l'ouest a retrouvé son élégance d'autrefois ; celle de l'est abrite des expositions.

**Marché Bonsecours** (35) Cet édifice en pierre de taille surmonté d'un dôme argenté a abrité le Parlement du Canada de 1849 à 1852, puis l'hôtel de ville jusqu'en 1878, avant de se transformer en marché. Restauré en 1964, il renferme maintenant des bureaux.

*En été, les cafés-terrasses font partie du charme de la place Jacques-Cartier* (ci-dessus), *au cœur du Vieux-Montréal. Les dômes et les flèches de l'ancien marché Bonsecours* (ci-contre) *dominent le Vieux-Port, aujourd'hui quartier de détente et de récréation. Les vieilles rues de Montréal sont bordées de maisons pittoresques* (ci dessous), *ornées de balcons et d'escaliers en fer forgé. Une splendide ébénisterie décore la basilique Notre-Dame* (en-bas, à gauche). *Le Jardin japonais* (en bas) *est un lieu de beauté et de paix au Jardin botanique.*

**Musée des Beaux-Arts** (16) Fondé en 1860, c'est le plus vieux musée du Canada. L'édifice de style néo-classique date de 1912 ; en face, un bâtiment moderne, œuvre de Moshe Safdye, a été achevé en 1991. Les collections permanentes de ce musée comprennent des peintures et des sculptures anciennes et contemporaines, des œuvres de grands maîtres canadiens et européens, des meubles, des pièces d'orfèvrerie et des objets décoratifs, ainsi que des œuvres d'art orientales, précolombiennes et amérindiennes.

**Musée McCord d'histoire canadienne** (21) Le musée expose des peintures, des meubles et des costumes du XVIIIᵉ siècle jusqu'à nos jours. La collection des photographies de Notman présente un panorama visuel du Canada de 1856 à 1934.

**Oratoire Saint-Joseph** (1) Là où le frère André érigea sa chapelle en 1904, la plus grande basilique du Canada, dont la construction s'étendit de 1924 à 1955, attire un demi-million de visiteurs par année. Son dôme majestueux, œuvre du grand architecte religieux Dom Bellot, se voit de très loin dans le ciel de Montréal.

**Parc Lafontaine** (11) Le parc de 40 ha renferme deux lacs artificiels où l'on peut faire du bateau en été et du patin en hiver, ainsi qu'un théâtre de verdure.

**Parc du Mont-Royal** (3) Le parc au sommet du Mont-Royal a été dessiné au XIXᵉ siècle par Frederick Law Olmstead, l'architecte paysager américain qui a conçu Central Park à New York. Facilement accessible à partir du centre-ville, il offre deux belvédères, l'un au Chalet, l'autre

sur le chemin Camilien-Houde, d'où l'on a des vues spectaculaires sur Montréal. Une croix lumineuse de 30 m de haut rappelle celle qu'édifia Maisonneuve, le fondateur de Montréal, en 1643. En été, le parc de 200 ha se visite en calèche. On y fait du ski et du patin l'hiver.

**Parc Olympique** (15) Au centre du parc de 46 ha, se dresse le stade olympique, œuvre de l'architecte français Taillibert, pouvant accueillir 55 000 spectateurs. C'est là qu'eurent lieu les Jeux olympiques de 1976. Le stade est le siège des Expos, l'équipe de baseball de Montréal. On y présente aussi des spectacles à grand déploiement. Un téléphérique mène les visiteurs à l'observatoire situé au sommet du mât de 190 m, la plus haute tour inclinée au monde, qui renferme le toit rétractable du stade.

**Place des Arts** (25) Situé au centre-ville, ce complexe culturel comprend trois grandes salles consacrées à la musique et aux arts du spectacle, les salles Wilfrid-Pelletier (3 000 places), Maisonneuve (1 300) et Jean-Duceppe (800) ainsi que le petit théâtre du Café de la Place (138). L'Orchestre symphonique de Montréal se produit dans la salle Wilfrid-Pelletier.

*Stade Olympique*

**Place Royale** (30) La Vieille Douane (1837) domine cette place, autrefois la plus animée de Montréal. C'est à Pointe-à-Callières, tout près, que Maisonneuve fonda Ville-Marie en 1642.

**Place Victoria** (23) La tour de 47 étages abrite la Bourse de Montréal.

**Place Ville-Marie** (22) L'édifice principal, le plus grand cruciforme du monde, compte 45 étages, principalement occupés par la Banque royale du Canada. Le complexe comprend des bureaux et un centre commercial.

**Place d'Youville** (24) Dans une ancienne caserne de pompiers (1903) loge le Centre historique de Montréal qui retrace l'histoire de la ville depuis ses tout débuts. Les écuries d'Youville, trois entrepôts de pierre du XVIIIᵉ siècle, restaurés, abritent des bureaux, des boutiques et un restaurant en bordure d'une cour intérieure.

**Planétarium Dow** (19) Un projecteur Zeiss et 100 projecteurs auxiliaires recréent les mouvements des astres sur un dôme de 20 m de diamètre.

**Théâtre Centaur** (28) Logé dans un édifice de style Beaux-Arts (1903) qui abrita la Bourse de Montréal jusqu'en 1965, il présente du théâtre en anglais.

**Tours du fort** (4) Près du Grand Séminaire de la rue Sherbrooke se dressent deux tours qui sont parmi les plus anciens bâtiments de Montréal. Construites entre 1683 et 1694, elles faisaient partie d'un fort qui devait protéger le séminaire.

**Université McGill** (20) Elle a été fondée en 1821 et occupe un domaine de 30 ha en plein cœur de Montréal. Plus de 21 500 étudiants la fréquentent.

**Université de Montréal** (2) Avec 50 000 étudiants, c'est l'université la plus importante du Québec et l'une des plus grandes

*Oratoire Saint-Joseph*

du monde francophone. Située sur le flanc du mont Royal avec sa haute tour, elle est l'œuvre du grand architecte québécois Ernest Cormier (1885-1980).

**Vieux-Montréal** (31) Ce quartier historique de 38 ha que traverse la vieille rue Saint-Paul (1672) occupe la superficie couverte par la ville au début du XIXᵉ siècle. Des dizaines de bâtiments rénovés abritent aujourd'hui des restaurants, des musées et des galeries d'art. Le centre du Vieux-Montréal est la place Jacques-Cartier, autrefois un marché, bordée de restaurants. À une extrémité de la place, se dresse la colonne Nelson (1809).

**Vieux-Port** (34) Le quartier qui longe le port est maintenant un complexe récréatif ouvert toute l'année.

**Voie maritime du Saint-Laurent** (9) Au sommet de l'immeuble administratif de la voie maritime, à l'extrémité sud du pont Victoria, un poste d'observation domine l'écluse de Saint-Lambert. Des visites guidées sont offertes.

## Une ville souterraine, à l'abri de l'hiver

Les gratte-ciel et les rues animées du centre de Montréal cachent la plus grande ville souterraine du monde. Plus de 22 km de passages relient un nombre incroyable d'édifices à bureaux, d'hôtels, d'immeubles d'habitation, de salles de conférence, de lieux d'exposition, de magasins à rayons, de boutiques, de restaurants, de théâtres et de cinémas.

La principale voie de communication dans ce monde souterrain est le métro de 65 km *(extrême gauche, en bas)* dont les rames silencieuses, montées sur des roues de caoutchouc, desservent 65 stations toutes décorées de façon différente. Celle de la place des Arts est peut-être la plus saisissante avec son remarquable vitrail *(extrême gauche, en haut)*, œuvre de l'artiste montréalais Frédéric Back.

Ce réseau souterrain met les piétons à l'abri du rude climat de Montréal. En hiver, les Montréalais y cherchent refuge contre les chutes de neige et le froid mordant. En été, ils fuient la chaleur torride et les soudaines averses dans ces vastes promenades climatisées qui relient les Cours Mont-Royal *(ci-contre)*, la Place Montréal Trust, les Promenades de la Cathédrale et de nombreux centres commerciaux.

# Un site sauvage
# à la mesure de l'homme

## Les Laurentides

Au nord-ouest de Montréal se trouve l'une des portions les plus accessibles d'une région encore sauvage, les Laurentides. Cette région, qui fait partie du Bouclier canadien, s'étend depuis la rivière des Outaouais jusqu'à celle du Saguenay et englobe un nombre incalculable de collines arrondies, de vallées profondes, de forêts denses, de lacs, de cours d'eau et de chutes.

La route qui va de Saint-Jérôme au parc du Mont-Tremblant traverse la zone de

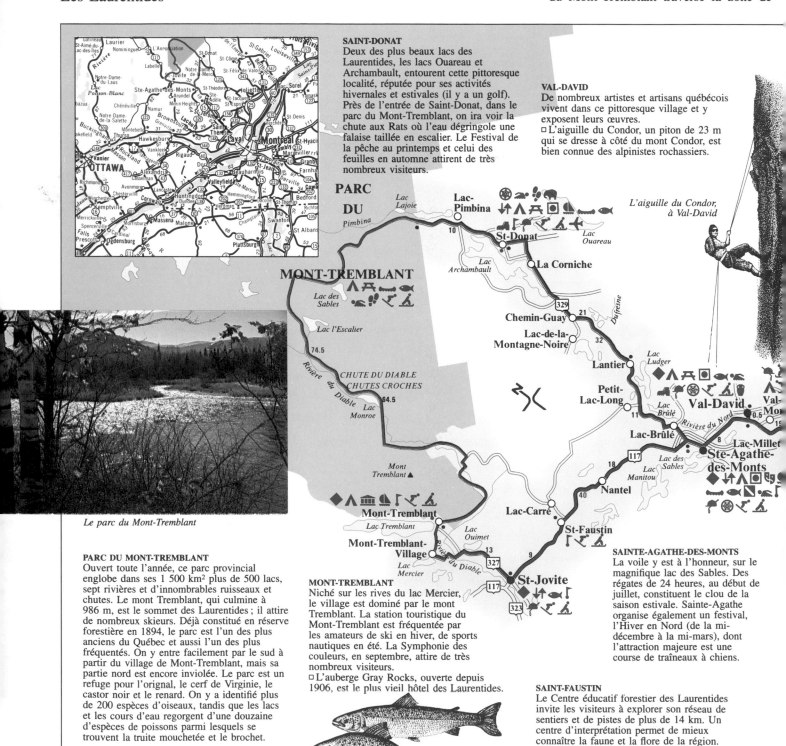

*Le parc du Mont-Tremblant*

**SAINT-DONAT**
Deux des plus beaux lacs des Laurentides, les lacs Ouareau et Archambault, entourent cette pittoresque localité, réputée pour ses activités hivernales et estivales (il y a un golf). Près de l'entrée de Saint-Donat, dans le parc du Mont-Tremblant, on ira voir la chute aux Rats où l'eau dégringole une falaise taillée en escalier. Le Festival de la pêche au printemps et celui des feuilles en automne attirent de très nombreux visiteurs.

**VAL-DAVID**
De nombreux artistes et artisans québécois vivent dans ce pittoresque village et y exposent leurs œuvres.
□ L'aiguille du Condor, un piton de 23 m qui se dresse à côté du mont Condor, est bien connue des alpinistes rochassiers.

*L'aiguille du Condor, à Val-David*

**PARC DU MONT-TREMBLANT**
Ouvert toute l'année, ce parc provincial englobe dans ses 1 500 km² plus de 500 lacs, sept rivières et d'innombrables ruisseaux et chutes. Le mont Tremblant, qui culmine à 986 m, est le sommet des Laurentides ; il attire de nombreux skieurs. Déjà constitué en réserve forestière en 1894, le parc est l'un des plus anciens du Québec et aussi l'un des plus fréquentés. On y entre facilement par le sud à partir du village de Mont-Tremblant, mais sa partie nord est encore inviolée. Le parc est un refuge pour l'orignal, le cerf de Virginie, le castor noir et le renard. On y a identifié plus de 200 espèces d'oiseaux, tandis que les lacs et les cours d'eau regorgent d'une douzaine d'espèces de poissons parmi lesquels se trouvent la truite mouchetée et le brochet.

**MONT-TREMBLANT**
Niché sur les rives du lac Mercier, le village est dominé par le mont Tremblant. La station touristique du Mont-Tremblant est fréquentée par les amateurs de ski en hiver, de sports nautiques en été. La Symphonie des couleurs, en septembre, attire de très nombreux visiteurs.
□ L'auberge Gray Rocks, ouverte depuis 1906, est le plus vieil hôtel des Laurentides.

*Truites mouchetées*

**SAINTE-AGATHE-DES-MONTS**
La voile y est à l'honneur, sur le magnifique lac des Sables. Des régates de 24 heures, au début de juillet, constituent le clou de la saison estivale. Sainte-Agathe organise également un festival, l'Hiver en Nord (de la mi-décembre à la mi-mars), dont l'attraction majeure est une course de traîneaux à chiens.

**SAINT-FAUSTIN**
Le Centre éducatif forestier des Laurentides invite les visiteurs à explorer son réseau de sentiers et de pistes de plus de 14 km. Un centre d'interprétation permet de mieux connaître la faune et la flore de la région.

| 0 | 2 | 4 | 6 | 8 | 10 Milles |
| 0 | 4 | 8 | 12 | 16 Kilomètres |

villégiature sans doute la plus dense de tout le Canada. Une vingtaine de municipalités, toutes facilement accessibles à partir de Montréal, accueillent les vacanciers à longueur d'année. Plusieurs d'entre elles ont vu le jour grâce au ski dans les années 20. Vers 1930, une figure légendaire du ski, Herman Smith Johannsen, dit « Jack Rabbit » (1875-1987), participa à cette explosion en ouvrant plusieurs pistes qui sont toujours fréquentées. La villégiature d'été fleurit dans les Laurentides depuis les années 1890. En 1894 était créé le parc du Mont-Tremblant, l'un des plus fréquentés au Québec. Toute la partie nord du parc, demeurée vierge, est un pur paradis pour les amateurs de camping, de canot et de pêche. Les Laurentides ont aussi attiré beaucoup d'artistes, d'artisans et d'écrivains ; galeries d'art, boutiques d'artisanat et théâtres d'été font la joie des estivants.

*Ski dans les Laurentides*

### PRÉVOST
Entre 1932 et 1935, le pionnier norvégien du ski, « Jack Rabbit » Johannsen, ouvrit une piste de ski de randonnée de 96 km de long, la piste de la Feuille-d'Érable, qui va de Prévost jusqu'à Mont-Tremblant. Il en ouvrit bien d'autres et joua de la sorte un rôle majeur dans l'implantation de toutes les formes de ski dans les Laurentides. À son arrivée au Québec en 1919, c'était déjà un skieur émérite dans son pays. On lui décerna l'Ordre du Canada en 1972.
□ C'est ici que fut construit le premier remonte-pente du Canada, en 1932. L'installation, qui fonctionnait avec un moteur d'automobile, était passablement rudimentaire, mais le prix d'une remontée n'était que de cinq cents.

### SAINT-SAUVEUR-DES-MONTS
Cette station de ski, la plus ancienne des Laurentides, fut fondée en 1930. Le deuxième remonte-pente du Canada y fut construit en 1934 ; le premier se trouve à Prévost. Les pentes des monts Avila, Christie, Habitant et Saint-Sauveur attirent des foules de skieurs.

## Le curé Labelle, le défricheur des Laurentides

En 1870, on comptait à peine une douzaine de hameaux au nord de Saint-Jérôme et les colons ne cessaient de quitter le Québec pour aller travailler aux États-Unis. En 1891, Mgr Antoine Labelle mit un terme à cet exode en fondant une vingtaine de paroisses dans les forêts des Laurentides. Ce chef à la détermination farouche fit venir au Québec des colons européens et persuada le gouvernement de faire passer la ligne de chemin de fer Montréal-Québec par Saint-Jérôme. Le curé Labelle exhorta un jour ainsi ses paroissiens découragés : « Vous qui avez taillé vous-mêmes vos fermes avec une peine infinie dans les bois, restez ! Persévérez ! Dans 50 ans, des étrangers accourront ici en foule et sèmeront l'or à poignées. » Aujourd'hui, Saint-Jérôme est la porte d'entrée de l'une des plus belles régions touristiques du Québec.

### SAINT-JÉRÔME
La cathédrale de Saint-Jérôme, la plus grande église des Laurentides, fut construite entre 1897 et 1899 et ouverte au culte en 1900. On peut y voir un autel portatif massif, un calice d'argent offert par le pape Léon XIII et d'autres souvenirs de Mgr Antoine Labelle. Entre 1870 et 1890, le curé Labelle fonda une vingtaine de paroisses dans les Laurentides. Une statue de bronze du sculpteur canadien Alfred Laliberté rappelle sa mémoire.

### SAINTE-ROSE
Ce paisible village rural date de 1845. L'église Sainte-Rose (1856) est l'œuvre de Victor Bourgeau. On peut y voir un bel autel sculpté qui date de la fin du XVIIIe siècle.

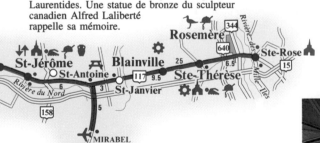

*L'aérogare de l'aéroport international de Mirabel*

*Village de Séraphin, à Sainte-Adèle*

### MIRABEL
La ville de 14 000 habitants, artificiellement créée en 1970 pour desservir le principal aéroport international de Montréal, occupe 750 km² ; elle porte le nom d'un village maintenant disparu. Bien que Mirabel soit le plus grand aéroport du monde, les voyageurs n'ont à parcourir que 85 m à pied (environ 280 pas). Des véhicules spéciaux, qu'on appelle transbordeurs, font la navette entre les avions et l'aérogare.

### SAINTE-ADÈLE
La petite ville construite au bord du lac Rond, sur les pentes du mont Sainte-Adèle, abrite une colonie d'écrivains, d'artistes et d'artisans.
□ Sainte-Adèle est le lieu de naissance de l'écrivain québécois Claude-Henri Grignon (1894-1976). Son roman le plus célèbre, *Un homme et son péché*, écrit en 1933, raconte la vie d'un avare à Sainte-Adèle au tournant du siècle. Avec son bureau de poste, son magasin général, son école, son église et son cabinet du médecin, le Village de Séraphin fait revivre ce temps.

# Un petit coin du Québec, paisible et pittoresque

Lanaudière

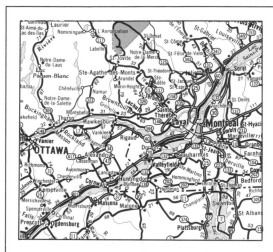

Au nord-est de Montréal, passé la rivière des Prairies, s'étend une région de villages paisibles, de lacs et de bois pittoresques, qui annonce déjà les Laurentides. La route 138 traverse le comté de l'Assomption, l'un des plus petits du Québec, puis celui de Berthierville, en longeant la rive nord du Saint-Laurent.

### SAINT-GABRIEL-DE-BRANDON

Ce vieux village, serti dans le splendide paysage des Laurentides, porta d'abord le nom de Mission-du-Lac-Maskinongé jusqu'en 1837, puis celui de Saint-Gabriel-du-Lac-Maskinongé. C'est trois ans plus tard qu'il prit son nom actuel.
□ Le lac Maskinongé est bien connu des pêcheurs et des amateurs de sports aquatiques.

### JOLIETTE

La ville (17 000 hab.) est maintenant bien connue grâce au Festival international de Lanaudière qui dure tout l'été et se consacre à la musique classique et populaire. Les concerts se donnent dans un amphithéâtre de 2 000 places ; les talus herbeux qui l'entourent peuvent accueillir 8 000 autres spectateurs. D'autres concerts ont lieu dans les églises du voisinage.
□ Les sept galeries du musée d'Art de Joliette abritent des collections variées allant de l'art médiéval à la peinture européenne et canadienne.
□ Le public peut visiter la Maison Antoine-Lacombe (1847), site historique reconnu.
□ Les boisés qui entourent le Club de tir à l'arc de Joliette, site des compétitions de tir à l'arc pendant les Jeux olympiques de 1976, offrent 8 km de sentiers pédestres ou cyclables.

### RAWDON

Le Village Canadiana de Earle Moore comprend une école, une cabane de colons, une forge et un salon de glacier du XIXe siècle. Un pont couvert (1888) enjambe la rivière qui traverse le village.
□ À la chute Dorwin, on peut voir un rocher qui serait la tête d'un sorcier ; il aurait été transformé en pierre après avoir précipité dans les chutes une jeune fille qui le repoussait.

### VILLE DES LAURENTIDES

Sir Wilfrid Laurier, premier Canadien-français à devenir Premier ministre du Canada, naquit ici en 1841. Le village s'appelait alors Saint-Lin. Sa maison natale, une modeste demeure de brique, est aujourd'hui un lieu historique national. On a reconstitué son mobilier original. Un gros poêle à bois trône dans la cuisine. À l'étage se trouvent une chambre à coucher et des pièces où l'on filait la laine.

*Musée d'Art de Joliette*

## Un poisson combatif

Les eaux profondes des lacs et des rivières de cette région regorgent de maskinongés, le plus grand poisson d'eau douce du Canada après l'esturgeon. Le maskinongé est un poisson puissant et combatif qui pèse entre 2 et 16 kg, mais on a observé d'énormes spécimens de 45 kg et de 1,80 m de long.

On pêche surtout le maskinongé à la cuiller, mais il faut faire preuve d'une patience infinie. Le pêcheur doit attendre que le poisson soit affamé et prêt à se jeter sur n'importe quoi. On pourra alors en prendre plusieurs en une seule journée.

*Tir à l'arc, à Joliette*

*Maison de Sir Wilfrid Laurier, à Ville des Laurentides*

0 1 2 3 4 5 Milles

0 2 4 6 8 Kilomètres

Le circuit commence à Repentigny où l'architecture audacieuse de la moderne église Notre-Dame-des-Champs contraste avec la simplicité des lignes de l'église paroissiale, bâtie au XVIIIe siècle. À Lanoraie, les maisons Hétu et Hervieux sont de beaux exemples de l'architecture québécoise du XIXe siècle. À Berthierville, on verra la chapelle des Cuthbert, le plus ancien temple protestant du Québec. Un pont relie Berthierville à l'île Dupas, au milieu du Saint-Laurent.

Cette région au sol sablonneux, qui compte 125 jours sans gelée par an et reçoit suffisamment de pluie pendant la saison de croissance, est l'un des principaux centres de la culture du tabac au Canada. On voit partout des serres, des séchoirs et des haies qui protègent les cultures contre le vent. Près de Berthierville, le tabac pousse sur une bande de terre qui était autrefois un bras marécageux du Saint-Laurent. Les champs de tabac s'étendent jusqu'aux environs de Joliette.

Au nord de Joliette, la nature change d'aspect. C'est là que commence à se déployer le paysage boisé et accidenté des Laurentides. Saint-Gabriel-de-Brandon et Rawdon accueillent toute l'année des touristes. Rawdon possède cinq chutes dont la plus spectaculaire est la chute Dorwin, haute de 30 m et large de 15. À Ville des Laurentides se trouve la maison où Sir Wilfrid Laurier passa son enfance. Elle est ouverte au public.

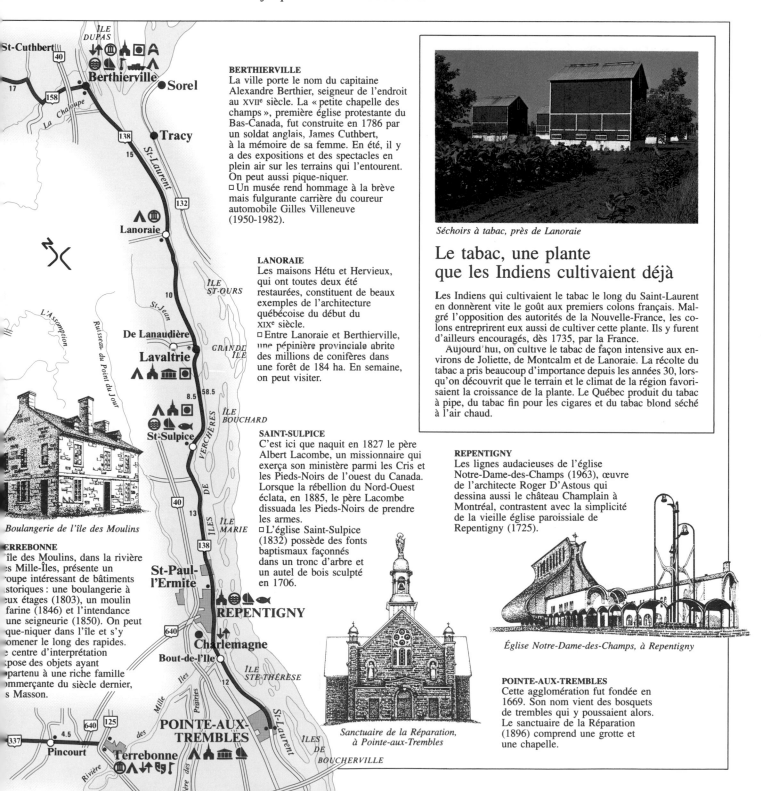

**BERTHIERVILLE**
La ville porte le nom du capitaine Alexandre Berthier, seigneur de l'endroit au XVIIe siècle. La « petite chapelle des champs », première église protestante du Bas-Canada, fut construite en 1786 par un soldat anglais, James Cuthbert, à la mémoire de sa femme. En été, il y a des expositions et des spectacles en plein air sur les terrains qui l'entourent. On peut aussi pique-niquer.
□ Un musée rend hommage à la brève mais fulgurante carrière du coureur automobile Gilles Villeneuve (1950-1982).

*Séchoirs à tabac, près de Lanoraie*

## Le tabac, une plante que les Indiens cultivaient déjà

Les Indiens qui cultivaient le tabac le long du Saint-Laurent en donnèrent vite le goût aux premiers colons français. Malgré l'opposition des autorités de la Nouvelle-France, les colons entreprirent eux aussi de cultiver cette plante. Ils y furent d'ailleurs encouragés, dès 1735, par la France.

Aujourd'hui, on cultive le tabac de façon intensive aux environs de Joliette, de Montcalm et de Lanoraie. La récolte du tabac a pris beaucoup d'importance depuis les années 30, lorsqu'on découvrit que le terrain et le climat de la région favorisaient la croissance de la plante. Le Québec produit du tabac à pipe, du tabac fin pour les cigares et du tabac blond séché à l'air chaud.

**LANORAIE**
Les maisons Hétu et Hervieux, qui ont toutes deux été restaurées, constituent de beaux exemples de l'architecture québécoise du début du XIXe siècle.
□ Entre Lanoraie et Berthierville, une pépinière provinciale abrite des millions de conifères dans une forêt de 184 ha. En semaine, on peut visiter.

**SAINT-SULPICE**
C'est ici que naquit en 1827 le père Albert Lacombe, un missionnaire qui exerça son ministère parmi les Cris et les Pieds-Noirs de l'ouest du Canada. Lorsque la rébellion du Nord-Ouest éclata, en 1885, le père Lacombe dissuada les Pieds-Noirs de prendre les armes.
□ L'église Saint-Sulpice (1832) possède des fonts baptismaux façonnés dans un tronc d'arbre et un autel de bois sculpté en 1706.

**REPENTIGNY**
Les lignes audacieuses de l'église Notre-Dame-des-Champs (1963), œuvre de l'architecte Roger D'Astous qui dessina aussi le château Champlain à Montréal, contrastent avec la simplicité de la vieille église paroissiale de Repentigny (1725).

*Boulangerie de l'île des Moulins*

**TERREBONNE**
...île des Moulins, dans la rivière ...s Mille-Îles, présente un ...oupe intéressant de bâtiments ...storiques : une boulangerie à ...ux étages (1803), un moulin ...farine (1846) et l'intendance ...une seigneurie (1850). On peut ...que-niquer dans l'île et s'y ...omener le long des rapides. ...e centre d'interprétation ...pose des objets ayant ...partenu à une riche famille ...mmerçante du siècle dernier, ...s Masson.

*Sanctuaire de la Réparation, à Pointe-aux-Trembles*

*Église Notre-Dame-des-Champs, à Repentigny*

**POINTE-AUX-TREMBLES**
Cette agglomération fut fondée en 1669. Son nom vient des bosquets de trembles qui y poussaient alors. Le sanctuaire de la Réparation (1896) comprend une grotte et une chapelle.

# Les fermes et les vergers d'une riante et sereine région

## Sud-ouest du Québec

Les vergers paisibles et les vallées fertiles du sud-ouest du Québec offrent un plaisant contraste avec le rythme trépidant de Montréal, tout proche.

Sur la rive sud du Saint-Laurent, le village indien de Kahnawake reflète l'histoire de la région. À la fin du XVIIe siècle, des jésuites français y fondèrent une mission pour les Indiens convertis au christianisme. À l'époque, les Indiens de la mission vendaient des fourrures de contrebande aux colons hollandais installés

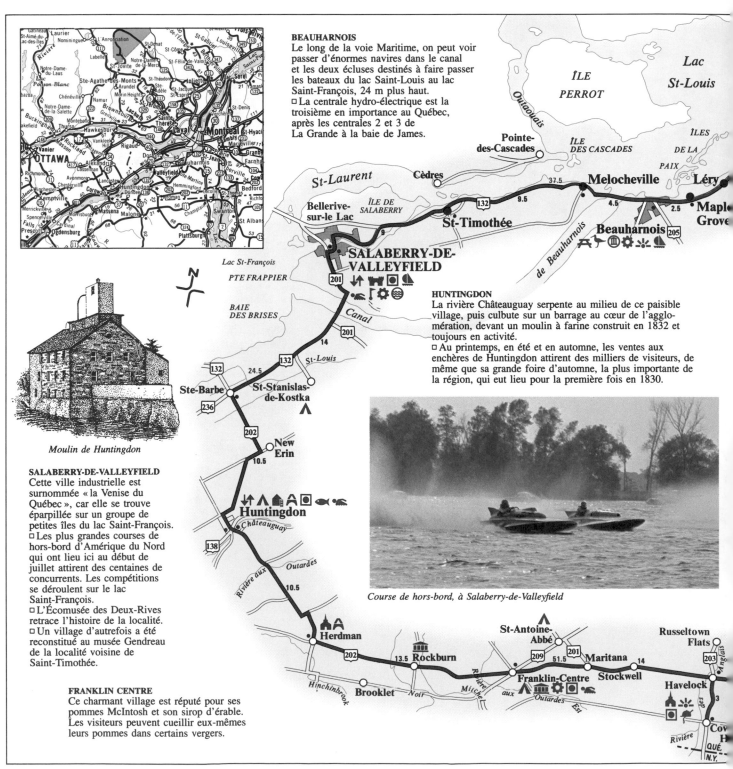

**BEAUHARNOIS**
Le long de la voie Maritime, on peut voir passer d'énormes navires dans le canal et les deux écluses destinés à faire passer les bateaux du lac Saint-Louis au lac Saint-François, 24 m plus haut.
□ La centrale hydro-électrique est la troisième en importance au Québec, après les centrales 2 et 3 de La Grande à la baie de James.

**HUNTINGDON**
La rivière Châteauguay serpente au milieu de ce paisible village, puis culbute sur un barrage au cœur de l'agglomération, devant un moulin à farine construit en 1832 et toujours en activité.
□ Au printemps, en été et en automne, les ventes aux enchères de Huntingdon attirent des milliers de visiteurs, de même que sa grande foire d'automne, la plus importante de la région, qui eut lieu pour la première fois en 1830.

*Moulin de Huntingdon*

*Course de hors-bord, à Salaberry-de-Valleyfield*

**SALABERRY-DE-VALLEYFIELD**
Cette ville industrielle est surnommée « la Venise du Québec », car elle se trouve éparpillée sur un groupe de petites îles du lac Saint-François.
□ Les plus grandes courses de hors-bord d'Amérique du Nord qui ont lieu ici au début de juillet attirent des centaines de concurrents. Les compétitions se déroulent sur le lac Saint-François.
□ L'Écomusée des Deux-Rives retrace l'histoire de la localité.
□ Un village d'autrefois a été reconstitué au musée Gendreau de la localité voisine de Saint-Timothée.

**FRANKLIN CENTRE**
Ce charmant village est réputé pour ses pommes McIntosh et son sirop d'érable. Les visiteurs peuvent cueillir eux-mêmes leurs pommes dans certains vergers.

0 1 2 3 4 5 Milles
0 2 4 6 8 Kilomètres

## KAHNAWAKE

Une jeune Iroquoise qui sera sans doute la première sainte indienne d'Amérique du Nord est vénérée dans ce village où elle mourut en 1680. Les reliques de Kateri Tekakwitha reposent dans une tombe de marbre blanc, dans l'église de la mission Saint-François-Xavier (1717).
□ Dans la sacristie se trouve un élégant tabernacle probablement fabriqué en France vers 1700. Le presbytère (1718) possède une vieille grammaire et des dictionnaires de langue iroquoise.

dans ce qui est aujourd'hui l'État de New York. De nos jours, les Indiens de Kahnawake, qui appartiennent à sept tribus, sont passés maîtres dans l'assemblage des immenses charpentes métalliques des ponts et des gratte-ciel.

La région est reconnue pour son industrie laitière. Les premiers troupeaux de vaches furent importés par Samuel de Champlain avant 1610 et se multiplièrent rapidement. Aujourd'hui, d'innombrables troupeaux de vaches de race holstein pais-

sent dans les prés qui bordent de charmantes petites routes sinueuses.

Les traditions de cette région agricole remontent à près de trois siècles. Les sœurs grises de Châteauguay, à la fin du XVIIIᵉ siècle, furent les premières à cultiver ici des pommiers. À la fin de l'hiver, des volutes de fumée s'élèvent au-dessus des cabanes à sucre, au cœur des érablières, non loin des champs que l'on cultive depuis le XVIIᵉ siècle.

*Statue de Kateri Tekakwitha, école Tekakwitha, à Kahnawake*

## CHÂTEAUGUAY

Parmi les bâtiments historiques, il faut noter l'église Saint-Joachim qui a plus de 200 ans, la Maison Lang construite par la Compagnie de la Baie d'Hudson et un moulin de 1687 dans l'île Saint-Bernard. C'est ici que Charles-Michel de Salaberry et ses 300 voltigeurs mirent en déroute un régiment américain de 3 000 hommes, le 26 octobre 1813, et sauvèrent Montréal. Le parc historique national d'Ormstown, au sud-ouest de Châteauguay, commémore ce haut fait d'armes.

*Église Saint-Joachim, à Châteauguay*

## LA PRAIRIE

La Prairie fut l'un des terminus du premier chemin de fer du Canada (l'autre était Saint-Jean). Une plaque rappelle que cette ligne de 25 km fut construite en 1836.
□ L'église de la Nativité, de style baroque italien, date de 1839. Sa chaire fut sculptée par Victor Bourgeau.
□ Un monument rappelle la bataille de 1691, au cours de laquelle les colons français repoussèrent une troupe d'envahisseurs de Nouvelle-Angleterre qui marchaient sur Montréal.

## Des mastodontes d'acier et un wagon-école

Au Musée ferroviaire canadien de Saint-Constant, on peut voir une locomotive de 1887 qui fut, 73 ans plus tard, la dernière locomotive à vapeur à tirer un train du Canadien Pacifique, ainsi qu'une puissante locomotive de 1937, semblable à celle qui établit le record mondial de vitesse des locomotives à vapeur (202 km/h).

Le musée possède aussi de nombreux tramways montréalais, notamment le premier tram électrique (1892). On y verra des wagons-lits, des wagons-citernes, des wagons de marchandises et même une voiture qui servit autrefois d'école itinérante dans le nord de l'Ontario. Sur les terrains du musée se trouvent une plaque tournante, un réservoir d'eau, une rotonde et une gare de campagne des années 1880.

La *John Molson (à droite)*, semblable à la locomotive qu'utilisa le premier chemin de fer canadien en 1836, fonctionne certains jours.

## HEMMINGFORD

Le Parc safari africain possède l'une des plus grandes collections d'animaux sauvages du Canada. Le domaine de 162 ha où s'ébattent des bisons, des chameaux, des girafes et des zèbres est sillonné d'environ 6 km de routes. Dans la Forêt enchantée, enfants et adultes peuvent donner des gâteries à plusieurs animaux domestiqués.
□ Le parc possède un rare spécimen de rhinocéros camus, plus connu sous le nom de « rhinocéros blanc », un animal de 3 t qui est le plus gros de son espèce.

*Rhinocéros blanc,*
*Parc safari africain, à Hemmingford*

*Parc safari africain, à Hemmingford*

# Au bord d'une paisible rivière, l'écho des guerres du temps passé

## Vallée de la rivière Richelieu

Le Richelieu prend sa source au lac Champlain, sur la frontière qui sépare le Québec du Vermont, puis fait route au nord pour se jeter dans le Saint-Laurent à Sorel, après une course de quelque 130 km. Creusés au cours du XIXᵉ siècle, les canaux de Chambly et de Saint-Ours ouvraient le Richelieu à la navigation commerciale entre Montréal et l'État de New York. Même si ce trafic s'est pratiquement éteint, les écluses permettent toujours le passage des bateaux de plai-

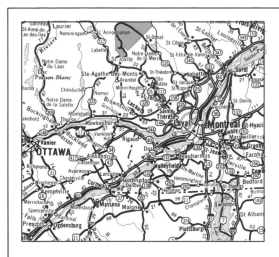

## Un chapelet de collines

**Huit** collines montérégiennes (du latin *Mons regius*, les montagnes royales) coupent l'horizon des plaines du sud-ouest du Québec : Johnson, Brome, Shefford, Yamaska, Rougemont, Saint-Bruno, Saint-Hilaire et le mont Royal à Montréal.

Les géologues pensent que les collines se formèrent il y a environ 120 millions d'années lorsque de la roche en fusion remonta des profondeurs de la terre. La lave se fraya un chemin entre des couches tendres de roches sédimentaires poreuses, jusqu'à proximité de la surface (figure 1), puis se refroidit et se solidifia. Après des millions d'années, l'érosion vint à bout de la roche sédimentaire, mettant à nu les roches ignées plus dures (figure 2). Des vestiges de plages et des coquillages marins indiquent que les collines étaient autrefois partiellement submergées par la mer de Champlain, une étendue d'eau qui couvrit les basses terres du Saint-Laurent à l'époque de la récession glaciaire.

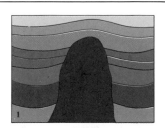

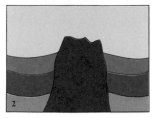

**PARC HISTORIQUE NATIONAL DU FORT CHAMBLY**
Le grand fort, construit par les Français (1665, 1711), fut abandonné aux Anglais en 1760. Les envahisseurs américains s'en emparèrent en 1775-1776. Repris par les Anglais en 1777, il servit de garnison jusque vers 1850 et de prison durant la guerre de 1812 et la rébellion de 1837. Il a été restauré.
□ Près du fort se trouvent les plus anciennes écluses du canal de Chambly (v. 1843), qui est toujours utilisé pour éviter les rapides.
□ À Chambly, on peut voir une statue et la tombe de Charles-Michel de Salaberry, commandant des troupes canadiennes qui battirent les Américains à Lacolle et à Châteauguay en 1813.

**SAINT-JEAN-SUR-RICHELIEU**
Une plaque marque l'emplacement du fort Saint-Jean que les Américains assiégèrent pendant 45 jours en 1775 et incendièrent l'année suivante.
□ Le premier chemin de fer canadien fut construit entre Saint-Jean et La Prairie en 1836.
□ Le Festival de montgolfières a lieu chaque année à la mi-août.

*Fort Chambly*

**PARC HISTORIQUE NATIONAL DU FORT LENNOX**
Une vedette dessert l'île aux Noix, site du parc historique national du Fort Lennox.
□ Les Français fortifièrent l'île en 1759. Les Anglais s'en emparèrent l'année suivante et la conservèrent jusqu'à ce qu'une armée américaine s'y installe en 1775. Les Américains abandonnèrent l'île en 1776 après leur échec devant les murs de Québec.
□ Les Anglais construisirent ici un fort en 1783. Après la guerre de 1812, ils renforcèrent la place en prévision d'une éventuelle invasion américaine et la rebaptisèrent Fort Lennox. La caserne, l'intendance, le corps de garde, le quartier des officiers et la cantine ont été restaurés.

*Le fort Lennox, dans l'île aux Noix*

**LACOLLE**
C'est ici que 260 voltigeurs canadiens, commandés par le major Hanock, forcèrent 4 000 soldats américains à battre en retraite le 13 mai 1814.

0 1 2 3 4 5 Milles
0 2 4 6 8 Kilomètres

sance. Des croisières sont offertes à partir de certaines localités riveraines comme Saint-Charles-sur-Richelieu.

C'est en 1609 que Champlain remonta le Richelieu pour mener la première attaque française contre les Iroquois. Le cours d'eau s'appelait alors la « rivière des Iroquois ». C'est en 1642 qu'on lui donna son nom actuel, en l'honneur du cardinal Richelieu.

Les premiers colons français et anglais se servaient du Richelieu pour s'attaquer mutuellement. C'est aussi la route qu'emprunta l'armée anglaise pour attaquer Montréal en 1760. Les envahisseurs américains suivirent sans succès la même voie en 1775. Plus tard, pendant la guerre de 1812, les forces américaines furent à nouveau repoussées à l'endroit où se trouve aujourd'hui le village de Lacolle.

Le mont Saint-Hilaire, l'une des huit collines montérégiennes, s'élève à près de 400 m au-dessus du Richelieu. Les visiteurs peuvent se rendre en voiture jusqu'au lac Hertel, à flanc de coteau. Un sentier les mènera ensuite au sommet d'où ils découvriront une vue splendide sur la vallée, jusqu'au lac Champlain.

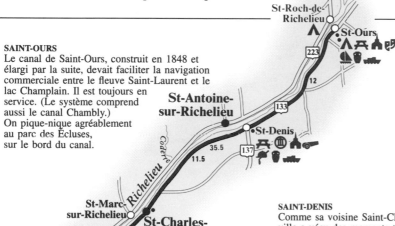

**SAINT-OURS**
Le canal de Saint-Ours, construit en 1848 et élargi par la suite, devait faciliter la navigation commerciale entre le fleuve Saint-Laurent et le lac Champlain. Il est toujours en service. (Le système comprend aussi le canal Chambly.) On pique-nique agréablement au parc des Écluses, sur le bord du canal.

**SAINT-CHARLES-SUR-RICHELIEU**
Le 23 octobre 1837, des rebelles se réunirent à Saint-Charles, plantèrent un arbre de la liberté, proclamèrent la république (la Confédération des Six Comtés) et incitèrent le peuple à se soulever. Un monument de pierre rappelle l'assemblée des Patriotes et le soulèvement qui débuta le 21 novembre. Des centaines de rebelles occupèrent Saint-Charles. Après une bataille sanglante, les troupes du gouvernement les écrasèrent et firent 30 prisonniers. □ On peut s'embarquer ici pour une excursion sur le Richelieu.

**SAINT-DENIS**
Comme sa voisine Saint-Charles-sur-Richelieu, cette petite ville a vécu des moments tragiques durant la rébellion de 1837. Une statue plus grande que nature rappelle que 12 Patriotes ont été tués le 23 novembre 1837 à Saint-Denis. La Maison nationale des Patriotes, logée dans la Maison Jean-Baptiste-Masse, décrit les principales étapes du soulèvement. Un autre monument identifie la Maison Saint-Germain où 300 Patriotes ont résisté à 500 soldats anglais.

*Monument des Patriotes, à Saint-Denis*

**CENTRE DE CONSERVATION DE LA NATURE DU MONT-SAINT-HILAIRE**
C'est ici le point culminant des collines montérégiennes dans le sud-ouest du Québec. On accède à pied au lac Hertel niché dans le flanc de la montagne. Les sentiers du centre d'interprétation sont fréquentés par les amateurs de randonnées pédestres, d'ornithologie, de ski de fond et de raquette.

**MONT SAINT-HILAIRE**
L'église en pierre des champs de Mont-Saint-Hilaire fut construite en 1837. L'intérieur est de style gothique. On peut y voir 11 fresques, des peintures murales, un chemin de croix et des bas-reliefs d'Osias Leduc. Le presbytère date de 1798. Plusieurs moulins à eau du début du XIXᵉ siècle ont été transformés en maisons d'habitation au pied de la colline. Deux imposants manoirs de pierre, construits vers 1850, s'élèvent au bord de la rivière des Hurons.

*Paruline azurée*

*Vue aérienne des anciennes terres seigneuriales, Saint-Denis*

## Une terre de loyaux seigneurs et d'habitants industrieux

Certains fermiers du Québec paient encore leurs fermages en vertu de contrats qui remontent au XVIIᵉ siècle, époque à laquelle Louis XIV distribua les terres fertiles des vallées du Saint-Laurent et du Richelieu à des « personnes de qualité », c'est-à-dire aux seigneurs qui lui prêtaient serment de loyauté. Ces terrains, morcelés en minces bandes pour donner accès à la rivière, devaient être défrichés par des fermiers. Le seigneur était tenu de vivre sur ses terres et d'y construire un manoir, ainsi qu'un moulin à farine pour ses fermiers qui lui versaient environ 35 $ l'an pour une ferme de 40 ha. Les habitants industrieux, grâce à la culture et à l'élevage, arrivaient à prospérer ; mais certains seigneurs qui ne retiraient pas le bénéfice escompté de ces fermages devaient parfois jeûner pour sauver les apparences.

*Lac Hertel, au mont Saint-Hilaire*

# Les routes tranquilles du « Jardin du Québec »

## Cantons de l'Est

*Lac-Brome*

**GRANBY**

Ce centre industriel de 38 000 habitants se signale par d'élégantes maisons, comme le château Brownies de Palmer Cox (1840-1920), auteur des livres *Brownies* pour les enfants de langue anglaise. Dans la maison Vittie se trouve le musée du comté de Shefford. Granby est fière de sa collection de fontaines qui comprend une fontaine grecque vieille de 3 200 ans et une réplique de la fontaine de Trevi de Rome, toutes deux sur le boulevard Leclerc, tandis qu'une fontaine romaine du Ier siècle est le principal ornement du parc Pelletier.
□ Le zoo de Granby, l'un des plus grands du Canada, compte plus de 750 animaux appartenant à quelque 220 espèces.

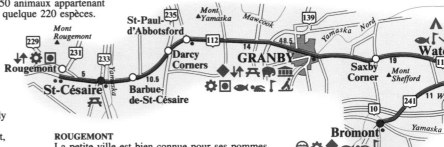

**BROMONT**

La ville a été fondée en 1964 par les neuf frères Desourdy — membres d'une famille d'entrepreneurs bien connue dans la région. Le parc industriel, doté d'un petit aéroport, a attiré de nouvelles industries qui ont fait prospérer l'agglomération. Avec ses 10 sommets et ses deux lacs, c'est aujourd'hui un centre touristique très réputé.

## Routes de campagne et pentes de ski

Les Cantons de l'Est s'étendent entre le Richelieu et la Chaudière, bornés au nord par les plaines du Saint-Laurent et au sud par la frontière américaine. C'est une charmante région rurale dont les lacs pittoresques, les rivières et les montagnes sont fréquentés toute l'année par les touristes. Ses stations de sports d'hiver, celle du mont Orford en particulier, rivalisent avec celles des Laurentides.

**ROUGEMONT**

La petite ville est bien connue pour ses pommes et son cidre car les pommiers occupent 40 p. 100 des terres agricoles de la région. Un centre d'interprétation à Rougemont explique la pomiculture. Le long des routes locales, des kiosques vendent des pommes et des produits connexes ; certains pomiculteurs invitent les visiteurs à faire eux-mêmes la cueillette.

*Bécasse américaine*

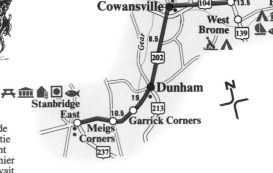

**STANBRIDGE EAST**

Le moulin Cornell, un bâtiment de brique construit en 1832, fait partie des trois structures qui se trouvent au musée de Missisquoi. Le premier étage a été aménagé comme pouvait l'être une maison du XIXe siècle.
□ Près du musée on peut visiter le magasin de Hodge, une maison de brique à étage (1843), rénovée dans le style d'un magasin général avec les marchandises qu'on pouvait y voir fin du XVIIIe, début du XIXe siècle. La plupart ont été trouvées telles quelles lors de la restauration du bâtiment. La Bill's Barn expose de vieux instruments aratoires.

**COWANSVILLE**

Les maisons des rues Principale et Sud sont parmi les plus beaux exemples de l'architecture victorienne au Canada. La ville fut fondée par un colon loyaliste, Jacob Ruiter, qui construisit un moulin et une scierie sur la rivière Yamaska. Anciennement Nelsonville, Cowansville fusionna avec Sweetsburg, autrefois Churchville, qui était aussi un village loyaliste.

Les Cantons de l'Est, ainsi nommés pour les distinguer des cantons de l'ouest de Montréal (aujourd'hui en Ontario), furent d'abord colonisés par les loyalistes qui s'y réfugièrent après la guerre d'Indépendance américaine. Ils furent suivis par des vagues successives d'immigrants : Américains, Irlandais, Écossais et Anglais. Ce n'est qu'à partir de 1840 que les Canadiens français s'installèrent dans la région où ils sont aujourd'hui en majorité. Le « Jardin du Québec » compte un grand nombre des meilleures fermes d'élevage et de production laitière de la province.

L'abondance des légumes a donné naissance aux industries alimentaires de Granby et de Rougemont.

L'abbaye bénédictine de Saint-Benoît-du-Lac fabrique deux excellents fromages, l'ermite et le saint-benoît. Le plus grand établissement de culture des champignons du pays se trouve à Waterloo, et on fait l'élevage commercial des canards dans la région du lac Brome.

En été et au début de l'automne, on vend les produits de la ferme au bord de la route : légumes, sirop d'érable, confitures maison et, bien sûr, des pommes puisque les grands vergers du Québec se trouvent dans la région. Les premiers furent plantés près de Rougemont au cours des années 1860 par les pères de Saint-Sulpice. Les anciennes variétés de pommes, par exemple la fameuse ou la snow, ont été remplacées par la melba, la lobo, la mcintosh et la cortland.

## WATERLOO
Les premiers colons arrivèrent à la fin du XVIIIe siècle, mais la localité prit le nom de Waterloo en 1815 pour commémorer la défaite de Napoléon. Waterloo fut constitué en village en 1867, puis en ville en 1890. On y admire plusieurs maisons de style victorien. C'est à Waterloo que se trouve la Slack Bros., le plus grand producteur canadien de champignons de couche.
□ À Waterloo, il faut visiter le Musée québécois de la chasse, le seul de ce genre en Amérique du Nord, où sont exposés des animaux empaillés et d'anciens fusils.

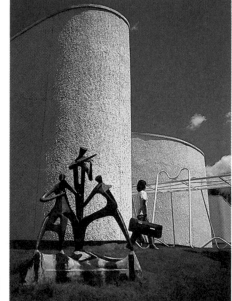

Centre d'Arts d'Orford

## PARC DU MONT-ORFORD
En hiver, ce parc provincial de 58 km² est le rendez-vous des skieurs, car le mont Orford, qui culmine à 852 m, présente de beaux défis. En été, le parc devient le paradis du camping, de la navigation de plaisance et du golf.
□ Dans le parc se trouve le centre d'Arts d'Orford qui présente tout l'été un festival de musique classique et populaire, ainsi que des expositions d'art. Plus de 500 étudiants venus de partout dans le monde y suivent des cours avancés de musique. Le complexe comprend des résidences pour les professeurs et les étudiants, un pavillon central où les visiteurs peuvent se restaurer et des salles de réunion. Le pavillon de *L'Homme et la Musique*, construit pour Expo 67 et transporté ici en 1972, abrite des salles de cours, des galeries d'exposition et de grandes salles d'étude, ainsi que la salle de concert Gilles-Lefebvre de 500 places. Des expositions ont lieu dans les jardins,

Truite brune

L'abbaye bénédictine, à Saint-Benoît-du-Lac

## SAINT-BENOÎT-DU-LAC
L'abbaye bénédictine qui domine le lac Memphrémagog est un ensemble saisissant de tours octogonales et carrées, de pignons triangulaires et d'étroites fenêtres en ogive. À l'intérieur, on peut voir des carrelages en galets du pays et de gracieuses arches en mosaïque de brique. Dom Paul Bellot, un moine d'origine française arrivé en 1937 et devenu l'un des principaux architectes religieux du Québec, inspira les plans de l'abbaye. Son œuvre la plus célèbre est le dôme de l'oratoire Saint-Joseph à Montréal.
□ Les visiteurs peuvent cueillir des pommes dans le verger de l'abbaye et acheter le fromage que fabriquent les moines. L'ermite s'apparente au roquefort. Le saint-benoît ressemble au gruyère.

## LAC-BROME (KNOWLTON)
La municipalité de Lac-Brome comprend Knowlton et quelques autres villages ; c'est une région de villégiature. Le village de Knowlton garde des vestiges de son passé loyaliste et victorien. Plusieurs maisons de style victorien embellissent les rues.
□ Le Musée historique du comté de Brome englobe cinq bâtiments d'époque. Un édifice de brique blanche, autrefois la Knowlton Academy (1854), expose des objets et des documents de l'époque des pionniers. L'annexe Martin abrite un avion allemand Fokker de la Première Guerre mondiale. Parmi les autres édifices, on note l'école Tibbits Hill (1884) et une caserne de pompiers du siècle dernier.

Le chœur de l'abbaye bénédictine, à Saint-Benoît-du-Lac

# Petites routes de campagne, foires agricoles et ponts couverts

Cantons de l'Est

Navigation de plaisance, pêche, sports nautiques sur les lacs Memphrémagog et Massawippi ; randonnées pédestres dans les hautes collines boisées qui ceinturent les lacs ; ski de fond, ski alpin, raquette dans des parcs comme celui du Mont-Orford, près de Magog : autant de riches possibilités touristiques et récréatives offertes par la charmante région des Cantons de l'Est.

Les attractions ne manquent pas. Des théâtres d'été comme le Piggery (La Por-

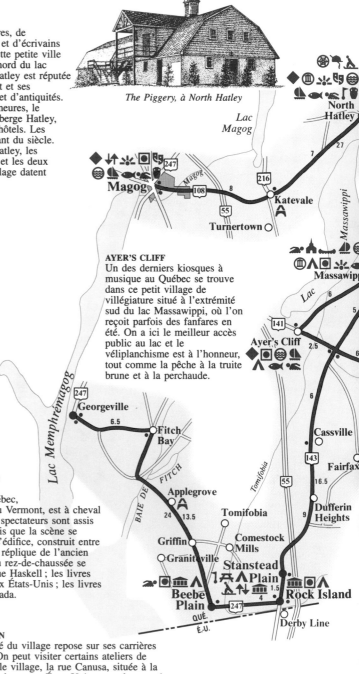

### NORTH HATLEY
Une colonie de peintres, de sculpteurs, de potiers et d'écrivains s'est installée dans cette petite ville touristique située au nord du lac Massawippi. North Hatley est réputée pour ses galeries d'art et ses boutiques d'artisanat et d'antiquités. □ Deux anciennes demeures, le manoir Hovey et l'auberge Hatley, sont aujourd'hui des hôtels. Les deux datent du tournant du siècle. □ Un peu au sud, à Hatley, les maisons de bardeaux et les deux églises de bois du village datent de 1850.

*The Piggery, à North Hatley*

### MAGOG
Fondée en 1799 par des loyalistes, Magog est un centre de villégiature qui offre un intérêt touristique toute l'année. Au nord-ouest se trouve la station de ski du parc du Mont-Orford. □ Au sud s'étend le lac Memphrémagog — mot indien qui désigne une grande étendue d'eau (le nom de la ville en est une abréviation). Un cinquième de ce lac, long de 52 km, se trouve au Vermont. On peut prendre le bateau à Magog pour faire une excursion sur le lac d'où l'on découvre les croupes bleutées des monts Orford et Owl's Head et des îles Trois-Sœurs. □ À Magog, le lac Memphrémagog se déverse dans la rivière Magog qui elle-même se jette dans la rivière Saint-François à Sherbrooke. Au XIXᵉ siècle, des bateaux marchands venant des États-Unis traversaient le lac pour remonter jusqu'au Saint-François.

### AYER'S CLIFF
Un des derniers kiosques à musique au Québec se trouve dans ce petit village de villégiature situé à l'extrémité sud du lac Massawippi, où l'on reçoit parfois des fanfares en été. On a ici le meilleur accès public au lac et le véliplanchisme est à l'honneur, tout comme la pêche à la truite brune et à la perchaude.

### ROCK ISLAND
L'Opéra Haskell des villes jumelles de Rock Island, au Québec, et de Derby Line, au Vermont, est à cheval sur la frontière. Les spectateurs sont assis aux États-Unis, tandis que la scène se trouve au Canada. L'édifice, construit entre 1901 et 1904, est la réplique de l'ancien opéra de Boston. Au rez-de-chaussée se trouve la bibliothèque Haskell ; les livres pour adultes sont aux États-Unis ; les livres pour enfants au Canada.

### BEEBE PLAIN
La prospérité du village repose sur ses carrières de granite. On peut visiter certains ateliers de taille. Dans le village, la rue Canusa, située à la fois au Canada et aux États-Unis, porte le nom du poste frontière qui se trouve au sud du village.

*Opéra Haskell, à Rock Island*

| 0 | 1 | 2 | 3 | 4 | 5 Milles |

| 0 | 2 | 4 | 6 | 8 Kilomètres |

cherie), de North Hatley, et le théâtre du Vieux-Clocher, à Magog, donnent des représentations théâtrales et musicales.

Le théâtre du Centenaire de l'université Bishop (650 places) présente toute l'année un programme de pièces canadiennes.

Le visiteur revivra le passé dans les musées de Rock Island, Beebe Plain et Coaticook et, à l'automne, il se rendra dans des foires de campagne, comme celles de Magog et d'Ayer's Cliff qui battent alors leur plein. Partout, de paisibles routes de terre serpentent au milieu des bois, des prés et des champs labourés. Des ponts couverts enjambent encore des rivières aux environs de Fitch Bay, de Compton et de Lennoxville. Au début du siècle, on en comptait plus d'un millier au Québec. Il n'en reste plus aujourd'hui qu'une centaine. Les 18 que l'on a su préserver ici rappellent au promeneur la douceur de vivre au temps des voitures à cheval.

*Université Bishop, à Lennoxville*

Lennoxville

**LENNOXVILLE**

Sous le Régime français, la ville de Lennoxville, située au confluent de plusieurs rivières dont la Massawippi et la Coaticook, s'appelait Les Petites Fourches, par opposition à la ville de Sherbrooke alors dénommée Les Grandes Fourches. C'est quand les loyalistes l'occupèrent, vers 1790, qu'elle perdit son nom pour prendre celui de Lennoxville en l'honneur de Charles Lennox, duc de Richmond, gouverneur en chef du Canada en 1818-1819.

□ C'est ici que se trouve l'université Bishop, fondée en 1843 et devenue université en 1853 sur le modèle de l'université Oxford en Angleterre. La chapelle St. Mark, construite en 1853 et agrandie en 1875, vaut une visite.

□ Le musée de la Société historique de Lennoxville-Ascot expose des objets des pionniers. Le centre local de recherche en agronomie, ouvert en 1914, offre des diaporamas et des visites guidées.

## Les oiseaux des Cantons

Les bois des Cantons de l'Est abritent la sittelle à poitrine rousse et le pic mineur. Ce dernier, un oiseau noir et blanc, le plus petit de son espèce au Canada, niche dans un trou haut perché dans un arbre. De son bec, il martèle inlassablement le tronc des arbres pour y creuser des trous.

La sittelle à poitrine rousse fait fréquemment son nid dans les trous de pic abandonnés qu'elle tapisse de lambeaux d'écorce, d'herbes et de racines. Elle se nourrit de noix et d'insectes qu'elle cherche sur le tronc des arbres en se servant de ses longs doigts aux ongles effilés.

Au début de mai, les premiers orioles de Baltimore font leur apparition dans les Cantons de l'Est. Le mâle arbore d'éclatantes marques orange. De nombreux autres oiseaux fréquentent la région, notamment le viréo à gorge jaune, le viréo mélodieux, la paruline à flancs marron, le tangara écarlate et le chardonneret des pins.

*Oriole de Baltimore*

*Sittelle à poitrine rousse*

*Pic mineur*

**COMPTON**

On peut y voir la maison de bois peinte en blanc où naquit, en 1881, Louis Saint-Laurent, Premier ministre de 1948 à 1957. À côté se trouve le magasin général et l'entrepôt de son père. On y discutait souvent de politique. Des écouteurs permettent aux visiteurs d'entendre ce qu'ont pu être ces discussions. Dans l'entrepôt, un spectacle son et lumière rappelle la carrière de l'homme d'État. Saint-Laurent mourut en 1973 et fut enterré dans la paroisse locale de Saint-Thomas-d'Aquin.

**COATICOOK**

La ville tire son nom du mot indien *koatikekou*, « la rivière du pays des pins ». La région a été colonisée par les loyalistes à partir de 1818.

□ Une passerelle suspendue, la plus longue au monde, selon les Records Guinness, enjambe la gorge de la rivière Coaticook, profonde de 70 m. Elle mène à une tour de 20 m d'où l'on a une vue saisissante de tous les environs.

□ Le musée Beaulne est aménagé dans une charmante résidence du tournant du siècle, le Château Norton ; on y expose des vêtements religieux miniaturisés et des textiles anciens.

**BALDWIN MILLS**

On visitera ici une alevinière provinciale où, dans un aquarium intérieur et des bassins en plein air, on élève la truite de lac et sept autres espèces de poissons.

□ La poterie Rozynska expose des pièces d'une grande originalité dans le village voisin de Ways Mills.

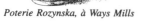

*Poterie Rozynska, à Ways Mills*

*Gorge de la rivière Coaticook*

## Le pays de l'amiante, des forêts et des vieilles granges

Cantons de l'Est

La région qui s'étend entre Sherbrooke et Victoriaville est le pays des forêts vallonnées, des fermes d'élevage de vaches laitières, des prés verdoyants, des vieilles granges de bois, des moulins et des ponts couverts.

Contrastant avec ce paysage champêtre, d'importants centres industriels se sont développés. Ce sont les villes papetières de Bromptonville et de Windsor, le centre minier d'Asbestos et Victoriaville, capitale mondiale du bâton de hockey.

**RICHMOND**

Un monument rappelle la construction de la première route qui relia les Cantons de l'Est à Québec. La route Craig, une mauvaise piste qui était impraticable la majeure partie de l'année, fut commencée en 1809 sous la direction de Sir James Craig, gouverneur du Bas-Canada de 1807 à 1811. Aujourd'hui, quelques tronçons de la route Craig ont été revêtus d'asphalte près de Québec, mais la majeure partie du tracé original a été abandonnée.

**MELBOURNE**

La Société historique du comté a rénové une ferme du XIXe siècle dont les éléments d'exposition rappellent ce qu'était la vie dans la région à l'époque victorienne.

*Moulin restauré, à Denison Mills*

*Sanctuaire du Sacré-Cœur, à Beauvoir*

**BEAUVOIR**

Le sanctuaire du Sacré-Cœur, un oratoire de pierre des champs qui domine la rivière Saint-François, se trouve sur la colline de Beauvoir. Il fut construit en 1920. Tous les dimanches, du début de mai à la fin d'octobre, la messe est célébrée en plein air quand le temps le permet. Du haut de la colline, la vue est très belle.

1 Université de Sherbrooke
2 Parc Blanchard
3 Parc Jacques-Cartier
4 Domaine Howard
5 Mont Bellevue
6 Vieux-Nord
7 Église St. Peter
8 Vieux palais de justice
9 Centre d'exposition Léon-Marcotte
10 Musée des Sciences naturelles
11 Cathédrale Saint-Michel
12 Office du tourisme
13 Pont Aylmer
14 Parc Victoria

*Rue King, à Sherbrooke*

**SHERBROOKE**

Située au confluent des rivières Magog et Saint-François, la ville est un centre administratif, industriel et universitaire bruissant d'activités.
□ Le centre-ville de Sherbrooke est ponctué de cafés et de restaurants. Parmi les sites intéressants, il faut noter l'église anglicane St. Peter (1844), la cathédrale Saint-Michel, le vieux palais de justice, le centre d'exposition Léon-Marcotte qui accueille des expositions itinérantes et le musée d'Histoire naturelle du séminaire. En périphérie, l'université de Sherbrooke (1954) présente des expositions d'art à son centre culturel.
□ Le quartier du Vieux-Nord renferme d'élégantes maisons du XIXe siècle. Un musée d'histoire locale occupe l'ancien domaine du sénateur Charles Howard.
□ Sherbrooke est renommée pour ses parcs ; on peut faire de la natation et du ski nautique au lac des Nations, du ski alpin au mont Bellevue, en plein cœur de la ville.

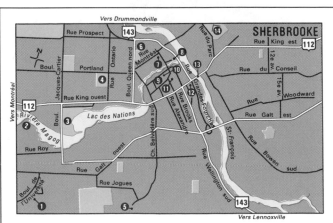

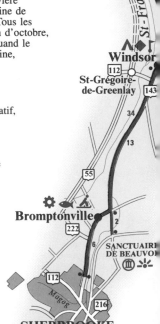

0 1 2 3 4 5 Milles
0 2 4 6 8 Kilomètres

La capitale régionale est Sherbrooke, « la reine des Cantons de l'Est », blottie au milieu des collines, à l'endroit où la rivière Magog se jette dans le Saint-François. Du mont Bellevue, au sud, le visiteur découvre un splendide panorama de la ville dont le fondateur, Gilbert Hyatt, un loyaliste du Vermont, construisit un moulin en bordure de la rivière Magog en 1794. La bourgade qui grandit autour du moulin fut baptisée du nom de Sir John Sherbrooke, gouverneur général du Canada de 1816 à 1818. Devenue un grand centre industriel et universitaire, la ville, avec ses 74 500 habitants, est la sixième en importance au Québec.

Warwick, au nord de Sherbrooke, se trouve à la porte des Bois-Francs, une pittoresque région de forêts d'érables et de feuillus. Les basses terres fertiles du sud du Saint-Laurent y cèdent le pas aux collines accidentées des Cantons de l'Est.

Arthabaska, au cœur des Bois-Francs, est la ville natale du peintre Suzor-Côté.

Sir Wilfrid Laurier y résida également longtemps. La maison où il vécut, de 1876 à 1897, abrite aujourd'hui un musée. Située au sud de Warwick, la ville d'Asbestos (amiante en anglais) doit son nom à la fibre minérale que l'on extrait ici dans une immense mine à ciel ouvert, l'une des plus grandes du monde. Vus du sommet de la mine, les énormes engins qui gravissent ses gradins paraissent de minuscules jouets.

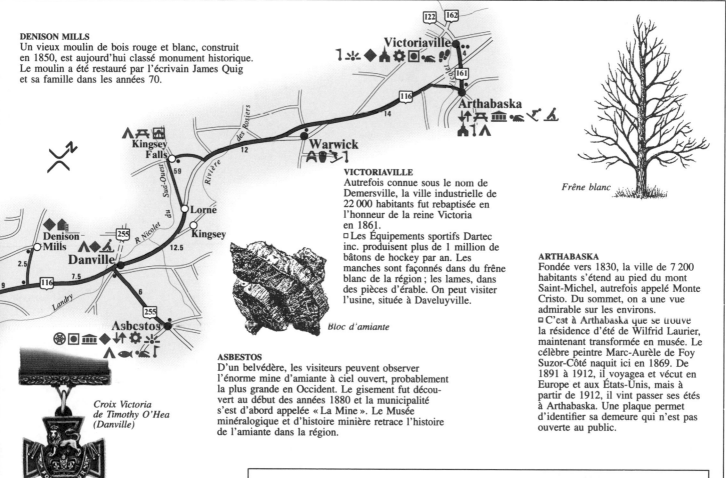

**DENISON MILLS**
Un vieux moulin de bois rouge et blanc, construit en 1850, est aujourd'hui classé monument historique. Le moulin a été restauré par l'écrivain James Quig et sa famille dans les années 70.

*Frêne blanc*

*Bloc d'amiante*

**VICTORIAVILLE**
Autrefois connue sous le nom de Demersville, la ville industrielle de 22 000 habitants fut rebaptisée en l'honneur de la reine Victoria en 1861.
□ Les Équipements sportifs Dartec inc. produisent plus de 1 million de bâtons de hockey par an. Les manches sont façonnés dans du frêne blanc de la région ; les lames, dans des pièces d'érable. On peut visiter l'usine, située à Daveluyville.

**ASBESTOS**
D'un belvédère, les visiteurs peuvent observer l'énorme mine d'amiante à ciel ouvert, probablement la plus grande en Occident. Le gisement fut découvert au début des années 1880 et la municipalité s'est d'abord appelée « La Mine ». Le Musée minéralogique et d'histoire minière retrace l'histoire de l'amiante dans la région.

**ARTHABASKA**
Fondée vers 1830, la ville de 7 200 habitants s'étend au pied du mont Saint-Michel, autrefois appelé Monte Cristo. Du sommet, on a une vue admirable sur les environs.
□ C'est à Arthabaska que se trouve la résidence d'été de Wilfrid Laurier, maintenant transformée en musée. Le célèbre peintre Marc-Aurèle de Foy Suzor-Côté naquit ici en 1869. De 1891 à 1912, il voyagea et vécut en Europe et aux États-Unis, mais à partir de 1912, il vint passer ses étés à Arthabaska. Une plaque permet d'identifier sa demeure qui n'est pas ouverte au public.

*Croix Victoria de Timothy O'Hea (Danville)*

**DANVILLE**
La ville fut fondée par les loyalistes au début du XIXe siècle ; ils y ont laissé quelques belles maisons sur la rue Grove et la rue du Carmel.
□ Une plaque rappelle la mémoire d'un soldat britannique de 20 ans, Timothy O'Hea, qui fut le premier à recevoir la croix Victoria décernée pour récompenser « les actes de bravoure face à l'ennemi ». Il était bien loin d'un champ de bataille quand il la mérita. En 1866, il éteignit à lui seul un incendie qui menaçait de faire sauter un convoi de munitions dans la cour de triage de Danville. (Par la suite, 93 Canadiens méritèrent cette croix qui fut remplacée par une décoration canadienne en 1972.)

# L'élégante demeure du Premier ministre

Wilfrid Laurier, qui fut Premier ministre du Canada de 1896 à 1911, vécut à Arthabaska pendant une vingtaine d'années. L'élégante maison de brique qu'il y fit construire en 1876 abrite aujourd'hui un musée. Cette belle demeure est meublée dans le style de l'époque. On peut y voir des documents historiques et de nombreux objets qui appartenaient à Laurier et à son épouse Zoë.

Laurier pratiquait le droit et dirigeait un hebdomadaire à Arthabaska, la principale ville de la région des Bois-Francs. Les électeurs de Drummond-Arthabaska, séduits par la modération de ses idées politiques, l'élirent député en 1874. L'éloquence et le talent politique de Laurier lui valurent le respect des membres du Parti libéral qui le choisirent comme chef, en 1887.

*Salon de la Maison Laurier, à Arthabaska*

# Les chansons folkloriques et les cabanes à sucre de la Beauce

Beauce

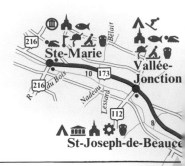

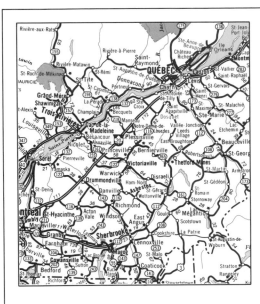

*Potier, à Saint-Joseph-de-Beauce*

## Douces berceuses, chansons à boire et la fameuse *Alouette*

Le grand folkloriste Marius Barbeau, né à Sainte-Marie, en 1883, recueillit, enregistra et transcrivit des milliers de chansons folkloriques canadiennes-françaises.

Barbeau sillonna le Québec, les Maritimes et la Nouvelle-Angleterre à la recherche de ces chansons traditionnelles. Un grand nombre d'entre elles se transmettaient de génération en génération, mais elles n'avaient jamais encore été transcrites sur papier. Pêcheurs, bûcherons, mères de familles, tous les chantaient pour se donner du cœur à l'ouvrage. Il y avait les chants des trafiquants de fourrures, ceux des voyageurs, des coureurs de bois, les chansons des habitants qui défrichèrent les rives du Saint-Laurent, des berceuses et aussi de cocasses chansons à boire. Ces vieilles chansons françaises remontent parfois au XVIᵉ siècle.

L'une des chansons canadiennes les plus connues de la collection de Barbeau est la fameuse *Alouette* que l'on chante encore des deux côtés de l'Atlantique : « Je te plumerai la tête, et le bec, et le nez, et les yeux... »

Marius Barbeau étudia à l'université Laval, puis à Oxford et à la Sorbonne. Il fut anthropologue au Musée national du Canada de 1911 à 1958, écrivit de nombreux ouvrages sur le folklore, les arts et les artisanats des Canadiens français et des Amérindiens, publia des recueils de légendes et de contes ainsi que deux romans. Il mourut en 1969, à Ottawa.

## SAINTE-MARIE
Le sanctuaire de Sainte-Anne-de-Beauce (1892) se trouve à côté de la Maison Taschereau (1809) où naquit Elzéar-Alexandre Taschereau (1821-1898), premier cardinal canadien. L'on remarquera aussi la Maison Lacroix, la seule maison de pierre de la région, et l'église Sainte-Marie (1856).

## SAINT-JOSEPH-DE-BEAUCE
Le village doit son nom à Joseph de la Gorgendière à qui fut concédée la seigneurie en 1736. Il reste cinq édifices historiques, dont l'église Saint-Joseph de Beauce, construite en pierre du pays, qui date de 1867, et le couvent (1889) qui abrite le musée Marius-Barbeau.

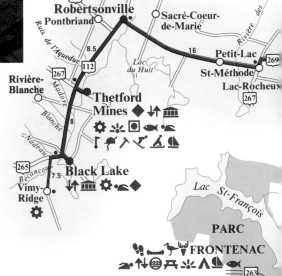

## THETFORD MINES
À l'hôtel de ville, un monument rappelle Joseph Fecteau qui découvrit le gisement d'amiante en 1876. Aujourd'hui, Thetford Mines, qui est le plus grand producteur de ce minerai en Occident, a des mines souterraines et des mines à ciel ouvert (des postes d'observation permettent de contempler ce paysage lunaire).
□ Au Musée minéralogique et minier, on verra des échantillons d'amiante et d'autres minerais venus du monde entier, ainsi que de l'équipement de forage. Thetford Mines célèbre le minerai qui a fait sa fortune au Festival de l'amiante, fin juin et début juillet.

*Paysage de la Beauce*

Pendant l'invasion américaine de l'hiver 1775-1776, le général Benedict Arnold conduisit 1 100 soldats américains le long de la rivière Chaudière, entre le nord du Maine et la ville de Québec. Près de la moitié des envahisseurs périrent dans les forêts et les marécages. Affamés, les survivants dévorèrent du savon, de la graisse et même des mocassins bouillis. Ils arrivèrent finalement à Québec, mais furent repoussés le 31 décembre 1775 par les troupes du gouverneur Guy Carleton.

Les forêts ont depuis été défrichées et les marécages asséchés dans ce qu'on appelle aujourd'hui la Beauce. La rivière Chaudière qui traverse ce pays doucement ondulé est bordée de fermes construites en longueur, car, sous le Régime français, les seigneurs divisaient leurs terres en longues bandes pour que chaque métayer ait accès à la rivière. Le plus long pont couvert du Québec (155 m) enjambe la rivière à Notre-Dame-des-Pins. La Chaudière prend sa source dans le lac Mégantic, ré-

puté pour ses ouananiches, une espèce de saumon qui ne vit qu'en eau douce. Les érables de la région produisent la majeure partie du sirop d'érable canadien. À la fin de l'hiver, parents et amis se réunissent dans les cabanes des érablières pour une bonne « partie de sucre ». Tout le monde danse, chante et s'amuse avant de goûter le délicieux sirop qui annonce l'arrivée du printemps.

## NOTRE-DAME-DES-PINS
Les Créativités beauceronnes vendent les tissages, les lainages, la poterie, les sculptures sur bois, ainsi que les jouets et les poupées des artistes et artisans de la région.
□ Cette communauté s'enorgueillit à juste titre de son pont couvert de 155 m, construit en 1929 ; c'est le plus long du Québec.

## SAINT-GEORGES-OUEST
La réplique de la statue de *Saint Georges terrassant le dragon*, de Louis Jobin, se dresse devant l'église du village. L'original, sculpté en 1912, se trouve maintenant à l'intérieur de l'église, à l'abri des intempéries.
□ Le parc des Sept-Chutes, ainsi nommé à cause des sept cascades qui tombent de 38 m dans une gorge de la rivière Pozer, se trouve à 3 km au nord.

*Partie de sucre, à Saint-Benoît-Labre*

# La tire sur la neige
# ou le retour des beaux jours

Le sucre d'érable était le seul produit sucré que pouvaient se procurer les premiers colons de la Nouvelle-France. Avant leur arrivée, les Amérindiens savaient déjà comment fabriquer du sucre et du sirop d'érable. Au printemps, lorsque la sève commençait à monter, ils pratiquaient une incision en diagonale dans le tronc des érables, puis plaçaient un morceau d'écorce à l'extrémité inférieure de l'incision pour canaliser la sève dans une bûche évidée.

Les pionniers commencèrent par s'inspirer de cette technique, puis lui apportèrent quelques améliorations. Le premier document qui nous parle de la fabrication du sucre d'érable date de 1706. On recueillait la sève, puis on la faisait bouillir dans une marmite au-dessus d'un feu de bois. Le sucre d'érable était ensuite mis en pains et gardé en réserve.

Aujourd'hui, la sève est rapidement transformée en sirop et en sucre dans des bacs d'évaporation que l'on met à chauffer sur des fours. Cette technique permet de produire tous les ans quelque 4,5 millions de litres de sirop d'érable au Canada, dont 90 p. 100 proviennent du Québec.

Il y a toutefois une tradition qui ne s'est pas perdue : celle de se « sucrer le bec » avec de la tire d'érable, qu'on obtient en versant du sirop chaud sur la neige.

Il existe de nombreuses recettes où entre le sirop d'érable. Les deux plus connues sont sans doute celles de la tarte au sucre, garnie de sirop d'érable épaissi à la fécule de maïs, et les grands-pères au sirop d'érable, des beignets frits dans du sirop bouillant.

## PARC FRONTENAC
Le parc se divise en deux grands secteurs. Le secteur Saint-Daniel sur la rive nord du lac Saint-François est réservé aux sports nautiques. Le secteur sud, de l'autre côté du lac, est pour les amateurs de pêche et de plein air ; on peut y louer des chalets.

*Perdrix européenne*

## LAC-MÉGANTIC
Situé dans l'une des régions les plus montagneuses, Lac-Mégantic fut fondé par des Écossais à la fin des années 1880. Aujourd'hui, c'est un lieu de villégiature pour les randonneurs en été et les skieurs de fond en hiver. On peut faire des croisières en bateau sur le lac.
□ Notons à proximité deux points d'intérêt : le sanctuaire Saint-Joseph et l'observatoire du mont Mégantic, d'où il est possible d'observer les étoiles l'été (se renseigner à la réception de l'observatoire).

# Le berceau des sculpteurs et des artisans du Québec

Rive sud du Saint-Laurent

La rive sud du Saint-Laurent est l'un des berceaux de notre histoire. Jacques Cartier parcourut la région en 1535 et crut un temps que le large fleuve aux eaux bleues le mènerait jusqu'à l'Orient. D'autres Français, explorateurs, missionnaires et coureurs des bois, suivirent ses traces. Épris d'aventure, ces hommes, dès le début du XVIIIᵉ siècle, avaient déjà exploré l'immense continent américain.

À Boucherville, un monument commémore un de ces explorateurs, le père Mar-

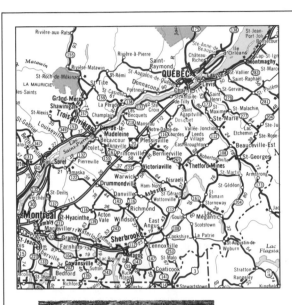

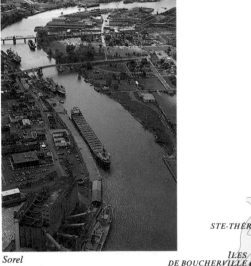

*Sorel*

### LAC SAINT-PIERRE

Les îles de Sorel sont un paradis de pêche et de chasse au canard. Les restaurants y servent la spécialité de la région, la gibelotte de poissons. L'archipel est situé au nord de Sorel, à l'endroit où le fleuve Saint-Laurent s'élargit pour former un lac peu profond, large de 11 km et long de 22, le lac Saint-Pierre.
□ Le lac Saint-Pierre est fréquenté par la gallinule commune, le troglodyte des marais et le troglodyte à bec court. À l'abri des roseaux de ses rives marécageuses viennent s'accoupler des oiseaux de mer, des canards et des bécassines. C'est aussi le seul endroit de la vallée du Saint-Laurent où vivent des tortues ponctuées : elles auraient survécu à une période chaude et humide postérieure à la dernière glaciation.

*Troglodyte à bec court*

### SOREL

Située à l'embouchure de la rivière Richelieu sur la rive sud du Saint-Laurent, Sorel est un port intérieur ouvert toute l'année, une ville industrielle et un centre de chantiers navals. Son port de plaisance est l'un des plus fréquentés au Québec.
□ Fondée en 1642, Sorel est la quatrième plus ancienne ville du Québec. Un de ses monuments les plus célèbres est la Maison des Gouverneurs, construite en 1781 par Sir Frederick Haldimand (1718-1791). À une certaine époque, résidence des gouverneurs généraux du Canada, la maison abrite aujourd'hui des salles d'exposition et de conférences.
□ À Sainte-Anne-de-Sorel, on offre des croisières dans les îles ou une promenade nocturne jusqu'aux écluses de Saint-Ours.
□ L'île au Pée est le lieu de naissance de Germaine Guèvremont (1893-1963), qui a décrit Sainte-Anne-de-Sorel dans *Le Survenant.*

*Gallinule commune*

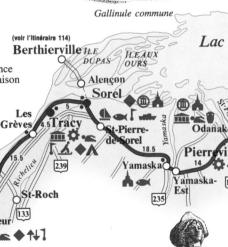

### BOUCHERVILLE

L'église de la Sainte-Famille (1801) a été classée monument historique. Elle contient une importante collection d'objets d'art sacré et de sculptures sur bois, notamment un tabernacle qui est l'œuvre de Gilles Bolvin (v. 1745). Les autels latéraux (1808) sont de Louis Amable Quevillon, et les fonts baptismaux de Nicolas Manny (v. 1880).
□ Boucherville compte d'autres monuments historiques, dont La Chaumière (1741), la plus vieille maison de la ville, et la Maison Lafontaine (1780), où naquit Louis-Hippolyte Lafontaine qui partagea avec Robert Baldwin le poste de Premier ministre de la Province du Canada de 1842 à 1848.

### VARENNES

Un immense calvaire de bois domine le Saint-Laurent. La croix du Christ à 24 m de haut ; celles des deux larrons atteignent 23 m. Le calvaire a été sculpté en 1776 par Michel Brisset.
□ Un sanctuaire honore la mémoire de sainte Marguerite d'Youville, fondatrice de la congrégation des Sœurs grises et native de la ville, qui fut canonisée en 1990.

### VERCHÈRES

On peut y admirer la grande statue de bronze de Madeleine de Verchères, l'héroïne de 14 ans qui défendit le fort seigneurial de son père en 1692. Sculptée en 1913 par Philippe Hébert, la statue se trouve sur les lieux de l'affrontement qui opposa la jeune fille aux Iroquois.
□ Une plaque identifie la maison où naquit en 1799 Ludger Duvernay, fondateur de la Société Saint-Jean-Baptiste (1834). Verchères est aussi le lieu de naissance de Calixa Lavallée (1841-1919) qui composa la musique de l'hymne national, *Ô Canada.*

*Statue de Madeleine de Verch à Verchères*

quette, un jésuite qui servit d'interprète à Louis Jolliet pour sa descente du Mississippi en 1673. Les archives paroissiales conservent encore le certificat de baptême d'un enfant indien, signé de la main du père Marquette le 20 mai 1668.

L'église de la Sainte-Famille, à Boucherville, possède des œuvres d'un des plus grands sculpteurs sur bois du Québec, Louis Amable Quevillon (1749-1823). S'inspirant des paysages canadiens pour créer des motifs décoratifs originaux,

Quevillon et son contemporain François Baillargé (1739-1819) inaugurèrent un art sacré très particulier. On peut admirer les œuvres de Baillargé à Lotbinière, dans l'église Saint-Louis, l'une des plus richement ornées du Québec.

L'orfèvrerie a également atteint son apogée au Québec au tournant du XVIIIᵉ siècle. L'église Saint-Édouard de Gentilly, par exemple, abrite d'admirables œuvres de François Ranvoyzé (1739-1819), l'orfèvre le plus talentueux de l'époque.

*Église Saint-Louis de Lotbinière*

## SAINT-PIERRE-LES-BECQUETS
Ce centre de villégiature offre une splendide perspective qui embrasse le Saint-Laurent jusqu'à Trois-Rivières. La ville est réputée pour ses produits maraîchers, notamment ses tomates, vendus dans les petits marchés locaux.

## BÉCANCOUR
Cette ville industrielle de 11 000 habitants, située en face de Trois-Rivières, regroupe les villages de Saint-Grégoire, Sainte-Angèle et Gentilly. La centrale nucléaire de Gentilly annonce l'avenir ; les églises et les bâtiments historiques évoquent le passé. L'église Saint-Grégoire (1892) est dotée d'une flèche de 55 m. L'église Saint-Édouard (1848) renferme des pièces d'orfèvrerie de François Ranvoyzé et de Laurent Amyot.

## LOTBINIÈRE
On peut y admirer de ravissantes constructions : la Maison Bélanger (1740-1784), la Maison Pagé (1785) et la Maison Chavigny de la Chevrotière (1817). L'église Saint-Louis, classé « bien culturel », date de 1818. On pique-niquera agréablement au moulin du Portage, construction à étage, en pierre, située à l'est du village.

## NICOLET
La façade blanche aux lignes élancées de la cathédrale Saint-Jean-Baptiste est ornée d'un vitrail de 21 m de haut et de 52 m de large. Œuvre d'un artiste de la région, Jean Charland, la verrière a été réalisée à Paris dans les ateliers de Max Ingrand. La cathédrale a été construite en 1963 pour remplacer l'ancienne église qu'il fallut détruire à la suite d'un glissement de terrain en 1955.
□ Le peintre-graveur Rodolphe Duguay (1891-1973) a vécu à Nicolet et y est décédé. Sa magnifique maison du XIXᵉ siècle et son studio sont ouverts au public.

*Vitrail de la cathédrale de Nicolet*

## ODANAK
Dans la réserve d'Odanak habitée par des Abénaquis, on peut voir la maquette d'un fort du XVIIᵉ siècle, une tente de peau et une bible en langue abénaki. Une église en pierre de 1828 est décorée de sculptures réalisées par les Amérindiens.

*Chapelle de pierre, réserve indienne d'Odanak*

# Une héroïne de la Nouvelle-France

Madeleine de Verchères, âgée de 14 ans, défendit la seigneurie de son père contre une attaque iroquoise en 1692. Selon le récit qu'elle fit 30 ans plus tard, elle serait rentrée au fort, poursuivie par une bande de 45 Indiens. Elle aurait alors tenu le siège pendant sept jours avec l'aide de deux soldats, d'un vieillard et de ses deux jeunes frères. En 1699, Madeleine rédigea une autre version de l'événement : après avoir échappé à un Iroquois, elle s'était réfugiée dans le fort et avait tenu les assaillants en respect pendant deux jours, avec l'aide d'un soldat. Quoi qu'il en soit, le courage de Madeleine ne fait pas de doute, surtout lorsque l'on sait qu'en 1722 elle sauva la vie de son mari, Pierre-Thomas de La Pérade, en mettant hors de combat l'un des deux Indiens qui l'assaillaient.

# Les forges du Saint-Maurice, la première fonderie du Canada

Mauricie

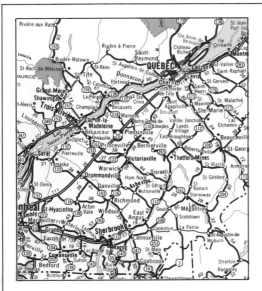

## PARC NAT. DE LA MAURICIE

*Huart à collier*

### PARC NATIONAL DE LA MAURICIE

Ce parc de 549 km², découpé dans les épaisses forêts de la vallée du Saint-Maurice, possède des terrains de camping, des plages et des réserves d'animaux sauvages. Le plus grand de ses 154 lacs, le lac Wapizagonke, s'étire dans une vallée encaissée dont les pentes abruptes furent formées il y a des millions d'années par un gigantesque mouvement de l'écorce terrestre. Le lac est bordé de plages sablonneuses et de petites baies où dévalent des chutes.
□ Une route d'asphalte de 60 km divise le parc en deux : d'un côté, le paradis de la faune et de la nature inviolée, au nord ; de l'autre, au sud, celui plus petit des amateurs de camping. On entre dans le parc par Saint-Jean-des-Piles où se trouve un centre d'interprétation de la nature.
□ Orignaux, ours, castors, loups, lynx, renards et nombre de petits mammifères fréquentent les collines du parc.

*Lac Wapizagonke, parc national de la Mauricie*

### SAINT-JEAN-DES-PILES

C'est là qu'eut lieu le tournage des *Filles de Caleb*, d'après le roman d'Arlette Cousture. Les décors ont été regroupés, à Grand-Mère, au parc thématique Village d'Émilie, ouvert au public depuis 1991 de juin à octobre.

### SAINT-TITE

En septembre, le Festival western de Saint-Tite bat son plein pendant 10 jours. Né de l'industrie locale du cuir, le festival attire tous les ans 300 000 personnes ; la foule est vêtue comme aux beaux jours de l'Ouest américain.

### SHAWINIGAN

Un barrage destiné à harnacher les eaux de la chute Shawinigan qui se précipitent d'une hauteur de 45 m dans le Saint-Maurice a donné naissance en 1899 à la ville de Shawinigan qui compte aujourd'hui 21 400 habitants. Cinq ans plus tard, la centrale alimentait Montréal en électricité et attirait diverses industries dont des alumineries et des usines de produits chimiques. La centrale de l'Hydro-Québec est ouverte aux visiteurs.
□ Le Centre culturel de Shawinigan possède des tableaux et des sculptures d'une grande beauté. À Shawinigan-Sud, l'église Notre-Dame-de-la-Présentation est décorée de plusieurs toiles d'Osias Leduc (1864-1955).

## L'œuvre des maîtres de forges, du pot de fer au soc de charrue

Une imposante cheminée de pierre (*à droite*), vestige de la première fonderie du Canada, domine le parc historique national des Forges-du-Saint-Maurice où l'on peut encore voir les fondations de la Grande Maison, la résidence des maîtres de forges.

La fondation des forges en 1730 marqua le début de l'industrialisation de la Mauricie. Les mines et les forêts des environs fournissaient le minerai de fer et le bois nécessaires à la fabrication d'innombrables outils et ustensiles.

François Poulin de Francheville, seigneur de Saint-Maurice, fit construire les forges après avoir obtenu de Louis XV le droit d'exploiter les mines de fer. En 1741, grâce au concours de maîtres de forges français, la fonderie était devenue la plus importante industrie de la Nouvelle-France. À l'époque de son plein essor, ses hauts fourneaux, entretenus par des équipes de chauffeurs se relayant toutes les six heures, fonctionnaient sans interruption. Mais la concurrence des forges plus modernes et l'épuisement de la mine entraînèrent sa fermeture en 1883.

0 1 2 3 4 5 Milles

0 2 4 6 8 Kilomètres

Pendant plus de trois siècles, le Saint-Laurent constitua l'artère principale du réseau de transport canadien et les principales villes du Québec se développèrent à l'embouchure de ses grands affluents.

Trois-Rivières, la plus vieille ville du Canada après Québec, fut fondée en 1634 au confluent du Saint-Maurice et du Saint-Laurent. Un poste de traite des fourrures y était installé depuis 1610 et le commerce des pelleteries y demeura très actif jusqu'à ce que Montréal le supplante en 1665.

Les Forges du Saint-Maurice, la première fonderie du Canada, furent créées en 1730, au nord de Trois-Rivières. Elles devinrent la plus importante industrie de la Nouvelle-France, mais la concurrence d'usines plus modernes entraîna leur fermeture en 1883.

En 1852, on construisit un glissoir aux chutes situées en amont de Shawinigan pour flotter les billes de bois des immenses forêts de la vallée du Saint-Maurice jusqu'au Saint-Laurent. En 1854, Trois-Rivières comptait environ 80 scieries. Aujourd'hui, l'industrie papetière emploie environ le quart des habitants de la ville.

Au nord des grands centres industriels de Trois-Rivières, Shawinigan et Grand-Mère, s'étend la grande forêt des Laurentides. Dans le parc national de la Mauricie, on dénombre 35 espèces d'arbres feuillus et 11 de conifères. Au printemps et en été, le parc se couvre de fleurs des champs multicolores.

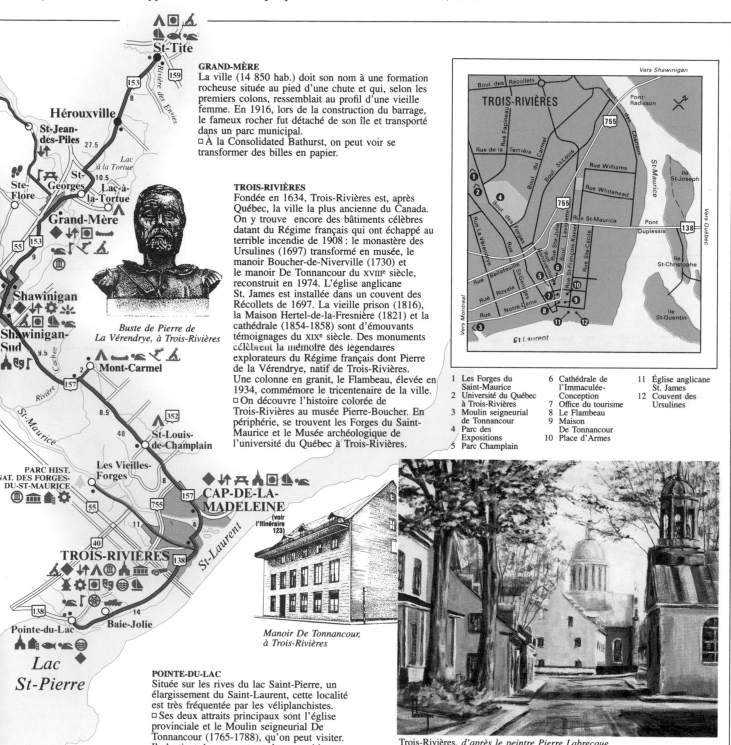

**GRAND-MÈRE**
La ville (14 850 hab.) doit son nom à une formation rocheuse située au pied d'une chute et qui, selon les premiers colons, ressemblait au profil d'une vieille femme. En 1916, lors de la construction du barrage, le fameux rocher fut détaché de son île et transporté dans un parc municipal.
□ À la Consolidated Bathurst, on peut voir se transformer des billes en papier.

**TROIS-RIVIÈRES**
Fondée en 1634, Trois-Rivières est, après Québec, la ville la plus ancienne du Canada. On y trouve encore des bâtiments célèbres datant du Régime français qui ont échappé au terrible incendie de 1908 : le monastère des Ursulines (1697) transformé en musée, le manoir Boucher-de-Niverville (1730) et le manoir De Tonnancour du XVIIIe siècle, reconstruit en 1974. L'église anglicane St. James est installée dans un couvent des Récollets de 1697. La vieille prison (1816), la Maison Hertel-de-la-Fresnière (1821) et la cathédrale (1854-1858) sont d'émouvants témoignages du XIXe siècle. Des monuments célèbrent la mémoire des légendaires explorateurs du Régime français dont Pierre de la Vérendrye, natif de Trois-Rivières. Une colonne en granit, le Flambeau, élevée en 1934, commémore le tricentenaire de la ville.
□ On découvre l'histoire colorée de Trois-Rivières au musée Pierre-Boucher. En périphérie, se trouvent les Forges du Saint-Maurice et le Musée archéologique de l'université du Québec à Trois-Rivières.

*Buste de Pierre de La Vérendrye, à Trois-Rivières*

1 Les Forges du Saint-Maurice
2 Université du Québec à Trois-Rivières
3 Moulin seigneurial de Tonnancour
4 Parc des Expositions
5 Parc Champlain
6 Cathédrale de l'Immaculée-Conception
7 Office du tourisme
8 Le Flambeau
9 Maison De Tonnancour
10 Place d'Armes
11 Église anglicane St. James
12 Couvent des Ursulines

**CAP-DE-LA-MADELEINE**
(voir l'itinéraire 123)

*Manoir De Tonnancour, à Trois-Rivières*

**POINTE-DU-LAC**
Située sur les rives du lac Saint-Pierre, un élargissement du Saint-Laurent, cette localité est très fréquentée par les véliplanchistes.
□ Ses deux attraits principaux sont l'église provinciale et le Moulin seigneurial De Tonnancour (1765-1788), qu'on peut visiter. Il s'y tient des concerts et des expositions.

*Trois-Rivières, d'après le peintre Pierre Labrecque*

# Les gracieuses maisons ancestrales d'une voie royale

## Le Chemin du Roy

Les échos du Régime français résonnent haut et clair dans cette partie de la rive nord du Saint-Laurent où la route 138 emprunte le tracé de la première voie carrossable du Canada, le *Chemin du Roy*, qui fut ouvert en 1734 pour relier Montréal et Québec.

Une trentaine de relais logés dans des auberges ou chez « l'habitant » accueillaient les voyageurs qui voulaient se reposer et changer de chevaux. Plusieurs de ces maisons, restaurées avec goût, témoi-

**LA PÉRADE**
En janvier et en février, la surface gelée de la rivière Sainte-Anne se couvre de cabanes où des milliers de pêcheurs viennent taquiner le poulamon, « le petit poisson des chenaux ». Un carnaval célèbre l'événement chaque année avec des sculptures sur glace, des défilés, des chansons et des danses. Des prix sont décernés aux plus grosses prises. Il se prend entre 200 et 1 200 poissons par jour.
□ On peut voir ici les ruines d'un manoir seigneurial (1676) et plusieurs maisons fort bien conservées : les maisons Gouin (1669), Tremblay (1669), Dorion (1719) et Baribeau (1717).

*Poulamon*

*Cabanes sur la rivière Sainte-Anne, à La Pérade*

**BATISCAN**
C'est ici, en 1609, que Champlain rencontra pour la première fois les Hurons, futurs alliés des Français.
□ Un petit parc abrite une charmante maison en pierre des champs qui servit au XVIIe siècle de presbytère et de résidence aux jésuites, premiers seigneurs de Batiscan.

**CAP-DE-LA-MADELEINE**
Cette petite ville industrielle (32 800 hab.), familièrement appelée « le Cap », se dresse à l'embouchure du Saint-Maurice, en aval de Trois-Rivières. Elle doit son nom au sanctuaire Notre-Dame-du-Rosaire ; c'est une chapelle de pierre construite en 1714 où se trouve une Madone tenue pour miraculeuse. En 1888, le père Frédéric Jansoone prétendit, avec deux autres témoins, avoir vu les yeux de la Vierge s'animer. Aujourd'hui, le site est le troisième lieu de pèlerinage en importance au Québec et un sanctuaire de réputation nationale. Tout près se dresse la superbe basilique octogonale de Notre-Dame-du-Rosaire construite en 1960.

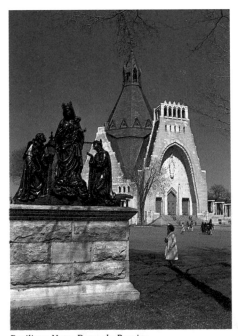

*Basilique Notre-Dame-du-Rosaire, au Cap-de-la-Madeleine*

**CHAMPLAIN**
L'église Notre-Dame-de-la-Visitation (1879) possède une lampe de sanctuaire en bois d'érable, peinte en blanc et ornée de dorures, qui provient de l'ancienne église (1710). Elle sert aujourd'hui de fonts baptismaux. La messe est célébrée sur une pierre d'autel qui fut donnée à la paroisse en 1681 par Jean-Baptiste de la Croix de Chevrières de Saint-Vallier, deuxième évêque de Québec.

gnent de l'élégance et de la solidité de ces constructions typiques de l'architecture québécoise. On peut en voir à Batiscan, Deschambault, Neuville, Portneuf et dans plusieurs petites localités. On les reconnaît aisément à leurs imposantes cheminées, à leurs lucarnes à petits carreaux, à leurs toits pointus aux pans recourbés en forme de cloche et aux fleurons qui ornent leur faîtage.

Plusieurs vieilles églises de la région doivent leur riche ornementation au talent des plus célèbres artisans de la Nouvelle-France. L'église de Deschambault a été dessinée par Thomas Baillargé (1791-1859). Celle de Neuville contient des tableaux d'Antoine Plamondon (1804-1895) et une sculpture de Louis Jobin (1845-1928). Une petite chapelle de pierre, à Cap-de-la-Madeleine, date de 1714. Chaque année, des milliers de pèlerins viennent y visiter le sanctuaire de la Vierge Marie ; c'est un lieu de pèlerinage fréquenté depuis le XIXᵉ siècle.

**PORTNEUF**
Cette ville industrielle située à l'embouchure de la rivière Portneuf occupe le site d'un village huron que Jacques Cartier avait baptisé Achelay. Les premiers colons, au XVIIᵉ siècle, lui donnèrent le nom de Port ; plus tard, un seigneur de l'endroit, le Sieur de Neuf, lui ajouta son nom.
□ Comme toutes les localités situées sur la route qui va de Cap-de-la-Madeleine à Neuville, Portneuf a ses petits bijoux architecturaux, parmi lesquels figure la Maison Langlois. Construite au début du XIXᵉ siècle, elle est un ravissant exemple des charmes qu'offrait à cette époque l'architecture traditionnelle du Québec.

*Maison Langlois, à Portneuf*

**NEUVILLE**
Le chœur en rotonde de l'église Saint-François-de-Sales date de 1697. Le trésor de l'église comprend un ciel d'autel en bois (1775), trois autels latéraux sculptés au XVIIIᵉ siècle par François Baillargé et 21 toiles d'Antoine Plamondon.
□ Neuville s'enorgueillit de plusieurs édifices anciens : un couvent (1716), une chapelle de procession (1735), ainsi que les maisons Soulard (1760-1780), Denis (v. 1780) et Anger (1797).

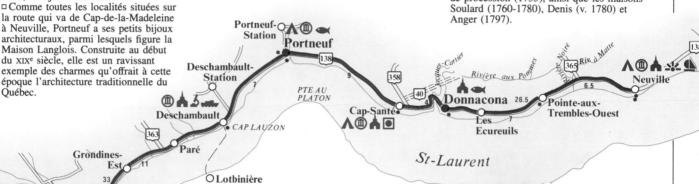

**DESCHAMBAULT**
La petite ville possède deux monuments historiques, l'église Saint-Joseph (1837) et le presbytère (1815), qui abrite aujourd'hui un centre culturel. Le moulin de la Chevrotière (1830) héberge une école d'artisanat où l'on travaille le bois et la pierre.
□ On élève du bétail et des chevaux, descendants des animaux que Jean Talon fit venir de France entre 1665 et 1671, dans une ferme expérimentale du gouvernement provincial.
□ Les ruines d'un petit fort construit par Champlain sont toujours visibles dans une île du Saint-Laurent.
□ Le tiers des maisons de Deschambault ont plus d'un siècle.

**CAP-SANTÉ**
À 5 km à l'est du village, à l'entrée d'un chemin privé, une pierre marque l'endroit où s'élevait le fameux fort Jacques-Cartier, dernier poste français à capituler face aux Anglais. Le fort se rendit le 10 septembre 1760, deux jours après la chute de Montréal.
□ L'église de Cap-Santé a été construite en 1755. L'un des bâtiments de la ferme Morisset date du début du XVIIIᵉ siècle.

# Les maisons de pierre de la Nouvelle-France

*Vieux Presbytère, à Batiscan*

*Maison Gorgendière, à Deschambault*

Au XVIIᵉ siècle, les maisons étaient de robustes constructions carrées coiffées de toits en pente que surmontait une seule cheminée. Pour mieux soutenir la toiture, les murs étaient légèrement inclinés vers l'intérieur. Le toit était percé de lucarnes pour éclairer les combles que l'on aménageait souvent en chambres à coucher.

La Maison Gorgendière (v. 1660), à Deschambault, est typique de ce style d'architecture. Le Vieux Presbytère de Batiscan constitue une variante avec ses trois cheminées et son avant-toit évasé. Au XVIIIᵉ siècle, les avant-toits s'allongèrent de plus en plus et reposèrent bientôt sur des poteaux, formant ainsi de vastes vérandas comme celle du manoir de Neuville.

Au XIXᵉ siècle, les maisons s'ornent de toits aux pentes plus raides, de lucarnes à petits carreaux et de deux cheminées comme la Maison Langlois, à Portneuf.

*Manoir de Neuville*

# Quand l'histoire s'enracine dans un site grandiose...

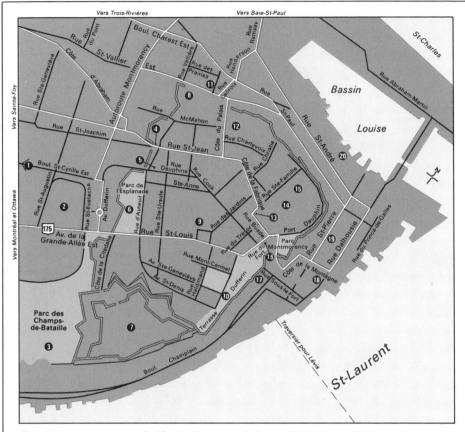

## Québec

1 Grand Théâtre de Québec
2 Hôtel du Parlement
3 Parc national des Champs-de-bataille
4 Fortifications de Québec
5 Chapelle des Jésuites
6 Renseignements touristiques
7 Citadelle
8 Parc de l'Artillerie
9 Couvent des Ursulines
10 Terrasse Dufferin
11 Caves de Talon
12 Hôtel-Dieu
13 Basilique Notre-Dame
14 Séminaire de Québec
15 Musée du Séminaire
16 Musée du Fort
17 Funiculaire/escalier Casse-cou
18 Place Royale
19 Musée de la Civilisation
20 Vieux-Port

*Perché sur les hauteurs du cap Diamant, le Château Frontenac domine majestueusement la Place Royale, au cœur de la basse-ville de Québec.*

**P**eu de villes en Amérique du Nord rivalisent avec Québec pour la richesse des sites historiques. Le cœur de la vieille cité (la basse-ville près du Saint-Laurent, la haute-ville sur le cap Diamant) a été proclamé « joyau du patrimoine mondial » par l'Unesco en 1985. Cette distinction soulignait son caractère de ville fortifiée, la seule au nord du Mexique, et son rôle unique de dépositaire de la civilisation française en terre d'Amérique.

Près de quatre siècles d'activités culturelles, militaires, politiques et religieuses donnent à la ville de Québec une ambiance vieille Europe. Les remparts percés de portes monumentales racontent le passé orageux de la haute-ville. Les toits pointus et les vieilles pierres grises de la basse-ville, ses étroites rues pavées rappellent qu'ici s'est établi Champlain en 1608 et qu'il y persiste toujours un peu de ce que fut la Nouvelle-France.

**Basilique Notre-Dame-de-Québec** (13) La construction de l'église qui allait desservir la première paroisse du Canada fut entreprise en 1647. La façade est l'œuvre de Thomas Baillargé (1791-1859).
**Caves de Talon** (11) En 1688, l'intendant Jean Talon fit construire la première brasserie du pays, espérant atténuer les méfaits de l'eau-de-vie en incitant les colons à boire de la bière. Les caves abritent un musée où sont exposés des documents sur l'histoire du Québec.
**Chapelle des Jésuites** (5) Le reliquaire de la chapelle contient les ossements de trois grands saints martyrs canadiens : Jean de Brébeuf, Charles Garnier et Gabriel Lalemant.

**Citadelle** (7) Construite par les Anglais entre 1820 et 1852, elle comprend 25 bâtiments en forme d'étoile, dont une redoute de 1693, un musée, un quartier des officiers et la résidence officielle du gouverneur général du Canada à Québec.
**Couvent des Ursulines** (9) Fondé en 1624, c'est le plus vieux couvent du Canada ; il renferme la tombe du général Montcalm. Dans son musée, on peut admirer des travaux d'aiguille et des peintures exécutés par les ursulines qui ont occupé le couvent durant trois siècles.
**Grand Théâtre de Québec** (1) Ce complexe consacré aux arts accueille l'Orchestre symphonique de Québec, le théâtre du Trident et le Club musical de Québec.
**Hôtel-Dieu** (12) Fondé en 1637, ce fut le premier hôpital du Canada. Son musée contient une collection de meubles anciens, d'orfèvrerie et de tableaux.
**Hôtel du Parlement** (2) L'élégant édifice de style Renaissance fut achevé en 1886. La façade est ornée de 15 statues de bronze représentant des personnages historiques, œuvres du sculpteur Louis-Philippe Hébert. Dans la salle où siège l'Assemblée nationale, un tableau de Charles Huot représente la première assemblée du Parlement du Bas-Canada, en 1792.
**Fortifications de Québec** (4) On doit à Lord Dufferin, gouverneur général du Canada dans les années 1870, la préservation des fortifications entreprises en 1693 et reconnues monument national trois siècles plus tard, en 1957. Aujourd'hui, les promeneurs peuvent suivre les remparts longs de 5 km qui entourent Québec. Trois portes de la ville, Saint-Louis, Kent et Saint-Jean, ont été reconstruites au XIXe siècle ; la porte Prescott a été refaite dans les années 80.

**Musée de la Civilisation** (19) Situé dans le Vieux-Port de Québec, il a ouvert ses portes en 1988. Ses éléments d'exposition sont regroupés sous cinq thèmes : le corps humain, la matière, la société, le langage et la pensée.

**Musée du Fort** (16) Un spectacle son et lumière fait revivre sur une maquette les six sièges que la ville a connus, sans oublier la bataille des Plaines d'Abraham (1759) et l'invasion américaine de 1775.

**Musée du Séminaire** (15) On peut y voir des tableaux de Plamondon et de Suzor-Côté, des pièces d'orfèvrerie de Ranvoyzé et d'Amyot, ainsi qu'une collection de

*La citadelle en forme d'étoile (ci-dessus), près des Plaines d'Abraham, rappelle le passé tumultueux de Québec, tandis que les ravissantes maisons de la Place Royale évoquent la douceur de vivre en Nouvelle-France.*

monnaie de carte qui eut cours légal en Nouvelle-France de 1658 à 1717 et de 1729 à 1759. Des guides font visiter le séminaire lui-même où est enterré Mgr de Laval, son fondateur.

**Parc de l'Artillerie** (8) Ce parc historique national a été témoin d'activités militaires depuis le début du XVIIIe siècle jusqu'aux années 60. On y visitera la redoute Dauphine (1712), le quartier des officiers (1820) et une fonderie de 1903 convertie en centre d'interprétation.

**Parc des Champs-de-bataille** (3) Ce parc de 100 ha est jalonné de bornes de granit où sont relatées les péripéties de la bataille des Plaines d'Abraham (13 septembre 1759), où Wolfe vainquit Montcalm. Une statue de sainte Jeanne d'Arc s'élève à la gloire de tous ceux qui combattirent sur les Plaines d'Abraham et à Sainte-Foy, au printemps suivant. On prétend que l'hymne *Ô Canada* fut chanté pour la première fois en public le 24 juin 1880 dans le jardin du monument.

**Place Royale** (18) Sur le site même de « l'abitation » de Champlain (1608), on a reconstruit 80 maisons des XVIIe et XVIIIe

*Le séminaire de Québec (ci-dessus) fut fondé en 1663 par le premier évêque de Québec, François Montmorency de Laval.*

siècles, notamment la Maison Hazeur (1684), la plus ancienne, l'église Notre-Dame-des-Victoires (1688), la Maison Chevalier, transformée en musée et flanquée des maisons Frérot (1675) et Chenaye de la Garonne (1695), les maisons Bruneau, Fornel et Soudmandre où des centres d'information rappellent différents aspects de l'histoire de la Place Royale. La Batterie Royale, construite en 1691 et qui servit à défendre Québec en 1759, a été transformée en parc.

**Terrasse Dufferin** (10) Cette promenade, en contrebas du Château Frontenac (1895 et 1925), surplombe le Saint-Laurent et se prolonge par la promenade des Gouverneurs jusqu'au parc des Champs-de-bataille. De la terrasse, l'escalier Casse-cou ou le funiculaire (17) mènent, dans la basse-ville, à la Place Royale et au Petit-Champlain, les plus vieux quartiers de Québec.

# Défilés, sculptures sur glace et courses de canots

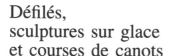

Le célèbre Carnaval de Québec fait oublier les rigueurs de l'hiver. Pendant les 10 jours qui précèdent le Mardi gras, la population de la ville double tandis que se déroulent tournois de hockey, sports d'hiver et concours de beauté. Dans les rues illuminées et décorées, danses et défilés se succèdent *(ci-dessus)*. Au milieu des parcs et des places surgissent partout de gigantesques sculptures de glace *(à gauche)*. Le Saint-Laurent encombré de glace devient le site d'une course de canots unique en son genre. Un joyeux bonhomme de neige, le Bonhomme Carnaval, préside aux festivités.

# Le vaisseau amiral de Cartier,
# à quelques pas des murs de la ville

Environs de Québec

Les petites villes qui ceinturent Québec offrent de nombreuses attractions aux touristes : un aquarium moderne, un zoo, un campus d'université et de nombreux monuments historiques.

L'élégant faubourg de Sillery abrite l'un des sites historiques les plus importants du Canada. Devant la Vieille Maison des Jésuites (v. 1700) se trouvent les fondations de la première maison des Jésuites (1637) et de l'église Saint-Michel (1644), première église de pierre en Nouvelle-

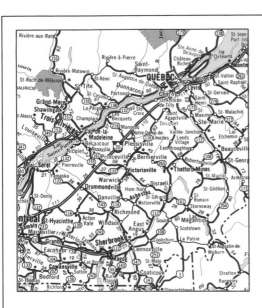

*Artisan au travail, Wendake*

### UNIVERSITÉ LAVAL
La plus ancienne université française d'Amérique du Nord (1852) est située à Sainte-Foy. Environ 26 000 étudiants à plein temps et 10 000 à temps partiel la fréquentent. Elle est renommée pour ses cours d'été de langues. Des visites de groupe peuvent être organisées.
□ Le pavillon Casault présente les collections de l'université. Le pavillon Koninck renferme des collections d'objets inuits et grecs. Le pavillon Pouliot est orné d'une peinture murale de Jordi Bonnet.

### WENDAKE
Les touristes qui visitent cette réserve indienne, fondée en 1697, peuvent voir des artisans hurons fabriquer des raquettes, pratiquement comme leurs ancêtres le faisaient il y a trois siècles. Un village indien reconstitué est ouvert au public de mai à la mi-octobre.
□ La chapelle blanchie à la chaux de Notre-Dame-de-Lorette fut construite en 1730 par François Vincent, un apprenti huron du sculpteur François-Noël Levasseur. On peut y voir une lampe du sanctuaire en argent (1730) de François Ranvoyzé et une Madone de bois de Levasseur. Le chemin de croix est l'œuvre de Médard Bourgault.

### AQUARIUM DU QUÉBEC
L'aquarium est installé sur une falaise qui domine le Saint-Laurent. Esturgeons, grands brochets, morues, anguilles, saumons et de nombreux poissons tropicaux (quelque 300 espèces en tout) occupent 32 bassins d'eau douce et 12 bassins d'eau de mer. Quatre terrariums abritent serpents, crocodiles et tortues. Des mammifères marins, notamment des phoques, donnent des spectacles et s'ébattent dans les quatre bassins extérieurs.

### PONT DE QUÉBEC
Ce pont, qui traverse le Saint-Laurent près de Québec, est l'une des prouesses techniques les plus audacieuses de tout le Canada. Mais son histoire est tragique. Les travaux commencèrent en 1899. Un tronçon s'effondra en 1907, causant la mort de 71 ouvriers. Treize autres moururent en 1916 lorsqu'une section de la travée centrale tomba dans le fleuve pendant qu'on la mettait en place. Quand le pont fut terminé, sa travée en cantilever était la plus longue du monde (548 m). C'est encore aujourd'hui le plus long pont de ce type en Amérique du Nord. Inauguré en 1918 par le prince de Galles, le futur Edouard VIII, le pont comporte une voie ferrée, une route et une voie piétonne.
□ Le pont Pierre-Laporte, à côté, est le plus long pont suspendu du Canada (668 m).

*Pont de Québec*

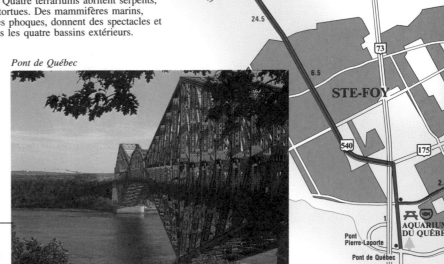

France. Le parc du Bois-de-Coulonge, ancien domaine des lieutenants-gouverneurs du Québec, est un site enchanteur avec ses parterres de fleurs, ses arbres, ses pelouses et la splendide vue que l'on y découvre sur le Saint-Laurent.

Les rues de Charlesbourg, fondé en 1659, rayonnent à partir de la place centrale, comme les branches d'une étoile.

L'université Laval, à Sainte-Foy, compose un intéressant ensemble architectural moderne. Les flèches et les fenêtres en ogive de la chapelle lui donnent l'aspect d'une cathédrale gothique.

La rivière du Berger traverse les jardins luxuriants et les bois du zoo d'Orsainville où paissent zèbres, wapitis et caribous.

Jacques Cartier passa l'hiver 1535-1536 au bord de la rivière Saint-Charles. Dans un parc historique national, on verra la réplique de son vaisseau, *La Grande Hermine.*

JARDIN ZOOLOGIQUE DE QUÉBEC

Orsainville

73

369

13

358

8

CHARLESBOURG

40  5

138

PARC HIST. NAT. CARTIER-BRÉBEUF

St-Charles

QUÉBEC

ESTUAIRE DE LA RIVIÈRE ST-CHARLES

BASSIN LOUISE

440

PARC DES CHAMPS-DE-BATAILLE

BOIS DE COULONGE

175

UNIVERSITÉ LAVAL

Sillery

MAISON DES JÉSUITES

3

St-Laurent

2.5

2

**ORSAINVILLE**
Inauguré en 1931, le Jardin zoologique du Québec abrite plus de 45 espèces de mammifères et 120 espèces d'oiseaux du monde entier. La rivière du Berger, qui a été endiguée afin de créer des étangs pour les otaries et les castors, traverse les jardins verdoyants du zoo où l'on peut voir des répliques de vieux moulins et de vieilles fermes du Québec, ainsi qu'un totem de 1865, œuvre des Indiens de la Colombie-Britannique.

La Grande Hermine,
*parc historique national Cartier-Brébeuf*

**PARC HISTORIQUE NATIONAL CARTIER-BRÉBEUF**
Le centre d'attraction du parc est une reproduction de 24 m de *La Grande Hermine,* le vaisseau amiral de Jacques Cartier, construite en 1966 avec les outils et les techniques du XVIe siècle.
□ On peut aussi y voir une croix de granit haute de 8 m, érigée en 1935 à l'endroit où Cartier dressa une croix de bois quatre siècles plus tôt. Un monument de granit rappelle la mémoire de saint Jean de Brébeuf qui aurait construit ici une maison en 1626. Brébeuf, un missionnaire jésuite qui fut torturé et mis à mort par les Iroquois en 1649, a été canonisé en 1940 en tant que martyr canadien.

**CHARLESBOURG**
Le plan de la ville exécuté par l'intendant Jean Talon apparaît toujours clairement trois siècles plus tard. Les rues rayonnent de la place centrale, Trait-Carré, que domine l'église Saint-Charles-Borromée (1825). Talon plaça l'église au centre et l'entoura de fermes en forme de triangle. On peut visiter trois maisons historiques sur la place Trait-Carré.
□ La Maison L'Heureux, bâtiment de pierre à étage, date de 1684.

*Maison L'Heureux, à Charlesbourg*

*Le Saint-Laurent, vu du Bois de Coulonge*

**BOIS DE COULONGE**
Les visiteurs qui se promènent entre les jardins de fleurs et parmi les pins, les érables et les ormes majestueux du parc découvrent une belle vue du Saint-Laurent et de l'île d'Orléans. On y donne des pièces de théâtre et des concerts dans un théâtre de verdure ; on y lit aussi de la poésie.

**SILLERY**
Une maison de pierre construite par les jésuites vers 1700 a été transformée en musée. On peut y voir un spectacle audiovisuel qui relate l'histoire de l'ordre en Amérique du Nord. Les collections du musée comprennent des objets indiens, une girouette (1635) du collège jésuite, des haches forgées au XVIIe siècle, des photographies et des documents historiques. À côté se trouvent les fondations d'une mission (1637) où vécurent le premier jésuite d'Amérique du Nord, Enemond Massé, et six des saints martyrs canadiens.

# Une île idyllique
# où s'arrête le temps

Île d'Orléans

L'île d'Orléans évoque si bien la vie rurale québécoise du XVIIᵉ siècle qu'elle a été classée arrondissement historique. Ce n'est qu'en 1935 qu'on mit fin à son isolement de plus de trois siècles en construisant le pont qui la relie à la rive Nord. Mais les insulaires demeurent attachés à leurs traditions et fiers des églises, des maisons et des fermes qui rappellent les débuts de la colonie française.

Jacques Cartier, qui avait baptisé l'île « Bacchus » (dieu du vin des Romains) en

### SAINTE-PÉTRONILLE

Du village, on a une vue superbe sur la haute ville de Québec, de l'autre côté du fleuve. C'est ici qu'en 1759 le général Wolfe établit son quartier général pour attaquer Québec et la côte de Beaupré. Le village lui-même ne fut fondé que vers 1870 ; il devint rapidement un important centre de villégiature

□ La rue Horatio-Walker porte le nom d'un peintre célèbre du XIXᵉ siècle. Elle offre une vue admirable sur la ville de Québec, la côte de Beauport et la chute Montmorency.

### SAINT-PIERRE

L'église paroissiale (1717) de style normand a été restaurée. Bien que désaffectée, elle est ouverte au public qui ira admirer les sculptures de l'autel et du chœur, œuvres de Charles Vézina (v. 1730).

□ C'est à Saint-Pierre que vécut le grand poète et chansonnier québécois Félix Leclerc (1914-1988).

Evening, Île d'Orléans, *par Horatio Walker*

## Le peintre de l'île

Horatio Walker exerça son art dans l'île d'Orléans pendant plus de 50 ans. En 1907, ses scènes de la vie rurale de l'île lui valurent une renommée internationale et Walker devint le plus célèbre peintre canadien de l'époque.

Né à Listowel, en Ontario, en 1858, il se rendit à Toronto à l'âge de 15 ans pour travailler dans le studio des photographes Notman et Fraser. Quelques années plus tard, il partit étudier à New York, puis voyagea en Europe pour visiter les grands musées. Walker s'installa finalement dans l'île d'Orléans en 1883. Élu président du Canadian Art Club en 1915 et président de l'Académie royale canadienne en 1925, il mourut à Sainte-Pétronille en 1938.

### SAINT-LAURENT

Fondée vers la fin du XVIIᵉ siècle, la petite ville était renommée au XIXᵉ siècle pour la construction de bateaux ; on y dénombrait une trentaine de « chalouperies ». En souvenir de cette activité, la municipalité est la seule dans l'île à posséder un port de plaisance.

□ L'église Saint-Laurent (1732) s'orne d'une chaire qui est l'œuvre du sculpteur Jean Gosselin.

□ La Maison Gendreau, vieille de 350 ans, est l'une des plus belles de l'île.

□ Un moulin de pierre de trois étages, le moulin Gosselin, abrite un restaurant.

*Artisanes de Saint-Laurent-d'Orléans*

raison des vignes sauvages qui y poussaient, lui donna ensuite le nom du duc d'Orléans, fils de François Ier.

Le peuplement de l'île commença en 1648. En 1712, l'île comptait cinq paroisses prospères. Elle en possède six aujourd'hui dont les églises de pierre sont de pures merveilles. La plus belle de toutes est sans doute l'église de la Sainte-Famille (1742-1748), ornée de magnifiques sculptures sur bois et de trois clochers. De vieilles granges et de robustes maisons en pierre des champs, coiffées de toits en pente de style normand, abritent aujourd'hui des restaurants, des galeries d'art et des salles de théâtre. Dans les fermes qui occupent de longues bandes étroites de terre face au fleuve, on cultive surtout des légumes ; mais l'île est aussi réputée pour ses fraises, ses pommes et ses prunes.

*L'Âtre, restaurant à Sainte-Famille*

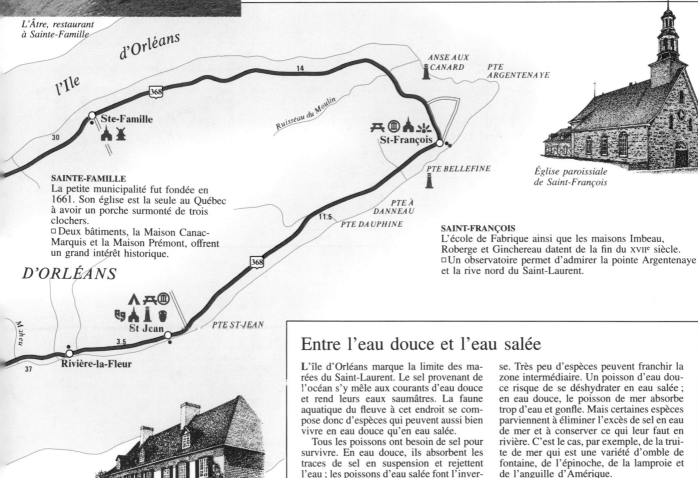

*Église paroissiale de Saint-François*

**SAINTE-FAMILLE**
La petite municipalité fut fondée en 1661. Son église est la seule au Québec à avoir un porche surmonté de trois clochers.
□ Deux bâtiments, la Maison Canac-Marquis et la Maison Prémont, offrent un grand intérêt historique.

**SAINT-FRANÇOIS**
L'école de Fabrique ainsi que les maisons Imbeau, Roberge et Ginchereau datent de la fin du XVIIe siècle.
□ Un observatoire permet d'admirer la pointe Argentenaye et la rive nord du Saint-Laurent.

*Manoir Mauvide-Genest, à Saint-Jean*

**SAINT-JEAN**
Le manoir Mauvide-Genest (1734) porte encore la trace des boulets de canon tirés par les Anglais lors du siège de Québec en 1759. Il fut construit par le premier médecin de l'île, Jean Mauvide, qui y vécut jusqu'à sa mort en 1782. On y trouve aujourd'hui un restaurant au rez-de-chaussée et un musée au premier étage. Derrière le manoir est installé le théâtre Paul-Hébert qui présente des pièces en été.

# Entre l'eau douce et l'eau salée

L'île d'Orléans marque la limite des marées du Saint-Laurent. Le sel provenant de l'océan s'y mêle aux courants d'eau douce et rend leurs eaux saumâtres. La faune aquatique du fleuve à cet endroit se compose donc d'espèces qui peuvent aussi bien vivre en eau douce qu'en eau salée.

Tous les poissons ont besoin de sel pour survivre. En eau douce, ils absorbent les traces de sel en suspension et rejettent l'eau ; les poissons d'eau salée font l'inverse. Très peu d'espèces peuvent franchir la zone intermédiaire. Un poisson d'eau douce risque de se déshydrater en eau salée ; en eau douce, le poisson de mer absorbe trop d'eau et gonfle. Mais certaines espèces parviennent à éliminer l'excès de sel en eau de mer et à conserver ce qui leur faut en rivière. C'est le cas, par exemple, de la truite de mer qui est une variété d'omble de fontaine, de l'épinoche, de la lamproie et de l'anguille d'Amérique.

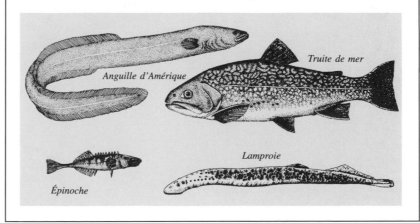

*Anguille d'Amérique*

*Truite de mer*

*Lamproie*

*Épinoche*

# Les battures de la côte de Beaupré et l'un des hauts lieux de la foi

Côte de Beaupré

Le fameux sanctuaire Sainte-Anne-de-Beaupré, que plus d'un million et demi de personnes visitent chaque année, se trouve sur la côte de Beaupré, une plaine qui s'étend sur la rive nord du Saint-Laurent, entre Québec et Cap-Tourmente.

En 1658, Étienne Lessard, l'un des premiers colons à s'établir ici, construisit une chapelle dédiée à sainte Anne. Bientôt la rumeur voulut qu'il s'y fît des miracles. Dès 1665, Marie de l'Incarnation, fondatrice du couvent des Ursulines de Québec,

## La bonne odeur de pain frais des fours d'antan

Les fours Turgeon, deux anciens fours construits en bordure de la route, à Château-Richer, servent encore. Ces fours extérieurs, autrefois très communs, étaient souvent partagés par plusieurs familles qui y cuisaient leurs pains, leurs fèves et leurs tourtières. Chauffés au bois, ils étaient habituellement faits de terre ou d'argile bien tassée, ou encore de pierre ou de brique. De petits toits de bois les protégeaient des intempéries.

On peut voir aussi d'anciens caveaux à légumes en maçonnerie, incrustés dans les pentes abruptes du côté nord de la route qui traverse Château-Richer et L'Ange-Gardien.

*Four extérieur, à Château-Richer*

### CHUTE MONTMORENCY
Environ 35 000 litres d'eau à la seconde (125 000 litres en période de fonte des neiges) dévalent la chute Montmorency qui mesure 83 m de hauteur, 30 m de plus que les chutes du Niagara. En hiver, un énorme cône de glace se forme à la base. On trouve des belvédères et des tables de pique-nique au sommet et au pied de la chute.
□ Le manoir Montmorency, autrefois Kent House, construit en 1781 par Sir Frederick Haldimand, gouverneur général du Canada, offre une vue spectaculaire de la chute. C'est maintenant un hôtel, mais ses jardins et la chapelle Sainte-Marie (1904) sont ouverts au public.

*Chute Montmorency*

*Le manoir Montmorency*

### BEAUPORT
Avec ses 60 000 habitants, Beauport fait maintenant partie de la grande région de Québec. Ce fut le premier endroit de colonisation sur la côte de Beaupré (1634). Superbe monument du passé, la maison normande Bellanger-Girardin, construite entre 1722 et 1735 sur l'emplacement d'une maison en bois de 1673, a été transformée en galerie d'art.

### L'ANGE-GARDIEN
Une partie de la Maison La Berge, qui est aujourd'hui encore une résidence privée, remonterait aux années 1670. Un monument marque l'emplacement de la Maison Trudelle où fut célébrée la première messe du village en 1664.

0 ·5 1 1.5 2 2.5 Milles

0 1 2 3 4 Kilomètres

écrivait à son fils : « À sept lieues d'ici se trouve l'église Sainte-Anne, où les paralytiques marchent, les aveugles voient et les malades, quel que soit leur mal, sont guéris. »

La côte de Beaupré fut colonisée dès la première moitié du XVIIᵉ siècle. Dans plusieurs villages de la route 360, comme à Château-Richer et à l'Ange-Gardien, on verra de vieilles chapelles de procession, d'anciens fours à pain et des caveaux à légumes construits en pierre.

Le visiteur admirera au passage la chute Montmorency, plus haute de 30 m que les chutes du Niagara, et Cap-Tourmente, un refuge où se rassemblent des milliers d'oies sauvages au printemps et en automne, sans oublier le parc du Mont-Sainte-Anne où les amateurs de sports de plein air affluent toute l'année.

*Ski de fond, au parc du Mont-Sainte-Anne*

### SAINTE-ANNE-DE-BEAUPRÉ

Le sanctuaire de la ville attire les pèlerins depuis le milieu du XVIIᵉ siècle. Plusieurs y viennent durant la semaine qui précède la fête de Sainte-Anne, le 28 juillet.

□ L'immense basilique Sainte-Anne-de-Beaupré, construction massive de style roman et gothique, abrite des vitraux remarquables et une statue de la sainte dressée sur un socle de marbre au sommet d'une colonne d'onyx.

□ La chapelle commémorative (1878) est ornée d'un autel de 1702 sculpté par Charles Vézina et d'une chaire de 1807, œuvre de Thomas Baillargé.

□ Dans la Scala Santa (1871) se trouvent 28 marches qui rappellent celles que dut gravir le Christ pour comparaître devant Ponce Pilate.

□ À flanc de colline, le Chemin de la Croix est orné de statues en fonte de grandeur nature. En été, il se déroule ici des processions aux flambeaux.

□ À l'Historial, on peut voir 20 tableaux de cire qui relatent la vie de sainte Anne.

*Basilique Sainte-Anne-de-Beaupré*

*Ratons laveurs*

### PARC DU MONT-STE-ANNE

### PARC DU MONT-SAINTE-ANNE

C'est le paradis du ski avec ses 40 pentes homologuées dans la Coupe du monde et ses 181 km de pistes pour le ski de fond. En été, les visiteurs empruntent les pistes pour faire de la marche ou de la bicyclette. Un téléphérique de 800 m grimpe jusqu'au sommet d'où la vue est magnifique.

### SAINT-JOACHIM

La Petite Ferme, autrefois le manoir seigneurial de Mgr François de Laval, se trouve sur l'emplacement d'une ferme qu'exploita Samuel de Champlain en 1626.

□ L'église paroissiale Saint-Joachim (1779) est ornée de sculptures sur bois de François et Thomas Baillargé.

### CHÂTEAU-RICHER

Les maisons Côté, Caughon, Simard et Gravel sont presque aussi anciennes que cette agglomération fondée en 1640.

□ Dans le moulin du Petit-Pré (1695) se trouve un centre d'information qui retrace l'histoire de la côte de Beaupré.

*Mont Ste-Anne*

*CHUTES STE-ANNE*

*Beaupré*

*Ste-Anne-de-Beaupré-Ouest*

*Ste-Anne-de-Beaupré*

*St-Joachim*

*RÉSERVE NATURELLE NAT. DU CAP-TOURMENTE*

*Cap-Tourmente*

*St-Laurent*

*Sault-à-la-Puce*

*Château-Richer*

*ÎLE D'ORLÉANS*

*Oies blanches, réserve naturelle nationale du Cap-Tourmente*

*La Petite Ferme, à Saint-Joachim*

### RÉSERVE NATURELLE NATIONALE DU CAP-TOURMENTE

Un sentier mène à une falaise d'où les visiteurs peuvent observer les ébats de quelque 300 000 oies blanches sur le Saint-Laurent, pendant six semaines, au printemps et en automne. Les oies font escale au cap Tourmente lors des migrations qui les conduisent à leurs territoires de nidification de l'île de Baffin et dans les régions où elles passent l'hiver, la Virginie et la Caroline du Nord. Quelque 250 espèces d'oiseaux, notamment la bernache canadienne, fréquentent également le refuge. Un centre d'information donne des renseignements sur l'oie blanche et divers oiseaux chanteurs de la région. Des naturalistes font visiter le refuge.

# Au pied des Laurentides une rive charmante et sauvage

Charlevoix

Entre Baie-Saint-Paul et Baie-Sainte-Catherine, le comté de Charlevoix déploie ses splendeurs. Ses côtes, son paysage accidenté, ses profondes vallées, ses rivières poissonneuses et ses fermes pittoresques attirent les touristes et inspirent depuis longtemps les artistes.

Ainsi, les rues étroites et les maisons en pierre des champs de Baie-Saint-Paul au tournant du siècle revivent sur les toiles de Clarence Gagnon et de Marc-Aurèle

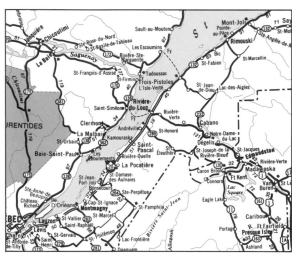

*Crépuscule sur la Côte-Nord, toile peinte par Clarence Gagnon à Baie-Saint-Paul en 1916.*

*La Maison Croche,*
*Saint-Bernard-sur-Mer, île aux Coudres*

**ÎLE AUX COUDRES**

Avec ses fermes aux murs de pierre de 1 m d'épaisseur, ses moulins à vent à l'allure indolente, son rythme de vie paisible, la Nouvelle-France du XVIIIᵉ siècle semble revivre à l'Île aux Coudres. Longue de 11 km et large de 3, l'île est desservie par un traversier qui la relie à Saint-Joseph-de-la-Rive, sur la rive Nord.

□ C'est Jacques Cartier qui baptisa l'île, lorsqu'il y débarqua le 7 septembre 1535, à l'époque où les coudriers (noisetiers) y poussaient encore en abondance. Le même jour s'y célébra la première messe.

□ Un monument élevé à Saint-Bernard-sur-Mer rappelle l'arrivée de Cartier ; une toile dans l'église locale dépeint le même événement. La Maison Croche est une curiosité de l'endroit.

□ On se renseignera sur l'histoire locale en visitant le Musée de l'Isle-aux-Coudres, à Saint-Louis. Le site des Moulins de l'Isle-aux-Coudres réunit un moulin à eau (1824) et un moulin à vent (1836) ainsi qu'une forge et la maison d'un meunier. Des guides accompagnent les visiteurs. Le musée Les Voitures d'Eau rappelle le passé de la navigation sur le Saint-Laurent.

□ La route qui traverse l'île aux Coudres entre Saint-Bernard-sur-Mer et La Baleine s'appelle le chemin de la Tourbière ; elle franchit des marécages où l'on récolte, au moyen d'aspirateurs, de la mousse de tourbe jusqu'à une profondeur de 6 m.

**BAIE-SAINT-PAUL**

Blottie entre deux promontoires, à l'embouchure de la rivière du Gouffre et face à l'île aux Coudres, Baie-Saint-Paul est le lieu de prédilection de célèbres artistes. Après Québec et Montréal, le cadre grandiose de Baie-Saint-Paul est le sujet le plus souvent représenté dans la peinture québécoise. Tous les ans, des visiteurs viennent en grand nombre croquer au pinceau ou à l'appareil photo les rues et les maisons si pittoresques de la petite ville, ainsi que les fermes et les montagnes avoisinantes. (Baie-Saint-Paul est adossée à des monts qui culminent à 1 200 m, point le plus haut des Laurentides.) De nombreuses galeries d'art permettent aux touristes de découvrir les artistes du terroir, les uns déjà célèbres, les autres en voie de le devenir.

□ Il se fait du vol à voile et de la planche à voile (à marée haute) à Baie-Saint-Paul. Dans les environs de la ville, on trouve de nombreuses pistes pour la marche et le vélo, des terrains de pique-nique et des belvédères.

*Omble chevalier*

*Moulin à vent, île aux Coudres*

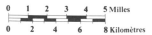

Fortin. Son cadre de montagnes sauvages enserrant une profonde baie continue de séduire peintres et photographes.

Commandant l'entrée de la baie, la paisible île aux Coudres est l'un des berceaux de la Nouvelle-France. Jacques Cartier y fit célébrer sa première messe. Le passé reste immédiatement sensible dans les vieilles pierres des moulins à vent et des oratoires qui se dressent dans les vergers.

La Malbaie fut sans doute l'un des premiers centres touristiques du continent.

Dès la fin des années 1760, des soldats écossais venaient y taquiner le poisson. Aujourd'hui, la ville est dominée par les tours de son vaste hôtel, le manoir Richelieu. À partir de Saint-Siméon, d'impressionnantes falaises de granite plongent à pic vers le fleuve. La route 138 s'enfonce dans les terres, escalade les Laurentides et longe des lacs qui surgissent soudain de la forêt.

## Un tremblement de terre qui déplaça les montagnes

En 1663, d'effroyables tremblements de terre secouèrent la Nouvelle-France. Une ursuline de Québec nous parle d'une « horrible confusion de meubles renversés, de pierres qui tombent, de planchers qui cèdent et de murs qui s'ouvrent ». Affolés, les Indiens crurent « les rivières pleines d'eau-de-feu et les forêts devenues ivres ».

L'épicentre de la première secousse, l'une des plus violentes qu'ait jamais connues l'Amérique du Nord, se trouvait près de l'embouchure du Saguenay. Au cours des sept mois suivants, 32 autres secousses bouleversèrent le paysage ; des chutes d'eau disparurent, des forêts entières s'abattirent comme des châteaux de cartes, des crevasses s'ouvrirent et tout un pan de montagne s'effondra dans le Saint-Laurent, près des Éboulements.

Certains colons crurent que le séisme était un signe de Dieu. Nuit et jour, les prêtres entendirent leurs confessions. Les trafiquants de fourrures sans scrupule mirent leurs affaires en ordre. La traite de l'eau-de-vie fut interdite. Mais, quand la terre cessa enfin de trembler, on constata qu'il n'y avait eu ni morts ni blessés !

**SAINT-SIMÉON**
Au nord-ouest de Saint-Siméon s'étend la réserve provinciale Les Palissades où des chutes, des lacs glaciaires et des falaises déchiquetées dominent d'une hauteur de 244 m la vallée de la rivière Noire.

*Vacher à tête brune*

**BAIE-SAINTE-CATHERINE**
De la halte de Pointe-Noire sur la route 138, on a une vue superbe sur l'embouchure du Saguenay, un véritable fjord, et le fleuve Saint-Laurent. Du haut d'une tour d'observation, le visiteur peut apercevoir différentes espèces de baleines qui vivent ici au large des côtes. On y trouve un centre d'interprétation et un sentier.

**PORT-AU-PERSIL**
À marée basse, un îlot rocheux domine le petit port de ce village qu'arrose une cascade. Tous les ans, des milliers de touristes visitent ce charmant hameau.

**LA MALBAIE**
En 1608, Champlain eut le malheur de jeter l'ancre à marée haute non loin d'ici. Au matin, son navire s'était échoué et il appela l'endroit la *malle bayes*.
□ Un musée honore la mémoire de la romancière Laure Conan (née Félicité Angers), auteur de *L'Oublié* et d'*Angéline de Montbrun*. Elle est née à La Malbaie en 1845.

**POINTE-AU-PIC**
L'un des plus vieux hôtels du Québec (v. 1910), le manoir Richelieu est perché sur une falaise de 213 m qui domine le village dont les vieilles résidences d'été n'ont rien perdu de leur charme.
□ C'est dans le cimetière de l'église protestante de La Malbaie qu'a été inhumé William Hume Blake, avocat et écrivain, auteur de *Brown Waters* et premier traducteur de *Maria Chapdelaine*.

*Port-au-Persil*

# 129 Lévis/Rimouski, Qué. (289,5 km)

## Une tradition artisanale séculaire et un chapelet d'îles aux oiseaux

Bas Saint-Laurent

De Lévis à Rimouski, sur la rive sud du Saint-Laurent, la route longe des baies et des criques, souvent bordées de plages sablonneuses, et permet de découvrir tout un chapelet d'îles, sur la toile de fond bleutée des Laurentides.

L'île aux Grues, les îles de Kamouraska et l'île du Bic, notamment, abritent des centaines de milliers d'oiseaux de mer et de rivage. La Grosse-Île, au XIXᵉ siècle, était un poste de quarantaine pour les immigrants, et sur l'île aux Basques on peut

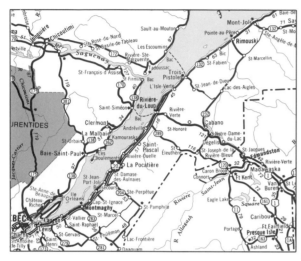

**LÉVIS**

Des traversiers font la navette, depuis 1916, entre Québec et Lévis. De la terrasse en bordure du fleuve, on a une vue magnifique de la capitale.
□ La Maison Alphonse-Desjardins (1882-1884), où vécut le fondateur des caisses populaires, a été restaurée ; elle est ouverte au public.
□ À Lauzon, le fort nº 1, l'un des trois forts construits entre 1865 et 1872, est au centre d'un parc historique national.

*Octant du capitaine Bernier,*
*Musée maritime de L'Islet-sur-Mer*

**GROSSE-ÎLE**

Entre 1832 et 1937, ce lieu historique national servit de poste de quarantaine à des milliers d'immigrants en transit, atteints de maladies infectieuses. Dans la seule année de 1847, 5 000 Irlandais y moururent de choléra. On peut visiter l'île à partir de Montmagny.

*Saint Paul et saint Pierre, bas-reliefs*
*de l'église de Saint-Romuald-d'Etchemin*

**SAINT-ROMUALD-D'ETCHEMIN**

L'église (1855) renferme plusieurs œuvres de Lauréat Vallière, qui mourut en 1973, dont une sculpture sur bois *Le père Jean de Brébeuf évangélisant deux jeunes Indiens*. Des bas-reliefs de saint Pierre et saint Paul ornent la chaire, œuvre de Ferdinand Villeneuve et de Louis Saint-Hilaire.

**L'ISLET-SUR-MER**

Depuis plus de trois siècles, le village, surnommé *la patrie des marins,* est habité par des familles de navigateurs. Un musée maritime honore le capitaine Joseph-Elzéar Bernier (1852-1934), un fils du pays, dont les sept expéditions établirent définitivement la souveraineté du Canada sur les îles de l'Arctique, entre 1904 et 1925. On peut voir l'octant qui équipait son navire. Dans le parc, les voyages de Bernier sont indiqués sur un globe d'aluminium.

**MONTMAGNY**

Le Manoir Couillard-Dupuis, construit en 1789, avec un grand four à pain en pierre, abrite un bureau de tourisme et des expositions.
□ Une statue de granit sculptée par Jean-Julien Bourgault rappelle la mémoire de l'un des Pères de la Confédération, Sir Etienne-Paschal Taché (1795-1865), Premier ministre de la Province du Canada en 1856-1857 et en 1864-1865. Taché naquit à Montmagny et y pratiqua la médecine. On peut visiter sa maison.
□ Au milieu du Saint-Laurent, l'île aux Grues et l'île aux Oies accueillent jusqu'à 200 000 oies blanches au printemps. On y voit aussi des canards colverts, des bécassines et des sarcelles à ailes bleues. Montmagny organise un Festival de l'oie blanche au mois d'octobre.

*Manoir Couillard-Dupuis, à Montmagny*

*Un sculpteur à l'œuvre, à Saint-Jean-Port-Joli*

| 0 | 4 | 8 | 12 | 16 | 20 Milles |
| 0 | 8 | 16 | 24 | 32 Kilomètres |

encore voir les vestiges des fours qu'utilisaient les pêcheurs basques au XVIᵉ siècle pour faire fondre la graisse de baleine et en extraire de l'huile.

La plupart des sculpteurs sur bois qui ont contribué à la renommée de la région habitent Saint-Jean-Port-Joli. Ces artistes tirent leur inspiration d'une tradition tricentenaire et leurs œuvres raffinées se retrouvent dans les églises, les musées et les édifices publics de la rive sud du fleuve. Bon nombre de personnes célèbres sont originaires de la région. À Lévis, la résidence restaurée d'Alphonse Desjardins, fondateur des caisses populaires qui allaient donner naissance au Mouvement Desjardins, a été transformée en musée. À l'Islet-sur-Mer, un monument et un musée rappellent la mémoire d'un explorateur de l'Arctique, Joseph-Elzéar Bernier. À Montmagny, on peut visiter la résidence de Sir Etienne-Paschal Taché, l'un des Pères de la Confédération.

*Anguillerie, à Kamouraska*

## SAINT-JEAN-PORT-JOLI

C'est la capitale de la sculpture sur bois au Québec. Dans les nombreux ateliers ouverts au public, on peut voir des statues grandeur nature de personnages religieux, des statuettes d'oiseaux et d'animaux, et des voiliers miniatures, véritables chefs-d'œuvre en leur genre, sans compter les nombreuses sculptures d'inspiration rustique : trappeur en raquettes, bûcheron maniant sa hache, habitant coiffé de sa tuque... D'autres artistes travaillent l'émail sur cuivre, la joaillerie et le cuir.

## ÎLE DU BIC

Jusqu'à 8 000 eiders nichent ici dans les îles. Des phoques et des loutres de mer se réchauffent au soleil sur les récifs et les rochers du rivage.
□ L'île du Massacre est accessible à marée basse. On peut y voir la grotte où se cachèrent 200 Micmacs avant d'être massacrés par les Iroquois, en 1533.

## TROIS-PISTOLES

Sur l'île aux Basques, en face de Trois-Pistoles, on peut voir les vestiges de trois fours de pierre que les Basques utilisaient pour extraire l'huile de baleine. Les Basques venaient chasser la baleine à l'embouchure du Saguenay dès le XVIᵉ siècle.
□ L'île aux Basques et les deux îles Razade sont des refuges d'oiseaux où l'on verra des cormorans à aigrettes.

*Jeunes cormorans à aigrettes*

## KAMOURASKA

Les pêcheurs de la région plantent des pieux dans le Saint-Laurent pour former des barrages où ils attrapent des anguilles.
□ L'une des plus grandes colonies de bihoreaux à couronne noire d'Amérique du Nord vit sur les corniches des îles de Kamouraska. On y va à pied à marée basse.
□ On visitera le musée local, logé dans un vieux couvent, et un aboiteau, digue de terre qu'on construisait à l'époque pour protéger les terres agricoles de l'inondation.

## RIVIÈRE-DU-LOUP

Le parc de la Croix-Lumineuse domine la ville, le Saint-Laurent et cinq îles qu'on appelle Les Pèlerins. Les îles sont fréquentées par des milliers d'oiseaux de mer et de rivage, notamment par les guillemots noirs et les grands hérons. La plus grande colonie de cormorans à aigrettes du Canada niche dans l'île Grand Pèlerin.
□ Au centre de la ville, une plaque indique la maison où naquit Mgr Alexandre-Antonin Taché en 1823. Le missionnaire partit pour la région de la rivière Rouge en 1845 et devint évêque de Saint-Boniface, au Manitoba, en 1853. Favorable à la cause des Métis, Taché contribua à rétablir l'ordre après la rébellion de la Rivière-Rouge en 1870.

## RIMOUSKI

Bâtie sur trois niveaux et dominant le fleuve, Rimouski (33 000 habitants) est le centre administratif et culturel de l'est du Québec.
□ La marina, à Rimouski-Est, accueille divers spectacles dont, en septembre, un festival de jazz et un festival international de films.
□ Les spacieuses galeries du Musée régional de Rimouski, qu'on a aménagées dans une ancienne église, présentent des expositions artistiques, historiques et scientifiques. La collection d'art inclut des œuvres d'Antoine Plamondon, Charles Huot, Rodolphe Duguay et Frédéric Taylor.

## Une tradition renaît

La plupart des sculptures sur bois de l'église de Saint-Jean-Port-Joli (1779) datent de la fin du XVIIIᵉ siècle et du début du XIXᵉ. Cependant, la splendide chaire, installée en 1937, est l'œuvre des frères Bourgault qui ont fait revivre une tradition remontant aux années 1670, alors que Mgr de Laval encourageait l'enseignement des arts et des métiers. Pendant deux siècles, les sculpteurs sur bois décorèrent les édifices publics, puis leur art subit une éclipse avec l'avènement de la production en série. Mais les fermiers et les marins continuèrent à le pratiquer en guise de passe-temps. C'est ainsi qu'un marin, Médard Bourgault, ouvrit un atelier en 1936 avec ses frères André et Jean-Julien. On peut voir leurs œuvres notamment au musée des Anciens Canadiens et à l'Auberge du Faubourg à Saint-Jean-Port-Joli, et dans l'église de L'Islet-sur-Mer.

*Le Saint-Laurent, près de Rivière-du-Loup*

# La mer intérieure du royaume du Saguenay

Lac Saint-Jean

Entouré de plaines fertiles et de montagnes aux formes adoucies par le temps, le lac Saint-Jean (1 002 km²), véritable mer intérieure, occupe le cœur d'une immense région que Jacques Cartier avait appelée « le royaume du Saguenay ».

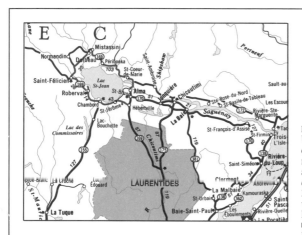

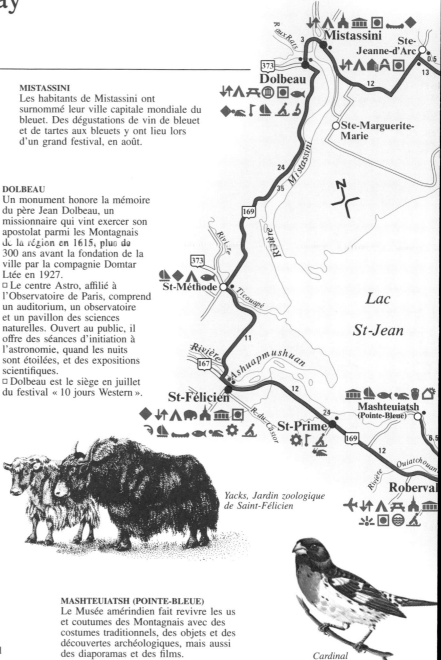

Yacks, Jardin zoologique de Saint-Félicien

Cardinal à poitrine rose

## MISTASSINI

Les habitants de Mistassini ont surnommé leur ville capitale mondiale du bleuet. Des dégustations de vin de bleuet et de tartes aux bleuets y ont lieu lors d'un grand festival, en août.

## DOLBEAU

Un monument honore la mémoire du père Jean Dolbeau, un missionnaire qui vint exercer son apostolat parmi les Montagnais de la région en 1615, plus de 300 ans avant la fondation de la ville par la compagnie Domtar Ltée en 1927.
□ Le centre Astro, affilié à l'Observatoire de Paris, comprend un auditorium, un observatoire et un pavillon des sciences naturelles. Ouvert au public, il offre des séances d'initiation à l'astronomie, quand les nuits sont étoilées, et des expositions scientifiques.
□ Dolbeau est le siège en juillet du festival « 10 jours Western ».

Jardin zoologique de Saint-Félicien

## SAINT-FÉLICIEN

Cette ville papetière (9 300 hab.) se dresse sur la rivière Ashuapmushuan, importante frayère d'ouananiches.
□ Au zoo de Saint-Félicien, les touristes visitent, à bord d'un petit train grillagé, les habitats naturels où s'ébattent les animaux de la faune canadienne. On peut voir au total quelque 200 espèces domestiques et exotiques d'oiseaux, de reptiles et d'animaux. Le zoo renferme aussi, sur ses 400 ha, un centre d'accueil, des pistes et la reconstitution d'un village indien, d'un camp de bûcherons et d'un poste de traite.
□ L'entrée principale de la région des mines et forêts de Chibougamau se trouve à Saint-Félicien. La route 167 traverse ce vaste espace qui renferme la réserve d'Ashuapmushuan de 11 000 km².

## MASHTEUIATSH (POINTE-BLEUE)

Le Musée amérindien fait revivre les us et coutumes des Montagnais avec des costumes traditionnels, des objets et des découvertes archéologiques, mais aussi des diaporamas et des films.

## ROBERVAL

Seule ville située sur les rives du lac Saint-Jean, Roberval (11 000 hab.) est un centre commercial et touristique. Le Centre historique et aquatique retrace l'évolution du lac. On peut faire des excursions d'une demi-journée à bord d'un catamaran célèbre, Le Cépal.
□ En juillet a lieu, depuis 1955, la Traversée internationale du lac Saint-Jean qui attire des concurrents d'une douzaine de pays. La course à la nage comporte l'aller et retour entre Roberval et Péribonka, ce qui représente 68 km. Elle clôture la Huitaine de gaieté (le carnaval de Roberval).

0 1 2 3 4 5 Milles
0 2 4 6 8 Kilomètres

Presque circulaire, le lac occupe une auge glaciaire, elle-même prolongée par la langue glaciaire qui creusa le lit de l'actuel Saguenay. De nombreuses rivières des Laurentides se déversent dans le lac dont les plus importantes sont sans doute la Péribonca (494 km), la Métabetchouane (142 km), l'Ashuapmushuan (178 km) et la Mistassini (286 km). Leurs eaux tumultueuses s'apaisent dans le vaste bassin du lac, puis se précipitent à nouveau dans deux goulets creusés dans le roc du Bouclier canadien pour se déverser enfin dans le bouillonnant Saguenay.

Une cinquantaine de paroisses entourent le grand lac. Saint-Félicien, à l'extrémité ouest, est la porte des vastes réserves naturelles d'Ashuapmushuan et de Mistassini. Mistassini, au nord-est, est la ville du bois. La rive Nord, bordée par les contreforts des Laurentides, est parsemée d'affleurements de granite et d'énormes moraines. La rive Sud est moins accidentée et plus fertile. Des troupeaux de vaches laitières paissent dans ses pâturages riches et bien irrigués. Certaines localités, comme Hébertville où la colonisation n'a commencé qu'en 1849, ont conservé leur cachet du XIXe siècle, avec leurs rues étroites qu'enserrent de vieilles maisons.

La région du lac Saint-Jean est le paradis des sportifs : on peut y pratiquer la chasse et la pêche, l'alpinisme, l'équitation et la randonnée dans le cadre splendide d'une nature encore sauvage.

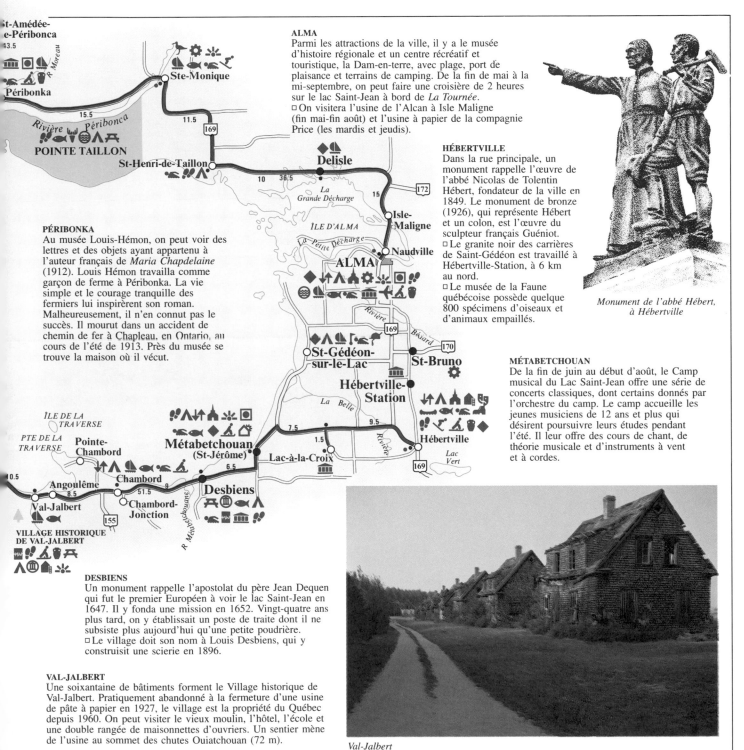

**ALMA**
Parmi les attractions de la ville, il y a le musée d'histoire régionale et un centre récréatif et touristique, la Dam-en-terre, avec plage, port de plaisance et terrains de camping. De la fin de mai à la mi-septembre, on peut faire une croisière de 2 heures sur le lac Saint-Jean à bord de *La Tournée*.
□ On visitera l'usine de l'Alcan à Isle Maligne (fin mai-fin août) et l'usine à papier de la compagnie Price (les mardis et jeudis).

**HÉBERTVILLE**
Dans la rue principale, un monument rappelle l'œuvre de l'abbé Nicolas de Tolentin Hébert, fondateur de la ville en 1849. Le monument de bronze (1926), qui représente Hébert et un colon, est l'œuvre du sculpteur français Guéniot.
□ Le granite noir des carrières de Saint-Gédéon est travaillé à Hébertville-Station, à 6 km au nord.
□ Le musée de la Faune québécoise possède quelque 800 spécimens d'oiseaux et d'animaux empaillés.

*Monument de l'abbé Hébert, à Hébertville*

**MÉTABETCHOUAN**
De la fin de juin au début d'août, le Camp musical du Lac Saint-Jean offre une série de concerts classiques, dont certains donnés par l'orchestre du camp. Le camp accueille les jeunes musiciens de 12 ans et plus qui désirent poursuivre leurs études pendant l'été. Il leur offre des cours de chant, de théorie musicale et d'instruments à vent et à cordes.

**PÉRIBONKA**
Au musée Louis-Hémon, on peut voir des lettres et des objets ayant appartenu à l'auteur français de *Maria Chapdelaine* (1912). Louis Hémon travailla comme garçon de ferme à Péribonka. La vie simple et le courage tranquille des fermiers lui inspirèrent son roman. Malheureusement, il n'en connut pas le succès. Il mourut dans un accident de chemin de fer à Chapleau, en Ontario, au cours de l'été de 1913. Près du musée se trouve la maison où il vécut.

**DESBIENS**
Un monument rappelle l'apostolat du père Jean Dequen qui fut le premier Européen à voir le lac Saint-Jean en 1647. Il y fonda une mission en 1652. Vingt-quatre ans plus tard, on y établissait un poste de traite dont il ne subsiste plus aujourd'hui qu'une petite poudrière.
□ Le village doit son nom à Louis Desbiens, qui y construisit une scierie en 1896.

**VAL-JALBERT**
Une soixantaine de bâtiments forment le Village historique de Val-Jalbert. Pratiquement abandonné à la fermeture d'une usine de pâte à papier en 1927, le village est la propriété du Québec depuis 1960. On peut visiter le vieux moulin, l'hôtel, l'école et une double rangée de maisonnettes d'ouvriers. Un sentier mène de l'usine au sommet des chutes Ouiatchouan (72 m).

*Val-Jalbert*

# La rivière où se marient l'eau douce et la mer

Saguenay

Pendant des siècles, le majestueux Saguenay fut la seule voie d'accès aux fourrures et aux riches forêts de la région du lac Saint-Jean. De nos jours, la route 170 qui mène à Chicoutimi et à Jonquière, deux villes en plein essor, longe la rive sud du Saguenay, offrant au voyageur un paysage grandiose.

Autrefois, la grande rivière dévalait de rapide en rapide et de chute en chute les 56 km qui séparent le lac Saint-Jean de Chicoutimi. Au terme de cette descente,

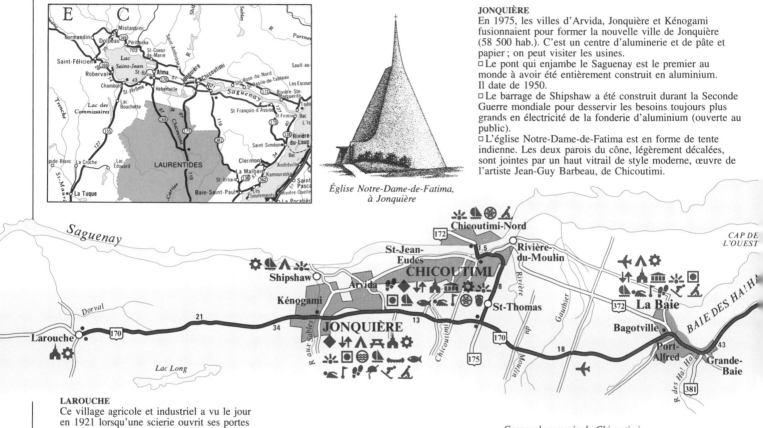

**JONQUIÈRE**

En 1975, les villes d'Arvida, Jonquière et Kénogami fusionnaient pour former la nouvelle ville de Jonquière (58 500 hab.). C'est un centre d'aluminerie et de pâte et papier ; on peut visiter les usines.
□ Le pont qui enjambe le Saguenay est le premier au monde à avoir été entièrement construit en aluminium. Il date de 1950.
□ Le barrage de Shipshaw a été construit durant la Seconde Guerre mondiale pour desservir les besoins toujours plus grands en électricité de la fonderie d'aluminium (ouverte au public).
□ L'église Notre-Dame-de-Fatima est en forme de tente indienne. Les deux parois du cône, légèrement décalées, sont jointes par un haut vitrail de style moderne, œuvre de l'artiste Jean-Guy Barbeau, de Chicoutimi.

*Église Notre-Dame-de-Fatima, à Jonquière*

**LAROUCHE**

Ce village agricole et industriel a vu le jour en 1921 lorsqu'une scierie ouvrit ses portes aux environs. L'église Saint-Gérard-Majella, construite en 1960, allie une architecture moderne à des lignes traditionnelles. Le toit, qui atteint son point le plus élevé à la verticale de l'autel, est supporté par des murs de béton blancs qui décrivent quatre arcs de cercle, formant ainsi la croix traditionnelle.

**CHICOUTIMI**

La ville (61 000 hab.) est située au confluent des rivières Chicoutimi et Saguenay, terme de la navigation pour les navires de haute mer.
□ Centre économique de la région du Saguenay-Lac Saint-Jean, Chicoutimi fut un poste de traite au XVIIᵉ siècle. Elle commença à se développer en 1842 lorsque Peter McLeod construisit une scierie. On peut voir la montre en or et divers objets ayant appartenu à ce dernier au musée du Saguenay-Lac Saint-Jean.
□ La Pulperie, qui a été en exploitation de 1896 à 1930, est la plus vieille entreprise industrielle de ce genre au Québec. Des guides la font visiter ; il y a un centre d'interprétation.
□ Chaque année, Chicoutimi fait revivre son passé au cours du Carnaval-Souvenir qui se déroule pendant huit jours en février. Les gens de l'endroit portent des costumes d'époque ; il y a des concours sportifs, des danses, des spectacles et des défilés.

*Montre de Peter McLeod, musée du Saguenay, Chicoutimi*

*Carnaval-souvenir de Chicoutimi*

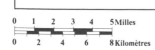

elle avait subi une dénivellation de plus de 90 m. Mais des barrages hydro-électriques sont maintenant venus assagir le tumultueux cours d'eau.

Entre Chicoutimi — port intérieur et principale ville de la région — et le Saint-Laurent, le Saguenay est en réalité un fjord, un bras de mer profondément enfoncé dans les terres, vestige de l'époque glaciaire. Son eau, comme celle des fjords norvégiens, est salée sur la majeure partie de son cours. En effet, les eaux salées venues du Saint-Laurent se glissent sous les eaux douces que déverse le lac Saint-Jean. Le Saguenay devient là un cours d'eau à double niveau comportant une nappe supérieure relativement chaude et peu salée, et une nappe inférieure glaciale et presque aussi salée que l'eau de mer. Les rives, flanquées de rochers nus, couleur de cendre, portent une végétation clairsemée, un bosquet de bouleaux ici et là, une épinette solitaire, et enserrent une eau si profonde (240 m en moyenne) qu'elle en est presque noire.

Près de L'Anse-Saint-Jean, un sentier escalade le cap Trinité qui domine la rivière de près de 500 m. Au-delà des falaises sévères, on aperçoit à l'infini la forêt des Laurentides, un pays de vieilles montagnes qui recèle quelque 1 500 lacs et 700 rivières.

*Monument des pionniers, à La Baie*

**L'ANSE-SAINT-JEAN**
Situé au fond d'une baie, à l'embouchure de la rivière Saint-Jean, ce pittoresque village agricole était une mission indienne avant l'arrivée des premiers colons en 1838.
□ Un pont couvert de 37 m enjambe la rivière. Près de ses petites chutes, des belvédères et des terrains de pique-nique ont été aménagés.

**LA BAIE**
Les municipalités de Port-Alfred, Bagotville et Grande-Baie ont fusionné pour former ce grand centre industriel et agricole équipé d'un port en eau profonde sur la baie des Ha ! Ha ! (Ce nom rappellerait la surprise des navigateurs en constatant qu'il s'agissait d'une impasse.) Les cargos apportent de la bauxite pour les fonderies d'aluminium de La Baie et repartent chargés de papier journal.
□ Le monument des pionniers honore les premiers colons du XIXe siècle.

*L'Anse-Saint-Jean*

**PARC DU SAGUENAY**
Ce parc national de 288 ha s'étend sur les deux rives du Saguenay. Le centre d'accueil de Rivière-Éternité est un des points d'entrée du parc.
□ De L'Anse-Saint-Jean, un sentier mène au cap Éternité (549 m d'altitude) et au cap Trinité (518 m) qui surplombent le Saguenay. Le cap Trinité est surmonté d'une majestueuse statue, Notre-Dame-du-Saguenay, érigée en 1881.

# Le peintre-barbier de Chicoutimi

En 1957, Arthur Villeneuve (1910-1990), qui tenait une boutique de barbier à Chicoutimi depuis 31 ans, décida de devenir artiste peintre. Il s'attaqua aux murs et aux plafonds de sa maison, et n'eut de cesse qu'il ne les ait entièrement recouverts. Sa femme dut même lui interdire de peindre la cuisinière et le réfrigérateur. Elle avoua plus tard avoir voulu recouvrir ses œuvres de peinture blanche !

Ses voisins le prenaient pour un fou, mais loin de se décourager, Villeneuve continua à peindre pendant deux ans, puis ouvrit sa maison au public. La ville de Chicoutimi s'étalait de chambre en chambre, le Saguenay coulait à flots le long de l'escalier et les visiteurs sortaient médusés par le talent de Villeneuve. Finalement, Villeneuve se mit à la toile et ses tableaux naïfs commencèrent à se vendre. En 1972, une exposition au musée des Beaux-Arts de Montréal acheva de consacrer le talent du peintre-barbier. La maison de Villeneuve est aujourd'hui un musée.

Le train de la parenté,
*par Arthur Villeneuve*

*Bruant de Le Conte*

**PETIT-SAGUENAY**
En 1848, William Price acheta une scierie, fit construire un entrepôt et des bureaux, et fonda ainsi la fameuse entreprise de pâte et papier qui porte son nom.
□ Le village est niché au creux d'une vallée encaissée où coule le Petit Saguenay. Une échelle à poissons permet aux saumons de franchir deux chutes qui barrent la rivière.
□ De juin à la fin d'août, on peut pêcher la truite mouchetée dans la réserve faunique.

# Splendeur du paysage et richesses naturelles

Côte Nord

Avant les années 30, la côte Nord ne comptait que quelques villages de pêcheurs reliés entre eux par de mauvaises routes et dont le seul contact avec le monde extérieur se faisait par l'intermédiaire des caboteurs. Mais l'exploitation des forêts, des riches mines de fer et des ressources hydro-électriques a changé l'aspect de la région.

L'industrie du papier fut la première à s'implanter ici. Vingt ans plus tard, les prospecteurs découvraient les mines de fer

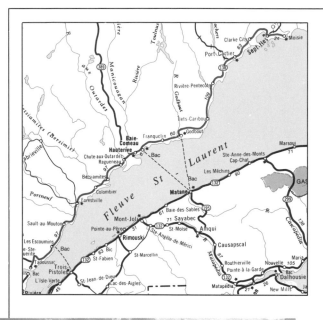

## À l'affût des baleines

Il n'est pas rare de voir des bandes de baleines à l'embouchure du Saguenay : l'eau y est peu profonde et forme un bassin d'alimentation idéal pour le béluga, un cétacé que l'on appelait autrefois le « blanchon », à cause de sa couleur bien entendu. Le béluga est attiré dans ces parages par les crevettes et les capelans dont il se nourrit et l'on croit que ses petits naissent près de la baie de Sainte-Marguerite. Autrefois, le béluga était très prisé pour son huile. C'est aujourd'hui un mammifère protégé.

D'autres cétacés, comme le rorqual commun, le rorqual à bosse et le rorqual bleu, fréquentent aussi l'endroit.

On organise des excursions sur le fleuve à Tadoussac et les passagers des bateaux de croisière du Saguenay aperçoivent parfois des bélugas.

*Bateau de croisière, à Tadoussac*

*Les dunes de Tadoussac*

**CHUTE-AUX-OUTARDES**
Un barrage construit sur la rivière aux Outardes, en 1925, amena le développement de la localité. Un autre, plus considérable, fut établi en amont dans les années 60.
□ À partir de la route 138, à l'est de Chutes-aux-Outardes, un chemin de 12 km mène à la péninsule de Manicouagan où l'on trouve d'admirables plages de sable.
□ Dans le parc régional de Pointe-aux-Outardes, on peut voir des marais salés, des dunes de sable et des forêts de pin. Des sentiers permettent de découvrir les différents habitats du parc.

*Chapelle de bois, à Tadoussac*

**TADOUSSAC**
Située au confluent du Saguenay et du Saint-Laurent, la ville est un centre de tourisme et d'exploitation forestière. C'est ici que jetèrent l'ancre les navires de Jacques Cartier en 1535 et de Champlain en 1603. En 1600, Pierre Chauvin obtint le monopole de l'exploitation des pelleteries et s'établit ici. Sa maison reconstituée est ouverte au public.
□ La chapelle de bois de Tadoussac (1747) est la plus vieille d'Amérique du Nord encore en existence. Sa cloche provient de l'ancienne église des jésuites (1641) qui occupait le même emplacement.

**GRANDES-BERGERONNES**
D'un belvédère admirablement bien situé, on peut observer les ébats des grandes baleines bleues (rorqual bleu), deuxième haleine de la planète par la taille. Le centre d'interprétation loue des jumelles. Des excursions en bateau permettent aussi d'aller les observer de plus près. En août, Grandes-Bergeronnes et la localité voisine, Petites-Bergeronnes, célèbrent la présence des cétacés par un festival de quatre jours.

Chut aux-Outard
Ragueneau 62.5
Papinachois
Pointe-aux-Outardes
Betsiamites
Colombier 48 110.5
Latour Ilets-Jérémie
385
138
**Forestville**
Portneuf
St-Paul-du-Nord 59.5
Ste-Anne-de-Portneuf
Sault-au-Mouton
Pointe-au-Boisvert
Petits-Escoumins
97.5
**Les Escoumins**
Petites-Bergeronnes
Bon-Désir
38
172
St-Laurent
Grandes-Bergeronnes
Traversier pour Trois-Pistoles
Baie-Ste-Catherine
*(voir l'itinéraire 122)*
**Tadoussac**
Saguenay
138

de Schefferville, au Québec, et de Wabush, au Labrador, et le chemin de fer vint bientôt les relier aux ports naturels de la côte Nord. L'économie locale en fut bouleversée. Sept-Îles, qui n'était qu'un village de pêcheurs de 1 500 habitants en 1950, est aujourd'hui un centre administratif de plus de 25 000 habitants.

Au cours des années 60, barrages et centrales hydro-électriques vinrent assagir le cours des rivières Betsiamites, Manicouagan, Toulnustouc et celui de la riviè-re aux Outardes. Le barrage de Labrieville, sur la Betsiamites, à 84 km au nord-ouest de Forestville, forme un réservoir de 770 km². Celui de Manic 5, sur la Manicouagan (à 210 km au nord de Baie-Comeau), est l'un des plus grands au monde avec ses 214 m de hauteur. De nombreuses industries se sont installées près des centrales. Néanmoins, une bonne partie de la région reste encore le domaine des amateurs de pêche et de canotage.

## BAIE-COMEAU

L'industrialisation de la côte Nord s'est amorcée en 1936 lorsque Robert R. McCormick, propriétaire d'un journal de Chicago, y fit construire une usine de papier journal pour alimenter ses ateliers d'imprimerie aux États-Unis. La ville prit son essor à partir de 1950, avec l'installation d'une usine d'aluminium et le développement de l'immense complexe hydro-électrique de la Manicouagan.
□ La ville porte le nom d'un célèbre naturaliste, Napoléon-Alexandre Comeau (1845-1923), né à Colombier, sur la Côte-Nord.
□ Baie-Comeau est la ville natale du Premier ministre Brian Mulroney.
□ Le quartier Sainte-Amélie renferme une église richement décorée et de magnifiques résidences des années 30.

## POINTE-AUX-ANGLAIS

Lors de la construction de l'église Saint-Paul, en 1962, quelque 120 paroissiens firent la navette entre une plage du golfe et le chantier, pour transporter chacun 40 pierres sur ce trajet de 5 km. L'église possède un chemin de croix en noyer plaqué de tilleul, sculpté en bas-relief par Médard Bourgault. Le crucifix de chêne est également son œuvre.

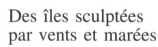

## PORT-CARTIER

Situé là où deux rivières se jettent dans le Saint-Laurent, Port-Cartier a connu la prospérité durant l'essor de l'industrie minière, dans les années 60.
Au cœur de la ville se trouvent les îles Patterson et McCormick aménagées en centre récréatif.
□ Au nord de Port-Cartier s'étend la vaste réserve faunique de Port-Cartier–Sept-Îles où l'on peut faire de la chasse, de la pêche, du camping et de la randonnée pédestre. On y trouve aussi des mouillages, des belvédères et des terrains de pique-nique.

## SEPT-ÎLES

La ville de 25 000 habitants constitue le centre névralgique de la côte Nord. Sa baie presque circulaire de 35 km de diamètre peut accueillir les navires de haute mer. Bien que fondée au XVIIe siècle, Sept-Îles prit de l'expansion dans les années 50 grâce aux mines de fer du Nouveau-Québec et du Labrador.
□ Le Musée régional de la Côte-Nord décrit le développement qu'a connu la région. Le Vieux-Poste est la reconstitution d'un fort en rondins construit par l'explorateur Louis Joliet en 1661 et incendié par les Anglais en 1692. Il comprend une tour de guet de 27 m, deux corps de bâtiment, une chapelle, une poudrière, un magasin et une étable. On y retrace l'histoire de la culture montagnaise.

## Des îles sculptées par vents et marées

À 220 km environ à l'est de Sept-Îles se trouve la réserve du parc national de l'Archipel-de-Mingan, une destination incomparable pour l'amateur de curiosités. À quelques kilomètres de la côte, dans le détroit de Jacques-Cartier au nord de l'île d'Anticosti, l'archipel de Mingan forme un chapelet d'une quarantaine d'îles et d'îlots qui s'étire sur plus de 150 km. Les vents et les vagues y ont sculpté des formations rocheuses remarquables. Les « pots de fleurs », sorte de piliers plus évasés au sommet qu'au pied, se dressent sur la ligne du littoral. Les îles sont couvertes de forêts, mais au sol s'épanouissent toutes sortes de plantes qui poussent généralement beaucoup plus au nord. C'est un refuge pour les oiseaux migrateurs, tandis qu'au large passent les baleines.

On peut se rendre aux îles Mingan en empruntant la route 138 jusqu'à Havre-Saint-Pierre d'où partent des excursions en bateau pour visiter les îles de juin à la mi-octobre. Le centre d'accueil présente une exposition photographique et des documents audiovisuels.

# Le refuge du caribou et de la flore arctique

Gaspésie

La Gaspésie est riche en contrastes : petits villages de pêcheurs, fermes paisibles, montagnes sauvages et austères. La région fut tirée de son isolement en 1929, lorsqu'on construisit la route 132 autour de la péninsule, mais elle a su conserver le charme de ses traditions.

Les Jardins de Métis faisaient autrefois partie du domaine de Lord Mount Stephen (1829-1921), premier président du Canadien Pacifique. Celui-ci venait souvent ici pêcher le saumon. Sa nièce hérita du do-

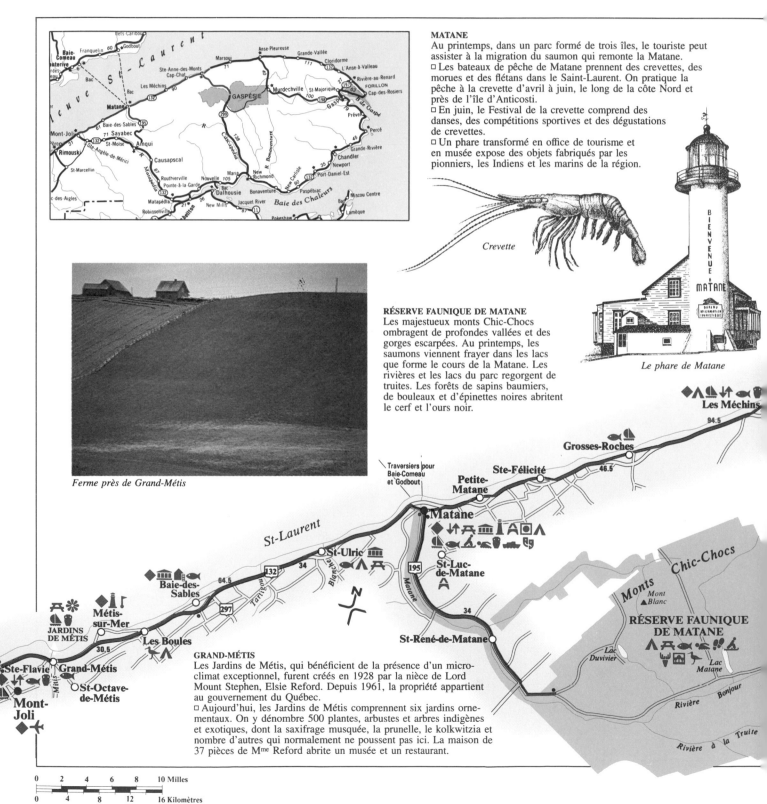

### MATANE
Au printemps, dans un parc formé de trois îles, le touriste peut assister à la migration du saumon qui remonte la Matane.
□ Les bateaux de pêche de Matane prennent des crevettes, des morues et des flétans dans le Saint-Laurent. On pratique la pêche à la crevette d'avril à juin, le long de la côte Nord et près de l'île d'Anticosti.
□ En juin, le Festival de la crevette comprend des danses, des compétitions sportives et des dégustations de crevettes.
□ Un phare transformé en office de tourisme et en musée expose des objets fabriqués par les pionniers, les Indiens et les marins de la région.

*Crevette*

*Le phare de Matane*

*Ferme près de Grand-Métis*

### RÉSERVE FAUNIQUE DE MATANE
Les majestueux monts Chic-Chocs ombragent de profondes vallées et des gorges escarpées. Au printemps, les saumons viennent frayer dans les lacs que forme le cours de la Matane. Les rivières et les lacs du parc regorgent de truites. Les forêts de sapins baumiers, de bouleaux et d'épinettes noires abritent le cerf et l'ours noir.

### GRAND-MÉTIS
Les Jardins de Métis, qui bénéficient de la présence d'un microclimat exceptionnel, furent créés en 1928 par la nièce de Lord Mount Stephen, Elsie Reford. Depuis 1961, la propriété appartient au gouvernement du Québec.
□ Aujourd'hui, les Jardins de Métis comprennent six jardins ornementaux. On y dénombre 500 plantes, arbustes et arbres indigènes et exotiques, dont la saxifrage musquée, la prunelle, le kolkwitzia et nombre d'autres qui normalement ne poussent pas ici. La maison de 37 pièces de Mᵐᵉ Reford abrite un musée et un restaurant.

maine et y fit dessiner des jardins en 1928. Métis-sur-Mer, le village voisin, est le lieu de villégiature le plus ancien de l'endroit. On y trouve des plages agréables et un grand nombre de belles villas.

À l'intérieur des terres s'étendent les monts Chic-Chocs, la plus haute chaîne de l'Est canadien. Leur point culminant est le mont Jacques-Cartier (1 268 m) d'où l'on peut apercevoir le Saint-Laurent, à 25 km de distance. Une vingtaine de monts dépassent 1 000 m et certains

sont couverts de neige jusqu'en juillet. Le sommet du mont Albert est un plateau semé de lacs, où poussent des mousses, des lichens et des arbustes chétifs caractéristiques de la zone arctique.

Tous les parcs sont sillonnés de sentiers de randonnée et d'interprétation. Dans le

parc de la Gaspésie, presque entièrement sauvage, une espèce presque éteinte, le caribou des bois, a élu domicile. La réserve faunique des Chic-Chocs et celle de Matane abondent en cours d'eau où l'on pêche le saumon et la truite.

**SAINTE-ANNE-DES-MONTS**
Cette localité, située sur la côte rocheuse d'une baie à laquelle Champlain donna le nom du premier gouverneur de l'Acadie (1604), Pierre de Monts, vit de l'agriculture, de la pêche à la morue et de l'exploitation forestière.
□ La majestueuse église de granit est dédiée à sainte Anne, patronne des marins.

**CAP-CHAT**
La ville est située sur un cap qui, vu du fleuve, ressemble à un chat accroupi.
□ C'est ici que le fleuve Saint-Laurent, s'ouvrant sur la mer, devient le golfe Saint-Laurent.
□ Le mont Logan (1 148 m), à 24 km au sud, est un centre de ski alpin et de ski de fond. La rivière Cap-Chat est renommée pour sa pêche au saumon.

La route 132, près de Sainte-Anne-des-Monts

**SAINT-JOACHIM-DE-TOURELLE**
Sur la plage, deux colonnes de granite déchiquetées se dressent à 5 km l'une de l'autre.
□ Fondé en 1916, ce village qui vit de l'agriculture et de la pêche a été partiellement détruit en 1963 par un glissement de terrain.
□ À l'est de la localité, la route 132 serpente le long du fleuve, au pied de falaises abruptes.

*Formation rocheuse, à Saint-Joachim-de-Tourelle*

Rhododendron de Laponie

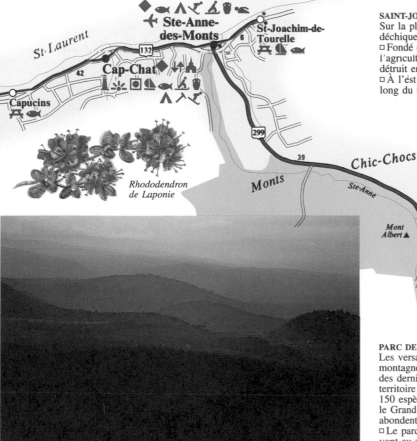

Parc de la Gaspésie

**PARC DE LA GASPÉSIE**
Les versants du mont Jacques-Cartier (1 268 m) et des autres montagnes de la chaîne des Chic-Chocs sont fréquentés par l'une des dernières hardes de caribous des bois, qui se partagent le territoire avec les cerfs de Virginie et les orignaux. Plus de 150 espèces de fleurs alpines, dont l'habitat est normalement le Grand Nord québécois, poussent dans les hauteurs. Elles abondent au sommet du mont Albert, un plateau de 30 km². 
□ Le parc compte plus de 240 km de sentiers dont trois pistes vont au sommet du mont Albert. Des guides conduisent les touristes au sommet du mont Jacques-Cartier. La pêche à la ouananiche et à la truite est excellente dans les rivières.

# Gaspeg...
# l'endroit « où finit la terre »

Nord de la Gaspésie

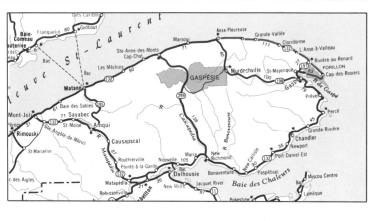

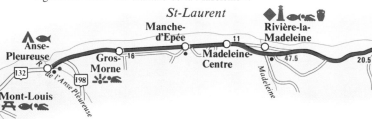

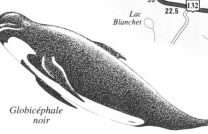

*Vigneaux, à Cloridorme*

## CLORIDORME

Depuis quelques années, les grands chalutiers équipés de sonars remplacent les petites barques de bois des pêcheurs d'autrefois. Mais la côte de Cloridorme est toujours bordée de rangées de vigneaux, tables de bois recouvertes d'un treillis métallique où l'on étale la morue fraîche pour la faire sécher au soleil.

## GRANDE-VALLÉE

À l'ouest du village, un belvédère permet d'embrasser un vaste paysage. Le pont couvert Galipeau évoque les jours d'antan.

## RIVIÈRE-AU-RENARD

Le centre de traitement du poisson de toute la Gaspésie se trouve ici. Certains habitants du village disent être les descendants d'Irlandais qui ont fait naufrage à Cap-des-Rosiers en 1856. L'élégante église Saint-Martin de la Rivière-au-Renard est l'œuvre de dom Bellot, l'architecte français qui a conçu le dôme de l'oratoire Saint-Joseph à Montréal et l'abbaye de Saint-Benoît-du-Lac.

## ANSE-PLEUREUSE

Anse-Pleureuse est un charmant village de pêcheurs, blotti au fond d'une petite baie. Plusieurs légendes entourent son nom. On dit que le bruit que fait le vent dans les feuilles serait la plainte d'un enfant perdu, celle d'une femme assassinée ou de naufragés fantômes. Un village voisin, Rivière-la-Madeleine, a aussi sa légende du vent : « le braillard de la Madeleine ».

*Mainate rouilleux*

*Falaises calcaires du parc national de Forillon*

*Globicéphale noir*

## PARC NATIONAL DE FORILLON

Créé en 1971, le parc de 240 km² englobe divers habitats. Le littoral offre des falaises déchiquetées, de longues bandes de cailloutis et de petites plages de sable. Une flore arctique pousse sur les hauteurs, tandis que dans le parc, c'est la forêt boréale qui prédomine. Des dunes de sable et des marais salants près de Penouille présentent une flore particulière.
□ Plus de 200 espèces d'oiseaux fréquentent Forillon chaque année. Le goéland argenté, le guillemot noir et le cormoran à aigrettes nichent dans les anfractuosités des falaises. Des bateaux amènent les visiteurs en mer.

La côte nord-est de la Gaspésie offre un splendide paysage de falaises calcaires, de plages de galets, d'anses, de cours d'eau, d'épaisses forêts à flanc de montagne et de petits villages nichés au creux de baies abritées. Les bateaux de pêche s'y pressent le long des quais, tandis qu'en bordure de la mer les morues, vidées et salées, sèchent sur des chevalets de bois, les vigneaux.

La Gaspésie tire son nom du mot indien *Gaspeg,* « là où finit la terre ». La grandeur sauvage du paysage gaspésien se révèle dans le parc national de Forillon, à l'extrémité des Appalaches, une chaîne de montagnes qui s'étend jusqu'au sud-est des États-Unis. Le parc a l'aspect d'une dalle massive de rocher qui émerge doucement de la mer. Sur la côte, le vent et le ressac ont sculpté par endroits des escarpements de 200 m de haut, alors que les promontoires rocheux sur la baie de Gaspé cachent de petites anses et des plages. Plusieurs espèces de plantes alpines dont la présence intrigue encore les botanistes poussent sur les falaises.

Les oiseaux fréquentent la péninsule par milliers. Certaines espèces arctiques hivernent dans le parc, d'autres ne font qu'y passer. L'été venu, des colonies de phoques et une douzaine d'espèces de baleines, dont le globicéphale noir, viennent s'ébattre au large. Ce paysage grandiose et austère où les migrations ponctuent les saisons laisse une impression inoubliable d'éternité.

# Forillon : à mi-chemin entre la terre et l'océan

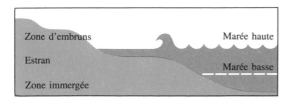

Zone d'embruns
Marée haute
Estran
Marée basse
Zone immergée

Des eaux profondes du golfe du Saint-Laurent aux sommets du parc de Forillon, la faune et la flore sont intimement liées au phénomène des marées. Le littoral déchiqueté, hérissé de rochers, abrite trois milieux différents qui illustrent le passage de la vie marine à la vie terrestre : la zone d'embruns, formée de rochers élevés, l'estran, submergé à marée haute et découvert à marée basse, et enfin la zone immergée qui n'est découverte qu'aux plus basses eaux.

En se retirant, la mer laisse d'innombrables bassins derrière elle, véritables microcosmes de l'océan où vivent des milliers d'espèces animales et de plantes aquatiques, chacune adaptée aux rigueurs de son milieu.

**ZONE D'EMBRUNS**
Seules les grandes marées de printemps submergent cette zone. Les espèces animales qui ont besoin d'eau de mer la tirent des embruns. Le bigorneau se nourrit de minuscules algues bleu-vert qu'il détache du roc à l'aide de sa langue dont les milliers de denticules abrasives peuvent même user la pierre.

*Bigorneau*

**ESTRAN**
L'estran est submergé à peu près la moitié du temps. Plantes et animaux absorbent suffisamment d'eau à marée haute pour subvenir à leurs besoins lorsque la mer redescend. Mais ils doivent pouvoir résister au flux et au reflux. Les bernacles, par exemple, sécrètent une substance adhésive qui les fixe en un point pour toute leur vie.

*Bernacle*

**ZONE IMMERGÉE**
Comme ils passent presque toute leur vie sous la surface de l'eau, les animaux et les plantes de la zone immergée sont mal adaptés à la vie sur la terre ferme. L'étoile de mer se nourrit de mollusques bivalves dont elle ouvre la coquille à l'aide des centaines de ventouses qui garnissent ses bras.

*Étoile de mer*

**L'ANSE-AU-GRIFFON**
Ce village de pêcheurs porte peut-être le nom du *Griffon,* un navire qui fréquentait les eaux de la région au XVIIIᵉ siècle. Selon d'autres, ce nom lui viendrait des « gris fonds » de la mer. □ La maison de John LeBoutillier, un riche commerçant de morue qui la fit construire en 1840, est ouverte au public.

**CAP-DES-ROSIERS**
Cap-des-Rosiers doit son nom aux églantiers que Champlain y remarqua. □ Le phare de Cap-des-Rosiers, achevé en 1858, est le plus haut (37 m) des nombreux phares qui balisent les côtes traîtresses du fleuve. Avant l'invention de la télégraphie sans fil, au début du siècle, les navires signalaient leur passage à l'aide de pavillons. On télégraphiait alors à Québec pour annoncer leur arrivée. Tout récemment encore, un canon de neuf livres tirait toutes les heures par temps de neige ou de brouillard.

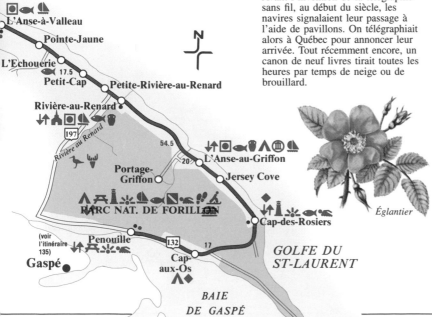

*Cap-des-Rosiers*

# Percé, Bonaventure et des paysages enchanteurs

Pointe et sud de la Gaspésie

À la pointe de la Gaspésie, le littoral déchiqueté présente des formations de calcaire et de schiste qui furent déplacées, plissées et pressées les unes sur les autres par de puissants mouvements de l'écorce terrestre. À quelques encablures de la côte, comme un énorme navire, le rocher Percé dresse sa silhouette massive à 86 m au-dessus de la mer.

On visitera également dans cette région l'un des sites les plus remarquables du Canada : l'île Bonaventure et sa fameuse

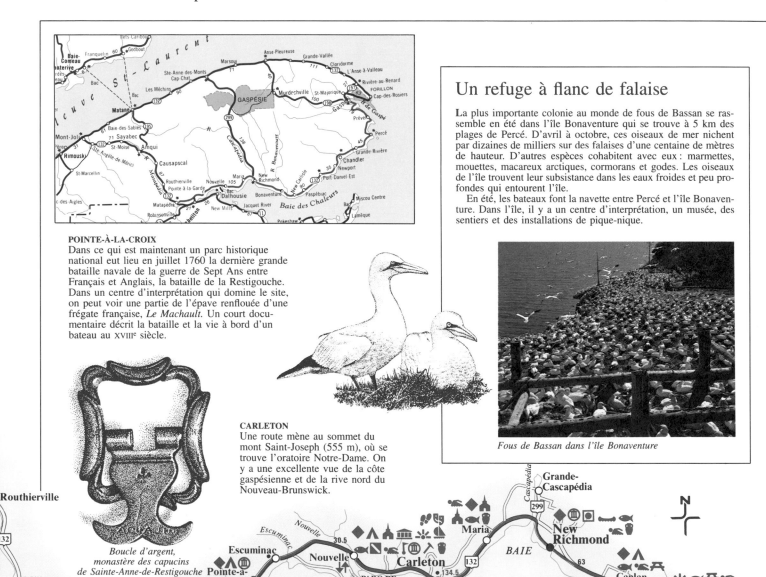

## POINTE-À-LA-CROIX
Dans ce qui est maintenant un parc historique national eut lieu en juillet 1760 la dernière grande bataille navale de la guerre de Sept Ans entre Français et Anglais, la bataille de la Restigouche. Dans un centre d'interprétation qui domine le site, on peut voir une partie de l'épave renflouée d'une frégate française, *Le Machault*. Un court documentaire décrit la bataille et la vie à bord d'un bateau au XVIIIe siècle.

*Boucle d'argent, monastère des capucins de Sainte-Anne-de-Restigouche*

## CARLETON
Une route mène au sommet du mont Saint-Joseph (555 m), où se trouve l'oratoire Notre-Dame. On y a une excellente vue de la côte gaspésienne et de la rive nord du Nouveau-Brunswick.

## Un refuge à flanc de falaise

La plus importante colonie au monde de fous de Bassan se rassemble en été dans l'île Bonaventure qui se trouve à 5 km des plages de Percé. D'avril à octobre, ces oiseaux de mer nichent par dizaines de milliers sur des falaises d'une centaine de mètres de hauteur. D'autres espèces cohabitent avec eux : marmettes, mouettes, macareux arctiques, cormorans et godes. Les oiseaux de l'île trouvent leur subsistance dans les eaux froides et peu profondes qui entourent l'île.

En été, les bateaux font la navette entre Percé et l'île Bonaventure. Dans l'île, il y a un centre d'interprétation, un musée, des sentiers et des installations de pique-nique.

*Fous de Bassan dans l'île Bonaventure*

## MATAPÉDIA
Dans la magnifique vallée de la Matapédia, la route 132 traverse une verte région agricole et des forêts peuplées de sapins, d'ormes et d'érables. On peut faire du canot et pêcher le saumon dans la rivière qu'enjambent plusieurs ponts couverts.

## PARC DE MIGUASHA
Les falaises de ce parc recèlent des fossiles datant de 400 millions d'années, parmi lesquels on dénombre 24 espèces de poissons préhistoriques. Bien que le site attire les savants du monde entier depuis 1880, le parc ne date que de 1976. Un centre d'interprétation accueille les visiteurs ; on peut se promener sur les falaises.

## BONAVENTURE
La population acadienne de la ville honore ses ancêtres au Musée acadien du Québec. La collection comprend des berceaux, des rouets, des métiers à tisser et toutes sortes d'objets d'usage quotidien.

```
0    2    4    6    8   10 Miles
0    4    8   12   16 Kilometres
```

colonie de fous de Bassan. Du bateau qui fait le tour de l'île, le visiteur découvre les grandes corniches étincelantes du blanc des milliers d'oiseaux qui y nichent. Dans l'île, des sentiers mènent à des belvédères d'où l'on peut observer les oiseaux de près.

Sur la côte sud de la péninsule, la route longe des baies abritées du vent du large. À la saison du saumon, les pêcheurs envahissent les rives des rivières Dartmouth, York et Saint-Jean ou celles de la Mata-pédia et de la Cascapédia qui se jettent dans la baie des Chaleurs. Les monts Chic-Chocs, la plus haute chaîne de l'est du Canada, dominent le chapelet de villages de pêcheurs et de centres de villégiature qui s'étire le long de la côte. Des sentiers de randonnée gravissent les pentes boisées des montagnes et débouchent sur de splendides panoramas du golfe du Saint-Laurent et de la baie des Chaleurs.

*Pêcheurs de Gaspé*

## GASPÉ

Une croix de granit de 9 m rappelle la croix de bois que Jacques Cartier fit dresser le 24 juillet 1534 sur la pointe de Penouille, lorsqu'il prit possession de la région au nom du roi de France.
□ La cathédrale de Gaspé (1960), la seule cathédrale en bois d'Amérique du Nord, renferme un vitrail et une fresque, cadeaux de la France en 1934 pour célébrer le quatrième centenaire de l'arrivée de Jacques-Cartier.
□ La collection du Musée de la Gaspésie retrace l'histoire de la péninsule depuis l'époque des Vikings jusqu'à aujourd'hui. On peut y voir des expositions d'art et d'histoire. Sur le terrain du musée se dresse une imposante statue de Jacques Cartier.
□ Une alevinière provinciale, construite en 1876 et déménagée sur son site actuel en 1938, produit 1 million d'alevins de truites et de saumons par an. On peut la visiter.

*Cathédrale de la Gaspésie, à Gaspé*

*Porc-épic*

## RÉSERVE FAUNIQUE DE PORT-DANIEL

La rivière Port-Daniel, qui prend sa source à l'intérieur des terres, coule dans une vallée boisée et profonde dont cette réserve occupe une partie. On peut pêcher l'omble de fontaine dans la plupart des lacs de la réserve. La rivière Port-Daniel est réputée pour son saumon de l'Atlantique.

Rivière-au-Renard

Morris

L'Anse-au-Griffon

**PARC NAT. DE FORILLON**
(voir l'itinéraire 134)

*PTE DE PENOUILLE*

Cap-des-Rosiers

Gaspé

Cap-aux-Os

*York*

Haldimand

Douglastown

*St-Jean*

*BAIE DE GASPÉ*

AUBERGE FORT-PRÉVEL

St-Georges-de-Malbaie

Barachois

Bridgeville

Coin-du-Banc

Percé

*ROCHER PERCÉ*

L'Anse-à-Beaufils

PARC DE L'ÎLE-BONAVENTURE ET DU ROCHER-PERCÉ

Grande-Rivière

Cap-d'Espoir

Pabos

*Lac des Sept Iles*

Chandler

*GOLFE DU ST-LAURENT*

Pabos-Mills

RÉSERVE FAUNIQUE DE PORT-DANIEL

Newport

Anse-aux-Gascons

Port-Daniel

-Godefroi

Hope-Town

spébiac

## Saumon en croûte

Voici la recette d'un plat typique de la Gaspésie, qui offre l'une des meilleures pêches du monde au saumon de l'Atlantique.

INGRÉDIENTS POUR SIX PORTIONS :

*2 tasses de saumon cuit, en miettes (frais ou en boîte)*
*2½ à 3 tasses de purée de pommes de terre*
*2 tasse d'oignon finement haché*
*3 cuillerées à soupe de beurre*
*¼ cuillerée à thé de sarriette*
*Une abaisse de pâte à tarte*
*Sel et poivre*

Mélanger la purée, les oignons, le beurre et les assaisonnements. Mettre la moitié du mélange dans une assiette à tarte, bien graissée, ou dans de petits plats individuels. Ajouter le saumon et couvrir avec le reste du mélange. Recouvrir le tout de pâte à tarte. Mettre au four à 200°C pendant une demi-heure, ou jusqu'à ce que la croûte soit dorée.

## PERCÉ

Percé, autrefois grand port de pêche, est aujourd'hui un important centre de tourisme. Une statue de sainte Anne, sur le mont du même nom (360 m), sert toujours de repère aux pêcheurs partis en mer.
□ Le rocher Percé, ainsi nommé par Champlain, doit son nom à l'arche naturelle qui perce cet énorme bloc de calcaire planté dans le golfe du Saint-Laurent.

*Rocher Percé*

# Plages inondées de soleil, plateaux boisés nimbés de brume

Nord du Nouveau-Brunswick

À la fin du printemps, lorsque le saumon de l'Atlantique envahit les eaux de la Restigouche, les pêcheurs et leurs guides remontent la rivière à bord de longs canots verts. Ils se dirigent vers les bassins abrités et les anses tranquilles où le poisson s'arrête avant de regagner ses frayères. La montaison des saumons se poursuit jusqu'au début de juillet: le Festival de Campbellton clôture la saison.

En aval, la Restigouche se jette dans la baie des Chaleurs, à Dalhousie. En été,

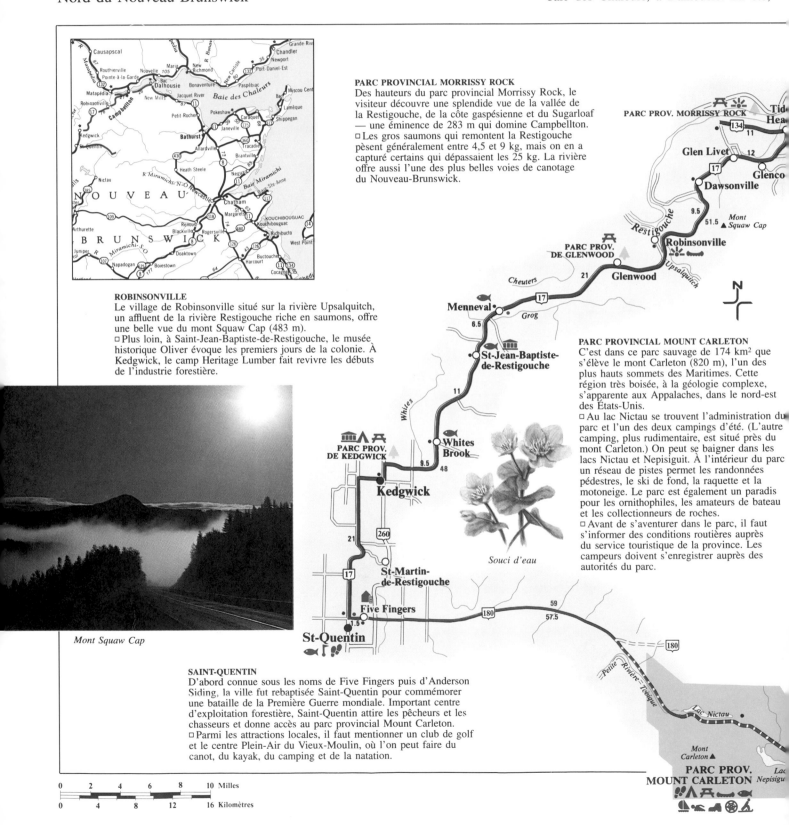

### PARC PROVINCIAL MORRISSY ROCK
Des hauteurs du parc provincial Morrissy Rock, le visiteur découvre une splendide vue de la vallée de la Restigouche, de la côte gaspésienne et du Sugarloaf — une éminence de 283 m qui domine Campbellton.
▫ Les gros saumons qui remontent la Restigouche pèsent généralement entre 4,5 et 9 kg, mais on en a capturé certains qui dépassaient les 25 kg. La rivière offre aussi l'une des plus belles voies de canotage du Nouveau-Brunswick.

### ROBINSONVILLE
Le village de Robinsonville situé sur la rivière Upsalquitch, un affluent de la rivière Restigouche riche en saumons, offre une belle vue du mont Squaw Cap (483 m).
▫ Plus loin, à Saint-Jean-Baptiste-de-Restigouche, le musée historique Oliver évoque les premiers jours de la colonie. À Kedgwick, le camp Heritage Lumber fait revivre les débuts de l'industrie forestière.

*Souci d'eau*

### PARC PROVINCIAL MOUNT CARLETON
C'est dans ce parc sauvage de 174 km² que s'élève le mont Carleton (820 m), l'un des plus hauts sommets des Maritimes. Cette région très boisée, à la géologie complexe, s'apparente aux Appalaches, dans le nord-est des États-Unis.
▫ Au lac Nictau se trouvent l'administration du parc et l'un des deux campings d'été. (L'autre camping, plus rudimentaire, est situé près du mont Carleton.) On peut se baigner dans les lacs Nictau et Nepisiguit. À l'intérieur du parc un réseau de pistes permet les randonnées pédestres, le ski de fond, la raquette et la motoneige. Le parc est également un paradis pour les ornithophiles, les amateurs de bateau et les collectionneurs de roches.
▫ Avant de s'aventurer dans le parc, il faut s'informer des conditions routières auprès du service touristique de la province. Les campeurs doivent s'enregistrer auprès des autorités du parc.

*Mont Squaw Cap*

### SAINT-QUENTIN
D'abord connue sous les noms de Five Fingers puis d'Anderson Siding, la ville fut rebaptisée Saint-Quentin pour commémorer une bataille de la Première Guerre mondiale. Important centre d'exploitation forestière, Saint-Quentin attire les pêcheurs et les chasseurs et donne accès au parc provincial Mount Carleton.
▫ Parmi les attractions locales, il faut mentionner un club de golf et le centre Plein-Air du Vieux-Moulin, où l'on peut faire du canot, du kayak, du camping et de la natation.

| 0 | 2 | 4 | 6 | 8 | 10 Milles |
| 0 | 4 | 8 | 12 | 16 Kilomètres |

les touristes viennent profiter des plages de sable de la baie bordée de pins, pêcher la morue et le maquereau au large, faire de la voile, ou ramasser des palourdes sur les bancs de sable à l'embouchure de la rivière Anguille.

À l'automne, l'arrière-pays se pare d'un magnifique feuillage qui transforme la vaste forêt en une éblouissante tapisserie mouchetée d'or et d'écarlate. Le mont Carleton, l'un des plus hauts sommets des provinces Maritimes, domine le paysage.

Cette région encore très sauvage, où les amateurs de plein air font du camping, du canot, de la marche, de l'escalade ou de la pêche, est aussi un des lieux favoris des photographes, des ornithologues amateurs et des collectionneurs de pierres. L'endroit attire également les chasseurs de grand gibier qui prennent leurs quartiers dans des villages comme Saint-Quentin, Kedgwick ou Robinsonville.

Pendant tout l'hiver, des centaines de skieurs constellent de taches bigarrées et

mouvantes les pentes du Sugarloaf (le Pain de Sucre), à la sortie de Campbellton. On a en outre aménagé des patinoires et une piste de toboggan au pied de la colline qui embaume la résine des pins.

Pêche au saumon, chasse au grand gibier, escalade, belles plages tranquilles, navigation de plaisance, le nord du Nouveau-Brunswick offre de nombreuses possibilités touristiques. Isolé, peu fréquenté, il constitue un lieu de séjour idéal où prendre ses vacances en toutes saisons.

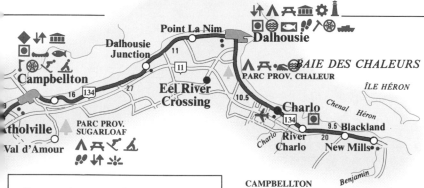

## DALHOUSIE

À l'embouchure de la Restigouche, avec un port ouvert toute l'année, Dalhousie est un centre important de traitement du bois. On a accès, dans son voisinage, à toutes les activités récréatives qu'offre la baie des Chaleurs.
□ Le Musée régional de la Restigouche retrace la vie des pionniers et le développement de son économie. On peut visiter l'usine de l'International Paper.

*Parc provincial Sugarloaf*

## Le vaisseau fantôme de la baie des Chaleurs

**On** raconte qu'un mystérieux bâtiment de guerre hante la baie des Chaleurs, entre Campbellton et Bathurst, par les nuits de tempête. Des témoins affirment avoir vu un grand quatre-mâts en flammes, toutes voiles dehors. D'aucuns prétendent même que des matelots s'affairent dans le gréement. Ceux qui ont tenté de s'approcher du navire disent qu'il s'éloigne à mesure pour finalement disparaître dans le lointain.

Pour certains, le phénomène est simplement causé par la réflection d'ondes thermiques sur l'eau. D'autres sont convaincus qu'il s'agit du fantôme d'un vaisseau français qui fut incendié et coulé en 1760 lors de la bataille de la Restigouche.

## CAMPBELLTON

La petite ville de 9 000 habitants est le centre administratif et commercial de la côte nord du Nouveau-Brunswick. Mais elle est surtout connue pour donner accès à la région de Restigouche dont les saumons sont réputés. Les pêcheurs y viennent de partout dans le monde pour en capturer. En été, Campbellton célèbre le festival du saumon. Un monument de 8,5 m de haut représentant un saumon qui saute est au centre d'une fontaine dans un parc.
□ Le musée d'Art de Restigouche, qui fait partie des centres nationaux d'exposition, expose des œuvres d'artistes locaux, régionaux, canadiens et internationaux.
□ À Atholville, le parc provincial Sugarloaf, ainsi nommé à cause de l'éminence de 283 m qui le domine, est fréquenté en toutes saisons. Du sommet du Sugarloaf, qu'on atteint en téléphérique, on a une vue imprenable de toute la région. En hiver, deux glissoires sur les versants du mont font le bonheur des petits et des grands.

## Les feuillus et les conifères de la forêt mixte du mont Carleton

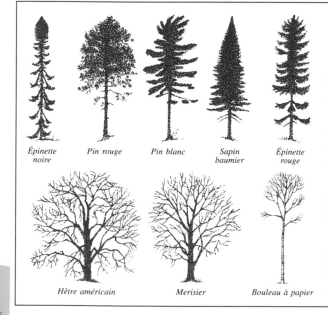

*Épinette noire*    *Pin rouge*    *Pin blanc*    *Sapin baumier*    *Épinette rouge*

*Hêtre américain*    *Merisier*    *Bouleau à papier*

**Plus** de la moitié du parc provincial qui entoure le mont Carleton se compose de hautes terres bien égouttées où les incendies de forêts ont donné naissance à des populations presque pures d'arbres résistants au feu. On y trouve le merisier et le bouleau à papier qui poussent près des lacs et des cours d'eau, le hêtre aux feuilles vert sombre et à l'écorce lisse et argentée et l'érable à sucre.

Sur les terres basses et humides, ce sont des arbres à bois tendre qui ont repoussé : des trembles dont les orignaux mangent les feuilles et les castors l'écorce, ainsi que des conifères ; on notera l'épinette noire qui dépasse rarement 15 m de haut et le pin rouge qui mesure généralement une vingtaine de mètres, mais qui peut atteindre 40 m. Sur les brûlis poussent des culottes de Hollandais, des sanguinaires, du gingembre, des trilles et des orchidacées.

La zone qui n'a pas été touchée par le feu est surtout peuplée de conifères. Le sapin baumier porte des cônes verticaux, contrairement à l'épinette rouge dont les cônes pendants, de forme oblongue, s'ouvrent à l'automne et restent généralement attachés à l'arbre pendant tout l'hiver. Les graines des cônes du pin blanc, qui atteint 30 m de haut et peut vivre 450 ans, tombent en hiver et servent de nourriture aux oiseaux, aux écureuils et aux suisses. Le cornouiller du Canada, la linnée boréale, les courants verts et les fougères couvrent le parterre de la forêt de conifères.

Au printemps, les brillantes taches jaunes du souci d'eau émaillent les marécages et les prés humides, bordés d'aulnes, de harts rouges et de saules. Le nénuphar odorant qui flotte sur les mares et les eaux stagnantes fleurit de juin à septembre.

# Une côte semée de fermes riantes et de charmants ports de pêche

## Péninsule acadienne

Toute la côte de la baie des Chaleurs est empreinte de la joie de vivre des Acadiens, de l'esprit indépendant de ce peuple et de sa volonté de conserver un patrimoine unique.

Près de Caraquet, le Village historique acadien fait revivre la riche histoire de la région. De petites fermes de rondins, entourées de potagers plantés au cordeau, se dressent au milieu de clairières, en plein cœur d'un bois de bouleaux blancs. Des figurants en costumes d'époque refont les

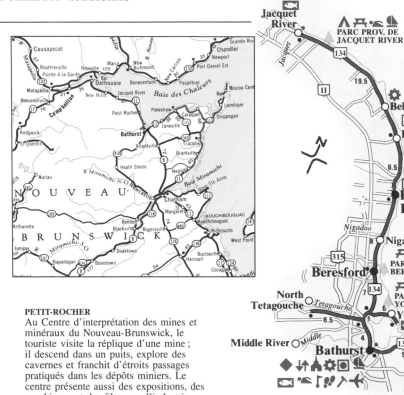

### JACQUET RIVER
La petite ville doit sans doute son nom à James « Jock » Doyle qui s'installa ici vers 1790.
□ Le parc provincial de Jacquet-River, où l'on trouve des installations de pique-nique et de camping, domine la baie des Chaleurs.

### BELLEDUNE
Cette localité est au cœur d'une région renommée pour la qualité de ses baies, en particulier les fraises. On peut cueillir soi-même des fraises et des framboises en juin et juillet, des bleuets en août. Des panonceaux signalent aux visiteurs les champs où la cueillette est permise.

### PETIT-ROCHER
Au Centre d'interprétation des mines et minéraux du Nouveau-Brunswick, le touriste visite la réplique d'une mine ; il descend dans un puits, explore des cavernes et franchit d'étroits passages pratiqués dans les dépôts miniers. Le centre présente aussi des expositions, des graphiques et des films sur l'industrie minière de la province.

### BATHURST
Cette ville industrielle de 14 680 habitants se dresse à l'embouchure de la rivière Nepisiguit (rivière tumultueuse en langue micmac). Réputée depuis longtemps pour ses papeteries, Bathurst est devenue un centre minier important vers 1950. Près de 40 p. 100 des réserves canadiennes d'argent, de zinc, de plomb et de cuivre se trouvent ici. Les mines et les moulins se trouvent à une trentaine de kilomètres au sud-ouest de la ville.
□ Nicolas Denys, gouverneur français « du littoral et des îles du Saint-Laurent », fonda ici une colonie en 1652. (La tombe et le monument funéraire de Denys se trouvent dans le centre-ville de Bathurst.) Après sa mort, la colonie fut abandonnée jusqu'à la fin du XVIIIe siècle quand des colons acadiens et anglais la ranimèrent. D'abord connue sous les noms de Nepisiguit et St. Peters, la localité reçut le nom du secrétaire britannique aux Colonies, Lord Bathurst, en 1826. Au début du XIXe siècle, elle était un centre important d'exploitation forestière et de construction navale.
□ Le port renferme plusieurs marinas. Des excursions en bateau sont offertes. En juillet, la ville célèbre les Journées de l'hospitalité.
□ Le musée Herman J. Good Memorial de la Légion royale canadienne expose des objets militaires.
□ La ville possède plusieurs belles plages publiques, notamment au parc provincial Yougha. À l'ouest de la ville se trouvent les chutes Tetagouche, Pabineau et Grand Falls.

*Île de Pokeshaw*

### POKESHAW
Des centaines d'oiseaux de mer se reposent dans une île qui fait face au village. Son paysage désolé a inspiré de nombreux artistes et photographes.

0   2   4   6   8   10 Milles

0   4   8   12   16 Kilomètres

gestes de leurs ancêtres : équarrissage du bois, fabrication des bardeaux, séchage et salage de la morue, filage de la laine, barattage du beurre, fabrication du pain, confection de tapis au crochet. Les visiteurs peuvent faire le tour du village à pied ou dans une carriole tirée par des chevaux ou des bœufs.

Des festivals annuels animent les villes de Pointe-Verte, Nigadoo, Petit-Rocher et Lamèque. À Shippagan et à Caraquet, la fameuse bénédiction des bateaux de pê-cheurs marque l'ouverture du Festival acadien, à la mi-août.

À Caraquet, on visitera le marché des pêcheurs, un musée acadien et une cha-pelle historique vieille de plus de deux siècles. La côte est semée de fermes, de petits ports de pêche et l'on découvre, au hasard des routes, des fermes abandon-nées ou de vieilles coques de bateaux, émouvants vestiges du temps passé.

## Un haut lieu des traditions de l'Acadie

*Meules de foin*

*La Maison Godin, Village historique acadien*

**CARAQUET**

Fondé vers 1650, Caraquet est un centre culturel et religieux important. Le Musée de l'Acadie expose des objets des pionniers et le pèlerinage annuel au sanctuaire de Sainte-Anne-du-Bocage, vieux de deux siècles, attire des milliers de visiteurs.

□ La plupart des 5 000 habitants de la ville habitent la rue Principale qui, avec ses 13 km, est la plus longue des Maritimes. Elle longe le littoral rocheux de la baie de Caraquet. L'économie de la localité repose sur la construction navale et la pêche commerciale ; sa flottille de pêche est la plus importante du Nouveau-Brunswick et la seule école de pêche de la province se trouve ici.

□ La bénédiction des bateaux de pêche, évocation de la bénédiction donnée par le Christ aux pêcheurs de Galilée, marque l'ouverture de la Semaine du festival acadien qui a lieu ici à la mi-août.

□ Les touristes peuvent aller pêcher le thon en haute mer ou bien se procurer des fruits de mer au marché des pêcheurs.

Un village de pionniers acadiens a été recons-titué sur un domaine de 10 km², entre Grande-Anse et Caraquet.

Le Village historique acadien regroupe 10 maisons d'habitation, une forge, un entrepôt, un magasin général, une petite école, une cha-pelle et une taverne. Les hommes, les femmes et les enfants du village vivent comme leurs ancêtres acadiens. Habillés des mêmes vête-ments colorés, tout comme autrefois, ils tra-vaillent aux champs qui bordent les rives de la rivière du Nord, soignent le bétail, barattent le beurre, confectionnent des vêtements et fa-briquent des meubles ou des bardeaux.

Expulsés des provinces Maritimes par les Anglais en 1755, des milliers d'Acadiens pas-sèrent des années en exil au Massachusetts, en Virginie, en Louisiane et en France. La plu-part revinrent s'installer dans les Maritimes et, de 1780 à 1880, construisirent des hameaux sur la côte nord-est du Nouveau-Brunswick.

Certains des bâtiments reconstruits au Vil-lage historique acadien viennent d'aussi loin que Fredericton et Edmundston. Le plus an-cien est la ferme de Martin (1783), une cabane de rondins au sol de terre battue qui se dres-sa pendant près de deux siècles à French Vil-lage, près de Fredericton.

**ÎLE MISCOU**

L'extrême pointe du Nouveau-Brunswick — une île de 18 km de long sur 13 de large — est reliée à l'île Lamèque et au continent par un traversier sans péage. L'île a peu changé depuis l'époque des premiers colons venus de France et des Îles de la Manche au XVIIIᵉ siècle. Des épinettes, rabougries par le vent et les embruns, se dressent sur des plages de sable blanc désertes. En été et en automne, on y organise des excursions de pêche en haute mer.

**SHIPPAGAN**

Durant le Festival de la pêche en juillet, les visiteurs peuvent déguster de délicieux fruits de mer, assister à la bénédiction des barques et participer à des bals en plein air.

□ Le Centre maritime relate le développement de la pêche en haute mer, une industrie qui remonte au XVIᵉ siècle dans la région.

*Opilio*

**ÎLE LAMÈQUE**

Ses vastes tourbières sont parmi les plus productives au Canada. Le gros de la récolte est vendu aux États-Unis pour l'amendement des terres arables, mais également pour servir de litière ou de matériel d'emballage et d'isolation.

□ En juillet a lieu le Festival de la tourbe au village de Lamèque et l'église Sainte-Cécile, près du débarcadère, accueille un Festival international de musique baroque.

*Quai des pêcheurs, à Shippagan*

# L'historique vallée d'un fleuve splendide

Cours supérieur du Saint-Jean

*Bihoreau à couronne noire*

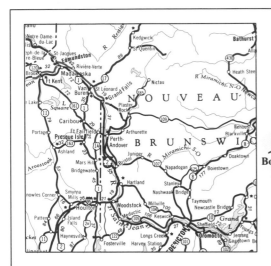

**SAINT-JACQUES**

À l'entrée de la région de la Madawaska se trouvent les Jardins de la République, un parc provincial pourvu d'un amphithéâtre, d'un terrain de jeu, d'une piscine, de courts de tennis, de terrains de camping et de sentiers de randonnée pédestre. Des voitures d'autrefois (de 1905 à 1930), d'anciens téléphones et d'autres merveilles du passé sont exposés au musée de l'Automobile, également dans le parc.

*Saint-François-de-Madawaska*

*Crucifixion, de Claude Roussel*

**SAINT-FRANÇOIS-DE-MADAWASKA**

Les touristes pourront visiter un centre d'artisanat et un musée de la forge. Au nord du village se trouve le parc provincial de Lac-Baker où l'on peut faire du bateau, de la natation, de la voile et du ski nautique. La pêche à la truite est excellente.
□ À Clair, un pont international mène à Fort Kent, au Maine. La maison Daigle/Saint-Jean, construite en 1848, est ouverte au public.

**EDMUNDSTON**

Au confluent de la Madawaska et du Saint-Jean se dresse Edmundston (11 500 hab.), centre important de production de pâte à papier. (On peut visiter la papeterie de la Fraser et la pépinière.)
□ La ville fut baptisée en 1848 du nom du lieutenant-gouverneur du Nouveau-Brunswick, Sir Edmund Head. On se familiarisera avec l'histoire colorée de la région au musée local.
□ L'église Notre-Dame-des-Sept-Douleurs est ornée d'un beau chemin de croix de Claude Roussel, sculpté sur bois. On notera en particulier une croix inusitée en forme de T (le *tau* de l'alphabet grec).

## Six étoiles et un aigle, les armes de « la République »

En 1837, les forêts de la Madawaska furent l'objet d'un différend frontalier entre le Nouveau-Brunswick et le Maine. Des deux côtés du fleuve Saint-Jean, les bûcherons se battirent dans ce qu'on appela ensuite l'Aroostook, ou « la guerre des fèves au lard ». Le conflit fut résolu en 1842 avec le traité Webster-Ashburton, mais ces cinq années de tiraillements entre les gouvernements américain et canadien avaient donné naissance à l'idée d'une république de Madawaska.

On raconte que ce titre aurait été inventé par un colon qu'irritaient les questions indiscrètes d'un fonctionnaire français. « Je suis citoyen de la république de Madawaska », lui aurait-il répondu. Le nom resta.

En 1949, deux habitants de la région firent dessiner les armes de la Madawaska, cette « république » au cœur d'une monarchie constitutionnelle. Edmundston devint la capitale de la république dont le maire d'Edmundston est président de droit. L'on fit aussi confectionner un drapeau officiel. L'aigle à tête blanche symbolise l'esprit d'indépendance de la Madawaska ; les six étoiles rouges représentent les différents groupes culturels de la république : les Indiens, les Acadiens, les Canadiens, les Anglais, les Américains et les Irlandais.

Les visiteurs de marque sont élevés au rang de citoyens honoraires et se voient même parfois adresser la parole dans le dialecte de la république, le « brayon ».

Sur quelque 110 km, entre Saint-François-de-Madawaska et Grand-Sault, le fleuve Saint-Jean sert de frontière naturelle entre le Canada et les États-Unis.

Le Saint-Jean, que longe presque constamment la Transcanadienne, serpente ici gracieusement dans une riche région vallonnée au travers des champs et des forêts du comté de Madawaska avant de se précipiter, d'une hauteur de 23 m, à Grand-Sault, le plus haut escarpement de cette province.

Les Malécites constituaient la tribu la plus importante du territoire à l'époque où de Monts et Champlain donnèrent son nom au fleuve, en 1604, le jour de la Saint-Jean. Les colons qui s'y installèrent plus tard venaient du Québec.

Au début du XIXᵉ siècle, la Madawaska était le pays des bûcherons. Aujourd'hui, leurs exploits tumultueux ne sont plus guère qu'un souvenir dans la mémoire d'un peuple qui reste très épris de danse et de musique.

Les habitants de la Madawaska pratiquent sans effort le bilinguisme et il n'est pas rare de voir les interlocuteurs passer subitement du français à l'anglais au cours d'une même conversation.

Les réjouissances populaires, ici, font le bonheur de tous. L'une des fêtes les plus courues de la région, la Foire Brayonne, a lieu à Edmundston : neuf journées de festivités qui prennent fin le premier lundi du mois d'août.

---

### SAINT-BASILE

Fondée en 1792, cette petite paroisse est la plus ancienne du comté de Madawaska. Le musée de la chapelle Saint-Basile, copie de la première chapelle de la région (1780), contient une collection d'ustensiles anciens. La Foire du comté de Madawaska se tient à Saint-Basile, à la fin du mois d'août.

## « Main John » Glasier, le premier draveur du Grand-Sault

Né en 1809, John Glasier, l'un des premiers bûcherons de la Madawaska, fut le premier draveur à passer le Grand-Sault et à explorer les lacs Squatec, au Québec. Fort comme un chêne, il dominait ses compagnons d'une bonne tête, ce qui ne l'empêchait pas de porter un grand chapeau noir, même au lit, à ce qu'on raconte.

Dans sa jeunesse, Glasier employait déjà 600 hommes dans la plus grande exploitation forestière du Nouveau-Brunswick. Sa réputation ne cessa de grandir et on le surnomma bientôt « Main John ». L'expression en vint à désigner le chef d'un grand camp de bûcherons, partout en Amérique du Nord.

Glasier fut élu député du Nouveau-Brunswick en 1861, puis nommé au Sénat du Canada sept ans plus tard. Il mourut en 1894 et fut immortalisé dans un poème de H.A. Cody :

*Et voici que « Main John » apparaît, chevauchant*
*[les grandes billes de bois.*
*L'œil clair, fort et sans peur, orgueil de sa race ;*
*Premier à draver sur le sauvage Grand-Sault,*
*Premier à traverser les lacs Squattook où se plaint*
*[l'orignal solitaire.*
*Esprit des gorges encaissées,*
*Il hante le silence.*
*Intrépide comme aux jours d'autrefois,*
*Glasier mène ses hommes.*

### GRAND FALLS/GRAND-SAULT

C'est ici que le Saint-Jean fait un « grand saut » de 23 m et se précipite dans une gorge qui s'étend sur 1,5 km. Les Malécites appelaient la chute *Chik-un-il-pe*, « le géant destructeur », à cause de sa violence. Depuis l'arrivée du chemin de fer vers 1870, elle est devenue une attraction touristique ; c'est l'une des plus importantes à l'est des chutes du Niagara. Un centre d'interprétation explique l'action des eaux. Un escalier mène aux Puits-dans-la-roche, une série d'anfractuosités profondes de 9 m. L'énergie des chutes est acheminée vers une centrale hydro-électrique qui alimente le système de distribution provincial.

□ Conçue à l'origine pour les défilés militaires, la rue Principale de Grand-Sault serait, avec ses 38 m, la plus large au Canada.

□ Au début de l'été, la ville organise un festival de la pomme de terre.

### SAINT-LÉONARD

Reliée aux États-Unis par un pont, cette localité rurale est un centre important de communications pour toute la région forestière et agricole qui l'entoure. La culture des pommes de terre domine.

□ On peut visiter, dans la rue Principale, les ateliers des fameux tisserands de la Madawaska, célèbres pour les jupes, les écharpes et les cravates aux couleurs vives qu'ils tissent à la main.

*Tisserands de Saint-Léonard*

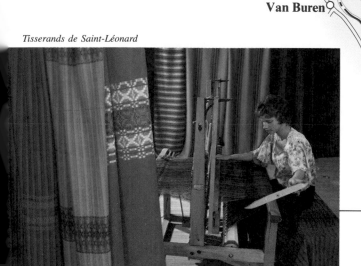

*La chute du Saint-Jean, à Grand-Sault*

# L'hospitalité légendaire de la vallée du Saint-Jean

## Cours supérieur du Saint-Jean

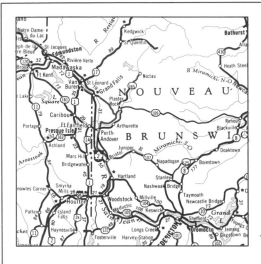

### DRUMMOND
Depuis les années 1860, Drummond et ses environs vivent de la culture des pommes de terre. Les premières furent plantées ici par un Irlandais, Barney McLaughlin. De nos jours, la plupart des fermiers de Drummond sont d'origine française. L'année scolaire commence au début du mois d'août et on l'interrompt en septembre pour que les élèves puissent aider à la récolte des pommes de terre qu'on stocke dans des hangars à moitié ensevelis afin de les protéger de la gelée.

*Hangar à pommes de terre, à Drummond*

## Délice des gourmets

Les queues de violon, jeunes frondes printanières de la fougère à l'autruche, poussent en grand nombre au Nouveau-Brunswick où on les voit percer sur les terres humides des bois ou en bordure des rivières. Les plantes sont emballées et congelées à Florenceville. Passées à l'eau bouillante, les jeunes pousses sont succulentes, comme le savaient bien les Indiens Malécites qui s'en servaient aussi comme remède. La récolte a pris aujourd'hui une ampleur considérable et la plante est presque devenue le symbole de la province. Fredericton organise tous les ans un festival des queues de violon. L'université du Nouveau-Brunswick publie même un magazine littéraire, *The fiddlehead,* du nom anglais de cette spécialité régionale.

### BEECHWOOD
À la centrale hydro-électrique de Beechwood, une échelle permet aux saumons de l'Atlantique de remonter le barrage de 18 m qui coupe le Saint-Jean. Les terrains de la centrale sont agrémentés d'une horloge florale.
□ Au nord de Beechwood, le parc provincial de Muniac offre des terrains de pique-nique et de camping à flanc de coteau.

### FLORENCEVILLE
Autrefois appelée Buttermilk Creek, la ville a été rebaptisée en l'honneur de l'infirmière Florence Nightingale (1820-1910), héroïne de la guerre de Crimée. Aujourd'hui, on prépare des pommes de terre et des queues de violon dans l'usine McCain de Florenceville, la plus importante entreprise de produits congelés au Canada.

### UPPER WOODSTOCK
Dans l'ancien tribunal du comté de Carleton (1833), dont on a restauré la salle des audiences et celle des jurés, on peut voir des documents historiques, des costumes, des photographies et des tableaux. Cette élégante bâtisse de bois abrita le premier conseil de comté du Nouveau-Brunswick. Elle fut aussi une halte de diligence et accueillit des foires agricoles ainsi que des réunions politiques. Des gouverneurs y tinrent même audience. Le musée rappelle la mémoire d'Edwin Tappan Adney, auteur, artiste, naturaliste et spécialiste de l'héraldique et des artisanats amérindiens. Le musée possède également une collection de 1 000 soldats de plomb des régiments anglais des XVIIIe et XIXe siècles.

*Soldats de plomb, ancien tribunal du comté de Carleton*

*Ancien tribunal du comté de Carleton Upper Woodstock*

Les Indiens appelaient le Saint-Jean *Oo-lahs-took*, « le bon fleuve ». En effet, le Saint-Jean est bon et généreux pour ceux qui cultivent les riches terres de sa vallée. Ce pays paisible et prospère est celui de la pomme de terre dont les champs immenses s'étirent à perte de vue. Ce tubercule a donné naissance à une importante industrie alimentaire ; c'est pourquoi on en célèbre la récolte lors de festivals annuels comme ceux de Grand-Sault et de Hartland.

Entre Perth-Andover et Woodstock, la campagne est semée de tentes où des prêcheurs annoncent la bonne parole et de panneaux exhortant les passants au repentir. De splendides demeures ancestrales font la fierté de Woodstock, la ville de l'hospitalité, dont les fondateurs décidèrent que « nul visiteur, connu ou inconnu, ne traverserait cette communauté sans en partager l'hospitalité ».

Woodstock ouvre toutes grandes ses portes pendant la semaine Old Home, une grande fête qui se tient en juillet et durant laquelle se déroulent des courses de trot attelé et des compétitions de chevaux de trait.

Au printemps, les voyageurs peuvent s'arrêter le long de la route pour cueillir et savourer les délicieuses pousses de fougères. En toutes saisons, ils ne manqueront pas d'aller admirer à Hartland l'un des sites les plus fameux de la province, le pont couvert d'Hartland, reconnu comme le plus long du monde.

*Danses folkloriques,*
*à New Denmark*

### NEW DENMARK
Bon nombre des 1 000 habitants de ce village s'habillent en costumes danois pour célébrer, le 19 juin, la fête des fondateurs de la plus grande agglomération danoise du Canada. Les festivités rappellent que 29 immigrants s'installèrent en 1872 au confluent du Saint Jean et de la Salmon.
□ Le Musée commémoratif renferme notamment de vieux rôles d'impôt, des vêtements d'époque, une robe de mariée et une paire de bottes de l'armée danoise.

### PLASTER ROCK
À Plaster Rock, porte des hauts plateaux du nord du Nouveau-Brunswick, les eaux vertes de la Tobique serpentent au milieu de collines de gypse rouge qui ont donné son nom à cette ville de bûcherons et d'agriculteurs. La Tobique, principal affluent du Saint-Jean, offre une voie de canotage de 137 km qui traverse un pays sauvage fréquenté par les ours noirs, les orignaux et les cerfs de Virginie ; elle franchit des passes difficiles avant d'atteindre les eaux paisibles du réservoir de la Tobique. Des guides et des pourvoyeurs offrent leurs services aux chasseurs et aux pêcheurs.

### PERTH-ANDOVER
Perth et Andover étaient autrefois des lieux d'exploitation forestière et de portages avant d'être colonisés, vers 1850, par des soldats anglais qui reçurent des terres en guise de solde. Ils forment une seule municipalité depuis 1966.

### HARTLAND
Croisez les doigts, retenez votre souffle et faites un vœu à l'entrée du plus long pont couvert du monde (391 m) qui enjambe le Saint-Jean à Hartland. Selon la tradition locale, vos souhaits s'accompliront si vous parvenez à franchir les sept travées du pont sans reprendre votre souffle. Construit en 1896, l'ouvrage fut à péage jusqu'en 1904.

### WOODSTOCK
On peut y voir plusieurs belles demeures anciennes, notamment celle de Charles Connell (v. 1820). Connell, maître de poste du Nouveau-Brunswick de 1858 à 1861, remplaça l'effigie de la reine Victoria par la sienne sur un demi-millier de timbres-poste imprimés en 1860. Pour clore les démêlés qui s'ensuivirent, cet original mit le feu à ses timbres devant sa propre maison.
□ Le parc Connell offre une foule d'attractions : courses de trot attelé, golf, natation et un marché en plein air une fois par semaine.

*La Tobique, à Plaster Rock*

## Les ponts des amoureux

Les ponts couverts qu'on rencontre un peu partout au Canada n'ont pas été construits pour le bonheur des amoureux. Leur conception relève d'un raisonnement ingénieux.

Un pont de bois découvert ne durait qu'une quinzaine d'années avant que la pourriture n'attaque sa charpente et les planches de son tablier. Les chevaux, effrayés par les eaux rugissantes qu'ils apercevaient à travers les jointures, prenaient peur et s'emballaient. Recouvert d'un toit soutenu par des murs latéraux, le pont pouvait durer jusqu'à 80 ans. Et les animaux, rassurés par cette construction semblable à leurs écuries, y trottaient sans peur.

Les ponts couverts étaient assez grands pour laisser passer une charrette chargée de foin. En hiver, on répandait de la neige sur le tablier pour faciliter le passage des

*Le pont de Hartland*

traîneaux. Les ponts servaient aussi de panneaux d'affichage.

Des milliers de ponts couverts qui existaient au début du siècle, il en reste à peine 200 aujourd'hui, la plupart au Québec et au Nouveau-Brunswick.

À Hartland, le plus long pont couvert du monde (391 m) enjambe le Saint-Jean. Ses culées de bois de cèdre et ses piliers remplis de pierres au moment de sa construction en 1899 furent remplacés par des ouvrages de béton en 1920.

# Une ville où passé et présent confondent leurs richesses

Cours inférieur du Saint-Jean

*Parlement, à Fredericton*

**PARLEMENT DU NOUVEAU-BRUNSWICK**
L'édifice victorien coiffé d'une coupole argentée abrite le gouvernement provincial depuis 1882. Dans son importante bibliothèque se trouvent une édition de 1783 du Domesday Book et la série complète des 435 gravures en couleurs de *Birds of America* du peintre et naturaliste américain John James Audubon (1785-1851).
□ Tout près du Parlement on peut voir le plus vieux bâtiment de Fredericton, une modeste structure de pierre dont le rez-de-chaussée fut construit en 1816.

*Cathédrale Christ Church, à Fredericton*

**CATHÉDRALE CHRIST CHURCH**
C'est un des meilleurs exemples de style gothique rayonnant en Amérique du Nord. Elle fut construite entre 1845 et 1853 sous l'ardente impulsion de l'évêque John Medley qui réussit à convaincre les autorités britanniques d'ériger Fredericton en municipalité (condition *sine qua non* pour y édifier une cathédrale).
□ Le musée de la cathédrale contient des lettres patentes données par la reine Victoria pour faire de Fredericton une cité, ainsi qu'un parement de chaire fait d'un morceau de la robe de couronnement de cette reine.

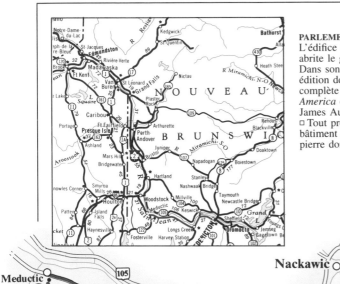

**VILLAGE HISTORIQUE DE KINGS LANDING**
À proximité de la Transcanadienne, à 39,5 km à l'ouest de Fredericton, se trouve un domaine de 121 ha où a été reconstitué en 1974 le premier établissement colonial de Fredericton. Plusieurs bâtiments historiques y ont été transportés en prévision de l'inondation qu'amènerait l'aménagement du barrage de Mactaquac. Le village est ouvert tous les jours de juin à octobre, les dimanches seulement de la mi-janvier à la mi-mars.
□ Un monument commémoratif à Meductic, à 40 km à l'ouest de Kings Landing, rappelle que des colons français érigèrent ici, en 1717, l'une des premières chapelles du Nouveau-Brunswick.

## Un feu crépitant et des chars à bœufs

Le XIXᵉ siècle revit au Village historique de Kings Landing qui compte plus de 70 bâtiments dont 10 résidences méticuleusement restaurées. La Maison Ingraham et son élégant mobilier donnent une bonne idée des demeures riches du Nouveau-Brunswick vers 1840. La Ferme Joslin illustre le style de vie d'une famille d'agriculteurs vers 1860. Le salon cossu et la salle à manger de la Maison Hagerman nous replongent dans l'atmosphère feutrée des familles aisées de la même époque.

Kings Landing comporte aussi une église, une école, un petit théâtre et plusieurs lieux de travail : un moulin à bois (*à droite*), un moulin à farine, un atelier de menuiserie et un magasin général. On peut déguster une bonne bière en fût à l'auberge Kings

Head ou s'y faire servir un repas à l'ancienne. Le personnel, en costume d'époque, recrée pour les visiteurs ce qu'était la vie d'un village du Nouveau-Brunswick entre 1820 et 1890. Les feux crépitent dans les âtres des maisons où les femmes filent la laine, barattent le beurre et fabriquent du savon. On entend encore crisser l'herbe des prés sous la lame des faux, tout en se promenant dans les petites rues paisibles en char à bœufs et en voiture à cheval.

**PARC PROVINCIAL DE MACTAQUAC**
Ouvert toute l'année, c'est le parc le plus populaire de la province. Sur ses 567 ha, on trouve deux plages, des ports de plaisance, des sentiers d'exploration et un terrain de golf de 18 trous. Terrains de camping, abris pour cuisiner et buanderies sont à la disposition des visiteurs.
□ À proximité, on peut visiter la centrale hydro-électrique de Mactaquac et une alevinière.

**PARC DE LA NATURE WOOLASTOOK**
On y conserve diverses espèces communes aux provinces atlantiques. Des sentiers mènent à des enclos, des clairières ou des boisés, où s'ébattent caribous, orignaux et lynx.

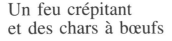
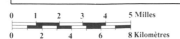

0 1 2 3 4 5 Milles
0 2 4 6 8 Kilomètres

Le passé se conjugue au présent à Fredericton (44 350 hab.), la sereine capitale du Nouveau-Brunswick. Sous les ormes majestueux, les élégantes demeures et les édifices historiques rappellent l'époque des fondateurs loyalistes et celle des riches négociants du XIXᵉ siècle. Mais le musée d'art Beaverbrook et un bon nombre d'autres attractions touristiques attestent de la modernité de la ville.

Le site de Fredericton n'était qu'un endroit désolé lorsque les loyalistes s'y installèrent en 1783. Deux ans plus tard, la ville, que les Acadiens appelaient Pointe-Sainte-Anne, fut rebaptisée du nom de Frederick, fils de George III, et promue au rang de capitale provinciale. Le Military Compound et la cathédrale Christ Church rappellent l'importance de la ville au XIXᵉ siècle comme siège militaire et centre religieux. L'université du Nouveau-Brunswick, fondée en 1828 sous le nom de King's College, allait être la première université provinciale du Canada. On y trouve le premier observatoire astronomique (1851) et la première école de génie (1854). Sur le campus de l'université, une stèle commémorative rappelle la mémoire des poètes Bliss Carman (1861-1929) et Sir Charles G. D. Roberts (1860-1943).

Les rues bordées d'arbres et les espaces verts, comme les parcs Odell et The Green, sont nombreux à Fredericton.

---

**FREDERICTON**

Presque toutes les attractions touristiques de la capitale (l'édifice du Parlement, la cathédrale Christ Church, le musée d'art Beaverbrook et le théâtre Playhouse) sont situées dans le centre-ville.

□ Le quartier militaire, le Military Compound, qui date du siècle dernier, renferme la caserne, un corps de garde et le quartier des officiers. La caserne, terminée en 1827, abrite aujourd'hui des bureaux, mais une salle y a été restaurée dans le style des années 1860. Le corps de garde, qui date de 1828, renferme une salle d'ordonnances, une salle de garde et des cellules qui ont été restaurées. Le quartier des officiers comporte deux ailes, l'une construite en 1839-1840, l'autre en 1851. Dans la partie la plus ancienne se trouve le musée de la Société historique York-Sunbury.

□ On visitera également l'ancien hôtel de ville (1876), l'église unie Wilmot (1852), le palais de justice York (1882), la prison (1840-1842) et l'Hôtel du Gouvernement (1828).

**ANCIEN HÔTEL DU GOUVERNEMENT**

En face du parc Wilmot se trouve l'ancien Hôtel du Gouvernement, une imposante demeure georgienne qu'occupèrent les gouverneurs et les lieutenants-gouverneurs du Nouveau-Brunswick de 1828 à 1893. C'est maintenant le quartier général de la Gendarmerie royale.

*Ancien Hôtel du Gouvernement, à Fredericton*

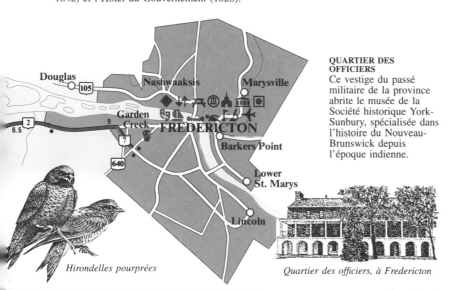

*Hirondelles pourprées*

**QUARTIER DES OFFICIERS**

Ce vestige du passé militaire de la province abrite le musée de la Société historique York-Sunbury, spécialisée dans l'histoire du Nouveau-Brunswick depuis l'époque indienne.

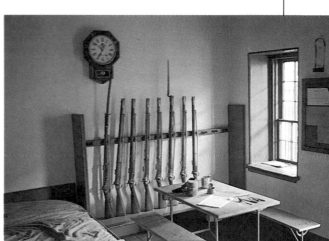

*Salle de garde, Military Compound de Fredericton*

*Quartier des officiers, à Fredericton*

---

## Le magnifique musée de Lord Beaverbrook

Lord Beaverbrook disait que le plus beau tableau du musée dont il fit don à la ville de Fredericton était la vue du Saint-Jean qu'on découvre des grandes baies de la salle principale. Mais les visiteurs se pressent aussi devant le splendide *Santiago el Grande*, de Salvador Dali. Le musée contient une importante collection de peintres anglais tels Reynolds, Gainsborough, Constable, Romney, Turner et Hogarth. On peut y voir aussi plusieurs toiles de Sir Winston Churchill.

La collection de peintures canadiennes inclut de nombreuses œuvres de Cornelius Krieghoff, Tom Thomson, Arthur Lismer, Paul Kane, James Wilson Morrice et Emily Carr. La salle Lucile Pillow expose 130 belles porcelaines anglaises fabriquées entre 1743 et 1840. *À droite :* pichet de Chelsea (1743).

## Fredericton

1 Ancien Hôtel du Gouvernement
2 Parc Odell
3 Hôtel de ville
4 Renseignements touristiques
5 Caserne militaire
6 Corps de garde
7 Parc des Expositions
8 Quartier des officiers
9 The Playhouse
10 Musée d'art Beaverbrook
11 Parlement
12 Parc The Green
13 Cathédrale Christ Church
14 Université du Nouveau-Brunswick
15 Université Saint-Thomas
16 Renseignements touristiques
17 Fort Nashwaak (monument)
18 Cimetière des Loyalistes

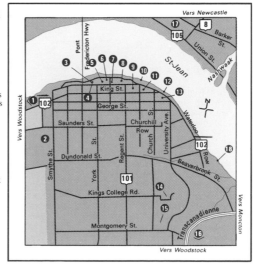

# Saumons de rêve
# et chansons folkloriques

Route Nashwaak-Miramichi

Depuis l'aube, le pêcheur lance patiemment sa ligne dans les eaux de la Miramichi du Sud-Ouest. Soudain, un éclair d'argent fend l'eau et la canne du pêcheur se courbe. Le moulinet siffle, tandis que le saumon prend de la ligne, s'élance presque jusqu'à la rive opposée, puis descend le courant.

Le poisson saute hors de l'eau, reste un instant suspendu en l'air, puis retombe dans une gerbe d'éclaboussures. Infatigable, il saute encore et frappe l'eau à plat,

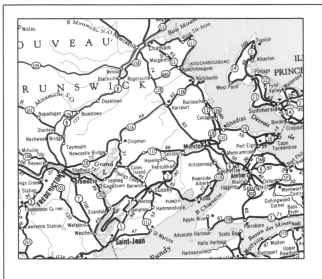

**BOIESTOWN**

Ce village de bûcherons et de pourvoyeurs se trouve au centre géographique du Nouveau-Brunswick. Les voyageurs venant de Fredericton par la route 8 y découvrent pour la première fois la Miramichi du Sud-Ouest, longue de 217 km, célèbre dans le monde entier pour sa pêche au saumon. Les amateurs de pêche sportive arrivent dans la région dès avril lorsque le saumon de l'Atlantique remonte la rivière, et continuent d'affluer jusqu'au mois de septembre.
□ Le musée Woodmen, à l'est de Boiestown, expose des photographies et des outils illustrant la vie des pionniers de la région.
□ À environ 11 km au nord-est de Boiestown se trouve le village de McNamee où une passerelle suspendue de 200 m (la seule au Nouveau-Brunswick) enjambe la rivière Miramichi.

*Pêche au saumon dans la Miramichi du Sud-Ou...*

**STANLEY**

La Foire de Stanley, la plus ancienne du Nouveau-Brunswick, se déroule à la mi-août depuis 1851. C'est la fête des violoneux et des amateurs de danses carrées. Les fermiers de la région, pour la plupart descendants de colons britanniques, exposent leurs récoltes et leurs bestiaux.

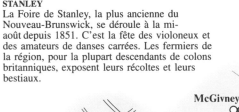

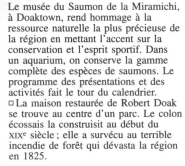

**DOAKTOWN**

Le musée du Saumon de la Miramichi, à Doaktown, rend hommage à la ressource naturelle la plus précieuse de la région en mettant l'accent sur la conservation et l'esprit sportif. Dans un aquarium, on conserve la gamme complète des espèces de saumons. Le programme des présentations et des activités fait le tour du calendrier.
□ La maison restaurée de Robert Doak se trouve au centre d'un parc. Le colon écossais la construisit au début du XIXᵉ siècle ; elle a survécu au terrible incendie de forêt qui dévasta la région en 1825.

**MARYSVILLE**

Ce faubourg de Fredericton, situé près de l'embouchure de la Nashwaak, fut fondé par Alexander « Boss » Gibson, qui arriva au cours de l'été 1862 et fut le premier à draver sur la rivière. Il édifia un vaste empire forestier qu'il dota même d'un chemin de fer pour relier ses scieries. Gibson fit également construire une grande cotonnerie de brique rouge entourée d'une petite ville de maisonnettes pour ses ouvriers qu'il baptisa Marysville, en l'honneur de son épouse.

*Miramichi du Sud-Ouest*

(voir l'itinéraire 140)
**FREDERICTON**

| 0 | 2 | 4 | 6 | 8 | 10 Milles |
| 0 | 4 | 8 | 12 | 16 Kilomètres |

dans un bruit de verre brisé. Avec un peu de chance et de patience, le pêcheur, attiré sur ces rives par le fabuleux saumon de l'Atlantique, sera payé de sa peine.

C'est à Boiestown que les voyageurs qui empruntent la route Nashwaak-Miramichi vers le nord découvrent pour la première fois la Miramichi du Sud-Ouest. La route suit la Nashwaak au nord de Fredericton, puis longe la Miramichi du Sud, traversant les spectaculaires paysages du centre du Nouveau-Brunswick,

jusqu'à la mer et aux ports florissants de Newcastle et Chatham.

Les pêcheurs basques et français fréquentaient la baie de la Miramichi dès le début du XVIe siècle. En 1686, Baptiste Franquelin, un cartographe français, dressa la carte de la rivière et de ses affluents et consigna leurs noms indiens.

Vinrent ensuite les courageux pionniers de la vallée — bûcherons et constructeurs de navires — et, avec eux, leurs chants. Les chansons jouaient en effet un rôle im-

portant à l'époque des voitures à cheval, quand les voyageurs voulaient rompre la monotonie de la route. On célèbre toujours, dans la région, l'amour de la musique avec le Festival de la chanson de la Miramichi qui se tient à Newcastle.

*Ferme McDonald, à Bartibog Bridge*

*Buste de Lord Beaverbrook, à Newcastle*

**BLACKVILLE**
La région de Blackville est hantée par le légendaire Dungarvon Whooper, le fantôme d'un cuisinier assassiné sur les rives de la Dungarvon dans les années 1860. Après son enterrement, les gens commencèrent à entendre d'effroyables cris. Selon la tradition, les voyageurs doivent se méfier de l'odeur du lard frit, avec laquelle le Whooper essaie d'attirer son meurtrier.

**BARTIBOG BRIDGE**
Une maison de grès, construite vers 1815 par l'Écossais Alexander McDonald, domine la baie de la Miramichi. Cette belle maison est le centre d'attraction d'un parc historique provincial où a été reconstituée une ferme du début du XIXe siècle.

**PARC PROVINCIAL MIDDLE ISLAND**
L'île a la forme d'un lac des environs. Les Indiens croyaient qu'elle avait été taillée à même la terre ferme et déposée au milieu de la rivière. Une croix celte rend hommage aux immigrants irlandais de la région. Le parc est doté de terrains de pique-nique et d'une plage ; une route y donne accès.

**DOUGLASTOWN**
La Maison Rankin, édifiée vers 1880 par un constructeur naval, expose des maquettes de bateaux, des objets historiques et des œuvres d'artistes locaux.

**NEWCASTLE**
La maison où vécut Lord Beaverbrook (1879-1964) quand il était enfant est l'une des attractions touristiques de la ville. Financier, magnat de la presse britannique et membre du cabinet de guerre de Churchill, Beaverbrook, né William Maxwell Aitken, grandit dans la Old Manse qui abrite maintenant une bibliothèque et un musée, près de l'église St. James. À Town Square, un petit pavillon italien (cadeau de Beaverbrook) et un monument renfermant ses cendres rappellent sa mémoire.
□ La plupart des belles demeures de bois de Newcastle ont été construites par les grands exploitants forestiers du siècle dernier après que l'incendie de la Miramichi, en 1925, eut rasé la presque totalité des 260 maisons de la ville (il en resta 12). Près de 5 500 km² de forêts furent du même coup dévastés, un désastre presque sans équivalent.

**CHATHAM**
Le destin de Chatham au XIXe siècle est inséparable de celui de la dynastie des Cunard. Joseph Cunard (1799-1865), frère de Samuel Cunard (1787-1865) qui fonda la célèbre compagnie de navigation, s'occupa des affaires de la famille jusqu'à ce que survienne la faillite en 1848.
□ Un autre personnage de Chatham est célèbre ; il s'agit de R.B. Bennett (1870-1947), le seul Premier ministre canadien né au Nouveau-Brunswick.
□ Le musée d'Histoire naturelle de la Miramichi conserve les archives de la famille Cunard. Parmi les autres monuments importants de Chatham, il faut noter la Maison Loggie transformée en centre culturel et le Musée historique St. Michael où se trouve la généalogie de plusieurs familles locales.

*Avions-citernes biplans, à Upper Blackville*

**UPPER BLACKVILLE**
La Direction de la protection forestière du ministère des Ressources naturelles du Nouveau-Brunswick possède ici un terrain d'aviation où sont basés les petits avions qui patrouillent la forêt pour détecter les incendies. Des avions-citernes biplans larguent des produits chimiques extincteurs sur les arbres en feu.

# Les chansons des marins et des bûcherons

Les gigues acadiennes et les chansons traditionnelles des marins et des bûcherons du Nouveau-Brunswick constituent les principales attractions du Festival de la chanson folklorique de la Miramichi qui se tient à Newcastle en juillet. Les chants sont interprétés au son des violons, des banjos, des accordéons et des harmonicas. Ce répertoire comporte aussi des ballades qui commencent

par les mots « Bonne nuit », qu'on chantait autrefois aux exécutions publiques.

*The Jones Boys*, une chansonnette d'un seul couplet, est jouée par le carillon de l'université du Nouveau-Brunswick, à Fredericton, pour marquer l'heure. Une autre chanson représentative, *Le désastre de Baie-Sainte-Anne*, raconte le naufrage au cours duquel 35 pêcheurs se noyèrent le 20 juin 1959.

*Nous venons d'apprendre la nouvelle*
*D'une terrible tragédie*
*Qui s'est passée dessus la mer (e)*
*Semant le désastre et la mort.*

# La capitale mondiale du homard et le pays de la « Sagouine »

## Sud-est du Nouveau-Brunswick

**ESCUMINAC**
Une sculpture impressionnante de l'artiste Claude Roussel, natif du Nouveau-Brunswick, rappelle la mémoire de 35 pêcheurs perdus en mer lors d'une tempête sur la baie de Miramichi en 1959. Le monument fut offert par le Fonds commémoratif des pêcheurs du Nouveau-Brunswick.

*Sculpture de Claude Roussel*

**RICHIBOUCTOU**
L'église Saint-Louis-d'Aloysius symbolise les liens du village avec la mer. Les lignes sinueuses du toit de ce monument circulaire rappellent les vagues de l'océan tandis que le clocher évoque un phare.
□ Le Musée de la Richibouctou relate l'histoire du comté de Kent.

*Rossolis*

*Laurier des marais*

**PARC NATIONAL DE KOUCHIBOUGOUAC**
Des chaussées de bois mènent aux bancs de sable, aux lagunes et aux marécages du littoral de ce parc aménagé au bord de la baie de Kouchibougouac. Des ammophiles (foin des dunes) retiennent le sable des dunes. Dans les tourbières qui bordent les marécages et les dunes poussent le laurier des marais, le kalmia à feuilles étroites, l'habénaire à gorge frangée et deux plantes insectivores, le rossolis et la sarracénie. L'intérieur des terres est couvert d'une forêt d'épinettes noires, de pins blancs, de pins gris, de merisiers et de trembles. Quelque 216 espèces d'oiseaux et 25 espèces de mammifères fréquentent ce parc de 238 km². On y trouvera des aménagements pour le camping, le canotage, les randonnées pédestres, la pêche et le ski de fond. La natation est agréable dans les eaux tièdes du détroit de Northumberland.

**REXTON**
Dans le parc historique Bonar Law, domaine de 9 ha le long de la rivière Richibucto, se trouve la maison d'enfance restaurée d'Andrew Bonar Law, Premier ministre de Grande-Bretagne en 1922-1923. Le parc renferme également d'anciens bâtiments de ferme. Des guides en costumes d'époque accompagnent les visiteurs.

**MONCTON**
Seconde ville en importance du Nouveau-Brunswick, Moncton (56 000 hab.) fut fondée par des Allemands auxquels succédèrent des loyalistes, des Écossais et des Irlandais. En 1855, elle fut baptisée en l'honneur du lieutenant-colonel Robert Monckton qui s'était emparé du fort Beauséjour un siècle plus tôt. (C'est par inadvertance que fut supprimée la lette « k ».)
□ Aujourd'hui, plus du tiers des habitants de la ville sont francophones. L'université de Moncton est la seule université francophone à l'est de Québec.
□ Free Meeting House est le plus ancien bâtiment de Moncton. C'est une maison de plain-pied construite en 1821 où les colons allemands se réunissaient pour prier.
□ Le Musée de Moncton relate l'histoire de la ville, depuis l'époque des Micmacs jusqu'à nos jours. Au Musée acadien, sur le campus de l'université, on verra des peintures, des métiers à tisser et des rouets acadiens, une forge et un orgue français de 1614. Le musée Lutz Mountain, logé dans une vieille église, conserve la généalogie des fondateurs de la ville en 1766.
□ Parmi les curiosités naturelles, il y a le petit mascaret qui remonte deux fois par jour la rivière Petitcodiac, la Côte magnétique où une illusion d'optique donne l'impression que les autos à l'arrêt remontent une pente et le parc du Centenaire qui renferme 21 ha de bois et de lacs.

## Spécialités de la cuisine acadienne

Le poisson et les légumes constituent la base de la cuisine traditionnelle acadienne. Le maquereau, le hareng ou la morue sont bouillis dans de l'eau salée et servis avec des pommes de terre ; les soupes de fruits de mer se font avec des palourdes, des huîtres, des homards, des pommes de terre et des oignons. Les navets, les choux ou les haricots rouges sont apprêtés avec du lard.
    Plusieurs restaurants de la région de Moncton offrent des mets acadiens comme le *pot-en-pot,* un ragoût de poulet et de nouilles maison, ou les *poutines râpées,* de grosses boules de pomme de terre râpée mêlée de purée et de dés de porc salé que l'on fait mijoter dans de l'eau. On les sert salées et poivrées comme plat principal ou comme dessert avec de la mélasse.

0  2  4  6  8  10 Milles

0  4  8  12  16 Kilomètres

Des casiers à homard sur la grève, les cris des mouettes dans le ciel, une « chaise berçante » sous un petit porche de bois, autant d'images qui évoquent l'atmosphère de la côte de Northumberland, au sud-est du Nouveau-Brunswick.

Dans le parc national de Kouchibouguac, couvert d'épinettes, de bouleaux, de trembles et de pins, de petites routes mènent aux lagunes paisibles du littoral. En direction sud, on traversera Richibouctou, célèbre pour ses pétoncles, Bouctouche, patrie de la romancière Antonine Maillet, et Shediac, la « capitale mondiale du homard ».

Le terminus de l'un des traversiers qui relient le Nouveau-Brunswick à l'île du Prince-Édouard se trouve à Cap-Tourmentin. De l'autre côté de la péninsule de Chignectou, les ruines du fort Beauséjour dominent les vastes marécages de Tantramar, « le plus grand champ de foin du monde ». En 1755, pendant 13 jours, les marécages furent le théâtre d'un violent combat lorsque 270 soldats de l'armée anglaise et 2 000 volontaires de la Nouvelle-Angleterre s'emparèrent du fort.

Non loin de Moncton, plaque tournante des provinces Maritimes, qui allie avec bonheur la réserve britannique à la joie de vivre des Acadiens, deux cités retiennent l'attention : la paisible ville universitaire de Sackville et Dorchester, qui possède certains des plus beaux exemples d'architecture néo-classique de la province.

La Sagouine, *interprétée par Viola Léger, comédienne du Nouveau-Brunswick*

### BOUCTOUCHE
Le sable chaud de plages sauvages et les eaux tempérées font de ce village acadien de pêcheurs un centre très apprécié des touristes. La pêche au homard y est excellente et l'on dit de la région que c'est le « parc à huîtres du Nouveau-Brunswick ».
□ Le musée Kent, logé dans un ancien couvent, rappelle l'histoire de la ville et du comté.
□ C'est à Bouctouche qu'est née la romancière acadienne Antonine Maillet. Son ouvrage le plus populaire, *La Sagouine* (1971), est l'histoire d'une indomptable vieille femme qui raconte sa vie dans le parler savoureux de l'Acadie.

### SHEDIAC
Défilés, chants et danses folkloriques, compétitions sportives, dégustation de homards sont autant d'attractions du festival de cinq jours qu'organise la « capitale mondiale du homard » à la mi-juillet. Avec son port de plaisance et ses belles plages du détroit de Northumberland dont les eaux sont parmi les plus chaudes au nord de la Virginie, Shediac est un grand centre touristique.

*Ruines du parc historique national de Fort-Beauséjour*

### AULAC
Le fort Beauséjour fut construit par les Français en 1751-1755 pour faire face aux Anglais installés à Fort Lawrence (aujourd'hui Amherst, N.-É.). En juin 1755, Beauséjour fut pris par les Anglais qui renforcèrent ses ouvrages de défense et le rebaptisèrent Fort Cumberland. L'endroit reprit son ancien nom en 1926 lorsque fut créé le parc historique national.

### MARAIS DE TANTRAMAR
À l'abri de vieilles digues construites par les Acadiens, s'étendent 207 km² de terres fertiles. Tantramar viendrait de tintamarre pour désigner le bruit du ressac ou la cacophonie des cris des oiseaux de mer.

*Marais de Tantramar, près de Sackville*

*Maison Keillor, à Dorchester*

### DORCHESTER
On a employé la pierre de la région pour construire la Maison Keillor en 1813. Restaurée et transformée en musée, ses 10 pièces abritent un riche mobilier de la fin du XVIII<sup></sup>e et du début du XIX<sup></sup>e siècle. On admirera également son escalier en colimaçon de trois étages et ses neuf foyers.
□ Le Bell Inn de 1811, le plus ancien bâtiment en pierre du Nouveau-Brunswick, renferme un restaurant et une boutique d'artisanat.

### SACKVILLE
Près du centre s'étend le campus de l'université Mount Allison, dont la galerie d'art Owens possède l'une des plus belles collections de gravures du Canada. On peut y voir notamment des sérigraphies du peintre réaliste Alex Colville qui fit ses études à l'université Mount Allison. La collection comprend plusieurs œuvres du Groupe des Sept, des aquarelles, des gravures et des peintures anglaises du XIX<sup></sup>e siècle. La première femme bachelière de l'Empire britannique reçut son diplôme de l'université Mount Allison en 1875.
□ Une petite bourrellerie installée sur la Grand-Rue est le seul endroit d'Amérique du Nord où l'on fabrique encore à la main des colliers pour les chevaux.

# 143 St. Stephen/Letete, N.-B. (142,5 km)

## La frontière de l'amitié entre les belligérants d'autrefois

Sud-ouest du Nouveau-Brunswick

L'esprit des ancêtres loyalistes, diligents, industrieux et conservateurs, imprègne toujours cette route que bordent des bosquets de sapins et d'épinettes, des anses paisibles et des champs vallonnés. Menacés et méprisés par les vainqueurs de la révolution américaine, les loyalistes de Castine, dans le Maine, se réfugièrent sur cette côte accidentée où la Couronne britannique leur offrit leur terres.

Les splendides maisons, les charmantes auberges et maints édifices historiques de

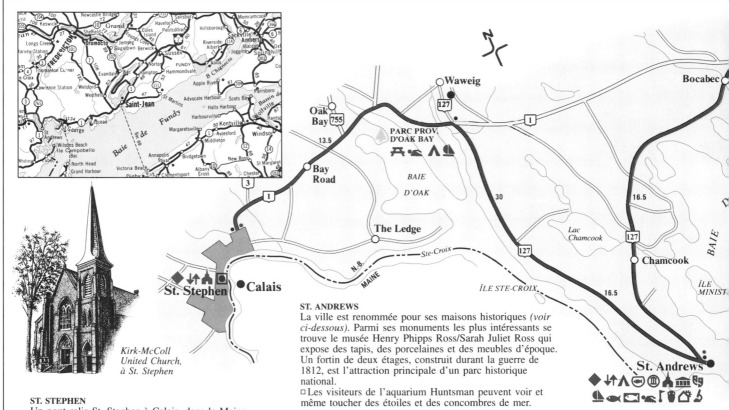

*Kirk-McColl United Church, à St. Stephen*

### ST. STEPHEN

Un pont relie St. Stephen à Calais, dans le Maine, de l'autre côté de la Sainte-Croix. Chaque ville célèbre les fêtes nationales de l'autre et toutes deux utilisent le même service d'eau et d'incendie.

□ L'église Kirk-McColl a été baptisée du nom du révérend Duncan McColl, pasteur méthodiste qui contribua à maintenir la paix entre les deux villes durant la guerre de 1812.

□ St. Stephen fut fondée en 1786. C'était à l'époque un centre de construction navale. De nos jours, la principale industrie de la ville est la confiserie Ganong Bros. Ltd. En 1906, Arthur Ganong eut l'idée d'envelopper des morceaux de chocolat dans du papier pour que les pêcheurs puissent en emporter : la tablette de chocolat était née. En été, durant le Festival du chocolat, les touristes peuvent visiter la confiserie.

*Boîte de chocolats Ganong (1920)*

### ST. ANDREWS

La ville est renommée pour ses maisons historiques *(voir ci-dessous)*. Parmi ses monuments les plus intéressants se trouve le musée Henry Phipps Ross/Sarah Juliet Ross qui expose des tapis, des porcelaines et des meubles d'époque. Un fortin de deux étages, construit durant la guerre de 1812, est l'attraction principale d'un parc historique national.

□ Les visiteurs de l'aquarium Huntsman peuvent voir et même toucher des étoiles et des concombres de mer.

## Les premiers préfabriqués du Canada

Lorsque les fondateurs de St. Andrews quittèrent Castine, dans le Maine, après la révolution américaine, certains transportèrent dans des barges leurs maisons démontées. Au numéro 75 de la rue Montague, on peut voir une maison blanche à toit vert qui fut construite à Castine en 1770 et remontée ici en 1783. Parmi les 13 autres maisons du XVIIIᵉ siècle que possède la ville, la mieux conservée (v. 1790) est celle de John Dunn, shérif du comté, à l'angle des rues Adolphus et Queen. Une maison d'un type plus rare, la « boîte à sel » — deux étages à l'avant, un étage à l'arrière —, se trouve sur la rue Queen, près de la rue Edward. Elle fut construite en 1785 par le charpentier de marine Joseph Crookshank. Au carrefour des rues Queen et Frederick, la Maison Pagan-O'Neill est l'une des plus anciennes. Chestnut Hall (1810), à l'angle des rues King et Montague, était la maison du colonel Christopher Hatch, commandant de la garnison. Mais le joyau de St. Andrews est sans doute l'église presbytérienne Greenock, construite en 1824 par le capitaine Christopher Scott.

*Maison Joseph Crookshank (1785)*

*Maison Pagan-O'Neill (1784)*

*Maison John Dunn (1790)*

0 1 2 3 4 5 Milles
0 2 4 6 8 Kilomètres

St. Andrews rappellent presque à chaque coin de rue l'héritage anglo-américain.

Les rapports entre les loyalistes et leurs voisins américains restèrent longtemps tendus, comme en témoigne le fortin de bois construit au début de la guerre de 1812, face au parc du Centenaire. Le capitaine Christopher Scott paya même de ses deniers les ouvriers qui le construisaient lorsque l'armée coupa les crédits.

Mais les Américains n'attaquèrent jamais St. Andrews. Vers le milieu du XIXe siècle, les anciennes querelles furent enfin oubliées et les vacanciers américains affluèrent dans ce bastion loyaliste. Shiretown Inn (1881), l'un des plus anciens hôtels de villégiature du Canada, et l'hôtel Algonquin (1888, reconstruit en 1915) rappellent cette époque.

De nos jours, le parc international de l'Île-Campobello, dédié à la mémoire de Franklin D. Roosevelt, symbolise les liens d'amitié qui unissent le Canada et les États-Unis.

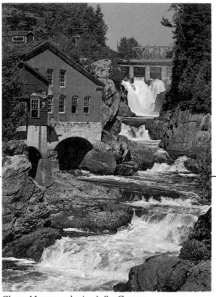

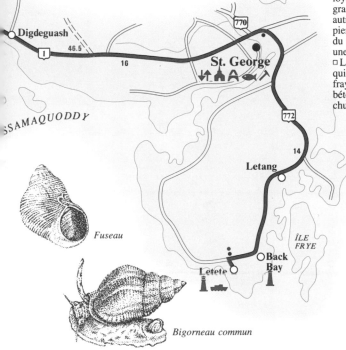

**ST. GEORGE**
Les pierres tombales du cimetière loyaliste et les affleurements de granite rappellent l'industrie autrefois florissante des tailleurs de pierre. St. George, l'ancienne « ville du granit rouge », est maintenant une localité de pêcheurs.
□ Les saumons de l'Atlantique qui remontent le courant vers leurs frayères utilisent une échelle de béton pour contourner la pittoresque chute Magaguadavic.

*Chute Magaguadavic, à St. George*

*Parc à homards, dans l'île Deer*

*Fuseau*

*Bigorneau commun*

*Bourgot*

**BAIE DE PASSAMAQUODDY**
La baie abrite une riche faune marine. À marée basse, on y découvre des bigorneaux, des bernacles, des limules, des « dollars d'argent » et le « coquillage lune » dont la piqûre est vénéneuse. Par temps chaud, on trouve également des bourgots sur les rochers.

On peut aussi ramasser des fuseaux dont les coquilles servaient autrefois de lampes à huile de baleine, ou des palourdes qui s'enfouissent sous la vase. En été, on verra, accrochées aux rochers, des anémones et des étoiles de mer. L'étoile de mer sort son estomac réversible par la bouche pour dévorer les bernacles et les coquillages. Les crabes qui se cachent dans les algues marines menacent les intrus mais attaquent rarement les baleines, des marsouins, des phoques, des anguilles et des homards fréquentent également les eaux de la baie.

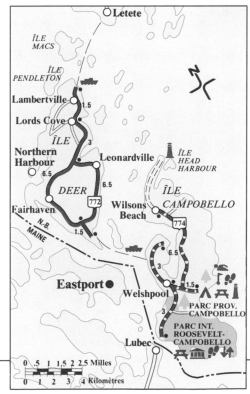

**ÎLE DEER**
La pêche (et surtout la pêche au homard) constitue la principale ressource de l'île depuis le XVIIIe siècle. Les trois plus grands parcs à homards du monde se trouvent ici, à Northern Harbour. On y met les homards pris en saison, pour ensuite pouvoir alimenter le marché en homards frais pendant toute l'année. L'eau des parcs est constamment renouvelée par les grandes marées de la baie de Fundy.
□ Old Sow, un tourbillon qui peut se comparer au maelstrom norvégien, est particulièrement visible du haut d'un terrain de camping de la pointe Deer Island.

**ÎLE CAMPOBELLO**
La maison d'été du Président Franklin D. Roosevelt, une maison de style colonial hollandais de 34 pièces, est le centre d'attraction du parc international Roosevelt-Campobello. Le président passa presque tous les étés de sa jeunesse dans cette île jusqu'en 1921, lorsqu'il fut frappé par la poliomyélite. Devenu président, Roosevelt revint dans l'île à trois reprises, entre 1933 et 1945.
□ Un service de traversier relie Campobello et les îles Deer.

*Statuette de Roosevelt, parc international Roosevelt-Campobello*

# Une île de conte de fées et un chapelet de criques sauvages

Sud-ouest du Nouveau-Brunswick

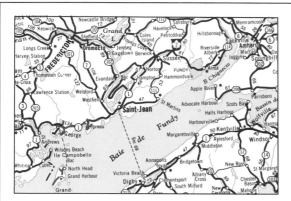

## BLACKS HARBOUR

C'est d'ici que partent les traversiers pour l'île du Grand-Manan. Les 10 conserveries de la région traitent la plus grande partie de la production canadienne de sardines. En septembre se tient le championnat nord-américain des emballeurs de sardines.

□ Le poisson est pêché à la seine en eau profonde ou dans de grands réservoirs circulaires en bordure de la côte. On enveloppe un banc de sardines avec une seine de 60 m de profond sur 500 de long dont on referme les bords pour former une sorte de bourse. Le poisson capturé est ensuite aspiré au moyen de gros tuyaux.

## LAC UTOPIA

Un monstre venu de l'océan se serait réfugié au fond de ce lac situé à 11 km au nord de St. George. Cette légende n'empêche pas les touristes d'y pêcher, d'y faire du bateau et du ski nautique ou de fréquenter les plages et les installations de camping et de pique-nique aménagées sur ses rives.

□ Au nord-est du lac se trouve la réserve de la faune Utopia, un domaine provincial qui est ouvert au public sauf pendant la saison de la chasse.

*Pêche à la seine, dans la baie de Fundy*

## ÎLE DU GRAND MANAN

Cette île paisible et pittoresque, la plus grande (142 km²) des îles de la baie de Fundy, est réputée pour ses curiosités géologiques. Ses habitants vivent de la pêche au homard et de la récolte de la main-de-mer palmée, une algue rouge comestible.

□ Grand Manan est un pays de forêts d'épinettes, de sapins baumiers, de bouleaux et de peupliers, le pays des plages solitaires, des falaises spectaculaires et des sentiers rocailleux émaillés de fleurs des champs. Au large de la côte est s'étend une forêt sous-marine de souches d'arbres.

□ Grand Manan, c'est aussi un lieu idéal où observer les baleines ou fouiller les débris de l'océan amenés par les vagues.

*Phare Swallowtail, Pettes Cove, île du Grand Manan*

## DARK HARBOUR

Tendre ou coriace, rose ou pourpre, la main-de-mer palmée est une algue comestible fort appréciée des gourmets. Celle qui provient de Dark Harbour est considérée comme la meilleure du monde. On la mange grillée à la flamme ou en condiment dans les soupes de fruits de mer et les sauces. Les gens de la région en récoltent jusqu'à 60 kg par personne entre les marées, puis ils la mettent à sécher au soleil pendant cinq heures. La récolte de Dark Harbour est expédiée dans tout le Canada et aux États-Unis.

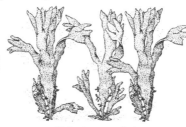

*Main-de-mer palmée*

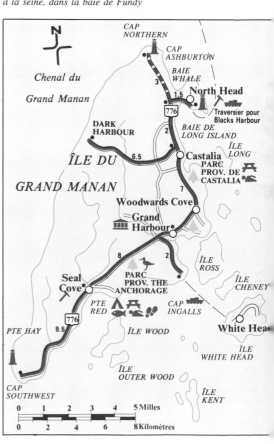

Les criques du littoral, déchiqueté par les puissantes marées de la rive nord de la baie de Fundy, abritent de petits ports de pêche. Les poissons abondent dans les lacs et les cours d'eau de cette région boisée que fréquentent l'ours noir, l'orignal et le cerf de Virginie. Une rivière impétueuse, la Lepreau, met à l'épreuve les canoéistes expérimentés qui s'attaquent à ses eaux vives.

À St. George, dont la fondation remonte à près de 200 ans, le saumon de l'Atlantique remonte une échelle de béton pour rejoindre ses frayères au nord de la rivière Magaguadavic.

Blacks Harbour, le centre de l'industrie de la sardine au Canada, est reliée à l'île du Grand Manan par plusieurs navettes quotidiennes de traversiers d'une durée de deux heures sur la baie de Fundy.

L'île du Grand Manan est le lieu favori des naturalistes, des géologues, des écrivains et des artistes. Avec ses hautes falaises, ses criques tourmentées, ses phares blancs et ses maisonnettes, Grand Manan semble sortir tout droit d'un livre d'images pour enfants.

Les touristes peuvent pêcher en mer le hareng, la goberge, l'aiglefin ou le thon rouge avec les pêcheurs de la région, visiter un fumoir à harengs saurs ou chercher le trésor du capitaine Kidd à l'endroit où le ruisseau Money Cove dévale au creux d'un ravin de 244 m, près de Dark Harbour. Au large, les plongeurs expérimentés exploreront plusieurs épaves.

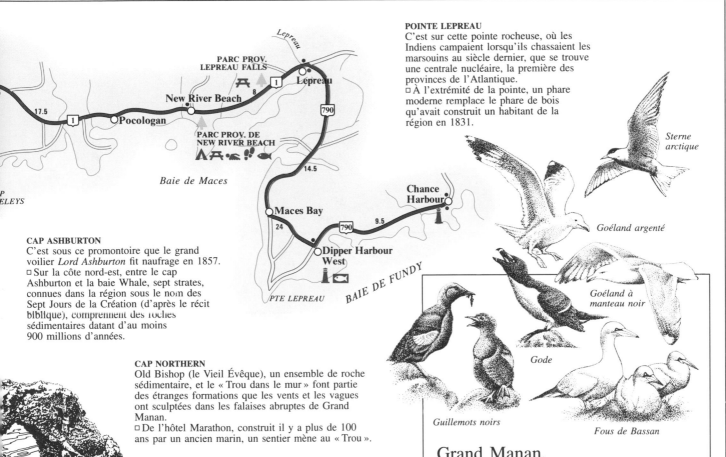

**POINTE LEPREAU**
C'est sur cette pointe rocheuse, où les Indiens campaient lorsqu'ils chassaient les marsouins au siècle dernier, que se trouve une centrale nucléaire, la première des provinces de l'Atlantique.
□ À l'extrémité de la pointe, un phare moderne remplace le phare de bois qu'avait construit un habitant de la région en 1831.

*Sterne arctique*

*Goéland argenté*

*Goéland à manteau noir*

*Gode*

*Guillemots noirs*

*Fous de Bassan*

**CAP ASHBURTON**
C'est sous ce promontoire que le grand voilier *Lord Ashburton* fit naufrage en 1857.
□ Sur la côte nord-est, entre le cap Ashburton et la baie Whale, sept strates, connues dans la région sous le nom des Sept Jours de la Création (d'après le récit biblique), comprennent des roches sédimentaires datant d'au moins 900 millions d'années.

**CAP NORTHERN**
Old Bishop (le Vieil Évêque), un ensemble de roche sédimentaire, et le « Trou dans le mur » font partie des étranges formations que les vents et les vagues ont sculptées dans les falaises abruptes de Grand Manan.
□ De l'hôtel Marathon, construit il y a plus de 100 ans par un ancien marin, un sentier mène au « Trou ».

**GRAND HARBOUR**
La collection d'oiseaux Allan Moses du musée local contient des spécimens empaillés de plus de 300 espèces, notamment le canard siffleur d'Europe, le petit héron bleu et la grande aigrette. Moses (1881-1953) était un naturaliste de la région.

*Le Trou dans le mur, île du Grand Manan*

# Grand Manan, le paradis des oiseaux

Au printemps et à l'automne, d'innombrables oiseaux s'arrêtent pour faire leur nid sur l'île du Grand Manan, à l'extrémité septentrionale de la route migratoire de l'Atlantique. Lorsque le naturaliste John James Audubon visita l'île en 1833, il fut stupéfait d'y découvrir des dizaines de milliers de goélands et d'oiseaux chanteurs. En bordure de la mer poissonneuse, les hautes falaises protègent les nids des sternes arctiques, des fous de Bassan, des guillemots noirs et des godes contre les prédateurs.

Les naturalistes ont recensé plus de 245 espèces sur les 80 ha de landes humides et de bois de sapins du refuge d'oiseaux du Grand Manan, situé dans le parc provincial Anchorage, entre Grand Harbour et Seal Cove. À la saison des amours, les ornithologues y dénombrent plus de 2 000 canards noirs, 1 200 bernaches cravants, 200 garrots communs et 100 petits garrots. On y voit aussi souvent des oies, des sarcelles, des eiders, des morillons à collier, des becs-scies et des canards pilets.

**POINTE RED**
L'île du Grand Manan se compose de deux structures géologiques principales formées à 700 millions d'années d'intervalle. L'ouest, sauvage et inhabité, est d'origine volcanique, tandis que la partie orientale, plus hospitalière, se compose de roches sédimentaires plus anciennes. À la pointe Red, sur la côte sud-est, la roche grise volcanique a recouvert les dalles sédimentaires rouges il y a des millions d'années. Entre Dark Harbour et North Head, les collectionneurs peuvent trouver des améthystes, des agates, des jaspes, des silex noirs et des apophyllites.

*Hématite spéculaire, île du Grand Manan*

# Charme et dynamisme d'un vieux port de mer

*Maison loyaliste*

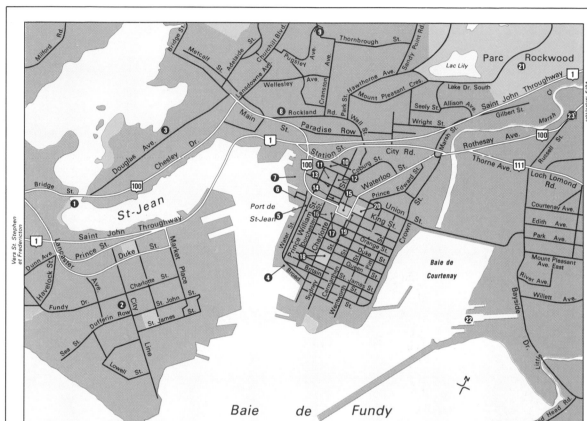

### Saint-Jean
1 Chutes réversibles
2 Tour Martello de Carleton
3 Musée du Nouveau-Brunswick
4 Phare Three Sisters Lamps
5 Magasin général Barbour
6 Site du débarquement loyaliste
7 Market Square
8 Fort Howe
9 Université du Nouveau-Brunswick
10 Église de pierre Saint John's
11 Centre d'exposition du bicentenaire Aitken
12 Centre aquatique des Jeux du Canada
13 Maison loyaliste
14 Old City Market
15 King Square
16 Renseignements touristiques
17 Église Trinity
18 Monument Samuel-de-Champlain
19 Tribunal du comté
20 Cimetière loyaliste
21 Parc Rockwood
22 Chantiers navals de Saint-Jean
23 Exposition nationale de l'Atlantique

Saint-Jean offre une séduisante combinaison d'ancien et de moderne. Le Market Square en est le plus bel exemple. Situé dans le prolongement du port mais au cœur de la ville, il domine le Market Slip où débarquèrent en 1783 les premiers colons loyalistes de l'Empire britannique. Le voyageur partira de là pour flâner dans les rues animées du port et découvrir des maisons de style loyaliste, des bâtiments du XIXe siècle et d'autres vestiges du passé.

C'est Samuel de Champlain qui découvrit le port de Saint-Jean en 1604 ; la ville pourtant dut attendre l'arrivée des loyalistes en 1783 pour entrer dans l'histoire. Les industries forestières et la construction navale firent la prospérité de la ville durant la première moitié du XIXe siècle. Mais leur déclin dans les années 1860 entraîna celui de Saint-Jean. La ville demeura néanmoins un grand port maritime ouvert toute l'année. La mise sur pied de grands travaux de rénovation urbaine, une injection de capitaux et une reprise mar-

quée de la construction navale ont donné un nouvel élan à Saint-Jean depuis 1970.

**Centre aquatique des Jeux du Canada** (12) Inauguré en 1985 pour les Jeux d'été du Canada, le centre est ouvert au public.
**Centre d'exposition du bicentenaire Aitken** (11) Se trouve dans l'ancienne bibliothèque municipale, rénovée en 1980. Ses cinq galeries abritent des expositions sur l'art, l'artisanat, la photo et la science.

*Tour Martello de Carleton*

**Chantiers navals de Saint-Jean** (22) Les chantiers de construction navale de Saint-Jean sont parmi les plus importants du monde pour la construction et la réparation des bateaux. Le bassin de carénage principal mesure 350 m de long sur 38 m de large.
**Chutes réversibles** (1) Des marées de 4 m d'amplitude s'engouffrent ici dans une étroite gorge de 137 m de profondeur pour remonter le fleuve Saint-Jean. Deux fois par jour, elles obligent les eaux de la rivière à inverser leur cours dans un furieux tourbillon de mousse et d'embrun. Deux belvédères permettent d'observer ce phénomène.
**Cimetière loyaliste** (20) La plus ancienne pierre tombale du cimetière est celle de Coonradt Hendricks qui mourut ici le 13 juillet 1784.
**Église de pierre Saint John** (10) La première construction en pierre de la ville fut achevée en 1825. Les moellons naturels avaient fait le voyage d'Angleterre à fond de cale, pour servir de lest.

**Église Trinity** (17) Construite en 1791, elle fut détruite lors du grand incendie de 1877 et reconstruite trois ans plus tard. Les armes royales au-dessus de la porte ouest proviennent de la chambre du Conseil de Boston, du temps que le Massachusetts était une colonie anglaise.

**Exposition nationale de l'Atlantique** (23) La plus grande foire de l'est du Canada a lieu à la fin du mois d'août.

**Fort Howe** (8) Ce fortin, qui offre une très belle vue sur Saint-Jean, est la reconstitution d'un ouvrage érigé par les Anglais en 1777 pour défendre la ville ; il servit durant plus de 40 ans.

**King Square** (15) Une croix commémorative rappelle l'accession du Nouveau-Brunswick au rang de colonie britannique autonome, le 16 août 1784. Auparavant, il faisait partie de la Nouvelle-Écosse.

**Magasin général Barbour** (5) Face au Market Square, cet important magasin général conserve le cachet des années 1860. Tout à côté, on verra une ancienne échoppe de barbier et une petite école de 1850 mesurant à peine 5 m sur 6 et qui a conservé ses bancs d'origine.

**Maison loyaliste** (13) Cette maison de 1816 est l'un des bâtiments les plus anciens de Saint-Jean. Construite dans le style georgien par un riche négociant, elle est meublée dans le goût de l'époque : bergères à la grecque et tables signées Duncan Phyfe. La maison resta plus de 150 ans dans la famille et échappa à l'incendie majeur de 1877.

**Market Square** (7) Hôtels, boutiques, cafés-terrasses et un centre des congrès animent ce quartier restauré au centre de la ville. Une passerelle relie le Market Square au centre commercial de Brunswick Square et à l'Old City Market.

**Monument Samuel-de-Champlain** (18) Un monument commémore l'explorateur français qui baptisa le Saint-Jean en 1604, le jour de la Saint-Jean-Baptiste.

**Musée du Nouveau-Brunswick** (3) C'est l'un des plus anciens musées du Canada ; il fut fondé en 1842 par Abraham Gesner (1797-1864), l'inventeur du kérosène. Ses collections comprennent des œuvres canadiennes et étrangères. On y remarque aussi une importante collection maritime (maquettes, gravures sur os de baleine et diaporamas sur la chasse aux baleines), une collection d'animaux et d'oiseaux empaillés, la collection iconographique J.C. Webster et des objets provenant du *Marco Polo* qui sombra en 1883.

*Le vieux cimetière loyaliste (ci-dessous) rappelle la mémoire des colons anglais qui contribuèrent à la fondation de Saint-Jean vers 1780.*

**Old City Market** (14) Construit en 1879 et épargné par l'incendie qui, en 1877, détruisit plus de la moitié de la ville, ce marché est l'un des plus anciens marchés couverts du Canada. L'intérieur reproduit la forme inversée d'une quille de bateau. Aujourd'hui, on y vend du poisson frais, des fruits et des légumes, ainsi que des pièces d'artisanat et des antiquités.

**Parc Rockwood** (21) Dans ce grand parc de 870 ha semé de lacs, les activités de plein air sont à l'honneur toute l'année. Il est sillonné de sentiers d'observation de la nature et abrite une ferme pour enfants et le zoo Cherry Brook avec ses chameaux et ses zèbres.

**Phare Three Sisters Lamps** (4) Depuis 1848, ce phare guide les vaisseaux qui entrent dans le port de Saint-Jean. La croix celtique qui se dresse au sommet rappelle les 2 000 immigrants irlandais qui moururent du choléra dans l'île Partridge en 1847. Environ 600 victimes y sont enterrées. L'île, où se trouve un musée, a été déclarée monument historique national.

**Site du débarquement loyaliste** (6) Un monument marque l'endroit où débarquè-

## Souvenirs loyalistes dans le vieux Saint-Jean

Au début du mois de mai 1783, des navires mouillaient dans la baie de Fundy, face à l'embouchure du Saint-Jean. À bord se trouvaient des réfugiés loyalistes qui fuyaient la persécution des rebelles américains, vainqueurs de la guerre d'Indépendance contre les Britanniques.

Aujourd'hui, on célèbre cet évènement pendant les Journées loyalistes de Saint-Jean qui se déroulent à la mi-juillet ; on fait revivre le débarquement des premiers loyalistes au Market Slip. Après la levée de l'Union Jack, le drapeau britannique, le cœur de la ville de Saint-Jean s'anime avec des parades et diverses festivités ; le défilé de citadins vêtus des costumes traditionnels que portaient leurs ancêtres loyalistes à leur arrivée est l'un des clous de ces journées.

Durant les célébrations, il y a des kiosques de jeux dans les rues, des courses de chevaux, une foire à l'ancienne, des réjouissances familiales au parc Rockwood et l'élection d'une reine de la fête.

*Un défilé durant les Journées loyalistes.*

*C'est au Market Square (à gauche) que les loyalistes abordèrent à Saint-Jean ; aujourd'hui, cette même place, grouillante d'activité, symbolise la renaissance de la ville.*

rent les milliers de nouveaux arrivants en mai 1783.

**Tour Martello de Carleton** (2) Les deux étages inférieurs de ce fortin datent de 1812 ; les deux autres étages, de 1941. Maintenant classée monument historique national, la tour offre une splendide vue sur la ville et son port. Un diaporama rappelle son histoire.

**Tribunal du comté** (19) Achevé vers 1820, l'édifice possède un bel escalier de pierre en colimaçon, à trois volutes.

**Université du Nouveau-Brunswick** (9) Le campus de l'université à Saint-Jean a été fondé en 1964.

# La course sereine d'un grand fleuve

Cours inférieur du Saint-Jean

Toujours plus pittoresque à mesure qu'il s'approche de la mer, le Saint-Jean, après avoir coulé vers l'est jusqu'à Oromocto, bifurque au sud. Dès lors il s'élargit pour dérouler ses méandres jusqu'à la baie de Fundy.

En aval d'Oromocto sommeille Gagetown, une charmante bourgade aux rues bordées d'ormes, ceinturée par des bois de cèdres blancs, de pins, d'érables, d'épinettes, de peupliers et de grands chênes qui datent d'avant l'arrivée des premiers

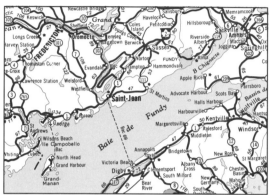

### SHEFFIELD

Des puritains venus du Massachusetts construisirent la première église protestante du Nouveau-Brunswick à Maugerville, vers 1775. Treize ans plus tard, à la suite d'un différend, ils transportèrent ici leur église de bois en la traînant pendant 8 km sur la glace du Saint-Jean. Reconstruite en 1840 avec le bois du premier sanctuaire, l'église est toujours ouverte au culte. Un monument datant de 1926 commémore ses fondateurs.

### OROMOCTO

Cette petite ville de 9 500 habitants a eu un destin militaire important. Un fortin reconstitué datant de 1777, le fort Hugues, servait à protéger les pionniers contre les Américains rebelles et les Indiens hostiles. Vers 1950, une base militaire, la plus importante du Commonwealth, fut établie au nord de la ville. L'adaptation d'Oromocto à ses nouvelles destinées lui valut d'être surnommée la « ville modèle du Canada ».
□ Le musée de la base militaire expose des uniformes, des armes et autres objets militaires anciens et modernes.
□ Au début de juillet, Oromocto célèbre les Journées des pionniers.

*Fortin du fort Hugues*

*Clajeux*

### MAUGERVILLE

La ville, dont le nom se prononce « Majorville », a été baptisée en l'honneur de Joshua Mauger, un négociant d'Halifax qui aida des colons de la Nouvelle-Angleterre à acheter ici des terres au début des années 1760.
□ Les environs forment le « jardin du Nouveau-Brunswick ». Les alluvions que les crues printanières du Saint-Jean y apportent sont si riches que les fermiers font parfois deux récoltes par an.
□ Un pont moderne d'une seule travée enjambe le Saint-Jean pour relier Maugerville à Burton et Oromocto.

## Les tartans traditionnels des tisserands de Gagetown

*Métier à quatre lisses*

Les tisserands de Gagetown qui fabriquent de splendides tartans de style traditionnel exercent leur art dans un ancien poste de traite érigé en 1761, l'un des plus vieux bâtiments de la vallée. Les bardeaux de cèdre de cette petite construction de deux étages sont maintenus par des chevilles de bois, sans aucun clou. On l'appelle le « Fortin » (the Blockhouse) car on gardait autrefois des armes et des munitions dans sa cave.

Les tisserands se regroupent dans une association, les Loomcrofters, qui fut fondée en 1939 dans le cadre d'un programme de formation de la jeunesse. Ils sont aujourd'hui environ 35 à fabriquer chez eux, sur leur propre métier, une vaste gamme de produits tels que des vêtements, des couvertures et des châles, des tentures et des tissus d'ameublement. Les Loomcrofters ont tissé des tartans pour des membres de la famille royale, pour des présidents américains, pour Lord Beaverbrook (un des fils célèbres du Nouveau-Brunswick) et pour de nombreuses célébrités du monde des arts et de la politique. Leurs créations les plus connues sont le tartan des forces aériennes et celui de la province du Nouveau-Brunswick.

loyalistes. Des bouquets de muguets et d'orchidées émaillent les bois, mais la fleur la plus répandue dans cette région est le clajeux, un iris sauvage.

Le fleuve indolent est constellé d'un si grand nombre d'îles qu'il est souvent difficile d'en reconnaître le cours principal. Les îlots que l'eau recouvre tous les ans à l'époque de la débâcle servent surtout de pâturages et les maisons y sont rares. Les terres agricoles du cours inférieur du Saint-Jean, elles aussi inondées au printemps, sont parmi les plus fertiles du Canada. Elles abritent une faune abondante de cerfs, de rats musqués, de canards et d'autres oiseaux aquatiques.

Au sud d'Evandale, le fleuve s'étale et forme un lac de 32 km, Long Reach, bordé de jolies collines boisées que dévalent des ruisseaux remplis de truites. En automne, les eaux paisibles du fleuve reflètent les ors, les rouges et les cuivres des forêts de la péninsule de Kingston, sur la rive est.

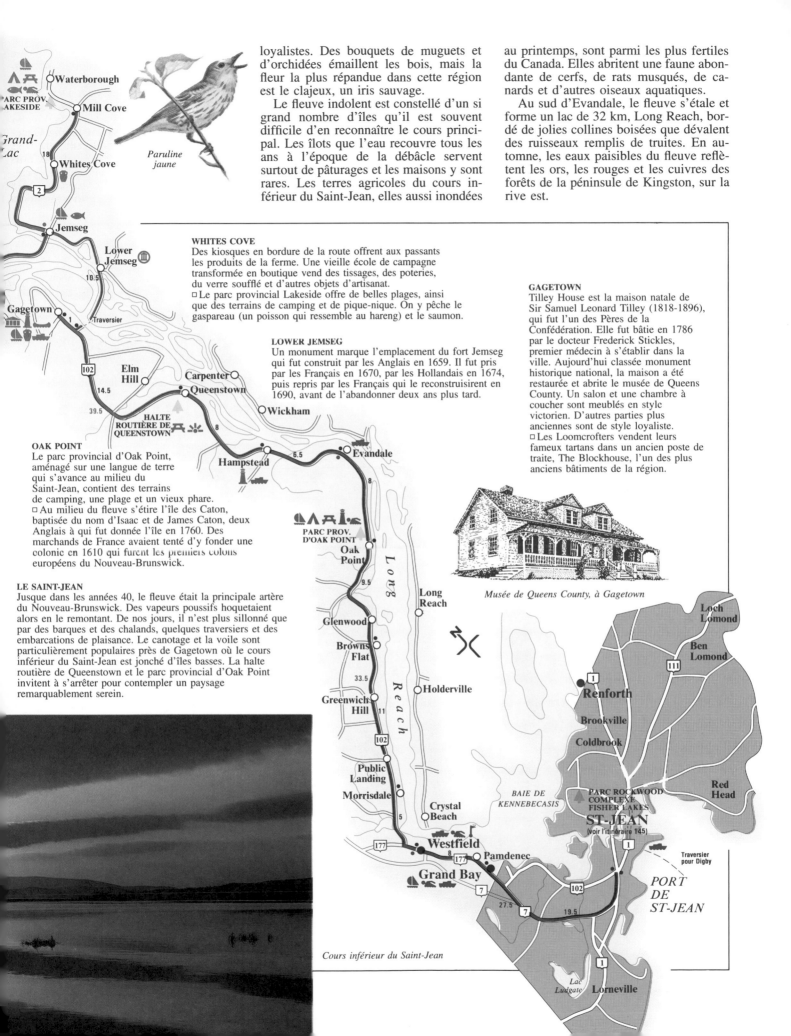

*Paruline jaune*

## WHITES COVE
Des kiosques en bordure de la route offrent aux passants les produits de la ferme. Une vieille école de campagne transformée en boutique vend des tissages, des poteries, du verre soufflé et d'autres objets d'artisanat.
□ Le parc provincial Lakeside offre de belles plages, ainsi que des terrains de camping et de pique-nique. On y pêche le gaspareau (un poisson qui ressemble au hareng) et le saumon.

## LOWER JEMSEG
Un monument marque l'emplacement du fort Jemseg qui fut construit par les Anglais en 1659. Il fut pris par les Français en 1670, par les Hollandais en 1674, puis repris par les Français qui le reconstruisirent en 1690, avant de l'abandonner deux ans plus tard.

## GAGETOWN
Tilley House est la maison natale de Sir Samuel Leonard Tilley (1818-1896), qui fut l'un des Pères de la Confédération. Elle fut bâtie en 1786 par le docteur Frederick Stickles, premier médecin à s'établir dans la ville. Aujourd'hui classée monument historique national, la maison a été restaurée et abrite le musée de Queens County. Un salon et une chambre à coucher sont meublés en style victorien. D'autres parties plus anciennes sont de style loyaliste.
□ Les Loomcrofters vendent leurs fameux tartans dans un ancien poste de traite, The Blockhouse, l'un des plus anciens bâtiments de la région.

## OAK POINT
Le parc provincial d'Oak Point, aménagé sur une langue de terre qui s'avance au milieu du Saint-Jean, contient des terrains de camping, une plage et un vieux phare.
□ Au milieu du fleuve s'étire l'île des Caton, baptisée du nom d'Isaac et de James Caton, deux Anglais à qui fut donnée l'île en 1760. Des marchands de France avaient tenté d'y fonder une colonie en 1610 qui furent les premiers colons européens du Nouveau-Brunswick.

*Musée de Queens County, à Gagetown*

## LE SAINT-JEAN
Jusque dans les années 40, le fleuve était la principale artère du Nouveau-Brunswick. Des vapeurs poussifs hoquetaient alors en le remontant. De nos jours, il n'est plus sillonné que par des barques et des chalands, quelques traversiers et des embarcations de plaisance. Le canotage et la voile sont particulièrement populaires près de Gagetown où le cours inférieur du Saint-Jean est jonché d'îles basses. La halte routière de Queenstown et le parc provincial d'Oak Point invitent à s'arrêter pour contempler un paysage remarquablement serein.

*Cours inférieur du Saint-Jean*

# La baie de Fundy, artisan d'une côte finement ouvragée

Sud-est du Nouveau-Brunswick

Sur la côte du sud-est du Nouveau-Brunswick s'enchaînent des rochers ciselés et des falaises sculptées, œuvres des plus hautes marées du monde. Franchi la violente ligne de rivage, s'étale un paisible arrière-pays de bois et de prés où de charmants ruisseaux à truites courent sous d'anciens ponts couverts.

Le parc national de Fundy a été découpé en bordure de la mer sur un plateau de collines boisées, semé de ruisseaux, de lacs paisibles et de prés fleuris où vivent

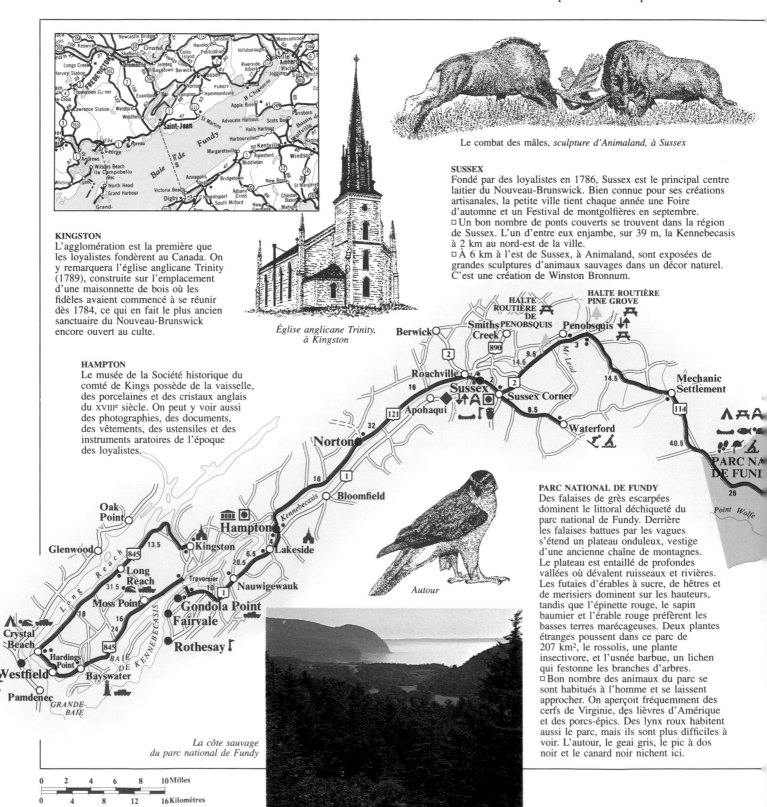

Le combat des mâles, *sculpture d'Animaland, à Sussex*

**SUSSEX**
Fondé par des loyalistes en 1786, Sussex est le principal centre laitier du Nouveau-Brunswick. Bien connue pour ses créations artisanales, la petite ville tient chaque année une Foire d'automne et un Festival de montgolfières en septembre.
□ Un bon nombre de ponts couverts se trouvent dans la région de Sussex. L'un d'entre eux enjambe, sur 39 m, la Kennebecasis à 2 km au nord-est de la ville.
□ À 6 km à l'est de Sussex, à Animaland, sont exposées de grandes sculptures d'animaux sauvages dans un décor naturel. C'est une création de Winston Bronnum.

**KINGSTON**
L'agglomération est la première que les loyalistes fondèrent au Canada. On y remarquera l'église anglicane Trinity (1789), construite sur l'emplacement d'une maisonnette de bois où les fidèles avaient commencé à se réunir dès 1784, ce qui en fait le plus ancien sanctuaire du Nouveau-Brunswick encore ouvert au culte.

*Église anglicane Trinity, à Kingston*

**HAMPTON**
Le musée de la Société historique du comté de Kings possède de la vaisselle, des porcelaines et des cristaux anglais du XVIIIᵉ siècle. On peut y voir aussi des photographies, des documents, des vêtements, des ustensiles et des instruments aratoires de l'époque des loyalistes.

*Autour*

**PARC NATIONAL DE FUNDY**
Des falaises de grès escarpées dominent le littoral déchiqueté du parc national de Fundy. Derrière les falaises battues par les vagues s'étend un plateau onduleux, vestige d'une ancienne chaîne de montagnes. Le plateau est entaillé de profondes vallées où dévalent ruisseaux et rivières. Les futaies d'érables à sucre, de hêtres et de merisiers dominent sur les hauteurs, tandis que l'épinette rouge, le sapin baumier et l'érable rouge préfèrent les basses terres marécageuses. Deux plantes étranges poussent dans ce parc de 207 km², le rossolis, une plante insectivore, et l'usnée barbue, un lichen qui festonne les branches d'arbres.
□ Bon nombre des animaux du parc se sont habitués à l'homme et se laissent approcher. On aperçoit fréquemment des cerfs de Virginie, des lièvres d'Amérique et des porcs-épics. Des lynx roux habitent aussi le parc, mais ils sont plus difficiles à voir. L'autour, le geai gris, le pic à dos noir et le canard noir nichent ici.

*La côte sauvage du parc national de Fundy*

0 2 4 6 8 10 Milles
0 4 8 12 16 Kilomètres

plus de 215 espèces d'oiseaux. Il offre en outre au promeneur quelque 13 km de falaises de grès entaillées de criques, de goulets et de grottes.

À l'est du parc, sur la plage d'Alma, on trouvera des spécimens de roches rares. Dans une baie abritée, près de Cape Enrage, la mer laisse sur la grève d'innombrables morceaux de bois flotté qui font la joie des collectionneurs. À Hopewell Cape, on pourra visiter un musée aménagé dans une ancienne prison et admirer

des rochers sculptés par les vagues. À Riverside-Albert, les voyageurs pourront s'arrêter pique-niquer près du belvédère qui domine le ruisseau Crooked.

À partir de Penobsquis, près du parc aménagé au bord de la Kennebecasis, une jolie route traverse Sussex, Norton et Hampton où d'habiles tisserands fabriquent le tweed de Kings County. À Sussex, on peut acheter de délicats bijoux d'argent et déguster de délicieuses crèmes glacées. À Gondola Point, les visiteurs

prendront un traversier qui les emmènera dans la pittoresque presqu'île de Kingston, qui s'allonge entre la Kennebecasis et le Saint-Jean.

Sur la presqu'île, l'itinéraire traverse des hameaux loyalistes qui datent de 1783. On verra ici quelques-unes des plus vieilles églises des provinces Maritimes, dans un cadre paisible et serein qui atteint à la splendeur sous les feux et la lumière de l'automne.

### HILLSBOROUGH
Les visiteurs sont invités à visiter la maison restaurée des Steeves où vécut jadis William Henry Steeves (1814-1873), l'un des Pères de la Confédération. Les Steeves descendent de Heinrich Steeves (ou Stief) qui s'établit ici vers 1760. Heinrich avait sept fils ; aujourd'hui, plus de 150 000 de ses descendants vivent aux quatre coins du monde. (Plusieurs d'entre eux sont enterrés dans le petit cimetière de la ville.)
□ Le chemin de fer Salem and Hillsborough propose des excursions en train le long de la pittoresque rivière Petitcodiac.

*Ancien palais de justice, à Hopewell Cape*

### PARC PROVINCIAL THE ROCKS
D'étranges colonnes de roches tendres, semblables à des pots de fleurs démesurés, se dressent près de l'embouchure de la Petitcodiac, à Hopewell Cape. Ces piliers rougeâtres surmontés de sapins baumiers et d'épinettes noires naines sont sculptés depuis des siècles par le gel, les vents et les marées de 14 m d'amplitude qui balaient la baie de Fundy. À marée haute, les « pots de fleurs », qui atteignent 15 m de haut, se transforment en petites îles. À marée basse, les visiteurs du parc peuvent descendre un escalier pour longer la côte et explorer les grottes et les crevasses des falaises.

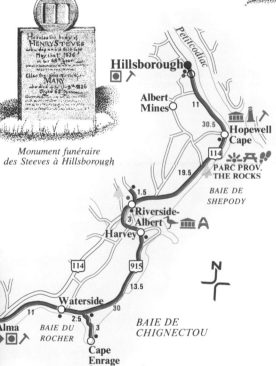

*Monument funéraire des Steeves à Hillsborough*

*Les pots de fleurs du parc provincial The Rocks*

### ALMA
Située à l'extérieur du parc national de Fundy, la petite ville offre des programmes d'artisanat au centre communautaire local.
□ À marée basse, les collectionneurs de pierres trouveront des spécimens rares près de l'embouchure de la rivière aux Saumons.

### CAPE ENRAGE
Un phare marque ce promontoire rocheux de la baie de Chignectou.
□ Sur le côté est du cap, la mer apporte d'innombrables bois d'épave au fond d'une baie abritée.

### HOPEWELL CAPE
Le musée du comté d'Albert occupe une ancienne prison (1846) dont les murs en pierre de taille ont 67 cm d'épaisseur. On peut y voir des maquettes, des plans et des photographies de navires, ainsi que les outils qui servaient à construire les grands voiliers d'autrefois. Le musée contient aussi des chandeliers de pionniers et des lampes à huile de baleine. On peut aussi visiter le palais de justice (1904) et un bâtiment de ferme situés non loin.
□ Dans le parc de Hopewell Cape, un monument rappelle la mémoire de Richard Bedford Bennett (1870-1945), seul Premier ministre du Canada (1930-1935) issu du Nouveau-Brunswick. Bennett est né chez son grand-père, près d'ici, et fut élevé à Hopewell Cape.

*Lynx roux*

# Un pays qui vit au rythme de la mer et des saisons

### Nord-ouest de l'Île-du-Prince-Édouard

On ne chôme pas au printemps dans le nord-ouest de l'île, particulièrement aux alentours de Bloomfield et des autres villages agricoles du comté de Prince où pousse la moitié de la récolte de pommes de terre de la province. Tandis que les fermiers profitent de la courte période des semailles pour labourer et fertiliser la terre rouge, les pêcheurs de Tignish Shore et de Northport s'affairent à préparer leurs agrès et leurs appâts. Dès le 1er mai, ils chargeront leurs bateaux de casiers à ho-

### KILDARE
Près de la plage du parc provincial Jacques-Cartier, un monument rappelle la découverte de l'île du Prince-Édouard par le navigateur français le 1er juillet 1534. Cartier décrivit l'île comme étant « la plus belle qu'il soit possible de voir ».
□ Au nord du parc, les visiteurs peuvent monter à bord d'un train miniature habilement construit par B. J. Maloney qui y consacra plusieurs années.
□ Au cap Kildare, on peut admirer des falaises de grès rouge sculptées par les marées au cours des millénaires.

*Récolte de la mousse d'Irlande, à Miminegash*

## L'île de la « Patate »

La pomme de terre blanche commune, ou pomme de terre irlandaise — introduite par les colons à la fin du XVIIIe siècle — pousse à merveille dans les terres sablonneuses et sous le climat tempéré de l'île du Prince-Édouard. La moitié de la récolte de l'île de « la Patate » provient du comté de Prince où l'on plante plus de 10 000 ha de pommes de terre au printemps. Parmi les 32 variétés de l'île, la tardive Sebago à la peau roussâtre permet de faire d'excellentes purées tandis que la Russet Burbank se cuit au four ou en grande friture. La moitié de la récolte se vend pour la table ; les autres 15 p. 100 sont traitées ici. Le reste sert aux semences. Les semences de pommes de terre de l'Île-du-Prince-Édouard sont utilisées dans 18 pays.

### CAP WOLFE
Le général James Wolfe aurait débarqué ici en 1759 avant d'aller mettre le siège devant Québec.
□ À Howards Cove, du haut d'un gros rocher qui ressemble à un fauteuil de géant, on aperçoit les falaises rouges, le port et le phare.

### WEST POINT
Des dunes bordent une plage de sable blanc qui s'étend sur plus de 2 km au parc provincial Cedar Dunes. Un phare de bois, vieux d'un siècle, guide encore les cargos et les pétroliers qui passent au large. Il a été aménagé pour contenir un musée, une boutique d'artisanat, un casse-croûte et des chambres à louer.

## Le sabot de la Vierge

Le sabot de la Vierge, emblème floral de la province, a donné son nom à une route panoramique (Lady Slipper Drive) qui fait le tour de l'extrémité ouest de l'île. Cette fleur de la famille des orchidées pousse sur les terrains acides à l'ombre des bois. Elle prend parfois plus de 12 ans avant de fleurir et risque de dépérir si l'on cueille ses fleurs.

*Petit Étang Miminegash*

Roseville 13

29 Campbellton 145

Burton

PTE SEAL 14

16 Howards Cove

Cape Wolfe 143

West Cape 142

PTE CAREY

139

West Point

Dunblane

Glenwood

Milburn

164

29   38.5

Hebron   Milo   Brae

PARC PROV. CEDAR DUNES

PTE OUEST

*BAIE D'EGMONT*

Bloomfield 146
PARC PROV. DE BLOOMFIELD

143
St. Anthony

Mill

PARC PRO MILL RIV

Woodstock
9.5

Trout

2

140 Coleman

Carleton

14

Derby

0   1   2   3   4   5 Milles
0   2   4   6   8 Kilomètres

mards et de bouées peintes de couleurs vives pour entreprendre la saison.

L'été venu, des milliers de touristes arrivent dans l'île. Ils viennent pêcher, ramasser des coquillages, visiter des musées ou des boutiques d'artisanat et, surtout, profiter du soleil et de la brise saline sur les magnifiques plages. Ils pourront encore découvrir le spectacle coloré des pêcheurs déchargeant leurs prises sur les quais ou celui des grandes foires agricoles comme celle du Festival de la pomme de terre, à O'Leary (non loin de Bloomfield), ou l'Exposition du comté de Prince, à Alberton. Ils y verront des expositions d'animaux et de denrées agricoles et assisteront à des concours de violoneux et de danses carrées.

L'été s'achève ; les pêcheurs s'affairent à cueillir la mousse d'Irlande que les fortes vagues de l'océan ont déracinée. Vient l'automne ; les fermiers se hâtent de ramasser les dernières pommes de terre avant les gelées ; et, tard la nuit, on verra les phares de leurs tracteurs dessiner d'étranges arabesques dans les champs.

Sur le détroit de Northumberland, la saison du homard se termine à la mi-octobre. Il ne reste plus, pour les habitants de l'île, qu'à attendre la venue du long hiver.

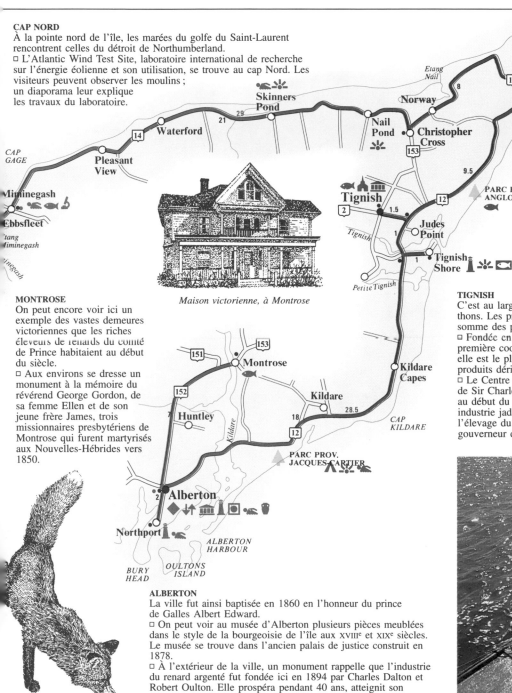

Maison victorienne, à Montrose

**CAP NORD**
À la pointe nord de l'île, les marées du golfe du Saint-Laurent rencontrent celles du détroit de Northumberland.
□ L'Atlantic Wind Test Site, laboratoire international de recherche sur l'énergie éolienne et son utilisation, se trouve au cap Nord. Les visiteurs peuvent observer les moulins ; un diaporama leur explique les travaux du laboratoire.

Phare du cap Nord

**SKINNERS POND**
C'est le pays d'enfance de l'auteur compositeur « Stompin' Tom » Connors.
□ À Miminegash, au sud-ouest, une station expérimentale effectue des recherches sur la mousse d'Irlande, le crabe des neiges et les pétoncles.

**MONTROSE**
On peut encore voir ici un exemple des vastes demeures victoriennes que les riches éleveurs de renards du comté de Prince habitaient au début du siècle.
□ Aux environs se dresse un monument à la mémoire du révérend George Gordon, de sa femme Ellen et de son jeune frère James, trois missionnaires presbytériens de Montrose qui furent martyrisés aux Nouvelles-Hébrides vers 1850.

**TIGNISH**
C'est au large de Tignish qu'il se capture le plus de thons. Les prises de la journée dépassent parfois la somme des prises de toute l'île.
□ Fondée en 1923, la Tignish Fishermen's Co-Op fut la première coopérative de pêche au Canada. Aujourd'hui, elle est le plus important producteur au monde de produits dérivés du homard.
□ Le Centre communautaire Dalton rappelle la mémoire de Sir Charles Dalton qui connut la gloire et la fortune au début du siècle à titre de cofondateur d'une industrie jadis prospère dans le comté de Prince, l'élevage du renard argenté. Dalton fut lieutenant-gouverneur de la province de 1930 à 1933.

Renard argenté

**ALBERTON**
La ville fut ainsi baptisée en 1860 en l'honneur du prince de Galles Albert Edward.
□ On peut voir au musée d'Alberton plusieurs pièces meublées dans le style de la bourgeoisie de l'île aux XVIIIᵉ et XIXᵉ siècles. Le musée se trouve dans l'ancien palais de justice construit en 1878.
□ À l'extérieur de la ville, un monument rappelle que l'industrie du renard argenté fut fondée ici en 1894 par Charles Dalton et Robert Oulton. Elle prospéra pendant 40 ans, atteignit son apogée juste avant la Première Guerre mondiale (un couple de renards reproducteurs pouvait alors valoir 15 000 $) et périclita dans les années 30.

Pêche au homard, au large de Tignish

# Une terre modelée par les anciens Acadiens

Ouest de l'Île-du-Prince-Édouard

**Huître de Malpèque**

**TYNE VALLEY**
Tyne Valley organise un festival en juillet avec dégustation d'huîtres, de palourdes et de quahogs, et des concours de violon et de danses.
□ La boutique d'artisanat de la réserve indienne des Micmacs, dans l'île de Lennox, offre des produits d'artisanat fabriqués par les Indiens ici et ailleurs au Canada.

**Domaine de James Yeo, parc provincial Green**

**PORT HILL**
Dans une reconstitution d'un chantier naval du XIXe siècle, le musée du parc provincial Green Park relate l'histoire de la construction des navires de bois dans l'Île-du-Prince-Édouard.
□ Non loin se trouve la maison restaurée de James Yeo qui date du XIXe siècle. Les visiteurs peuvent monter au mirador aménagé sur le toit, d'où l'on découvre toute la baie de Malpèque.

*La récolte des huîtres dans la baie de Malpèque*

## L'ostréiculture dans la baie de Malpèque

Les pionniers de l'Île-du-Prince-Édouard appréciaient la saveur franche des huîtres de Malpèque bien avant que les gourmets du monde entier n'en fassent leurs délices. En 1917, une maladie élimina pratiquement le mollusque dans la baie, mais l'espèce se rétablit vers 1930 et les ostréiculteurs récoltent maintenant environ 10 millions d'huîtres par an. L'ostréiculture moderne consiste à recueillir des larves d'huîtres, le naissain, puis à les élever dans des baies ou des estuaires peu profonds. Au printemps, lorsque les huîtres adultes commencent à pondre, les pêcheurs déposent dans l'eau des collecteurs artificiels où le naissain pourra se fixer. Ces collecteurs sont généralement des disques de carton ou de contre-plaqué enduits de ciment que l'on suspend à des fils de fer tendus entre des pieux. À l'automne, les jeunes huîtres sont détachées des collecteurs et mises dans des parcs peu profonds où elles se nourrissent des organismes microscopiques apportés par les marées. Au bout d'environ 18 mois, on ratisse le fond des parcs pour mettre les huîtres dans des bassins d'engraissage, les claires. Les huîtres y restent environ cinq ans, ajoutant chaque année une couche à leur coquille, puis on les récolte et on les laisse reposer quelques jours dans de l'eau de mer stérile.

**ABRAM-VILLAGE**
On peut admirer des œuvres de l'artisanat acadien, des bêtes primées et des produits de la ferme lors de la foire annuelle qui coïncide avec le Festival acadien, à la fête du Travail.
□ On peut se procurer du homard frais à la Coopérative des pêcheurs acadiens de Cape Egmont, 10 km plus au sud.
□ Également à Cape Egmont se trouvent trois édifices construits avec 25 000 bouteilles de toutes formes et de toutes dimensions.

0 1 2 3 4 5 Milles
0 2 4 6 8 Kilomètres

Il y a deux siècles, les Acadiens s'installèrent dans les basses terres du centre du comté de Prince, à l'ouest de Summerside. Des églises à deux flèches bordent la rue principale des villages de la côte, comme Baie Egmont et Mont-Carmel, où l'on parle encore le français des pionniers acadiens. La culture, la musique, la danse, la cuisine et l'artisanat de ce peuple revivent au Village des pionniers acadiens de Mont-Carmel, au Musée acadien de Miscouche et au Festival acadien d'Abram-Village qui se tient à la fin du mois d'août.

Ces premiers Acadiens connurent une vie pénible. Ils furent souvent victimes de la famine et de la maladie. Puis, lorsque l'île passa sous la domination britannique en 1763, ils se réfugièrent maintes fois dans les bois pour échapper à la persécution des soldats anglais. Les 15 000 Acadiens actuels de l'île du Prince-Édouard sont leurs descendants. L'histoire troublée des Acadiens est bien différente de celle des constructeurs de navires qui prospérèrent ici au XIXᵉ siècle, à une époque où presque toutes les criques de l'île comptaient un chantier naval.

Les navires de l'Île-du-Prince-Édouard voguèrent sur toutes les mers du monde et firent la fortune de plusieurs familles comme celle de James Yeo dont on peut voir la maison restaurée dans le parc provincial Green.

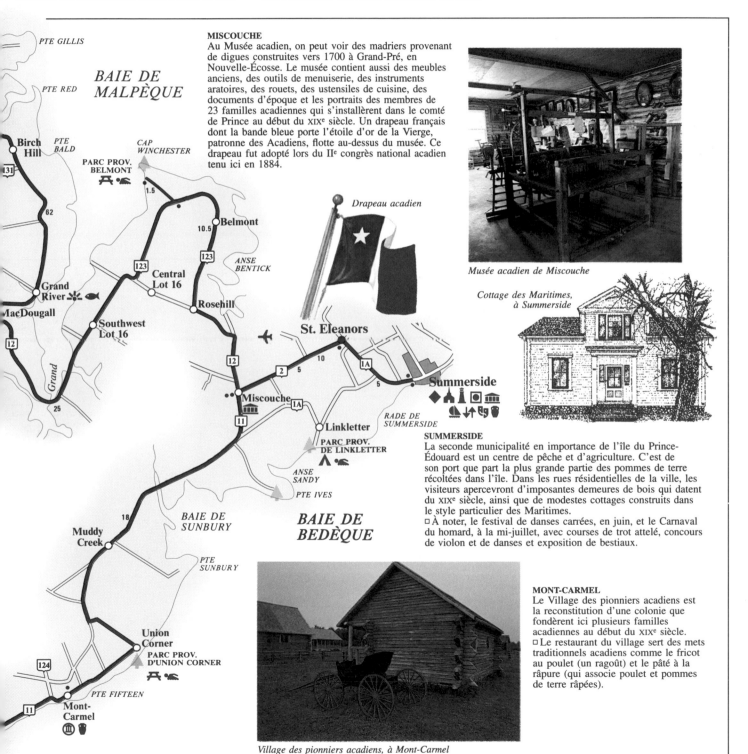

**MISCOUCHE**
Au Musée acadien, on peut voir des madriers provenant de digues construites vers 1700 à Grand-Pré, en Nouvelle-Écosse. Le musée contient aussi des meubles anciens, des outils de menuiserie, des instruments aratoires, des rouets, des ustensiles de cuisine, des documents d'époque et les portraits des membres de 23 familles acadiennes qui s'installèrent dans le comté de Prince au début du XIXᵉ siècle. Un drapeau français dont la bande bleue porte l'étoile d'or de la Vierge, patronne des Acadiens, flotte au-dessus du musée. Ce drapeau fut adopté lors du IIᵉ congrès national acadien tenu ici en 1884.

*Drapeau acadien*

*Musée acadien de Miscouche*

*Cottage des Maritimes, à Summerside*

**SUMMERSIDE**
La seconde municipalité en importance de l'île du Prince-Édouard est un centre de pêche et d'agriculture. C'est de son port que part la plus grande partie des pommes de terre récoltées dans l'île. Dans les rues résidentielles de la ville, les visiteurs apercevront d'imposantes demeures de bois qui datent du XIXᵉ siècle, ainsi que de modestes cottages construits dans le style particulier des Maritimes.
□ À noter, le festival de danses carrées, en juin, et le Carnaval du homard, à la mi-juillet, avec courses de trot attelé, concours de violon et de danses et exposition de bestiaux.

**MONT-CARMEL**
Le Village des pionniers acadiens est la reconstitution d'une colonie que fondèrent ici plusieurs familles acadiennes au début du XIXᵉ siècle.
□ Le restaurant du village sert des mets traditionnels acadiens comme le fricot au poulet (un ragoût) et le pâté à la râpure (qui associe poulet et pommes de terre râpées).

*Village des pionniers acadiens, à Mont-Carmel*

# 150 Kensington/Parkdale, Î.-P.-É. (159,5 km)

## Sur les plages, les dunes et les falaises, un vent incessant

Centre-nord de l'Île-du-Prince-Édouard

Perdues entre une mer de rêve et une coquette campagne verdoyante, s'étalent les grandes dunes de la côte nord de l'île du Prince-Édouard. Ces dunes pleines de majesté, qui ceignent certaines des plus belles plages de l'Amérique du Nord, évoquent quelque coin de l'immense Sahara transporté comme par magie dans le parc national de l'Île-du-Prince-Édouard. Ce parc, avec ses 40 km de plages sablonneuses, de dunes mouvantes, de falaises, de marais salants et d'étangs, est l'un des

*Green Gables, à Cavendish*

*St. Martins-in-the-Fields, Collection Woodleigh, à Burlington*

**BURLINGTON**
Quelques-unes des maquettes d'églises, de châteaux et d'autres édifices britanniques de la collection Woodleigh sont suffisamment grandes pour qu'on y pénètre. Il a fallu une trentaine d'années pour les construire. On remarquera notamment le château de Glamis, l'église St. Martins-in-the-Fields, la cathédale d'York, la maison natale de Shakespeare et le château de Dunvegan de 18 m de long, avec un mobilier d'époque, des œuvres d'art écossaises et un cachot. Les bijoux de la couronne britannique sont reproduits dans la Tour blanche, qui fait partie d'une réplique de la Tour de Londres.

**STANLEY BRIDGE**
Ici se trouve l'Aquarium marin de l'Île-du-Prince-Édouard qui expose des poissons locaux dans leur habitat, une collection de plus de 700 oiseaux empaillés d'origines diverses et une importante collection de papillons.

**NEW LONDON**
C'est dans une petite maison blanche aux pignons verts que naquit Lucy Maud Montgomery, auteure de *Anne et le bonheur*, un roman qui n'a cessé d'avoir du succès depuis sa publication en 1908. Sept autres romans dans le même cadre allaient s'ajouter à celui-ci, ainsi que bien d'autres œuvres. *Anne et le bonheur* se classe mondialement parmi les œuvres littéraires les plus traduites.
□ À Park Corner, au lieu-dit Silver Bush, 10 km au nord de New London, se trouve le musée Anne of Green Gables. L'auteure vécut dans cette maison avec sa tante et son oncle après la mort de ses parents et c'est là qu'elle épousa en 1911 le pasteur presbytérien Ewan MacDonald.

## L'herbe qui aime le sable

Le nom botanique de l'ammophile ou « foin des dunes », *Ammophila arenaria*, signifie « qui aime les sables ». Cette plante, qui fixe les dunes de la côte nord de l'île du Prince-Édouard, joue un rôle capital, car c'est la première qui parvient à prendre racine dans le sable. Les racines de l'ammophile s'enfoncent jusqu'à 3 m de profondeur pour chercher de l'eau, puis s'étalent en un réseau qui retient les dunes. La plante survit grâce à son imperméabilité aux embruns salins et à sa capacité de refaire surface lorsqu'elle est recouverte de sable. Mais elle n'est pas suffisamment robuste pour résister au passage de promeneurs trop nombreux. Lorsqu'elle disparaît, le vent creuse de petites dépressions qui se transforment bientôt en énormes trous. À la longue, les dunes deviennent trop instables pour que la végétation puisse s'y accrocher.

plus petits parcs nationaux du Canada. Pourtant, il accueille plus de 1 million de visiteurs chaque année.

Des centaines de milliers de touristes viennent visiter Green Gables, la maison qui inspira l'œuvre de Lucy Maud Montgomery, *Anne et le bonheur*. D'autres, par milliers également, explorent le parc pour y découvrir l'incroyable complexité des forces naturelles qui façonnèrent et façonnent encore à chaque instant ce pays de dunes.

En bordure de la côte, des bouquets d'épinettes blanches s'accrochent sur le sable, frappées de plein fouet par le vent et les embruns du large. Leur silhouette étrange et tourmentée, modelée par les éléments, les fait paraître plus jeunes qu'elles ne le sont et certaines, vieilles pourtant de 75 ans, atteignent à peine 1 m de haut. À quelques centaines de mètres

à l'intérieur des terres, à l'abri des hautes dunes, l'épinette blanche pousse toute droite, annonçant l'orée de la forêt côtière avec son riche tapis de mousse et de fougères d'un vert cru.

Sans cesse, le vent balaie les dunes et les bancs de sable, comble les creux, en reforme d'autres, remodelant inlassablement la ligne de la côte.

### CAVENDISH
Green Gables, la vieille demeure immortalisée par Lucy Maud Montgomery dans *Anne et le bonheur* et dans d'autres romans, est aujourd'hui un musée du parc national de l'Île-du-Prince-Édouard. Green Gables était la maison des amis de Lucy Maud, David et Margaret MacNeill. Dans ses romans, elle en fit celle d'Anne. Certains des lieux que l'auteure décrit dans ses œuvres se trouvent aux environs du terrain de golf du parc, par exemple le Ruisseau-qui-babille, le Lac-aux-eaux-de-cristal, le Bois hanté et la Promenade des amoureux. L'écrivaine, qui mourut en 1942, est enterrée dans le cimetière de Cavendish.

*Falaises de grès du parc national de l'Île-du-Prince-Édouard*

### ÎLE RUSTICO
Cette île abrite en été des centaines de grands hérons qui atteignent parfois 2 m d'envergure. Ils construisent des nids haut perchés dans les épinettes et se nourrissent du poisson des marécages et des étangs.

### PARC NATIONAL DE L'ÎLE-DU-PRINCE-ÉDOUARD
Bordé par le golfe du Saint-Laurent, ce parc compte certaines des plus belles plages d'Amérique du Nord. Près de Cavendish, le sable est teinté de rose par l'érosion d'une argile rouge. Des falaises de grès rouge, qui atteignent 30 m de haut, s'étendent sur plus de 9 km entre North Rustico Harbour et le cap Orby. Les dunes de la plage Brackley s'élèvent à une vingtaine de mètres de hauteur ; elles sont fréquentées par le renard roux, le vison, le rat musqué et le raton laveur. On y dénombre également 210 espèces d'oiseaux, dont la grive de Swainson, le busard Saint-Martin, le phalarope hyperboré et le junco ardoisé.
□ Le parc comprend un élégant hôtel de villégiature, Dalvay-by-the-Sea, construit en 1895 par Alexander Macdonald, le magnat du pétrole de Cincinnati.

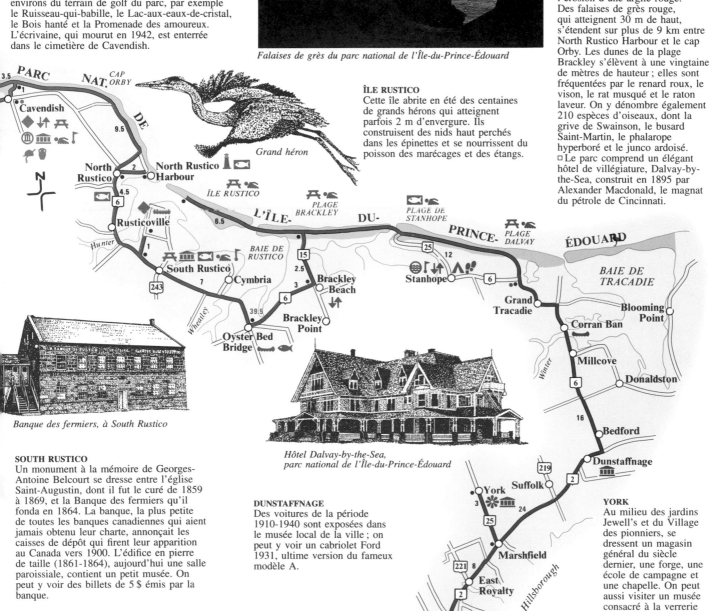

*Banque des fermiers, à South Rustico*

*Hôtel Dalvay-by-the-Sea, parc national de l'Île-du-Prince-Édouard*

### SOUTH RUSTICO
Un monument à la mémoire de Georges-Antoine Belcourt se dresse entre l'église Saint-Augustin, dont il fut le curé de 1859 à 1869, et la Banque des fermiers qu'il fonda en 1864. La banque, la plus petite de toutes les banques canadiennes qui aient jamais obtenu leur charte, annonçait les caisses de dépôt qui firent leur apparition au Canada vers 1900. L'édifice en pierre de taille (1861-1864), aujourd'hui une salle paroissiale, contient un petit musée. On peut y voir des billets de 5 $ émis par la banque.

### DUNSTAFFNAGE
Des voitures de la période 1910-1940 sont exposées dans le musée local de la ville ; on peut y voir un cabriolet Ford 1931, ultime version du fameux modèle A.

### YORK
Au milieu des jardins Jewell's et du Village des pionniers, se dressent un magasin général du siècle dernier, une forge, une école de campagne et une chapelle. On peut aussi visiter un musée consacré à la verrerie ancienne.

CHARLOTTETOWN
(voir l'itinéraire 151)

# La paisible capitale
# où naquit le Canada

## Centre-sud de l'Île-du-Prince-Édouard

Charlottetown, berceau de la Confédération, est une ville paisible aux églises majestueuses, aux vastes demeures victoriennes et aux places ombragées qui fait pendant à la douceur de la campagne et au charme des villages de la côte de l'île du Prince-Édouard.

Le principal édifice moderne de la ville est le Centre commémoratif de la Confédération qui fut inauguré par Elisabeth II en 1964. Le complexe abrite un musée, consacré aux beaux-arts canadiens con-

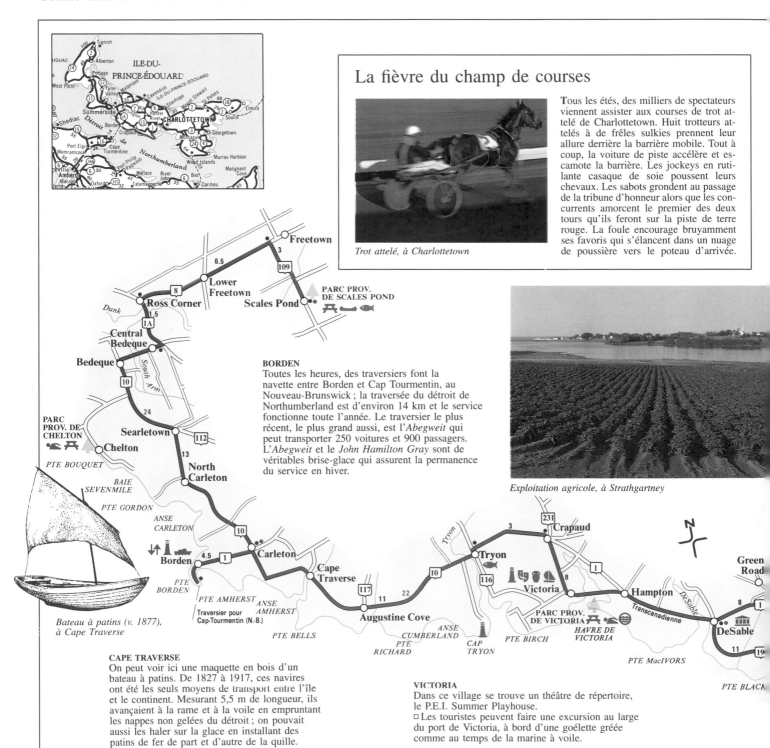

## La fièvre du champ de courses

Tous les étés, des milliers de spectateurs viennent assister aux courses de trot attelé de Charlottetown. Huit trotteurs attelés à de frêles sulkies prennent leur allure derrière la barrière mobile. Tout à coup, la voiture de piste accélère et escamote la barrière. Les jockeys en rutilante casaque de soie poussent leurs chevaux. Les sabots grondent au passage de la tribune d'honneur alors que les concurrents amorcent le premier des deux tours qu'ils feront sur la piste de terre rouge. La foule encourage bruyamment ses favoris qui s'élancent dans un nuage de poussière vers le poteau d'arrivée.

*Trot attelé, à Charlottetown*

*Exploitation agricole, à Strathgartney*

**BORDEN**
Toutes les heures, des traversiers font la navette entre Borden et Cap Tourmentin, au Nouveau-Brunswick ; la traversée du détroit de Northumberland est d'environ 14 km et le service fonctionne toute l'année. Le traversier le plus récent, le plus grand aussi, est l'*Abegweit* qui peut transporter 250 voitures et 900 passagers. L'*Abegweit* et le *John Hamilton Gray* sont de véritables brise-glace qui assurent la permanence du service en hiver.

*Bateau à patins (v. 1877), à Cape Traverse*

**CAPE TRAVERSE**
On peut voir ici une maquette en bois d'un bateau à patins. De 1827 à 1917, ces navires ont été les seuls moyens de transport entre l'île et le continent. Mesurant 5,5 m de longueur, ils avançaient à la rame et à la voile en empruntant les nappes non gelées du détroit ; on pouvait aussi les haler sur la glace en installant des patins de fer de part et d'autre de la quille.

**VICTORIA**
Dans ce village se trouve un théâtre de répertoire, le P.E.I. Summer Playhouse.
□ Les touristes peuvent faire une excursion au large du port de Victoria, à bord d'une goélette gréée comme au temps de la marine à voile.

temporains, et une galerie d'art, où l'on peut voir plus de 1 500 toiles, notamment des œuvres de grands peintres canadiens tels que Robert Harris et Jean-Paul Lemieux. Le théâtre de 1100 places, ouvert toute l'année, présente, en été, des comédies musicales canadiennes parmi lesquelles figure toujours celle d'*Anne et le bonheur*, adaptée du roman de Lucy Maud Montgomery, native de l'île.

En face du Centre se trouve l'ancienne Assemblée législative où les Pères de la Confédération se réunirent pour la première fois en 1864. La salle où eut lieu leur rencontre est restée inchangée. Une plaque commémorative rappelle qu'ici naquirent, le 1er septembre 1864, le concept du Dominion du Canada et la volonté de le mettre en œuvre.

Au mois d'août, Charlottetown organise pendant une semaine l'une des foires agricoles les plus renommées du Canada au parc des Expositions, ainsi que des courses de trot attelé. Non loin de la ville, on peut pêcher ou faire de la voile dans le détroit de Northumberland, ou encore assister aux représentations du théâtre d'été de Victoria. À Rocky Point, dans le parc historique national de Fort Amherst, se trouve l'emplacement de Port-la-Joie — premier établissement européen de l'île, fondé en 1720 par 300 colons français. Les Anglais s'en emparèrent en 1758 et fondèrent Charlottetown six ans plus tard, de l'autre côté du port.

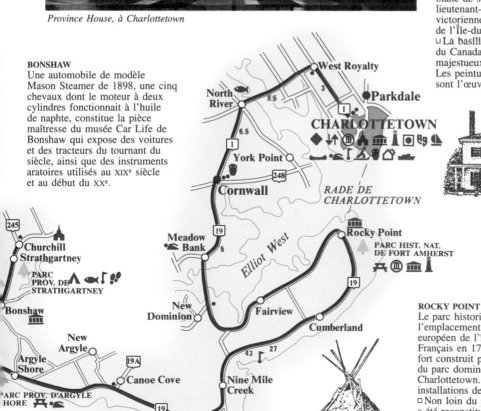

Province House, à Charlottetown

### CHARLOTTETOWN

Plus petite capitale provinciale du Canada et seule ville de l'île, Charlottetown se donne le nom de berceau de la Confédération, car c'est ici que les Pères de la Confédération se réunirent pour la première fois, en septembre 1864.
□ Le Centre de la Confédération, construit en 1964, rappelle la mémoire des Pères de la Confédération. Le complexe, qui s'étend sur deux coins de rue, se compose d'une salle commémorative, d'un théâtre, d'une galerie d'art, d'un musée et d'une bibliothèque publique.
□ En face du centre se trouve Province House, édifice georgien de trois étages construit en 1843-1847. C'est sous le haut plafond de la salle que l'on appelle aujourd'hui la Salle de la Confédération que les délégués des colonies britanniques de l'Amérique du Nord signèrent les documents qui conduisirent en 1867 à l'union des provinces actuelles de la Nouvelle-Écosse, du Nouveau-Brunswick, de l'Ontario et du Québec. Province House abrite également l'assemblée législative de l'Île-du-Prince-Édouard.
□ Deux bâtiments dominent le port de Charlottetown et le parc Victoria : Government House, un imposant bâtiment blanc de style colonial construit en 1834, résidence du lieutenant-gouverneur de l'île, et Beaconsfield, une demeure victorienne de 1877, siège de la Fondation du patrimoine de l'Île-du-Prince-Édouard.
□ La basilique St. Dunstan, l'une des plus grandes églises du Canada, se distingue par ses deux flèches gothiques, son majestueux maître-autel et ses belles sculptures italiennes. Les peintures murales de la cathédrale anglicane St. Peter sont l'œuvre du portraitiste canadien Robert Harris.

### BONSHAW
Une automobile de modèle Mason Steamer de 1898, une cinq chevaux dont le moteur à deux cylindres fonctionnait à l'huile de naphte, constitue la pièce maîtresse du musée Car Life de Bonshaw qui expose des voitures et des tracteurs du tournant du siècle, ainsi que des instruments aratoires utilisés au XIXe siècle et au début du XXe.

Government House, à Charlottetown

Beaconsfield, à Charlottetown

### ROCKY POINT
Le parc historique national de Fort Amherst couvre l'emplacement de Port-la-Joie, premier établissement européen de l'île du Prince-Édouard, fondé par les Français en 1720. Seuls subsistent les terrassements du fort construit par les Anglais. Les bois et les prairies du parc dominent la baie d'Hillsborough et le port de Charlottetown. Le parc comporte un musée et des installations de pique-nique.
□ Non loin du parc, un village micmac du XVIe siècle a été reconstitué. Il illustre la vie des Indiens avant l'arrivée des Européens.

Wigwam d'écorce de bouleau, à Rocky Point

# Le calme enchanteur du « Jardin du Golfe »

### Sud-est de l'Île-du-Prince-Édouard

Tout est vert, calme et placide dans le sud-est de l'île, « le Jardin du Golfe ». Sous les rayons du soleil d'été, le paysage se déroule paisiblement, net et bien ordonné comme dans un livre d'images. La région est encore tout empreinte de l'atmosphère qui était celle du Canada au début du siècle : un pays serein, simple et chaleureux.

Les visiteurs revivent ce passé dans un petit hameau restauré du XIXe siècle, Orwell Corner, ou dans les villages éparpil-

### SITE HISTORIQUE D'ORWELL CORNER

Ce petit hameau construit au croisement de deux routes a été restauré dans le style de la fin du XIXe siècle. On y voit un magasin, un bureau de poste, des granges, une école et une église, ainsi qu'une maison de ferme où une modiste avait aménagé son atelier à l'étage supérieur. Tous les bâtiments de bardeaux furent construits sur les lieux mêmes entre 1864 et 1896. En été, les visiteurs peuvent assister à des soirées musicales.

*Site historique d'Orwell Corner*

### MONTAGUE

Parmi les souvenirs de l'Île-du-Prince-Édouard qui se trouvent au musée Garden of the Gulf, on pourra voir une bible de 1698, des instruments aratoires, des pendules à mécanisme de bois ainsi que des lettres écrites par Lucy Maud Montgomery.

□ À la pointe Brudenell, un monument rappelle la mémoire de Jean-Pierre de Roma qui fonda une colonie française dans l'île il y a 250 ans. De Roma avait fait construire des quais, des ponts, des magasins et des logements sur la pointe, mais le sort s'acharna sur la colonie : des colons l'abandonnèrent, les récoltes furent ravagées par des mulots et, en 1745, des maraudeurs de la Nouvelle-Angleterre incendièrent l'établissement. Roma et sa famille se réfugièrent alors au Québec.

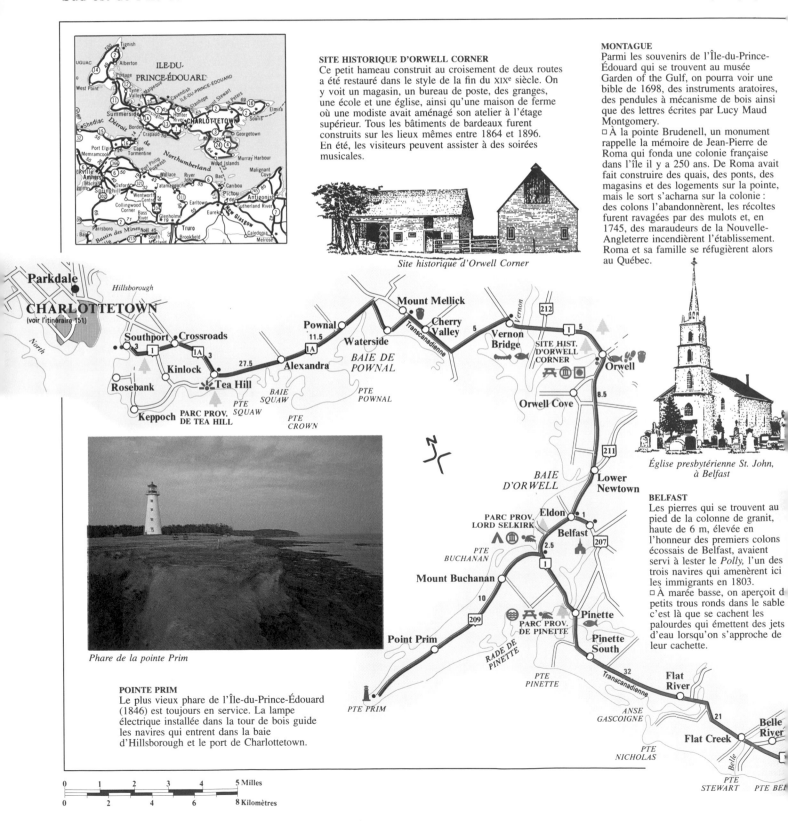

*Église presbytérienne St. John, à Belfast*

### BELFAST

Les pierres qui se trouvent au pied de la colonne de granit, haute de 6 m, élevée en l'honneur des premiers colons écossais de Belfast, avaient servi à lester le *Polly*, l'un des trois navires qui amenèrent ici les immigrants en 1803.

□ À marée basse, on aperçoit de petits trous ronds dans le sable : c'est là que se cachent les palourdes qui émettent des jets d'eau lorsqu'on s'approche de leur cachette.

*Phare de la pointe Prim*

### POINTE PRIM

Le plus vieux phare de l'Île-du-Prince-Édouard (1846) est toujours en service. La lampe électrique installée dans la tour de bois guide les navires qui entrent dans la baie d'Hillsborough et le port de Charlottetown.

lés dans la campagne. À Belfast, par exemple (autrefois la *belle face,* déformé plus tard par les colons écossais), un monument érigé sur une butte rappelle la mémoire des colons de Selkirk, 800 misérables paysans écossais que Lord Selkirk fit venir de l'île de Skye en 1803. À proximité s'élève l'église que construisirent les colons il y a 150 ans. Ses archives renferment un acte juridique signé par Lord Selkirk, qui faisait don au village des terrains de l'église et du cimetière.

De nombreuses familles viennent passer leurs vacances dans les fermes du « Jardin du Golfe », de grosses bâtisses de bois accueillantes flanquées de vastes granges et de robustes clôtures qu'entourent des champs de blé ou de tabac.

## Un littoral foisonnant de vie

**D**es myriades d'organismes marins vivent en bordure de l'eau, le long des grandes plages de sable de l'île du Prince-Édouard.

L'étoile de mer que l'on trouve généralement dans les flaques laissées par la marée se nourrit de palourdes, de moules et d'huîtres. Elle enserre sa proie dans ses cinq bras puissants pourvus de centaines de petites ventouses, puis écarte les valves de la coquille de sa victime et abaisse son sac digestif pour envelopper le muscle.

On ramasse les palourdes surtout à marée basse. Elles s'enfoncent alors dans le sable, jusqu'à 30 cm de profondeur, et lancent des jets d'eau quand on s'approche d'elles, ce qui forme de petits trous ronds dans le sable.

Les bernard-l'hermite que l'on voit souvent s'enfuir dans les flaques d'eau élisent domicile dans les coquilles vides de buccins à l'intérieur desquelles se « visse » leur abdomen tordu.

### GEORGETOWN
Ce port en eau profonde, l'un des meilleurs de la côte est du Canada, se consacre à la réparation et à la construction des bateaux.

□ Aux environs, les touristes peuvent visiter le centre provincial de villégiature de Brudenell (golf de 18 trous, camping, natation surveillée, canotage, équitation, tennis, chalets). Un sentier d'exploration de la nature longe une tourbière où poussent l'épinette, le laurier des marais, le thé du Labrador et la sphaigne. À la fin des années 1750, des immigrants écossais s'installèrent dans l'île Brudenell qui est reliée à la côte par une digue naturelle. Le monument de pierre élevé dans le cimetière porte leurs noms.

### GASPEREAUX
Le parc provincial Panmure Island compte l'une des plus belles plages de sable blanc de l'Île-du-Prince-Édouard. Les dunes y atteignent parfois 6 m de haut.

### MURRAY HARBOUR
Le village est le port d'attache d'une flottille de 35 bateaux de pêche qui ramènent des homards, des quahogs et du poisson pour la conserverie locale.

□ À 2 km au sud, un musée logé dans une maison de rondins expose des objets anciens dont certains remontent à 200 ans.

□ Près de Gladstone, le parc provincial Fantasyland est orné de statues qui représentent des personnages de livres d'enfants.

### MILLTOWN CROSS
Les bernaches canadiennes et de nombreux canards sauvages se reposent tous les ans au refuge Moores Sanctuary Ponds, fondé par Harvey Moore en 1955. Le canard noir, chassé sans merci dans l'est du Canada, y trouve un asile pour se reproduire.

□ Un enclos de 40 ha du parc provincial Buffaloland contient un troupeau de bisons et des cerfs de Virginie.

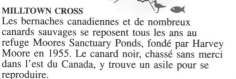

*Canards noirs*

### WOOD ISLANDS
Au quai des traversiers, les visiteurs peuvent s'embarquer pour une croisière à bord d'une goélette terre-neuvienne de 12 m de long.

□ Dans le parc provincial Northumberland, on peut camper, faire des randonnées pédestres et jouir d'une plage de sable rouge longue de 800 m.

*Murray Harbour*

# Un vieux phare, une arche moderne et des légions de thons rouges

## Nord-est de l'Île-du-Prince-Édouard

Les chalutiers ne restent jamais longtemps à quai dans les nombreux petits ports qui jalonnent la côte nord de l'Île-du-Prince-Édouard comme Savage Harbour, Morell ou Naufrage. Lorsque la saison du homard se termine à la fin de juin, ils se dirigent généralement vers les eaux profondes du golfe du Saint-Laurent.

Les patrons acceptent souvent d'emmener les touristes pour la journée pêcher le maquereau, l'aiglefin, la morue et le hareng. En août et en septembre, les ama-

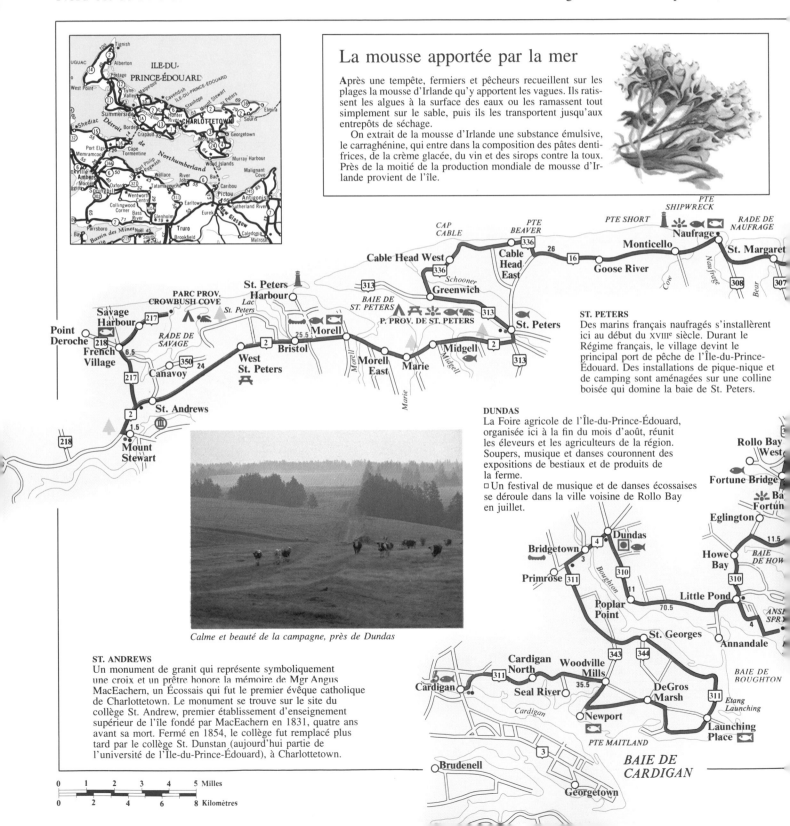

## La mousse apportée par la mer

Après une tempête, fermiers et pêcheurs recueillent sur les plages la mousse d'Irlande qu'y apportent les vagues. Ils ratissent les algues à la surface des eaux ou les ramassent tout simplement sur le sable, puis ils les transportent jusqu'aux entrepôts de séchage.

On extrait de la mousse d'Irlande une substance émulsive, le carraghénine, qui entre dans la composition des pâtes dentifrices, de la crème glacée, du vin et des sirops contre la toux. Près de la moitié de la production mondiale de mousse d'Irlande provient de l'île.

### ST. PETERS

Des marins français naufragés s'installèrent ici au début du XVIIIe siècle. Durant le Régime français, le village devint le principal port de pêche de l'Île-du-Prince-Édouard. Des installations de pique-nique et de camping sont aménagées sur une colline boisée qui domine la baie de St. Peters.

### DUNDAS

La Foire agricole de l'Île-du-Prince-Édouard, organisée ici à la fin du mois d'août, réunit les éleveurs et les agriculteurs de la région. Soupers, musique et danses couronnent des expositions de bestiaux et de produits de la ferme.

□ Un festival de musique et de danses écossaises se déroule dans la ville voisine de Rollo Bay en juillet.

*Calme et beauté de la campagne, près de Dundas*

### ST. ANDREWS

Un monument de granit qui représente symboliquement une croix et un prêtre honore la mémoire de Mgr Angus MacEachern, un Écossais qui fut le premier évêque catholique de Charlottetown. Le monument se trouve sur le site du collège St. Andrew, premier établissement d'enseignement supérieur de l'île fondé par MacEachern en 1831, quatre ans avant sa mort. Fermé en 1854, le collège fut remplacé plus tard par le collège St. Dunstan (aujourd'hui partie de l'université de l'Île-du-Prince-Édouard), à Charlottetown.

teurs de pêche sportive viennent ici tenter leur chance au thon rouge de l'Atlantique. C'est dans les eaux de l'île que l'on a pris les plus grands thons rouges du monde. La bataille avec un thon rouge dure parfois quelques secondes, mais peut aussi se transformer en épreuve d'endurance. Si la pêche a été bonne, la journée se terminera par la traditionnelle pesée et la séance de photographie de l'heureux vainqueur et de sa prise (laquelle reviendra au capitaine du bateau).

Deux événements marquent l'été dans la région ; le Festival de musique et de danses écossaises de Rollo Bay, en juillet, et la Foire agricole avec son concours de labourage, à Dundas, en août.

À East Point, on visitera un phare de 1867. Au cap Basin, l'un des plus beaux musées de la province rend hommage à l'esprit fier et indépendant des pêcheurs côtiers de l'île.

Pêche au thon, à North Lake

### NORTH LAKE
Du mois d'août au début d'octobre, les amateurs de pêche sportive du monde entier viennent ici pour se mesurer aux énormes thons rouges de l'Atlantique. Un spécimen de 680 kg, une des plus grosses prises au monde, a été pêché au large de North Lake en 1979. Les bateaux quittent le port vers 9 heures ; les excursions durent toute la journée.
□ À 3 km au sud, la petite gare peinte en vert (v. 1911) d'Elmira a été transformée en musée du chemin de fer.

### EAST POINT
Il y a des siècles, les Indiens Micmacs appelaient cet endroit *Kespemenagek*, « le bout de l'île ». De nos jours, le phare de bois de la pointe Est marque l'extrémité est de l'Île-du-Prince-Édouard. Le phare, qui date de 1867, est ouvert au public.

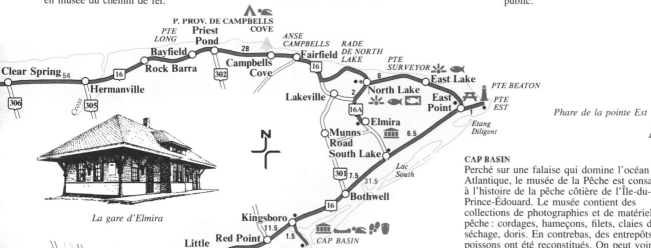

Phare de la pointe Est

La gare d'Elmira

### CAP BASIN
Perché sur une falaise qui domine l'océan Atlantique, le musée de la Pêche est consacré à l'histoire de la pêche côtière de l'Île-du-Prince-Édouard. Le musée contient des collections de photographies et de matériel de pêche : cordages, hameçons, filets, claies de séchage, doris. En contrebas, des entrepôts à poissons ont été reconstitués. On peut voir sur le quai une vieille conserverie de homards.
□ Le programme d'information du musée explique l'utilité des dunes dans cette partie de l'île.
□ Au début du mois d'août se déroule un festival de fruits de mer.

### SOURIS
L'un des principaux ports de l'Île-du-Prince-Édouard, Souris est célèbre pour sa pêche hauturière, son industrie du homard et ses belles plages.
□ Un traversier relie Souris à Cap-aux-Meules, aux îles de la Madeleine.
□ L'église catholique St. Mary's domine le port.
□ C'est à la suite d'une invasion de souris des champs qui dévasta la colonie à la fin du XVIIIe siècle qu'on aurait décidé d'appeler la ville Souris.

Musée de la Pêche, au cap Basin

# Les grands voiliers d'autrefois, au large de la « Côte française »

Sud-ouest de la Nouvelle-Écosse

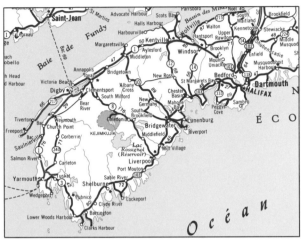

*Coucher de soleil sur Sandy Cove*

### ÎLE BRIER

Parmi les attractions de l'île, il faut mentionner trois phares où l'on peut pique-niquer. Les principales activités ici sont l'observation des oiseaux et des baleines, la cueillette de pierres et la pêche en haute mer. Au sud de l'île, dans un endroit isolé surnommé la chaussée des Géants, des colonnes de rochers s'avancent de plusieurs centaines de mètres dans la mer. (Les touristes qui souhaitent s'y rendre se renseigneront sur place.)

□ À l'extrémité sud de l'île, une plaque rappelle la mémoire du marin Joshua Slocum (1844-1909), premier navigateur à faire le tour du monde en solitaire. C'est à Westport que Slocum vécut avant de prendre la mer à l'âge de 16 ans. On se souvient de Slocum pour le voyage qu'il fit autour du monde de 1895 à 1898 dans un petit voilier de 12 m de long, le *Spray*, qui pesait moins de 12 tonnes.

*BAIE DE FUNDY*

### YARMOUTH

Avec ses 7 600 habitants, Yarmouth est le plus grand port de la Nouvelle-Écosse à l'est de Halifax. La ville tient en juillet son festival le plus couru, le Seafest, dont la principale attraction est la course de contrebandiers. Les trois festivals acadiens ainsi que l'Exposition de l'ouest de la Nouvelle-Écosse et un spectacle aérien international attirent beaucoup de visiteurs.

□ Le musée du comté de Yarmouth expose des marines et des maquettes de bateaux (c'est l'une des plus grandes collections de ce genre au Canada) qui rappellent que Yarmouth était un grand centre de construction navale à la fin du XIXe siècle. Une carte indique l'emplacement des 20 chantiers que la ville comptait à l'époque.

□ Le musée des Pompiers de la Nouvelle-Écosse possède deux pompes Hunneman de 1840 et une Silsby à vapeur de 1880. C'est la plus grande collection du genre au Canada.

□ Le faisceau lumineux que projette le phare historique de Yarmouth, sur le cap Forchu, est visible de 48 km à la ronde. C'est Champlain qui nomma le cap Forchu. (On dirait aujourd'hui « Fourchu ».)

*Pompe Amoskeag (1863), musée des Pompiers de Yarmouth*

*Monument du cimetière de la colline Town Point*

### CHEBOGUE POINT

Au cimetière de Town Point, un monument de marbre représente une femme allongée sur des gerbes de blé. Il fut érigé par un médecin de l'endroit, Frederick Webster, en l'honneur de sa femme Margaret qui mourut à Yarmouth en 1864 à l'âge de 45 ans. Webster, étudiant en médecine à Edimbourg, avait fait la connaissance de Margaret en se promenant dans la campagne écossaise.

□ *Chebogue*, en langue micmac, signifie une grande étendue d'eau calme.

*L'église Sainte-Marie de Church Point*

### WEDGEPORT

C'est le long de cette côte parsemée de petites îles qu'on rencontre des lieux de pêche au homard et aux poissons côtiers parmi les meilleurs du monde. Entre les îles, les marées créent un courant de 1,5 km de large, le Tusket Tide-Rip ou le Soldier's Rip, où viennent se nourrir le hareng et le maquereau.

□ Wedgeport met en scène un festival acadien à la fin de juin.

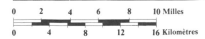

Il y a un siècle, les 3 000 voiliers de la Nouvelle-Écosse formaient l'une des plus grandes flottes marchandes du monde et Yarmouth était le port le plus riche de la côte atlantique.

De nos jours, des milliers de touristes venus du Maine en traversier arrivent chaque été à Yarmouth pour visiter la « Côte française ». Cette portion du littoral doit son nom aux très pittoresques villages acadiens qui ponctuent la baie de Sainte-Marie.

Le district de Nouvelle-Écosse fut colonisé en 1768 par des Acadiens que les Anglais avaient expulsés 13 ans plus tôt. Le premier à rentrer au pays fut Joseph Dugas qui fit à pied et à cheval les 450 km séparant la Nouvelle-Angleterre de Church Point. D'autres Acadiens rentrèrent en canot ou à bord de goélettes et fondèrent de petits villages comme Mavilette, Meteghan, Belliveau Cove et Saint-Bernard. La plupart des 9 000 habitants de ces localités sont d'origine acadienne.

Plus au nord se trouvent les centres touristiques de Smiths Cove et de Digby. Cette dernière ville est réputée pour sa pêche aux pétoncles et son splendide terrain de golf. À partir de Digby, les touristes peuvent également effectuer une excursion d'une journée dans l'île Brier et visiter Westport. C'est dans cette petite île blottie au bord de la baie de Fundy que naquit le capitaine Joshua Slocum, le premier navigateur à faire le tour du monde en solitaire.

### SANDY COVE
C'est ici qu'un homme mystérieux, qu'on appela Jérôme, fut découvert sur la plage en 1854. Muni d'eau potable et de biscuits, il était proprement vêtu mais il avait eu les deux jambes coupées. Incapable de parler, il ne réussit jamais à faire savoir d'où il venait. Jusqu'à sa mort, qui survint 58 ans plus tard, il fut soigné et entretenu par les gens du village. Il est enterré à Meteghan.

### DIGBY
C'est l'une des stations de villégiature les plus fréquentées de la Nouvelle-Écosse. Les activités récréatives y sont nombreuses et variées : bateau, golf, équitation et natation. La pêche hauturière à la morue, à la goberge, à l'aiglefin et au flétan y est excellente.
□ On trouve à Digby l'une des plus grandes flottilles de bateaux de pêche au pétoncle du monde. (La pêche au pétoncle est remarquable dans la baie de Fundy.) La localité rend hommage à cette ressource durant les Jours du pétoncle de Digby en août. Les visiteurs sont aussi invités à déguster les « poussins de Digby » ; on appelle ainsi le hareng fumé, l'une des spécialités de l'endroit.

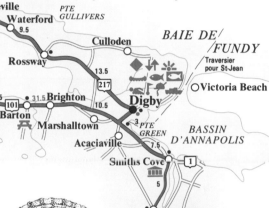

*La chaussée des Géants, près de Westport, dans l'île Brier*

### METEGHAN
La Vieille Maison, qui date de 1760, abrite un musée privé où l'on peut voir des coffres de marins, des barattes et des rouets du XVIIIe siècle.
□ Les piliers qui supportent les hautes voûtes de l'église Sainte-Marie de Church Point (1905), à 18 km au nord, furent taillés dans des troncs d'arbres. C'est la plus grande église de bois du Canada : elle peut accueillir 750 fidèles.

### GROSSES COQUES
Ce nom vient des énormes palourdes de la baie de Sainte-Marie dont s'alimentent les colons durant leur premier dur hiver ici.
□ À Saint-Bernard (environ 320 hab.) se trouve une superbe église gothique construite entre 1910 et 1942, qui peut accueillir un millier de personnes.

*Le port de Wedgeport*

*Pétoncle de Digby*

### BEAR RIVER
Situé sur une rivière engendrée par les marées et dont le niveau monte d'environ 6 m deux fois par jour, ce village est réputé pour son artisanat et sa fabrique de bougies.
□ Le Des Zaaier, réplique d'un moulin à vent hollandais à trois niveaux, est l'une des attractions locales.
□ On n'a employé que du bouleau pour construire et décorer la chapelle Sainte-Anne qui se dresse sur les terrains de la maison Harbour View, dans le village voisin de Smiths Cove.

## L'âge d'or de Yarmouth

La construction navale connut son heure de gloire à Yarmouth pendant la grande époque de la navigation à voile, à la fin du XIXe siècle, quand des milliers de navires de bois, de tous genres et de tous modèles, étaient bâtis dans les innombrables chantiers navals de la Nouvelle-Écosse. Le Canada se classait alors au quatrième rang des pays constructeurs et armateurs de navires. Les bateaux et les marins des « Bluenose » étaient célèbres dans le monde entier. L'argent coulait à flots dans les caisses des deux banques, des compagnies d'assurances, des fabricants de voiles et des négociants de Yarmouth. Les navires du XIXe siècle arboraient d'énormes voilures : les voiles carrées (pendues à des vergues horizontales) prenaient bien le vent mais demandaient un important équipage dans le gréement ; les navires à voiles auriques exigeaient moins de matelots et se manœuvraient mieux près des côtes.

*Deux-mâts à voiles carrées (v. 1865)*

*Grand mât aurique (v. 1870)*

# 155 Deep Brook/Bridgetown, N.-É. (201 km)

# Le fort quinze fois assiégé de l'Ordre de Bon-Temps

Sud-ouest de la Nouvelle-Écosse

*L'Habitation de Port-Royal*

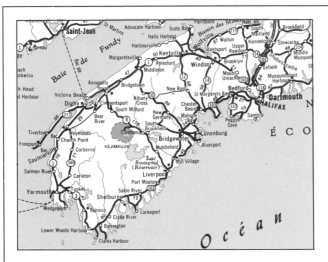

### VICTORIA BEACH

Une plaque rappelle le service de courriers à cheval qui acheminait les dépêches d'Angleterre vers les États-Unis. Le service fonctionna pendant un an, en 1849, un an après l'ouverture d'une ligne de télégraphe entre New York et Saint-Jean. Les dépêches, amenées à Halifax par les bateaux de la Cunard, partaient pour Victoria Beach, à 232 km à l'ouest, dans les sacs des courriers qui changeaient de chevaux tous les 20 km. Elles traversaient ensuite la baie de Fundy en vapeur jusqu'à Saint-Jean d'où elles étaient acheminées à New York. Ce service disparut l'année suivante, quand Halifax fut relié à Saint-Jean par télégraphe.

*Tangara écarlate*

*Tortue de Blanding*

## Une généreuse oasis pour la flore et la faune

Le parc national de Kéjimkujik se situe dans une région où les étés sont plus longs et plus chauds que partout en Nouvelle-Écosse. C'est pourquoi l'on y trouve des plantes et des animaux qui n'existent nulle part ailleurs dans la région. Ainsi, la belle forêt mixte où se dressent d'énormes pruches plusieurs fois centenaires abrite le smilax à feuilles rondes et le café du diable pour les plantes, le tangara écarlate, le moucherolle huppé et la grive des bois pour les oiseaux, de même que la tortue de Blanding et le petit polatouche. On a par ailleurs dénombré ici cinq espèces de serpents et de salamandres, trois de tortues et huit de crapauds et de grenouilles. Plusieurs lacs renferment des corégones, qu'on trouve généralement plus à l'ouest.

*Pruche de l'Est*

### PORT-ROYAL

On peut y voir la reconstitution de l'Habitation construite par de Monts, Champlain et Poutrincourt en 1605. Les bâtiments du parc historique national de Port-Royal suivent dans leurs moindres détails les plans dessinés par Champlain. Disposés en carré autour d'une cour, les édifices étaient protégés par une palissade et défendus par une batterie de canons. Les bâtiments comprennent la résidence du gouverneur, une chapelle, une cuisine, une forge et un comptoir de traite.
□ C'est ici que Champlain fonda en 1606 le premier club d'Amérique du Nord, l'Ordre de Bon-Temps. Chaque membre en était à tour de rôle le grand maître, chargé d'organiser le banquet quotidien. Marc Lescarbot, un avocat de Paris, écrivit et monta ici la première pièce de théâtre en Amérique du Nord, le *Théâtre de Neptune,* en 1606.

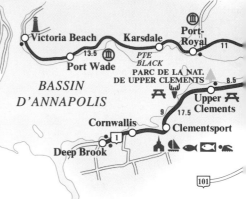

### CORNWALLIS

Durant la Seconde Guerre mondiale, Cornwallis abritait la plus grande école navale du Commonwealth. On peut visiter la base qui sert aujourd'hui à l'instruction des recrues.
□ A Clementsport, à 2,5 km à l'est, se trouve l'église St. Edward (1797), construite par des loyalistes. On y verra des pièces de monnaie, des objets usuels, des recueils de prières et des vases sacrés en argent.

*Parc national de Kéjimkujik*

### PARC NATIONAL DE KÉJIMKUJIK

Ce parc de 380 km² présente une myriade de lacs entourés de collines basses modelées par les glaciers il y a des milliers d'années. On y trouve quelques-unes des plus belles forêts de la Nouvelle-Écosse.
□ On se renseignera sur les activités du parc au centre d'accueil. Une tour au lac Kéjimkujik offre une vue panoramique des environs. Des sentiers de randonnée mènent au cœur du parc ; des voies de canotage donnent accès à ses lacs les plus reculés. En hiver, le parc accueille les skieurs de fond et les raquetteurs.

0 1 2 3 4 5 Milles
0 2 4 6 8 Kilomètres

Le parc historique national de Port-Royal, site de la première colonie française permanente du Nouveau Monde, domine le grand bassin d'Annapolis. C'est en 1605 que Pierre de Monts et des colons français construisirent leur Habitation à l'abri d'une palissade, dans ce que l'on appelait alors l'Acadie. Pour égayer un peu leur vie, Samuel de Champlain fonda l'Ordre de Bon-Temps, prétexte à de somptueux banquets de viande d'orignal et de canards rôtis, généreusement arrosés de vin, qui précédaient une soirée de danse et de musique. De nos jours, les touristes visitent une réplique de l'Habitation de Port-Royal où l'on peut voir notamment un puits d'époque, des portes en chêne cloutées et une salle où les Indiens venaient troquer leurs peaux de castors.

À quelques kilomètres, sur la rive sud du bassin, s'étend le parc historique national du Fort-Anne, à Annapolis Royal. Les ouvrages de terre que l'on y voit encore, construits par les Français entre 1690 et 1708, furent plus tard renforcés par les Anglais. Le fort, maintes fois pris et repris, connut une histoire orageuse.

La route qui continue ensuite vers le nord-est traverse la verdoyante vallée de l'Annapolis, un verger de 130 km de long dont les terres fertiles furent cultivées par les Acadiens dès 1630.

Mais ceux qui aiment la nature sauvage prendront, au sud, la direction du parc national de Kéjimkujik.

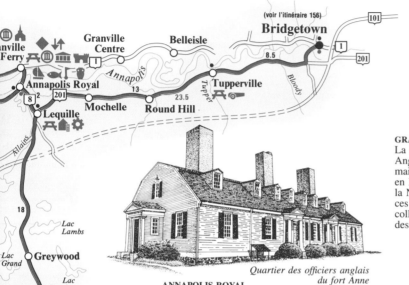

Quartier des officiers anglais
du fort Anne

### ANNAPOLIS ROYAL

Cette municipalité est l'une des plus anciennes du Canada. Les Français y établirent un fort et une colonie, Port-Royal, vers 1630. Capturé par les Anglais en 1710, le fort fut rebaptisé fort Anne et le village, Annapolis Royal, en l'honneur de la reine Anne. Ce fut le siège du gouvernement de la Nouvelle-Écosse jusqu'en 1749.
□ Le parc historique de Fort-Anne, créé en 1917, est le plus ancien des lieux historiques nationaux du Canada. Le centre d'intérêt est le quartier des officiers anglais (1712) où est décrite l'histoire de la région. Une poudrière construite par les Français en 1708 et des fortifications de terre du début du XVIIe siècle ont également survécu au temps.
□ Parmi les bâtiments historiques d'Annapolis Royal, on peut mentionner la Maison Adam-Ritchie (1712), l'hôtel Farmer (vers 1730), la Maison Robertson-McNamara (1785) et le Musée de la Taverne O'Dell (1869).
□ Les Jardins historiques d'Annapolis Royal sont aménagés de façon thématique ; il y a, par exemple, les Jardins acadiens.
□ La centrale hydro-électrique marémotrice Annapolis, sur la route d'Annapolis Royal, la première du genre en Amérique du Nord, offre un centre d'interprétation.

### TUPPERVILLE

Dans une école transformée en musée sont exposés des livres, des pupitres et une vieille cloche.
□ La tombe du colonel James DeLancey, le « hors-la-loi du Bronx », se trouve à l'est du musée. Il dirigea plusieurs incursions pro-britanniques durant la guerre de l'Indépendance et s'établit dans la région en 1796.
□ Tupperville honore la mémoire de Sir Charles Tupper (1821-1915), natif de la Nouvelle-Écosse, un des Pères de la Confédération et le sixième Premier ministre du Canada ; il exerça ses fonctions pendant 10 semaines en 1896.

### GRANVILLE FERRY

La localité fut fondée par des émigrants de la Nouvelle-Angleterre vers 1759. Le musée North Hill occupe une petite maison de bois construite vers 1760. Sa façade et ses pentures en H et L *(Holy Lord)* sont caractéristiques des habitations de la Nouvelle-Angleterre au début du XVIIIe siècle. On croyait que ces pentures avaient le pouvoir d'écarter les esprits malins. La collection du musée comprend des meubles de style georgien, des céramiques, des pièces en verre et d'autres en argent.

Intérieur du quartier des officiers anglais du fort Anne

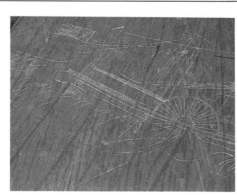

## Pétroglyphes indiens : vestiges de la préhistoire

Les rives du lac Kéjimkujik portent des traces d'une civilisation très ancienne. Le schiste est si tendre qu'on peut le graver avec une pierre dure, un couteau ou un os. Certains de ces pétroglyphes pourraient être antérieurs à l'arrivée des Européens. Ils représentent différents animaux, des pêcheurs et des chasseurs, d'anciens symboles micmacs et un oiseau à quatre pattes entouré d'étoiles (sans doute un dieu indien). Les dessins plus récents dénotent une influence européenne : l'un des personnages, par exemple, ressemble à un cavalier français et l'on peut voir des bateaux à roues du XIXe siècle *(à gauche)*.

# La vallée des pommiers
# et un musée vivant dans une ferme

Vallée de l'Annapolis

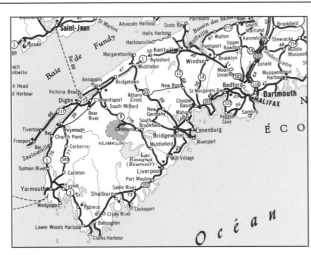

Église anglicane St. Mary,
à Auburn

Halls Harbour

## HALLS HARBOUR
Ce pittoresque village de pêcheurs domine le bassin des Mines où les marées de la baie de Fundy sont parmi les plus hautes du monde. Il porte le nom d'un pirate qui saccagea le village à deux reprises au début du XIXᵉ siècle. Avec son navire, le *Mary Jane*, Hall revint une troisième fois en 1813, mais cette fois les colons le battirent et s'emparèrent d'une cassette de pièces d'or qu'ils auraient enterrée au bord de la rive. Le trésor légendaire n'a jamais été retrouvé.

## AUBURN
L'église anglicane St. Mary fut construite en 1790 par des colons loyalistes. Pour faire le plâtre des murs, ils réduisirent en poudre les coquilles des moules dont les réfugiés acadiens s'étaient nourris quand ils se cachaient durant l'hiver 1755-1756 pour échapper à la déportation.
□ À Morden, à 11 km au nord, une grande croix de galets rappelle la mémoire des 250 Acadiens qui passèrent ici l'hiver 1755-1756. Plusieurs moururent. Les survivants prirent la fuite en canot et se rendirent sur la rive nord du bassin des Mines en mars 1756.
□ À l'est d'Auburn, Berwick est le principal centre de pomoculture de la Nouvelle-Écosse.

## BRIDGETOWN
De belles maisons anciennes bordent les rues de cette ville, là où l'Annapolis prend sa source. Les Acadiens s'installèrent dans la région au cours des années 1650, suivis par des colons de la Nouvelle-Angleterre un siècle plus tard, puis, après 1776, par des réfugiés loyalistes.
□ Perché sur la croupe du mont North, le parc provincial Valleyview offre une splendide vue panoramique de la vallée de l'Annapolis.

Tyran tritri

## GREENWOOD
C'est dans cette municipalité de 9 000 âmes que se trouve la principale base aérienne anti-sous-marine du Canada. Créée en 1942, elle servit au début de centre de formation.
□ Aux environs, Kingston organise une foire au début de juillet : manifestations sportives, grillades en plein air, promenades à dos de poneys et spectacles de variétés se succèdent.

## MIDDLETON
L'église anglicane Holy Trinity, construite en 1789, est un bel exemple d'architecture religieuse coloniale. Elle possède encore ses stalles d'origine à dossiers droits, pourvues de portes numérotées. Des guides la font visiter en semaine durant l'été, ainsi que le centre de polissage du laiton Captain Davis qui se trouve à côté.
□ Le musée Macdonald de la Vallée de l'Annapolis est logé dans la plus vieille école unifiée du Canada. Il présente une intéressante collection d'horloges et de montres.
□ La petite ville agricole de 1 770 habitants célèbre en juillet les Journées Heart of the Valley.

## LAWRENCETOWN
L'Exposition du comté de l'Annapolis y a lieu à la mi-août : exposition de bétail et de produits agricoles, compétition de bœufs et de chevaux de trait, lutte à la souque et dégustation de plats traditionnels attirent la foule.
□ Lawrencetown est le siège du Nova Scotia Land Survey Institute, seule école du Canada qui se consacre exclusivement à la cartographie, aux relevés topographiques et à la photogrammétrie.

Il y a plus de trois siècles, les premiers colons de la Nouvelle-Écosse, les Acadiens, cultivaient déjà la fertile vallée de l'Annapolis, l'un des « vergers » les plus connus du Canada. Après leur expulsion en 1755, la région fut colonisée par des habitants de la Nouvelle-Angleterre, puis par des loyalistes. Un grand nombre de descendants de ces derniers vivent toujours dans cette région paisible qui est devenue l'un des principaux producteurs de pommes du Canada.

Entre Bridgetown et Kentville se succèdent de paisibles bourgades. Dans la vallée que les arbres en fleurs embaument à la fin du printemps, les oiseaux de mer et les oiseaux des bois cèdent la place aux espèces qui fréquentent les fermes et les vergers comme le colibri à gorge rubis, le tyran tritri et le pinson familier.

La grand-route s'avance parallèlement à la côte de la baie de Fundy et ne s'en écarte jamais de plus de 15 km. Des routes secondaires mènent à de pittoresques hameaux côtiers comme ceux de Hampton, Port George et Margaretsville dont les plages ensoleillées sont battues par les grandes marées de la baie de Fundy.

À Kentville, où l'on célèbre le Festival des vergers en fleurs au printemps, une route conduit plus au sud à un musée vivant de l'agriculture, la ferme de New Ross, encore exploitée comme pouvait l'être une ferme au cours du siècle dernier.

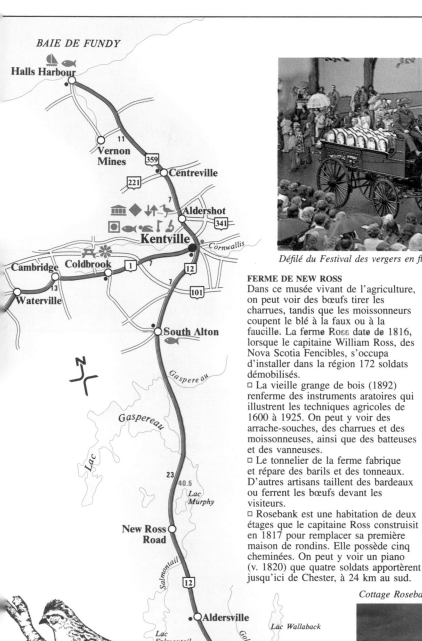

*Défilé du Festival des vergers en fleurs, à Kentville*

**KENTVILLE**
C'est l'agglomération la plus importante de la vallée de l'Annapolis. Le musée Old Kings Courthouse, rue Cornwallis, retrace l'histoire de la région. Au moment où les vergers sont en fleurs, vers la fin de mai, les villes de la vallée de l'Annapolis organisent un festival annuel avec concerts, feux d'artifice, défilés et couronnement d'une reine. La plupart des festivités se déroulent à Kentville où a eu lieu le premier festival en 1932.
□ La station de recherche en agriculture de Kentville s'étend sur 183 ha ; on peut la visiter. L'histoire de la pomoculture régionale est exposée en détail à Blair House, musée situé dans la gare.

**FERME DE NEW ROSS**
Dans ce musée vivant de l'agriculture, on peut voir des bœufs tirer les charrues, tandis que les moissonneurs coupent le blé à la faux ou à la faucille. La ferme Ross date de 1816, lorsque le capitaine William Ross, des Nova Scotia Fencibles, s'occupa d'installer dans la région 172 soldats démobilisés.
□ La vieille grange de bois (1892) renferme des instruments aratoires qui illustrent les techniques agricoles de 1600 à 1925. On peut y voir des arrache-souches, des charrues et des moissonneuses, ainsi que des batteuses et des vanneuses.
□ Le tonnelier de la ferme fabrique et répare des barils et des tonneaux. D'autres artisans taillent des bardeaux ou ferrent les bœufs devant les visiteurs.
□ Rosebank est une habitation de deux étages que le capitaine Ross construisit en 1817 pour remplacer sa première maison de rondins. Elle possède cinq cheminées. On peut y voir un piano (v. 1820) que quatre soldats apportèrent jusqu'ici de Chester, à 24 km au sud.

## Les riches vergers de la vallée de l'Annapolis

Presque tous les vergers de pommiers de la Nouvelle-Écosse se trouvent dans la vallée de l'Annapolis où la terre est riche et le climat très doux. Les colons de la Nouvelle-Angleterre qui s'installèrent ici en 1760 créèrent les premiers vergers commerciaux du Canada. De nombreux descendants de ces colons s'occupent encore des pommiers de la vallée.

Les variétés les plus communes sont la mcintosh, la délicieuse rouge et la golden delicious *(de gauche à droite, ci-dessus)*, ainsi que la northern spy. Mais on y récolte aussi la crimson beauty, la melba, la bough sweet et la honeygold. Les variétés les plus fragiles se vendent sur place. Les autres sont exportées, surtout en Grande-Bretagne et aux États-Unis. De nombreux établissements font de la compote, du jus, de la gelée et du cidre.

*Cottage Rosebank, ferme de New Ross*

*Pinson familier*

# Le souvenir d'Évangéline et du « grand dérangement »

## Centre de la Nouvelle-Écosse

*Les rives du bassin des Mines, près de Blomidon*

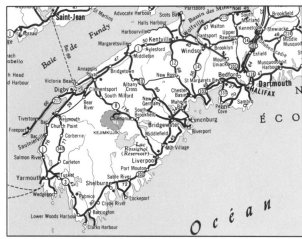

### CAP BLOMIDON

Au-delà de Scots Bay, la route mène à un sentier de randonnée de 14 km qui suit le sommet des falaises de grès, 200 m au-dessus de la mer, jusqu'au cap Split. Des belvédères offrent de splendides vues sur la vallée de l'Annapolis, le bassin des Mines et la baie de Fundy. Les collectionneurs peuvent ramasser des améthystes et des agates le long du sentier.

□ Selon une légende micmac, c'est ici que le héros mythique Glooscap recevait ses admirateurs.

### POINTE STARRS

La Maison Prescott, de style georgien, s'élève au milieu d'un splendide jardin. Elle fut construite en 1814 par Charles Ramage Prescott, un pionnier horticulteur qui introduisit plusieurs variétés de pommes en Nouvelle-Écosse, dont la gravensein. Le manoir de 21 pièces possède un toit à pans coupés percé de mansardes que dominent deux grandes cheminées. Les murs de brique blanchis à la chaux ont près de 1 m d'épaisseur. On y verra des lits à pilastres, une horloge de parquet, des porcelaines de Coalport du début du XIXᵉ siècle, un bureau en bois d'érable du XVIIIᵉ siècle, des chaises de salle à manger Regency et un portrait de Prescott.

□ Non loin, à Port Williams, les marées atteignent 12 m d'amplitude.

*Maison Prescott, à la pointe Starrs*

## Des prés fertiles arrachés à la mer

**D**'anciennes digues acadiennes bordent encore le bassin des Mines, près de Grand-Pré. Elles furent construites pour arrêter les marées de la baie de Fundy et transformer les marécages de la côte en champs fertiles. Larges de plus de 3 m, elles étaient construites avec des pierres et des branches enduites d'argile. À la base s'ouvraient des « aboiteaux », canalisations de bois dont les clapets permettaient de régulariser le niveau de l'eau dans les marécages.

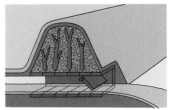

*L'aboiteau s'ouvre à marée basse,*

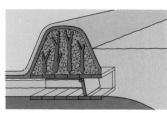

*puis se ferme à marée haute.*

### WOLFVILLE

Cette ville universitaire bordée d'arbres a été fondée par des colons de la Nouvelle-Angleterre vers 1760. L'université Acadia fut d'abord une académie (1828) puis un collège (1838) baptiste avant de devenir une université en 1891. Aujourd'hui, plus de 3 000 étudiants fréquentent ses élégants bâtiments de style classique. La bibliothèque commémorative Vaughan conserve les sermons et le journal du prédicateur Henry Alline qui contribua à empêcher la Nouvelle-Écosse de se rallier à la révolution américaine.

□ La société historique de Wolfville administre un musée logé dans la Maison Randall (v. 1815) ; les collections rappellent l'histoire des premiers colons.

□ On peut admirer des œuvres de l'artiste canadien Alex Colville, le citoyen le plus fameux de Wolfville, au centre artistique Beveridge, dans la galerie d'art de l'université Acadia.

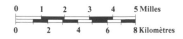

0   1   2   3   4   5 Milles

0   2   4   6   8 Kilomètres

Le drapeau bleu, blanc et rouge de l'Acadie, avec une étoile d'or sur le champ bleu, flotte fièrement sur le parc historique national de Grand-Pré, théâtre principal du « grand dérangement », l'expulsion de 1755. Cette année-là, tandis que les passions s'exacerbaient en Amérique du Nord, les Acadiens de la Nouvelle-Écosse refusèrent de prêter serment d'allégeance à la couronne d'Angleterre, de peur d'être forcés de se battre contre d'autres Français. Des milliers d'entre eux furent donc déportés et abandonnés dans les colonies anglaises du Sud. Le récit le plus émouvant de la déportation des Acadiens est *Évangéline*, un poème épique de Henry Wadsworth Longfellow, dont l'héroïne est, en fait, un personnage fictif. Pourtant, à l'endroit même où l'expulsion des Acadiens fut annoncée, les visiteurs jettent aujourd'hui des pièces de monnaie dans le « puits d'Évangéline » et contemplent sa statue de bronze, à côté d'une chapelle couverte de lierre.

Trois des plus beaux musées de la Nouvelle-Écosse se trouvent aux environs : à la pointe Starrs, la Maison Prescott, remarquable demeure georgienne ; à Mount Uniacke, une grande maison du XIXᵉ siècle, et, à Windsor, la maison de l'écrivain Thomas Chandler Haliburton. Celui-ci est célèbre à travers son personnage de Sam Slick, un colporteur d'horloges « yankee » au franc-parler qui a laissé aux anglophones d'innombrables proverbes pleins de bon sens et d'humour.

## GRAND-PRÉ

Les grands saules du parc historique national de Grand-Pré dateraient des XVIIᵉ et XVIIIᵉ siècles, quand la bourgade était une importante agglomération acadienne. Dans le parc, une chapelle se dresse sur l'emplacement de l'église où les Acadiens apprirent qu'ils allaient être expulsés, en 1755. À côté se dresse la statue de bronze de l'héroïne de Longfellow, *Évangéline*. Le « puits d'Évangéline » a été restauré.
□ Près du parc, un monument rappelle la bataille de Grand-Pré (1747), au cours de laquelle 240 Français et 20 Indiens mirent en fuite 500 soldats de la Nouvelle-Angleterre.
□ L'église des Covenanters, construite par les loyalistes en 1804, possède des stalles carrées et une chaire qui s'élève à mi-hauteur du plafond. Ses planches équarries à la main sont jointes avec des clous à tête carrée.
□ Une plaque indique la maison natale de Sir Robert Borden (1854-1937), Premier ministre durant la guerre de 1914-1918.

## *Évangéline* : l'histoire d'un grand poème

La statue d'Évangéline, parc historique national de Grand-Pré

C'est en 1847 que le poète américain Henry Wadsworth Longfellow publia *Évangéline, conte d'Acadie*. Avec son célèbre vers initial (« C'est l'antique forêt vierge »), le poème épique qui traite de la dispersion du peuple acadien devint son œuvre majeure. Qui ne connaît aujourd'hui la triste histoire d'Évangéline, séparée de l'homme qu'elle aimait ? L'idée du poème avait germé dans l'esprit d'un pasteur de Boston, Horace L. Conolly, qui avait entendu parler de plusieurs couples acadiens séparés par la déportation. Il proposa d'abord l'histoire à Nathaniel Hawthorne mais ce fut Longfellow que le thème inspira.

Il se mit à l'ouvrage en 1845, dans sa maison de Cambridge, au Massachusetts, en utilisant des récits de l'expulsion des Acadiens. Il ne visita jamais Grand-Pré.

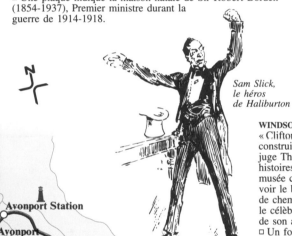

Sam Slick, le héros de Haliburton

## WINDSOR

« Clifton », une maison de bois de 15 pièces, construite en 1834-1836 et dans laquelle le juge Thomas Chandler Haliburton écrivit les histoires de Sam Slick, abrite aujourd'hui le musée commémoratif Haliburton. On peut y voir le bureau de Haliburton et une pendule de cheminée semblable à celles que vendait le célèbre colporteur dans l'imagination de son auteur.
□ Un fortin de rondins fendus en deux (1750), le plus ancien du Canada, se dresse au sommet d'une colline qui domine Windsor.
□ L'Exposition du comté de Hants, fondée en 1765 et qui se déroule tous les ans en septembre depuis 1815, est la plus ancienne foire agricole d'Amérique du Nord.
□ La Maison Shand, construite en 1890, style fin de l'époque victorienne, a été transformée en musée. Du haut de sa tour, on a une très belle vue de la région environnante.

## SOUTH RAWDON

Le musée possède une collection d'objets typiques de la vie rurale en Nouvelle-Écosse au XVIIIᵉ siècle, par exemple des patins dont les lames d'acier sont fichées dans des blocs de bois et une presse qui servait à mettre en forme les chapeaux de paille.

## MOUNT UNIACKE

La Maison Uniacke, un élégant manoir de style colonial, possède toujours ses meubles d'époque. Un Irlandais, Richard John Uniacke, construisit la maison en 1813-1815 pendant qu'il était procureur général de la Nouvelle-Écosse. La demeure à étages qui comprend huit chambres à coucher devint plus tard la maison d'été de son fils, James Boyle Uniacke, un chef tory qui démissionna du Conseil législatif en 1837 pour se rallier au parti de la réforme de Joseph Howe. En 1848, Uniacke devint Premier ministre de la Nouvelle-Écosse et chef du premier gouvernement responsable.

## HANTSPORT

On peut voir des maquettes de navires et une collection maritime au Centre municipal de Hantsport, aménagé dans une grande maison de trois étages construite en 1860 par Ezra Churchill, un constructeur de navires.
□ Un monument marque la tombe de William Hall, premier marin canadien de race noire à obtenir l'ordre de Victoria Cross. Fils d'un esclave de Virginie, il servit dans la Royal Navy pendant la guerre de Crimée et la révolte des Cipayes de 1857.

*Dur-bec des pins*

Avonport Station
Avonport
101   12
32.5
Hantsport
Avon
1
Mount Denson
Halfway
11.5
101
PTE DIMOCK
Falmouth
Windsor
101
14
St. Croix
215
Three-Mile Plains
9
St. Croix
Ellershouse
30
14.5
Colline Willow
Colline Ardoise
1
South Rawdon
Meander
8.5
Hillsvale
Lac Cockscomb
L'ac Pigott
Lac Lily
Lakeland
Mont Uniacke
6.5
Mount Uniacke
Oland
South Uniacke
1
Lac Lewis
101

# Des croissants de sable blanc
# que hantaient autrefois les pirates

Sud-ouest de la Nouvelle-Écosse

La gueule fichée dans le sol, le vieux canon de corsaire qui marque un coin de rue du village de Milton, au nord de Liverpool, rappelle une époque agitée de l'histoire de la côte sud de la Nouvelle-Écosse. Venus de Cape Cod, les colons qui fondèrent Liverpool au cours des années 1760 passèrent une bonne partie du demi-siècle suivant à protéger leurs maisons, leurs pêcheries et leurs navires contre les coups de main des Français, des Espagnols et des Américains. Ils durent

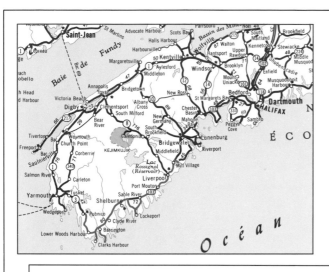

*Tapisserie de laine, filature de Barrington*

## Cap de Sable : le cimetière de l'Atlantique

À Centreville, dans l'île du Cap-de-Sable, un bateau de sauvetage (v. 1890) exposé au musée Archelaus-Smith rappelle les équipages qui bravaient la mer démontée pour secourir les naufragés et récupérer leurs biens. Dès qu'ils apercevaient un navire en détresse, les sauveteurs lançaient leurs frêles embarcations sur les eaux pour secourir les marins… et, à défaut, s'emparer de leurs marchandises. Des centaines de navires ont sombré dans les eaux du cap de Sable. Les hauts-fonds qui s'avancent là à plusieurs centaines de mètres éventraient la coque des navires emportés par les puissantes marées qui s'engouffrent entre les récifs

et les îlots. Pendant des siècles, le cap était connu des marins comme l'un des cimetières de l'Atlantique. (Il ne faut pas le confondre avec un autre « cimetière », tout aussi fameux, et dont le nom est très semblable : l'île de Sable, un banc de sables mouvants à plus de 300 km à l'est de Halifax.)

Le pire naufrage se produisit en février 1860, quand le vapeur *Hungarian*, parti de Portland, dans le Maine, pour l'Angleterre, sombra sur un récif. Ses 125 passagers et 80 membres d'équipage perdirent tous la vie. Mais l'on sauva une bonne partie de sa cargaison, véritable manne pour les habitants de l'île.

### BARRINGTON
La dernière filature de l'est du Canada mue par une chute d'eau, construite en 1884, abrite un musée. On peut y voir les machines qui servaient à tresser et à bobiner le fil.
□ Le plus ancien lieu de culte non conformiste du Canada est la Old Meeting House de Barrington, construite en 1765 par des réfugiés du Massachusetts. L'édifice servit d'hôtel de ville et de lieu de culte jusque vers 1838. Des marches étroites permettent d'accéder à une chaire murale (v. 1790). Les poutres du plafond reposent sur des goussets de navires.

*Ibis blanc*

### SHAG HARBOUR
Le musée de la Colline-de-la-Chapelle, qui est logé dans une ancienne église, se trouve au centre de Shag Harbour. Du clocher, la vue sur la mer et les îles de la côte est saisissante ; le soir, on aperçoit les feux de cinq phares : île Bon-Portage, de la pointe Baccaro, cap de Sable, de l'île Seal et de Wood Harbour.

### ÎLE DU CAP-DE-SABLE
À Barrington Passage, une digue de 1 200 m mène à l'île du Cap-de-Sable, à l'extrémité méridionale de la Nouvelle-Écosse. Cet îlot rocheux est le lieu d'origine d'un type de bateau, le Cape Island. Réputé pour sa stabilité et sa maniabilité en eau profonde, il a été mis au point à Clark's Harbour en 1907 par Ephraim Atkinson. Ses versions modernes motorisées, mesurant parfois jusqu'à 12 m, servent surtout à la pêche côtière.
□ On peut voir toutes sortes d'objets récupérés sur des épaves au musée Archelaus-Smith de Centreville.

### PORT LA TOUR
Aux environs subsistent des vestiges de deux forts du XVIIᵉ siècle. À quelques kilomètres au sud, un monument marque l'emplacement du fort Saint-Louis, construit vers 1627 par le négociant français Charles La Tour. Des vestiges du fort Temple (1656), première place forte anglaise sur la côte du sud-ouest de la Nouvelle-Écosse, sont visibles au nord-ouest de Port La Tour.

se défendre courageusement, une fois dans leurs propres rues, souvent en haute mer avec leurs propres corsaires équipés de canons de la Royal Navy.

Au sud de Liverpool, la route traverse White Point et Hunts Point, deux centres touristiques bordés de croissants de sable d'un blanc immaculé. Plus loin, Shelburne, un centre de construction navale de 2 300 habitants, fut un temps un des lieux les plus peuplés de l'Amérique du Nord britannique. Old Meeting House, la salle où se rassemblaient les colons loyalistes il y a plus de deux siècles, est à Barrington où se trouve également l'une des premières filatures du Canada. À Barrington Passage, une digue mène à l'île du Cap-de-Sable, longtemps reconnue parmi les marins comme l'endroit le plus dangereux de la côte atlantique. Dans cette île, on découvre parfois, au milieu de volées de bernaches, de canards noirs et de sarcelles à ailes bleues, des oiseaux exotiques comme l'ibis blanc.

### JORDAN FALLS
Un monument de galets surmonté d'une ancre de marine honore la mémoire de Donald McKay (1810-1880), constructeur de certaines des goélettes les plus rapides du XIXᵉ siècle. Né à Jordan Falls, McKay n'était qu'un apprenti quand il partit pour New York à l'âge de 16 ans. Il devint célèbre à 42 ans quand l'une de ses créations, le *Courier*, établit des records de vitesse. McKay continua à lancer des bateaux comme le *Flying Cloud*, le *Great Republic* et le *Sovereign of the Sea* qui connurent la gloire. Il construisit son propre chantier naval à East-Boston, au Massachusetts, en 1845.

### LIVERPOOL
La Maison Simeon-Perkins fut construite en 1766 par un marchand venu du Connecticut qui fit fortune ici. Elle renferme des meubles du XVIIIᵉ siècle et une copie du journal de Perkins qui relate par le menu plus de quarante années de vie coloniale. □ Près de la Maison Perkins se trouve le Musée du comté de Queen logé dans une réplique de l'entrepôt de Perkins.

*Petit port près de Hunts Point*

### LOCKEPORT
La première école de Lockeport, une bâtisse de cinq pièces construite vers 1845 près d'un croissant de sable de 2 km, abrite un musée. Les salles de classe renferment divers objets anciens, notamment un orgue, un poêle et un rouet.

*Maison Ross-Thompson, à Shelburne*

### SHELBURNE
Vers les années 1780, la population de Shelburne passa d'un bond à 16 000 habitants avec l'arrivée des loyalistes fuyant la révolution américaine. Une plaque au pied de la rue King marque le site du débarquement. Plusieurs belles vieilles maisons datent de cette époque. La Maison Ross-Thompson (1784), avec son magasin, fait maintenant partie du Musée de la Nouvelle-Écosse ; l'atelier Dory, qui fonctionna de 1880 à 1970, abrite un chantier de construction navale de trois étages ; la Maison Rudolph-Williams (1787) est devenue le Musée du comté de Shelburne.

## Les joyeux corsaires de Liverpool

*Le Liverpool Packet, célèbre navire corsaire de la Nouvelle-Écosse*

Les marins de la Nouvelle-Écosse se découvrirent une vocation de corsaires entre 1756 et 1815. La Nouvelle-Écosse dut d'ailleurs se tourner vers cette piraterie légalisée pour protéger son commerce avec les Antilles, menacé par les navires ennemis pendant la révolution américaine, les guerres napoléoniennes et la guerre de 1812.

Plusieurs corsaires de Liverpool devinrent célèbres. Le capitaine Alexander Godfrey par exemple, du brick *Rover*, mit en déroute une escadre espagnole et captura son vaisseau amiral dans la mer des Caraïbes en 1800. Le capitaine Joseph Barss, de la goélette *Liverpool Packet*, captura près de 100 navires américains pendant la guerre de 1812.

# Repaires de contrebandiers, trésors cachés et vaisseau fantôme

## Sud-ouest de la Nouvelle-Écosse

Depuis la côte déchiquetée de Prospect, au sud-ouest de Halifax, la « route des Phares » de la Nouvelle-Écosse s'étire le long du littoral où l'on voit encore de nombreuses maisons de marins dont le toit est surmonté d'une plate-forme d'observation, le « balcon des veuves ».

Peggy's Cove, qui est le village le plus photographié du Canada, ne compte que 90 habitants environ mais peut accueillir jusqu'à 1 000 touristes par une belle journée d'été.

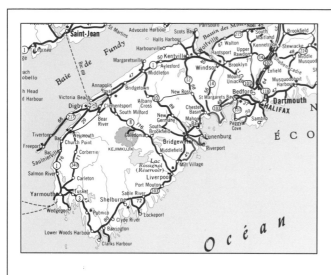

**BRIDGEWATER**
Parmi les attractions qu'offre la petite municipalité de 6 700 habitants, il faut nommer le musée DesBrisay, logé dans un parc de 10 ha, et le moulin Dean Wile. Le musée, consacré à l'histoire de Lunenburg, a été nommé en l'honneur du juge Mather Byles DesBrisay à qui l'on doit une partie de la collection. On verra notamment un berceau micmac en écorce de bouleau orné de piquants de porc-épic teints et tissés (1841) et des bibles en allemand du XVIIe siècle.
□ De 1860 date le moulin à eau Wile transformé en musée provincial. La machinerie d'origine qui servait à carder la laine a été remise en état de fonctionner.
□ La South Shore Exhibition, avec son concours international de bêtes de trait, a lieu en juillet.

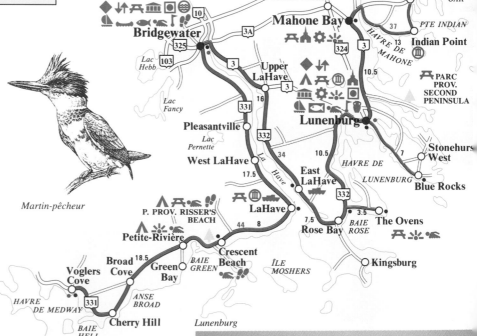

## Le musée vivant des pêcheurs de Lunenburg

À Lunenburg, d'anciens pêcheurs font visiter des navires historiques amarrés au quai du musée des Pêcheries de l'Atlantique, annexe du Musée de la Nouvelle-Écosse.

Le *Theresa E. Connor*, la dernière des goélettes de Lunenburg, a été transformé en un musée où l'on peut voir des souvenirs de

*Goélette* Theresa E. Connor

l'époque des grands voiliers hauturiers de la Nouvelle-Écosse. Construite par le chantier naval local de Smith and Rhuland (comme le *Bluenose*, et sa copie de Halifax, le *Bluenose II*), la goélette expose des objets reliés à la pêche hauturière, le timon du *Bluenose* et de nombreux trophées. Le musée possède également le *Cape Sable*, un chalutier à quille blindée d'acier. À côté se trouvent un aquarium et un atelier de doris.

*Martin-pêcheur*

*Lunenburg*

**LAHAVE**
C'est ici qu'accosta l'explorateur français Pierre de Monts en 1604. Le Musée du Fort-Point, sur le site historique du fort Sainte-Marie-de-Grâce, marque l'emplacement où l'une des plus anciennes colonies du Canada fut établie en 1632 par Isaac de Razilly, premier gouverneur de la Nouvelle-France. La colonie fut plus tard renversée par les Anglais puis détruite par des corsaires de Boston en 1705.

La route suit ensuite la côte découpée de la baie de St. Margarets où les contrebandiers, dans les années 30, à l'époque de la prohibition, chargeaient de pleines cargaisons d'alcool à destination de la Nouvelle-Angleterre. Plus loin s'étend la baie de Mahone où l'on cherche encore le trésor caché par un pirate dans l'île Oak en 1795. Dans cette baie parsemée de quelque 350 îles « réapparaît » dans un brasier, par nuit noire, le bateau corsaire *Young Teazer* qui sauta en 1813.

À Lunenburg mouillait, il y a un demi-siècle, la plus grande flottille hauturière qui pêchait sur les bancs de Terre-Neuve. La célèbre goélette *Bluenose,* dont la silhouette orne les pièces de 10 cents, battait à la course les plus rapides voiliers américains dans les années 20 et 30. Lunenburg demeure, aujourd'hui, l'un des ports de pêche les plus prospères de la côte atlantique.

Non loin, au havre pittoresque de Blue Rocks, on peut voir des séchoirs à poissons construits sur pilotis. En face du port de Lunenburg, on visitera The Ovens (les Fours), un chapelet de grottes et de trous creusés dans les falaises par le ressac.

À l'intérieur des terres, Bridgewater, la plus grande ville du comté de Lunenburg, se dresse sur les collines boisées qui dominent la rivière LaHave. On y organise en août une grande exposition avec un concours international de bêtes de trait.

## CHESTER

La communauté est située sur une péninsule qui s'avance dans la baie de Mahone. Un traversier, pour passagers seulement, relie Chester aux îles Big Tancock et Little Tancock, les deux plus grandes îles de la baie, qui en compte quelque 365.
□ Chester fut fondée en 1759 par des immigrants venus de Nouvelle-Angleterre. L'auberge Sword and Anchor date du début du XIXᵉ siècle et Sheet Anchor House, de 1783.

## MAHONE BAY

L'église unie Trinity (1862), l'église luthérienne St. John (v. 1869) et l'église anglicane St. James (1883) se dressent à l'entrée du port.
□ Au nord de la baie de Mahone, en retrait de la route 3, se trouve l'île Oak qui attire les chasseurs de trésors depuis plus d'un demi-siècle. C'est ici que serait enterré le légendaire trésor du capitaine Kidd. En raison d'accidents survenus au cours des recherches, l'accès des lieux est interdit au public.

*Peggy's Cove*

## PEGGY'S COVE

Ce petit village de pêcheurs de 90 habitants est l'un des sites les plus prisés des peintres et des photographes. Il est réputé pour ses coquettes maisons, ses quais et son phare d'où l'on découvre une vue splendide de l'océan. Le phare, qui a perdu sa vocation première, abrite un bureau de poste.
□ Un monument dans le parc provincial William E. deGarthe représente 32 pêcheurs avec leurs femmes et leurs enfants, un ange gardien aux ailes déployées et Peggy of the Cove dont on dit qu'elle fut la seule survivante d'un naufrage survenu au large de la pointe du phare. Le monument est l'œuvre d'un artiste local, William deGarthe (1907-1983), qui l'a conçu pour rendre hommage aux pêcheurs canadiens.

## LUNENBURG

Longtemps l'un des plus grands ports de pêche du Canada, Lunenburg a vu naître la fameuse goélette *Bluenose.* Un monument rappelle que ce navire fut le symbole de « la transformation d'un peuple terrien ». Les fermiers allemands, français et suisses qui s'installèrent ici en 1783 défrichèrent la forêt puis commencèrent à pêcher le long de la côte avant de s'avancer jusqu'au Grand Banc où ils finirent par s'imposer parmi les meilleurs pêcheurs.
□ On verra, au musée des Pêcheries de l'Atlantique, le *Theresa E. Connor,* dernière goélette canadienne qui pêcha sur le Grand Banc (en 1962).
□ L'Exposition des pêches de Lunenburg a lieu au début de septembre. On y assiste à des concours d'écaillage de pétoncles, à des courses internationales de doris ainsi qu'à des expositions industrielles.
□ La salle commémorative des pêcheurs au centre communautaire rend hommage aux hommes et aux navires perdus en mer.
□ L'église anglicane St. John (1754) est chronologiquement la deuxième église au Canada, la première étant St. Paul d'Halifax. La cloche de l'église luthérienne Zion (1776) provient de la chapelle de l'ancienne forteresse française de Louisbourg. L'église St. Andrews (1828) dessert l'une des premières congrégations presbytériennes du Canada fondées au XVIIIᵉ siècle.

## Des choux et de la crème sure

Les habitants de Lunenburg, dont beaucoup descendent d'immigrants allemands qui s'installèrent ici au milieu du XVIIIᵉ siècle, apprécient encore la cuisine de leurs ancêtres.

Le sol fertile de la région produit d'abondantes récoltes de légumes. Le chou, râpé, salé et fermenté donne la délicieuse choucroute, à saveur aigrelette. Le hochepot, spécialité de Lunenburg depuis 200 ans, se fait avec de petits légumes frais. Carottes, oignons, haricots verts, petits pois et pommes de terre nouvelles sont cuits à la vapeur, arrosés de beurre et de crème sure et servis avec des dés de porc salé bien croquants.

La morue salée, mise à tremper toute la nuit, est bouillie avec des pommes de terre et garnie d'oignons frits et de porc salé revenu à la poêle pour faire le *hugger-in-buff,* plat traditionnel de Terre-Neuve. À Lunenburg, on y ajoute une petite touche allemande : une tasse de crème sure.

# Un grand port international, cœur des provinces de l'Atlantique

Tout au long de son histoire, Halifax, capitale de la Nouvelle-Écosse et métropole des provinces de l'Atlantique, est restée un grand port et une base militaire et navale importante. Elle s'est valu le titre de « sentinelle du Nord » à la suite du rôle majeur qu'elle a joué dans les grands conflits, depuis la conquête de Québec par Wolfe en 1759 jusqu'aux deux grandes guerres mondiales.

Dans cette ville résolument moderne, les vestiges du passé sont nombreux. L'église anglicane St. Paul rappelle le gouverneur Edward Cornwallis (1712-1776) et les pionniers qui, arrivés en 1749, la construisirent l'année suivante. Sur la colline de la Citadelle (77 m), les remparts d'un ouvrage fortifié en étoile évoquent le passé militaire de la ville. Face à la mer, les Historic Properties, qui abritent aujourd'hui des boutiques et des restaurants, font revivre le XIXe siècle, âge d'or de la navigation à voile.

Le touriste peut visiter en bateau le port qui s'étend sur 25 km et reste ouvert toute l'année ; il perçoit alors le rôle primordial qu'ont joué l'océan et la navigation dans le destin d'Halifax.

**Basilique St. Mary** (26) C'est l'une des plus anciennes églises de pierre du pays (1829) et son clocher de granit de 58 m est le plus élevé en Amérique du Nord.
**Cathédrale All Saints** (10) Construite entre 1908 et 1910 dans le style gothique, elle est renommée pour la beauté de ses vitraux et de ses boiseries.
**Chantiers navals H.M.C.** (6) Le plus vieil arsenal de la marine en Amérique du Nord (1758) a été la rampe de lancement de nombreux brigantins et avisos à la grande époque de la navigation à voile, au XIXe siècle. Aujourd'hui on y fabrique des contre-torpilleurs et des sous-marins.
**Chapelle Our Lady of Sorrow** (12) Située dans le cimetière Holy Cross, elle est connue comme « la chapelle qui fut bâtie en un jour ». Elle fut en effet érigée par quelque 1 800 hommes dans la journée du 31 août 1843.

*Old Town Clock* (ci-dessus), *qui sonne les heures, les demies et les quarts d'heure, fait partie du paysage d'Halifax depuis 1803. Ce sont toutefois plutôt les hautes tours modernes qui caractérisent, actuellement, le panorama de la cité* (ci-dessous).

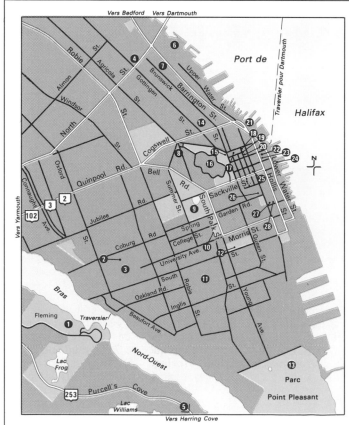

## Halifax

1 Parc Sir Sanford Fleming
2 Université King's College
3 Université Dalhousie
4 Musée de la Marine
5 Redoute York
6 Chantiers navals H.M.C.
7 Old Dutch Church
8 Musée de la Nouvelle-Écosse
9 Jardins publics
10 Cathédrale All Saints
11 Université St. Mary's
12 Chapelle Our Lady of Sorrow
13 Parc Point Pleasant
14 Église ronde St. George
15 Vieille Horloge
16 Parc historique national de la Citadelle
17 Palais des congrès
18 Hôtel de ville/ office du tourisme
19 Grand Parade
20 Église St. Paul
21 Historic Properties/ renseignements touristiques
22 Musée d'Art de la Nouvelle-Écosse
23 Province House
24 Musée de l'Atlantique
25 Théâtre Neptune
26 Basilique St. Mary
27 Église St. Matthew
28 Résidence du lieutenant-gouverneur

**Église ronde St. George** (14) Cette église anglicane de style byzantin, un style peu courant en Amérique, fut construite entre 1800 et 1812 sous la surveillance du duc d'York qui dota également la ville de l'Old Town Clock, de la tour Martello du Prince-de-Galles et de la redoute York.
**Église St. Matthew** (27) Construite en 1858, elle dessert la plus ancienne congrégation protestante non anglicane du Canada, dont l'origine remonte à 1749.
**Église St. Paul** (20) Cette église anglicane est le plus ancien bâtiment d'Halifax (1749). Ce fut une cathédrale du temps de Charles Inglis (1734-1816), premier évêque anglican de la Nouvelle-Écosse.
**Grand Parade** (19) L'ancien champ de manœuvre de la garnison où le crieur proclamait les nouvelles est aujourd'hui le site du monument aux morts d'Halifax.

**Historic Properties** (21) Face au port, de nombreux bâtiments restaurés, comme l'entrepôt des Corsaires où les pirates déposaient leur butin, abritent maintenant bureaux, restaurants et boutiques. Au quai des Corsaires, on peut voir le *Bluenose II*, une réplique de la fameuse goélette qui figure sur les pièces de 10 cents ; le touriste peut visiter le port d'Halifax à bord du *Bluenose II* en juillet et en août.

**Hôtel de ville** (18) Il se dresse au nord de Grand Parade et loge un office du tourisme. C'était autrefois le site du collège Dalhousie (1820-1887).

**Jardins publics** (9) Inaugurés en 1867, ces jardins introduisent une élégance toute victorienne au cœur de la ville moderne.

**Musée d'Art de la Nouvelle-Écosse** (22) L'édifice Dominion (1863-1868) abrite le musée, dont la collection permanente comprend des œuvres d'artistes européens, britanniques et néo-écossais.

**Musée de la Marine** (4) Logée dans le bâtiment de l'Amirauté, la collection retrace l'histoire de la marine canadienne.

**Musée de l'Atlantique** (24) Annexe du Musée de la Nouvelle-Écosse, il relate l'histoire maritime de la région. On y verra la boutique restaurée d'un armateur de navires du XIXᵉ siècle, des figures de proue et des maquettes de bateaux.

**Musée de la Nouvelle-Écosse** (8) C'est la maison mère d'un réseau de musées provinciaux qui couvre toute la Nouvelle-Écosse ; il se spécialise dans l'histoire sociale et naturelle de la province.

**Old Dutch Church** (7) Cette petite église de 12 m sur 6 fut construite en 1756 par des colons allemands. Ce fut la première église luthérienne du Canada.

**Palais des congrès** (17) Ce vaste complexe, où ont lieu les foires commerciales, renferme aussi le Metro Centre qui peut accueillir 10 000 spectateurs à des concerts et à des événements sportifs. Le Centre commémoratif du sport, logé au niveau de la Promenade, expose des trophées locaux et des souvenirs.

**Parc historique national de la Citadelle** (16) Dressé sur une colline qui surplombe la ville d'Halifax, la Citadelle est un ouvrage fortifié construit en étoile qui fut bâti entre 1826 et 1856 sur l'emplacement de trois anciens forts. Il devait servir à prévenir toute attaque venant de la mer et demeura opérationnel jusqu'à la fin de la Seconde Guerre mondiale. Une exposition permet de retracer les étapes de sa construction tandis qu'un spectacle son et lumière décrit l'histoire de la capitale et de ses ouvrages de défense.

**Parc Point Pleasant** (13) Dans ce parc de 75 ha, on peut voir la tour Martello du Prince-de-Galles construite en 1796-1797 sous la surveillance du duc d'York, classée aujourd'hui monument historique. Ce fut la première tour de ce genre en Amérique du Nord.

**Parc Sir Sanford Fleming** (1) Familièrement appelé The Dingle, il domine le Bras Nord-Ouest, un goulet de mer très apprécié des amateurs de sports nautiques. La tour Dingle, achevée en 1912, commémore la première assemblée législative du Canada qui se tint à Halifax en 1758.

**Province House** (23) C'est la plus ancienne (1811-1819) et la plus petite des législatures du Canada. À l'extérieur du parlement se dresse la statue de Joseph Howe (1804-1873), journaliste et politicien de la Nouvelle-Écosse.

**Redoute York** (5) À quelque 13 km au sud d'Halifax, cet ouvrage fortifié a été construit en 1793 pour protéger l'entrée du port. Agrandie et renforcée, la redoute York est maintenant un site historique national où l'on peut voir une collection de canons qu'on charge par la bouche.

**Résidence du lieutenant-gouverneur** (28) Government House est un manoir de pierre dont la construction remonte au tout début du XIXᵉ siècle.

**Théâtre Neptune** (25) Ouvert en 1963, c'est l'un des théâtres régionaux les plus importants du Canada.

**Université Dalhousie** (3) Fondée en 1818, cette université est réputée pour ses facultés de droit, de médecine et d'océanographie ; elle reçoit environ 9 000 étudiants. Les collections du centre d'art Dalhousie vont de l'art pré-inca à la peinture moderne. Le musée McCullough, au pavillon des Sciences humaines, possède une belle collection d'oiseaux empaillés de la Nouvelle-Écosse, réunie par Thomas McCullough (1776-1843).

**Université de King's College** (2) D'abord établie à Windsor (N.-É.) en 1789, l'université de King's College est la plus ancienne du Commonwealth à l'extérieur des Îles britanniques. Elle est installée à Halifax depuis 1923.

**Université St. Mary's** (11) Université catholique fondée en 1802, elle compte aujourd'hui quelque 7 000 étudiants.

**Vieille Horloge** (15) Avec ses formes arrondies, l'Old Town Clock (1803), au pied de la Citadelle, reflète les goûts du père de la reine Victoria, le prince Edward, duc de Kent (1767-1820), qui ordonna sa construction lors d'un séjour à Halifax.

# Les grandes marées
# de la patrie des Micmacs

## Centre de la Nouvelle-Écosse

La route pittoresque longe la rive nord du bassin des Mines et de la baie de Cobequid où les marées sont parmi les plus fortes du monde. Glooscap, le héros légendaire qui aurait créé les marées, tenait sa cour en face, sur le cap Blomidon. La Nouvelle-Écosse était son lit, l'Île-du-Prince-Édouard, son oreiller. Sa colère déchaînait la foudre ; sa douceur créait l'été des Indiens. Il était l'ami des Micmacs, qui habitaient ces terres avant l'arrivée des Européens.

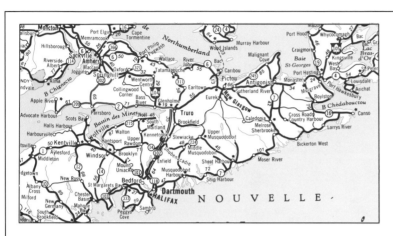

*Monument des Mineurs, à Springhill*

### SPRINGHILL

La première mine de charbon de Springhill ouvrit ses portes en 1872. Son puits de 1 220 m était alors le plus profond du Canada. Dans la rue principale, une statue de mineur commémore trois catastrophes minières. En 1891, une explosion tua 125 mineurs ; une autre en emportait 39 autres en 1956 ; deux ans plus tard, un coup de grisou faisait 76 victimes. Lors de cette dernière catastrophe, 12 mineurs furent sauvés après avoir été ensevelis vivants pendant six jours ; sept autres furent secourus deux jours plus tard.
□ C'est à Springhill qu'est née la chanteuse Anne Murray ; le centre communautaire porte son nom.

## La chasse
## aux pierres

*Améthystes de la région de Parrsboro*

Les immenses plages publiques de la région de Parrsboro recèlent des trésors de pierres semi-précieuses comme des améthystes et des agates. Au Musée géologique de Parrsboro sont exposés de très nombreux spécimens de minéraux ; on y montre également des fossiles.

À la mi-août, la ville est le rendez-vous des collectionneurs pendant les trois jours de la Chasse aux pierres. D'habiles artisans y pratiquent la taille, le polissage et le montage des pierres devant les nombreux curieux qu'attire cette grande vente de bijoux faits à la main.

Non loin de là, le touriste peut aussi explorer les falaises d'East Bay, où l'on trouve des fossiles de plantes, de poissons, de lézards et d'amphibiens préhistoriques. En 1902, on y découvrit des empreintes de petits dinosaures datant de 250 millions d'années.

### SPENCERS ISLAND

Le brigantin *Mary Celeste,* dont l'histoire figure au nombre des grandes énigmes de la mer, a été construit et lancé à Spencers Island en 1861. En 1872, on le découvrit au beau milieu de l'Atlantique, entre les Açores et Gibraltar : toutes voiles dehors, parfaitement en ordre, mais sans âme qui vive à bord. On ne retrouva jamais l'équipage. Le navire était parti de New York à destination de Gênes, en Italie.
□ À Advocate Harbour se trouve une formation rocheuse connue sous le nom des Trois Sœurs. Selon la légende, Glooscap aurait changé ses trois sœurs en pierre, en guise de châtiment.

### PARRSBORO

Lorsque la mer se retire dans le bassin des Mines, le port de Parrsboro s'assèche complètement. Les plus basses marées descendent de 15 m et découvrent environ 1,6 km de rivage, laissant barques et bateaux à sec sur le sable.
□ La région de Parrsboro est un paradis pour les collectionneurs de pierres. Le musée géologique local expose des pierres semi-précieuses trouvées dans la région du bassin des Mines. Selon une légende des Micmacs, Glooscap aurait éparpillé les bijoux de sa grand-mère le long des côtes.
□ Le refuge de la faune de Chignectou, au nord de Parrsboro, abrite notamment des cerfs, des orignaux et des ours noirs.

| 0 | 2 | 4 | 6 | 8 | 10 Milles |

| 0 | 4 | 8 | 12 | 16 Kilomètres |

À l'ouest de Truro, la route longe les rives marécageuses de la baie de Cobequid où subsistent des vestiges d'anciennes digues acadiennes. Passé Bass River, où une fabrique ouverte en 1860 produit toujours des chaises et des tables en érable et en bouleau, la route grimpe jusqu'au village Economy qui domine les cinq îles légendaires de Glooscap : Moose, Long, Diamond, Egg et Pinnacle.

Autour de Parrsboro, le rivage recèle des pierres semi-précieuses. On peut visiter un petit chantier maritime qui fabrique des yachts, observer les pêcheurs au travail, ramasser des coquillages sur la grève ou même chercher de l'or sur les rochers de cette côte qui forme l'un des plus beaux paysages de la Nouvelle-Écosse. C'est un peu plus à l'ouest, dans le village de Spencers Island, qu'on lança en 1861 la *Mary Celeste,* le fameux navire fantôme. Plus loin, à Advocate Harbour, l'explorateur français Pierre de Monts découvrit du cuivre en juin 1604.

La route bifurque à Parrsboro pour s'enfoncer à l'intérieur des terres vers Springhill où l'exploitation des mines de charbon commença dès 1872. Des mineurs à la retraite, fiers de leur métier et prodigues d'anecdotes, font visiter le musée des Mineurs aux touristes. Ce coin des monts Cobequid, d'une beauté remarquable et le royaume de Glooscap, n'a guère changé et il reste imprégné des légendes et du folklore indiens.

## Une petite ville face à son destin

Le musée des Mineurs de Springhill est un hommage rendu au courage des habitants de cette petite ville. On peut y voir des pics et des pelles datant de 1885, ainsi que des scies, des tuyaux à air en caoutchouc et des appareils respiratoires du début du siècle. Des lettres et un journal écrits par les hommes emprisonnés sous terre rappellent les trois accidents tragiques qui frappèrent la mine. Dans la salle des douches sont exposés des vêtements, des casques et des bottes de mineurs, et la lampisterie renferme divers modèles de lampes utilisées de 1930 à nos jours. Des mineurs à la retraite servent de guides et conduisent les visiteurs dans un puits de mine.

*Les cinq îles du parc provincial de Five Islands*

**PARC PROVINCIAL DE FIVE ISLANDS**
La marée, ici, découvre de vastes plages de sable rouge. Une piste de randonnée serpente au sommet des falaises qui dominent de quelque 45 m le bassin des Mines. Selon la légende micmac, les cinq îles du parc seraient des blocs de pierre que Glooscap jeta un jour à un ennemi.

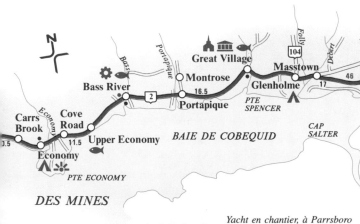

*Yacht en chantier, à Parrsboro*

**GREAT VILLAGE**
L'église St. James fut construite en 1884 par des charpentiers de marine. Elle abrite un petit musée consacré à la construction navale. Le magasin général de Robert F. Layton possède de nombreux souvenirs d'autrefois, épingles à chapeau, menue quincaillerie et même des « purgatifs garantis, pouvant guérir tous les maux ».
□ Wenworth Valley, au nord, est le plus ancien centre de ski des Maritimes. Il date des années 40.

**TRURO**
Des industries manufacturières et ferrovières et un intense trafic de marchandises ont fait de cette ville le centre névralgique de la Nouvelle-Écosse.
□ Deux fois par jour, un mascaret qui atteint parfois 1,5 m remonte la rivière Salmon qui coule dans la banlieue nord de la ville. Un service téléphonique local donne l'heure du phénomène qu'on peut observer de plusieurs belvédères.
□ Parmi les attractions qu'offre Truro il faut mentionner le parc Victoria, où des trottoirs de bois à flanc de ravin conduisent aux deux chutes pittoresques du ruisseau Lepper ; les collections du musée de la Société historique de Colchester ; et le musée de la Petite-École-Blanche qui a été restauré dans les années 30.

*Goglu*

# Le royaume du bleuet et le déferlement du mascaret

## Centre de la Nouvelle-Écosse

À Amherst, le voyageur est accueilli par des panneaux qui lui souhaitent en gaélique : *Ciad mile failte,* c'est-à-dire « cent mille fois la bienvenue », un accueil chaleureux, typique de la Nouvelle-Écosse et de ses habitants.

Pour mieux visiter cette région du nord de la Nouvelle-Écosse, il faut quitter la transcanadienne et emprunter la charmante route qui mène de Joggins, la ville des fossiles sur la baie de Chignectou, jusqu'à Balmoral Mills, célèbre pour son moulin

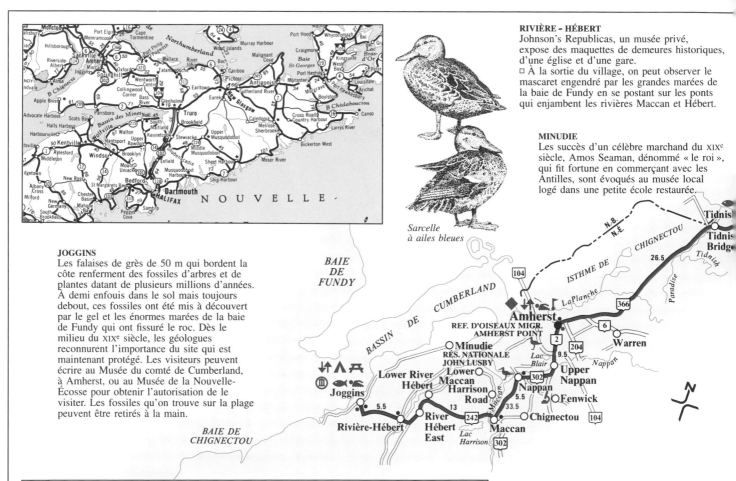

Sarcelle à ailes bleues

**RIVIÈRE-HÉBERT**
Johnson's Republicas, un musée privé, expose des maquettes de demeures historiques, d'une église et d'une gare.
□ À la sortie du village, on peut observer le mascaret engendré par les grandes marées de la baie de Fundy en se postant sur les ponts qui enjambent les rivières Maccan et Hébert.

**MINUDIE**
Les succès d'un célèbre marchand du XIXᵉ siècle, Amos Seaman, dénommé « le roi », qui fit fortune en commerçant avec les Antilles, sont évoqués au musée local logé dans une petite école restaurée.

**JOGGINS**
Les falaises de grès de 50 m qui bordent la côte renferment des fossiles d'arbres et de plantes datant de plusieurs millions d'années. À demi enfouis dans le sol mais toujours debout, ces fossiles ont été mis à découvert par le gel et les énormes marées de la baie de Fundy qui ont fissuré le roc. Dès le milieu du XIXᵉ siècle, les géologues reconnurent l'importance du site qui est maintenant protégé. Les visiteurs peuvent écrire au Musée du comté de Cumberland, à Amherst, ou au Musée de la Nouvelle-Écosse pour obtenir l'autorisation de le visiter. Les fossiles qu'on trouve sur la plage peuvent être retirés à la main.

**AMHERST**
Situé au centre géographique des Maritimes et tout près de la frontière du Nouveau-Brunswick, Amherst est une jolie ville de 10 000 habitants qui domine les vastes marais de Tantramar, « le plus grand champ de foin du monde ». D'anciennes digues construites par les Acadiens protègent encore des marées de la baie de Fundy ces 200 km² de terres fertiles.
□ Amherst est le lieu de naissance de quatre des Pères de la Confédération : Sir Charles Tupper (1821-1915), Jonathan McCully (1809-1877), Edmund Barron Chandler (1800-1880) et Robert B. Dickey (1811-1903). Le cottage Grove, construit en 1831 et qui a longtemps appartenu à la famille Dickey, a été transformé en musée où l'on se familiarisera avec l'histoire de la localité.

## Vienne la mi-août, la saison des bleuets

**De** la mi-août à la fin de septembre, le mot « bleuet » est sur toutes les lèvres dans le comté de Cumberland. Le Festival annuel du bleuet a lieu à Amherst la troisième semaine du mois d'août. Les visiteurs peuvent participer à la cueillette des petits fruits, assister à l'élection d'une reine et au concours des mangeurs de tartes aux bleuets, se mêler aux danses rythmées par le son des violons, sans manquer, bien sûr, le grand bal qui couronne la fête.

Tous les ans, la cueillette du bleuet rapporte des millions de dollars. Les baies sont ramassées à l'aide d'une sorte de râteau, nettoyées à l'air comprimé pour séparer les fruits mûrs des feuilles et des fruits verts, puis congelées avant d'être expédiées à l'étranger, le plus souvent aux États-Unis.

*Cueillette des bleuets dans le comté de Cumberland*

0  2  4  6  8  10 Milles
0  4  8  12  16 Kilomètres

historique. La route traverse l'isthme de Chignectou et longe le détroit de Northumberland en passant par Tidnish et par la vieille ville française de Tatamagouche.

Les prodigieuses marées de la baie de Fundy, un moulin à blé qui fonctionne depuis un siècle, le souvenir de la géante de la Nouvelle-Écosse, « le plus grand champ de foin du monde » près d'Amherst, les vestiges d'un ambitieux projet ferroviaire, autant d'attractions touristiques qui concourent à l'originalité de la région, tandis que de nombreuses stèles et plaques commémoratives relatent l'histoire orageuse de la période acadienne. Plusieurs événements ajoutent de la couleur à la vie locale. Il y a la fête des Écossais à Pugwash et le Festival du bleuet à Amherst. Les amateurs de la faune iront visiter la réserve nationale John Lusby et le refuge des oiseaux migrateurs Amherst Point.

*Ponceau de chemin de fer, à Tidnish*

### TIDNISH

Vers la fin du siècle dernier, on rêvait de construire une voie ferrée de 27 km entre Tidnish et la baie de Fundy, pour transporter sur des wagons des goélettes de 5 000 t et éviter ainsi le détour de 1 040 km autour de la pointe sud de la Nouvelle-Écosse. On engagea des hommes pour construire la ligne et les rails commencèrent à s'allonger. Mais il fallut abandonner le projet au bout de cinq ans, faute de fonds. De ce rêve grandiose, il ne reste plus maintenant que le tracé de la voie, toujours visible, quelques ruines et le ponceau de Tidnish.

### PUGWASH

Les danseurs des Highlands évoluent au son de la cornemuse lors du rassemblement annuel des clans écossais qui a lieu le 1er juillet à Pugwash où les enseignes sont bilingues : en anglais et en gaélique.
□ Les touristes vont contempler les cargos et les pétroliers qui encombrent le port de Pugwash, l'un des plus actifs de la Nouvelle-Écosse. La localité possède aussi un terrain de golf et de belles plages de sable fin. On peut louer des bateaux pour pêcher en haute mer. Les rivières de la région regorgent de truites et de saumons. La chasse au gibier d'eau est également très populaire à l'automne.

### WALLACE

Ce petit village est célèbre pour ses carrières de grès, ouvertes depuis un siècle : les édifices du Parlement d'Ottawa et de Province House, à Halifax, ont été bâtis avec ses pierres.
□ Un monument rappelle la mémoire du célèbre astronome Simon Newcomb (1835-1909) qui passa son enfance ici.

*Chute Drysdale, près de Balmoral Mills*

### BALMORAL MILLS

D'innombrables meules de moulins ont été transformées en seuils de porte, en Nouvelle-Écosse. Mais le moulin centenaire de Balmoral, sur le Matheson, a recommencé à tourner comme aux beaux jours d'autrefois. De la mi-mai à la mi-octobre, sa meule originale de 1,5 t moue encore du blé, de l'orge, de l'avoine et du sarrasin.
□ Le visiteur peut également admirer la chute Drysdale, sur le ruisseau Baileys.

### TATAMAGOUCHE

Anna Swan, la « géante de la Nouvelle-Écosse », mesurait 2,41 m. Au centre culturel Fraser, on peut voir les immenses vêtements qu'elle portait. Née aux environs, à New Annan, en 1846, Anna pesait 8 kg à sa naissance. Elle fit partie pendant des années du grand cirque de P.T. Barnum, avant d'épouser un autre géant du cirque, le capitaine américain Martin Van Buren Bates (2,35 m). Le centre Fraser possède également le rôle de l'élection que remporta Charles Tupper en 1867. Le futur Premier ministre du Canada fut élu à main levée. Le scrutin était public : on inscrivait le nom du candidat choisi en regard de chaque nom de la liste des électeurs.

**BAIE VERTE**

ARC PROV.
IDNISH DOCK
Tidnish Cross Road
5
Lorneville
PARC PROV. AMHERST SHORE
*CAP COLDSPRING*
6.5
64
Northport
*CAP BIRCH*
14
*PLAGE HEATHER*
6
366
Linden
Port Howe
Carrington
321
Port Philip
*HAVRE DE PUGWASH*
Pugwash
8.5
**DÉTROIT DE NORTHUMBERLAND**
Pugwash Junction
16
368
6
Wallace
*HAVRE DE WALLACE*
Wallace Station
12
Malagash
Malagash Station
Bayhead
*THE BASIN*
49
7.5
Sandville
*BAIE DE TATAMAGOUCHE*
Tatamagouche
6
Waldegrave
246
Waugh River
Balfron
13.5
Keble
311
Black
French
Baileys
The Falls
Balmoral Mills
Balmoral

*Moulin de Balmoral*

# 163 Pictou/Port Hastings, N.-É. (251 km)

## La fierté et les traditions écossaises dans la sérénité des vallons

Centre de la Nouvelle-Écosse

Les Écossais qui s'établirent dans la région à la fin du XVIIIᵉ et au début du XIXᵉ siècle ne tardèrent pas à s'y sentir chez eux. Fuyant les guerres intestines de leur pays natal et attirés par la promesse de terres gratuites, ils vinrent par milliers en Nouvelle-Écosse et s'adaptèrent rapidement. Malgré les noms de lieux français et indiens, les côtes du détroit de Northumberland et de la baie de Saint-Georges sont imprégnées de l'atmosphère de la vieille Écosse.

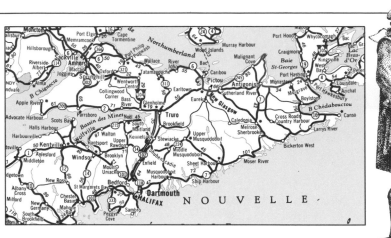

*Monument aux colons écossais, à Pictou*

**PICTOU**

Cette petite ville de 4 400 habitants serait le berceau de la Nouvelle-Écosse. Une statue représentant un Écossais qui tient une hache dans une main, un fusil dans l'autre a été dressée à la mémoire des colons qui, embarqués à bord d'un petit navire, l'*Hector*, vinrent s'établir ici en 1773, aux prises avec une terre hostile.
□ On peut y voir deux sites historiques, la Maison McCullough et le musée du Burning Bush Centre. Ce dernier, construit en 1848, renferme des éléments d'exposition et des documents relatant l'histoire locale de l'Église presbytérienne.
□ Une importante usine locale, la Grohmann Knives, organise des visites.

**LOCH BROOM**

Cette petite municipalité porte le nom d'une localité des Highlands d'Écosse.
□ L'une des premières églises presbytériennes du comté de Pictou fut construite ici en 1787. (Le premier service fut célébré en gaélique.) Le bâtiment qu'on voit aujourd'hui est la réplique de cette église, construit à titre de projet communautaire en 1973. On peut visiter la nouvelle église en semaine durant l'été. Un service est célébré le dimanche après-midi.

**STELLARTON**

L'histoire de Stellarton et de ses voisines, New Glasgow et Trenton, se confond avec celle du charbon, de l'acier et des premiers chemins de fer.
□ Stellarton exploita sa mine de charbon de 1798 jusqu'à une date toute récente. La veine Foord, avec ses 14 m d'épaisseur, était sans doute la plus épaisse du monde. C'est ici qu'on fit fonctionner la première machine à vapeur du Canada, en 1827, et qu'on coula l'année suivante les premiers rails de fer de l'Amérique du Nord.
□ Le musée des Mineurs de Stellarton possède des casques et du matériel qui datent des débuts de l'exploitation des mines de charbon, ainsi que la locomotive *Albion* que la General Mining Association mit en service en 1854. À New Glasgow, le Musée historique du comté de Pictou possède une autre locomotive, la *Samson*, la première à rouler sur des rails d'acier.

**MacPHERSONS MILLS**

Les larges planches, les poutres équarries à la main, les roues à aubes et les courroies de ce vieux moulin évoquent l'époque prospère où il fonctionnait nuit et jour à la belle saison. Ce fut d'abord une scierie (1861), puis ses trois trains de meules commencèrent à moudre l'avoine, le blé et le sarrasin. Pendant bien des années, le moulin servit aussi de bureau de poste, de salon de barbier, de magasin général et de salle de réunion. Tout près, on a restauré la Ferme MacPherson, typique des habitations rurales du comté au XIXᵉ siècle.

*Moulin de MacPhersons*

## Vieilles maisons de Pictou

Les origines de Pictou remontent au 10 juin 1767, lorsque six familles arrivèrent de la Pennsylvanie et du Maryland. Six ans plus tard, le petit navire *Hector* amenait 180 Écossais (33 familles et 25 célibataires). C'était la première de ces nombreuses vagues d'immigrants écossais qui s'installèrent en Nouvelle-Écosse. Le village fut appelé successivement Coleraine, New Paisley, Alexandria, Donegal, Southampton et Walmsley, avant de reprendre son nom indien de Pictou en 1790. Le plus vieil édifice de Pictou est le cottage que construisit en 1788 l'un des passagers du *Hector*, John Patterson. Plusieurs constructions de pierre de style écossais présentent un intérêt historique : la Maison McCulloch *(ci-dessus),* construite en 1806 par le révérend Thomas McCulloch (1776-1843), a été transformée en musée et en dépôt d'archives ; elle est ouverte au public.

| 0 | 2 | 4 | 6 | 8 | 10 Milles |
|---|---|---|---|---|---|
| 0 | 4 | 8 | 12 | 16 Kilomètres | |

Loch Broom, New Glasgow, MacPhersons Mills ne peuvent nier leurs origines écossaises. Mais les Écossais se sont aussi installés dans des localités aux noms indiens comme Pictou, Antigonish et Tracadie, et dans les anciennes colonies acadiennes de Pomquet ou Havre-Boucher. On entend encore parfois parler le gaélique, tandis que résonnent les cornemuses aux Jeux des Highlands d'Antigonish.

Ce pays est celui du homard, des splendides paysages marins et des belles plages, des vieilles églises, des musées de mineurs et des industries modernes. À la campagne et dans des villes comme Pictou, le visiteur découvre d'innombrables maisons, granges, moulins, fonderies et magasins centenaires, minutieusement restaurés, qui rappellent les grandes activités de l'époque. Deux locomotives du siècle dernier, la *Samson*, exposée à New Glasgow, et l'*Albion*, au musée des Mineurs de Stellarton, transportaient autrefois le minerai local aux fonderies et aux forges qui produisaient une incroyable variété d'articles, depuis les bouilloires et les poêles en fonte, jusqu'aux goussets de navires, en passant par les ornements de cimetière.

Ce coin charmant de la Nouvelle-Écosse fait la joie des vacanciers et des amateurs d'histoire qui viennent admirer ses paysages, flâner sur ses plages ou se replonger dans son riche passé.

## Au son de la cornemuse, les grands jeux écossais

Les Jeux écossais d'Antigonish, inaugurés en juillet 1861, sont les plus anciens du Canada. On les appelle les « Canada's Braemar », par analogie avec les célèbres jeux des Highlands, les « Royal Braemar ». Le « caber » (jeu qui consiste à lancer en l'air le tronc d'un jeune arbre) et le lancement du marteau sont d'origine écossaise. Aujourd'hui, on y a ajouté d'autres épreuves. L'histoire et la tradition écossaises revivent ainsi à Antigonish, au son plaintif des cornemuses.

*Danses des Highlands, à Antigonish*

**MALIGNANT COVE**
Ce hameau de 64 habitants porte le nom d'un bâtiment de guerre britannique, le HMS *Malignant*, qui fit naufrage au large des côtes durant la révolution américaine.
□ Entre Malignant Cove et Antigonish Harbour, une route sinueuse parcourt une jolie campagne où, à plusieurs reprises, on peut voir et entendre la mer. La route traverse les petits villages de Georgeville, Livingstone Cove, Ballantynes Cove, Lakevale, Morristown et Crystal Cliffs ; les plages de sable sont nombreuses.
□ Du cap George, on peut apercevoir le cap Breton et l'île du Prince-Édouard par temps clair.

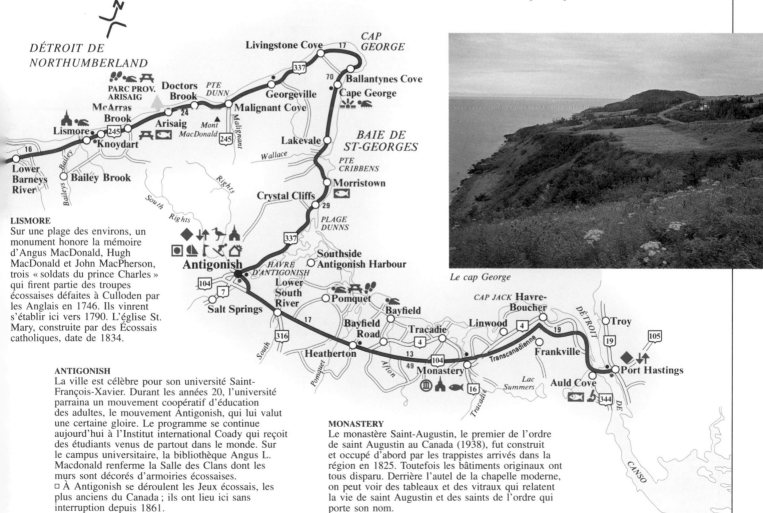

*Le cap George*

**LISMORE**
Sur une plage des environs, un monument honore la mémoire d'Angus MacDonald, Hugh MacDonald et John MacPherson, trois « soldats du prince Charles » qui firent partie des troupes écossaises défaites à Culloden par les Anglais en 1746. Ils vinrent s'établir ici vers 1790. L'église St. Mary, construite par des Écossais catholiques, date de 1834.

**ANTIGONISH**
La ville est célèbre pour son université Saint-François-Xavier. Durant les années 20, l'université parraina un mouvement coopératif d'éducation des adultes, le mouvement Antigonish, qui lui valut une certaine gloire. Le programme se continue aujourd'hui à l'Institut international Coady qui reçoit des étudiants venus de partout dans le monde. Sur le campus universitaire, la bibliothèque Angus L. Macdonald renferme la Salle des Clans dont les murs sont décorés d'armoiries écossaises.
□ À Antigonish se déroulent les Jeux écossais, les plus anciens du Canada ; ils ont lieu ici sans interruption depuis 1861.

**MONASTERY**
Le monastère Saint-Augustin, le premier de l'ordre de saint Augustin au Canada (1938), fut construit et occupé d'abord par les trappistes arrivés dans la région en 1825. Toutefois les bâtiments originaux ont tous disparu. Derrière l'autel de la chapelle moderne, on peut voir des tableaux et des vitraux qui relatent la vie de saint Augustin et des saints de l'ordre qui porte son nom.

# Une imposante demeure
# du temps des grands voiliers

## Centre de la Nouvelle-Écosse

Au XIXe siècle, les forêts de la Nouvelle-Écosse fournissaient le bois nécessaire à la construction de milliers de bricks et de goélettes qui valurent aux chantiers navals de la province une réputation internationale. L'un des plus grands navires de bois du Canada, le superbe voilier *William D. Lawrence,* fut construit à deux pas de la demeure de son propriétaire, sur les berges de la Shubenacadie, à Maitland.

À l'ombre de ses grands ormes, la maison de W. D. Lawrence est aujourd'hui

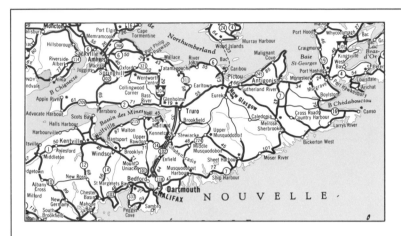

*La baie de Cobequid à marée basse, près de Noël*

*Maison des quakers,
à Dartmouth*

### DARTMOUTH
Parmi les nombreux attraits de la ville se rangent sa maison la plus ancienne, Historic Quaker Whalers' House (c. 1785), rappelant le bref passage des quakers qui s'adonnaient à la pêche à la baleine ; une maison victorienne restaurée, Evergreen House (1867), où résida Helen Creighton, auteure et folkloriste de renom ; et le musée Darmouth Heritage qui relate l'histoire de la ville, avec une section consacrée à l'océanographie.

□ La ville abrite aussi le plus grand centre de recherche en océanographie du Canada, l'Institut océanographique Bedford. L'institut est le troisième en importance en Amérique du Nord et le cinquième dans le monde.

### EASTERN PASSAGE
En 1864, un pilote de la région, « Jock » Flemming, réalisa l'un des plus grands exploits de la guerre civile américaine. Pour échapper aux navires de guerre américains postés à l'entrée du port, il parvint à piloter la canonnière *Tallahassee* au travers des eaux traîtresses du détroit.

□ Le musée de la base des forces aériennes de Shearwater décrit l'historique de la base depuis sa fondation en 1918. En septembre a lieu un spectacle aérien international.

### FALL RIVER
À partir de Fall River, une route, Old Guysborough Road, mène à Soldier Lake, la seule entrée au refuge de la faune de Waverley. On peut camper et pêcher dans cette région sauvage protégée.

### WELLINGTON
Ce village donne accès aux eaux du Grand Lac Shubenacadie et de la rivière du même nom, où la pêche au bar rayé, à l'omble de fontaine et à la ouananiche est excellente.

### WAVERLEY
Le nom de la ville lui vient d'un admirateur des romans de Sir Walter Scott. En 1861, du jour au lendemain une ruée vers l'or transforma le hameau de 20 maisonnettes en une ville de 2 000 habitants. Durant la décennie qui suivit, l'équipement minier fut convoyé le long du canal Shubenacadie vers Waverley et les mines d'or de Montague. Construit en 1826, ce canal relia Darmouth à la baie de Fundy jusqu'en 1870. On peut encore voir les vestiges des écluses, notamment à Lake Banook, Portobello et Fletcher's Lake. Un centre d'interprétation et un sentier le long du canal sont situés près du centre médical de Dartmouth.

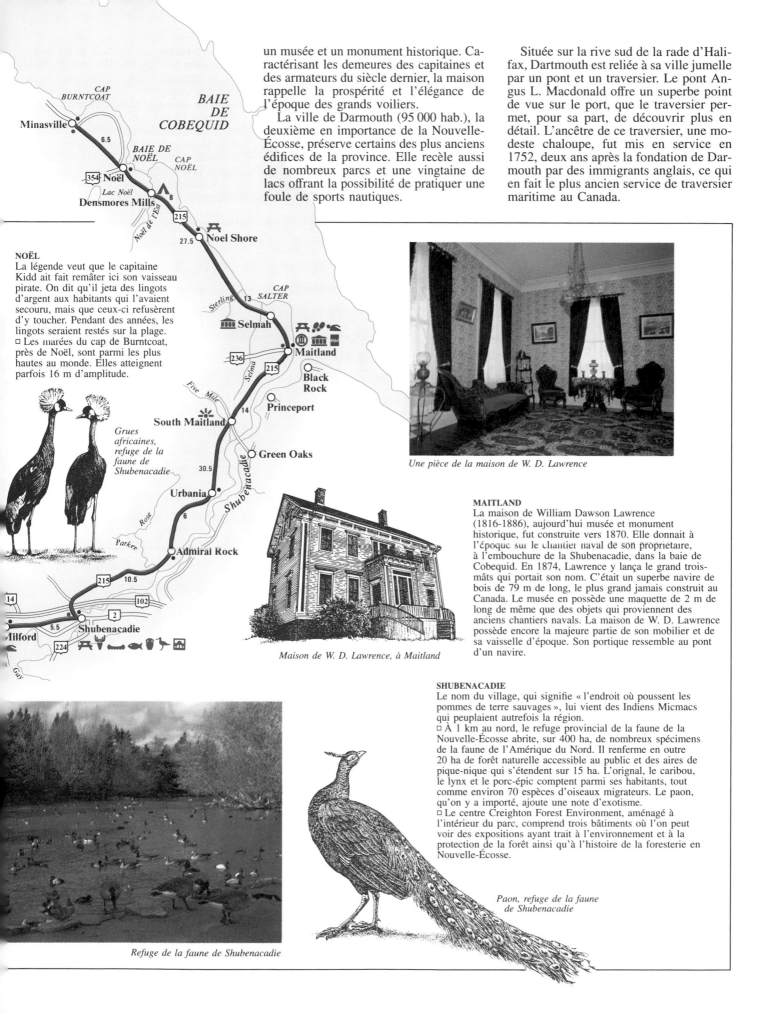

un musée et un monument historique. Caractérisant les demeures des capitaines et des armateurs du siècle dernier, la maison rappelle la prospérité et l'élégance de l'époque des grands voiliers.

La ville de Darmouth (95 000 hab.), la deuxième en importance de la Nouvelle-Écosse, préserve certains des plus anciens édifices de la province. Elle recèle aussi de nombreux parcs et une vingtaine de lacs offrant la possibilité de pratiquer une foule de sports nautiques.

Située sur la rive sud de la rade d'Halifax, Dartmouth est reliée à sa ville jumelle par un pont et un traversier. Le pont Angus L. Macdonald offre un superbe point de vue sur le port, que le traversier permet, pour sa part, de découvrir plus en détail. L'ancêtre de ce traversier, une modeste chaloupe, fut mis en service en 1752, deux ans après la fondation de Darmouth par des immigrants anglais, ce qui en fait le plus ancien service de traversier maritime au Canada.

**BAIE DE COBEQUID**

**NOËL**
La légende veut que le capitaine Kidd ait fait remâter ici son vaisseau pirate. On dit qu'il jeta des lingots d'argent aux habitants qui l'avaient secouru, mais que ceux-ci refusèrent d'y toucher. Pendant des années, les lingots seraient restés sur la plage.
□ Les marées du cap de Burntcoat, près de Noël, sont parmi les plus hautes au monde. Elles atteignent parfois 16 m d'amplitude.

*Grues africaines, refuge de la faune de Shubenacadie*

*Une pièce de la maison de W. D. Lawrence*

*Maison de W. D. Lawrence, à Maitland*

**MAITLAND**
La maison de William Dawson Lawrence (1816-1886), aujourd'hui musée et monument historique, fut construite vers 1870. Elle donnait à l'époque sur le chantier naval de son propriétaire, à l'embouchure de la Shubenacadie, dans la baie de Cobequid. En 1874, Lawrence y lança le grand trois-mâts qui portait son nom. C'était un superbe navire de bois de 79 m de long, le plus grand jamais construit au Canada. Le musée en possède une maquette de 2 m de long de même que des objets qui proviennent des anciens chantiers navals. La maison de W. D. Lawrence possède encore la majeure partie de son mobilier et de sa vaisselle d'époque. Son portique ressemble au pont d'un navire.

**SHUBENACADIE**
Le nom du village, qui signifie « l'endroit où poussent les pommes de terre sauvages », lui vient des Indiens Micmacs qui peuplaient autrefois la région.
□ À 1 km au nord, le refuge provincial de la faune de la Nouvelle-Écosse abrite, sur 400 ha, de nombreux spécimens de la faune de l'Amérique du Nord. Il renferme en outre 20 ha de forêt naturelle accessible au public et des aires de pique-nique qui s'étendent sur 15 ha. L'orignal, le caribou, le lynx et le porc-épic comptent parmi ses habitants, tout comme environ 70 espèces d'oiseaux migrateurs. Le paon, qu'on y a importé, ajoute une note d'exotisme.
□ Le centre Creighton Forest Environment, aménagé à l'intérieur du parc, comprend trois bâtiments où l'on peut voir des expositions ayant trait à l'environnement et à la protection de la forêt ainsi qu'à l'histoire de la foresterie en Nouvelle-Écosse.

*Paon, refuge de la faune de Shubenacadie*

*Refuge de la faune de Shubenacadie*

# Un bord de mer pittoresque et accueillant

Sud-est de la Nouvelle-Écosse

De Lawrencetown à Auld Cove, la route, qui suit le littoral, traverse de bien pittoresques villages de pêcheurs et de paisibles forêts où ruisseaux et rivières dessinent leurs lacets d'argent.

L'histoire est toujours présente dans cette province, notamment à Sherbrooke Village, où un grand projet de restauration fait revivre un village entre 1860 et 1880. Le visiteur déambule au milieu d'une trentaine de bâtiments victoriens où un personnel costumé reprend les gestes

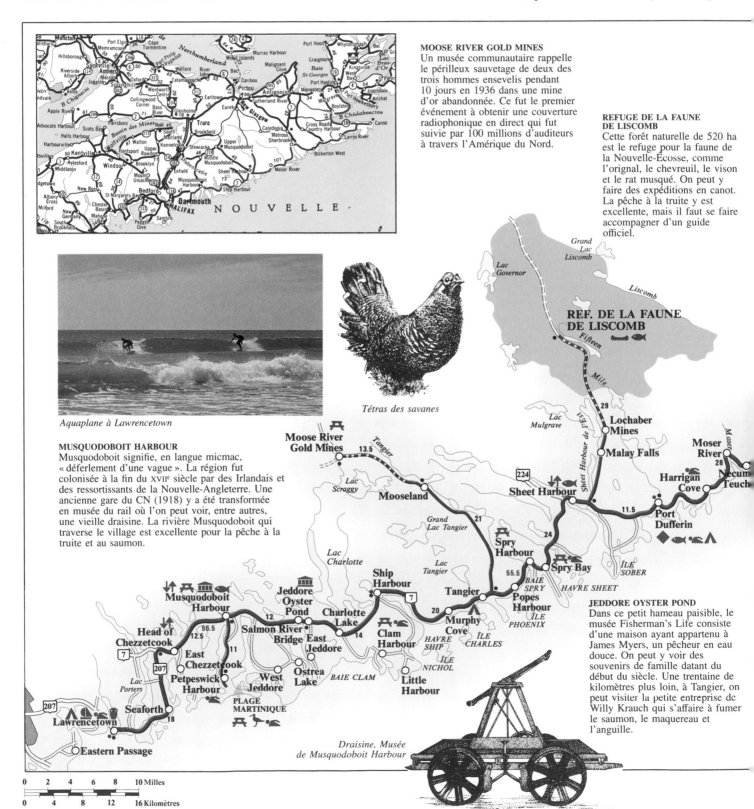

**MOOSE RIVER GOLD MINES**
Un musée communautaire rappelle le périlleux sauvetage de deux des trois hommes ensevelis pendant 10 jours en 1936 dans une mine d'or abandonnée. Ce fut le premier événement à obtenir une couverture radiophonique en direct qui fut suivie par 100 millions d'auditeurs à travers l'Amérique du Nord.

**REFUGE DE LA FAUNE DE LISCOMB**
Cette forêt naturelle de 520 ha est le refuge pour la faune de la Nouvelle-Écosse, comme l'orignal, le chevreuil, le vison et le rat musqué. On peut y faire des expéditions en canot. La pêche à la truite y est excellente, mais il faut se faire accompagner d'un guide officiel.

*Aquaplane à Lawrencetown*

*Tétras des savanes*

**MUSQUODOBOIT HARBOUR**
Musquodoboit signifie, en langue micmac, « déferlement d'une vague ». La région fut colonisée à la fin du XVIIᵉ siècle par des Irlandais et des ressortissants de la Nouvelle-Angleterre. Une ancienne gare du CN (1918) y a été transformée en musée du rail où l'on peut voir, entre autres, une vieille draisine. La rivière Musquodoboit qui traverse le village est excellente pour la pêche à la truite et au saumon.

**JEDDORE OYSTER POND**
Dans ce petit hameau paisible, le musée Fisherman's Life consiste d'une maison ayant appartenu à James Myers, un pêcheur en eau douce. On peut y voir des souvenirs de famille datant du début du siècle. Une trentaine de kilomètres plus loin, à Tangier, on peut visiter la petite entreprise de Willy Krauch qui s'affaire à fumer le saumon, le maquereau et l'anguille.

*Draisine, Musée de Musquodoboit Harbour*

0   2   4   6   8   10 Milles
0   4   8   12   16 Kilomètres

de la vie quotidienne et les techniques artisanales de l'époque.

Les amateurs de voile, d'aquaplane, de natation et de plongée sous-marine s'en donneront à cœur joie dans cette région. On peut pêcher le saumon et la truite dans les nombreux cours d'eau intérieurs ou s'aventurer en haute mer à la poursuite du thon et de l'espadon.

Certains noms de villages sont d'origine micmac : Jeddore (l'endroit des canards de la mer) ou Necum Teuch (plage de sable fin). D'autres rappellent des événements : Sober Island (l'île sobre, ainsi nommée par des arpenteurs qui ne purent s'y procurer d'alcool), ou encore Wine Harbour (port au vin), qui doit son nom au naufrage d'un navire chargé de vin.

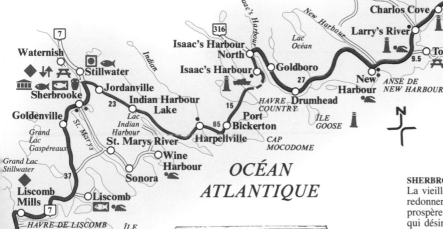

## GUYSBOROUGH

Situé à l'entrée de la baie de Chédabouctou (le grand port long, en langue micmac), le village doit ses origines à Nicholas Denys, un marin marchand français qui y construisit le fort Saint-Louis en 1650. Des loyalistes et d'ex-soldats de l'armée britannique s'y établirent en 1785 et rebaptisèrent l'endroit Guysborough en l'honneur du général et administrateur britannique Guy Carleton (1724-1808). L'ancien palais de justice, bâti en 1843, a été transformé en musée d'histoire locale.

## MULGRAVE

La construction, en 1955, de la chaussée de Canso pour endiguer les glaces du détroit de Northumberland permet dorénavant au port de Mulgrave de rester ouvert toute l'année.

## CANSO

Canso est un mot indien qui signifie « en face des hautes falaises ». Au début du XVIIIᵉ siècle, les Britanniques érigèrent en face, sur l'île de Grassy, un fort qui est classé monument historique national.
□ Le monument aux Marins, à l'entrée de la ville, commémore ses habitants qui périrent en mer mais aussi ses liens tenaces avec l'océan Atlantique.
□ C'est ici, en 1884, que la Western Union fit passer son premier câble transatlantique. On trouve quelques demeures bâties à l'époque par la compagnie.

## SHERBROOKE

La vieille ville (Sherbrooke Village) a été restaurée pour lui redonner son aspect d'il y a 100 ans, quand son port était prospère et sa mine d'or bourdonnante d'activité. Les visiteurs qui désirent se faire la main aux techniques artisanales du siècle dernier peuvent carder et filer la laine, tisser sur un vieux métier, coudre des courtepointes ou faire des tapis au crochet. Le village possède une forge, un magasin général, un bureau de poste, un palais de justice et une prison, plusieurs maisons, deux églises et une école. Des guides en costumes d'époque font visiter le hameau.

*La scierie de Sherbrooke Village*

*La forge de Sherbrooke Village*

# L'espadon, poisson de choix

L'espadon, poisson à la chair très prisée, fréquente la côte est de la Nouvelle-Écosse. Sa mâchoire supérieure qui se prolonge en forme d'épée représente le tiers de la longueur de son corps. Pour se nourrir, l'espadon darde son épée dans un banc de poissons, puis maraude çà et là pour dévorer les lambeaux de chair. Pesant en moyenne 320 kg, ce poisson combatif transperce à l'occasion des coques de bois et même des baleines. Les pêcheurs qui souhaitent se mesurer à ce splendide animal peuvent louer des embarcations sur la côte.

# La route des hautes terres sur une île ciselée par la mer

Île du Cap-Breton

Brodeuses au petit point, Musée acadien de Chéticamp

Lone Shieling,
près de Pleasant Bay

## CHÉTICAMP

Ce village de pêcheurs acadiens se trouve juste à l'entrée du parc national des Hautes-Terres-du-Cap-Breton. Un centre culturel, les Trois Pigeons, y présente un musée d'objets antiques, incluant verrerie et métiers à tisser. Une galerie d'art y expose les tapisseries et les tapis au crochet d'une artiste du pays, Elizabeth LeFort, de renommée mondiale. □ L'église Saint-Pierre a été construite en 1883 avec des pierres de taille des carrières de l'île de Chéticamp que l'on transporta en traîneau sur les eaux gelées du port.

## MARGAREE HARBOUR

La *Marion Elizabeth*, une goélette restaurée, transformée en musée et restaurant, est accostée au port. Elle fut construite en 1918 par la même compagnie de Lunenburg qui fit le *Bluenose*.
□ On peut louer des bateaux pour visiter la réserve de l'île Margaree avec ses colonies d'oiseaux.

## MARGAREE FORKS

Le village est au confluent des rivières Margaree du Sud-Est et du Nord-Ouest et à la jonction des routes de Cabot et de Ceilidh (on prononce *Qué-li*) ; cette dernière, qui part de Port Hastings, longe la côte ouest du Cap-Breton. Margaree Forks est le lieu d'un festival en juillet.

## NORTH EAST MARGAREE

La rivière Margaree et les fosses Forks, Long, Hut et Thornbush qui jalonnent son cours offrent l'une des meilleures pêches au saumon du Canada. Au musée du Saumon sont exposés des cannes à pêche, des harpons, des hameçons et des flambeaux qu'utilisaient les braconniers.
□ Le musée Héritage du Cap-Breton possède une collection exceptionnelle de tartans, d'anciens rouets et de motifs de tissage écossais.

## Une excursion inoubliable

**L**a route de Cabot est une splendide route à deux voies qui longe les côtes de l'île du Cap-Breton sur 286 km passant des vallons verdoyants et des escarpements de gypse aux promontoires battus par les embruns. Elle doit son nom à l'explorateur Jean Cabot (1450-1499) qui serait passé au large de la pointe nord de l'île en 1497. C'est l'une des routes les plus pittoresques du Canada : elle traverse des paysages d'une beauté saisissante, mais c'est en automne qu'elle offre le spectacle le plus grandiose.

La route part de South Gut St. Anns et longe les anses rocheuses battues par les embruns de l'Atlantique. Elle oblique au sud-ouest à Cape North pour suivre la rivière Aspy du Nord et regagner les rives du golfe du Saint-Laurent. Le paysage accidenté se renouvelle à chaque tournant de la route qui vire au sud à travers les petits villages acadiens de Chéticamp, Grand-Étang et Belle-Côte, serpente dans la vallée paisible de la Margaree, puis revient à son point de départ en passant par Baddeck.

La route de Cabot, près de Pleasant Bay

Alexander Graham Bell écrivit un jour : « J'ai fait le tour du monde. J'ai vu les Rocheuses canadiennes, les Andes et les Hautes-Terres d'Écosse. Mais rien n'égale la beauté simple du Cap-Breton. »

La spectaculaire route de Cabot, qui encercle le nord de l'île, permet de découvrir les paysages dont s'était épris l'inventeur. Elle serpente au pied de promontoires battus par les vagues, s'accroche au bord de falaises qui plongent dans la mer d'une hauteur de 300 m,

enjambe de profondes gorges qui entaillent des collines aux croupes usées.

Les insulaires sont très fiers de leur île, mais ils ont parfois aussi la nostalgie de leur ancienne patrie, les Hautes-Terres d'Écosse. Ainsi, près de Pleasant Bay, on a érigé une bergerie en pierre sèche, qui est la réplique des abris occupés autrefois par les pauvres paysans écossais ; elle s'appelle Lone Shieling. Sur une plaque, ces quelques vers expriment la nostalgie du vieux pays :

*Des prés et des brouillards de l'île,*
*Les montagnes et l'immensité de la mer*
*[nous séparent.*
*Mais le cri du sang est fort, notre cœur*
*[est l'Écosse*
*Et nos rêves toujours nous ramènent*
*[aux Hébrides !*

Ces liens tenaces revivent aussi à St. Anns lors des fêtes écossaises Gaelic Mod du mois d'août et dans l'école gaélique de la ville où l'on transmet la langue et les traditions des pionniers du XIXᵉ siècle.

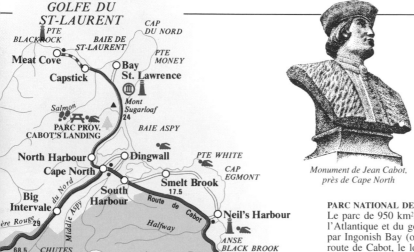

GOLFE DU ST-LAURENT
PTE BLACKROCK
CAP DU NORD
BAIE DE ST-LAURENT
Meat Cove
PTE MONEY
Capstick
Bay St. Lawrence
Mont Sugarloaf 24
Salmon
BAIE ASPY
PARC PROV. CABOT'S LANDING
North Harbour
Cape North
Dingwall
PTE WHITE
CAP EGMONT
Big Intervale
South Harbour
Smelt Brook 17.5
Route de Cabot
Neil's Harbour
Middle Aspy
ère Rouge 29
Halfway
ANSE BLACK BROOK
68.5
CHUTES BEULACH BAN
Black
41.5
16
PARC NAT. DES HAUTES TERRES DU CAP-BRETON
Warren
Lac Warren
Ingonish
KELTIC LODGE
ÎLE DU CAP-BRETON
Ingonish Beach
Ingonish Ferry
6.5
CAP SMOKEY

**CAP SMOKEY**
Ce majestueux promontoire de 365 m, souvent voilé par le brouillard, est bien visible de l'extrémité de la presqu'île de Middle Head, sur l'autre rive de la baie d'Ingonish. La route de Cabot se rend, en épingle à cheveux, jusqu'au sommet où se trouvent une aire de pique-nique et un belvédère qui dominent le magnifique paysage côtier.

McLeod
Wreck Cove 18.5
42.5
French River
Skir Dhu
Briton Cove
8
North Shore
ÎLES BIRD
Cabot
9.5
Indian Brook
Barachois
Tarbotvale
BAIE DE ST-ANNS
312
North River Bridge
5
34.5
HAVRE DE ST-ANNS
Englishtown
St. Anns
10.5
9.5
105
North Gut St. Anns
South Gut St. Anns
105
Big Harbour

**CAPE NORTH**
Du sommet de Big Intervale, on a une vue superbe sur les terres agricoles et les forêts de la vallée du Sunrise que traverse la rivière Aspy avant de se jeter dans la mer. Le village de Cape North, qui est le point le plus septentrional de la route de Cabot, a un musée d'histoire locale.
□ À l'aire de pique-nique provinciale de Cabot's Landing, sur la baie Aspy, une plaque rappelle la première liaison par câble sous-marin entre la Nouvelle-Écosse et Terre-Neuve (1856).
□ Le monument de l'explorateur Jean Cabot se trouve sur l'aire de pique-nique provinciale de Cabot's Landing, sur la baie Aspy. Le Pain de sucre, où aurait abordé Jean Cabot le 24 juin 1497, se trouve à 8 km de là. On y rejoue l'événement chaque année à la même date.

*Monument de Jean Cabot, près de Cape North*

**PARC NATIONAL DES HAUTES TERRES DU CAP-BRETON**
Le parc de 950 km², qui fut créé en 1936, domine le littoral accidenté de l'Atlantique et du golfe du Saint-Laurent. On y entre par Chéticamp ou par Ingonish Bay (où se trouvent les centres administratifs du parc). La route de Cabot, le long des côtes et à la limite nord, offre des points de vue à vous couper le souffle. À l'ouest du parc, les falaises côtières s'élèvent à 300 m de haut. À 3 km au sud-ouest de Big Intervale, il faut voir la chute Beulach Ban qui coule comme un ruban de dentelle sur le granite. Le Lone Shieling, près de Pleasant Bay, est la réplique d'une bergerie construite en 1942 en souvenir des colons écossais du Cap-Breton.
□ La route de Cabot est bordée de très nombreuses plages, de campings, de belvédères et d'aires de pique-nique. Des sentiers de randonnée partent de la route vers l'intérieur du parc, ses épinettes tordues par le vent, ses marécages, ses landes. La faune comprend le castor, l'ours noir, le lynx, le loup-cervier, le vison, l'orignal, le cerf de Virginie et plus de 200 espèces d'oiseaux, dont le balbuzard, l'aigle doré et le pygargue à tête blanche, le hibou boréal et le harfang des neiges.

**ENGLISHTOWN**
Les ouvrages de terre qui sont toujours visibles datent des travaux de fortification que les Français exécutèrent en 1713 pour protéger la colonie de Sainte-Anne, qu'ils rebaptisèrent Port-Dauphin. Fondée en 1629, elle fut le premier établissement français de l'île.
□ Le cimetière abrite la tombe du géant du Cap-Breton, Angus McAskill, qui mesurait 2,40 m et pesait plus de 180 kg. Il mourut à St. Anns en 1863, à 38 ans.

**SOUTH GUT ST. ANNS**
Au début des années 1820, un groupe d'Écossais des Highlands dont le bateau s'était égaré sur ces côtes décida de s'implanter là. Ici se trouve le collège gaélique de Nouvelle-Écosse, le seul institut en Amérique pour l'étude de l'art et de la culture gaéliques ; on y offre en été des cours allant de l'enseignement de la cornemuse au tissage des tartans ; le Grand Hall des Clans illustre l'histoire et la tradition des Écossais.
□ Des bateaux de croisière mènent les visiteurs aux îles Bird où nichent diverses espèces de cormorans, de guillemots et de sternes.
□ Parmi les visiteurs de South Gut St. Anns, on rencontre parfois des Néo-Zélandais à la recherche de leurs racines : ils sont les descendants de 130 Néo-Écossais partis coloniser la Nouvelle-Zélande en 1850.

*Chute Beulach Ban, parc des Hautes-Terres-du-Cap-Breton*

# « Cent mille fois la bienvenue »
# chez les Écossais du Canada

Île du Cap-Breton

*Cornemuseur, à Iona*

### WHYCOCOMAGH

Ce centre de villégiature dont le nom signifie, en langue micmac, « source des eaux », se compose en réalité de deux communautés distinctes, réparties de part et d'autre de la rivière Skye : un village écossais fondé au XIXᵉ siècle et une réserve indienne, où l'on fabrique de la vannerie, des sculptures sur bois et d'autres objets d'artisanat.
□ Au parc provincial de Whycocomagh, des belvédères aménagés au sommet du mont Salt permettent de découvrir, à 300 m d'altitude, le magnifique panorama de la région. Le parc est couvert d'une épaisse forêt de hêtres, d'érables, de pins, d'épinettes et de châtaigniers d'Amérique qui ombragent de nombreux sentiers.
□ Durant le Festival d'été, en juillet, la ville résonne des danses et de la musique écossaises.

### CHAUSSÉE DE CANSO

Depuis 1955, l'île du Cap-Breton est reliée au continent par une digue de 1 370 m de long, la chaussée de Canso, apparemment la plus haute du monde. La digue s'élève à 65 m au-dessus du fond du détroit de Canso, atteint une largeur de 244 m à sa base et de 24 m en surface. Elle supporte une autoroute, une voie de chemin de fer et un passage pour les piétons. La digue, construite de 10 millions de tonnes de roche, bloque l'entrée des glaces qui dérivent annuellement dans le détroit de Northumberland et la baie de St-Georges, permettant ainsi au port, long de 16 km, de fonctionner à longueur d'année au bénéfice des nombreux villages situés au sud.
□ Les bateaux la traversent par une écluse percée à son extrémité nord, près de Port Hastings. Les superpétroliers déchargent leur cargaison de pétrole brut au quai de Point Tupper, long de 600 m.
□ Dominant la baie de St-Georges et le détroit de Canso du haut de ses 260 m, le mont Creignish, au nord, offre une vue superbe du détroit, de la baie et du continent.

### IONA

Le musée Nova Scotia Highland Village occupe 17 ha sur une colline qui surplombe le lac Bras d'Or. Dédié à la préservation de la culture écossaise locale, il comporte neuf bâtiments restaurés dont une carderie, une chaumière, une forge, une école et un magasin de campagne. Une journée de festivités, au début d'août, est consacrée à la musique traditionnelle écossaise.

*Raffinerie de pétrole de Point Tupper, près de Port Hastings*

### ARICHAT

Colonisée par les Acadiens au milieu du XVIIIᵉ siècle, l'île Madame est bordée de baies rocheuses et de pittoresques villages de pêcheurs comme celui d'Arichat, le plus vieux de la région.
□ Lorsque le forgeron Thomas LeNoir quitta les îles de la Madeleine au début du XIXᵉ siècle, Arichat comptait plusieurs chantiers navals prospères. Il s'installa avec sa famille à Petit-de-Grat, aux environs, mit son art au service des chantiers, forma des artisans et finit par fonder la première école de forgerons de la province. Restaurée en 1967, celle-ci abrite un musée consacré aux fournitures de marine et à la fabrication des ancres.
□ L'église de l'Assomption, un édifice de bois à deux clochers construit en 1838, fut une cathédrale jusqu'à ce que le siège du diocèse soit transféré à Antigonish, en 1886.

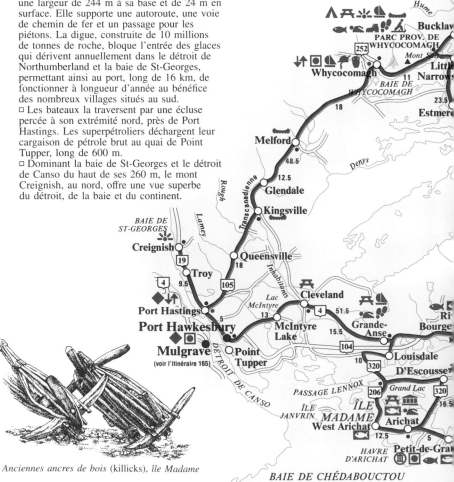

*Anciennes ancres de bois (killicks), île Madame*

0 2 4 6 8 10 Milles
0 4 8 12 16 Kilomètres

Lorsque la chaussée de 1 370 m qui franchit le détroit de Canso fut construite en 1955, un habitant de la Nouvelle-Écosse écrivit dans un journal que ces travaux serviraient la cause de l'unité canadienne « car désormais, déclarait-il, nous serons *tous* du Cap-Breton ».

Après avoir traversé le détroit, la Transcanadienne contourne les eaux scintillantes du lac Bras d'Or, mer intérieure de 1 098 km² qui coupe l'île presque en deux. Le lac, serti de collines, pratiquement inaccessible aux marées, rappelle les fameux lochs écossais. Il offre d'excellents mouillages, des plages magnifiques et une très bonne pêche. Au sud, il est séparé de la mer par un isthme d'environ 1 km de large, que traverse aujourd'hui le canal St. Peters. Au nord, l'Atlantique bat les deux flancs de l'île Boularderie.

La province, dans cette région, est fière de ses origines écossaises, de la langue gaélique qui s'enseigne et qui se parle encore, de ses danses traditionnelles, du chant de ses cornemuses, de ses jeux d'adresse et de ses vertus ancestrales : l'épargne et le travail. C'est ici que l'inventeur Alexander Graham Bell, natif d'Écosse, venait passer l'été dans sa demeure de *Beinn Breagh*, près de la baie de Baddeck.

Deux petites villes blotties sur les rives du lac Bras d'Or, Iona et Ben Eoin, souhaitent en gaélique, sur de larges panneaux, « cent mille fois la bienvenue » aux visiteurs.

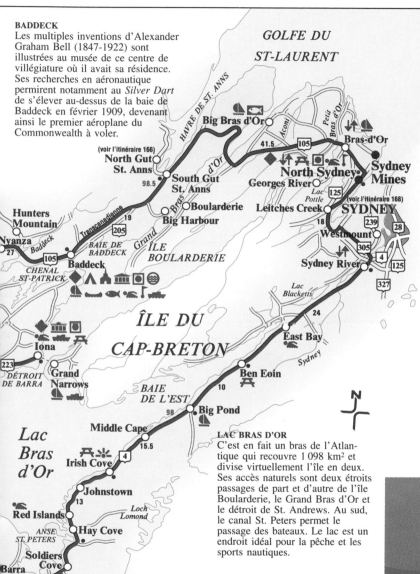

**BADDECK**
Les multiples inventions d'Alexander Graham Bell (1847-1922) sont illustrées au musée de ce centre de villégiature où il avait sa résidence. Ses recherches en aéronautique permirent notamment au *Silver Dart* de s'élever au-dessus de la baie de Baddeck en février 1909, devenant ainsi le premier aéroplane du Commonwealth à voler.

**LAC BRAS D'OR**
C'est en fait un bras de l'Atlantique qui recouvre 1 098 km² et divise virtuellement l'île en deux. Ses accès naturels sont deux étroits passages de part et d'autre de l'île Boularderie, le Grand Bras d'Or et le détroit de St. Andrews. Au sud, le canal St. Peters permet le passage des bateaux. Le lac est un endroit idéal pour la pêche et les sports nautiques.

**ST. PETERS**
L'isthme de 1 km qui sépare le lac Bras d'Or de l'océan Atlantique à St. Peters fut le site d'un fort, érigé en 1650 par Nicholas Denys. Celui-ci y aménagea également, en 1669, un système de patins qui permettait le passage des bateaux auxquels on attelait des bœufs. Cette route ingénieuse, illustrée au musée local, servit jusqu'au milieu du XIXᵉ siècle.
□ Le canal St. Peters fut construit entre 1854 et 1869 pour permettre à la navigation un passage plus court et aussi plus sécuritaire à travers l'île du Cap-Breton. Des travaux d'amélioration se poursuivirent jusqu'en 1917. À son heure de gloire (1880-1940), on y voyait passer jusqu'à 1 600 navires par année. Il ne sert plus aujourd'hui qu'à la navigation de plaisance.

## Le génie de *Beinn Breagh*

Le parc historique national Alexander-Graham-Bell, qui couvre 10 ha, renferme un musée consacré au grand inventeur du téléphone dont les travaux contribuèrent également au progrès de la médecine, de l'aéronautique et du génie maritime. On y expose des répliques des tout premiers appareils téléphoniques et d'autres inventions moins connues de Bell comme le *Silver Dart*, la « camisole à vide », précurseur du poumon d'acier, et un modèle d'hydroglisseur.

Né en Écosse, Bell visita Baddeck pour la première fois en 1885. Sept ans plus tard, il se fit construire une résidence d'été, *Beinn Breagh* (la belle montagne, en gaélique), sur un promontoire qui domine la baie. C'est là qu'il effectua une bonne partie de ses recherches et qu'il mourut en 1922. Ses descendants habitent toujours la maison, fermée au public.

*Voilier sur le lac Bras d'Or, près de Baddeck*

# Louisbourg l'imprenable et les villes de la houille

Île du Cap-Breton

La forteresse de Louisbourg fut érigée en 1720 dans le but de défendre l'entrée du Saint-Laurent et de protéger l'empire français du Nouveau Monde. Elle était ceinturée de murs de 9 m de haut et de 3 m d'épaisseur, couronnés de 148 canons. Son édification coûta si cher que Louis XV dit un jour qu'il s'attendait à voir ses tours poindre bientôt à l'horizon de Paris.

Mais la citadelle ne répondit pas aux attentes. En 1745, une armée dépenaillée

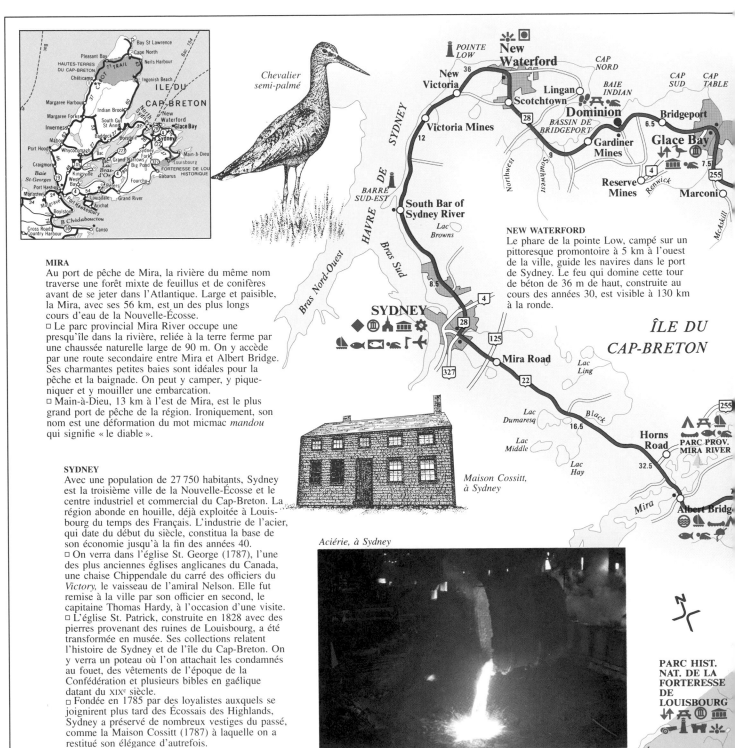

*Chevalier semi-palmé*

*Maison Cossitt, à Sydney*

*Aciérie, à Sydney*

**MIRA**

Au port de pêche de Mira, la rivière du même nom traverse une forêt mixte de feuillus et de conifères avant de se jeter dans l'Atlantique. Large et paisible, la Mira, avec ses 56 km, est un des plus longs cours d'eau de la Nouvelle-Écosse.
☐ Le parc provincial Mira River occupe une presqu'île dans la rivière, reliée à la terre ferme par une chaussée naturelle large de 90 m. On y accède par une route secondaire entre Mira et Albert Bridge. Ses charmantes petites baies sont idéales pour la pêche et la baignade. On peut y camper, y pique-niquer et y mouiller une embarcation.
☐ Main-à-Dieu, 13 km à l'est de Mira, est le plus grand port de pêche de la région. Ironiquement, son nom est une déformation du mot micmac *mandou* qui signifie « le diable ».

**SYDNEY**

Avec une population de 27 750 habitants, Sydney est la troisième ville de la Nouvelle-Écosse et le centre industriel et commercial du Cap-Breton. La région abonde en houille, déjà exploitée à Louisbourg du temps des Français. L'industrie de l'acier, qui date du début du siècle, constitua la base de son économie jusqu'à la fin des années 40.
☐ On verra dans l'église St. George (1787), l'une des plus anciennes églises anglicanes du Canada, une chaise Chippendale du carré des officiers du *Victory,* le vaisseau de l'amiral Nelson. Elle fut remise à la ville par son officier en second, le capitaine Thomas Hardy, à l'occasion d'une visite.
☐ L'église St. Patrick, construite en 1828 avec des pierres provenant des ruines de Louisbourg, a été transformée en musée. Ses collections relatent l'histoire de Sydney et de l'île du Cap-Breton. On y verra un poteau où l'on attachait les condamnés au fouet, des vêtements de l'époque de la Confédération et plusieurs bibles en gaélique datant du XIXᵉ siècle.
☐ Fondée en 1785 par des loyalistes auxquels se joignirent plus tard des Écossais des Highlands, Sydney a préservé de nombreux vestiges du passé, comme la Maison Cossitt (1787) à laquelle on a restitué son élégance d'autrefois.

**NEW WATERFORD**

Le phare de la pointe Low, campé sur un pittoresque promontoire à 5 km à l'ouest de la ville, guide les navires dans le port de Sydney. Le feu qui domine cette tour de béton de 36 m de haut, construite au cours des années 30, est visible à 130 km à la ronde.

0 1 2 3 4 5 Milles
0 2 4 6 8 Kilomètres

de 4 000 volontaires yankees, appuyée par trois navires anglais, s'empara de Louisbourg en sept semaines. Elle fut rendue aux Français en 1748 mais, dix ans plus tard, les Anglais la reprirent puis la démantelèrent de fond en comble en 1760.

Une partie de ses massives fortifications se dressent à nouveau aujourd'hui, grâce à un projet toujours en cours destiné à lui redonner vie. En utilisant les outils et les méthodes de l'époque pour mieux respecter le réalisme historique, on a reconstitué une partie de la zone militaire et de la ville fortifiée. Bastions de pierre, maisons de bois et casernes font revivre la Nouvelle-France du XVIIIe siècle. Des figurants en costumes d'époque salent le poisson et le mettent à sécher, montent la garde, vendent à la criée, blanchissent le linge, cuisent le pain, fondent des balles de fusil, servent à boire dans les tavernes ou travaillent à la forge.

Malgré sa courte existence, Louisbourg donna un nouvel élan à la colonisation de l'est du Canada. De riches veines de houille grasse, exploitées à l'époque pour les besoins de la garnison, furent découvertes un peu partout dans la partie nord-est de l'île. Leur exploitation à grande échelle commença vers 1850 et l'histoire des villes de Sydney, Glace Bay, Dominion, Donkin et New Waterford se confond avec celle de la houille. Ce coin de pays préserve jalousement son riche patrimoine, amalgame des traditions française et anglaise.

**GLACE BAY**

Cette ville industrielle de 20 000 habitants, qui s'appelait jadis Baie-de-Glace, est connue comme la ville de la houille. À Quarry Point, le musée des Mineurs expose des pièces d'équipement et la maquette d'un train charbonnier du Sydney and Louisbourg Railway. Des mineurs à la retraite font visiter trois niveaux de la houillère et les touristes peuvent extraire eux-mêmes un échantillon souvenir. Au même site, on visite aussi le Village des mineurs.

**LOUISBOURG**

Encadrée par le parc historique national, cette petite ville offre de nombreux attraits comme une vieille gare restaurée, des boutiques d'artisanat ancien et l'Atlantic Statiquarium.
□ On peut se rendre par la route jusqu'au phare du port de Louisbourg qui fut construit en 1923 sur le site du premier phare au Canada, érigé en 1730 par les Français.

## Le trésor du *Chameau*

*Alex Storm* (en haut, à droite) *et le trésor du* Chameau

Pendant 236 ans, les eaux froides de l'Atlantique près de Louisbourg recelèrent un trésor de pièces d'or et d'argent. La paie des troupes françaises cantonnées à Québec partit en effet par le fond en 1725, en même temps que le bâtiment de 48 canons, *Le Chameau,* qui heurta un récif en cherchant à se mettre à l'abri d'un brusque coup de vent.

En 1961, le plongeur Alex Storm découvrit une pièce d'argent frappée à l'effigie de Louis XV et datée de 1724. Convaincu d'avoir retrouvé *Le Chameau,* il quadrilla quelque 250 000 m² de fonds rocheux, à des profondeurs allant de 22 à 30 m. Le 22 septembre 1965, il identifia l'épave. En quelques jours, on récupéra quelque 300 000 $ de pièces d'or et d'argent, le plus important trésor jamais découvert au Canada.

**FORTERESSE DE LOUISBOURG**

Un parc historique national de 6 700 ha entoure la reconstitution de la forteresse érigée au XVIIIe siècle par les Français sous le règne de Louis XV. Entrepris en 1961, le projet toujours en cours est le plus important jamais réalisé au Canada. Les visiteurs se présentent au centre d'accueil, à 1,5 km de Louisbourg, d'où ils sont transportés par autobus jusqu'au site. Celui-ci recouvre 50 ha et l'on peut y contempler les massifs remparts tels qu'ils apparaissaient en 1744. Un quart de la ville environ a été reconstitué à ce jour.
□ On y trouve une cinquantaine de bâtiments : demeures, casernes, entrepôts et tavernes. L'impressionnant Bastion du roi abrite, sur trois étages, les luxueux appartements du gouverneur (10 pièces), le mess des officiers, une chapelle, une prison et une école d'artillerie. Il est entouré d'énormes fortifications de terre et de pierre.
□ Des figurants en costume font revivre la vie quotidienne au XVIIIe siècle et des guides en uniforme donnent des explications. L'Hôtel de la Marine, l'Épée Royale et deux autres restaurants servent des repas à la mode du temps.

*Caserne du Bastion du roi, à Louisbourg*

OCÉAN ATLANTIQUE

PTE MACRAE
ANSE SCHOONER
Donkin
5
Anse Millbrook
Lac Sand
Port-Morien
BAIE COW
Lac Morrison
255
Black
Homeville
15.5
Lac False Bay
BAIE FALSE
57.5
CAP FALSE BAY
Round Island
PTE DE ROUND ISLAND
Mira
BAIE DE MIRA
ÎLE SCATARIE
CAP MOQUE
PASSAGE MAIN-À-DIEU
Main-à-Dieu
BAIE DE MAIN-À-DIEU
Étang McDonald
Bateston
PTE CATALONE
13
Lac Second
Lac Third
6.5
Lac Catalone
Lac McVicker
Catalone
Little Lorraine
CAP BRETON
22
Lac Grand
Baleine
7
Six Mile
ANSE GOOSEBERRY
8.5
ANSE WILD
Big Lorraine
1.5
Louisbourg
PORT DE LOUISBOURG
PTE BLACKROCK
PTE WHITE
PTE SIMON

*À Louisbourg, des figurants costumés font revivre le passé*

# Les rivières à saumons d'un littoral sauvage et désolé

## Sud-ouest de Terre-Neuve

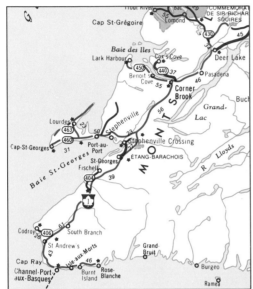

### PRESQU'ÎLE DE PORT AU PORT

Les habitants de la presqu'île descendent des pêcheurs français qui établirent ici leurs quartiers, dès 1713.
□ Les strates, les failles et les plissements des falaises du sud de la presqu'île donnent une idée des bouleversements géologiques qui façonnèrent la région il y a 500 millions d'années. La craie et la dolomie dominent ces formations qui renferment des fossiles d'animaux marins.
□ Au parc provincial Piccadilly Head, un sentier de randonnée part de la plage et s'enfonce dans les sapins baumiers. Des falaises de craie hautes de 12 m dominent l'océan. Les sarcelles à ailes bleues et à ailes vertes fréquentent le parc en automne.

*Le cap St. George, presqu'île de Port au Port*

### VALLÉE DE LA CODROY

Les bernaches canadiennes se posent en grand nombre à l'époque des migrations sur les berges de la Grande Rivière Codroy.
□ À 12 km au sud, au parc provincial Mummichog, le choquemort (« mummichog »), un petit poisson assez rare à Terre-Neuve, vit dans une lagune où l'eau douce de la Petite Rivière Codroy se mêle à l'eau salée de l'Atlantique. Le grand héron et la bécasse américaine fréquentent également le parc.

*Martre des pins*

*Rose-Blanche*

### CHANNEL-PORT-AUX-BASQUES

Un monument rappelle la mémoire des 133 personnes qui périrent lorsqu'un sous-marin allemand torpilla le traversier *Caribou* en 1942. Une route pittoresque mène au village de pêcheurs de Rose-Blanche, à 40 km à l'est.
□ Au parc provincial John T. Cheeseman, au nord-ouest de Channel-Port-aux-Basques, un banc de sable protège un goulet des furieuses vagues de l'Atlantique. Les landes désolées du cap Ray entourent le parc. Les grands vents venus du mont Table, qui ont souvent renversé des wagons de chemin de fer, s'engouffrent dans un ravin à Red Rocks.
□ Un traversier relie Channel-Port-aux-Basques à North Sydney, en Nouvelle-Écosse.

### PARC PROVINCIAL BARACHOIS POND

Un sentier de randonnée de 3,2 km traverse une forêt de bouleaux, d'épinettes et de sapins, puis débouche sur le sommet pelé du mont Erin. L'orignal et le caribou fréquentent le parc où l'on voit parfois la martre des pins, une espèce rare. Du sommet de la montagne (305 m), la vue est superbe.

Le sud-ouest de Terre-Neuve est une région de côtes désolées, de falaises battues par les embruns et de montagnes boisées, émaillées de lacs paisibles. À l'est de Channel-Port-aux-Basques, seuls les caboteurs qui vont à Terrenceville, à 400 km à l'est, desservent de petits villages isolés de pêcheurs.

À Channel-Port-aux-Basques, au terminus du traversier, la Transcanadienne file au nord, traverse les landes désolées du cap Ray, passe par Red Rocks et Mc-Dougall Gulch, puis s'engage dans la vallée de la Codroy, le paradis des amateurs d'oiseaux au printemps et à l'automne. Plus loin, la rivière Crabbes est l'endroit idéal pour taquiner le saumon en juin et au début de juillet. Le parc provincial Barachois Pond offre aux amateurs de randonnée et de photographie les splendides paysages que l'on découvre du haut du mont Erin et, peut-être, avec un peu de chance, la vision fugitive d'un orignal ou d'un caribou. À l'ouest, la presqu'île de Port au Port est semée de fermes et de villages de pêcheurs où l'on parle français avec l'accent de Terre-Neuve.

Plus au nord, la riante vallée de l'Humber abrite Corner Brook, la ville du papier. La région qui s'étend à l'ouest de la ville est l'une des plus belles de la province, avec ses hautes falaises à pic qui encadrent le bras de l'Humber et la baie des Îles.

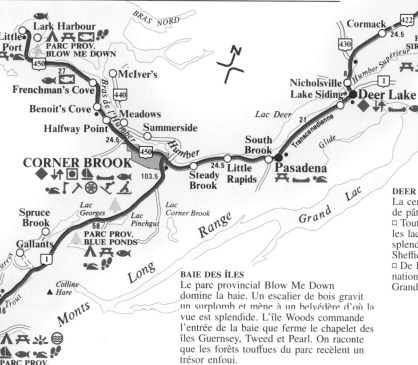

**PARC COMMÉMORATIF SIR RICHARD SQUIRES**
Au temps du frai, on voit les saumons sauter hors de l'eau pour remonter la chute Big de la Humber. La pêche est excellente aux environs de la chute. Au nord du parc, le cours supérieur de la rivière se faufile entre les parois d'un canyon de 90 m de profondeur. Plus loin en amont, la rivière coupée de lacs et de rapides aux eaux vives est bordée de forêts d'épinettes et de bouleaux à papier. Une voie de canotage part du parc et mène à Corner Brook.

**DEER LAKE**
La centrale hydro-électrique de la ville alimente l'usine de pâte à papier Bowaters à Corner Brook.
□ Tout au long des 145 km de la voie de canotage formée par les lacs Grand, Sandy et Birchy, les canoteurs découvrent de splendides paysages. Un petit portage la prolonge jusqu'au lac Sheffield, serti dans un écrin de montagnes et d'épaisses forêts.
□ De Deer Lake, des routes mènent à la Bonne Bay et au parc national de Gros-Morne, au nord-ouest, puis à l'extrémité de la Grande Péninsule du Nord, à 420 km plus au nord.

**BAIE DES ÎLES**
Le parc provincial Blow Me Down domine la baie. Un escalier de bois gravit un surplomb et mène à un belvédère d'où la vue est splendide. L'île Woods commande l'entrée de la baie que ferme le chapelet des îles Guernsey, Tweed et Pearl. On raconte que les forêts touffues du parc recèlent un trésor enfoui.

**CORNER BROOK**
Le papier journal a fait de Corner Brook la deuxième ville de Terre-Neuve, avec près de 23 000 habitants. Sur l'une des collines qui dominent la ville, un monument rappelle la mémoire du capitaine James Cook qui fut le premier à dresser une carte détaillée de la côte ouest de Terre-Neuve et à remonter la Humber jusqu'à Deer Lake en 1767. Du monument, on découvre l'usine de pâte à papier Bowaters dont la production annuelle de plus de 500 000 t en fait l'une des plus importantes au monde.
□ L'édifice du gouvernement est l'un des plus beaux immeubles de la ville. Le Centre culturel et artistique abrite un théâtre, une piscine, une galerie d'art et des salles d'exposition.
□ Corner Brook est à deux pas de la vallée de la Humber, renommée pour sa chasse au gros gibier et sa pêche. Les parcs sont nombreux ici : dans la ville, le parc Margaret Bowater ; à 24 km au nord-est, le parc de South Brook ; et à 13 km au sud-ouest, le parc provincial Blue Ponds où deux lacs au fond calcaire prennent une couleur bleu turquoise.

## Tenace et infatigable, le saumon de l'Atlantique

**F**avori des sportifs et des gourmets, le saumon de l'Atlantique *(ci-dessous)* s'est acquis une réputation mondiale bien méritée.

Le saumon de l'Atlantique est l'archétype des poissons migrateurs. Après avoir frayé en eau douce à Terre-Neuve durant les mois d'octobre et de novembre, les adultes gagnent l'océan. À la différence du saumon du Pacifique, celui de l'Atlantique survit au frai et peut se reproduire plusieurs fois. Les jeunes saumons restent en eau douce deux ou trois ans avant de passer quelques années en mer et de revenir frayer dans leurs rivières natales.

C'est un spectacle fascinant que d'observer les saumons franchir avec agilité chutes et obstacles lorsqu'ils remontent les rivières. Dans le parc commémoratif Sir Richard Squires, on les voit faire des bons incroyables hors de l'eau pour escalader la chute Big.

*Sarracénie pourpre insectivore*

*Corner Brook*

# Le Vinland des Vikings et les brouillards de Gros-Morne

## Nord-ouest de Terre-Neuve

La côte escarpée de la Bonne Baie, dans le parc national de Gros-Morne, s'ouvre sur de longs fjords où viennent plonger les montagnes les plus imposantes de l'est du continent américain. Des petits villages de pêcheurs s'accrochent çà et là au paysage. La route 430, qui longe la côte ouest de la Grande Péninsule du Nord, offre des points de vue spectaculaires. Dominée par la sombre masse des monts Long Range, la région de Gros-Morne offre 65 km de côtes accidentées,

**PARC PROVINCIAL RIVER OF PONDS**

On peut faire du camping, de la natation, du canot et pêcher le saumon de l'Atlantique et l'omble de fontaine dans ce parc situé sur les rives d'un lac bordé de plages sablonneuses et d'une forêt de conifères.

□ On y verra une exposition sur les baleines qui réunit des ossements vieux de 7 000 ans. Ces vestiges recueillis aux environs prouvent que cette partie de la côte ouest de Terre-Neuve était autrefois submergée.

*Les Arches, au nord du parc national de Gros-Morne*

**ST. BARBE**

De mai à décembre, un traversier qui franchit les 35 km du détroit de Belle-Isle relie ce village de pêcheurs à Blanc-Sablon, au Québec, tout près du Labrador.

□ On pêche la truite, le saumon et la morue au parc provincial Pinware River, sur la côte sud-est du Labrador. À la pointe Amour se trouve un tertre funéraire de 24 m de circonférence, édifié par une peuplade indienne qui vivait ici vers 5 500 av. J.-C.

**PARC NATIONAL DE GROS-MORNE**

Situé dans la portion la plus spectaculaire des monts Long Range, ce parc de 1 943 km² doit son nom au mont Gros Morne (806 m) qui domine la région de la Bonne Baie. Sa formation géologique particulière et la végétation caractéristique de la toundra qui recouvre ses hauts plateaux lui ont valu d'être classé par l'Unesco en 1988 parmi les sites du patrimoine mondial.

□ Au sud de la Bonne Baie s'élèvent les plateaux dénudés de Tablelands dont les blocs erratiques d'un brun ocre sont d'origine volcanique. Un traversier mène de Rocky Harbour, centre administratif du parc, au village de Woody Point, de l'autre côté de la baie.

□ Au nord de la baie, au pied des montagnes, s'étend une belle plaine côtière sillonnée de ruisseaux. Le rivage est parsemé de grandes dunes. Des rochers escarpés ombragent l'étang Western Brook, un lac glaciaire.

□ Le lièvre arctique et le caribou de Terre-Neuve fréquentent le parc de Gros-Morne, de même que l'ours noir et le lynx. La sterne commune et la sterne arctique, le goéland argenté et le goéland à manteau noir affectionnent le littoral ; les lagopèdes préfèrent la lande dénudée.

*Rhododendron arctique*

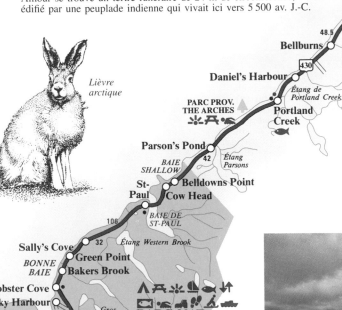

*Lièvre arctique*

| 0 | 3 | 6 | 9 | 12 | 15 Milles |
| 0 | 6 | 12 | 18 | | 24 Kilomètres |

Red Paint People, *fresque*
*du parc historique national de Port-au-Choix*

semées de plages et de dunes aux formes changeantes, tandis que l'arrière-pays est occupé par une forêt touffue découpée par des rivières à saumons, d'étroits lacs de montagne et un petit bras de mer. Au nord de Gros-Morne, deux sites archéologiques nous ramènent aux sources mêmes de l'histoire canadienne. C'est à l'Anse-aux-Meadows que vint s'établir une colonie de Vikings, la seule que l'on connaisse à l'ouest du Groenland. Des Norvégiens débarquèrent sur ces côtes rocheuses vers

l'an 1000 de notre ère et fondèrent ce qui fut sans doute la première colonie européenne en Amérique du Nord.

À Port-au-Choix, des squelettes d'une mystérieuse peuplade qui habitait la région il y a 5 000 ans et diverses pièces qui témoignent de leur culture sont exposés dans un centre d'interprétation.

Pendant l'été, on peut s'arrêter à St. Barbe et prendre le traversier du détroit de Belle-Isle pour explorer la côte sud du Labrador.

*Réplique d'une lampe
de pierre viking,
parc historique national
de l'Anse-aux-Meadows*

## GOLFE DU ST-LAURENT

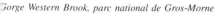

*Gorge Western Brook, parc national de Gros-Morne*

### PORT-AU-CHOIX

Des squelettes d'une ancienne peuplade qui errait du Maine au Labrador il y a 5 000 ans sont exposés au centre d'interprétation du parc historique national de Port-au-Choix. Les tombes découvertes ici à la fin des années 60 nous ont appris presque tout ce que nous savons de ce peuple. Leurs sépultures étaient peintes à l'ocre rouge et renfermaient de nombreux objets que les morts étaient censés emporter avec eux dans l'au-delà. Leurs armes d'ardoise, d'os et d'ivoire prouvent qu'ils vivaient de chasse et de pêche. Poinçons, gouges, haches et outils tranchants indiquent que la sculpture sur bois était bien développée chez eux, tandis que de fines aiguilles d'os montrent qu'ils cousaient leurs vêtements. Le centre possède aussi des objets des Inuits du cap Dorset qui vivaient à Pointe-Riche vers l'an 100 av. J.-C.

### L'ANSE-AUX-MEADOWS

La colonie viking qui s'établit aux environs, vers l'an 1000 de notre ère, est sans doute le Vinland des sagas norvégiennes. Les archéologues ont exhumé les vestiges de sept bâtiments, d'une forge et de deux foyers au parc historique national de l'Anse-aux-Meadows. Le site fut découvert par une équipe d'archéologues norvégiens en 1961 et proclamé site du patrimoine mondial par l'Unesco en 1978. Les fouilles ont laissé des tranchées qui indiquent la disposition originale des lieux. Au centre d'interprétation, on peut voir le pont d'un navire norvégien, des rivets de fer et un volant de quenouille en pierre de savon identique à ceux qu'on retrouve au Groenland, en Islande, en Norvège et en Suède. Ce volant est sans doute le plus ancien objet d'origine européenne que l'on ait découvert en Amérique du Nord.

### ST. ANTHONY

St. Anthony est le siège de la mission Grenfell qui prodigue des soins médicaux à la population du nord de Terre-Neuve et du Labrador, répartie sur 2 400 km de côtes balayées par les vents. La mission fut fondée en 1893 par Sir Wilfrid Grenfell qui mourut en 1940 à l'âge de 75 ans et fut inhumé à St. Anthony. Un réseau de cliniques et d'infirmeries desservies par caboteur et par avion poursuit aujourd'hui son œuvre. Des céramiques de Jordi Bonet ornent le foyer de l'hôpital Curtis qui porte le nom de son fondateur, le docteur Charles S. Curtis, lui aussi un missionnaire dévoué. Les parkas brodées et les sculptures en pierre de savon sont typiques de l'artisanat de la région.

## Les marins norvégiens découvreurs de l'Amérique

Dès le IXe siècle, les Norvégiens entreprirent de grands voyages d'exploration qui les menèrent jusqu'en Islande. En 982, Erik le Rouge, banni d'Islande pour trois ans, s'en alla explorer les côtes du Groenland où il fonda deux colonies. De là, de hardis navigateurs poussèrent plus à l'ouest. Un navire dévia de sa route en 986 et découvrit d'étranges terres couvertes de forêts, sans doute Terre-Neuve et le Labrador.

Leif Eriksson, fils d'Erik le Rouge, eut vent de la découverte. Alléché par la perspective de trouver du bois non loin du Groenland, il refit cette route vers 995 et débarqua dans un pays fertile qu'il baptisa Vinland. Il y séjourna un an. Les archéologues ont prouvé l'existence d'une colonie norvégienne à l'Anse-aux-Meadows. Mais était-ce le Vinland d'Eriksson ou l'établissement de Norvégiens qui vinrent après lui ? La question n'a sans doute pas fini d'intriguer historiens et archéologues.

# La « route des Îles » et les géants de cristal

## Centre de Terre-Neuve

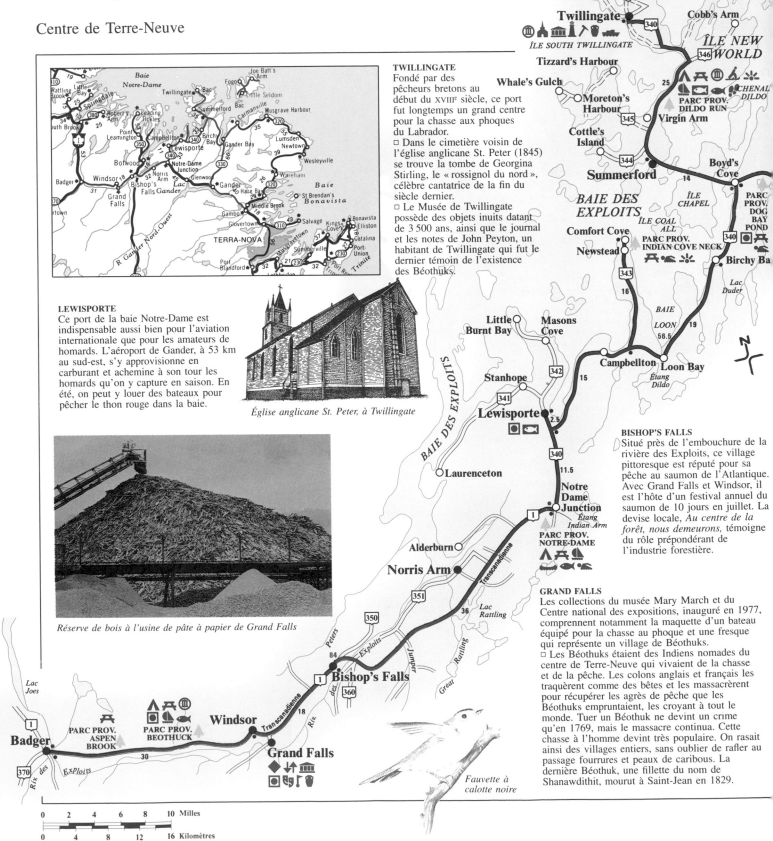

À peu près à mi-chemin du tronçon de la Transcanadienne qui traverse Terre-Neuve se trouve Grand Falls. Cette agglomération vit le jour en 1909 lorsque Lord Northcliffe, magnat de la presse an-

### TWILLINGATE
Fondé par des pêcheurs bretons au début du XVIIIᵉ siècle, ce port fut longtemps un grand centre pour la chasse aux phoques du Labrador.
□ Dans le cimetière voisin de l'église anglicane St. Peter (1845) se trouve la tombe de Georgina Stirling, le « rossignol du nord », célèbre cantatrice de la fin du siècle dernier.
□ Le Musée de Twillingate possède des objets inuits datant de 3 500 ans, ainsi que le journal et les notes de John Peyton, un habitant de Twillingate qui fut le dernier témoin de l'existence des Béothuks.

### LEWISPORTE
Ce port de la baie Notre-Dame est indispensable aussi bien pour l'aviation internationale que pour les amateurs de homards. L'aéroport de Gander, à 53 km au sud-est, s'y approvisionne en carburant et achemine à son tour les homards qu'on y capture en saison. En été, on peut y louer des bateaux pour pêcher le thon rouge dans la baie.

*Église anglicane St. Peter, à Twillingate*

*Réserve de bois à l'usine de pâte à papier de Grand Falls*

### BISHOP'S FALLS
Situé près de l'embouchure de la rivière des Exploits, ce village pittoresque est réputé pour sa pêche au saumon de l'Atlantique. Avec Grand Falls et Windsor, il est l'hôte d'un festival annuel du saumon de 10 jours en juillet. La devise locale, *Au centre de la forêt, nous demeurons*, témoigne du rôle prépondérant de l'industrie forestière.

### GRAND FALLS
Les collections du musée Mary March et du Centre national des expositions, inauguré en 1977, comprennent notamment la maquette d'un bateau équipé pour la chasse au phoque et une fresque qui représente un village de Béothuks.
□ Les Béothuks étaient des Indiens nomades du centre de Terre-Neuve qui vivaient de la chasse et de la pêche. Les colons anglais et français les traquèrent comme des bêtes et les massacrèrent pour récupérer les agrès de pêche que les Béothuks empruntaient, les croyant à tout le monde. Tuer un Béothuk ne devint un crime qu'en 1769, mais le massacre continua. Cette chasse à l'homme devint très populaire. On rasait ainsi des villages entiers, sans oublier de rafler au passage fourrures et peaux de caribous. La dernière Béothuk, une fillette du nom de Shanawdithit, mourut à Saint-Jean en 1829.

*Fauvette à calotte noire*

0 2 4 6 8 10 Milles
0 4 8 12 16 Kilomètres

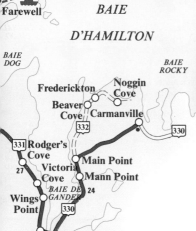

glaise, acheta des forêts dans la région et ouvrit une usine. Grand Falls se range aujourd'hui parmi les grands producteurs de papier journal à l'échelle mondiale.

De Grand Falls, les routes 1 et 340 se dirigent vers Lewisporte, un grand centre de la pêche au thon. Plus loin, à Boyd's Cove, commence la « route des Îles », une série de ponts et de chaussées qui franchissent le chenal Dildo et relient les îles de Chapel, de New World et de South Twillingate à la terre ferme. En juin et

juillet, d'énormes icebergs passent au large du phare de la pointe Long, au nord de la ville historique de Twillingate, menaçants dans le brouillard ou étincelants comme le cristal quand le soleil les frappe.

Plus au sud s'étend la baie de Gander, point de départ des expéditions de chasse et de pêche qui remontent la rivière du même nom. À l'est de la ville de Gander et de son fameux aéroport international, le village de Gambo est le rendez-vous des amateurs de canotage et de camping.

*Tizzard's Harbour, dans l'île New World*

**GANDER**
Au cœur des meilleurs territoires de chasse et de pêche d'Amérique du Nord, une ville de 10 000 habitants s'est développée autour d'un aéroport international, inauguré en 1938. Le ministère britannique de l'Air avait déjà établi ici une base transatlantique quelques années auparavant.
□ Kenneth Lochhead est l'auteur d'une fresque de 22 m, *Flight and Its Allegories*, qui orne l'aérogare. Au musée de l'Aviation, on peut voir une hélice de bois à quatre pales du bimoteur biplan Vickers Vimy à bord duquel deux aviateurs britanniques, le capitaine J. W. Alcock et le lieutenant A. W. Brown, firent le premier vol transatlantique sans escale, de Saint-Jean de Terre-Neuve à Clifden, en Irlande, en juin 1919.
□ À l'entrée de l'aéroport, un gigantesque monument représentant un bombardier est dédié aux pilotes qui convoyèrent d'innombrables avions en Europe durant la Seconde Guerre mondiale.

**GANDER BAY**
Pour accompagner les chasseurs d'orignaux et les pêcheurs de saumons ou d'ombles-chevaliers le long de la rivière Gander, les guides utilisent des embarcations longues et étroites qui sont typiques de la baie de Gander. Faites de bois d'épinette, de sapin et de mélèze, elles s'inspirent des canots Old Town du Maine et sont équipées de petits moteurs hors-bord.

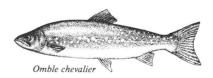

*Omble chevalier*

**ÎLE FOGO**
Un traversier franchit le détroit d'Hamilton entre le village de Fairwell et l'île Fogo. La pêche et la construction navale sont les principales activités économiques de l'île, que gère une coopérative.

## Le majestueux défilé des scintillants icebergs

Une visite à Twillingate ne serait pas complète si le visiteur n'allait observer les icebergs que le courant du Labrador entraîne vers le sud jusqu'au milieu de l'été. D'énormes blocs de glace aux formes curieuses, qui atteignent à l'occasion jusqu'à 50 m de haut, dérivent au large de la pointe Long. Certains forment de véritables îles de 2 km de long. D'autres ont à peu près la taille d'une cathédrale ou d'un château fort hérissé de tours, de remparts et de créneaux. Leur couleur varie du bleu foncé au vert pâle.

*Monument dédié aux pilotes de l'Atlantique, à Gander*

**GAMBO**
L'étang Square abrite les plus gros ombles-chevaliers de Terre-Neuve. Des voies de canotage partent de Gambo vers la baie des Indiens, à 64 km au nord-est, et vers la baie de Gander, à 137 km au nord-ouest. Ces chapelets de lacs et de rivières sont bordés de forêts de bouleaux et de sapins baumiers.

*Icebergs au large des côtes de Terre-Neuve*

## Le silence des forêts et des lacs, le sourd fracas d'une mer écumante

Centre de Terre-Neuve

Le temps semble suspendu dans les baies abritées, les forêts touffues, les lacs et les rivières du parc national de Terra Nova qui domine la côte accidentée de la baie de Bonavista.

De Glovertown, juste au nord du parc, une route mène à Eastport, Happy Adventure, Sandy Cove et Salvage, à l'extrémité de la presqu'île d'Eastport. Ces villages s'échelonnent le long d'une côte escarpée d'une saisissante beauté que la mer vient souvent battre furieusement. Le premier

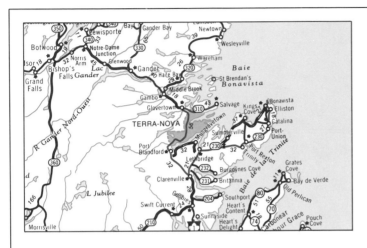

**GLOVERTOWN**

Les magasins et les commerces de cette bourgade desservent les visiteurs du parc national de Terra Nova. Les petites embarcations de plaisance peuvent naviguer sans danger aux environs, car Glovertown est protégé par un chapelet d'îles qui s'étire sur près de 30 km dans la baie d'Alexander.

*Homard*

*Parc national de Terra Nova*

**PARC NATIONAL DE TERRA NOVA**

Le courant froid du Labrador charrie les icebergs près des côtes de Terra Nova au début de l'été, tandis que les vagues de l'océan viennent se briser au pied des promontoires, s'engouffrer dans les goulets profonds et déferler sur les plages désertes. On voit parfois des baleines (globicéphale noir, petit rorqual et rorqual à bosse) à proximité du rivage alors que les phoques (phoque commun et phoque du Groenland) restent au large. Dauphins et épaulards croisent dans la baie de Bonavista que fréquentent aussi des calmars géants atteignant parfois 6 m de long. Mollusques et crustacés abondent dans les baies et les criques du parc. Les plages paisibles sommeillent au pied de collines arrondies, couvertes de forêts touffues semées d'étangs, de ruisseaux et de marécages où poussent une multitude de fleurs des champs et de lichens. Des sentiers serpentent au milieu des marais et des forêts habitées par l'orignal, l'ours noir et le renard.

*Cladonie à tête rouge*

**CLARENVILLE**

Comme d'autres villes de la côte ouest de la baie de la Trinité, Clarenville était au milieu du siècle dernier un camp de bûcherons qui approvisionnait en bois les villages de pêcheurs de la côte est, plus aride.
□ À Milton, une plaque rappelle l'expédition de William Epps Cormack (1822) qui explora pendant 58 jours l'intérieur de Terre-Neuve dont il étudia la flore, la faune et la géologie. Plus tard, Cormack fonda un institut pour les Béothuks et recueillit chez lui la petite Shanawdithit, dernière survivante de la tribu, qui mourut en 1829.

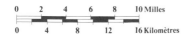

0  2  4  6  8  10 Milles
0  4  8  12  16 Kilomètres

bourg, Eastport, est dédié à l'agriculture. Les autres sont de charmants petits ports de mer qui tous méritent qu'on s'y arrête. À Salvage, l'un des plus anciens ports de pêche du Canada, on visitera un petit musée sur l'industrie de la pêche d'autrefois et on achètera du saumon ou du capelan fumé. À Happy Adventure, les pêcheurs vendent du homard frais jusqu'à la fin de

juillet. Quant à la plage de Sandy Cove, c'est l'une des plus belles de la province.

De Clarenville, qui n'était à l'origine qu'un camp de bûcherons, on poussera jusqu'au cap Bonavista où Jean Cabot aurait accosté en 1497. En chemin, on pourra s'arrêter à Trinity où siégea le premier tribunal maritime de Terre-Neuve en 1615. Comme beaucoup d'autres vieilles locali-

tés de la région, Trinity fut harcelée par les pirates et prise par les Français au début du XVIIIᵉ siècle. On y voit encore des vestiges de fortifications et des canons qui datent de 1706. La plus ancienne tombe du cimetière de l'église St. Paul, construite en 1734, remonte à 1744.

Plus au nord, à l'extrémité est de la baie, se trouve Bonavista, port de pêche bourdonnant d'activité qui fut fondé au XVIIᵉ siècle. Son grand phare guide les pêcheurs depuis plus d'un siècle.

### SALVAGE
Situé à la pointe de la presqu'île d'Eastport, Salvage est le plus ancien village de la province. Pendant près de 300 ans, il ne fut desservi que par bateau jusqu'à ce qu'une route construite après la Seconde Guerre mondiale le relie au monde extérieur.
□ Une maison centenaire a été restaurée et abrite le musée des Pêcheurs de Salvage où sont exposés des objets de la région. Le plancher de la cuisine est recouvert de voiles de navire, selon une vieille coutume de Terre-Neuve.

*Salvage*

### BONAVISTA
Bonavista (4 600 hab.) est l'une des plus anciennes agglomérations de Terre-Neuve et sans doute la plus grande ville de pêcheries de la province. L'industrie morutière y possède une usine de séchage et des entrepôts frigorifiques. On pêche le thon et l'espadon dans la baie de Bonavista.
□ Une statue de pierre de Jean Cabot se dresse au cap Bonavista où le marin accosta peut-être en 1497. En été, on peut visiter le phare du cap qui est en service depuis 1842.
□ À Spillers Cove, près du cap Bonavista, l'eau a creusé une double grotte que l'on appelle The Dungeon (le Cachot).

*BAIE DE BONAVISTA*

*BAIE DE LA TRINITÉ*

### PORT-UNION
La ville a été fondée en 1914 par Sir William Coaker qui en fit le siège de son syndicat de pêcheurs. Un buste du chef syndical, mort en 1938, orne sa pierre tombale. Son syndicat fonda un parti politique ainsi que des commerces, des chantiers navals, des entrepôts frigorifiques et des compagnies d'édition, de transport et d'électricité. Mais Coaker ne réalisa jamais son rêve : celui d'acquérir la maîtrise politique et économique de Terre-Neuve.

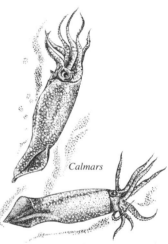
*Calmars*

## La pêche à la morue, une industrie quadricentenaire

On pêche la morue dans l'étroit couloir océanique qui longe la côte est de Terre-Neuve et, dans une moindre mesure, sur les Grands Bancs au sud-est de l'île. C'est en juillet et en août, lorsque les morues se massent dans les baies et les goulets pour se nourrir de capelans, que la pêche bat son plein. Les calmars, qui fréquentent aussi ces eaux en été, sont utilisés comme appâts.

La pêche à la morue était déjà une industrie importante au XVIᵉ siècle lorsque les bateaux français, anglais, portugais et espagnols sillonnaient les eaux de Terre-Neuve. Les Français vêtus de cuir se tenaient debout dans des barils, à l'abri de coupe-vent, et ne prenaient qu'un poisson à la fois. Les poissons étaient apprêtés sur le pont, puis entreposés dans la cale entre d'épaisses couches de sel. Les Anglais qui manquaient de sel séchaient les morues à terre, sur des claies comme on en trouve encore dans les ports de Terre-Neuve.

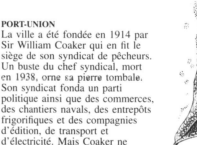

### TRINITY
C'est à Trinity que siégea le premier tribunal maritime de Terre-Neuve, en juin 1615. Une plaque rappelle l'œuvre de John Clinch, premier médecin qui administra le vaccin contre la variole en Amérique du Nord, en 1880. Une autre plaque marque les ruines d'une maison de brique de trois étages, de style georgien, qui fut construite en 1821 par John Bingley Garland, premier président de l'assemblée législative de Terre-Neuve.
□ Des maquettes de navires datant des années 1830, qui servaient de gabarits pour la construction des chalutiers et des navires de chasse au phoque, sont exposées au musée de Trinity.

*Église St. Paul, à Trinity*

# La côte où doris et chalutiers bravent vents et marées

Péninsule d'Avalon

Une étroite bande de roc où ne poussent que des lichens, des épinettes et des sapins rabougris relie la péninsule d'Avalon au reste de Terre-Neuve. Le brouillard y est souvent très épais et la bruine tenace. Mais les paysages grandioses de la baie de Plaisance et de celle de la Trinité resplendissent dès que le soleil perce les nuages.

Dédaignant le mode de vie des « terriens », les pêcheurs de la côte ouest de la péninsule bravent une mer agitée à bord

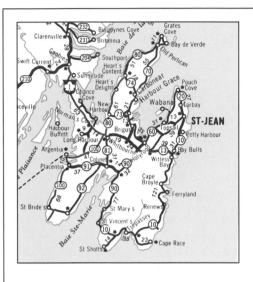

## Langues de morue, ragoûts et poudings

Nombre de mets typiques de Terre-Neuve — biscuits de mer, pois secs, bœuf et poisson salés — composaient l'ordinaire des pêcheurs anglais et irlandais il y a quatre siècles.

À Terre-Neuve, le mot poisson est synonyme de morue. Bouillie ou cuite au four, dans les soupes ou en croûte, la morue apparaît dans des centaines de recettes. Le « fish and brewis » est un plat de morue salée bouillie et de biscuits de mer amollis dans l'eau et garnis de bouchées croustillantes de porc salé. La langue de morue frite en tranches est un mets délicat dont le goût rappelle celui des pétoncles. Le « jiggs dinner » est un ragoût de bœuf et de porc salés, garni de pommes de terre, de carottes, de navets et de choux. Citons aussi le pouding de pois cassés et le « figged duff », un délicieux dessert à la mélasse et aux raisins.

### COME BY CHANCE
Une gigantesque raffinerie de pétrole, ouverte il y a quelques années, attire les superpétroliers au port de ce paisible village à l'entrée de la baie de Plaisance. Par temps clair, un belvédère au village voisin de Sunnyside offre un splendide panorama de la baie de la Trinité à l'est et de la baie de Plaisance à l'ouest, deux des meilleurs sites pour la pêche côtière.
□ Au sud de Come By Chance, au parc provincial Jack's Pond, un cours d'eau déroule ses méandres entre des rives verdoyantes, avant de se précipiter du haut d'une petite chute dans l'étang Jacks. On peut faire du canot et pêcher l'omble de fontaine dans le parc.

*Globicéphale noir de l'Atlantique*

### PLAISANCE
Le parc historique national de Castle Hill renferme les ruines du fort Royal que les Français construisirent en 1692 pour attaquer les Anglais à Saint-Jean et en divers endroits de la péninsule jusqu'en 1713, lorsque la forteresse fut cédée aux Anglais par le traité d'Utrecht. On peut encore voir les ruines des salles de garde, de la caserne, de la poudrière et les fondations d'une casemate anglaise. Un centre d'interprétation relate l'histoire de la ville.
□ En été, un traversier fait la navette entre Argentia et North Sydney en Nouvelle-Écosse.
□ C'est sur un navire de guerre anglais ancré au large d'Argentia que Churchill et Roosevelt signèrent la Charte de l'Atlantique en août 1941.

*Colonie de fous de Bassan, réserve écologique du cap Sainte-Marie*

### CAP SAINTE-MARIE
Le cap est le refuge d'une grande colonie d'oiseaux de mer. Des milliers de fous de Bassan peuplent les falaises du rocher Bird, hautes de 150 m. Ces gracieux oiseaux blancs ont une envergure de près de 2 m. La marmette commune, la marmette de Brünnich et la mouette tridactyle nichent également en grand nombre sur l'île.

de leurs petites embarcations, pêchant la morue à l'hameçon ou au filet, non loin des chalutiers qui sillonnent les Grands Bancs.

Beaucoup de pêcheurs de la côte sont d'origine irlandaise. Ils ont l'accent chantant de leurs ancêtres et, comme eux, aiment à conter d'incroyables histoires où le merveilleux se confond au quotidien.

Plaisance, ancienne capitale française de Terre-Neuve, jouit d'un site superbe entre deux fjords qui pénètrent jusqu'à 10 km dans les terres. À l'arrière-plan, au sommet de collines escarpées, se dressent les ruines des anciens forts qui faisaient de Plaisance une forteresse redoutable.

Au large du cap Sainte-Marie, la demi-coupole du rocher Bird offre un refuge aux marmettes, aux mouettes et aux fous de Bassan qui perchent sur les corniches et dans les moindres anfractuosités.

Dildo

*Mouettes tridactyles*

**PARC PROVINCIAL BELLEVUE BEACH**
Les visiteurs ramassent des moules dans un bassin d'eau salée protégé des vagues par un barachois, jetée naturelle de sable et de gravier. On trouve d'autres mollusques le long des rives : bernacles, bigorneaux et patelles. La mouette tridactyle et le guillemot noir fréquentent les environs.

*Patelle*

**HEART'S CONTENT**
La première station de relais d'un câble transatlantique en Amérique du Nord est classée monument historique. Le câblier *Great Eastern* amena ici en juillet 1866 le premier câble télégraphique transatlantique, qui reliait Terre-Neuve à l'Irlande. Un réseau de stations en Nouvelle-Écosse retransmettait les messages dans toute l'Amérique du Nord. La station de relais, qui fut en service pendant 92 ans, conserve les appareils qui servaient à recevoir et à retransmettre les messages. Sa partie la plus ancienne est meublée comme elle l'était à la date de sa construction, en 1873. Un personnel en costumes d'époque guide les visiteurs. Une exposition relate le rôle clé que joua la station de Heart's Content dans le développement des communications transatlantiques.

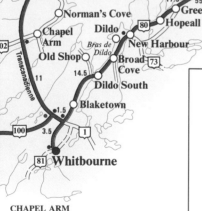

**CHAPEL ARM**
L'industrie baleinière était autrefois florissante à Chapel Arm et dans les villages voisins de New Harbour et de Dildo. À bord de leurs doris, les chasseurs rassemblaient les globicéphales noirs de l'Atlantique comme des troupeaux de bétail, puis les massacraient pour vendre leur huile et leur chair en Europe. Depuis, le gouvernement canadien a imposé un moratoire sur la chasse aux globicéphales noirs, en 1973.

## La grande aventure du télégraphe

**C**'était le plus grand navire au monde. Dans sa cale s'enroulait le plus long câble jamais fabriqué : 4 447 km d'un ruban de cuivre bien isolé. La traversée de 1866 du *Great Eastern* était la cinquième tentative pour installer un câble télégraphique entre l'Irlande et Terre-Neuve. Le projet avait déjà coûté 13 années d'efforts. Trois câbles s'étaient rompus en chemin ; un quatrième tomba en panne ; la cinquième tentative fut couronnée de succès. Le *Great Eastern* mit deux semaines à traverser l'Atlantique, posant son câble par plus de 3 km de fond. À l'arrivée du navire à Heart's Content *(illustrée ci-contre par Rex Woods)* le 26 juillet 1866, un message laconique courut jusqu'en Irlande, de l'autre côté de l'océan : « All right .»

# Une île de fer
# et un chapelet de ports

## Péninsule d'Avalon

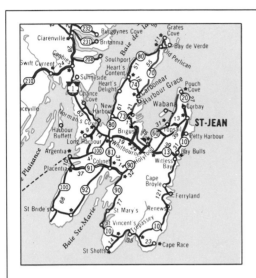

*Pétrel-tempête*

### BAY DE VERDE
Le site du grand port de pêche de Bay de Verde a été
dégagé à la dynamite. Les rochers précipités dans la
mer par l'explosion servirent à construire une jetée.
□ Au large se trouve l'île Baccalieu où nichent
macareux, pétrels-tempêtes, fous de Bassan, goélands,
guillemots noirs, mouettes, marmettes et godes. Au
début du siècle, des pêcheurs des environs tirèrent du
fond d'une anse deux tonnelets remplis de doublons
espagnols. On croit qu'il s'agissait du butin d'un
navire pirate.
□ Jean Cabot a peut-être gravé son nom sur un rocher
près de Grates Cove en 1497. L'inscription, où l'on
pouvait lire « Io Caboto » et quelques autres mots, est
maintenant effacée.

### CARBONEAR
Dans un jardin privé se trouve la tombe d'une
princesse irlandaise qui épousa le pirate anglais
qui l'avait enlevée au beau milieu de la Manche.
L'épitaphe porte ces mots : « Sheila Na Geira,
épouse de Gilbert Pike et fille de John Na Geira,
roi du comté de Down ». Sheila passa presque
toute sa vie à Carbonear et mourut en 1753
à l'âge de 105 ans.

### HARBOUR GRACE
Cette ville historique qui domine la baie de la
Conception fut fondée vers 1550 et fortifiée par
le pirate anglais Peter Easton vers 1610.
□ Le Musée de la Baie-de-la-Conception occupe
un ancien bureau de douane construit il y a cent
ans sur le site du fort Easton. Une exposition y
relate l'histoire des vols transatlantiques. C'est
en effet de Harbour Grace que Wiley Post
entreprit son vol autour du monde en 1931 et
qu'Amelia Earhart décolla en 1932 pour un vol
en solo qui la mena à Londonderry, en Irlande
du Nord.
□ Deux plaques évoquent le révérend Laurence
Coughlan qui fonda ici, en 1765, la première
mission wesleyenne d'Amérique du Nord, et Sir
Thomas Roddick, né à Harbour Grace, médecin
militaire du corps expéditionnaire qui mata la
rébellion du Nord-Ouest en 1885, président de
la British Medical Association, député au
parlement fédéral et doyen de la faculté de
médecine de l'université McGill à Montréal.

### CUPIDS
À la tête de 39 colons anglais, John Guy fonda
en 1610 le premier établissement officiel de
Terre-Neuve, la Sea Forest Plantation, mais la
colonie se dispersa au bout de 18 ans, ébranlée
par les coups de main des pirates et par
l'hostilité des pêcheurs.
□ Au XIXᵉ siècle, Brigus était un grand centre
de pêche à la morue et de chasse au phoque.
C'est là que naquit Robert Abram « Bob »
Bartlett, qui commanda les navires des
expéditions de Robert Edwin Perry et de
Vilhjalmur Stefansson au début du siècle.

*Morutiers à Port-de-Grave, près de Hibbs Cove*

### HIBBS COVE
La côte ouest de la baie de la Conception,
avec ses pittoresques villages de pêcheurs
et ses magnifiques paysages côtiers, attire
de nombreux artistes et photographes.
□ Les grandes maisons de bois de Hibbs
Cove, pressées autour d'un petit port
encerclé de rochers, sont typiques des ports
de pêche de Terre-Neuve. Le musée des
Pêcheurs possède des meubles fabriqués à
la main, des outils et des objets de
l'époque des premiers colons. La galerie
d'art du musée occupe une vieille maison à
deux étages. On peut y voir une exposition
de dessins d'enfants.

---

ÎLE BACCALIEU

PTE GRATES

Grates Cove
Red Head Cove
PTE BREAKHEART
7
4.5
PTE SPLIT
**Bay de Verde**
ANSE COOKS
6.5
70
BAIE DE VERDE
Old Perlican
Low Point
80
31
Caplin Cove
CAP FLAMBRO
**Lower Island Cove**
20
CAP BLUFF
Job's Cove
Burnt Point
Gull Island
Long Beach
Northern Bay
PARC PROV. NORTHERN BAY SANDS
Ochre Pit Cove
CAP DE WESTERN BAY
Western Bay
Adams Cove
23
Blackhead
Small Point
Kingston
36.5
*Baie de la*
Perry's Cove
Salmon Cove
PARC PROV. SALMON COVE SANDS
70
8.5
Freshwater
**Carbonear**
Bristol's Hope
PTE FEATHER
**Harbour Grace**
**Upper Island Cove**
11
Riverhead
Hibbs Cove
Gullies
Tilton
Bay Roberts
Port-de-Grave
**Spaniard's Bay**
73
72
1.5
8.5
Bareneed
Cupids
Brigu
52.5
2.5
1.5
Clarke's Beach
6
60
71
70
15
South

---

0 1 2 3 4 5 Milles

0 2 4 6 8 Kilomètres

La route du bord de mer qui épouse les contours de la baie de la Conception traverse de nombreux petits ports de mer et des villages perchés sur des coteaux ou de hautes falaises. Jusqu'à Holyrood, la côte est constituée d'une suite ininterrompue d'anses profondes, semblables à des fjords. Des milliers de grands voiliers en sillonnaient autrefois les eaux, faisant de Terre-Neuve l'une des plus grandes bases maritimes du siècle dernier. Les pâturages, les champs de fourrage et les potagers du littoral s'élèvent à flanc de coteau à l'assaut de la forêt, mais les maisons font face à la mer.

La côte est de la baie, beaucoup plus rectiligne, est formée de falaises inhospitalières du haut desquelles on découvrira, entre St. Phillips et Portugal Cove, la masse menaçante de l'île Bell. Longtemps surnommé « l'île de Fer », ce bloc de rocher de 9 km de long sur 3 km de large a abrité pendant un demi-siècle la plus grande mine de fer au monde.

À Pouch Cove, on verra les pêcheurs haler les doris hors de l'eau sur des patins. On y remarquera aussi les claies posées sur des tréteaux où l'on met le poisson à sécher. Autrefois omniprésentes sur la côte de Terre-Neuve, elles sont maintenant plus rares.

Le cap Saint-François est un sombre promontoire entouré de dangereux hautsfonds et d'îles liserées d'écume. La route escalade le cap d'où la vue sur Bauline et sa baie aux eaux agitées est saisissante.

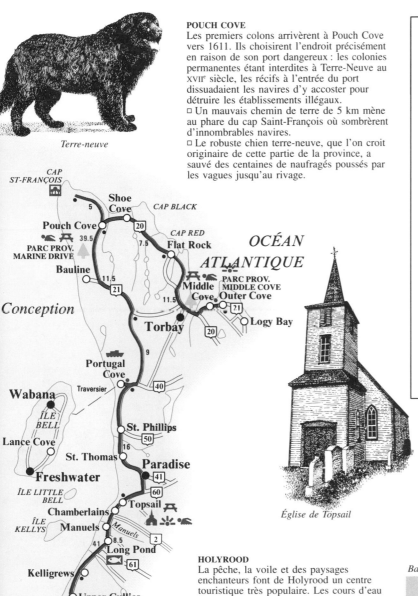

Terre-neuve

OCÉAN ATLANTIQUE

Conception

Église de Topsail

**POUCH COVE**
Les premiers colons arrivèrent à Pouch Cove vers 1611. Ils choisirent l'endroit précisément en raison de son port dangereux : les colonies permanentes étant interdites à Terre-Neuve au XVIIᵉ siècle, les récifs à l'entrée du port dissuadaient les navires d'y accoster pour détruire les établissements illégaux.
□ Un mauvais chemin de terre de 5 km mène au phare du cap Saint-François où sombrèrent d'innombrables navires.
□ Le robuste chien terre-neuve, que l'on croit originaire de cette partie de la province, a sauvé des centaines de naufragés poussés par les vagues jusqu'au rivage.

## La terreur de Harbour Grace

**Pendant** trois ans, Peter Easton — « l'amiral pirate » — terrorisa la côte est du Canada. Vétéran de la marine anglaise, il se découvrit une vocation de pirate en 1604 et s'installa dans la baie de la Conception vers 1610. Du fort de Harbour Grace *(ci-dessus)*, d'où partaient ses navires, Easton étendit bientôt son empire à toute la côte atlantique en Amérique du Nord.
Il saccageait les villages côtiers, pillait les navires de pêche français et portugais qui fréquentaient les Grands Bancs et s'attaquait aux vaisseaux anglais dans le port de Saint-Jean. En 1612, il partit de Ferryland, au sud de Saint-Jean, pour attaquer la colonie espagnole de Puerto Rico. Ses navires rentrèrent chargés d'or. En 1613, Easton s'acheta un château en France et devint marquis. À sa mort, il était l'un des hommes les plus riches au monde.

**TOPSAIL**
Du village, on a une vue magnifique sur la baie de la Conception et les îles Bell, Little Bell et Kellys. Les grands gisements de minerai de fer de l'île Bell furent exploités de 1893 à 1966. L'île Kellys doit son nom à un pirate qui y établit son quartier général il y a trois siècles.
□ À l'embouchure de la rivière Manuels se trouvent d'innombrables fossiles de trilobites, crustacés de l'ère préhistorique qui vivaient au fond d'une mer peu profonde, il y a environ 320 millions d'années.
□ Le cimetière de l'église de Topsail (1870), surnommée « l'église au bord du chemin », date de 1837.

**HOLYROOD**
La pêche, la voile et des paysages enchanteurs font de Holyrood un centre touristique très populaire. Les cours d'eau des environs regorgent de saumons de l'Atlantique et de truites, et la baie de la Conception est réputée pour ses énormes thons rouges. Les pêcheurs prennent aussi des calmars à l'aide d'hameçons à plusieurs hampes.
□ Près de Holyrood, la Transcanadienne longe le parc provincial Butter Pot. Un belvédère perché au sommet du mont Butter Pot (305 m) offre une belle vue de la baie de la Conception.

Baie de la Conception, entre Topsail et Kelligrews

# Un havre historique, des canons silencieux et un rocher imprenable

Capitale, port principal et centre commercial de Terre-Neuve — et l'une des plus vieilles villes en Amérique du Nord —, St. John's n'a pas beaucoup changé depuis sa reconstruction, en 1892, à la suite d'un incendie. L'origine de son nom est incertaine. On croit que Cabot aurait débarqué ici le jour de la Saint-Jean-Baptiste en 1497. Quoi qu'il en soit, la colonisation était déjà en bonne voie lorsque Sir Humphrey Gilbert prit officiellement possession de Terre-Neuve au nom de l'Angleterre en 1583.

L'étroit passage qui donne accès au port de St. John's est protégé par le majestueux rocher de Signal Hill, au sommet duquel les fortifications et les canons désormais silencieux évoquent l'époque turbulente où Français et Britanniques se livraient continuellement bataille pour occuper ce poste stratégique. De nos jours, de nombreux navires battant pavillon étranger se côtoyent quotidiennement dans ce port rempli d'histoire.

**Alcock and Brown** (3)  Monuments et plaques commémoratives jalonnent le site historique où le capitaine J. W. Alcock et le lieutenant A. W. Brown entreprirent, le 14 juin 1919, le premier vol sans escale au-dessus de l'Atlantique. Ils posèrent leur bimoteur Vickers Vimy à Clifden, en Irlande, 16 heures et demie plus tard.

**Batterie de Quidi Vidi** (20)  Dominant le village de Quidi Vidi, la batterie fut érigée par les Français au cours de leur bref siège de St. John's en 1762. Les troupes britanniques la renforcèrent en 1780 et l'occupèrent jusqu'en 1870. On l'a restaurée dans l'état où elle se trouvait en 1812.

**Basilique St. John the Baptist** (9)  Les flèches jumelles de la plus grande église de la province se découpent sur le ciel de St. John's depuis le milieu du XIXᵉ siècle.

**Cathédrale anglicane St. John the Baptist** (10)  Dessinée par l'architecte anglais Sir Gilbert Scott (1811-1878) et classée monument historique national, elle est considérée comme l'un des plus beaux exemples du style néo-gothique en Amérique du Nord. Sa pierre angulaire porte la date de 1843. Sa reconstruction après l'incendie de 1892 se prolongea pendant plusieurs années.

**Centre des Arts** (5)  Construit à l'occasion du centenaire de la Confédération, ce centre important abrite la galerie d'art de l'université Memorial et une salle de spectacles de 1 000 places.

**Commissariat House** (13)  De 1821 à 1870, cet édifice de bois à trois étages abrita la résidence et les bureaux de l'officier d'intendance qui s'occupait de la solde et des approvisionnements de la garnison anglaise de Saint-Jean. Restauré et classé monument historique, il est meublé dans le style des années 1830.

**Édifice de la Confédération** (8)  Dominant le centre-ville, il consiste d'une aile de 12 étages, côté est, où siège l'assemblée législative depuis 1960, et d'une autre, de six étages, abritant depuis 1985 les bureaux du gouvernement provincial.

**Église St. Thomas** (14)  Surnommée l'église de l'ancienne garnison, elle fut bâtie en 1836. Un écusson royal de l'époque constitue sa pièce maîtresse.

**Fort Amherst** (16)  Pendant des siècles, les forts et les phares se sont succédé sur cet emplacement de la pointe sud qui commande l'entrée du port. On y voit encore les vestiges de fortifications érigées lors de la dernière guerre mondiale.

**Government House** (12)  Construite en 1830, cette maison de style georgien est la résidence officielle du lieutenant-gouverneur de la province.

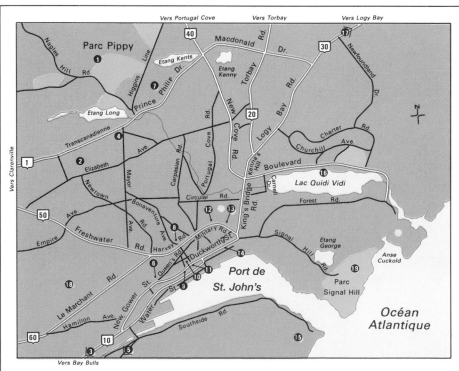

*Commissariat*

**Logy Bay** (18)  Le laboratoire de recherches océanographiques de l'université Memorial, situé à Logy Bay, 5 km à l'est de St. John's, se spécialise dans les recherches biologiques et océanographiques en eaux froides. On y offre des tours guidés durant l'été.

**Monument aux Morts** (15)  Ce monument de granit de 7,6 m de haut, couronné d'une statue de la Liberté, date de 1924. Non loin, une plaque marque l'endroit où l'explorateur Sir Humphrey Gilbert prit possession de Terre-Neuve au nom de l'Angleterre en 1583.

**Musée de Terre-Neuve** (11)  Le musée décrit 9 000 ans d'histoire sur les territoires de Terre-Neuve et du Labrador, depuis les peuplades anciennes en passant

## St. John's

1  Parc C.A. Pippy
2  Université Memorial
3  Alcock and Brown, site historique
4  Parc Bowring
5  Centre des Arts
6  Parc historique de Cape Spear
7  Office du tourisme
8  Édifice de la Confédération
9  Basilique St. John the Baptist
10  Cathédrale anglicane St. John the Baptist
11  Musée de Terre-Neuve
12  Government House
13  Commissariat House
14  Église St. Thomas
15  Monument aux Morts de Terre-Neuve
16  Fort Amherst
17  Régates de St. John's
18  Logy Bay
19  Parc historique national de Signal Hill
20  Batterie de Quidi Vidi

*Église St. Thomas* (ci-dessus). *L'anse Cuckold* (ci-dessous), *vue de la batterie de Quidi Vidi.*

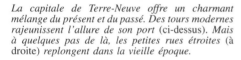

*La capitale de Terre-Neuve offre un charmant mélange du présent et du passé. Des tours modernes rajeunissent l'allure de son port (ci-dessus). Mais à quelques pas de là, les petites rues étroites (à droite) replongent dans la vieille époque.*

par les pionniers, les marins et les habitants actuels. Une autre aile du musée, qui se trouve sur le port dans un édifice restauré du XIXᵉ siècle appelé Murray Premises, abrite des collections ayant trait à la navigation, à l'histoire militaire et à l'histoire naturelle.

**Parc Bowring** (4) On verra dans ce parc de 80 ha une réplique de la statue de Peter Pan, fondue dans le même moule que l'original des jardins de Kensington, à Londres. Une statue de bronze représentant un caribou grandeur nature et celle d'un soldat, le *Fighting Newfoundlander*, rappellent la mémoire des soldats du régiment royal de Terre-Neuve victimes de la Première Guerre mondiale.

**Parc C.A. Pippy** (1) Ses 1 343 ha englobent le jardin botanique (à Oxen Pond),

des sentiers de randonnée, des terrains de jeu, deux terrains de golf, une ferme pour enfants, un terrain de camping et une aire de pique-nique. L'édifice de la Confédération, le musée des Transports de Terre-Neuve et du Labrador, les bureaux du gouvernement provincial, l'université Memorial et le centre Newfoundland Freshwater Resource sont aussi situés dans les limites du parc.

**Parc historique de Cape Spear** (6) À 10 km environ du centre-ville, il marque l'extrémité est du continent nord-américain. On y a restauré le plus ancien phare de Terre-Neuve tel qu'il était en 1838-1840. L'ancien équipement d'éclairage a été installé tout à côté dans une tour moderne où on peut le voir.

**Régates de St. John's** (17) Apparemment l'événement sportif le plus ancien en Amérique du Nord, les Régates de St. John's se perpétuent chaque année depuis 1826 au début d'août, sur le lac Quidi Vidi. Il s'agit d'une course de 2,6 km entre quatre embarcations manœuvrées par six rameurs.

**Université Memorial** (2) Fondée en 1925 en mémoire des soldats tués lors de la Première Guerre mondiale, le Memorial College devint une université en 1949. Elle est maintenant fréquentée par quelque 15 000 étudiants.

## Le fort imprenable

*Tour de Cabot, à Signal Hill*

Le promontoire de Signal Hill (19), qu'on appelait autrefois le « fort imprenable », est un rocher qui domine de 152 m l'entrée du port de St. John's. Aux marins, il servait de point de repère, aux colons de défense contre les attaques. Pendant la guerre de Sept Ans, les Français parvinrent à l'occuper, mais ils en furent évincés en septembre 1762, à l'issue de la bataille de Signal Hill, le dernier affrontement entre Anglais et Français en Amérique du Nord. Aujourd'hui parc historique national, Signal Hill préserve son passé militaire avec la batterie de la Reine, une forteresse qui date de 1812. La tour de Cabot *(à gauche)* fut érigée en 1897 pour commémorer le 400ᵉ anniversaire de la découverte de Terre-Neuve. C'est à cet endroit que l'inventeur italien Guglielmo Marconi (1874-1937) reçut le premier sans-fil transatlantique, le 12 décembre 1901.

# 176 Donovans/Petty Harbour, T.-N. (360 km)

## Au rythme de la mer, la vie rude des terres-neuvas

### Presqu'île d'Avalon

Entre St. John's et Cape Race, la côte est semée de milliers d'épaves de navires qui s'échouèrent au pied de promontoires rocheux ou s'éventrèrent sur des hauts-fonds. Au fond des baies, la marée basse découvre souvent des poutres de bois pourri ou des coques de fer rouillé. Les brouillards et les tempêtes qui furent fatals à ces navires sont sources d'orgueil pour les habitants de Terre-Neuve et, malgré les dangers de leur métier, bien peu de pêcheurs, sauf les plus jeunes, se rési-

**PARC DE LA NATURE SALMONIER**
Un sentier de randonnée de 2 km serpente dans une forêt de sapins baumiers et de bouleaux, longe des marécages où fleurissent orchidées et églantiers et enjambe sur des passerelles de bois des fondrières où poussent la sarracénie pourpre et le rossolis à feuilles rondes. Orignaux, lièvres arctiques, renards, castors et caribous vivent dans des enclos. Le parc abrite aussi la fauvette rayée, la fauvette à croupion jaune, l'aigle pêcheur et le pygargue à tête blanche.

**TREPASSEY**
C'est de Trepassey que partit le premier vol transatlantique d'ouest en est, en 1919. Des trois hydravions de la marine américaine qui tentèrent la traversée, deux firent un amerrissage forcé, mais le troisième atteignit le Portugal, après une escale aux Açores.
□ En 1928, Amelia Earhart partit de Trepassey pour effectuer comme passagère son premier vol transatlantique. L'ivresse de cette traversée la convainquit de faire de l'aviation son métier.
□ Près de St.Vincent's, l'étang Holyrood abrite de nombreux poissons de mer : bars-perches, chabots, aiglefins et raies. Une plage de 23 km de long le sépare de l'océan.

**CAPE RACE**
Un bras de mer se fraie un chemin à travers de vieilles falaises près de Cape Race. Aux environs, à la pointe Mistaken, on découvrit en 1968 le plus riche dépôt de fossiles précambriens au monde qui constitue une sorte d'encyclopédie du monde animal d'il y a 500 millions d'années. L'endroit est maintenant une réserve écologique.

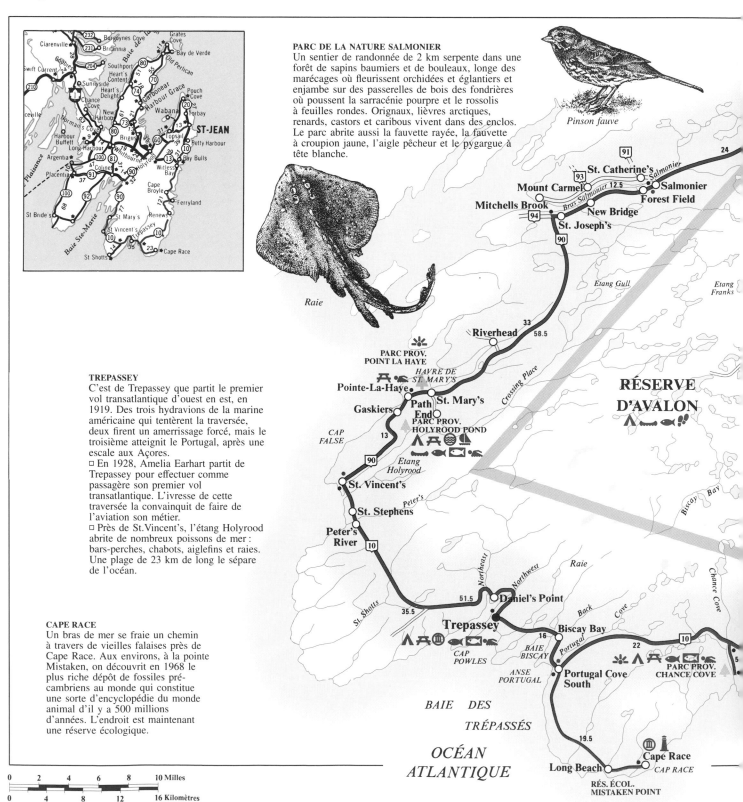

Pinson fauve

Raie

gnent à quitter leurs villages pour aller travailler dans les villes.

Depuis toujours, chaque matin, à Petty Harbour ou à Renews, les pêcheurs prennent la mer sur leurs doris de bois et vont pêcher la morue à la ligne. Pour conserver le poisson, certains emploient toujours la méthode de leurs ancêtres irlandais : ils étalent les morues salées sur des claies et les font sécher au soleil.

La côte est de Terre-Neuve possède un riche passé historique. Elle fut, en effet, la scène de grandes batailles navales, le refuge de bateaux pirates et le berceau des premières colonies du Canada. La presqu'île d'Avalon fut ainsi baptisée par le premier Lord Baltimore qui fonda une colonie à Ferryland en 1621. Mais les montagnes, les forêts et les marécages de l'intérieur n'étant guère propices à l'agriculture, la plupart des habitants se tournèrent vers la mer.

Chaque jour, au petit matin, les pêcheurs vont braver la mer agitée et le vent glacial du large pour rentrer, le soir venu, leurs bateaux chargés de poissons.

*Petty Harbour*

### PETTY HARBOUR
Les maisons de bois de ce village de pêcheurs s'accrochent au flanc d'une colline qui plonge vers la mer. Au printemps et en été, les petits bateaux de pêche quittent au matin les quais affairés. Les hommes pêchent la morue à la ligne ou retirent les lourds filets posés la veille en eau profonde.

### BAY BULLS
Bay Bulls est l'une des plus anciennes colonies de Terre-Neuve. Elle fut attaquée à maintes reprises par les Français et les Hollandais, et rasée plusieurs fois par le feu. Les quatre canons qui montent la garde à l'entrée de l'église catholique évoquent cette histoire orageuse. Leurs fûts portent des statues de bronze de saint Patrick, saint Paul, saint Joseph et sainte Thérèse.
□ De grandes colonies d'oiseaux de mer nichent dans trois petites îles au large de Witless Bay. L'île Gull est criblée d'anfractuosités qui servent de nids à quelque 1 500 000 pétrels culs-blancs. Des mouettes tridactyles, des goélands argentés et 500 000 macareux arctiques y nichent aussi. L'île Green accueille des goélands, des guillemots noirs et des marmettes communes, tandis que l'île Great résonne des cris des macareux et des pétrels culs-blancs. Des vedettes font le tour des îles qui grouillent d'oiseaux à la saison des amours, de la mi-juin au début de juillet.

### RÉSERVE D'AVALON
Une harde de caribous des bois hante cette région abritée où poussent des épinettes naines et des sapins baumiers. La réserve attire les amateurs de randonnée, de canot, de camping et de pêche à la truite. Les visiteurs doivent se munir d'un permis du ministère de la Culture, des Loisirs et de la Jeunesse, à St. John's.

*Les statues de bronze de Bay Bulls*

### FERRYLAND
En 1621, Sir George Calvert, premier Lord Baltimore, fonda une colonie à Ferryland. À cause des attaques françaises incessantes et de la rigueur du climat, il quitta Terre-Neuve en 1629 et établit sa colonie en Virginie. Plus tard, Sir David Kirke échoua à son tour. Les pêcheurs de morue qu'avaient chassés les colons revinrent alors au village.
□ Au XVIIIe siècle, les habitants de Ferryland fortifièrent l'île du Bois à l'entrée du port pour repousser les escadres françaises. Leurs ouvrages de terre sont toujours visibles.

*Armoiries de Sir George Calvert, dans une vieille église de Ferryland*

*Ferryland*

BAIE DE LA CONCEPTION

Etang Gull
Etang Paradise
Etang Cape
Etang Mount Carmel

PARC PROV. FATHER DUFFY'S WELL
PARC DE LA NATURE SALMONIER

Collines Hawke
▲ Butter Pot

(voir l'itinéraire 174)
PARC PROV. BUTTER POT
30.5
Transcanadienne
Manuels
PARC PROV. COCHRANE POND

Donovans
Mount Pearl
Maddox Cove
Goulds
5
Petty Harbour

PTE HEART
BAIE SHOAL
PTE LONG
THE SPOUT

Grand Etang Bay Bulls
Etang Middle
16.5

54.5
Bay Bulls
Witless Bay
13
CAP BULL

CAP SOUTH
ÎLE GULL
ÎLE GREEN

Tors Cove
Mobile
Burnt Cove
Bauline East
RÉS. ÉCOL. WITLESS BAY
ÎLE GREAT

La Manche
20
PARC PROV. LA MANCHE VALLEY

Shore's Cove
Cape Broyle
10
Calvert 11
Ferryland
Brigus South
CAP NEDDICK
CAP BRIGUS
CAP BLACK
CAP BALD

Fermeuse
28.5
HAVRE DE FERMEUSE

Renews
CAP BEAR COVE

73
Cappahayden
PTE BURNT
11.5 ANSE SEAL

# Vers l'Arctique,
# sur la route de l'avenir

Territoire du Yukon/ Territoires du Nord-Ouest

À partir de Dawson, la route de Dempster traverse sur 740 km le Yukon et les Territoires du Nord-Ouest, reliant muskegs et montagnes, forêts et toundra, villes frontières et villages inuits. Au-delà, le voyageur peut prendre l'avion à Inuvik pour se rendre à Tuktoyaktuk sur la mer de Beaufort où des plates-formes de forage exploitent le pétrole de l'Arctique.

La route la plus septentrionale du Canada, et la seule à traverser le cercle polaire, doit son nom à un inspecteur de la Gen-

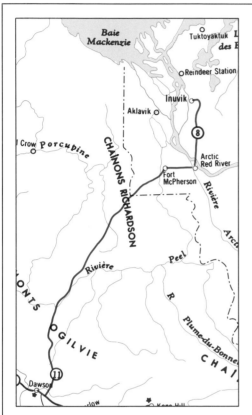

*Soleil de minuit (expositions successives)*

## CERCLE POLAIRE ARCTIQUE
En été, au nord du cercle polaire arctique (kilomètre 403 de la route de Dempster), le soleil semble effleurer le sommet de la terre au lieu de se coucher. Durant les longs hivers, midi ne se signale que par une bande de couleur pâle en direction du sud.
□ À 44 km au-delà du cercle polaire, le petit camping Cornwall est un bon endroit pour faire une halte ou pour se réfugier en cas d'intempéries.

*Monts Ogilvie*

## CAMPING TOMBSTONE
Ce terrain se situe à la limite des arbres, là où les derniers peuplements d'épinettes et de peupliers cèdent le pas à la toundra et à la masse dénudée des monts Ogilvie.
□ À 2,5 km plus au nord, on aperçoit le sommet triangulaire du mont Tombstone (2 192 m) qui servait, bien avant la construction de la route, de point de repère aux prospecteurs, aux trappeurs et aux agents de la Gendarmerie royale qui cherchaient leur chemin.
□ Encore 5 km plus loin, la route traverse le col North Fork, lequel, à 1 289 m d'altitude, rivalise avec les hauts cols de Banff et de Jasper.

*Renard arctique*

## MONTS RICHARDSON
Cette masse sombre qui fait partie de la chaîne des Rocheuses porte le nom du chirurgien et naturaliste Sir John Richardson, qui faisait partie des expéditions de Sir John Franklin à travers le Yukon et l'Arctique en 1819-1822 et en 1825-1827.

## VALLÉE DE L'EAGLE
Il s'agit en fait d'un haut plateau qui relie les monts Ogilvie aux monts Richardson.
□ Le village d'Eagle Plains se situe à mi-chemin sur la route de Dempster. À l'hôtel, on peut y voir des photos historiques de la « patrouille perdue », un groupe de quatre agents de la Gendarmerie royale qui perdirent leur chemin et périrent près de la rivière Peel durant l'hiver de 1911. D'autres pièces exposées relatent la poursuite épique, en 1932, du « trappeur fou », Albert Johnson, qui fut capturé et abattu à 9 km au nord du village.

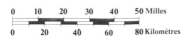

darmerie royale, W. J. D. Dempster (1876-1964). Deux haltes importantes, Eagle Plains et Fort McPherson, évoquent le souvenir de sa célèbre course en traîneaux à chiens, durant l'hiver de 1911, à la recherche de la « patrouille disparue », quatre Mounties qui avaient trouvé la mort sur la piste.

La construction de cette route fut entreprise en 1959. Les travaux durèrent 20 ans au coût de 100 millions de dollars. On dut construire deux ponts pour franchir les rivières Ogilvie et Eagle. Sur presque tout son tracé, la route repose sur un talus de gravier qui l'isole du pergélisol et des mouvements de terrain au dégel du printemps. Elle est aujourd'hui la plus importante voie d'approvisionnement d'Inuvik et du delta du Mackenzie.

La meilleure saison pour voyager sur la route Dempster est entre juin et septembre, mais cela n'exclut pas la possibilité d'être exposé à des pluies torrentielles, à des vents violents et à des blizzards. Bien que la route soit bien entretenue, les points d'hébergement et de services y sont très espacés. Aussi recommande-t-on aux automobilistes de s'équiper en conséquence.

*Pingo, à Tuktoyaktuk*

## Un pingo, en guise de congélateur

Les pingos, énormes amas de glace en forme de volcans que la poussée du pergélisol fait émerger de la toundra, ne sont pas rares dans le delta du Mackenzie. Une mince couche de mousse et d'herbe protège des rayons du soleil la glace brillante et bleutée.

À Tuktoyaktuk, on verra deux pingos d'environ 30 m de large et 12 m de haut. Les habitants de la ville ont creusé dans l'un d'eux un entrepôt frigorifique. Quartiers de caribou, outardes, canards et poissons congelés y sont conservés dans une chambre de glace brillante éclairée à l'électricité.

### FORT McPHERSON
La fondation de ce village d'Indiens Loucheux en 1852 se confond avec celle d'un poste de traite par la Compagnie de la Baie d'Hudson. Vers la même époque, Fort McPherson devint le centre des missions anglicanes dans l'Arctique. En 1900, c'était devenu également un poste important pour la Gendarmerie royale. Un monument commémore la « patrouille perdue » (voir Eagle Plains) qui partit d'ici, à la fin de 1910, en route pour Dawson.

### TUKTOYAKTUK
Le nom de ce village signifie, en langue inuit, « qui ressemble à un caribou ». Situé sur une sablière de la mer de Beaufort, « Tuk », comme on l'appelle familièrement, était habité par les Inuits Karngmalits, des chasseurs de baleine, avant de devenir un centre administratif et la base des explorations de pétrole qui se déroulent au large.
□ On peut visiter une goélette de 15 m, *Our Lady of Lourdes*, qui ravitailla la mission catholique de Tuktoyaktuk de 1931 à 1957.
□ On aperçoit, dans la baie de Kugmallit, des bélugas et des baleines boréales qui passent l'été dans la mer de Beaufort.

*Béluga*

### INUVIK
Cette petite ville est le point le plus septentrional du Canada où l'on puisse accéder par voie de route. Son nom signifie, en langue inuit, « l'endroit des hommes ». Elle fut bâtie en 1954 pour remplacer Aklavik, située à l'ouest du Mackenzie, qui menaçait d'être anéantie par l'érosion et les inondations.
□ Pour éviter le gel, les canalisations et les égouts passent en surface dans des conduits d'aluminium appelés « utilidors ».
□ À partir d'Inuvik, on peut réserver une excursion dans le delta du Mackenzie ou un vol sur Tuktoyaktuk.

### ARCTIC RED RIVER
Les trafiquants et les explorateurs faisaient du commerce avec les Indiens Loucheux de l'Arctique depuis le XVIIIᵉ siècle, mais le premier contact permanent fut établi lorsqu'une mission catholique s'installa à Arctic Red River en 1868. Un poste de traite s'y joignit bientôt. Les Indiens de la région continuent de vivre de chasse et de pêche. C'est à Arctic Red River que le voyageur qui se dirige vers le nord aperçoit pour la première fois le delta du Mackenzie.

MER DE BEAUFORT

BAIE DE MACKENZIE

ÎLE ELLICE

ÎLE RICHARDS

BAIE DE KUGMALLIT   PTE TOKER

ÎLE LANGLEY

Tuktoyaktuk

DELTA DU

Lac Parsons

CHENAL DE L'EST

Lacs des Esquimaux

MACKENZIE

Inuvik

Lac Noell

Lac Campbell

297

Monts Richardson

Stony

Fort McPherson

Indian Village

8

122

48

Arctic Red River

Vittrekwa

Peel

T.N.-O. YUKON

RÉSERVE DE LA FAUNE PEEL RIVER

Martin House

Cercle polaire arctique

YUKON T.N.-O.

Arctic   Red

*Inuvik*

# La ville de l'or
# et ses extravagants fantômes

Yukon

Dawson, l'ancienne, porte encore fièrement les marques de sa folle jeunesse, quand on l'appelait « la ville de l'or ». Aujourd'hui, moins de 1 000 personnes y vivent dans la nostalgie d'une gloire passée, au milieu des fantômes de 25 000 coureurs de fortune qui s'y ruèrent à la belle époque, en 1897 et 1898. Ses trottoirs de bois craquaient alors sous les pas d'extravagants personnages comme Sam Bonifield le Taciturne et Bill Gates le Vif-Argent, Annie Œil-de-verre et Flo-

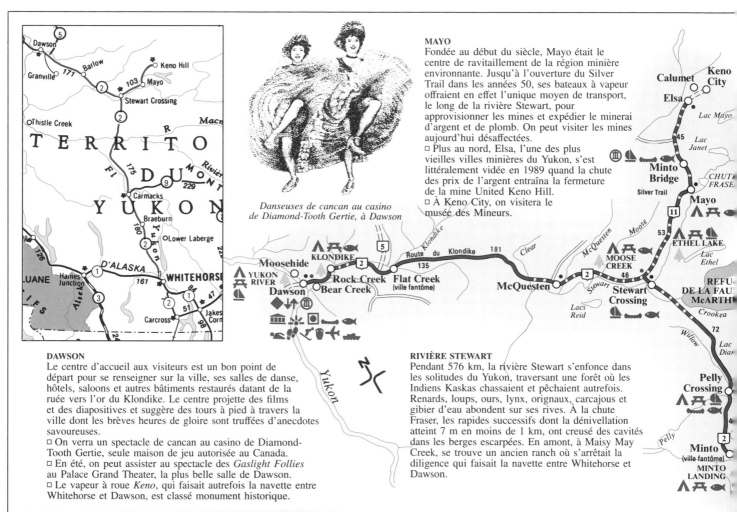

Danseuses de cancan au casino de Diamond-Tooth Gertie, à Dawson

### MAYO
Fondée au début du siècle, Mayo était le centre de ravitaillement de la région minière environnante. Jusqu'à l'ouverture du Silver Trail dans les années 50, ses bateaux à vapeur offraient en effet l'unique moyen de transport, le long de la rivière Stewart, pour approvisionner les mines et expédier le minerai d'argent et de plomb. On peut visiter les mines aujourd'hui désaffectées.
□ Plus au nord, Elsa, l'une des plus vieilles villes minières du Yukon, s'est littéralement vidée en 1989 quand la chute des prix de l'argent entraîna la fermeture de la mine United Keno Hill.
□ À Keno City, on visitera le musée des Mineurs.

### DAWSON
Le centre d'accueil aux visiteurs est un bon point de départ pour se renseigner sur la ville, ses salles de danse, hôtels, saloons et autres bâtiments restaurés datant de la ruée vers l'or du Klondike. Le centre projette des films et des diapositives et suggère des tours à pied à travers la ville dont les brèves heures de gloire sont truffées d'anecdotes savoureuses.
□ On verra un spectacle de cancan au casino de Diamond-Tooth Gertie, seule maison de jeu autorisée au Canada.
□ En été, on peut assister au spectacle des *Gaslight Follies* au Palace Grand Theater, la plus belle salle de Dawson.
□ Le vapeur à roue *Keno*, qui faisait autrefois la navette entre Whitehorse et Dawson, est classé monument historique.

### RIVIÈRE STEWART
Pendant 576 km, la rivière Stewart s'enfonce dans les solitudes du Yukon, traversant une forêt où les Indiens Kaskas chassaient et pêchaient autrefois. Renards, loups, ours, lynx, orignaux, carcajous et gibier d'eau abondent sur ses rives. À la chute Fraser, les rapides successifs dont la dénivellation atteint 7 m en moins de 1 km, ont creusé des cavités dans les berges escarpées. En amont, à Maisy May Creek, se trouve un ancien ranch où s'arrêtait la diligence qui faisait la navette entre Whitehorse et Dawson.

*Grand-rue de Dawson*

## Robert Service, poète de la ruée vers l'or

**R**obert Service ne participa jamais à la ruée vers l'or du Klondike, mais ses poèmes ont immortalisé cette époque. « Le Yukon fut pour moi la première véritable source d'inspiration », dit-il un jour.

Commis de banque, Service arriva à Whitehorse en 1904. Trois ans plus tard, il publiait *Songs of a Sourdough*, un recueil où l'on retrouve son plus célèbre poème, *The Shooting of Dan McGrew*, qui lui fut inspiré un samedi soir par les échos d'une fête dans un bar voisin. Deux ans plus tard, Service, établi à Dawson, publiait *Ballads of a Cheechuko*. Son succès d'écrivain lui assurant l'indépendance financière, il se retira dans une cabane de rondins pour écrire un roman, *The Trail of '98*. Cette cabane a été classée lieu historique.

0  5  10  15  20  25 Milles

0  10  20  30  40 Kilomètres

ra la Débordante, qui déambulaient devant de bruyantes salles de danse, des saloons aux portes battantes et des casinos où la devise était de ne jamais refuser un verre.

C'est en 1896 qu'on découvrit de l'or au sud-est de Dawson, au bord du ruisseau Bonanza, un affluent du Klondike. La nouvelle se répandit bientôt et déclencha la ruée vers l'or du Klondike : trois années de misère et de cupidité, trois années pendant lesquelles les uns mouraient de faim et les autres jetaient l'argent par les fenê-

tres. Sur les rives du Yukon, toute une série de villes poussèrent comme des champignons. De 1896 à 1904, l'or tiré des ruisseaux rapporta plus de 100 millions de dollars. Mais les gisements s'épuisèrent très vite et la région dévastée se vida. On abandonna les cabanes, les concessions, et même des villes entières.

Whitehorse, au contraire, prospéra. Située sur une boucle du Yukon, au nord de turbulents rapides et halte sur la route du Klondike, elle est devenue la capitale du Yukon en même temps qu'un centre commercial très actif.

*Dawson, au bord du Yukon*

## WHITEHORSE

Capitale et métropole du Yukon (15 000 hab.), Whitehorse a vu le jour en 1898 quand des milliers de prospecteurs en firent une halte sur la route des champs aurifères du Klondike.

□ Le musée MacBride relate l'histoire du Yukon depuis les cultures indiennes les plus reculées jusqu'à l'avènement de la route de l'Alaska. Au musée Old Log Church, qui loge dans un des plus vieux bâtiments de la ville, on explique le rôle de l'Église dans le développement de la région.

□ Le *Klondike II*, dernier vapeur à roue du Yukon, abrite un musée consacré à la navigation fluviale.

□ Le *Schwatka* offre des croisières quotidiennes dans le canyon Miles, dont les rapides ont été assagis par un barrage hydro-électrique.

□ En février, Whitehorse tient son « Rendez-vous des Sourdough ». Les visiteurs peuvent se joindre aux habitants dans des concours comme celui de la plus longue barbe ou du meilleur scieur, des combats de lutteurs, des courses de traîneaux et de raquettes. Un déjeuner de crêpes au levain vous met en forme pour rythmer tout au cours de la journée la cadence des bons vieux airs de violon.

*Martin-pêcheur*

## REFUGE DE LA FAUNE McARTHUR

On a créé ce refuge pour protéger le mouflon de Fannin, que l'on croyait en voie d'extinction. Le refuge abrite également l'aigle doré, le tétras sombre, le martin-pêcheur et le huart.

## FLEUVE YUKON

Au nord du lac Laberge, le Yukon s'engouttre dans un chenal sinueux, bordé d'escarpements de sable et de gravier de 90 m de haut. Aux rapides Five Fingers, quatre colonnes de grès hautes de 15 m divisent le fleuve en cinq bras. Près de Carmacks se dresse l'escarpement Eagle's Nest Bluff (210 m), tandis que des murailles de basalte noir hautes de 135 m s'élèvent au nord de Minto. Les canoteurs qui parcourent les 960 km entre le lac Bennett, en Colombie-Britannique, et Dawson peuvent camper dans des îles boisées, sur des bancs de sable et des plages, ou dans de vieilles cabanes abandonnées qui datent souvent de la ruée vers l'or.

## PELLY CROSSING

La voie de canotage de la rivière Pelly (400 km) va de Ross River à Fort Selkirk. C'est ici qu'elle croise la route du Klondike. Au nord-ouest du pont de Faro, la rivière se déroule au pied du mont Rose (1 800 m) ; à 60 km en aval se dressent les monts Tay et Hodder (2 000 m). La rivière dévale trois séries de rapides dans le canyon Granite, long de 6 km et profond de 75 m par endroits.

## MONTAGUE

On peut voir ici les restes d'une cabane construite à l'époque des chercheurs d'or du Klondike pour leur servir de halte. Il en existait de pareilles échelonnées tous les 32 km le long de la route entre Whitehorse et Dawson.

*Whitehorse*

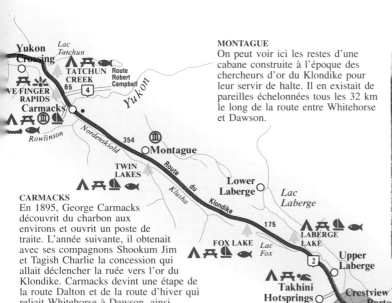

## CARMACKS

En 1895, George Carmacks découvrit du charbon aux environs et ouvrit un poste de traite. L'année suivante, il obtenait avec ses compagnons Shookum Jim et Tagish Charlie la concession qui allait déclencher la ruée vers l'or du Klondike. Carmacks devint une étape de la route Dalton et de la route d'hiver qui reliait Whitehorse à Dawson, ainsi qu'une escale pour les vapeurs.

# Dans un parc immense,
# les plus fières cimes du Canada

Yukon

À bien des égards, le sud-ouest du Yukon est une contrée grandiose. Le parc national Kluane, second en superficie au Canada, couvre un territoire quatre fois plus grand que l'île du Prince-Édouard. Il renferme le massif St. Elie, la plus haute chaîne de montagnes du pays, et le mont Logan (5 951 m), son plus haut sommet.

Les excursionnistes qui ont l'expérience nécessaire pour s'aventurer dans le parc Kluane y découvriront des paysages de montagne fabuleux. Le glacier Kaska-

**DESTRUCTION BAY**
Ce village reçut ce nom après la tempête qui détruisit, pendant la construction de la route de l'Alaska, le camp militaire auquel il doit son origine.

**LAC KLUANE**
Les 60 km du lac s'insèrent entre les monts Kluane qui font partie du massif St. Elie. Le mouflon de Dall, l'ours brun, le loup et l'orignal habitent les forêts de trembles et d'épinettes qui entourent le lac. Bernaches canadiennes, huarts, canards, cygnes siffleurs et cygnes trompettes viennent y passer l'été.

*Huart arctique*

**BURWASH LANDING**
Le village fut fondé par des Français, Louis et Jean Jacquot, deux frères qui établirent un poste de traite là où se réunissaient les prospecteurs avant de se lancer dans la ruée vers l'or. La ruée terminée, ils se firent pourvoyeurs et leurs descendants perpétuent toujours la tradition.
□ Au Musée d'histoire naturelle Kluane on peut voir plus de 50 spécimens d'animaux, des dioramas et une collection de costumes et d'objets provenant des Indiens de la localité.

**BEAVER CREEK**
Il fallut huit mois de labeur incessant pour construire la route de l'Alaska. On travaillait sept jours par semaine, par des chaleurs tropicales ou des froids sibériens. C'est à Beaver Creek, le 20 octobre 1942, que les équipes parties de l'Alaska et de Whitehorse se rencontrèrent enfin. Deux conducteurs de bulldozers entendirent le vrombissement de leurs moteurs dans le lointain. Ils foncèrent l'un vers l'autre à travers la forêt pour se serrer la main. L'inauguration officielle de la route eut lieu un mois plus tard, au mont Soldier.

*Mouflon de Dall, parc national Kluane*

**PARC NATIONAL KLUANE**
Ce parc de 22 000 km², constitué en 1972, est presque entièrement recouvert de montagnes et de glaciers. Il renferme les plus hauts sommets du Canada, dans le massif St. Elie. Celui-ci se divise en deux chaînes, de part et d'autre de la dépression Duke : les Icefield à l'ouest et les Kluane à l'est. Les premières, les plus hautes, comprennent le mont Logan (5 951 m), la plus haute montagne du Canada, le mont St. Elias (5 488 m) et le mont Lucania (5 290 m). Les Kluane, qui atteignent en moyenne 2 500 m, sont visibles depuis la route de l'Alaska qui longe la limite est du parc. Au sommet des montagnes s'étendent les plus grands champs de glace du monde à l'extérieur des pôles. Il en émerge des glaciers, comme celui de Lowell (65 km de longueur), qui recouvrent la région de Kluane. Le mouflon de Dall, le caribou, la chèvre de montagne et l'ours brun fréquentent la région, une faune que l'on ne retrouve réunie dans aucun autre parc.
□ Bien que le parc Kluane soit reconnu depuis 1974 comme site du patrimoine mondial, il demeure une région tout à fait sauvage. Actuellement on y développe un réseau de sentiers de randonnée. Certains de ces sentiers permettent déjà de faire des excursions d'une journée, comme la promenade du lac St. Elias ou le sentier d'exploration de la nature Rock Trail. Les excursionnistes et les alpinistes qui prévoient passer la nuit dans le parc doivent en aviser les autorités.

*Massif St. Elie*

0 10 20 30 40 50 Milles
0 20 40 60 80 Kilomètres

wulsh offre un véritable défi : une randonnée de cinq heures à partir du pont de la rivière Slims, au kilomètre 1688 de la route de l'Alaska. Les deux rivières qui se forment au pied du glacier ont leur embouchure à des centaines de kilomètres l'une de l'autre.

D'autres sentiers mènent au King's Throne, une prairie parsemée de fleurs, et à Silver City, une ville fantôme.

La faune du parc est abondante. Chèvres de montagne, grizzlis et ours noirs parcourent les prés et les forêts, alors que les orignaux, parmi les plus gros du continent, fréquentent les bosquets de saules, au bord des rivières. Le caribou géant des montagnes est plus rare, mais une harde fait parfois une apparition fugitive près de Burwash Flats.

La nature semble avoir fait ici assaut d'imagination et partout le paysage réserve des surprises : vastes étendues herbeuses du delta de la Slims, hauts sommets couverts de neiges éternelles, chutes écumantes comme celles de Million Dollar à 1 km à l'ouest de la route de Haines, où la Takhanne plonge de quelque 60 m de hauteur.

Le lac Kluane baigne le pied du mont Soldier dont le nom rappelle les prouesses des soldats et des civils qui percèrent en huit mois la route de l'Alaska (2 200 km) au milieu d'un pays sauvage. Aujourd'hui, cette route, inaugurée le 20 novembre 1942, est l'artère vitale du commerce et du tourisme dans le Grand Nord.

## Pemmican et pain frais

Les campeurs apprécient toujours les plats traditionnels des bûcherons et des prospecteurs d'autrefois : le pain qu'on cuit sur un bon feu de camp (« sourdough », « bannock » et « hardtack ») et la viande séchée, pemmican ou « jerky », qui se conserve facilement.

Le « sourdough » est un mélange spongieux de farine, d'eau et de levure qui sert à faire lever la pâte à pain ou à crêpes. À force de se nourrir de cette pâte aigre, les prospecteurs du Klondike furent surnommés les Sourdoughs. Le « bannock », mélange de farine, d'eau, de saindoux et de levure, est mis à dorer dans un poêlon bien graissé. Le « hardtack » est encore plus simple à faire : c'est une galette de farine et d'eau que l'on fait cuire jusqu'à ce qu'elle devienne dure et bien sèche.

Le « jerky » est de la viande maigre de caribou, d'orignal ou de cerf, coupée en lanières que l'on fait sécher au soleil. Le pemmican, une spécialité indienne, s'obtient en déchiquetant des lanières de « jerky » et en les mélangeant avec de la graisse chaude.

*Lac Teslin*

**TESLIN**
Des collines boisées aux formes arrondies et les pics des monts Big Salmon forment une toile de fond sur laquelle se détachent les eaux claires et profondes du lac Teslin. Le pont de Nisutlun, le plus long de la route de l'Alaska (575 m), traverse ici un des bras du lac.

**HAINES JUNCTION**
C'est dans ce village situé au carrefour de la route Haines et de la route de l'Alaska que se trouve le siège administratif du parc Kluane. On y organise également des excursions à cheval, des expéditions d'alpinisme et des randonnées photographiques.

**WATSON LAKE**
Près de 1 300 panneaux portant des noms de villes lointaines ont été affichés ici depuis 1942, d'abord par les constructeurs de la route puis par les touristes.

**CARCROSS**
Ce nom est la contraction de Caribou Crossing.
□ C'est d'ici, en 1896, que partirent George Washington Carmack et ses beaux-frères indiens, Shokum Jim et Tagish Charlie, pour prospecter de l'or. La découverte fabuleuse qu'ils firent à Bonanza Creek déclencha la fameuse ruée du Klondike. On peut voir au cimetière de Carcross les tombes de Kate Carmack, épouse de George Washington, et de ses deux frères : celle de Shokum Jim est identifiée « James Mason » et celle de Tagish Charlie, « Dawson Charlie ».
□ Un des centres d'attraction de Carcross est le vapeur *Tutchi*, mis à sec en 1955 sur les rives du chenal reliant les lacs Bennett et Nares.

*Pépites d'or du Yukon*

*Les panneaux de Watson Lake*

# Le « Triangle d'or », une terre d'abondance

## Nord-est de la Colombie-Britannique

Cette vaste région du nord-est de la Colombie-Britannique, que bordent le Yukon, l'Alberta et les Rocheuses, présente des caractéristiques uniques. Bien que sa plus grande partie soit accidentée et souvent montagneuse, elle constitue le prolongement de la Prairie puisque des milliers de kilomètres carrés sont couverts de champs et ponctués de silos.

### LOWER POST

Cet ancien poste de traite de la Compagnie de la Baie d'Hudson abrite aujourd'hui un pensionnat indien pour enfants.
□ En 1898, un détachement de la Police montée du Nord-Ouest passa par Lower Post pour dresser les plans d'une route qui relierait Edmonton à Dawson City et donnerait accès aux placers du Klondike. Le tracé fut achevé après plus d'un an de labeur mais en vain, car la « Route du Yukon » s'avéra impraticable et dut être abandonnée.

### LIARD RIVER

À Liard River Hot Springs, les touristes peuvent se prélasser dans une piscine naturelle qu'alimentent des sources thermales dont le débit est de 2 900 litres à la minute. Ces eaux, dont la température se situe autour de 43°C, seraient dotées de vertus thérapeutiques. Au voisinage, on peut voir une variété de plantes méridionales comme la lobélie, le mimule rose et la fougère à l'autruche, acclimatation étonnante lorsqu'on songe que Liard River se situe au 56e parallèle.

## La route de l'Alaska, une prouesse héroïque

La route de l'Alaska qui relie Dawson Creek à Fairbanks compte 2 436 km, dont plus des deux tiers se situent au Canada. Elle fut construite pour assurer le ravitaillement des bases militaires de l'Alaska pendant la Seconde Guerre mondiale.

On ne perdit guère de temps à construire d'élégants ouvrages d'art. On se contentait de photographier des airs le territoire que traverserait le tronçon suivant. Si une colline barrait le passage, les ingénieurs faisaient serpenter la route à flanc de coteau plutôt que de percer une tranchée à la dynamite. Au total, plus de 16 000 personnes, des civils et des militaires, des Canadiens et des Américains, participèrent aux travaux.

*La route de l'Alaska, près du lac Muncho*

*Mimule rose*

### PARC PROVINCIAL DE MUNCHO LAKE

D'épaisses forêts d'épinettes blanches et de pins lodgepole tapissent la plupart des vallées encaissées du parc.
□ On peut photographier des mouflons, des caribous, des chèvres de montagne et des orignaux dans un endroit où affleurent des dépôts de calcium et de magnésium. Ces animaux sont en effet friands de sels minéraux.
□ Un sentier de 12 km serpente entre de minuscules plantes alpines, des mousses, des lichens et des fleurs sauvages aux couleurs éclatantes en bordure du ruisseau Nonda, près de la limite orientale du parc.

0   10   20   30   40   50 Milles

0   20   40   60   80 Kilomètres

Course de
traîneaux,
à Fort Nelson

Les ressources du « triangle d'or » — les fourrures d'abord, puis l'or, le blé et enfin le pétrole — ont toujours suscité de grandes espérances. Dès 1793, Mackenzie s'émerveillait déjà de ses ressources abondantes qui demeurèrent pourtant inexploitées pendant 150 ans. Simon Fraser, qui suivit les pas de Mackenzie au début du XIXᵉ siècle, fonda des postes de traite pour la Compagnie du Nord-Ouest le long des fleuves et des rivières de la région.

Malgré la traite des fourrures, puis la grande ruée vers l'or du Klondike, le « Triangle d'or » demeurait une vaste étendue sauvage de forêts, de prairies et de muskeg. La construction de la route de l'Alaska en 1942 entraîna rapidement son développement. Les champs de céréales se multiplièrent le long de la rivière de la Paix ; à Hudson's Hope on construisit le plus grand barrage du Canada et le premier puits de pétrole de la Colombie-Britannique fut foré près de Fort St. John.

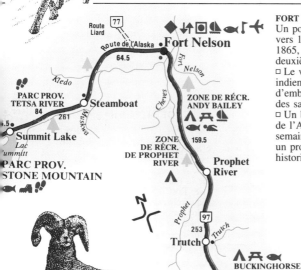

Mouflon noir de Stone,
parc provincial Stone Mountain

## FORT NELSON

Un poste de la Compagnie du Nord-Ouest, construit vers 1800, fut détruit en 1813 par les Indiens. En 1865, la Compagnie de la Baie d'Hudson fonda un deuxième poste qui est toujours en activité.
□ Le vieux fort Nelson est aujourd'hui un village indien. Un grand nombre de maisons et d'embarcations abandonnées sont enfouies au milieu des saules, des bouleaux et des épilobes.
□ Un bureau d'information touristique pour la route de l'Alaska est ouvert quatre ou cinq soirs par semaine à Fort Nelson entre juin et août et suggère un programme de visites. Une exposition au musée historique relate la construction de cette route.

Mission, à Fort St. John

## FORT ST. JOHN

Avec une population de 13 000 habitants, Fort St. John est la plus grande ville au nord de Prince George. Ce serait, paraît-il, le plus ancien établissement blanc de la Colombie-Britannique. Mackenzie traversa l'endroit en remontant la rivière de la Paix en 1793. Le fort Rocky Mountain, qu'on construisit vers 1797, fut rebaptisé plus tard fort St. John. Plusieurs forts du même nom se succédèrent dans le voisinage à l'époque de la traite des fourrures.
□ Le Musée de Fort St. John-North Peace relate la vie des pionniers, la construction de la route de l'Alaska et la mise en valeur des dépôts de pétrole de la région.
□ Un rodéo a lieu en juillet et le Festival de North Pine Fall, en août.

## TAYLOR

Dans ce village blotti au fond d'une vallée pittoresque recouverte par la forêt, les raffineries purifient des milliards de pieds cubes de gaz naturel et produisent des millions de gallons d'essence.
□ Le musée Peace Island Park contient des meubles et des outils des pionniers et des objets de la culture indienne.
□ Un championnat mondial de batée (l'écuelle des chercheurs d'or pour laver le sable) ainsi qu'une course de canot ont lieu ici en septembre.

(voir l'itinéraire 181)

## HUDSON'S HOPE

L'explorateur Simon Fraser érigea ici en 1805 un poste de traite, Rocky Mountain Portage. Les fondations en sont encore visibles, dans un pré, à côté du débarcadère.
□ À la grande époque de la traite, l'agglomération était un poste important et le port d'attache des vapeurs qui faisaient le service de la rivière de la Paix. La construction du barrage W.A.C. Bennett dans les années 60 lui a rendu sa vitalité d'autrefois.
□ Un musée local retrace l'histoire de Hudson's Hope.
□ En juin se tient un rodéo, en août ont lieu les Fêtes de l'exploration et en septembre, des courses de canot.

## Un immense barrage de terre

**L**a plus grande étendue d'eau douce en Colombie-Britannique (428 km de long) est le lac artificiel Williston, formé en 1968 sur la rivière de la Paix par le barrage W.A.C. Bennett, l'un des plus grands barrages de terre du monde. D'un belvédère, les visiteurs découvriront le barrage, le lac et les montagnes voisines. On peut visiter la centrale électrique qui se trouve à 150 m sous terre.

Le premier homme blanc qui portagea pour contourner les mauvais rapides du canyon de la rivière de la Paix fut l'explorateur Alexander Mackenzie, en 1793. Les rapides, assagis par le barrage Bennett, disparaîtront tout à fait avec un deuxième barrage à 22 km en aval.

Barrage W.A.C. Bennett

## PARC PROVINCIAL STONE MOUNTAIN

Des piliers érodés de sable et de gravier, certains hauts de 18 m, se dressent près du col Summit (1 265 m), point culminant de la route de l'Alaska.
□ Les sédiments glaciaires du lac Summit donnent à ses eaux des reflets verts irisés qui contrastent avec le feuillage des bouleaux et des saules de la rive.
□ Un sentier de 6 km mène de la route de l'Alaska au lac Flower Spring, le long de la rivière North Tetsa. On voit parfois des mouflons noirs de Stone et des caribous dans les prés qui bordent le lac.

# Des champs féconds aux portes du Grand Nord

Vallée de la rivière de la Paix

Un moutonnement de collines, un damier de forêts et de plaines, des terres agricoles parmi les plus fertiles au monde ; des lacs cristallins cachés au milieu de bosquets de trembles, des cours d'eau qui serpentent au creux de vallées champêtres, des badlands aux étranges formes ravinées par l'érosion... nous sommes au pays de la rivière de la Paix.

Cette région a été plusieurs fois recouverte d'eau salée au cours de son histoire et les fermes d'aujourd'hui reposent dans

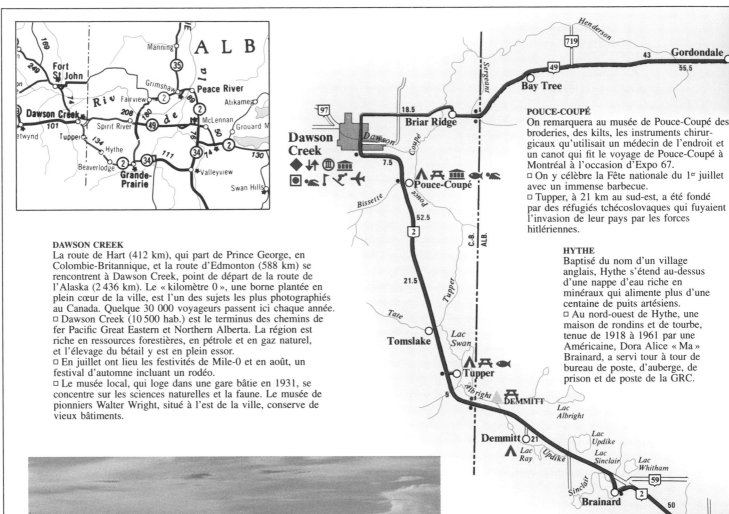

**DAWSON CREEK**

La route de Hart (412 km), qui part de Prince George, en Colombie-Britannique, et la route d'Edmonton (588 km) se rencontrent à Dawson Creek, point de départ de la route de l'Alaska (2 436 km). Le « kilomètre 0 », une borne plantée en plein cœur de la ville, est l'un des sujets les plus photographiés au Canada. Quelque 30 000 voyageurs passent ici chaque année.
□ Dawson Creek (10 500 hab.) est le terminus des chemins de fer Pacific Great Eastern et Northern Alberta. La région est riche en ressources forestières, en pétrole et en gaz naturel, et l'élevage du bétail y est en plein essor.
□ En juillet ont lieu les festivités de Mile-0 et en août, un festival d'automne incluant un rodéo.
□ Le musée local, qui loge dans une gare bâtie en 1931, se concentre sur les sciences naturelles et la faune. Le musée de pionniers Walter Wright, situé à l'est de la ville, conserve de vieux bâtiments.

**POUCE-COUPÉ**

On remarquera au musée de Pouce-Coupé des broderies, des kilts, les instruments chirurgicaux qu'utilisait un médecin de l'endroit et un canot qui fit le voyage de Pouce-Coupé à Montréal à l'occasion d'Expo 67.
□ On y célèbre la Fête nationale du 1er juillet avec un immense barbecue.
□ Tupper, à 21 km au sud-est, a été fondé par des réfugiés tchécoslovaques qui fuyaient l'invasion de leur pays par les forces hitlériennes.

**HYTHE**

Baptisé du nom d'un village anglais, Hythe s'étend au-dessus d'une nappe d'eau riche en minéraux qui alimente plus d'une centaine de puits artésiens.
□ Au nord-ouest de Hythe, une maison de rondins et de tourbe, tenue de 1918 à 1961 par une Américaine, Dora Alice « Ma » Brainard, a servi tour à tour de bureau de poste, d'auberge, de prison et de poste de la GRC.

*Course de chariots, à Dawson Creek, C.-B.*

**BEAVERLODGE**

La belle saison est très courte dans la vallée de la rivière de la Paix et les experts du centre de Recherches de Beaverlodge s'efforcent donc de mettre au point des variétés de semences à croissance très rapide. On peut visiter les laboratoires, les serres et la ferme expérimentale du centre.
□ Le musée du Centenaire expose des machines et des outils. On y verra notamment d'anciens tracteurs à vapeur et à gaz, des charrues et une batteuse. On y a également reconstitué une scierie.
□ Une route de 128 km pénètre en Colombie-Britannique et conduit à la chute Kinuseo (90 m de large et 60 m de haut).

0 2 4 6 8 10 Milles

0 4 8 12 16 Kilomètres

le lit de l'ancien lac Agassiz qui recouvrait ce pays à l'ère préhistorique. L'érosion, en creusant les collines de Kleskun, a mis au jour des empreintes de dinosaures et des fossiles d'espèces aquatiques.

L'histoire du peuplement de la vallée de la rivière de la Paix est courte. À l'exception de quelques Indiens, trappeurs et prospecteurs qui la hantaient, la région resta déserte et sauvage jusqu'à la fin du siècle dernier.

Depuis cette époque, un cordon de fermes s'est établi, plus loin au nord que partout ailleurs au Canada. Les broussailles ont reculé devant la charrue, cédant la place à d'immenses champs de céréales. Les pistes sont devenues des chemins, et les chemins des grand-routes.

Malgré cette prospérité nouvelle et la découverte d'importants gisements de pétrole et de gaz naturel, la vallée conserve encore l'atmosphère qui régnait à l'époque des pionniers.

*Hibou des marais*

**PARC PROVINCIAL MOONSHINE LAKE**
C'est au clair de lune qu'on distillait clandestinement de l'alcool dans la région au cours des années 30, d'où le nom du parc (Clair de lune). On peut se baigner, faire de la voile ou pêcher dans le lac artificiel Mirage.

**RYCROFT**
Sur les clôtures et les souches des environs, on voit souvent se percher un oiseau de proie de la taille d'une corneille : le hibou des marais. Contrairement à la plupart des hiboux, c'est un oiseau diurne qui préfère les prairies aux bois. On le voit survoler prés et marais à tire d'aile, puis fondre d'un seul coup sur un rat imprudent. Comme la plupart des hiboux, il aide les agriculteurs en éliminant les rongeurs.

**GRANDE-PRAIRIE**
Grande-Prairie est la plaque tournante des transports et du commerce dans la vallée de la rivière de la Paix, en Alberta.
□ Les lignes modernes et les murs ocre du Collège régional de Grande-Prairie symbolisent le rythme et les courbes des prairies environnantes. Cinq pavillons se fondent les uns aux autres, reliés par une allée centrale qu'enserrent des murs de brique doucement incurvés.
□ Le musée des Pionniers expose des objets d'intérêt historique et le musée Prairie Gallery, des œuvres d'artistes locaux.
□ En mai, la ville organise un stampede et en août, une grande fête (Frontier Days).

## Une plante méconnue qui sert à lubrifier les navires

*Champ de colza*

L'une des plus remarquables réussites de la vallée de la rivière de la Paix est la culture d'une plante peu connue mais que l'on voit pousser partout dans la région : le colza. On en commença la culture au cours de la Seconde Guerre mondiale afin d'en extraire une huile de graissage pour les navires. Aujourd'hui, le colza entre aussi dans la fabrication de nombreux autres produits : huiles alimentaires, graisse végétale, margarine, savon, vernis et encre d'imprimerie.

Les champs de colza produisent ici jusqu'à 366 kg de graines par hectare, avec une teneur en huile de 40 p. 100. Les producteurs de colza ont trouvé de nouveaux débouchés au Japon durant les années 60 et la production a doublé, puis triplé.

**PARC PROVINCIAL SASKATOON ISLAND**
Le parc est l'un des rares endroits où niche le cygne trompette, la plus grande espèce indigène d'oiseau aquatique de l'Amérique du Nord. Menacés d'extinction au cours des années 30, ces cygnes sont maintenant au nombre de 15 000 dans tout le continent.
□ Près d'un tiers du parc est couvert d'amélanchiers (saskatoon), arbustes sauvages dont le fruit sucré, semblable au bleuet, fait d'excellentes sauces, tartes et confitures.

*Cygne trompette*

*Collège régional de Grande-Prairie*

**PARC DE KLESKUN HILL**
Au nord et à l'ouest s'étendent les collines de Kleskun, vestiges du delta d'une rivière qui se forma à l'ère préhistorique, il y a plus de 70 millions d'années. L'érosion a mis à nu une partie du lit de l'ancienne rivière. Au nord-est, le sol est aride et couvert de cendres volcaniques. De nombreux fossiles de plantes et d'animaux qui racontent l'histoire géologique de la région ont été découverts ici.

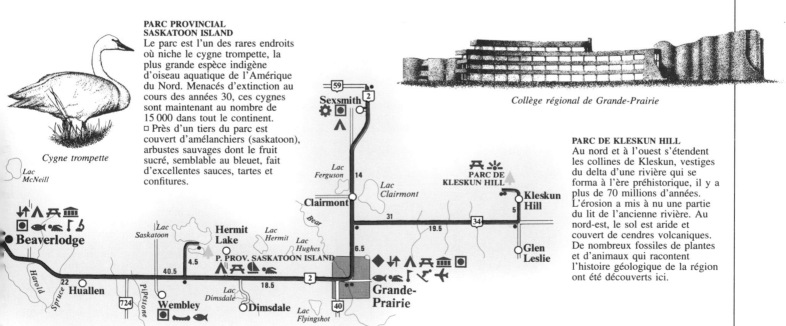

# 182 Dunvegan/Watino, Alb. (263 km)

## La grande vallée fluviale
## où vécut Davis « Douze pieds »

### Vallée de la rivière de la Paix

La rivière de la Paix, avec ses lacs et ses affluents, forme l'un des plus vastes systèmes fluviaux au monde. Elle prend sa source dans les Rocheuses et traverse le nord de l'Alberta, déroulant ses méandres sur plus de 1 600 km avant de se jeter dans l'Athabasca et former la rivière des Esclaves, elle-même un affluent du Mackenzie qui se jette dans la mer de Beaufort.

La rivière de la Paix est un large cours d'eau qui entaille la prairie jusqu'à une

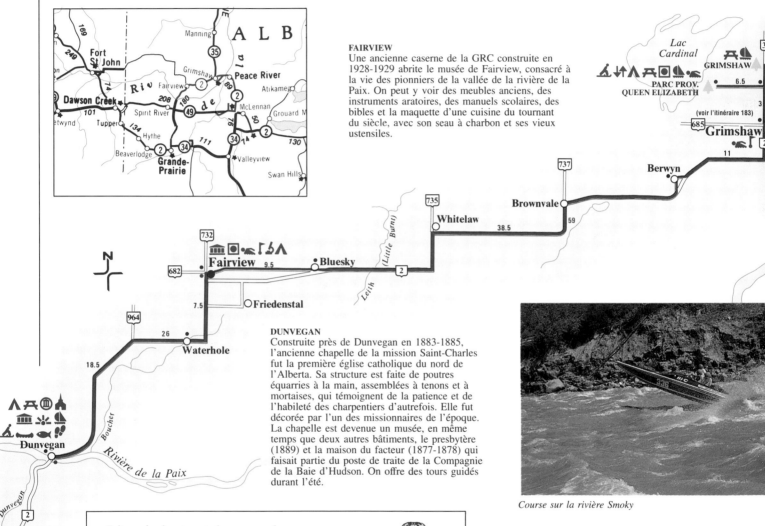

**FAIRVIEW**
Une ancienne caserne de la GRC construite en 1928-1929 abrite le musée de Fairview, consacré à la vie des pionniers de la vallée de la rivière de la Paix. On peut y voir des meubles anciens, des instruments aratoires, des manuels scolaires, des bibles et la maquette d'une cuisine du tournant du siècle, avec son seau à charbon et ses vieux ustensiles.

**DUNVEGAN**
Construite près de Dunvegan en 1883-1885, l'ancienne chapelle de la mission Saint-Charles fut la première église catholique du nord de l'Alberta. Sa structure est faite de poutres équarries à la main, assemblées à tenons et à mortaises, qui témoignent de la patience et de l'habileté des charpentiers d'autrefois. Elle fut décorée par l'un des missionnaires de l'époque. La chapelle est devenue un musée, en même temps que deux autres bâtiments, le presbytère (1889) et la maison du facteur (1877-1878) qui faisait partie du poste de traite de la Compagnie de la Baie d'Hudson. On offre des tours guidés durant l'été.

*Course sur la rivière Smoky*

## L'ami de tout le monde
## qui ne ferma jamais sa porte

La tombe d'Henry Fuller Davis, dit « Douze pieds », repose au sommet d'une colline qui domine le confluent de la Smoky et de la rivière de la Paix. On peut y lire cette épitaphe : « Il fut l'ami de tout le monde et ne ferma jamais la porte de sa maison. » À Peace River, une statue représente Davis sous les traits d'un colosse, mais il s'agissait en réalité d'un homme de petite taille.

Davis, découvrant que deux concessions excédaient en largeur les limites permises, avait réclamé la propriété des 12 pieds de terre qui les séparaient. Il devait y découvrir plus de 15 000 $ en or. Plus tard, il se fit explorateur et négociant dans la vallée de la rivière de la Paix, où sa bonté devint proverbiale. « Ma maison a toujours été ouverte aux voyageurs », déclara-t-il à la veille de sa mort.

**RIVIÈRE SMOKY**
Chaque année, en juillet, des embarcations allant du canot pneumatique aux vedettes de 2 200 CV bravent les rapides, les rochers et les bancs de gravier de la Smoky lors d'une course de 608 km entre Grande-Cache et Peace River. Les concurrents affluent de partout, même de Nouvelle-Zélande, pour participer à cette compétition de cinq jours.
□ La voie de canotage de la Smoky va de Watino à Peace River (80 km), serpentant entre des falaises de grès de 180 m de haut et des cheminées des fées aux formes étonnantes. Les berges sont couvertes d'épinettes, de bouleaux et de peupliers. Le gibier d'eau abonde et les bancs de sable portent souvent des empreintes d'ours, de coyotes et de cerfs.

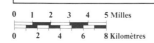

| 0 | 1 | 2 | 3 | 4 | 5 Milles |
| 0 | 2 | 4 | 6 | 8 Kilomètres |

profondeur de 300 m et qui forme une vallée de 3 à 11 km de large. C'est l'une des rares rivières à avoir survécu aux ravages de la dernière période glaciaire. On a découvert sur son parcours des vestiges de dinosaures.

Au cours de 1792-1793, Mackenzie passa l'hiver dans la vallée avant de poursuivre son voyage d'exploration jusqu'au Pacifique. Trafiquants de fourrures, trappeurs, prospecteurs, missionnaires et finalement pionniers suivirent ses traces.

Les rares colons qui eurent le courage de persévérer dans ce pays dur et sauvage furent récompensés de leur ténacité. La belle saison est courte, mais la vallée de la rivière de la Paix, avec ses 230 000 km² de terres cultivées, n'en est pas moins devenue célèbre pour ses récoltes d'orge, de blé, de lin, de fruits et de légumes.

*Trèfle*

### PEACE RIVER
Le musée du Centenaire de Peace River renferme une réplique du fort Fork, le poste de traite où Alexander Mackenzie passa l'hiver de 1792-1793 lors de son voyage vers le Pacifique. La cheminée du fort a été reconstruite avec les pierres de l'original. On pourra aussi admirer un outil rare, une presse à fourrures de la Compagnie de la Baie d'Hudson, qui servait à rouler les fourrures en ballots compacts pour les expédier.
□ Une nappe de gaz naturel, qui remonta dans le lit de la rivière de la Paix lorsqu'on obtura un vieux puits au cours des années 50, brûle jour et nuit en aval de la ville.
□ Un bateau de 12 passagers fait des excursions de deux jours (60 km) sur la rivière de la Paix.

### ROUTE DE SHAFTESBURY
On a une superbe vue de la vallée de la rivière de la Paix en empruntant la pittoresque route de Shaftesbury, qui longe la rive ouest.
□ Une plaque marque l'emplacement du fort McLeod, un poste de traite de la Compagnie du Nord-Ouest fondé au cours des années 1790 par Alexander McLeod au confluent de la rivière de la Paix et de la Smoky.
□ Le cimetière et l'église de rondins de la mission Saint-Augustin (1896) sont conservés sur les terrains de la maison de correction de Peace River.

### FALHER
La ville se targue d'être « la capitale canadienne du miel ». La région compte près de 35 000 ruches qui produisent plus de 2 000 t de miel chaque année. Les vastes champs de trèfle qui bordent la route embaument l'air.
□ La mission Saint-Jean-Baptiste (1914) est une construction de madriers équarris à la main, recouverts de bardeaux de cèdre. Elle a deux étages et sert à la fois d'église et de presbytère.

*Confluent de la Smoky et de la rivière de la Paix*

### GIROUXVILLE
Girouxville est l'une des nombreuses villes de la vallée de la rivière de la Paix d'origine canadienne-française. Son nom lui vient du père Henri Giroux qui exerça son apostolat auprès des Indiens et encouragea des fermiers du Québec à venir s'installer dans le nord de l'Alberta.
□ On peut voir au Musée de Girouxville des Pères Oblats plus de 2 000 pièces, notamment des fossiles, des sculptures sur bois, deux meules qui proviennent d'un moulin de 1895, ainsi que des effets personnels de Mgr Grouard. Une reconstitution d'une cabane de trappeur contient des meubles, des outils et des vêtements de pionniers.

*Abeille*

# Sur la route du Mackenzie,
# le plus vaste parc du Canada

Alberta/Territoires du Nord-Ouest

*Chute Louise, à Hay River*

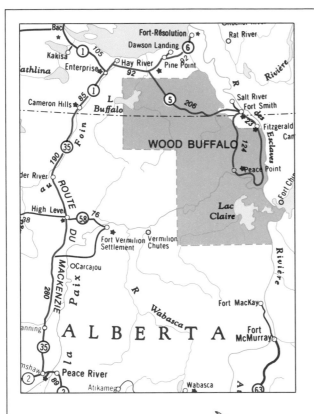

## HAY RIVER

Avec ses 3 000 habitants, Hay River est l'une des plus grandes localités des Territoires du Nord-Ouest. C'est aussi le centre de l'industrie de la pêche du Grand Lac des Esclaves. On y pêche surtout la truite et le corégone.

□ Près de Hay River, la route du Mackenzie croise la pittoresque chute Alexandra, une cataracte de 90 m de large qui dévale d'une hauteur de 30 m. Un sentier, 3 km plus loin, mène à la chute Louise (14 m) qui s'écrase dans une gorge aux parois abruptes, semée de 5 km de rapides. Au nord-ouest se trouve la chute Lady Evelyn (75 m de large).

## HIGH LEVEL

High Level perche sur les hauteurs entre la rivière Hay et la rivière de la Paix, la première qui coule vers le nord et l'autre, vers l'est. Guère plus qu'un arrêt d'autobus en rase campagne il n'y a pas longtemps, elle dessert maintenant les puits de pétrole du lac Rainbow et fait l'expédition des céréales et du bois.

□ Aux environs, Fort Vermilion n'était autrefois accessible que par avion ou par bateau. Cet ancien poste de traite, situé au milieu de l'une des plus anciennes régions agricoles de l'Alberta, est aujourd'hui relié par une route à High Level.

## NORTH STAR

La Ferme Charles Plavin (1918), l'une des plus vieilles du nord de l'Alberta, a été restaurée et classée monument historique par le gouvernement provincial. Les bâtiments en madriers équarris à la main, le sauna et les dépendances témoignent de l'habileté et de l'ingéniosité de ce colon originaire de Lettonie. La maison renferme de vieux outils et des instruments aratoires.

## GRIMSHAW

C'est à Grimshaw que commence la route du Mackenzie, une suite de voies qui traversent d'immenses forêts et de vastes étendues de muskeg, contournant lacs et marécages où abonde le canard. Elle dessert déjà de vastes régions du Grand Nord et s'allongera sur plus de 2 000 km jusqu'à Tuktoyaktuk, sur la mer de Beaufort, une fois terminée. En été, la route est généralement bonne, malgré les projections de gravier et les nuages de poussière. Elle est bordée de terrains de camping et dotée de tous les services routiers nécessaires.

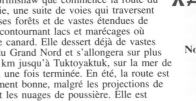

## L'oiseau le plus rare du continent

La grue blanche d'Amérique, l'un des oiseaux les plus rares du continent nord-américain, n'a sans doute jamais existé en grand nombre. Il y a près d'un siècle, on estimait sa population à 1 500 individus. En 1941, il n'en restait plus que 15. Aujourd'hui, grâce à une loi de protection et à un programme canado-américain qui en favorisèrent la reproduction, on en dénombre une centaine.

Dressée sur ses pattes, la grue blanche d'Amérique atteint environ 1,50 m. Le noir de ses pattes, de son bec et du bout de ses ailes contraste avec son plumage d'un blanc éblouissant et sa brillante couronne rouge. La grue blanche pousse un cri puissant qui sonne comme un coup de clairon.

On croit que les grues blanches sont monogames. Au printemps, elles pondent leurs œufs au parc national Wood Buffalo, puis vont passer l'hiver sur la côte du Texas.

0 10 20 30 40 50 Milles

0 20 40 60 80 Kilomètres

À partir de Grimshaw, en Alberta, la route du Mackenzie se dirige vers le nord et traverse 940 km avant d'atteindre Fort Simpson, dans les Territoires du Nord-Ouest. Au nord de Grimshaw, les collines s'estompent et cèdent la place à la plaine alluviale, couverte de bosquets touffus d'épinettes, de peupliers, de pins gris et de tamaracs. Les quelques bourgades que traverse la route dépendent, pour leur survie, de l'exploitation forestière, des mines, de l'agriculture et, depuis peu, du tourisme. Nombre de leurs habitants descendent des pionniers anglais, mennonites, ukrainiens et métis qui s'y établirent il y a un siècle.

À Hay River (T. N.-O.), port important et terminus ferroviaire, une route secondaire file à l'est et suit le Grand Lac des Esclaves jusqu'au parc national Wood Buffalo. Presque aussi étendu que la province de la Nouvelle-Écosse, ce parc est l'un des plus vastes du monde. Il fut créé en 1922 pour protéger le dernier troupeau de bisons des bois de l'Amérique du Nord. Au carrefour de quatre routes migratoires, il accueille des millliers d'oiseaux.

Cette immense étendue verdoyante est ponctuée par endroits d'énormes entonnoirs, causés par l'effondrement du soubassement de roche tendre, et par des monticules de sel de 20 m de large et de 1 m de haut que l'on rencontre surtout dans les plaines sillonnées de ruisseaux salins qui bordent la rivière des Esclaves.

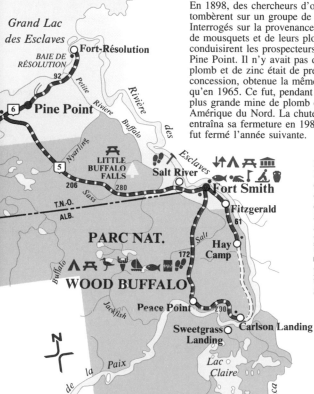

**PINE POINT**

En 1898, des chercheurs d'or en route pour le Yukon tombèrent sur un groupe de chasseurs indiens. Interrogés sur la provenance du métal de leurs balles de mousquets et de leurs plombs de pêche, les Indiens conduisirent les prospecteurs près du site actuel de Pine Point. Il n'y avait pas d'or, mais le minerai de plomb et de zinc était de première qualité. La concession, obtenue la même année, ne fut exploitée qu'en 1965. Ce fut, pendant une vingtaine d'années, la plus grande mine de plomb et de zinc à ciel ouvert en Amérique du Nord. La chute des prix de ces métaux entraîna sa fermeture en 1987. Le village de Pine Point fut fermé l'année suivante.

**FITZGERALD**

Les navires qui sillonnaient le Mackenzie pouvaient naviguer sur 2 440 km jusqu'à la mer de Beaufort. Le seul obstacle était les rapides de la rivière des Esclaves qui s'étendent sur 22 km entre Fitzgerald, en Alberta, et Fort Smith, dans les Territoires du Nord-Ouest, si redoutables qu'on a surnommé l'un d'entre eux le rapide des Noyés. À Fitzgerald, on déchargeait les marchandises des chalands venus de l'Athabasca et de la rivière des Esclaves pour les transporter par voie de terre jusqu'à Fort Smith, où on les rechargeait sur d'autres chalands qui continuaient vers le nord, jusqu'à Aklavik.

**FORT SMITH**

Le Musée du Grand Nord expose des os de dinosaures, une défense de mammouth, d'anciens outils et ustensiles indiens et inuits, des canots faits d'écorce d'épinette et de peaux d'orignal, une presse à imprimer apportée dans le Grand Nord en 1873 ainsi que des tableaux, photographies et objets personnels des trappeurs, trafiquants, pilotes de brousse et missionnaires qui ont marqué cette région.
□ Il expose aussi sur ses terrains le *Radium King*, premier bateau de fer construit ici (1937) et un vieux tracteur qu'on utilisait pour le portage entre Fort Smith et Fitzgerald.

*Gentianes linéaires*

*Lichen des caribous*

*Entonnoir, parc national Wood Buffalo*

*Bison des bois*

*Parc national Wood Buffalo*

**PARC NATIONAL WOOD BUFFALO**

Ce parc de 44 900 km², qui s'étend en Alberta et dans les Territoires du Nord-Ouest, fut créé en 1922 pour protéger le dernier troupeau de bisons des bois du continent (1 500 têtes). Plus tard, on y fit venir environ 6 000 bisons des plaines de Wainwright, en Alberta. La maladie et le croisement faillirent anéantir le bison des bois. On dénombre aujourd'hui 5 000 bêtes de race hybride qui errent en liberté dans le parc.

# L'éveil du pays du soleil de minuit

Territoires du Nord-Ouest

Serpentant dans des forêts verdoyantes, franchissant lacs et fondrières peuplés de canards, longeant des rivières aux eaux vives, la route du Mackenzie mène au cœur de la grande nature. En pénétrant dans les Territoires du Nord-Ouest, elle se ramifie en un réseau de routes dont l'excellente condition étonne souvent les voyageurs.

Sur presque toute sa longueur, la route traverse une plaine boisée de peupliers, d'épinettes, de tamaracs, de pins gris et

*Dryade de Hooker*

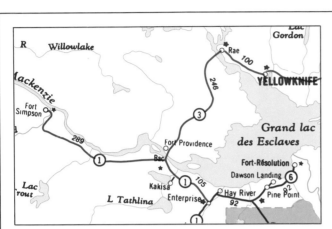

## FORT SIMPSON

Après s'être jetée dans le puissant Mackenzie, la rivière aux Liards semble vouloir encore poursuivre sa propre course car à Fort Simpson, en aval du confluent, les eaux du fleuve sont encore chargées des débris que la rivière charrie depuis le Yukon et la Colombie-Britannique.

▢ Fort Simpson est situé dans une île d'où l'on découvre le Gros Cap, promontoire qui domine de 67 m le confluent des deux cours d'eau. À l'origine, cette localité était un poste de la Compagnie du Nord-Ouest, du nom de Fort of the Forks (1804), mais la Compagnie de la Baie d'Hudson en changea le nom en 1821 en l'honneur de George Simpson, l'un de ses gouverneurs.

▢ L'une des attractions ici est le site où le pape Jean-Paul II s'adressa aux fidèles lors de sa visite en septembre 1987.

▢ En prenant l'avion à Fort Simpson, on peut accéder au parc national de la Nahanni qui a été classé parmi les sites du patrimoine mondial en 1979.

*Pluvier kildir*

*Le Mackenzie*

## FORT-PROVIDENCE

Une mission catholique et un poste de traite de la Compagnie de la Baie d'Hudson amenèrent, dans les années 1850, les Indiens Slavery Dene à se fixer non loin. Ils fabriquent aujourd'hui des objets d'artisanat d'une qualité exceptionnelle.

## L'artisanat du Grand Nord

La plupart des Inuits et des Indiens du Grand Nord vivaient autrefois de la chasse, de la pêche et de la traite des fourrures. Aujourd'hui, nombre d'entre eux font partie de coopératives prospères qui fabriquent des objets d'artisanat et les distribuent partout au Canada.

Parkas, gants, mitaines et mukluks sont merveilleusement décorés à la main. D'habiles ouvrières brodent les vêtements avec du coton de couleur vive, d'autres y cousent des perles ou des poils de porc-épic teints. Les mocassins fabriqués par les Indiens de Fort-Providence sont ornés de motifs délicats en poils d'orignal.

Les estampes et les sculptures esquimaudes ont aujourd'hui pris rang de véritables œuvres d'art et elles sont de plus en plus recherchées.

## LE MACKENZIE

Le Mackenzie, qui traverse trois fuseaux horaires et franchit le cinquième du territoire canadien, forme, avec ses affluents, l'un des plus grands bassins hydrographiques du monde.

Il prend sa source dans les Rocheuses, en Colombie-Britannique, à 4 200 km de son embouchure. Grossi par les eaux de la Parsnip, de la rivière de la Paix, de l'Athabasca et de la rivière des Esclaves, le fleuve ne commence vraiment qu'à l'extrémité nord-ouest du Grand Lac des Esclaves d'où il serpentera jusqu'à l'Arctique.

*Lynx du Canada*

de framboisiers sauvages, révélant soudain des lacs, des rivières et des ruisseaux qui regorgent de dorés, de grands brochets et d'ombres arctiques.

En juillet et en août, la température est très douce et le soleil brille pendant une vingtaine d'heures par jour. Aussi le pays du soleil de minuit bourdonne-t-il d'activité pendant son court été. Des chalands sillonnent en tous sens le Mackenzie et le Grand Lac des Esclaves pour ravitailler les agglomérations isolées et les exploitations pétrolières, tandis que des visiteurs en mal d'aventure se promènent sur les eaux en canot et en bateau à moteur.

La diversité du paysage n'est pas la seule source d'étonnement. Les localités nées d'anciens postes de traite qui s'échelonnent le long de la route du Mackenzie réservent d'autres surprises aux voyageurs ; ainsi celle de découvrir que Yellowknife, capitale des Territoires, est une ville moderne et animée et non plus une rude cité minière.

Séchage du poisson, à Rae

### RAE

L'ancien fort Rae (1852) prit le nom du médecin et explorateur John Rae. Les Indiens Dogribs s'y installaient à la saison de la chasse et de la pêche. Vers 1902-1906, le camp devint permanent. La localité jumelle d'Edzo a été fondée en 1965. Tradition et modernisme se mêlent dans les deux villes. On y voit encore de vieilles femmes fumer le poisson, tanner les peaux d'orignal, écorcher les caribous ou broder à la main, tandis que les hommes sont encore trappeurs, chasseurs et pêcheurs.

Chiens esquimaux

## La fin du chien esquimau ?

À une certaine époque, toutes les familles du Grand Nord avaient au moins une demi-douzaine de chiens de trait. Les races les plus communes sont l'esquimau, le malamute, le samoyède et le sibérien.

Les chasseurs qui devaient voyager pendant des jours à la poursuite des caribous chargeaient leurs traîneaux à ras bords et attelaient les chiens avec des traits de peau de phoque. Un attelage pouvait parcourir 30 km/h, mais un bon trot soutenu donnait en moyenne une vitesse de 8 km/h.

Aujourd'hui, les motoneiges sont en passe de supplanter les traîneaux, mais les anciens n'aiment guère ce véhicule car, disent-ils : « Quand on a faim, on peut toujours manger son chien. »

Grand Lac des Esclaves

### GRAND LAC DES ESCLAVES

Cinquième lac d'Amérique du Nord (et onzième du monde) pour la superficie, le Grand Lac des Esclaves se trouve dans une région qui fait la transition entre la forêt boréale du Bouclier canadien et l'herbe rase de la toundra arctique.
▫ Sur les derniers 400 km de son cours, la rivière Lockhart subit une dénivellation de 200 m, en une série de rapides et de chutes, dont la chute Parry (40 m).
▫ La périlleuse voie de canotage du Camsell (480 km) va du Grand Lac des Esclaves au Grand Lac de l'Ours.

### YELLOWKNIFE

Capitale et métropole des Territoires du Nord-Ouest, Yellowknife (12 000 habitants) doit son nom aux Indiens qui l'habitèrent pendant un millier d'années. La ville actuelle y surgit du jour au lendemain dans les années 30, avec l'arrivée des chercheurs d'or. On voit encore des vestiges de son double passé dans cette ville aujourd'hui moderne et prospère. Parmi ses multiples attractions se rangent le centre Prince of Wales Northern Heritage, où sont exposés des objets inuits, indiens et métis, et le Globe Theatre (312 places), situé dans le Northern Arts and Cultural Centre.
▫ Les festivités annuelles du Carnaval du caribou se déroulent en mars et comprennent des compétitions de ski, de raquette, de sciage de bois et de construction d'iglous.
▫ À l'est de la ville, la piste d'Ingraham est une route très pittoresque au long de laquelle on peut pêcher et camper.

Yellowknife

# Index

# Sources des illustrations

Liste des abréviations employées dans cette page :

AH Allan Harvey
BD Barbara K. Deans
BS Brian Stablyk
CH Chic Harris
DB Dunkin Bancroft
DW Daniel Wiener
FP Freeman Patterson
JdV John de Visser
MF Menno Fieguth
NE Centre de communication et d'information de la Nouvelle-Écosse
PG Pierre Gaudard
PK Peter M. Keane
PM Patrick Morrow
PvB Paul von Baich
RV Richard Vroom

Sauf indication contraire, l'ordre des noms correspond à l'ordre des photographies sur les deux pages d'un itinéraire, de gauche à droite et de haut en bas. Quatre itinéraires de ville — Vancouver (**11**), Toronto (**96**), Ottawa (**105**) et Montréal (**112**) — occupent quatre pages. Dans ce cas, les deux premières pages seront indiquées par la lettre **A** et les deux autres par la lettre **B**.

Page titre : Bryce Flynn ; Hans L. Blohm ; Atlas des itinéraires : DB ; À la découverte du Grand Nord : PvB. Itinéraires : **1** Clifford A. Fenner ; PvB ; **2** Nina Raginski ; Bert Hoferichter ; Robert Herger ; JdV ; BD ; Canadian Postal Museum ; **3** Anna Neilson ; Allan Harvey ; Clifford A. Fenner ; **4** PvB ; MF ; PvB ; **5** Peter Tasker (en haut) ; gouvernement de la Colombie-Britannique (à gauche) ; MF ; **6** Mildred McPhee (en haut) ; PvB ; Fred Bruemmer ; **7** PvB (3) ; **8** Gerry Deiter (en haut) ; J. David Dennings (2) ; gouvernement de la Colombie-Britannique (à gauche) ; **9** BS (en haut) ; MF ; Ted Spiegel (à gauche) ; **10** Alan Zenuk (en haut) ; David Clark ; **11A** Bob Clarke/Image Finders ; Gar Lunney ; Joe Munroe/Photo Researchers ; **11B** AH ; JdV ; AH (2) ; Bob Crosby ; Don McPhee ; BS ; **12** Bill Collins/Image Finders ; JdV ; Robert Herger (en bas) ; **13** Henry Kalen ; Don McPhee (à droite) ; Valerie J. May ; **14** Jim Babchuk (top) ; PvB ; BS ; **15** Nancy Anderson (en haut) ; Fred Chapman/Image Finders ; Alan Zenuk ; **16** BS ; Dennis Schmidt ; MF ; **17** Clifford A. Fenner ; Creston Valley Wildlife Centre ; **18** Nancy Anderson ; Valerie J. May ; PvB ; **19** PvB ; gouvernement de la Colombie-Britannique (2) ; **20** PvB (en haut) ; Dan Guravich (à gauche) ; Canadian Pacific ; PvB ; **21** John G. Woods ; Parcs Canada ; E.M. Segall ; **22** Parcs Canada ; Tom W. Hall (à droite) ; Valerie J. May ; **23** Patrick Morrow (en haut) ; Neil G. Carey ; UBC Museum of Anthropology. Extrait de *Indian Masterpieces* (Collection Walter et Marianne Koerner) publié par UBC Press, 1975 ; Allan Harvey (à droite) ; **24** Richard Wright ; PvB ; **25** gouvernement de la Colombie-Britannique (à gauche) ; BS (2) ; **26** gouvernement de la Colombie-Britannique ; PvB ; Peter Tasker ; **27** Vancouver City Archives (à droite) ; PvB (à gauche) ; JdV ; **28** Native Sons of British Columbia, post n° 2 ; PvB (à gauche) ; BS ; **29** Richard Wright ; Jack Fields/Photo Researchers ; Peter Tasker ; **30** Gerald Dumont (à gauche) ; Victor Last ; BD ; **31** Egon Bork (2) ; **32** Halle Flygare ; J.A. Kraulis ; **33** Karvonen Films Ltd. (à droite) ; Peter Tasker ; J.A. Kraulis (à gauche) ; **34** Peter Tasker (2) ; Thomas Kitchin (à droite) ; **35** Paolo Koch/Photo Researchers ; Don Beers ; Colin Michie ; **36** E. Otto/Miller Comstock ; Glenbow Alberta Institute ; Robin White/Fotolex ; Toby Rankin/The Image Bank ; **37** Deena Soicher ; Hazel Hudson ; R.B. Walter Kerber ; **38** Nicholas Morant (2) ; Colin Michie ; **39** Prairie Farm Rehabilitation Administration (en haut) ; Stock Photos Unlimited ; Donald R. Gunn (à gauche) ; Kay McGregor ; **40** Egon Bork (en haut) ; RV (au centre) ; Mary Hampson ; Halle Flygare ; **41** JdV (en haut) ; Peter Benison ; **42** Thomas Kitchin ; Doug Leighton (à droite) ; Jim Martin ; **43** Edgar T. Jones ; Deena Soicher (à droite) ; Wilhelm Schmidt ; **44** George Tingle ; **45** Deena Soicher (à droite) ; Lowell J. Georgia/Photo Researchers ; **46** JdV ; Reynolds Museum ; **47** PG ; PM ; **48** Paolo Koch/Photo Researchers (à droite) ; Robert N. Smith ; **49** PM ; **50** Stony Plain Farmers Market ; BS ; **51** Thomas Kitchin ; BS (au centre, à gauche) ; Alberta Culture, musée provincial de l'Alberta ; Lowell J. Georgia/Photo Researchers (2) ; **52** BS ; Wilfried Schurig ; S.R. Cannings ; **53** Patrick Morrow (en haut) ; Collection de l'Association des femmes ukrainiennes du Canada ; PM ; **54** Egon Bork (2) ; **55** ministère des Affaires indiennes et du Nord ; PM ; **56** MF (en haut) ; Bob Hewitt ; Parcs historiques de la Saskatchewan (à gauche) ; gouvernement de la Saskatchewan ; **57** B. Hoferichter/Miller Comstock ; PvB (en haut, à droite) ; Robert Baillargeon (2) ; Parcs Canada, Parc national historique de Battleford (2) ; **58** MF (2) ; Richard Knelsen (à gauche) ; gouvernement de la Saskatchewan ; **59** Office de tourisme du Manitoba (2) ; MF (à gauche) ; **60** Gar Lunney ; Parcs Canada ; Richard Knelsen ; **61** Ken Patterson (en haut) ; GRC ; Archives photographiques du gouvernement de la Saskatchewan ; **62** MF (2) ; RV (à gauche) ; **63** Lorne Scott ; GRC ; Bryce Flynn ; **64** Ken Patterson ; Gordon Knight ; MF ; **65** gouvernement de la Saskatchewan (5) ; Gar Lunney ; **66** MF ; RV ; **67** Office de tourisme du Manitoba (2) ; Douglas C. Harvey (à gauche) ; Institut des eaux douces, pêche et environnement du Canada, Environnement Canada ; **68** Dr. L. Syms (2) (à droite) ; Fred Waines (à gauche) ; Office du tourisme du Manitoba ; **69** Fred Clark ; Office du tourisme du Manitoba ; ministère de la Défense nationale ; Henry Kalen ; **70** Jack McKinnon ; L.B. Shilson (au centre, à gauche) ; Henry Kalen ; Office du tourisme du Manitoba ; **71** Bryce Flynn (en haut) ; Henry Kalen ; JdV ; **7** JdV ; Office du tourisme du Manitoba (2) ; Parcs Canada, parc historique national de Lower Fort Gary ; **73** JdV (2) ; Colin Hay ; **74** MF (2) ; **75** JdV (en haut) ; Bert Hoferichter ; Kryn Taconis/Magnum ; **76** Vic Robinson (en haut) ; Pierre St-Jacques/Miller Comstock (à droite) ; reproduit avec la permission de la collection Elinor Barr (en médaillon) ; Dennis Smyk ; **77** JdV ; Elaine Edwards (au centre, à droite) ; Victor C. Last ; JdV ; **78** Dawn Goss/First Light (au centre) ; Galerie nationale du Canada, Ottawa ; **79** Algoma Central Railway ; JdV (à droite) ; Sheila Naiman ; **80** Parcs Canada (à droite) ; CH ; **81** JdV ; Rudi Christl ; Sheila Naiman ; **82** Bill Lowry (en haut) ; Victor C. Last ; George Hunter ; **83** Victor C. Last (à droite) ; C.P.S. Film Productions ; **84** RD (à droite) ; JdV/Masterfile ; Brian Swales/reproduit avec la permission de Orangeville Raceway ; **85** Richard J. Urysz (à droite) ; Texasgulf ; **86** J.D. Taylor ; Quints Museum ; John R. Hunt ; Sheila Naiman ; **87** CH ; Énergie atomique du Canada Ltée ; Parcs Canada ; **88** JdV (en haut) ; Oliver J. Dell ; **89** Terry W. Self/Canapress ; Environnement Canada, Service des Parcs, Fort Malden S.H.N. ; Harvey Medland ; **90** Victor Aziz ; The Stratford Shakespearean Festival Foundation of Canada/photo Robert C. Ragsdale ; **91** Robert Baillargeon (à droite) ; C.P.S. Film Productions ; **92** Helmut Schade ; JdV ; J.D. Taylor ; **93** C.W. Perkins (en haut) ; E. Otto/Miller Comstock (à gauche) ; Tom Bochsler ; **94** JdV ; George F. Long ; Tourisme Ontario ; **95** Reproduit avec la permission de la collection canadienne McMichael (en haut) ; Photo Librarium ; Lowry Photography (à gauche) ; **96A** Randy Bulmer (en haut) ; David Prichard/First Light ; **96B** Allan Harvey (au centre, à droite) ; Jim Russell/First Light (à gauche) ; Gera Dillon/First Light (en haut, à droite) ; reproduit avec la permission de Pantages Theatre (au centre, à gauche) ; Lorraine Parrow/First Light (en bas, à gauche) ; **97** Lowry Photography (3) ; **98** Reproduit avec la permission du D^r J. Wendell MacLeod, Bethune Memorial Foundation (en haut) ; reproduit avec la permission de The McGill Daily ; Mary Ferguson ; **99** Art Gallery of Ontario ; Tourisme Ontario (à droite) ; JdV ; **100** Kryn Taconis ; JdV ; George Long ; **101** RV (au centre) ; reproduit avec la permission du parc provincial de Serpent Mounds ; JdV ; **102** William R. Wilkin (en haut) ; BD (au centre) ; Tourisme Ontario ; **103** W. Griebeling/Miller Comstock ; JdV ; Helmut W. Schade (à gauche) ; Sheila Naiman ; **104** R. Tait McKenzie Memorial Museum and Mill of Kintail ; Tourisme Ontario ; **105A** Harold Clark ; Kenneth Ginn ; **105B** Allan Harvey (en haut, à gauche) ; JdV ; Ted Maginn ; JdV (2) ; P. Brunet/Publiphoto ; JdV (2) ; **106** Crombie McNeil ; Hans L. Blohm ; Tibor Bognar/Réflexion ; **107** Oliver J. Dell ; C.P.S. Film Productions ; JdV ; **108** Roland Weber/The Image Bank ; Diana Lafleur ; Hans L. Blohm ; **109** Tourisme Ontario (au centre) ; reproduit avec la permission du Département des Livres rares, Université McGill /photo Mike Haimes ; RV ; **110** Archives nationales du Canada (à droite) ; Peter Benison ; Sean O'Neill/Réflexion ; **111** DW ; PG ; Peter Benison ; **112A** J. Boutin/Publiphoto (en haut) ; George Zimbel/Publiphoto ; **112B** Perry Mastrovito/Réflexion (2) ; Bernard Martin/Alpha Diffusion (au centre) ; JdV ; Michel Gagné/Réflexion ; Cadel Ettore (au centre, en haut) ; STCUM ; Thomas Kitchin ; **113** Impart/The Image Bank ; Michel Bleau ; DW ; **114** Cynthia Chalk (à droite) ; PG ; **115** Claude Lavigne ; Parc Safari Africain, Hemmingford ; **116** Serge Laurin ; Secteur des levés, de la cartographie et de la télédétection, Énergie, Mines et Ressources Canada ; CH ; **117** Diana Lafleur (2) ; CH ; **118** Pedro Rodriguez (2) ; **119** Denis Plain ; J. Boutin/Publiphoto ; DW ; **120** PG ; Conseil de développement de la Chaudière ; Paul G. Adam/Publiphoto ; **121** Fred Bruemmer (à droite) ; Mia et Klaus ; Pierre Kandalaft ; Bibliothèque municipale de Montréal/Collection Gagnon ; **122** Roger Tessier ; Galerie d'Art Pierre Labrecque, Trois-Rivières ; **123** Yves Tessier ; Paul Gélinas ; PG ; **124** Jim Hutchison et Margo Pfeiff ; Mia et Klaus ; DB ; Denise Beha (en bas, à gauche) ; Sylvain Majeau ; **125** Adelaide Leitch ; Pierre Kandalaft ; Paul E. Lambert ; **126** Paul E. Lambert (en haut) ; Art Gallery of Ontario, reproduit avec la permission de la famille de Sir Edmund Walker, 1926 ; Jules Rochon ; **127** Paul E. Lambert (en haut) ; DB ; Denise Beha ; Photo Librarium ; **128** Galerie nationale du Canada, Ottawa ; Photo Librarium (à droite) ; BD ; **129** C.P.S. Film Productions (en haut) ; JdV (2) ; CH ; JdV ; **130** Société zoologique de St-Félicien Inc. ; Photo Librarium ; **131** DB (en haut) ; Roland Weber ; Ivan Boulerice ; **132** Fred Bruemmer ; Sheila Naiman ; Gil Jacques/Réflexion ; **133** Karl Somerer ; CH ; JdV ; **134** Roland Weber (à gauche) ; Karl Sommerer ; **135** Sheila Naiman ; Fred Bruemmer ; JdV ; **136** ministère du Tourisme du Nouveau-Brunswick (à droite) ; FP ; **137** G. Michaud (2) ; L.J. Michaud ; **138** Archives nationales du Canada PA-26647 (en haut) ; T. Clifford Hodgson (à gauche) ; ministère du Tourisme du Nouveau-Brunswick (à droite) ; Malak, Ottawa ; **139** ministère du Tourisme du Nouveau-Brunswick (2) ; **140** Military Compound Board ; **141** Harold Clark (en haut) ; JdV ; **142** Théâtre du Rideau Vert ; Rod Stears ; RV ; **143** T. Clifford Hodgson (en haut) ; ministère du Tourisme du Nouveau-Brunswick ; Wambolt Waterfield (à gauche) ; **144** Doris Mowry ; Elmer N. Wilcox ; **145** JdV (en haut) ; Michael Saunders/Miller Comstock ; T. Clifford Hodgson ; **146** FP (2) ; **147** Charles Steinhacker/Black Star (à droite) ; Robert Baillargeon ; **148** RV (en haut) ; minitère du Tourisme, des Parcs et de la Conservation, Î.-P.-É. ; RV ; **149** ministère du Tourisme, des Parcs et de la Conservation, Î.-P.-É. (en haut) ; RV ; Jean-Claude Hurni ; **150** JdV (en haut) ; Office du tourisme du Canada ; D^r Stewart MacDonald (au centre) ; ministère du Tourisme, des Parcs et de la Conservation, Î.-P.-É. ; **151** CH (à gauche) ; Office du tourisme du Canada ; Gord Johnston ; **152** RV (2) ; **153** Office du tourisme du Canada (en haut) ; ministère du Tourisme, des Parcs et de la Conservation, Î.-P.-É. ; PK; **154** Tim Randall; JdV (à droite) ; DW (à gauche) ; PK ; **155** DW (2) ; Parc national de Kejimkujik (à gauche) ; FP ; **156** Tim Randall ; G.W. Condon ; Tim Randall ; **157** Tim Randall ; parc national historique de Grand-Pré ; Archives publiques de la Nouvelle-Écosse (au centre) ; NE ; **158** John Pohl ; PK ; **159** Charles Steinhacker/Black Star (à droite) ; NE ; Gar Lunney ; **160** NE ; Sherman Hines ; Albert Lee ; DW ; **161** Dan Guravich (à droite) ; FP ; PK ; **162** PK (à droite) ; NE ; **163** PK (3) ; **164** NE (à droite) ; Bob Brooks ; Tim Randall ; **165** NE ; Bob Brooks ; **166** NE ; Jill Baillargeon (à droite) ; DB ; **167** DB (2) ; Stephen Homer ; **168** Bob Brooks (en haut) ; Mary Primrose ; PK; Jean-Claude Hurni ; **169** PK ; Mary Primrose ; PK ; **170** PK ; Rick Filler ; **171** Nicholas Devore III/Bruce Coleman Inc. ; CH ; Parcs Canada ; **172** JdV (2) ; **173** R. Harrington/Miller Comstock ; JdV ; Collection Confederation Life ; **174** Conception Bay Museum ; Nicholas Devore III/Bruce Coleman Inc. ; Rick Filler ; **175** Gary N. Corbett ; Dan Guravich (à droite) ; CH ; DW ; **176** Robert Baillargeon ; JdV ; Dan Guravich ; **177** gouvernement des Territoires du Nord-Ouest (en haut) ; C. Bruun/NFB ; Hans L. Blohm ; Richard Fyfe ; **178** Roy Ooms/Creative Stock ; PvB (à gauche) ; Archives du Yukon ; K. Dudley ; **179** PvB, J.D. Taylor (à gauche) ; PvB ; **180** PvB (2) ; **181** Anne Soicher (à droite) ; Kenneth H. Seto ; **182** Deena Soicher (à droite) ; Charles E. McManis, Las Vegas ; **183** René Fumoleau ; Parcs Canada (2) ; **184** gouvernement des Territoires du Nord-Ouest ; William J. Carpenter/Eskimo Research Foundation ; Richard Fyfe (à gauche) ; Bryce Flynn.

Couverture : recto E. Otto/Miller Comstock ; verso RV (en haut) ; Thomas Kitchin (au centre) ; Paul G. Adam/Publiphoto.

ILLUSTRATIONS : Lea Daniel, Louise Delorme, Jean-Claude Gagnon, André Pierzchala, Jocelyn Veillette

ILLUSTRATIONS EN COULEURS : Jim Bruce (170), Diane Desrosiers, Anker Odum (41, 97)

SCHÉMAS : Réal Lefebvre (22, 60, 81)
DESSINS EN COUPE : Georges Buctel (10, 30, 32, 94)

Illustration de l'itinéraire 81 : Reproduite avec la permission de The Mining Association of Canada
Illustrations des itinéraires 12 et 83 : Elaine Sears

Pelliculage : R.P.J. Litho Inc.
Impression : Boulanger inc. et Litho Prestige
Reliure : Imprimerie Coopérative Harpell
Papier : Rolland inc.

Pour garantir leur durabilité, les pages du *Guide de la route/Canada* sont faites de papier alcalin recyclable.

*Bonne route...*

# Distances en kilomètres entre villes importantes

| | Calgary | Chicoutimi-Jonquière | Edmonton | Halifax | Hamilton | Kitchener | London | Montréal | Oshawa | Ottawa | Québec | Regina | St. Catharines-Niagara | Saint-Jean (N.-B.) | Saint-Jean (T.-N.) | Saskatoon | Sudbury | Thunder Bay | Toronto | Vancouver | Victoria | Windsor | Winnipeg |
|---|---|---|---|---|---|---|---|---|---|---|---|---|---|---|---|---|---|---|---|---|---|---|---|
| Calgary | | 4220 | 299 | 4973 | 3502 | 3543 | 3612 | 3743 | 3354 | 3553 | 4014 | 764 | 3571 | 4664 | 6344 | 620 | 3057 | 2050 | 3434 | 1057 | 1162 | 3241 | 1336 |
| Chicoutimi-Jonquière | 4220 | | 4241 | 977 | 1083 | 1124 | 1198 | 476 | 934 | 666 | 206 | 3455 | 1152 | 649 | 2329 | 3713 | 1160 | 2169 | 1015 | 5277 | 5382 | 1381 | 2884 |
| Edmonton | 299 | 4241 | | 5013 | 3523 | 3564 | 3638 | 3764 | 3375 | 3574 | 4035 | 785 | 3592 | 4704 | 6384 | 528 | 3078 | 2071 | 3455 | 1244 | 1349 | 3262 | 1357 |
| Halifax | 4973 | 977 | 5013 | | 1856 | 1897 | 1971 | 1249 | 1708 | 1439 | 982 | 4228 | 1925 | 309 | 1989 | 4485 | 1935 | 2942 | 1788 | 6050 | 6154 | 2153 | 3656 |
| Hamilton | 3502 | 1083 | 3523 | 1856 | | 61 | 110 | 607 | 148 | 467 | 877 | 2737 | 69 | 1547 | 3227 | 2995 | 355 | 1452 | 68 | 4559 | 4664 | 319 | 2166 |
| Kitchener | 3543 | 1124 | 3564 | 1897 | 61 | | 107 | 648 | 189 | 491 | 918 | 2779 | 130 | 1588 | 3268 | 3036 | 463 | 1473 | 109 | 4601 | 4705 | 290 | 2208 |
| London | 3612 | 1198 | 3638 | 1971 | 110 | 107 | | 722 | 263 | 583 | 992 | 2853 | 203 | 1662 | 3342 | 3110 | 547 | 1545 | 183 | 4675 | 4779 | 190 | 2282 |
| Montréal | 3743 | 476 | 3764 | 1249 | 607 | 648 | 722 | | 459 | 190 | 270 | 2979 | 676 | 940 | 2620 | 3236 | 686 | 1693 | 539 | 4801 | 4905 | 904 | 2408 |
| Oshawa | 3354 | 934 | 3375 | 1708 | 148 | 189 | 263 | 459 | | 319 | 729 | 2590 | 217 | 1399 | 3079 | 2847 | 380 | 1376 | 80 | 4412 | 4516 | 449 | 2019 |
| Ottawa | 3553 | 666 | 3574 | 1439 | 467 | 491 | 583 | 190 | 319 | | 460 | 2789 | 536 | 1130 | 2810 | 3046 | 494 | 1503 | 399 | 4611 | 4715 | 764 | 2218 |
| Québec | 4014 | 206 | 4035 | 982 | 877 | 918 | 992 | 270 | 729 | 460 | | 3249 | 946 | 673 | 2353 | 3507 | 956 | 1963 | 809 | 5071 | 5176 | 1175 | 2678 |
| Regina | 764 | 3455 | 785 | 4228 | 2737 | 2779 | 2853 | 2979 | 2590 | 2789 | 3249 | | 2807 | 3919 | 5519 | 257 | 2280 | 1286 | 2670 | 1822 | 1926 | 2477 | 571 |
| St. Catharines-Niagara | 3571 | 1152 | 3592 | 1925 | 69 | 130 | 203 | 676 | 217 | 536 | 946 | 2807 | | 1616 | 3296 | 3064 | 505 | 1521 | 137 | 4628 | 4733 | 388 | 2235 |
| Saint-Jean (N.-B.) | 4664 | 649 | 4704 | 309 | 1547 | 1588 | 1662 | 940 | 1399 | 1130 | 673 | 3919 | 1616 | | 1727 | 4176 | 1626 | 2633 | 1479 | 5741 | 5845 | 1844 | 3347 |
| Saint-Jean (T.-N.) | 6344 | 2329 | 6384 | 1989 | 3227 | 3268 | 3342 | 2620 | 3079 | 2810 | 2353 | 5519 | 3296 | 1727 | | 5856 | 3306 | 4313 | 3159 | 7421 | 7525 | 3524 | 5027 |
| Saskatoon | 620 | 3713 | 528 | 4485 | 2995 | 3036 | 3110 | 3236 | 2847 | 3046 | 3507 | 257 | 3064 | 4176 | 5856 | | 2538 | 1543 | 2927 | 1677 | 1782 | 2734 | 829 |
| Sudbury | 3057 | 1160 | 3078 | 1935 | 355 | 463 | 547 | 686 | 380 | 494 | 956 | 2280 | 505 | 1626 | 3306 | 2538 | | 1001 | 388 | 4102 | 4206 | 735 | 1722 |
| Thunder Bay | 2050 | 2169 | 2071 | 2942 | 1452 | 1473 | 1545 | 1693 | 1376 | 1503 | 1963 | 1286 | 1521 | 2633 | 4313 | 1543 | 1001 | | 1384 | 3108 | 3212 | 1289 | 715 |
| Toronto | 3434 | 1015 | 3455 | 1788 | 68 | 109 | 183 | 539 | 80 | 399 | 809 | 2670 | 137 | 1479 | 3159 | 2927 | 388 | 1384 | | 4492 | 4596 | 369 | 2099 |
| Vancouver | 1057 | 5277 | 1244 | 6050 | 4559 | 4601 | 4675 | 4801 | 4412 | 4611 | 5071 | 1822 | 4628 | 5741 | 7421 | 1677 | 4102 | 3108 | 4492 | | 105 | 4299 | 2232 |
| Victoria | 1162 | 5382 | 1349 | 6154 | 4664 | 4705 | 4779 | 4905 | 4516 | 4715 | 5176 | 1926 | 4733 | 5845 | 7525 | 1782 | 4206 | 3212 | 4596 | 105 | | 4403 | 2337 |
| Windsor | 3241 | 1381 | 3262 | 2153 | 319 | 290 | 190 | 904 | 449 | 764 | 1175 | 2477 | 388 | 1844 | 3524 | 2734 | 735 | 1289 | 369 | 4299 | 4403 | | 1905 |
| Winnipeg | 1336 | 2884 | 1357 | 3656 | 2166 | 2208 | 2282 | 2408 | 2019 | 2218 | 2678 | 571 | 2235 | 3347 | 5027 | 829 | 1722 | 715 | 2099 | 2232 | 2337 | 1905 | |

(100 kilomètres = 62 milles)